Vorwort

Im zweiten Teil des Zeichenlehrganges wird mit der methodischen Vermittlung von Zeichenregeln und Normvorschriften fortgesetzt, die sich vorwiegend auf die zeichnerische Darstellung von Maschinenelementen und deren praktische Anwendung beziehen.

ZA Darstellungsmöglichkeiten der Zeichenaufgaben

Die Zeichenaufgaben dieses Zeichenlehrganges können – je nach vorhandenen Zeichengeräten

- auf Zeichenplatten der Größe A4 oder A3
- auf Zeichentischen oder
- nach der CAD-Zeichentechnik

entwickelt werden.

Inhalt

1 Schrauben, Muttern, Scheiben und Schraubensicherungen

Die für das Werkzeichnen notwendigen Abmessungen der Schrauben, Muttern, Scheiben und Schraubensicherungen sind den entsprechenden Normtabellen zu entnehmen.

1.1 Bezeichnung der Schrauben, Muttern, Scheiben und Schraubensicherungen in Stücklisten von Werkzeichnungen

Schrauben, Muttern, Scheiben und Sicherungen sind genormte Maschinenelemente. Allgemein ist in Zeichnungen Folgendes zu beachten:

Genormte Maschinenelemente werden in der Zeichnung nie bemaßt, sondern nur in die Stückliste eingetragen (siehe die folgenden Beispiele). Das genormte Maschinenelement kommt als Fertigstück in den genormten Größen und Qualitäten in den Handel. Für die Bestellung, Verwendung, Ersatzteilbeschaffung usw. sind wichtig:

Beispiele:

genormte Bezeichnung	Norm-Blatt		Gewinde bzw. Bohrung bzw. Nennmaß × Schraubenlänge		Produktklasse (Ausführung)		Festigkeitseigenschaften (Werkstoff)
Sechskantschraube	ÖNORM EN ISO 4014	–	M 16 × 80	–	A (m)	–	8.8
Sechskantmutter	ÖNORM EN ISO 4032	–	M 16	–	B (mg)	–	6
Scheibe	DIN EN ISO 7090	–	17	–		–	140 HV
Federring	DIN 128	–	B 16	–		–	Federstahl

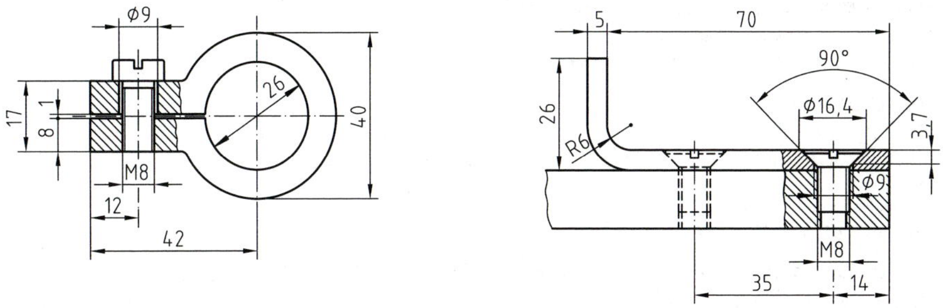

Bild 1.1 Beispiele von Verschraubungen

Beachten Sie:
Für die reibungslose Bestellung, für den Ablauf einer Produktion, für eine Montage usw. ist es notwendig, dass die Benennung der handelsüblichen Maschinenbauteile, wie Schrauben, Muttern und dgl., in der Stückliste genau den genormten Bezeichnungen entspricht (siehe Eintragungsbeispiele in der Stückliste, Bild 1.2).

Bei der Fertigung von Schrauben und Muttern darf die Oberflächenausführung der Auflageflächen und Gewindeflanken sowie des Schafts und Gewindekerns ein bestimmtes Höchstmaß der Rautiefe nicht überschreiten. Man unterscheidet folgende Ausführungsgüten (Produktklassen):

Produktklasse: A nach ÖNORM EN ISO 4014 (m ... mittel)
B nach ÖNORM EN ISO 4014 (mg ... mittelgrob)
C nach ÖNORM EN ISO 4014 (g ... grob)

	Federring A 16	7	DIN 128	Federstahl		
	Scheibe 17	6	ISO 7090	140 HV		
	Sechskantmutter M 16	5	ISO 4032	5		
	Sechskantschraube M 12 LH x 50	4	ISO 4014	5.6		
	Sechskantschraube M 12 x 50	3	ISO 4014	Ms		
	Sechskantschraube M 12 x 50	2	ISO 4014	5.6, verzinkt		
	Sechskantschraube M 12 x 50	1	ISO 4014	5.6		
Stück	Benennung	Teil	Norm Nr. Zeichng.-Nr.	Werkstoff	Rohmaße od. Modell Nr.	Bemerkung

Bild 1.2 Eintragungsbeispiele in der Stückliste

Erläuterungen und Hinweise zu den Stücklisteneintragungen:

Teil 1: Sechskantschraube M12 × 50 nach ÖNORM EN ISO 4014. Werkstoff: Stahl mit Festigkeitsklasse 5.6 (M12 = Gewindeaußendurchmesser, 50 = Schraubenlänge, 5.6 = Schraubenwerkstoff bzw. Festigkeitsklasse).

Teil 2: Wird eine besondere Oberflächenbehandlung (z. B. brüniert, verzinkt, phosphatiert) verlangt, so ist die Bezeichnung entsprechend zu ergänzen: Sechskantschraube ÖNORM EN ISO 4014–M12 × 50–5.6-verzinkt.

Teil 3: Bei Schrauben und Muttern aus Nichteisenmetallen ist anstelle der Festigkeitsklasse der Werkstoff anzugeben: Sechskantschraube ÖNORM EN ISO 4014–M12 × 50–Ms
Ms = Kupfer-Zink-Legierung (Messing)

Teil 4: Schrauben und Muttern mit Linksgewinde sind besonders zu bezeichnen: Sechskantschraube ÖNORM EN ISO 4014–M12 LH × 50–5.6
Sonderanforderungen an den Werkstoff (wie Kerbschlagzähigkeit, Warmfestigkeit, Korrosionsbeständigkeit, Schweißarbeit usw.) sind jeweils besonders anzugeben.

Teil 5: Sechskantmutter nach ÖNORM EN ISO 4032–M16-5
(M16 = Gewindenenndurchmesser, 5 oder 05 = Festigkeitsklasse).

Teil 7: Federring für Sechskantschraube M16: Federring DIN 128 – A16
(A = gewölbter Federring, 16 = Nennmaß des Federringes).

Hinweise auf die Herkunft von ÖNORMEN

- **ÖNORM ISO**
  Internationale Norm der ISO (International Organization for Standardization), die in das Österreichische Normenwerk übernommen wurde. (ISO ... griech. = gleich)
- **ÖNORM EN**
  Ist die offizielle Fassung einer Europäischen Norm, die in das Österreichische Normenwerk übernommen wurde.
- **ÖNORM EN ISO**
  Ist die Europäische Norm (EN), die auf einer internationalen Norm (ISO) basiert.
- **DIN**
  Ist die nationale Norm der Bundesrepublik Deutschland (DIN-Normen, Deutsche Industrie-Normen).
- **ÖNORM DIN**
  Ist die nationale Norm der Bundesrepublik Deutschland, die in das Österreichische Normenwerk übernommen wurde.

1.2 Schrauben und Muttern

1.2.1 Sechskantschrauben und Sechskantmuttern

1.2.1.1 Sechskantschrauben

Sechskantschraubenausführung mit Schaft
- mit metrischem ISO-Gewinde ÖNORM EN ISO 4014, Produktklasse A und B
- mit metrischem Feingewinde ÖNORM EN ISO 8765, Produktklasse A und B

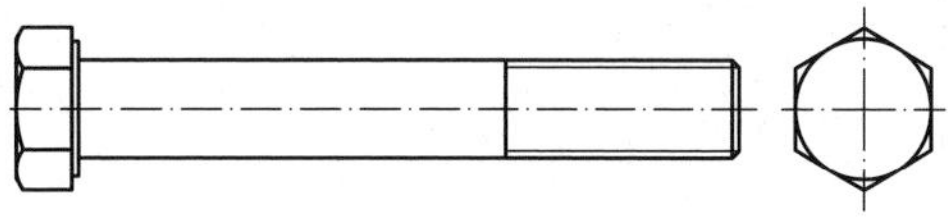

Sechskantschraubenausführung mit Gewinde annähernd bis Kopf
- mit metrischem ISO-Gewinde ÖNORM EN ISO 4017, Produktklasse A und B
- mit metrischem Feingewinde ÖNORM EN ISO 8676, Produktklasse A und B

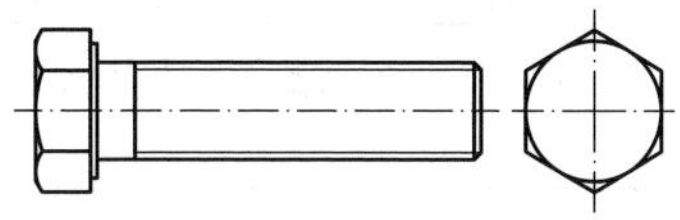

Verwendung: überall dort, wo eine „blanke" Verschraubung gefordert wird, z. B. im Maschinen-, Werkzeug-, Vorrichtungs-, Getriebebau u. a.

Sechskantschraubenausführung mit Schaft
- mit metrischem ISO-Gewinde ÖNORM EN ISO 4016, Produktklasse C, ohne oder mit Sechskantmutter

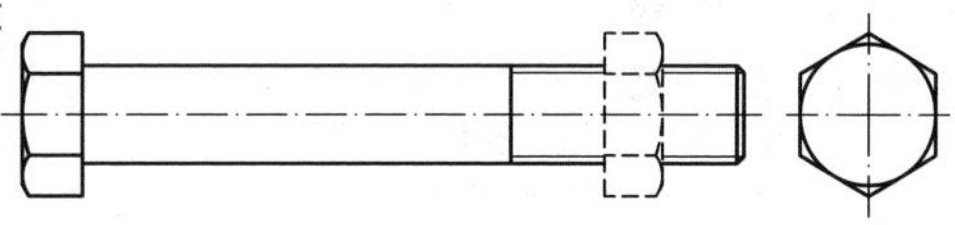

Sechskantschraubenausführung mit Gewinde annähernd bis Kopf
- mit metrischem ISO-Gewinde ÖNORM EN ISO 4018, Produktklasse C

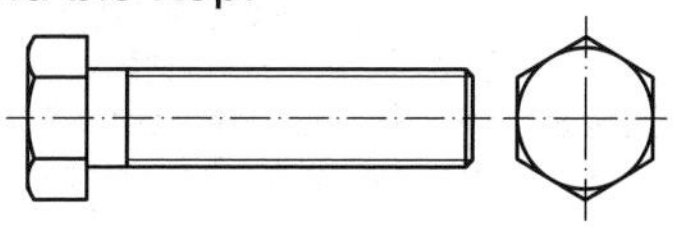

Verwendung: überall dort, wo die Verschraubung nachher überstrichen wird, z. B. im Stahl-, Brücken-, Kran-, Waggonbau, Industrieanlagenbau, Maschinenbau u. a.

Sechskantschrauben mit Sechskantmuttern für Stahlkonstruktionen

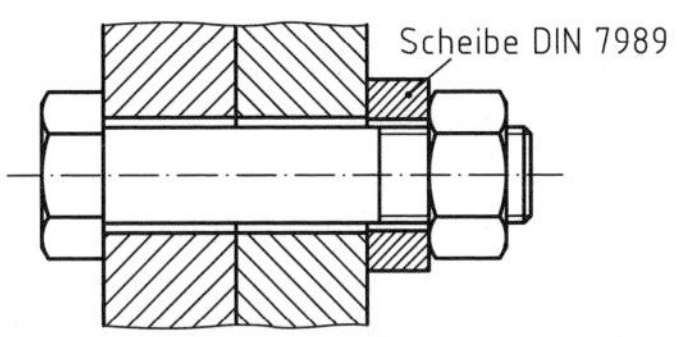

Verwendung: Stahlbau; für die Schrauben werden blanke, hohe Scheiben nach DIN 7989 verwendet.

Sechskant-Passschrauben für Stahlkonstruktionen

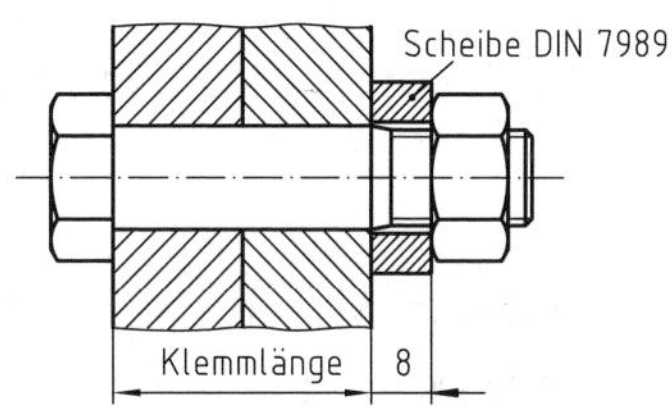

Sechskant-Passschrauben DIN 609
- mit metrischem Gewinde, lang
- mit metrischem Gewinde, kurz

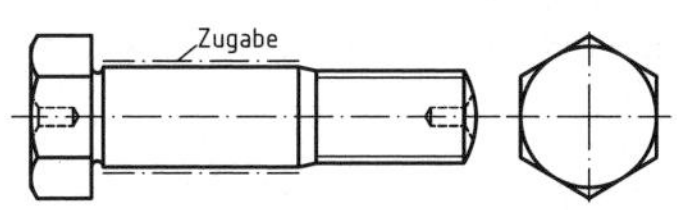

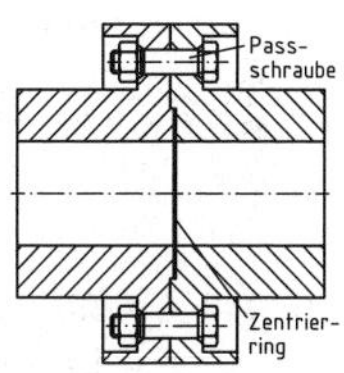

Verwendung: für Verschraubung von genau passenden Teilen.

Sechskantschrauben mit kleinem Sechskant und Gewinde annähernd bis Kopf, metrisches ISO-Gewinde und metrisches ISO-Feingewinde, Form A mit Rille, Form B mit Auslauf
- mit Zapfen
- mit Ansatzspitze

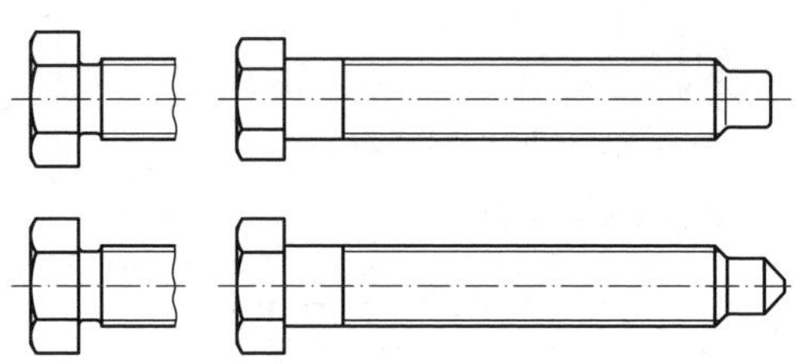

Verwendung: als Stellschrauben und Sicherungsschrauben; die Zapfen und Spitzen können auch gehärtet sein.

1.2.1.2 Formen von Schrauben bzw. Gewindeenden ÖNORM EN ISO 4753

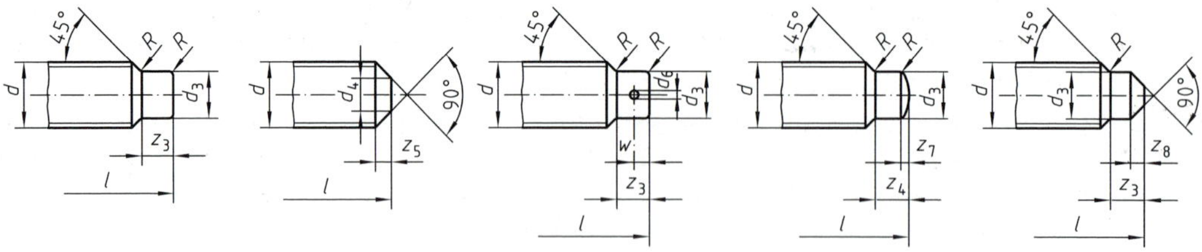

Bild 1.3 Schrauben- bzw. Gewindeenden

Normbezeichnung eines Gewindeendes: **Gewindeende ÖNORM EN ISO 4753–Za**

1.2.1.3 Schraubenüberstände nach ÖNORM EN ISO 4753

Die Schraubenüberstände (Bild 1.4) sollen so gewählt werden, dass der Überstand *u* mindestens 2 P entspricht. Unterlegteile, z. B. Scheiben, sind entsprechend zu berücksichtigen. Die so errechnete Schaftlänge *l* ist auf die in den jeweiligen Schraubentabellen angegebene nächstgrößere Nennlänge *l* aufzurunden.

Gewinde-durch-messer *d*	d_3	d_4	d_6	*w*	z_3	z_4	z_5	z_7	z_8	Splint ÖN EN ISO 1234
3	2	–	0,6	1,2	1,5	0,75	1,5	0,4	0,8	0,6 × 5
4	2,5	–	0,8	1,5	2	1	2	0,5	1	0,8 × 6
5	3,5	–	1	2	2,5	1,25	2,5	0,6	1,5	1 × 8
6	4	1,5	1	2,5	3	1,5	2,5	0,7	1,75	1 × 8
8	5,5	2	1,6	3	4	2	3	1	2,5	1,6 × 12
10	7	2,5	2	3,5	5	2,5	4	1	3	2 × 14
12	8,5	3	2,5	4	6	3	5	1,25	3,5	2,5 × 16
14	10	4	3,2	4,5	7	3,5	5	1,5	4	3,2 × 20
16	12	4	3,2	5	8	4	6	1,75	4,5	3,2 × 20
18	13	5	4	6	9	4,5	6,5	2	4,5	4 × 22
20	15	5	4	7	10	5	7	2	5	4 × 25
22	17	6	4	8	11	5,5	8	2,5	6	4 × 25
24	18	6	5	9	12	6	8	2,5	6	5 × 28

Tabelle 1.1 Abmessungen der Schrauben- bzw. Gewindeenden sowie Schraubenüberstände

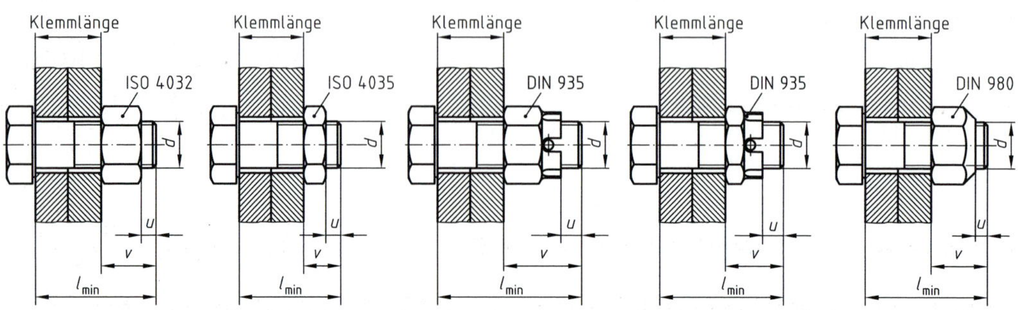

Bild 1.4 Schraubenüberstände

1.2.1.4 Schraubendurchgangslöcher

Schraubendurchgangslöcher (Bild 1.5) werden nach ÖNORM EN 20273 (ISO 273) in den Qualitäten: **fein**, **mittel** und **grob** ausgeführt. In Zeichnungen muss immer der Durchmesser des Durchgangsloches bemaßt werden (Bild 1.5).

Die Auflagefläche der Schrauben muss unter 90° zum Durchgangsloch stehen und so viel Raum bieten, dass der Schraubenkopf, die Scheibe und Schraubensicherung genügend Platz finden und das Verschraubungswerkzeug sicher angesetzt werden kann – daher Durchmesser der notwendigen ebenen Schraubenauflage bemaßen (Bild 1.5).

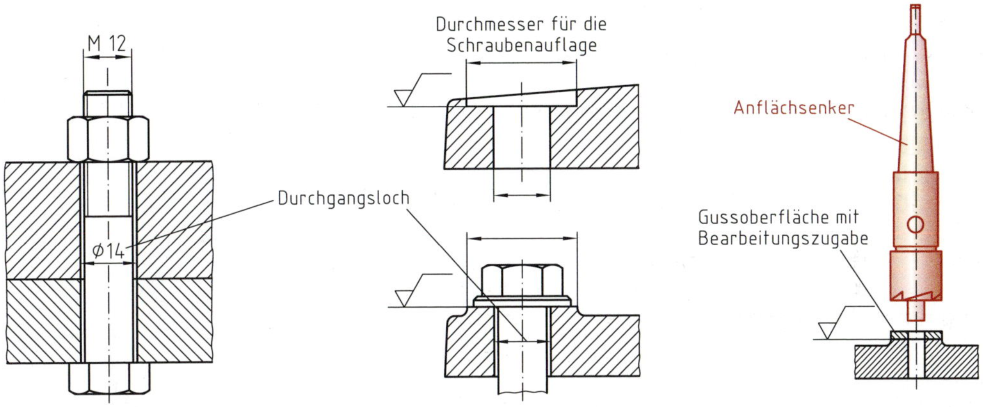

Bild 1.5 Schraube, Durchgangsloch und Schraubenauflagen

1.2.1.5 Sechskantmuttern, Kronenmuttern, Hutmuttern

- **Sechskantmuttern** mit metrischem ISO-Gewinde
  Produktklasse A und B (m und mg) ÖNORM EN ISO 4032,
  Produktklasse C (g) ÖNORM EN ISO 4034

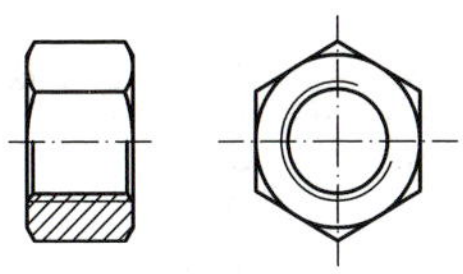

Verwendung:
Sechskantmuttern ÖNORM EN ISO 4032 für Schrauben der Ausführung A und B.
Sechskantmuttern ÖNORM EN ISO 4034 für Schrauben der Ausführung C.

- **Flache Sechskantmuttern** mit metrischem ISO-Gewinde
  ÖNORM EN ISO 4035 mit Fase und
  ÖNORM EN ISO 4036 ohne Fase.

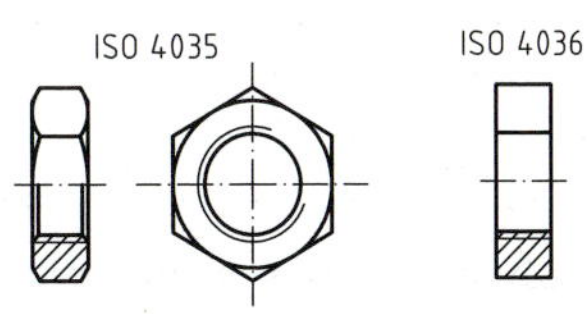

Verwendung für Verschraubungen, die einer nicht zu hohen Belastung ausgesetzt sind, z. B. Befestigung von Blechteilen, Kabelklemmen u.a.

- **Kronenmuttern DIN 935**

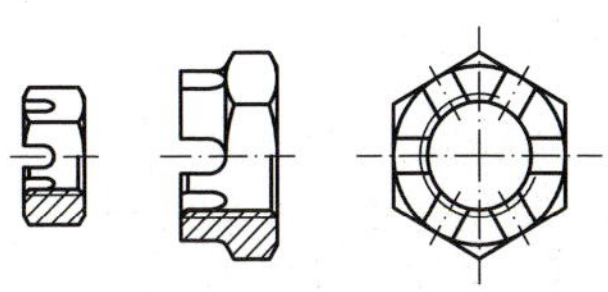

- **Kronenmuttern, niedrige Form DIN 935**

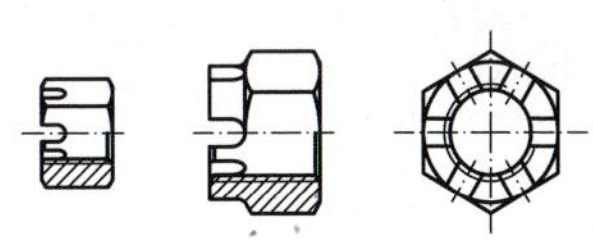

Verwendung in Verbindung mit Splinten nach ÖNORM EN ISO 1234 zur Schraubensicherung.

- **Hutmuttern, hohe Form**, DIN 1587
  metr. ISO-Gewinde, metr. Feingewinde

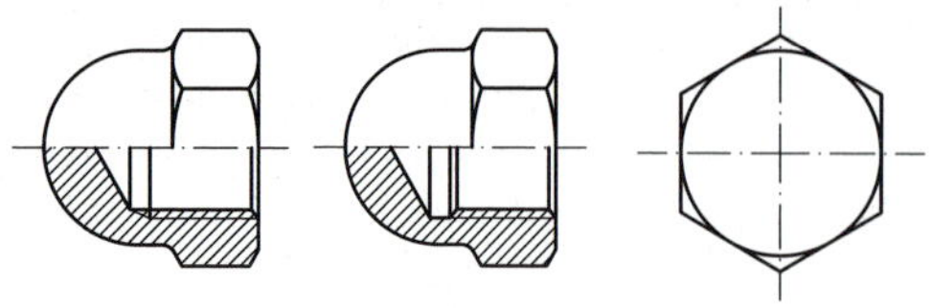

- **Hutmuttern, niedrige Form**, DIN 917
  metr. ISO-Gewinde, metr. Feingewinde

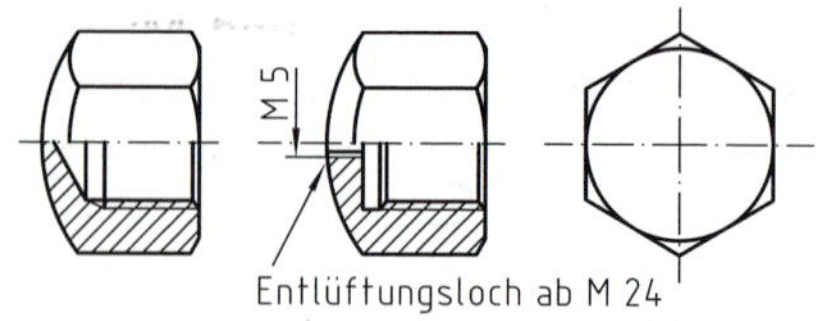

Verwendung: Hutmuttern schützen die Schraubenenden vor Beschädigung und bieten Unfallschutz.

- **Hutmuttern, selbstsichernd,**
  ÖNORM EN ISO 7040, 10511, 10512
  Selbstsichernde Hutmuttern haben einen Sicherungsring aus Polyamid, der sich beim Verschrauben im Bolzengewinde verspannt.

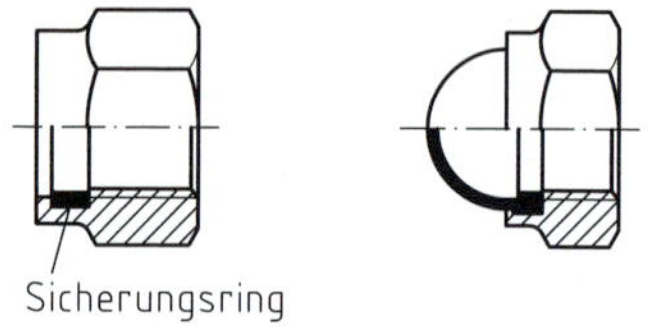

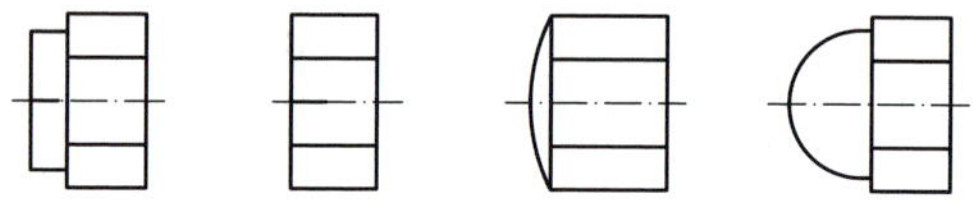

Bild 1.6 Vereinfachte Darstellung von Kronen- und Hutmuttern

Stück	Benennung	Teil	Norm Nr. Zeichng.-Nr.	Werkstoff	Rohmaße od. Modell Nr.	Bemerkung
10	Hutmutter M 8	3	DIN 1587	5		
4	Kronenmutter M 10	2	DIN 935	6		
2	Sechskantmutter M 20	1	ISO 4032	8		

Bild 1.7 Eintragungsbeispiele in der Stückliste

1.2.1.6 Vereinfachte Darstellung von Sechskantschrauben und -muttern ohne Fasenbogen

Sechskantschrauben sind an der äußeren Kopfkante, Sechskantmuttern an beiden Seiten unter 30° angefast (Bild 1.8). Durch das Anfasen entstehen Verschneidungsbogen.

Bei der **vereinfachten Darstellung** von Sechskantschrauben und -muttern in Werkzeichnungen werden die Fasenbogen sowie die Gewindeenden mit Kegel- oder Linsenkuppe **nicht** gekennzeichnet (Bild 1.9b). Erst bei größeren Abmessungen (etwa ab M24) ist es üblich, die Fasenbogen einzuzeichnen (Bild 1.11).

Beachten Sie:
Schrauben und Muttern sind Normteile. In Fertigungzeichnungen werden diese nicht bemaßt.
Abmessungen siehe Tabellenbuch!

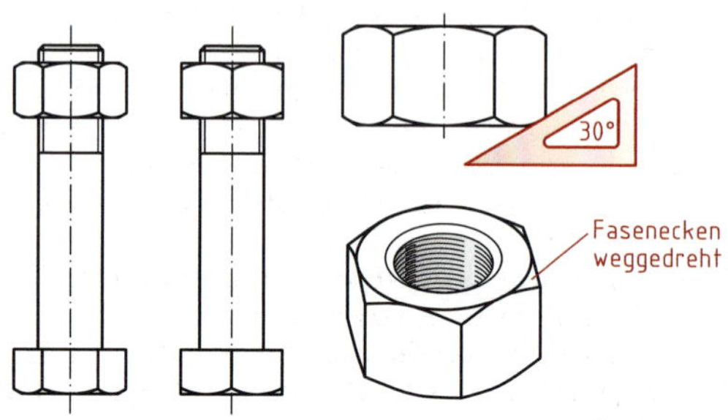

Bild 1.8 Sechskantschraube und -mutter mit Fasenbogen

Zeichenvorgang:

1 Die Abmessungen des Schraubenkopfes und der Schraubenmutter (Schlüsselweite *s*, Eckenmaß *e*, Kopfhöhe *k* und Mutterhöhe *m*), Bild 1.9a, sind entweder aus Schraubentabellen zu entnehmen oder einfachheitshalber nach folgenden Richtwerten zu bestimmen:

> Mutterhöhe *m* $m = 0{,}8\,d$ (nach ISO 6410)
> Kopfhöhe *k* $k = 0{,}7\,d$
> Gewinde-Nenndurchmesser *d*
> Eckenmaß *e* wird vereinfacht gezeichnet mit $e = 2\,d$
> Schlüsselweite *s* ist aus einer Schraubentabelle zu entnehmen.

2 Bei der vereinfachten Darstellung wird in der Vorderansicht die Bolzenkante und Flächenkante des Sechskants in einem Zug durchgezeichnet (Bild 1.9b). Das Gewinde wird im Bereich der Mutter nicht durchgezogen (Bild 1.9c).

3 Ist nur eine Ansicht der Sechskantschraube oder -mutter zu zeichnen, so wird der Sechskant **über Eck** dargestellt (Bild 1.9d). Ist eine größere Anzahl gleicher Schrauben oder Muttern zu zeichnen, z. B. bei großen Deckeln, Flanschen u. Ä., genügt die Darstellung nur einer Schraube bzw. Mutter; alle anderen werden nicht gezeichnet.

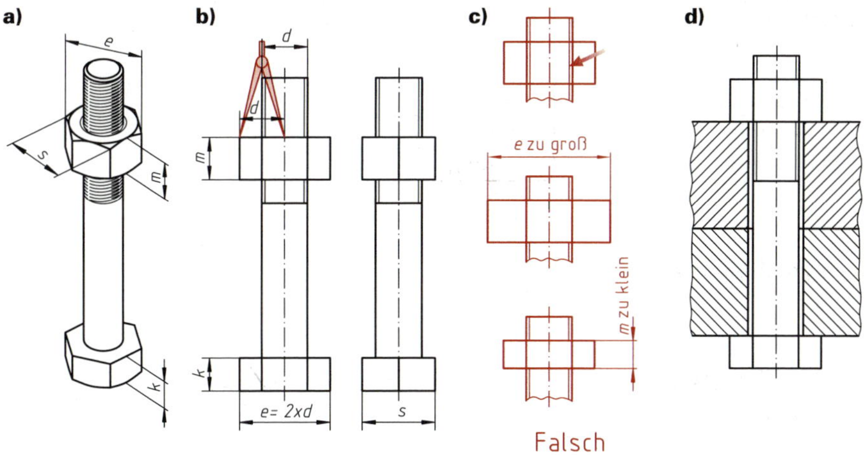

Bild 1.9
Vereinfachte Darstellung von Sechskantschrauben und -muttern

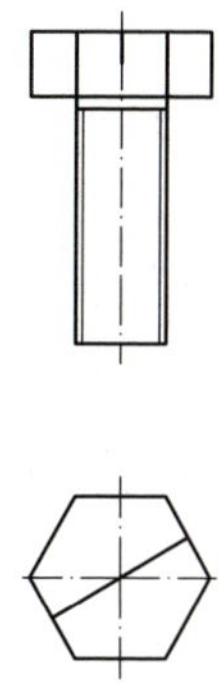

Bild 1.10

Sechskantschraube mit Schlitz

ZA 1 Sechskantschraube und -mutter

Zweck der Zeichenaufgabe: Zeichnen von Sechskantschrauben und -muttern in vereinfachter Darstellung und mit Fasenbogen.

1. Zeichnen Sie nach der angegebenen Platzaufteilung den **Teil 1**, Sechskantschraube ÖNORM EN ISO 4014–M 16 × 60, und **Teil 2**, Sechskantmutter ÖNORM EN ISO 4032–M16, in Vorder- und Seitenansicht in vereinfachter Darstellung. Die Mutter- und Kopfhöhe sowie das Eckenmaß sind mit den gegebenen Näherungswerten zu bestimmen. Die Konstruktion der Schraube und Mutter siehe Bild 1.9.
2. Zeichnen Sie den **Teil 3**, Sechskantmutter ÖNORM EN ISO 4032–M30, mit Fasenbogen in Vorder- und Seitenansicht sowie Draufsicht.
   Die Konstruktion der Fasenbogen siehe Bild 1.11.
3. Ergänzen Sie die Stückliste mit den entsprechenden Normbezeichnungen und Werkstoffangaben.

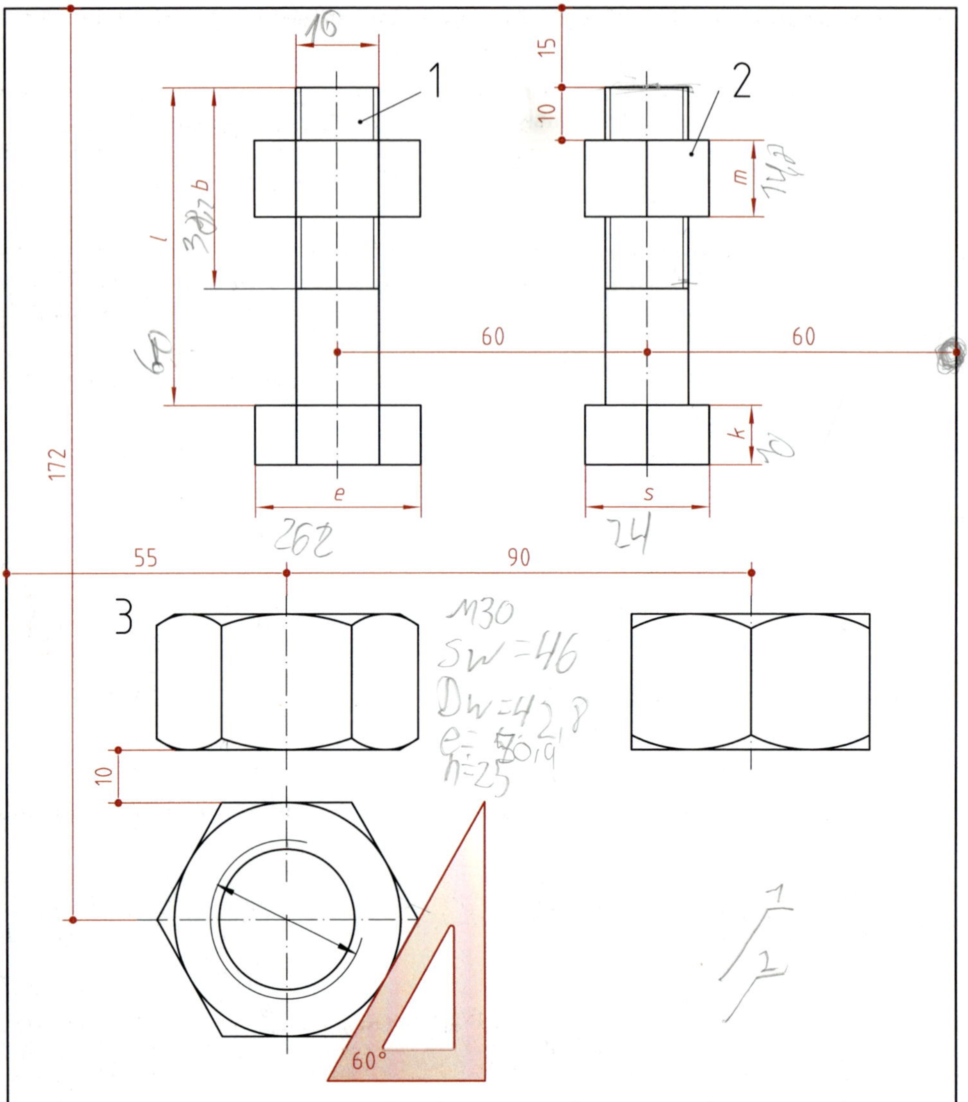

Stück	Benennung	Teil	Norm Nr. Zeichng.-Nr.	Werkstoff	Rohmaße od. Modell Nr.	Bemerkung
		3				
		2				
		1				

	Tag	Name
Gez.		
Gepr.		
Norm gepr.		

Maßstab 1 : 1

Allgemein-toleranzen

Sechskantschraube und Sechskantmutter

Ersatz für:

Ersetzt durch:

ZA 1

Vorlage zu ZA 1

1.2.1.7 Darstellung von Sechskantschrauben und -muttern mit Fasenbogen

Zeichenvorgang:

1 Zeichnen Sie zunächst den Kreis der Schlüsselweite (= Durchmesser des Inkreises) in der Draufsicht und anschließend die Kanten des Sechsecks mit Hilfe des 60°-Zeichendreiecks! Die Kanten des Sechsecks sind aus der Draufsicht in die Vorderansicht (Eckenmaß) zu projizieren und mit dem Zirkel in die Seitenansicht (Schlüsselweite) zu übertragen.

2 Zeichnen Sie die Fasenbogen in der Vorderansicht. Der mittlere Fasenbogen ist mit Radius $^3/_4$ e zu zeichnen. Der Radius für den kleinen Fasenbogen der schmalen Fläche ist die Strecke R, die durch den Schnitt des großen Fasenbogens mit der Außenkante gefunden wird.

3 Zeichnen Sie die Fasenbogen in der Seitenansicht. Diese sind mit dem Radius $^e/_2$ zu zeichnen. **Fasenbogen nicht bemaßen!**

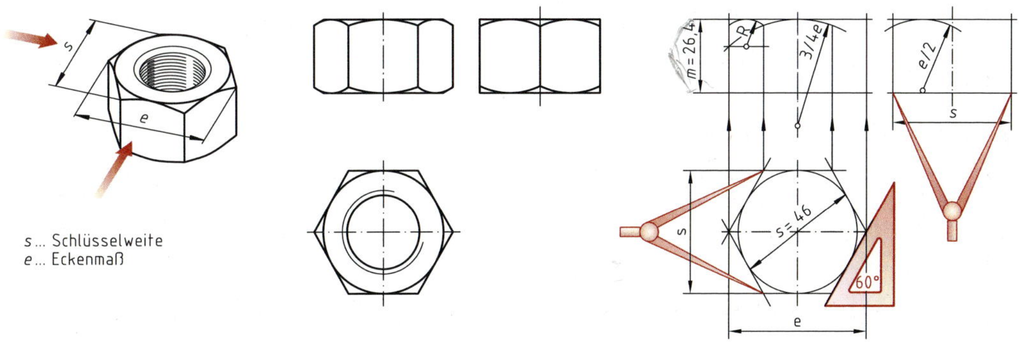

Bild 1.11 Konstruktion der Fasenbogen (Beispiel: Sechskantmutter ÖNORM EN ISO 4034-M 30

ZA 2 Flanschverschraubung

Zweck der Zeichenaufgabe: Praktische Anwendung der vereinfachten Darstellung von Sechskantschrauben in Werkzeichnungen.

1. Zeichnen Sie auf ein Zeichenblatt Größe A4 den **Teil 1**, Vorschweißflansch DIN EN 1092, und den **Teil 2**, Blindflansch, verschraubt mit **Teil 3**, 4 Sechskantschrauben ÖNORM EN ISO 4016-M16 × 55–4.8, und **Teil 4**, 4 Sechskantmuttern ÖNORM EN ISO 4034-M16-5. Die Dichtung, **Teil 5**, ist 2 mm dick.
2. Ergänzen Sie in der rechten Hälfte der Darstellung (Schnittansicht) die Verschraubung und durch Umklappen nach oben den Lochkreis (4 × 90°).

Anmerkung:
Vorschweißflansche dienen zur Verbindung von Rohrleitungen.
Der Flansch wird an das entsprechende Rohrende angeschweißt (siehe roter Hinweis).

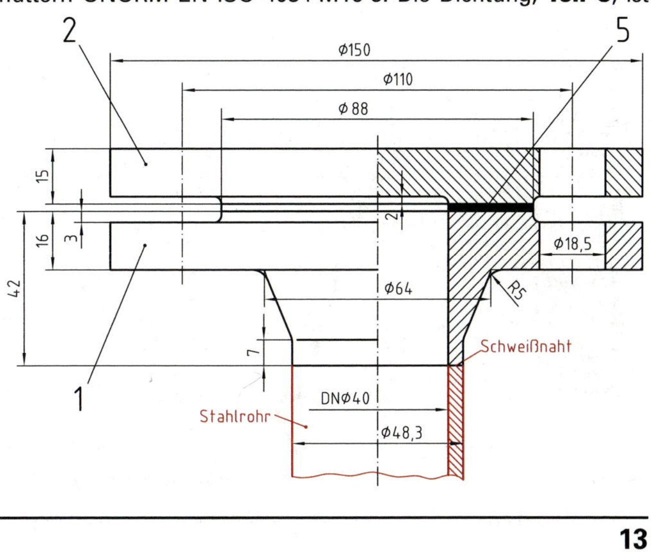

ZA 3 Kabelhaken

Zweck der Zeichenaufgabe: Wie **ZA 2**.

1. Zeichnen Sie auf ein Zeichenblatt Größe A3 den **Teil 1**, Kabelhaken, verschraubt mit dem **Teil 2**, Formstahl ÖNORM EN 10024-U120. Die Abmessungen des U-Profils siehe Normtabelle. U-Profil nicht bemaßen. Zur Verschraubung dienen **Teil 3**, 2 Sechskantschrauben ÖNORM EN ISO 4016 M12 × 35-4.6, **Teil 4**, 2 Sechskantmuttern ÖNORM EN ISO 4034-M12-5, **Teil 5**, 4 Scheiben DIN EN ISO 7089 14-140HV (Normmaße s. Tabellenbuch).
2. Zeichnen Sie die vereinfachte Schraubendarstellung in der Vorderansicht und Seitenansicht.
3. Ergänzen Sie das Schriftfeld und tragen Sie in die Stückliste die normgerechten Bezeichnungen und Werkstoffe der jeweiligen Verbindungselemente ein.

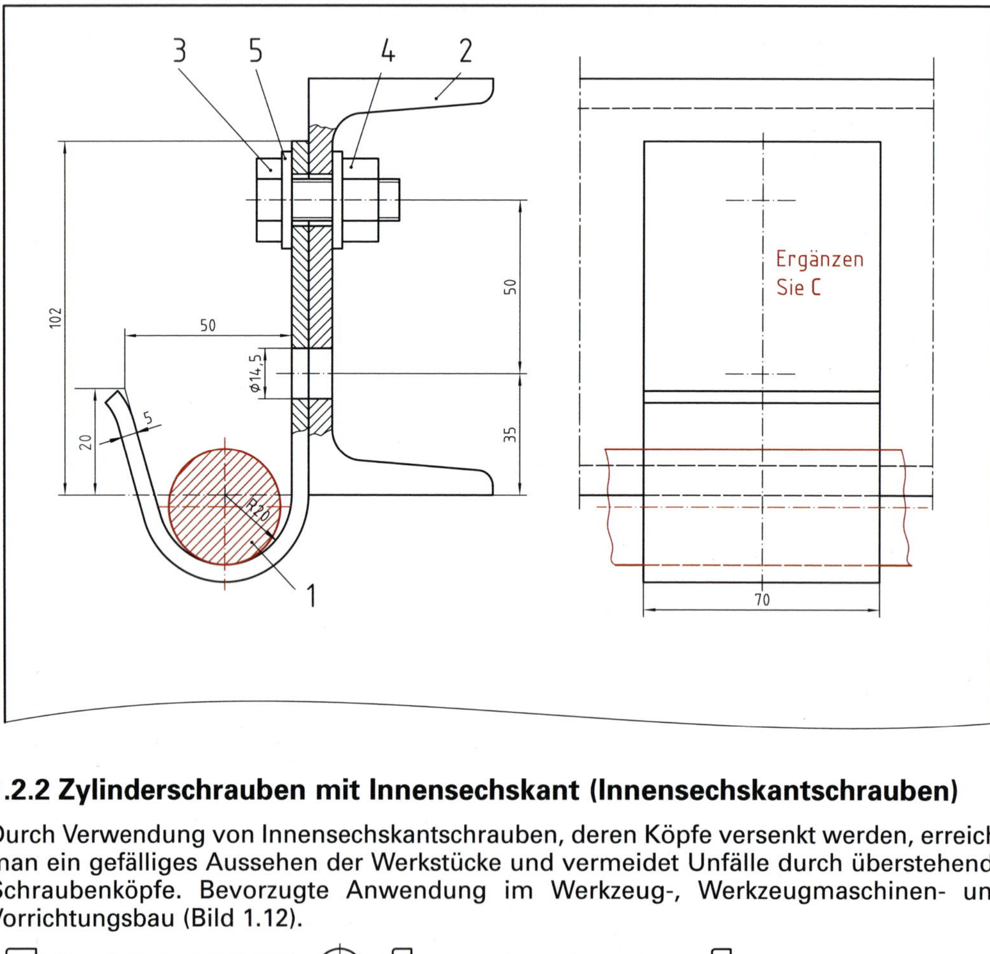

1.2.2 Zylinderschrauben mit Innensechskant (Innensechskantschrauben)

Durch Verwendung von Innensechskantschrauben, deren Köpfe versenkt werden, erreicht man ein gefälliges Aussehen der Werkstücke und vermeidet Unfälle durch überstehende Schraubenköpfe. Bevorzugte Anwendung im Werkzeug-, Werkzeugmaschinen- und Vorrichtungsbau (Bild 1.12).

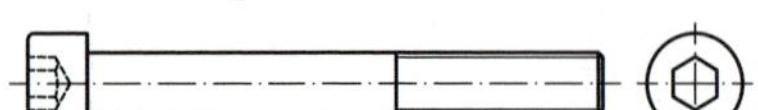

Zylinderschraube mit Innensechskant, metr. ISO-Gewinde, ÖNORM EN ISO 4762

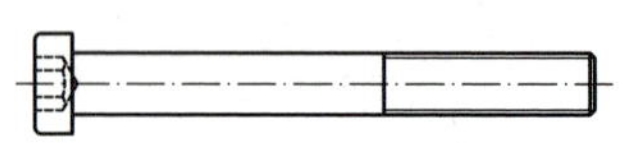

Zylinderschraube mit Innensechskant und niedrigem Kopf, ÖNORM DIN 7984

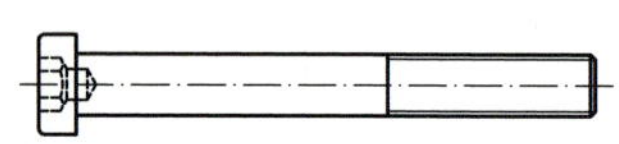

Zylinderschraube mit Innensechskant, niedrigem Kopf, mit Schlüsselführung

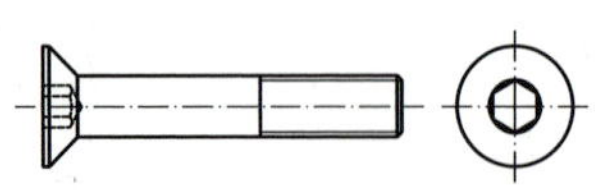

Senkschraube mit Innensechskant ÖNORM EN ISO 10642

Bild 1.12 Zylinderschrauben mit Innensechskant

ZA 4 Zylinderschrauben

Zweck der Zeichenaufgabe: Darstellung von Zylinderschrauben mit Innensechskant und dazu passenden zylindrischen Senkungen.

1. Zeichnen Sie an der **Stelle a** das Gewinde M12 und an der **Stelle b** eine zylindrische Senkung ÖNORM M 1807–M12–R1 (Reihe 1) für eine Zylinderschraube (Innensechskantschraube) ÖNORM EN ISO 4762–M12 × 30–8.8.
2. Zeichnen Sie an der **Stelle c** die Zylinderschraube in der Senkung und mit dem Gewinde verschraubt.
3. Zeichnen Sie an der **Stelle d** eine Zylinderschraube ÖNORM EN ISO 4762–M 20 × 50–8.8 in einer entsprechenden Senkung verschraubt.

Die Zylinderschrauben sind nach Bild 1.16 vereinfacht zu zeichnen.

Beachten Sie:
Schrauben sind handelsübliche Maschinenelemente, deren Einzelheiten in der Zeichnung nicht bemaßt werden. **Senkungen** dagegen müssen gefertigt und daher bemaßt werden. Maße für die Senkungen siehe Tabellenbuch.

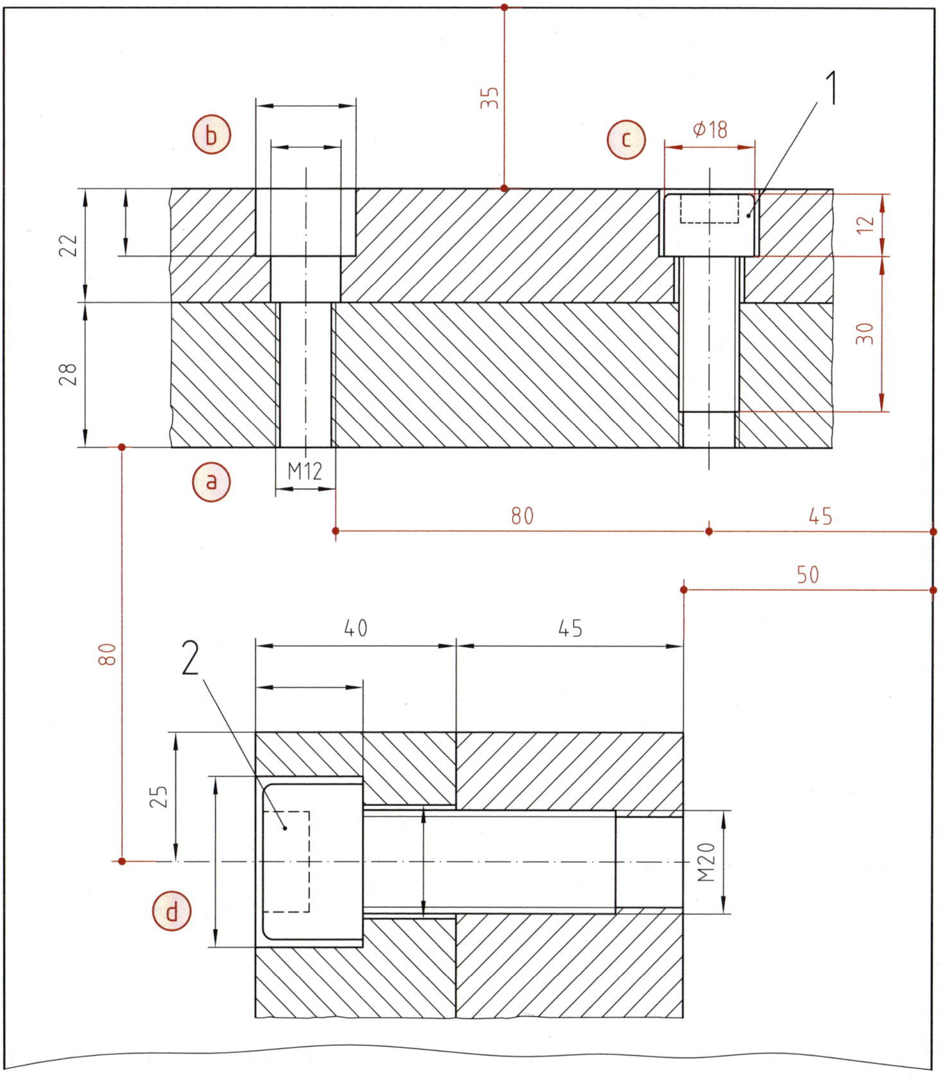

4	Zylinderschraube M12 x 1,5 x 50	2	DIN 6912	8.8		
1	Zylinderschraube M8 x 30	1	ISO 4762	10.9		
Stück	Benennung	Teil	Norm Nr. Zeichng.-Nr.	Werkstoff	Rohmaße od. Modell Nr.	Bemerkung

Bild 1.13 Eintragungsbeispiele in der Stückliste

Zylinderschrauben mit Innensechskant sind fester anzuziehen als Zylinderschrauben mit Schlitz. Der Vergleich einer Innensechskantschraube zeigt gegenüber einer normalen Sechskantschraube nach Bild 1.14 (rechts) kleineren Platzbedarf für die Schraube.

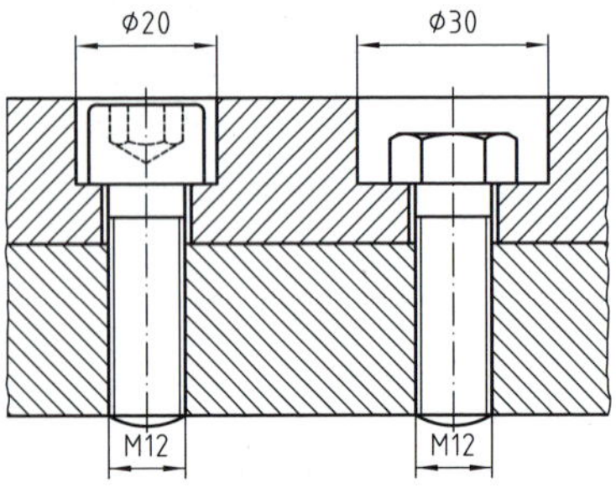

Bild 1.14 Zylinderschraube – Sechskantschraube

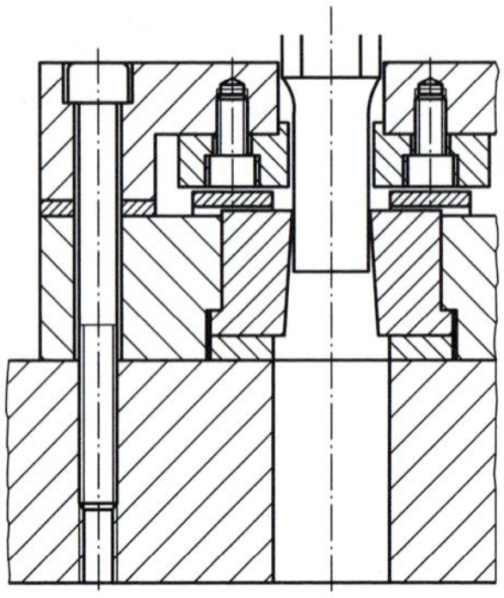

Bild 1.15 Platzsparende Anwendung von Zylinderschrauben

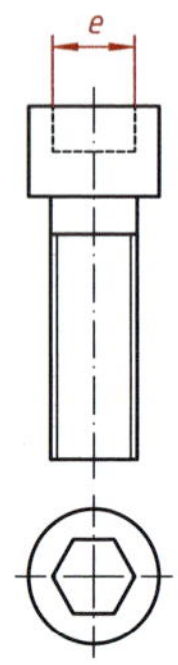

Bild 1.16 Vereinfachte Darstellung einer Zylinderschraube mit Innensechskant

ZA 5 Schraubstockbacke

Zweck der Zeichenaufgabe: Praktische Anwendung und Darstellung von Gewinden, Schrauben und Senkungen in Werkzeichnungen.

1. Zeichnen Sie auf ein Zeichenblatt Größe A3 den **Teil 1**, Schraubstockbacke (A, B, C), und **Teil 2**, Spannbacke (A, B), mit dem **Teil 3**, Zylinderschraube ÖNORM EN ISO 4762–M 8 × 20–8.8, verschraubt im umgelenkten Schnitt A–B.
2. Bestimmen Sie für die Zylinderschrauben und deren zylindrische Senkungen ÖNORM M 1807–M8–R1 die Abmessungen und ergänzen Sie diese in der Werkzeichnung.
3. Wählen Sie geeignete Werkstoffe und ergänzen Sie das Schriftfeld und die Stückliste. Oberflächenangaben nach ISO:
   Schwalbenschwanzführung **Ra0,4**
   alle übrigen Flächen **Ra1,6**

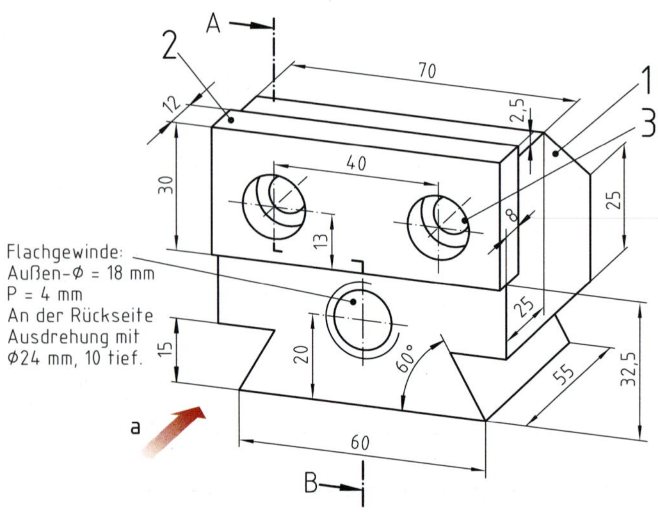

1.2.3 Schrauben mit Schlitz

1.2.3.1 Schrauben mit Längsschlitz

Produktklasse: A
Festigkeitsklassen: 4.8, 5.8, A2-50, A2-70
Verwendung: alle Gebiete der Technik

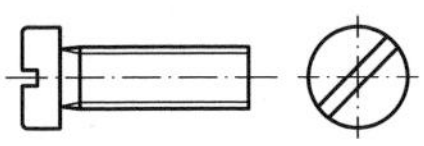
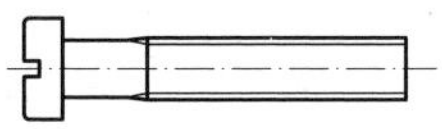

Zylinderschraube mit Schlitz
ÖNORM EN ISO 1207

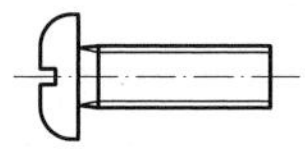

Flachkopfschraube mit Schlitz
ÖNORM EN ISO 1580

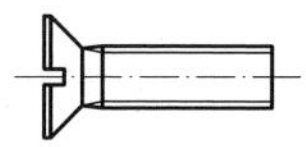

Senkschraube mit Schlitz nach ÖNORM EN ISO 2009

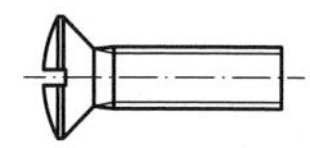

Linsensenkschraube mit Schlitz nach ÖNORM EN ISO 2010

1.2.3.2 Schrauben mit Kreuzschlitz

Produktklasse: A

Einheitskopf: Form H oder Form Z
Kreuzschlitz: Größe 1 für M2,5 und M3
Größe 2 für M4 und M5
Größe 3 für M6
Größe 4 für M8 und M10
Verwendung: alle Gebiete der Technik

1.2.3.3 Schraubenkopf mit Innensechsrund (TORX)

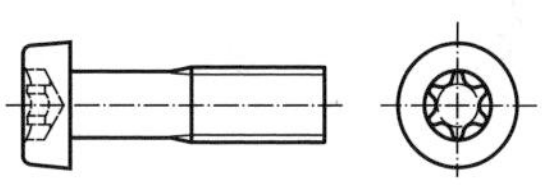

Flachkopfschraube mit Innensechsrund
ÖNORM EN ISO 14583

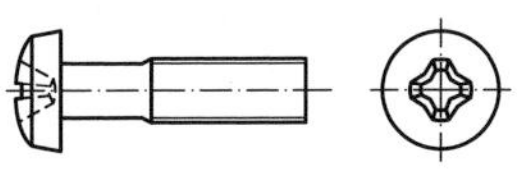

Flachkopfschraube mit Kreuzschlitz
ÖNORM EN ISO 7045

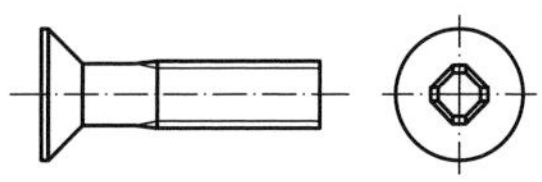

Senkschraube mit Kreuzschlitz
ÖNORM EN ISO 7046

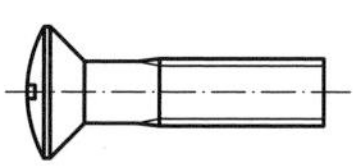

Linsensenkschraube mit Kreuzschlitz
ÖNORM EN ISO 7047

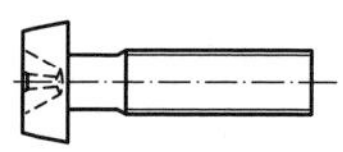

Zylinderschraube mit Kreuzschlitz
ÖNORM EN ISO 7048

1.2.3.4 Schrauben verschiedener Formen mit Schlitz

Verwendung: vorwiegend im Feinwerkbau

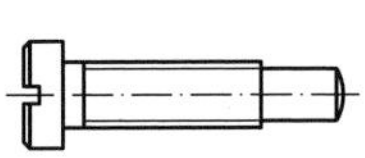

Linsenschraube mit Zapfen
DIN 922

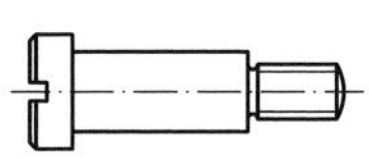

Linsenschraube mit Ansatz
DIN 923

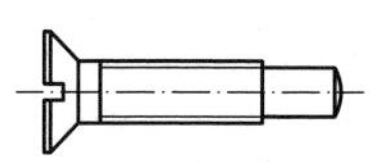

Senkschraube mit Zapfen
DIN 925

6	Flachkopfschraube M 4 x 30	3	ISO 1580	5.8		
2	Senkschraube M 5 x 16	2	ISO 2009	4.8		verzinkt
4	Zylinderschraube M 6 x 20	1	ISO 1207	Ms		
Stück	Benennung	Teil	Norm Nr. Zeichng.-Nr.	Werkstoff	Rohmaße od. Modell Nr.	Bemerkung

Bild 1.17 Eintragungsbeispiele in der Stückliste

1.2.3.5 Darstellung von Schrauben mit Schlitz in Werkzeichnungen

Schrauben mit Schlitz werden vereinfacht dargestellt (Bilder 1.18 und 1.19).

Bild 1.18 Vereinfachte Darstellung von Schrauben mit Schlitz

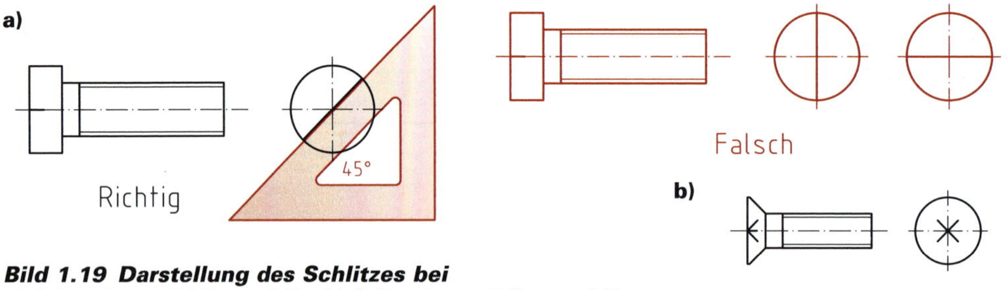

Bild 1.19 Darstellung des Schlitzes bei
a) *Schrauben mit Längsschlitz;* ***b)*** *Schrauben mit Kreuzschlitz*

1.2.3.6 Darstellung von Schraubensenkungen

Schraubensenkungen für Zylinderschrauben und Innensechskantschrauben werden mit Zapfensenkern (Bild 1.22c), für Senkschrauben mit Spitzsenkern (Bild 1.24a) ausgeführt.

In Werkzeichnungen sind die Senkungen zu bemaßen; die Schrauben hingegen als genormte Maschinenteile werden nicht bemaßt (Bild 1.20).

Merke:
Die **Abmessungen der Senkungen für Zylinder- und Senkschrauben sind genormt**; siehe Normtabellen. Man unterscheidet Senkungen mit Durchgangsloch „mittel" oder „fein".

Maßeintragung von zylindrischen Schraubensenkungen

1 Die Abmessungen der Senkung (Durchmesser und Senktiefe) richten sich nach der jeweiligen Schraubenkopfgröße. Zylinderschrauben mit Schlitz nach ÖNORM EN ISO 1207 und Zylinderschrauben mit Innensechskant nach ÖNORM EN ISO 4762 haben gleiche Kopfaußendurchmesser, jedoch verschiedene Kopfhöhen und Senktiefen.

2 Bild 1.20 zeigt die richtige Bemaßung einer zylindrischen Senkung und Bild 1.22 die Reihenfolge ihrer Herstellung. **Nachteil der vereinfachten Bemaßung:** Die Maße der Senkungen müssen einem Tabellenbuch entnommen werden.

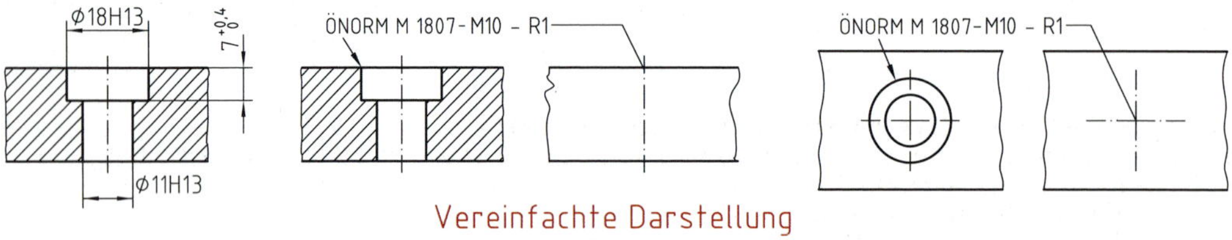

Bild 1.20 Maßeintragung von zylindrischen Schraubensenkungen

Alle Maße für eine Senkung sind möglichst in dieselbe Ansicht einzutragen, damit – bei weit auseinander liegenden Ansichten – das Aufsuchen der Maße erleichtert wird (Bild 1.21).

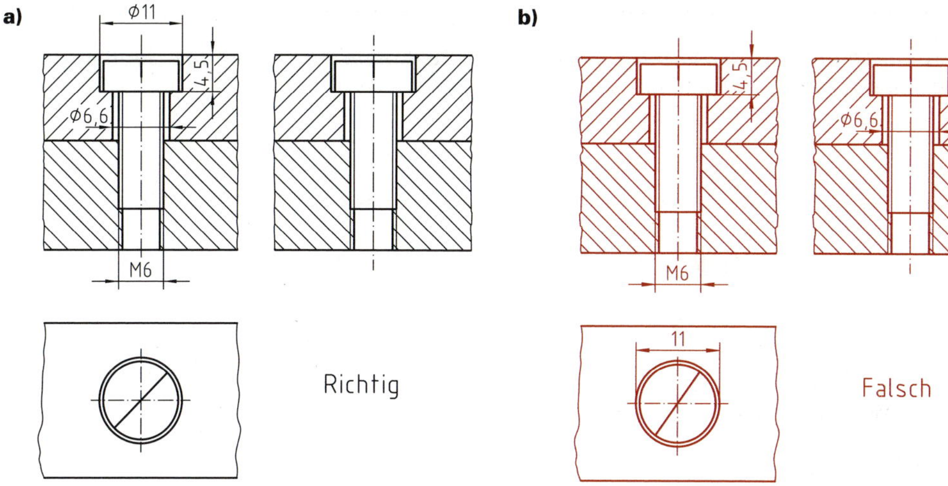

Bild 1.21 Maßeintragung einer Schraubensenkung

Beachten Sie:
Eine zweckmäßige und richtige Bemaßung wird nur dann möglich sein, wenn man einen klaren Überblick über die einzelnen Fertigungsstufen, Werkzeugdurchmesser, Werkzeugwege usw. hat.

Für das Entwickeln brauchbarer produktionsreifer Fertigungszeichnungen sind neben den zeichnerischen Grundlagen auch umfangreiche fachkundliche und technologische Kenntnisse über die Maschinenelemente Voraussetzung.

3 Für Durchgangslöcher nach ÖNORM EN 20273 (ISO 273) wählt man die Ausführung „mittel“ oder „fein“; nach diesen sind auch die handelsüblichen Werkzeuge ausgeführt.

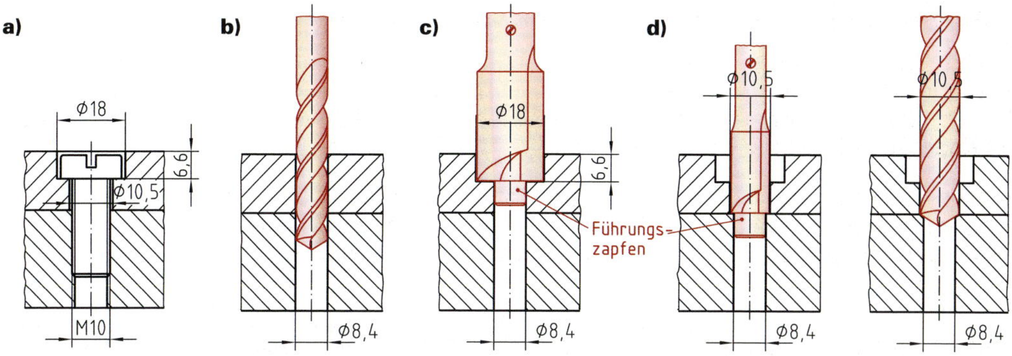

Bild 1.22 Fertigung einer zylindrischen Schraubensenkung
***a)** Beispiel: Verschraubung mit Zylinderschraube M10 nach ÖNORM EN ISO 1207 mit vollständiger Bemaßung der Schraubensenkung „fein“*
***b)** Vorbohren auf den Kernlochdurchmesser*
***c)** Einsenken der zylindrischen Senkung für den Schraubenkopf mit Kopfsenker*
***d)** Einsenken des Schraubendurchgangsloches mit Halssenker oder Durchbohren mit Spiralbohrer*

Maßeintragung von kegeligen Schraubensenkungen

1 Die zeichnerische Darstellung kegeliger Senkungen für Senkschrauben kann nach zwei Möglichkeiten erfolgen, und zwar:

- durch Angabe des Senkdurchmessers und des Senkwinkels (Bild 1.24a und 1.24b) oder
- durch Angabe der Senktiefe und des Senkwinkels (Bild 1.24c und 1.24d).

2 Die Bilder 1.24a und 1.24c zeigen Bemaßungsbeispiele von kegeligen Senkungen in der Ausführung „mittel" für eine Senkschraube M10, die Bilder 1.24b und 1.24d Senkungen in der Ausführung „fein".

> **Vorteil der Senkung „fein":** Saubere Senkung, der Schraubenkopf mit Fase passt sich gut der Senkung an, keine Möglichkeit von Schmutzablagerungen am Kopfrand (Bild 1.24d, Stelle a).
> **Nachteil:** Für jede Schraubengröße ist ein dazupassender Senker notwendig (Bild 1.24b).

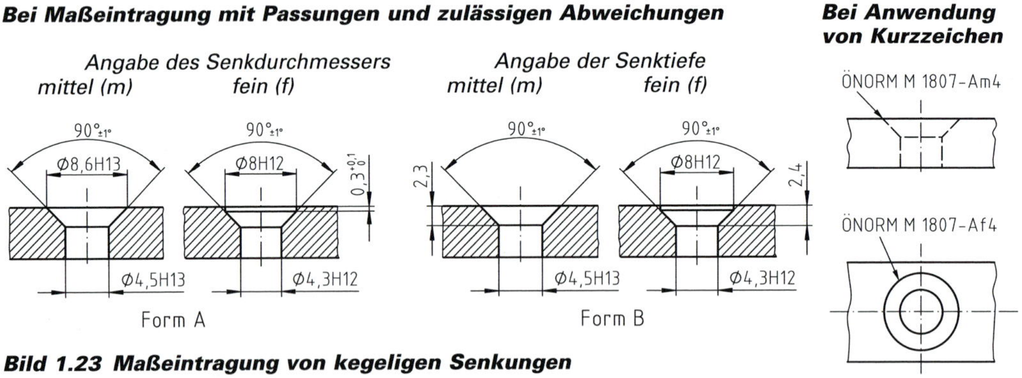

Bild 1.23 Maßeintragung von kegeligen Senkungen

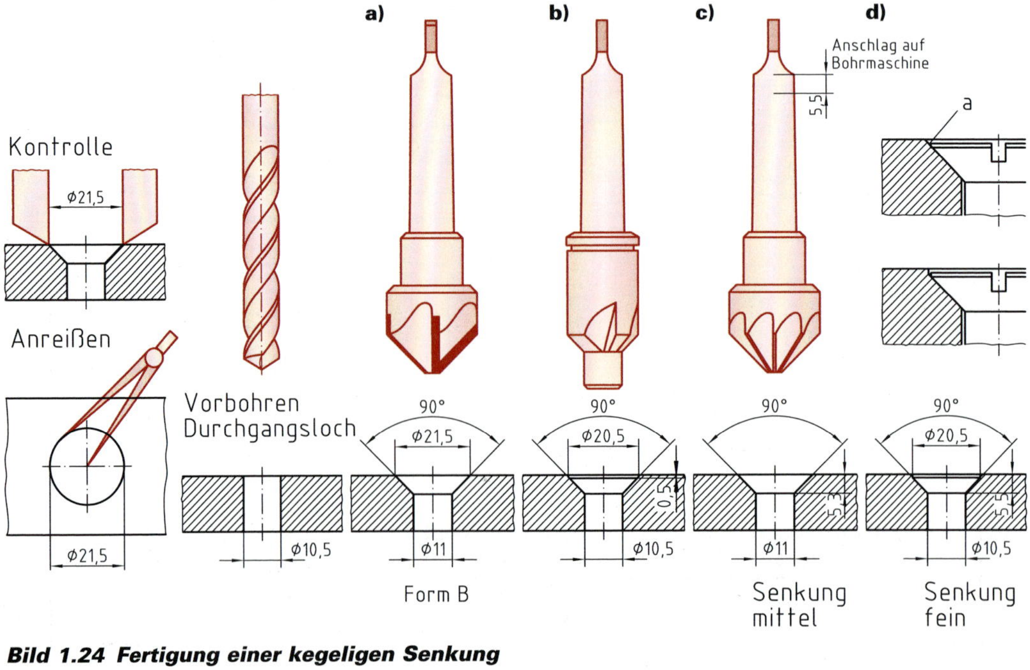

Bild 1.24 Fertigung einer kegeligen Senkung

ZA 6 Schraubensenkungen

Zweck der Zeichenaufgabe: Darstellung von Schraubensenkungen.

1. Zeichnen Sie für eine **Zylinderschraube mit Schlitz M10 × 30 nach ÖNORM EN ISO 1207–5.8** an der
   Stelle a: ein metrisches ISO-Gewinde M10 und die Senkung M10–R1 nach ÖNORM M 1807,
   Stelle b: ein metrisches ISO-Gewinde M10 und die Senkung Reihe 4 nach ÖNORM M 1807,
   Stelle c: die Zylinderschraube in der Senkung M10–R1 verschraubt.
2. Zeichnen Sie für eine **Senkschraube mit Schlitz ÖNORM EN ISO 2009–M10 × 35–4.8** an der
   Stelle a: ein metrisches ISO-Gewinde M10 und die Senkung Am10 nach ÖNORM M 1807, mit Angabe des Senkdurchmessers,
   Stelle b: ein metrisches ISO-Gewinde M10 und die Senkung Am10 nach ÖNORM M 1807, mit Angabe der Senktiefe,
   Stelle c: eine Senkschraube in der Senkung Am10 verschraubt.
3. Ergänzen Sie die Abmessungen der Senkungen; siehe Normtabellen. Schrauben nicht bemaßen.
4. Beachten Sie bei der Darstellung die Richtlinien in den Bildern 1.20 bis 1.24.

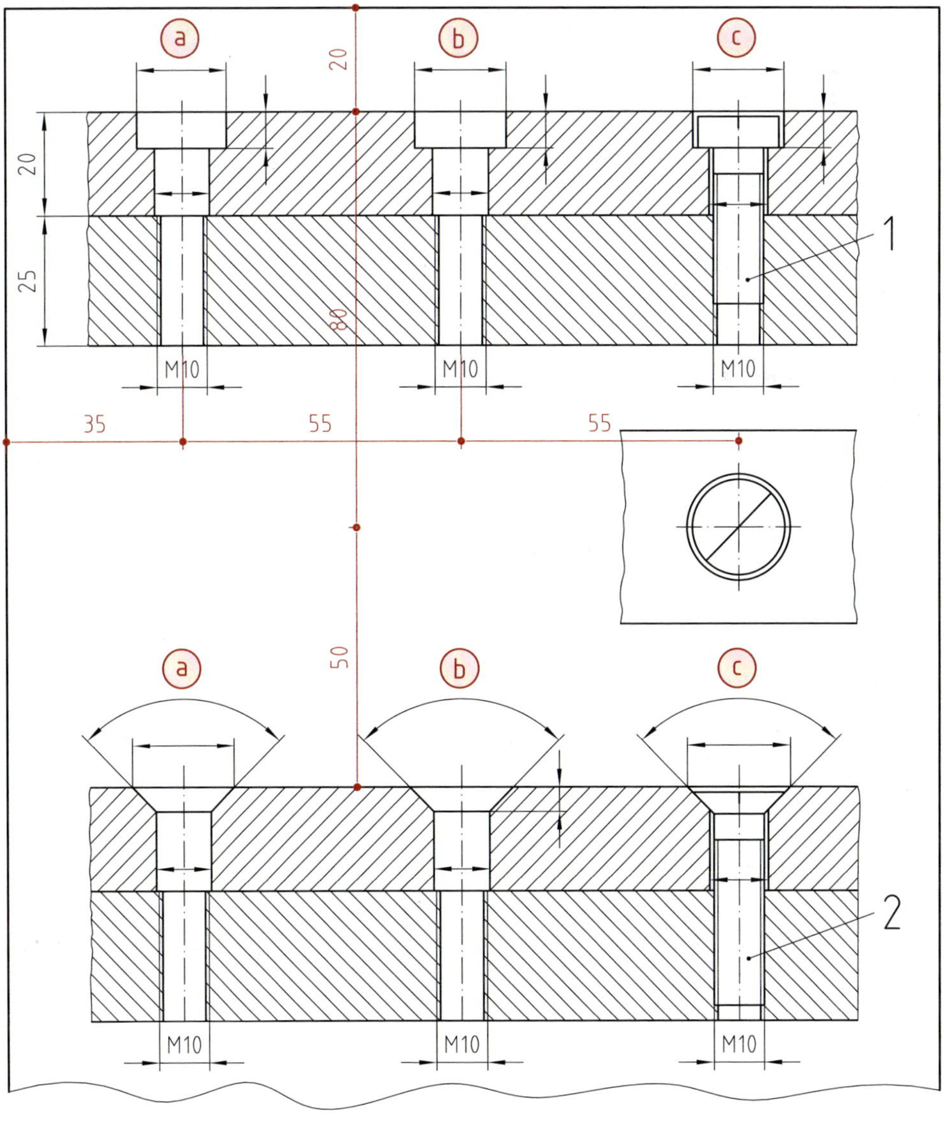

ZA 7 Aufspannprisma

Zweck der Zeichenaufgabe: Praktische Anwendung der Darstellung von Senkungen in Werkzeichnungen.

1. Zeichnen Sie auf ein Zeichenblatt Größe A4 den **Teil 1**, Grundplatte, und **Teil 2**, Aufspannprisma, mit **Teil 3**, Zylinderschraube mit Schlitz ÖNORM EN ISO 1207–M 6 × 25–5.8 verschraubt.
2. Ergänzen Sie die Abmessungen für die Schraubensenkung Reihe 1 nach ÖNORM M 1807.
3. Bestimmen Sie geeignete Werkstoffe für die Teile und tragen Sie zweckentsprechende Oberflächenangaben nach ISO ein.

Beachten Sie:
Aus fertigungstechnischen Gründen wird in der Praxis jeder Einzelteil auf einem separaten Zeichenblatt dargestellt.
Im Schulbetrieb wird dies aus ökonomischen Gründen nicht berücksichtigt.

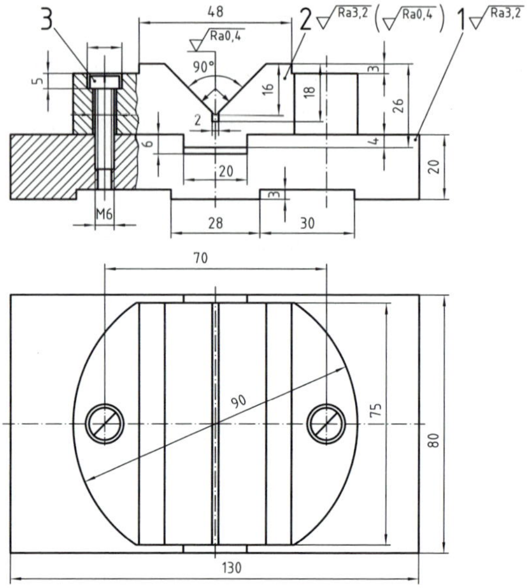

ZA 8 Profil-Prüflehre

Zweck der Zeichenaufgabe: Praktische Anwendung und Darstellung von Schlitzschrauben in Werkzeichnungen.

1. Zeichnen Sie auf ein Zeichenblatt Größe A4 die Teile der Prüflehre zusammengebaut, verschraubt und verstiftet in Vorder- und Seitenansicht sowie Draufsicht:
   Teil 1, Anschlag, Werkzeugstahl, gehärtet
   Teil 2, Prüfprofil, Werkzeugstahl, gehärtet
   Teil 3, Zylinderschraube mit Schlitz ÖNORM EN ISO 1207–M 5 × 10–5.8
   Teil 4, Zylinderstift ÖNORM EN ISO 2338–A–4 × 10–St
2. Zeichnen Sie den Teilschnitt, bemaßen Sie vollständig und tragen Sie zweckentsprechende Oberflächenangaben nach ISO ein.

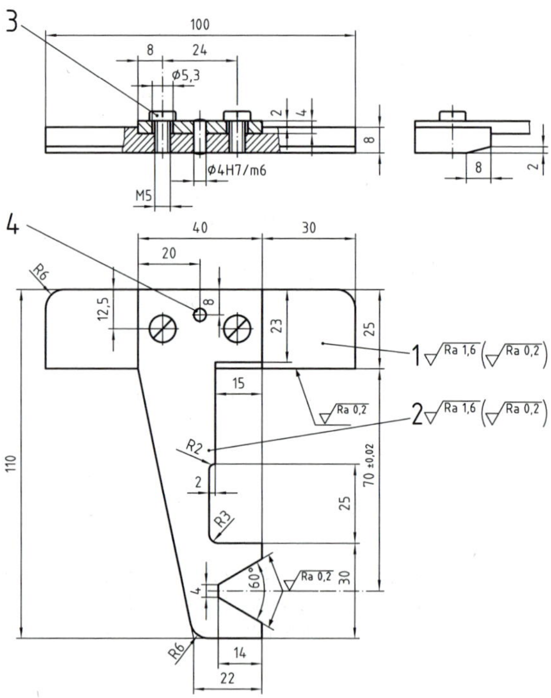

1.2.4 Verschiedene Schraubenformen

- **Stiftschrauben DIN 835, 938, 939.** Das Einschraubende einer Stiftschraube ist an der Kegelkuppe zu erkennen, das Mutternende hat eine Linsenkuppe. Am Einschraubende wird der Gewindeauslauf in die nutzbare Gewindelänge einbezogen, da dieser zum Festsitz beiträgt.
- **Anschweißenden ohne oder mit Sechskantmutter**

Bezeichnungsbeispiele: Anschweißende M12–4.6 (ohne Mutter)
Anschweißende M12 Mu–4.6 (mit Mutter)

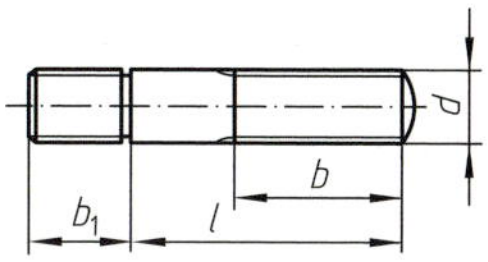

Stiftschraube

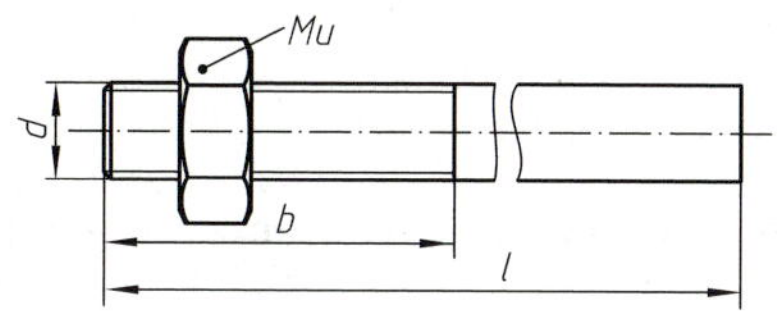

Anschweißenden ohne oder mit Sechskantmutter

- **Schaftschrauben DIN 427**
- **Gewindestifte mit Schlitz ÖNORM EN 24766, 27434 und 27435**

Gewindestifte mit Schlitz

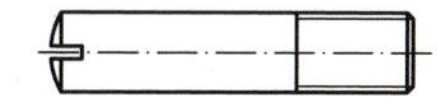

Schaftschraube DIN 427

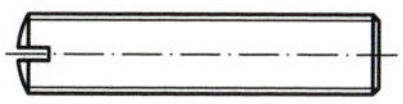

ÖNORM EN 24766 (ISO 4766) mit Kegelkuppe

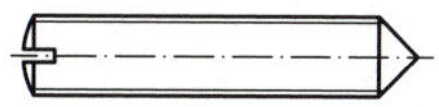

ÖNORM EN 27434 (ISO 7434) mit Spitze

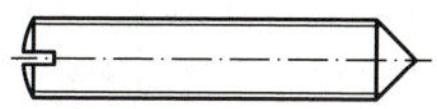

ÖNORM EN 27435 (ISO 7435) mit Zapfen

- **Gewindestifte mit Innensechskant und Kegelkuppe ÖNORM ISO 4026**
- **Gewindestifte mit Innensechskant und Spitze ÖNORM ISO 4027**
- **Gewindestifte mit Innensechskant und Zapfen ÖNORM ISO 4028**

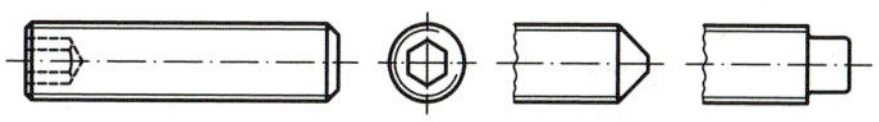

- **Augenschrauben DIN 444.** Diese Schrauben (früher Klappschrauben genannt) in Verbindung mit Bolzen oder mit Stiften dienen zur Befestigung von Deckeln, bei Armaturen, im Vorrichtungsbau u. a. und werden dort verwendet, wo ein schnelles Lösen der Schraubenverbindungen erreicht werden soll.

Form:
A = unbearbeitet (g) Produktklasse C
B = Auge seitlich bearbeitet (mg) Produktklasse B
C = allseitig bearbeitet (m) Produktklasse A

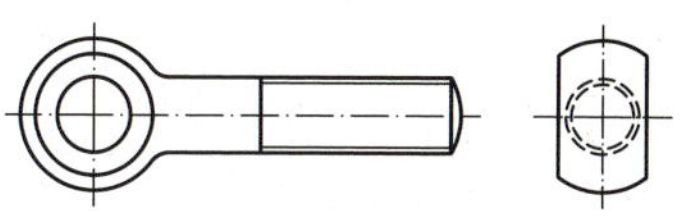

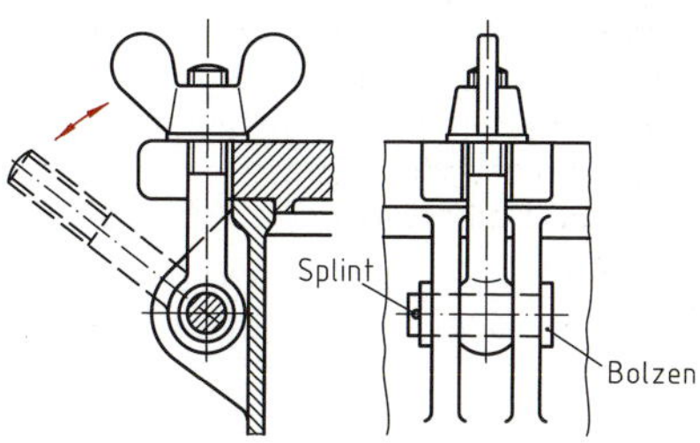

- **Flügelschrauben DIN 316.** Diese Schrauben ermöglichen ein schnelles Lösen und Festziehen der zu verbindenden Teile ohne Hilfswerkzeuge.

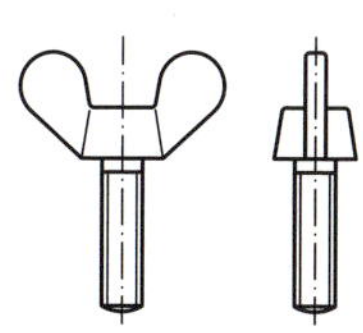

- **Hammerschrauben ÖNORM DIN 186.** Hammerschrauben erfordern T-förmige Nuten (DIN 649). Der Vierkant über dem Hammerkopf sichert die Schraube gegen Verdrehen. Anwendung: Stopfbüchsenschrauben bei Armaturen, Befestigung von Lagern auf Sohlplatten u. a.

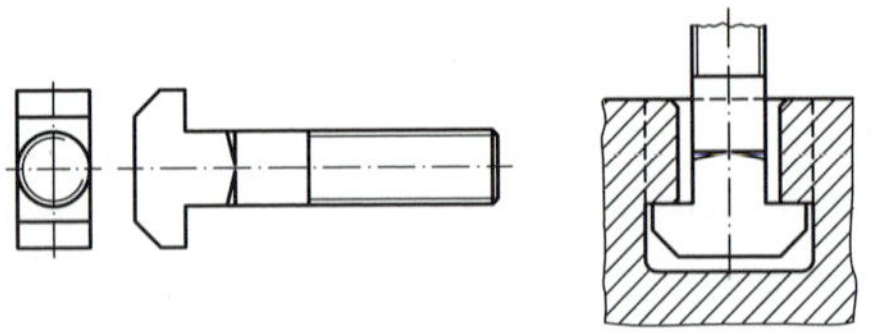

Hammerschrauben

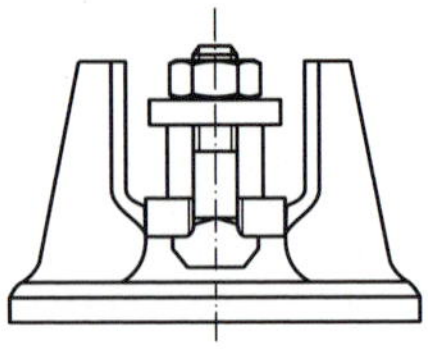

Befestigung von Lager auf Sohlplatte

- **Steinschrauben** dienen zum Befestigen von Maschinen und Bauteilen auf ihren Fundamenten.

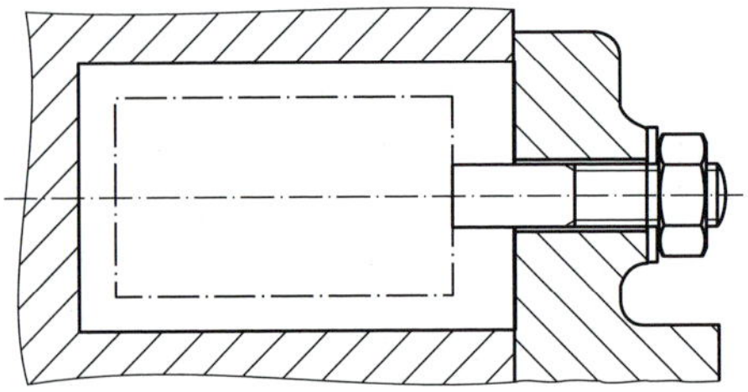

Steinschrauben-Verankerung

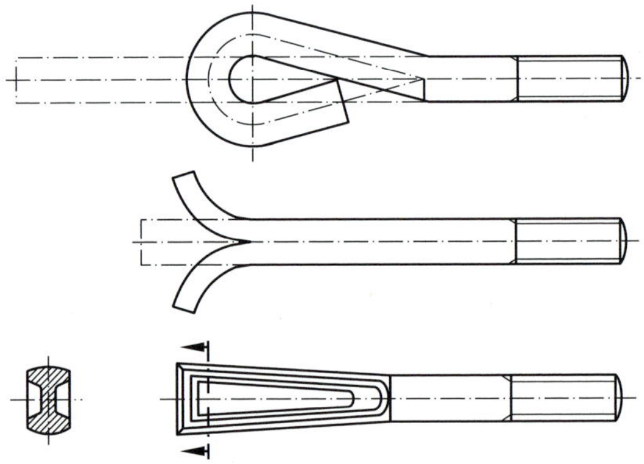

Beispiele über die Gestaltung des Schaftteils

- **Ringschrauben mit Bund und Rille.** Ringschrauben und -muttern dienen zum Transport schwerer Teile (z. B. von Elektromotoren, Turbinenteilen, Gehäusedeckeln), wenn diese beim Zusammenbau oder bei Instandsetzungsarbeiten mit dem Kran bewegt werden sollen.

  Ringschraube DIN 580
  Ringmutter DIN 582

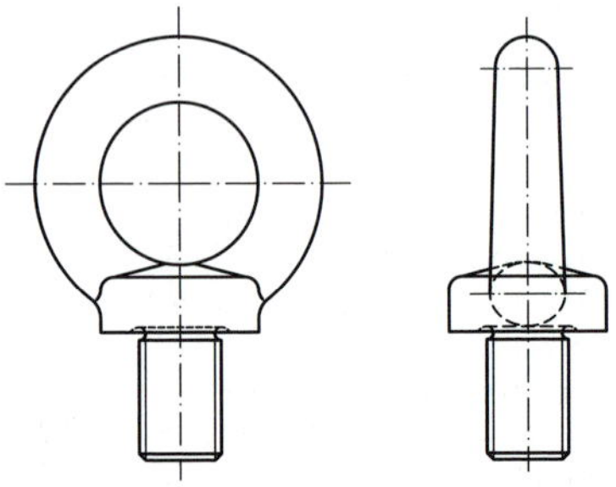

- **Vierkantschrauben.** Verwendung wegen der kleineren Kopfform vorwiegend als Spannschrauben in Werkzeughaltern u. a.

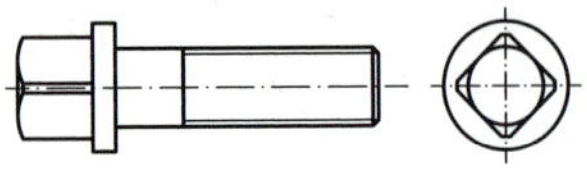

Vierkantschraube mit Bund, metrischem ISO-Gewinde DIN 478

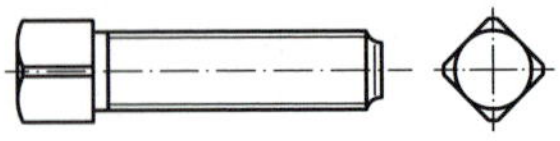

Vierkantschraube mit Kernansatz, metrischem ISO-Gewinde und metrischem ISO-Feingewinde DIN 479

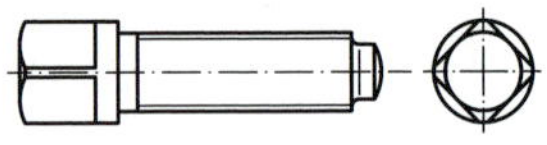

Vierkantschraube mit Bund und Ansatzkuppe, metrischem ISO-Gewinde DIN 480

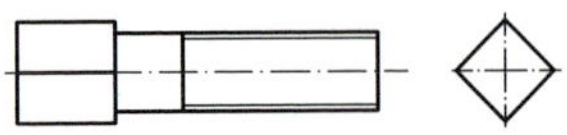

Vereinfachte Darstellung

ZA 9 Stiftschraubenverbindung

Zweck der Zeichenaufgabe:
Darstellung und praktische Anwendung einer Stiftschraubenverbindung.

1. Zeichnen Sie auf ein Zeichenblatt Größe A3 die Stiftschraubenverbindung eines Zylinderdeckels als Einzelteilzeichnung und in Zusammenstellung und bestimmen Sie die notwendigen Schrauben- und Gewindeabmessungen.
2. Ergänzen Sie die Stückliste:
   Teil 1, Zylinder, EN-GJL-200
   Teil 2, Zylinderdeckel, EN-GJL-200
   Teil 3, Dichtung, Klingerit
   Teil 4, Stiftschraube M10 × ...
   Teil 5, Scheibe DIN EN ISO 7089–10,5–140HV
   Teil 6, Sechskantmutter ÖNORM EN ISO 4032–M10-6

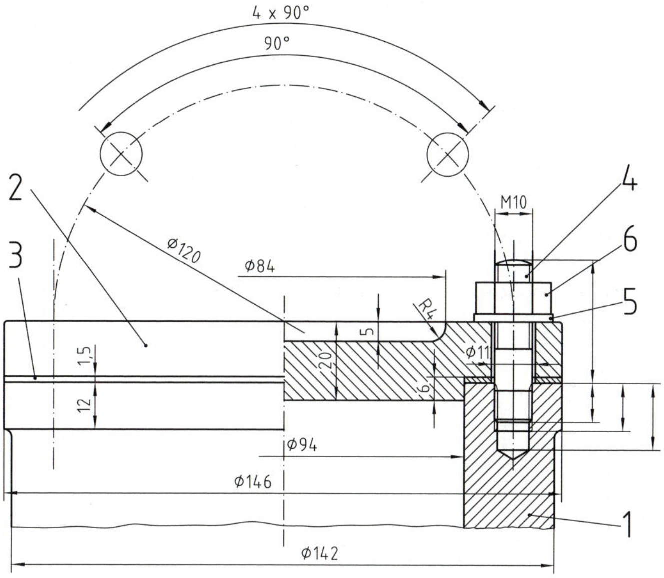

ZA 10 Werkzeughalter

Zweck der Zeichenaufgabe:
Praktische Anwendung und Darstellung von Vierkantschrauben in Werkzeichnungen.

1. Zeichnen Sie auf ein Zeichenblatt Größe A4 den **Teil 1**, Werkzeughalter, in Vorder- und Seitenansicht sowie Draufsicht. Die Gewindebohrungen M10 (für die Vierkantschraube) und M12 sind im Teilschnitt aufgebrochen darzustellen.
2. Zeichnen Sie den **Teil 2**, Vierkantschraube mit Kernansatz DIN 479 –M 10 × 30–8.8, verschraubt im Werkzeughalter.
3. Ergänzen Sie zweckmäßige Oberflächenangaben nach ISO und bestimmen Sie einen geeigneten Werkstoff für den Werkzeughalter.

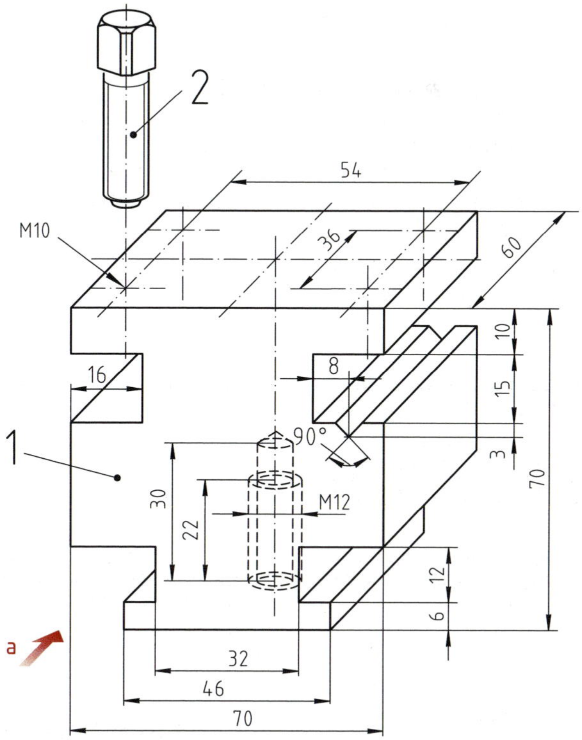

ZA 11 Fräsvorrichtung

Zweck der Zeichenaufgabe: Praktische Anwendung einer Stiftschraubenverbindung und eines Gewindestifts in einer Werkzeichnung.

1. **Einzelteilzeichnung.** Zeichnen Sie auf Zeichenblätter Größe A3 alle Teile der Fräsvorrichtung in den notwendigen Ansichten und mit den entsprechenden fertigungstechnischen Abmessungen, Passungsangaben sowie Oberflächenzeichen nach ISO.
   Teil 1, Grundplatte, Werkstoff C35
   Teil 2, Spannleiste, Werkstoff C35
   Teil 3, Zapfen, Werkstoff C10
   Teil 4, Gewindestift ÖNORM EN 27434 (ISO 7434) M6 × 18–5.8
   Teil 5, Stiftschraube M12 × 65–5.6
   Teil 6, Kegelgriff DIN 99–L100–9S20
   Teil 7, Scheibe DIN EN ISO 7089–13–200 HV
   Teil 8, Stützbolzen S275 JR
   Teil 9, Sechskantmutter M12 ÖNORM EN ISO 4032–6
2. **Zusammenstellungszeichnung.** Zeichnen Sie von der Fräsvorrichtung eine Zusammenstellung mit Teilnummern, ohne Maßeintragung.

- **Rändelschrauben.** Rändelschrauben dienen als Anschluss- und Klemmschrauben bei elektrischen Geräten, als Verstellschrauben für Prüf- und Messgeräte u. a. Der gerändelte Kopf erleichtert das Schrauben von Hand, bei Benutzung des Schraubendrehers erhalten die Schrauben einen Schlitz.

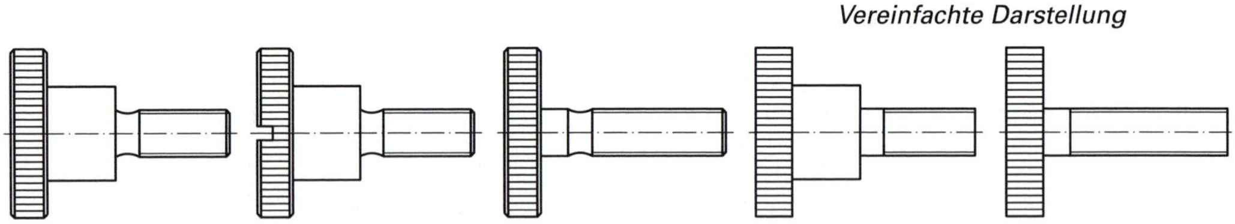

Hohe Rändelschrauben DIN 464 ***Flache Rändelschrauben DIN 653***

ZA 12 Anschlag

Zweck der Zeichenaufgabe: Praktische Anwendung und Darstellung von Rändelschrauben in Werkzeichnungen.

1. Zeichnen Sie auf ein Zeichenblatt Größe A4 den **Teil 1**, Anschlag, Werkstoff C35, verschraubt mit dem **Teil 2,** hohe Rändelschraube DIN 464 M10 × 40–5.8, in Vorderansicht und Draufsicht. Zeichnen Sie die Rändelschraube in vereinfachter Darstellung, Maße siehe Tabellenbuch.

   Beachten Sie: Die Schraube ist ein genormtes Maschinenelement – daher nicht zu bemaßen.
2. Bestimmen Sie geeignete Oberflächenzeichen und tragen Sie diese in die Zeichnung ein.
3. Ergänzen Sie das Schriftfeld und die Stückliste.

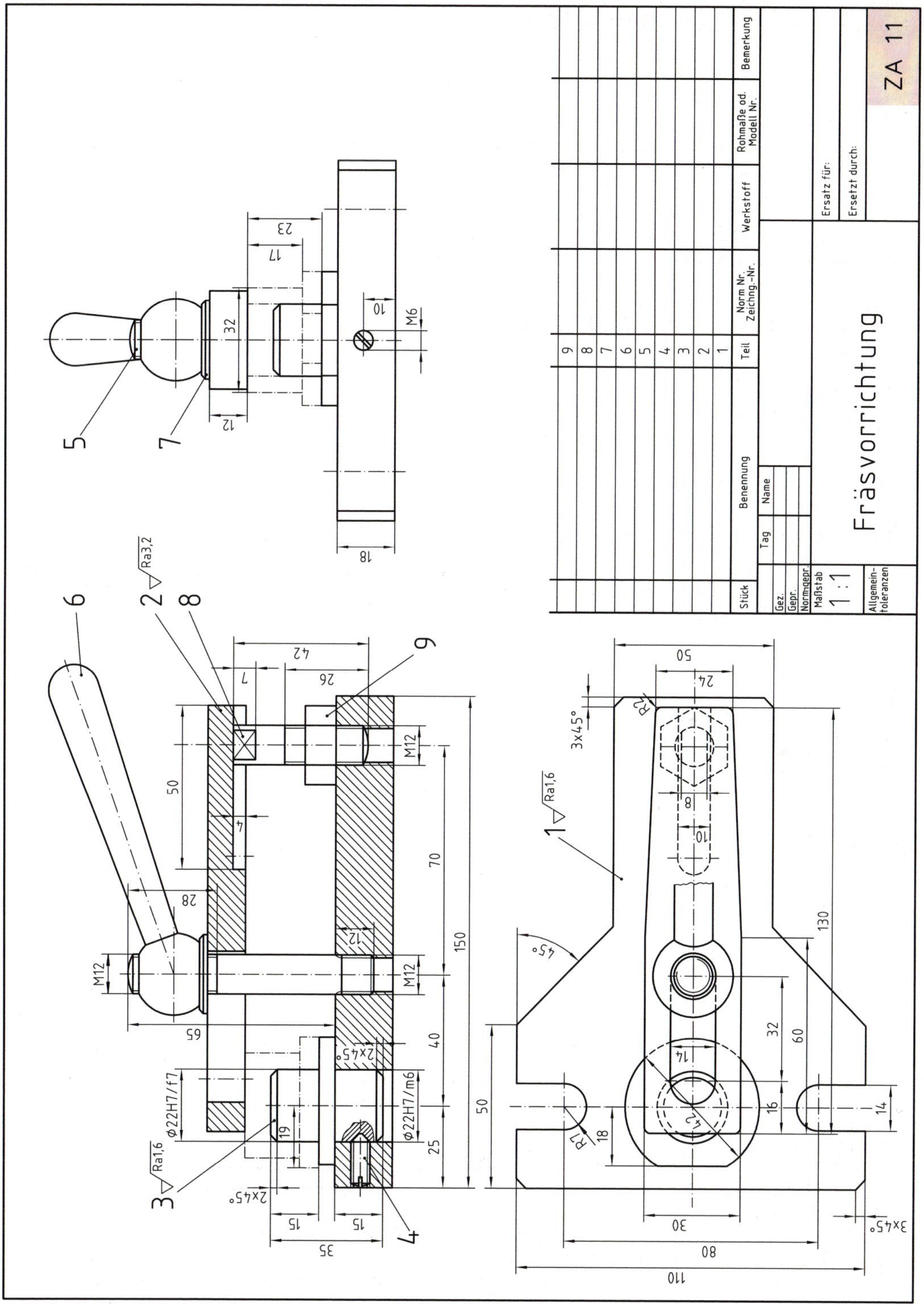

Vorlage zu ZA 11

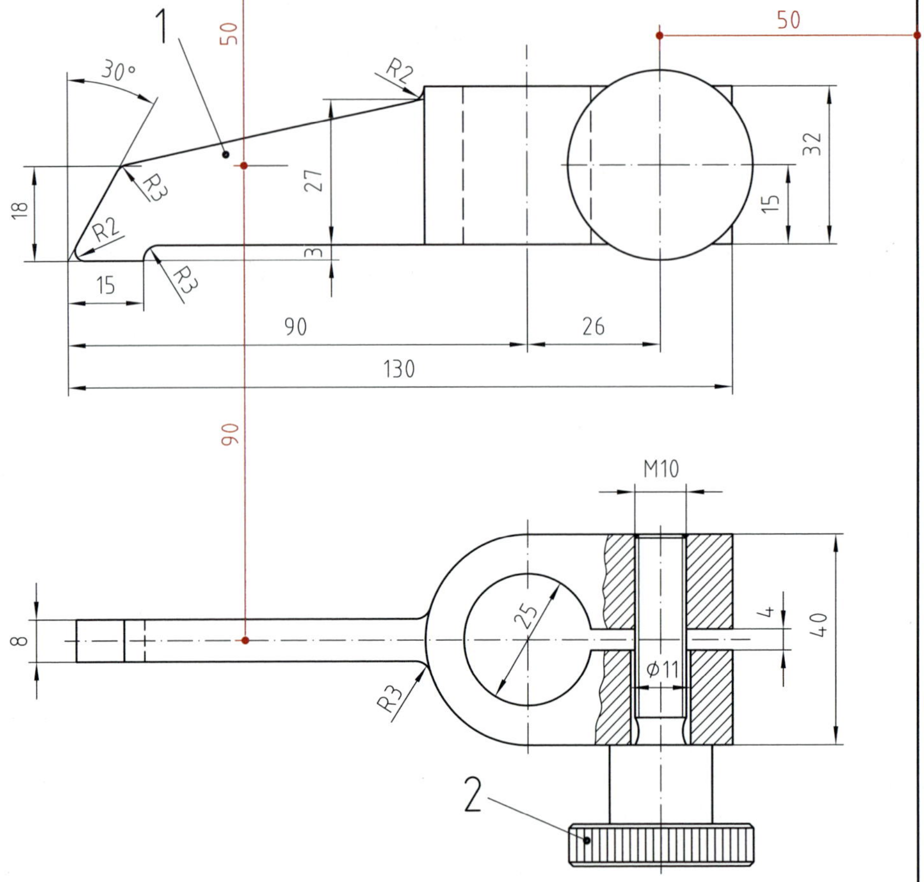

Stück	Benennung	Teil	Norm Nr. Zeichng.-Nr.	Werkstoff	Rohmaße od. Modell Nr.	Bemerkung
		2				
		1				

	Tag	Name		
Gez.				
Gepr.				
Norm gepr.				
Maßstab 1 : 1	Anschlag			Ersatz für:
				Ersetzt durch:
Allgemeintoleranzen				ZA 12

Vorlage zu ZA 12

- **Blechschrauben** werden für Blechverbindungen und Blechmuttern (speed-nuts) verwendet. Das Blechschrauben-Bolzengewinde formt sich sein Muttergewinde selbst (Blechdicke > Gewindesteigung). Die Kernlöcher können gestanzt, gebohrt oder gelocht bzw. durchgezogen sein. Das Gewinde entspricht dem Blechschraubengewinde nach ASA (American Standards Association).
  - Flachkopfblechschrauben mit Schlitz ÖNORM EN ISO 1481
  - Linsensenkblechschrauben mit Schlitz ÖNORM EN ISO 1483
  - Senkblechschrauben mit Schlitz ÖNORM EN ISO 1482
  - Linsensenkblechschrauben mit Kreuzschlitz ÖNORM EN ISO 7051
  - Linsenblechschrauben mit Kreuzschlitz ÖNORM EN ISO 7049
  - Sechskantblechschrauben ÖNORM EN ISO 1479

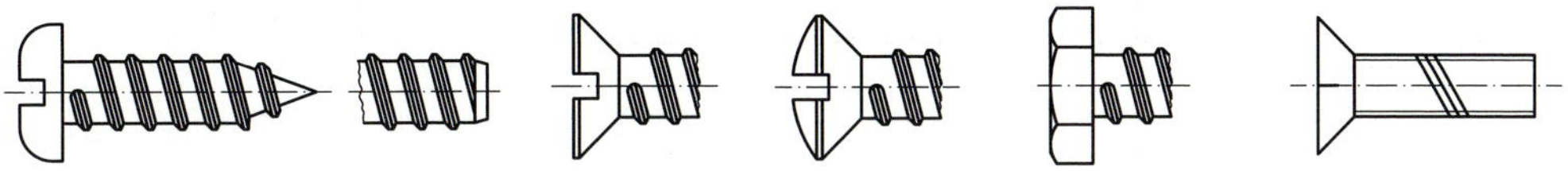

Form C Flachkopfblechschraube · *Form F* · *Senkblechschraube* · *Linsensenkblechschraube* · *Sechskantblechschraube* · *Vereinfachte Darstellung*

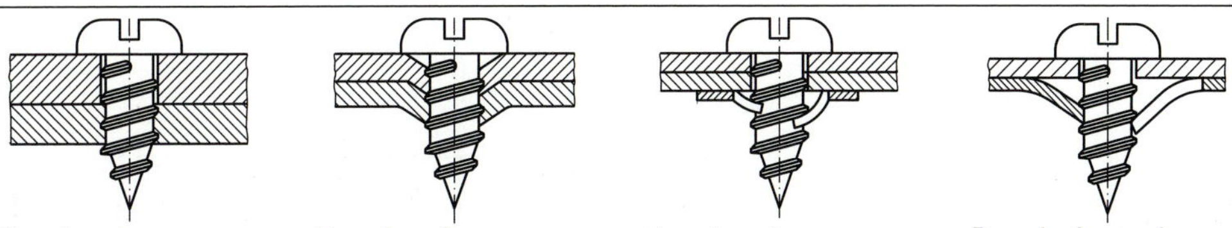

Verschraubung von glatten Blechen; Dicke des unteren Bleches größer als die Gewindesteigung

Verschraubung von Blechen mit aufgedorntem oder durchgezogenem Kernloch (dünne Bleche)

Verschraubung von dünnen Blechen mit Hilfe von Klemmmuttern

Presslochverschraubung für dünne Bleche

Bild 1.25 Verschraubung von Blechen

- **Gewindeschneidende Schrauben.** Diese Schrauben haben eine Gewindeform, die Ähnlichkeit mit einem Gewindebohrer hat. Das Gewinde ist durch Längsnuten unterbrochen, der Gewindeanfang der Schraube ist mit einem Anschnitt versehen. Beim Einschrauben der Schraube wirkt diese wie ein Gewindebohrer und schneidet sich das Gewinde selbst. Die Wahl des Bohrerdurchmessers für das Kernloch ist ähnlich wie beim Gewindeschneiden. **Gewindeschneidschrauben können wiederholt benutzt werden**; es lassen sich auch andere handelsübliche Schrauben in ein mit einer Schneidschraube geschnittenes Gewindeloch einschrauben.

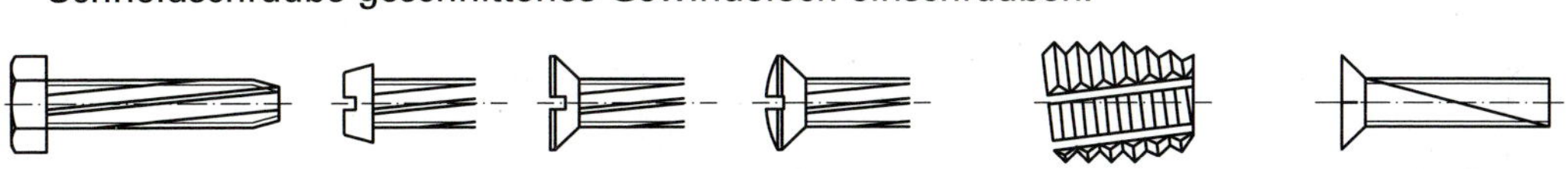

Sechskant-, Zylinder-, Senk- und Linsensenkschrauben · *Vereinfachte Darstellung*

- **Kombi-Schrauben DIN EN ISO 10644.** Diese Norm enthält Schrauben (z. B. Sechskant-, Zylinder-, Senkschrauben) mit metrischem ISO-Gewinde annähernd bis Kopf und mit **unverlierbaren** Unterlegteilen (z. B. Scheiben, Federringe, Zahnscheiben) zum Zwecke der Schraubenauflage und -sicherung. Die Scheiben werden vor dem Gewindewalzen auf den Schraubenschaft gesteckt.
  Verwendung: Maschinenbau, Autoindustrie, Gerätebau u. a.

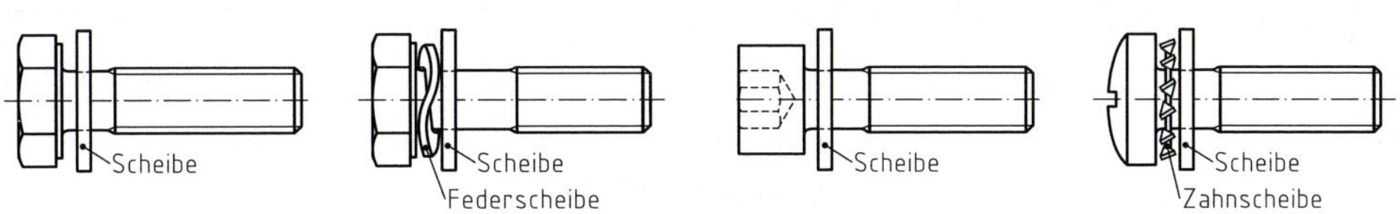

1.2.5 Verschiedene Mutterformen

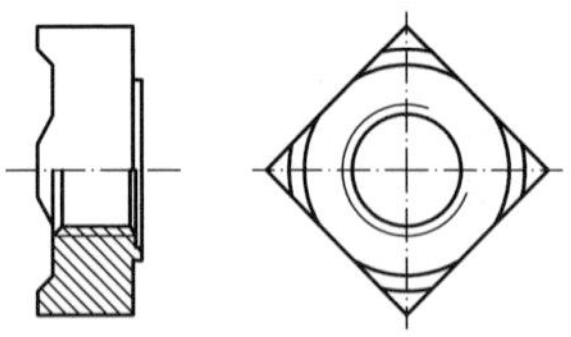

Vierkant-Schweißmutter DIN 928 zum Anschweißen an Stahlbauteile (Blechteile)

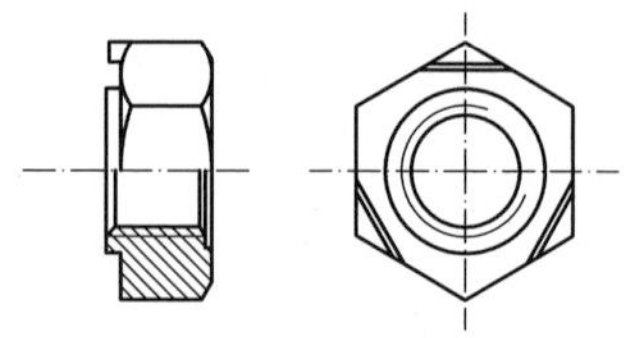

Sechskant-Schweißmutter DIN 929

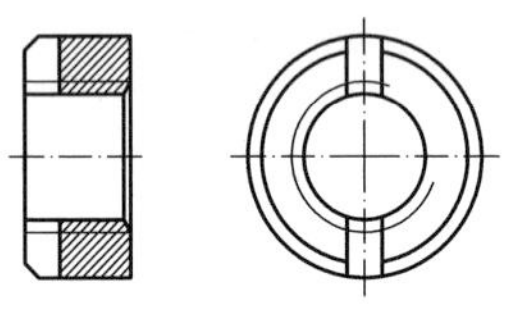

Schlitzmutter DIN 546

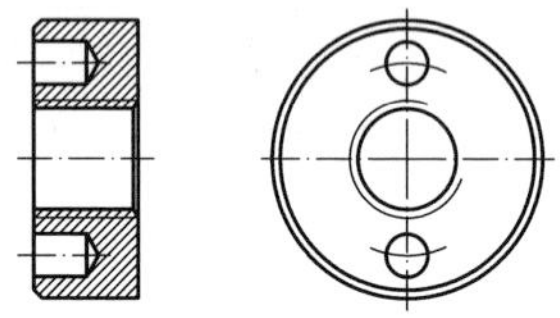

Zweilochmutter DIN 547

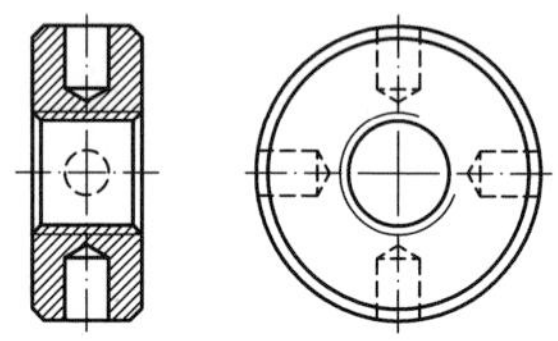

Kreuzlochmutter DIN 548

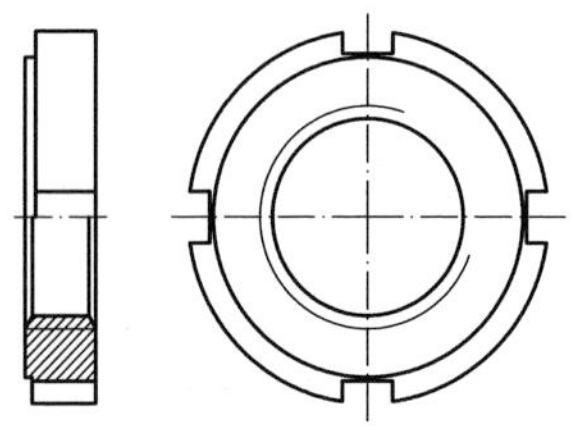

Nutmutter mit metrischem ISO-Feingewinde DIN 1804

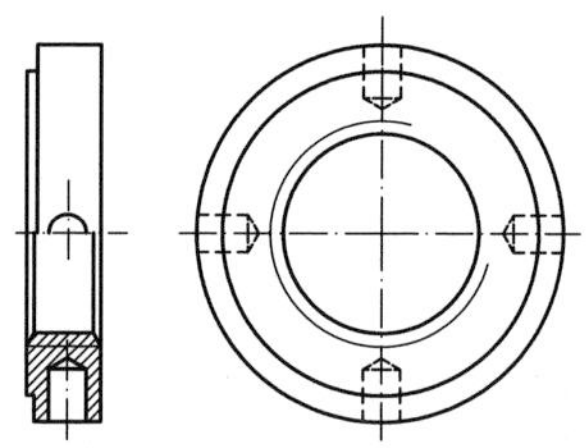

Kreuzlochmutter mit metrischem ISO-Feingewinde DIN 1816

Ausführung: *w ungehärtet, ungeschliffen; h gehärtet, Planflächen geschliffen.*

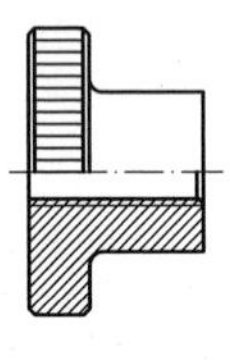

Hohe Rändelmutter DIN 467

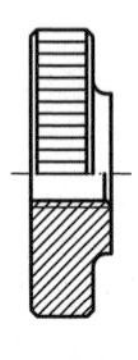

Flache Rändelmutter DIN 466

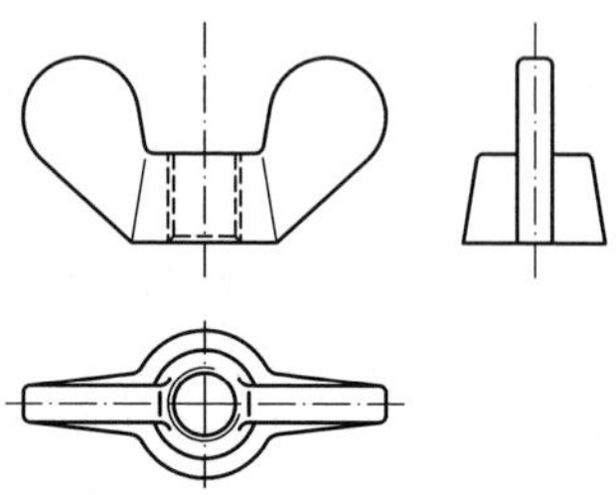

Flügelmutter DIN 315

Bild 1.26 Verschiedene Mutterformen

Stück	Benennung	Teil	Norm Nr. Zeichng.-Nr.	Werkstoff	Rohmaße od. Modell Nr.	Bemerkung
12	U-Scheibe 14	6	DIN 434			
2	Scheibe 21	5	ISO 7089	nr St		
4	Rändelmutter M 6	4	DIN 466	5		vernickelt
4	Nutmutter M 30 x 1,5 h	3	DIN 1804	5		
2	Schlitzmutter M10	2	DIN 546	Ms		
10	Schweißmutter M 10	1	DIN 929	St		

Bild 1.27 Eintragungsbeispiele in der Stückliste

1.3 Flache Scheiben

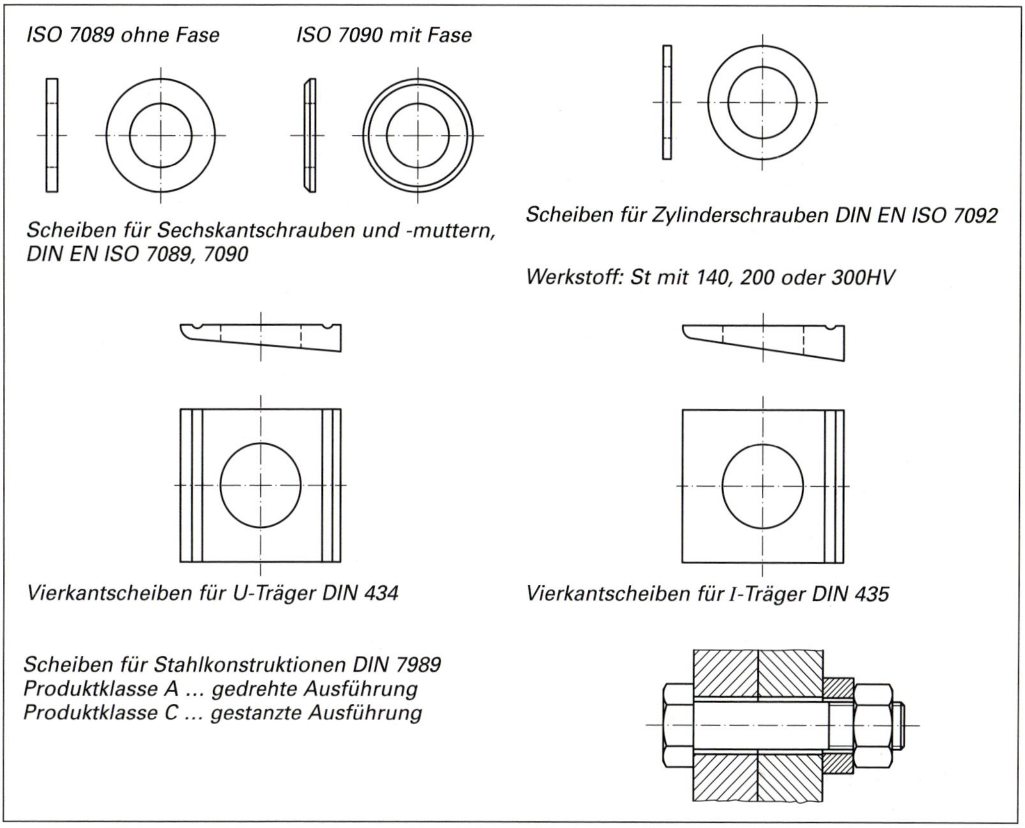

Bild 1.28 Scheibenarten

1.4 Schraubensicherungen

Sind Schraubenverbindungen Stößen, Erschütterungen, Schwingungen u. dgl. ausgesetzt, so ist die Mutter bzw. die Schraube gegen selbsttätiges Lockern zu sichern. Wie in Bild 1.29 zu ersehen ist, liegen die Gewindeflanken von Schraubenbolzen und Mutter infolge des Anpressdrucks einseitig auf. Bei ruhender Belastung genügt die Reibung zwischen den Gewindeflanken, um zu verhindern, dass die Mutter locker wird.

Ist die Schraubenverbindung wechselnden Belastungen, Erschütterungen u. dgl. ausgesetzt, so wird der Anpressdruck und damit die Reibung oft stark vermindert, so dass sich die Schraubenmutter zu lockern beginnt. Um dies zu verhindern, verwendet man **Schraubensicherungen**.

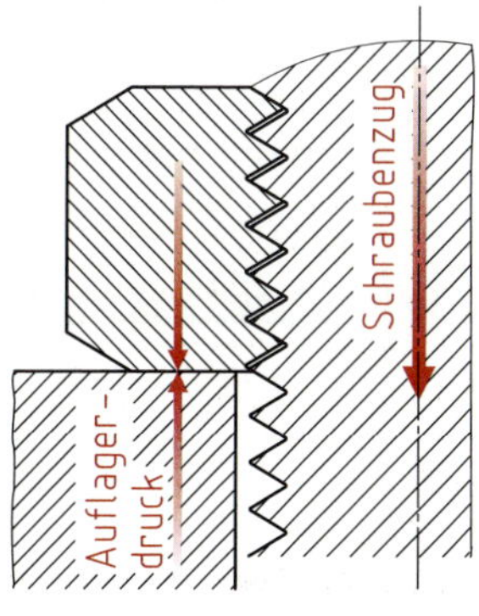

Bild 1.29 Schraubenverbindung

Schraubensicherungen können als **kraftschlüssige Verbindung** (z. B. Federringe, Federscheiben) oder **formschlüssige Verbindung** (z. B. Sicherungsbleche) ausgeführt werden.

> **Beachten Sie:**
> **Die gesicherte Schraubenmutter allein ist noch keine wirksame Sicherung! Auch der Bolzen der Schraubenverbindung muss gesichert sein!** (Siehe Beispiel: Federring!)

- **Gegenmutter.** Die beiden Muttern verspannen sich gegenseitig. **Beachten Sie beim Zeichnen:** Bei Verwendung von zwei verschieden hohen Muttern ist immer die höhere Mutter als Gegenmutter zu zeichnen. Diese Sicherungsart beansprucht eine größere Bauhöhe und ergibt nur eine bedingte Sicherung der Schraubenverbindung.
- **Sicherungsmuttern.** Diese Muttern sind leichte und sehr sichere Schraubensicherungen aus Federstahl mit Gegenmutterwirkung. Der Durchmesser *d* ist dem Kerndurchmesser des Gewindes angepasst. **Ausführung:** 6 Sperrzähne für metrische ISO-Regelgewinde und 9 Zähne für metrische ISO-Feingewinde.
- **Federringe DIN 128.** Die Federringe (neue Form) können für Rechts- und Linksgewinde verwendet werden.

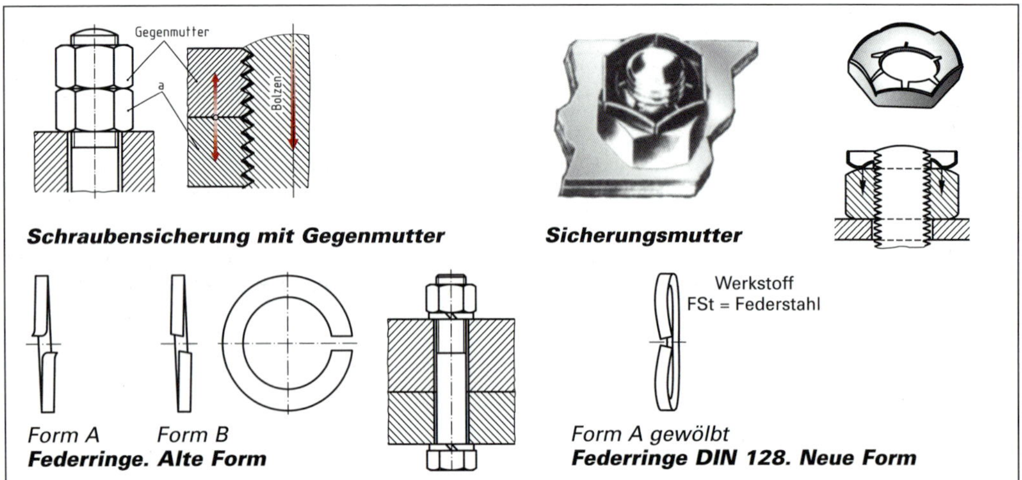

Schraubensicherung mit Gegenmutter

Sicherungsmutter

Form A *Form B*
Federringe. Alte Form

Form A gewölbt
Federringe DIN 128. Neue Form

Bild 1.30 Schraubensicherungen

> **Beachten Sie:**
> Federringe, Zahn- und Fächerscheiben besitzen nur bei kleinen Vorspannkräften Sicherungseigenschaften. Ab Schraubenfestigkeitsklasse 8.8 sind sie unwirksam.

- **Splinte ÖNORM EN ISO 1234.** Splinte sichern Kronenmuttern, Stellringe, Scheiben u. dgl. gegen Lockerwerden und Herabfallen; sie werden aus weichem, geglühtem Stahl, Messing, Kupfer oder Aluminium hergestellt.

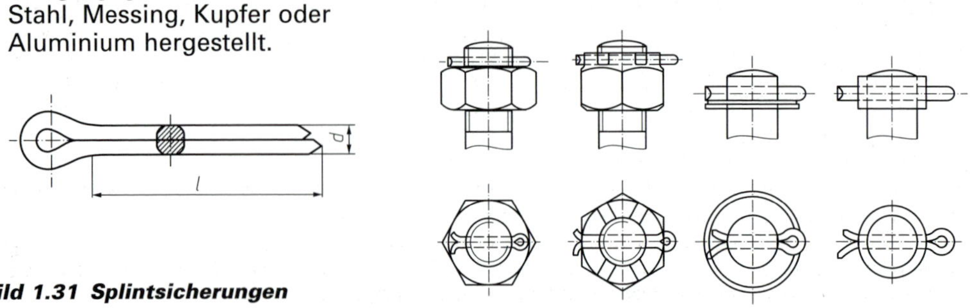

Bild 1.31 Splintsicherungen

- **Zahnscheiben.** Werkstoff: FSt = Federstahl

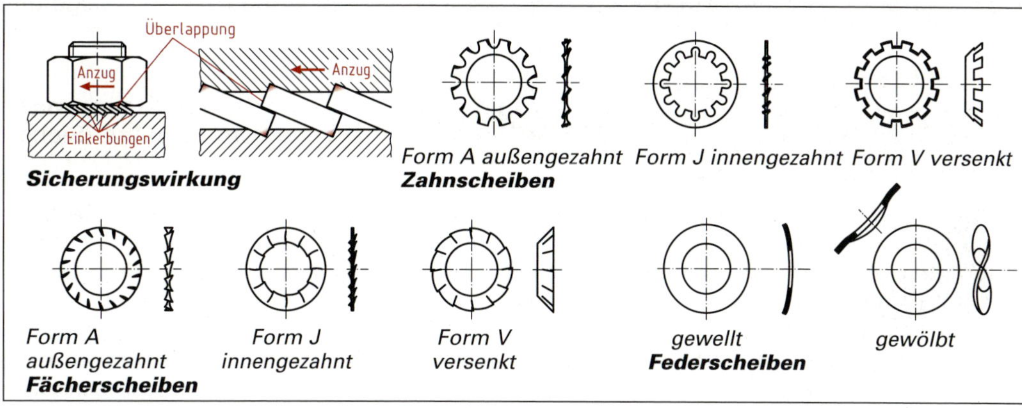

Bild 1.32 Sicherung mit Zahn-, Fächer- und Federscheiben

- **Fächerscheiben.** Innenverzahnung dort, wo man wegen Verletzungsgefahr die Zähne verbergen will.
- **Federscheiben, gewellt oder gewölbt, DIN 137.** Durch Anziehen der Mutter wird die Scheibe plattgedrückt. Verwendung dort, wo man die Oberfläche des Werkstücks nicht verletzen will oder wo Brüche des Werkstücks zu befürchten sind, wenn der Druck nicht auf eine genügend große Oberfläche verteilt wird.
- **Werkstoffe** für Federringe und -scheiben, Zahnscheiben, Fächerscheiben: Federstahl, CuSn8, X12CrNi17 7. **Korrosionsschutz:** geölt, vernickelt, vermessingt, verkadmet, verzinkt, phosphatiert.
- **Sicherungsbleche** ergeben eine einfache und zuverlässige Sicherung. Nach dem Festziehen der Mutter werden die Bleche, wie die Bilder zeigen, auf- bzw. umgebogen.

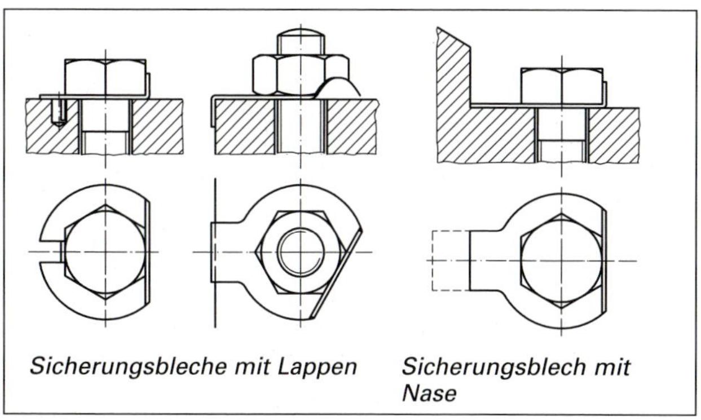

Bild 1.33 Sicherungsbleche

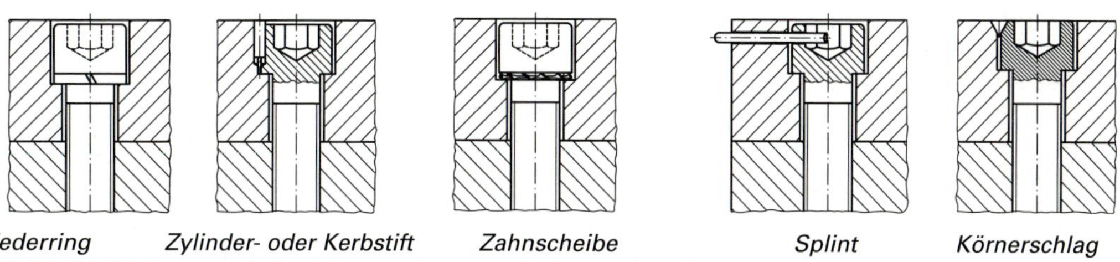

Bild 1.34 Sicherungsbeispiele von Innensechskantschrauben.
Eine Sicherung durch Körnerschläge an den Schraubenköpfen und Schraubenenden ist nicht günstig und nur dort anzubringen, wo die Schrauben nach dem Einbau nicht mehr gelöst werden sollen. In der Zeichnung ist dann der Hinweis „Sicherung durch Körnerschlag" anzubringen.

ZA 13 Zylinderverschluss

Zweck der Zeichenaufgabe: Praktische Anwendung und Darstellung einer Schraubensicherung.

1. Zeichnen Sie von dem Zylinderverschluss die Vorderansicht im Halbschnitt mit umgelegtem Lochkreis als Einzelteilzeichnung und in Zusammenstellung.
   Teil 1, Zylinder, EN-GJL-250
   Teil 2, Zylinderdeckel, EN-GJL-250
   Teil 3, Dichtung, Klingerit
   Teil 4, Sechskantschraube ÖNORM EN ISO 4017–M12 × 45–8.8
   Teil 5, Federring DIN 128–A12–FSt
2. Bestimmen Sie für die Pass- und Auflageflächen geeignete Toleranzen und Oberflächenangaben.
3. Ergänzen Sie das Schriftfeld und die Stückliste.

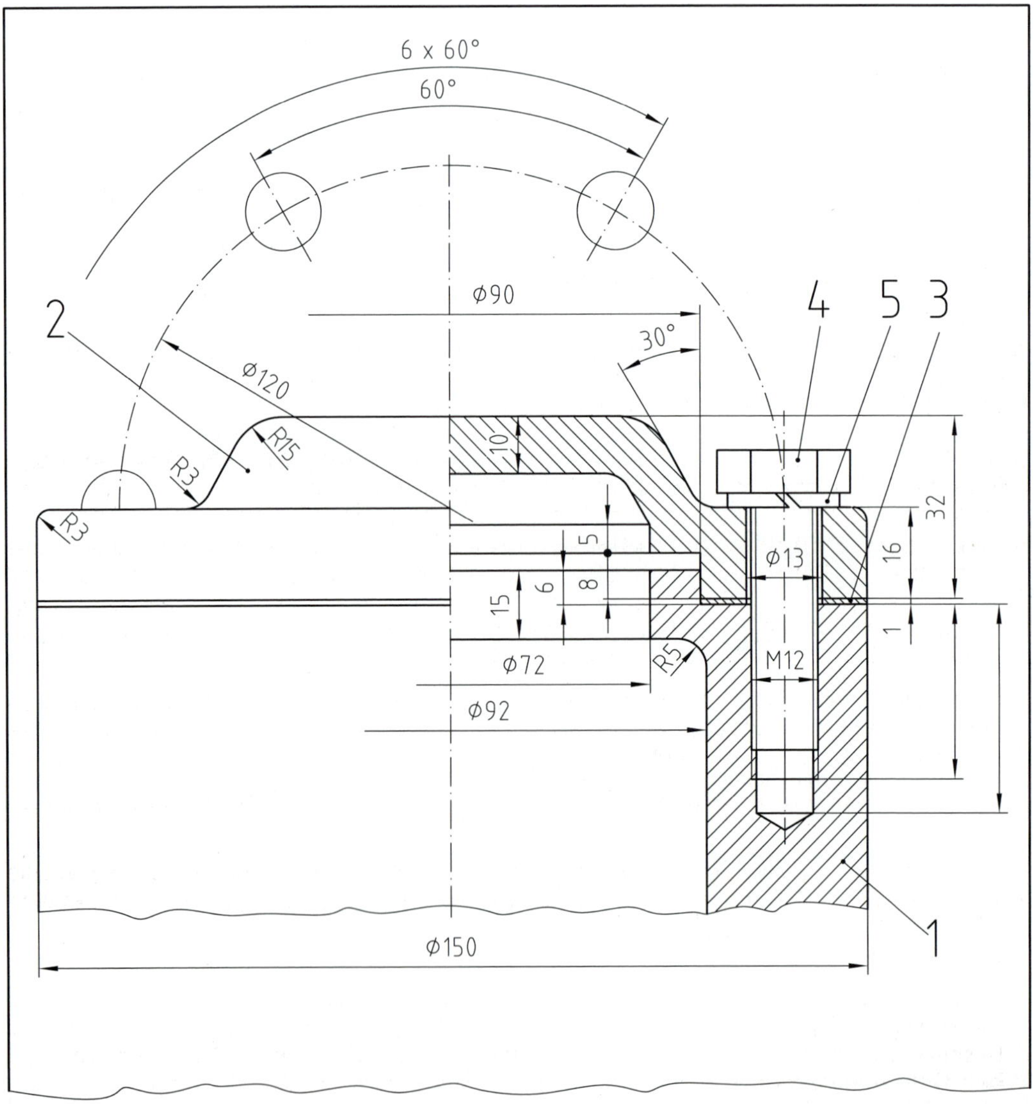

1.5 Werkstoffe der Schrauben und Muttern

1 Bei der Bestimmung des Schrauben- und Mutternwerkstoffs aus Stahl unterscheidet man **verschiedene Festigkeitsklassen** (siehe Bild 1.35). Für die Schraubenwerkstoffe werden Stähle verwendet, deren Zugfestigkeit von 330 bis 1220 N/mm² liegen.

Die angeführten Festigkeitsklassen für Schraubenwerkstoffe von 330 bis 1220 N/mm² gelten für Schrauben, Gewinde- und Formteile bis 39 mm Gewindedurchmesser, die aus unlegiertem oder niedrig legiertem Stahl hergestellt sind und keinen speziellen Anforderungen unterliegen, wie z. B. Schweißbarkeit, Korrosionsbeständigkeit, Warmfestigkeit über +300 °C und Kaltzähigkeit unter −50 °C.

Hochfeste Schrauben werden aus vergüteten Stählen hergestellt.

Schraubenwerkstoffe mit:

- **gewährleisteter Festigkeit bei hohen Temperaturen:** z. B. C35SW, C45SW, 24CrMo5SW, 24CrMoV5 5SW (Zugfestigkeiten von 500 bis 850 N/mm²). Diese Stähle haben gewährleistete Festigkeitseigenschaften bei hohen Temperaturen (über 300 °C bis etwa 540 °C);
- **gewährleisteter chemischer Zusammensetzung:** z. B. C22SP (5.6), C35SP (8.8), 41Cr4SP (10.9), 42CrMo4SP (12.9).
  Anmerkung: Die Klammerwerte bedeuten die Festigkeitsklasse, für die der Schraubenwerkstoff Verwendung findet.

2 **Die Festigkeit gibt die mechanische Eigenschaft an.** Zur Unterscheidung der Festigkeitseigenschaft sind die Schrauben und Muttern gekennzeichnet.
Wie ist der Schraubenwerkstoff zu erkennen?

Die Normung hat für die verschiedenen **Schraubenwerkstoffe Festigkeitsklassen festgelegt:** 3.6, 4.6, 4.8, 5.6, 5.8, 6.8, 8.8, 10.9, 12.9.

- **Sechskantschrauben und Zylinderschrauben mit Innensechskant** (Bilder 1.35a und 1.35b) ab 5 mm Gewindedurchmesser mit Festigkeitsklassen über 6.8 müssen mit dem Kennzeichen der Festigkeitsklasse und dem Herstellerzeichen zusammen möglichst auf dem Kopf gezeichnet sein (aufgeprägt). Eine Kennzeichnung der übrigen Festigkeitsklassen bleibt dem Hersteller freigestellt.
- **Stiftschrauben** (Bild 1.35c) ab 5 mm Gewindedurchmesser mit Festigkeitsklassen über 6.8 müssen mit dem Kennzeichen der Festigkeitsklasse auf der Kuppe des Mutternendes gekennzeichnet sein.
- **Schlitzschrauben und Gewindestifte** werden im Allgemeinen nicht gekennzeichnet.
- **Kennzeichnung von Schrauben mit Linksgewinde.** Schrauben mit Linksgewinde ab 5 mm Gewindedurchmesser müssen mit den Buchstaben LH gekennzeichnet sein (Bild 1.36).

Beachten Sie:
Beschädigte Schrauben oder Muttern müssen durch Schrauben und Muttern derselben Güte ersetzt werden. Aus Gründen der Festigkeit und Sicherheit ist es falsch, etwa Schrauben und Muttern aus hochfesten Werkstoffgüten durch Werkstoffe mit geringerer Festigkeit und Streckgrenze zu ersetzen.

1.5.1 Werkstoffbezeichnung für Schrauben

Die Bezeichnung besteht aus zwei Zahlen, die durch einen Punkt getrennt sind (Bild 1.35). **Beispiel:** Was bedeutet die Schraubenkopf-Kennzeichnung **6.8**?

- Die **erste Zahl** (6) gibt ein Hundertstel des Nennwertes der Zugfestigkeit in N/mm^2 an.

Erste Zahl	3	4	5	6	8	10	12
Nennwert der Zugfestigkeit in N/mm^2	300	400	500	600	800	1000	1200

- Die **zweite Zahl** (8) gibt das Zehnfache des Verhältnisses des Nennwertes der Streckgrenze zum Nennwert der Zugfestigkeit (Streckgrenzenverhältnis) an.

Zweite Zahl	.6	.8	.9
$\frac{\text{Nennwert der Streckgrenze (oder 0,2 \%-Dehngrenze)}}{\text{Nennwert der Zugfestigkeit}}$ 100 in %	60	80	90

- Die Multiplikation beider Zahlen ergibt ein Zehntel des Nennwertes der Streckgrenze in N/mm^2. In diesem Fall 6.8 = 48 = $^1/_{10}$ von 480 N/mm^2.
  Die Mindeststreckgrenze und die Mindestzugfestigkeit sind gleich oder größer als deren Nennwerte (siehe Tabelle 1.2).

Festigkeitsklasse		3.6	4.6	4.8	5.6	5.8	6.8	8.8	10.9	12.9
Zugfestigkeit N/mm^2	Nennwert	300	400		500		600	800	1000	1200
	min.	330	400	420	500	520	600	800	1040	1220
Streckgrenze N/mm^2	Nennwert	180	240	320	300	400	480	–	–	–
	min.	190	240	340	300	420	480	–	–	–
0,2 %-Dehngrenze N/mm^2	Nennwert							640	900	1080
	min.							640	940	1100

Tabelle 1.2

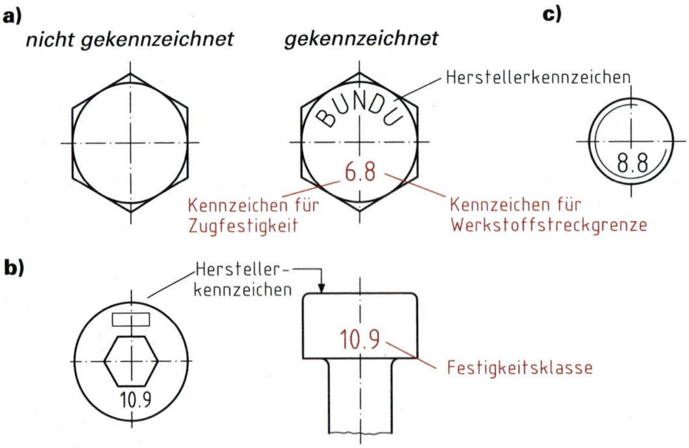

Bild 1.35 Kennzeichnung der Schrauben
a) *Sechskantschrauben*
b) *Zylinderschrauben mit Innensechskant*
c) *Stiftschrauben*

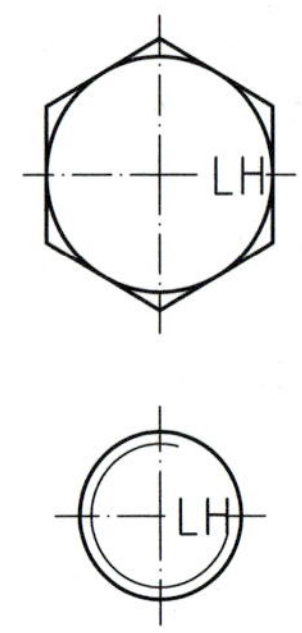

Bild 1.36 Kennzeichnung von Schrauben mit Linksgewinde

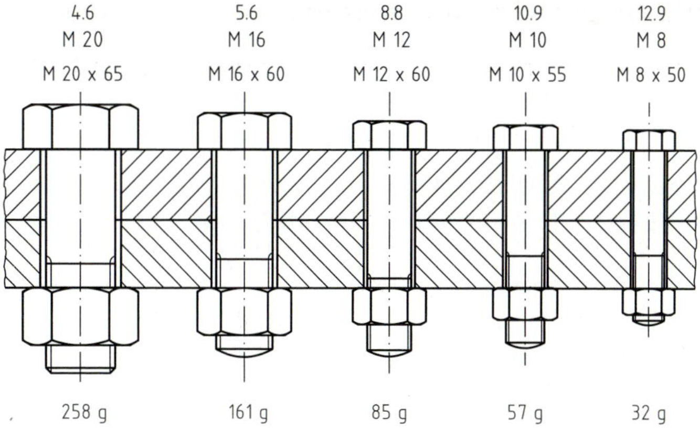

Bild 1.37 Vergleich von Schrauben gleicher Sicherheit aus verschiedenen Werkstoffen

Vorteile hochfester Schrauben: Sie können, bei gleicher Sicherheit, wesentlich dünner als Schrauben mit geringerer Festigkeit gewählt werden.

Nach Bild 1.37 ergibt bei gleicher Sicherheit der Ersatz einer Schraube der Festigkeitsklasse 4.6 durch eine hochfeste Schraube 12.9 eine Masse-Ersparnis der Schraube von 88 %.

1.5.2 Werkstoffbezeichnung für Muttern

Die Festigkeit der Werkstoffe für die Muttern wird mit einer Kennzahl bezeichnet, die $^1/_{100}$ der Prüfspannung in N/mm² entspricht. Diese Prüfspannung ist gleich der Mindestzugfestigkeit einer Schraube, mit der die Mutter gepaart werden muss, wenn die Belastbarkeit der Schraubenverbindung bis zur Mindeststreckgrenze der Schraube gewährleistet sein soll.

Beispiel: Eine Mutter für eine Schraube der Festigkeitsklasse 8.8 muss die Kennzahl 8 haben (siehe Bild 1.38).

Muttern ab 5 mm Gewindedurchmesser mit Festigkeitsklassen ab 8 müssen mit der Kennzahl der Festigkeitsklasse und dem Herstellerkennzeichen möglichst auf der Stirnfläche gekennzeichnet sein. Eine Kennzeichnung der Festigkeitsklasse 4 bis 6 bleibt dem Hersteller freigestellt.

Die Festigkeitsklassen gelten für Muttern sowie ähnliche Gewinde- und Formteile bis 39 mm Gewindedurchmesser mit Nennhöhen $\geq 0{,}8\,d$ und Schlüsselweiten bzw. Außendurchmessern $\geq 1{,}45\,d$.

Kennzahl der Festigkeitsklasse	04	05	4	5	6	8	10	12
Prüfspannung in N/mm²	400	500	400	500	600	800	1000	1200

Bild 1.38 Kennzeichnung von Muttern

1.6 Klein- und Kleinstdarstellungen von Senkungen, Gewinden und Schraubenverbindungen

- **Kleindarstellungen (vereinfachte Bemaßung).** Senkungen, Gewinde, Schrauben- und Schraubenverbindungen (etwa unterhalb 5 mm) können vereinfacht bemaßt werden (Bild 1.39). Hierbei werden Maßlinien und Maßhilfslinien durch Bezugspfeile ersetzt. Sie führen von den Darstellungen zu den Maßbezeichnungen.
- **Kleinstdarstellungen (vereinfachte Darstellung).** Hier werden die Senkungen, Gewinde u. dgl. nur durch Mittellinien angedeutet. Die Bezugsstriche liegen stets auf der Seite, auf der die Senkung oder das Gewinde beginnt oder die Schrauben eingesteckt werden. Sind die Teile verdeckt, so wird der verdeckte Teil der Bezugslinie strichliert und eine sinngemäße Bezeichnung hinzugefügt, z. B. „untenliegend".

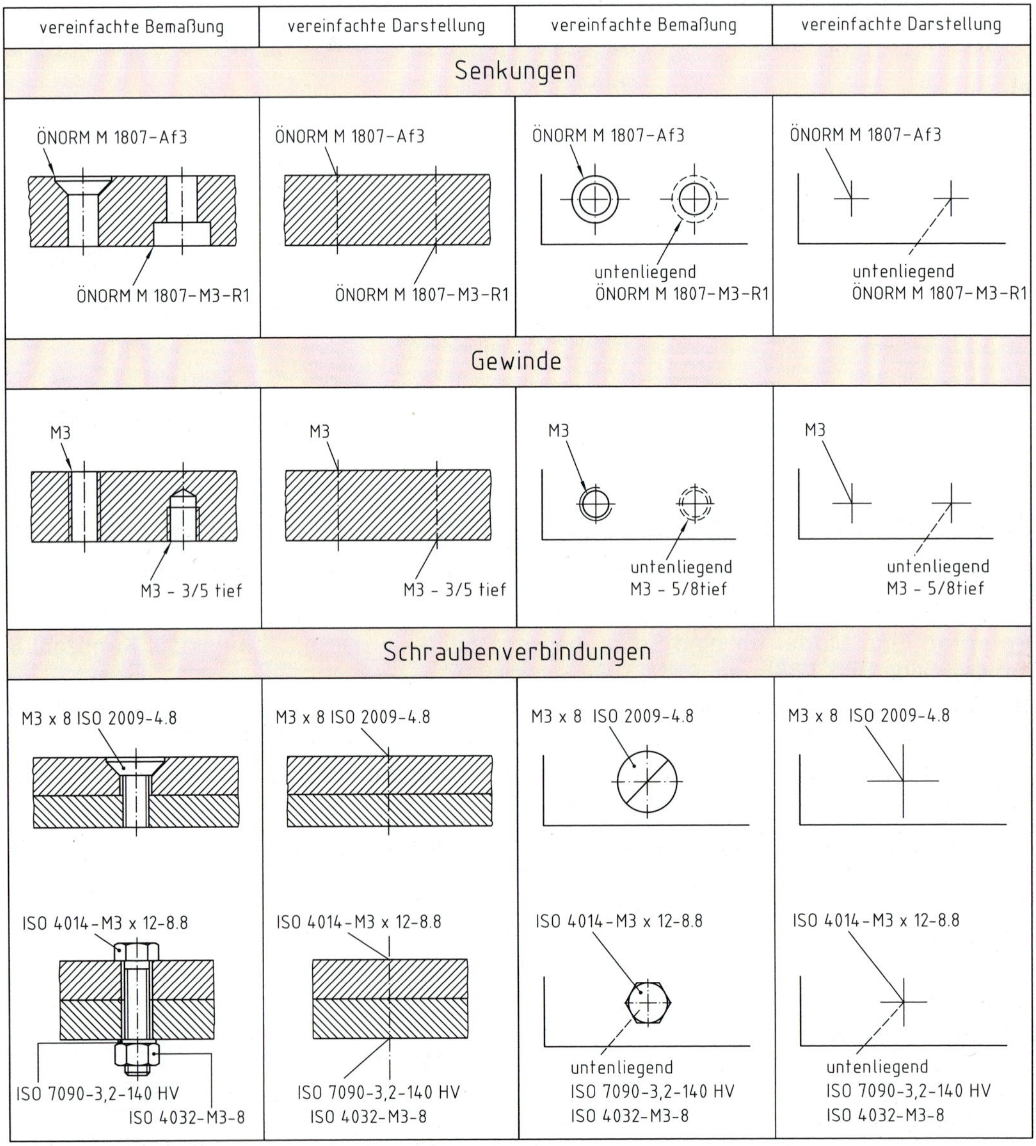

Bild 1.39 Klein- und Kleinstdarstellungen von Senkungen, Gewinden und Schraubenverbindungen

2 Keile und Keilverbindungen

Keile verbinden Maschinenteile (z. B. Zahnräder, Riemenscheiben) mit Wellen, Achsen oder Spindeln. Beim Eintreiben der Keile in die Keilnuten ergeben sich **reibschlüssige Verbindungen**.

1 Nach dem Verwendungszweck unterscheidet man:

- **Befestigungskeile** zum Verbinden von Maschinenteilen (z. B. von Zahnrädern, Riemenscheiben, Kupplungsteilen, Kurbeln u. Ä.) mit Wellen, Achsen, Spindeln u. dgl. oder von hülsenförmigen Teilen mit Stangen u. Ä. (Bild 2.1).
- **Stellkeile** zum Nachstellen von verschleißbeanspruchten Maschinenteilen u. Ä. (Bild 2.2).

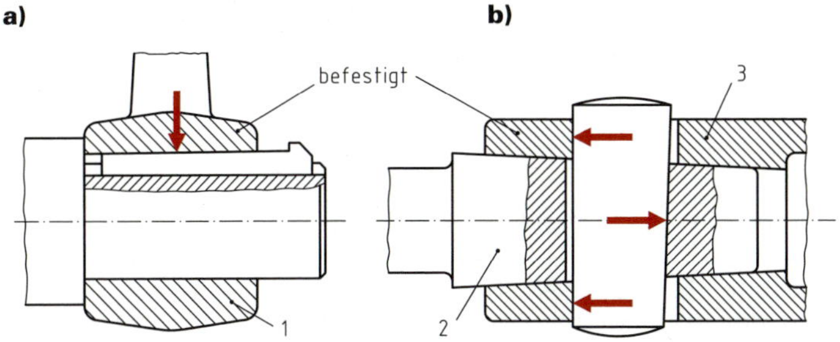

Bild 2.1 Befestigungskeile a) *Längskeil (Nasenkeil),* ***b)*** *Querkeil*

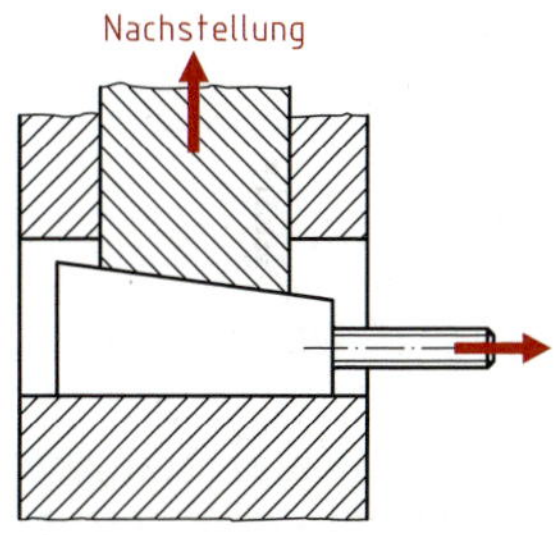

Bild 2.2 Stellkeil (Anwendungsbeispiel)

2 Nach der Anordnung der Keile bzw. der Montagerichtung unterscheidet man:

- **Längskeile**, sie liegen „längs" zur Wellenachse (Bild 2.1a) und sind genormt.
- **Querkeile**, sie liegen „quer" zur Wellenachse (Bild 2.1b) und sind nicht genormt.

3 Der Keilanzug und das Neigungsverhältnis:

Die **Festigkeit einer Keilverbindung** ist abhängig von der Klemmwirkung des Keils und wird durch die Neigung der Keil-Rückenfläche (schiefe Ebene) bestimmt.

Die **Größe der Neigung** wird durch das Verhältnis der Höhe a (Differenz $h - h_1$) zur Länge l bestimmt und als Keilanzug bezeichnet (Bild 2.3).

- Die **Neigung** (Keilanzug) errechnet sich nach folgender Formel:

$$\text{Neigung } 1 : N = \frac{h - h_1}{l} = \frac{a}{l}$$

$$\text{Kontrollmaß } h_1 = h - a$$

h = Keilhöhe
l = Keillänge
a = $h - h_1$

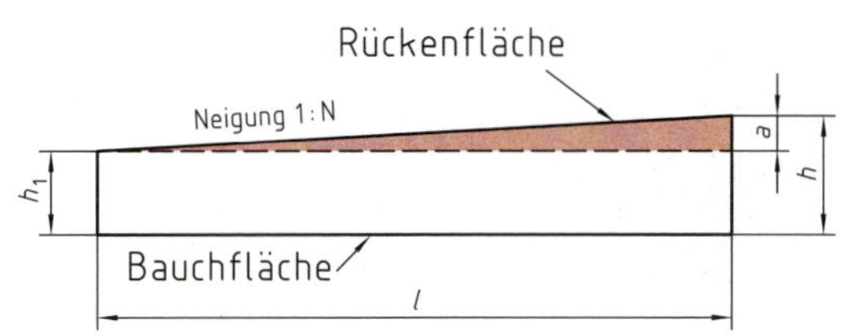

Bild 2.3 Neigungsverhältnis bei Keilen (Keilanzug)

2.1 Längskeile

Durch Eintreiben eines Längskeils entsteht zwischen Welle und Nabe eine starke radiale Pressung, die Welle und Nabe rüttelfest miteinander verspannt (Bild 2.4a), aber gleichzeitig auch eine außermittige Verbindung bewirkt, die zur Unwucht (Schlag, siehe Bild 2.4b) des aufgekeilten Maschinenteils führt (Nachteil!).

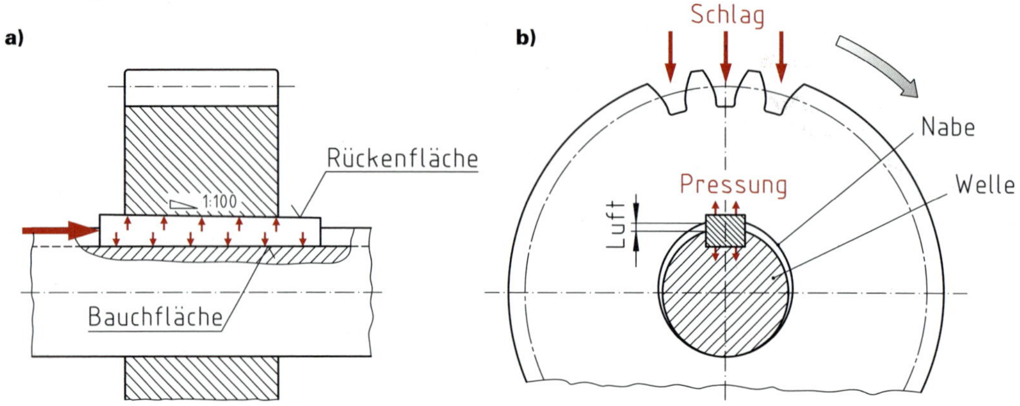

Bild 2.4 Pressung und Verspannung bei einer Längskeilverbindung

- **Vorteil der Längskeile.** Rascher Ein- und Ausbau der Verbindung sowie genaue Einstellbarkeit und Sicherung der aufgekeilten Maschinenteile in Längsrichtung der Welle bzw. Achse.
- **Korrektur der Unrundheit.** Aufgekeilte Kupplungsteile, Flansche u. Ä. auf Wellen können durch geringfügige Spanabnahme (Überdrehen oder Rundschleifen) auf der Dreh- oder Schleifmaschine korrigiert werden. In Werkzeichnungen muss daher an den betreffenden Stellen der Hinweis aufscheinen: „Teil 3 (z. B. Welle) und Teil 8 (z. B. Kupplungsflansch) nach dem Aufkeilen überdrehen."

Anmerkung:
Im Bild 2.4 ist die exzentrische Verspannung des Zahnrads auf der Welle stark vergrößert dargestellt. Das einseitige Spiel (Luft) wird von der Größe der Passtoleranz, die Nabenbohrung und Wellendurchmesser besitzen, bestimmt. Deshalb ist es zweckmäßig, dies bei der Wahl der Toleranzen zu berücksichtigen und, wo es zulässig ist, Übergangssitze (z. B. H8/h9 und H7/h6) den Spielsitzen vorzuziehen.

Deshalb:
Wo genauer Rundlauf und Laufruhe gefordert werden, darf kein Längskeil, sondern es muss eine spannungsfreie Längsfederverbindung gewählt werden (vergl. Bild 3.1).

2.1.1 Arten der Längskeile

- **Nach der Querschnittsform unterscheidet man:** Nutenkeile, Flachkeile, Hohlkeile und Tangentialkeile (Bild 2.5).

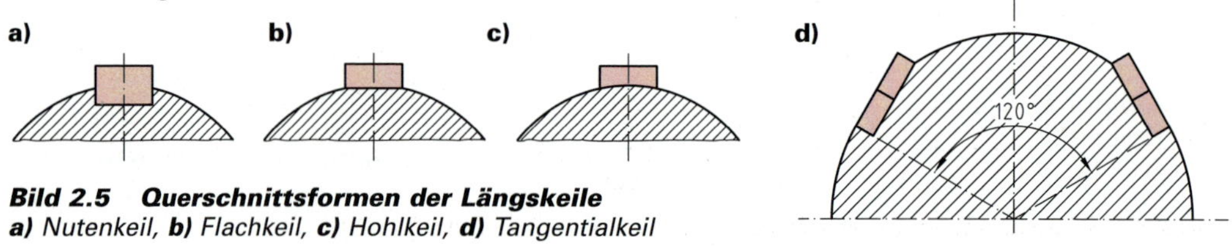

Bild 2.5 Querschnittsformen der Längskeile
***a)** Nutenkeil, **b)** Flachkeil, **c)** Hohlkeil, **d)** Tangentialkeil*

- **Nach der Ausführungsform unterscheidet man:** Einlegekeile, Treibkeile und Nasenkeile (siehe Tabelle 2.1).
  Die Ausführungsformen der Längskeile sind abhängig von den Einbauverhältnissen und den auftretenden Drehmomenten, so dass Treib- und Nasenkeile als Nuten-, Flach- oder Hochkeile ausgeführt werden können. Ist ein geringes Drehmoment der Welle zu übertragen, dann genügen Flach- oder Hohlkeile. Die Fertigung des Keilsitzes auf der Welle wird dadurch vereinfacht oder entfällt.

Querschnittsformen	Ausführungsformen		
a) Nutenkeil 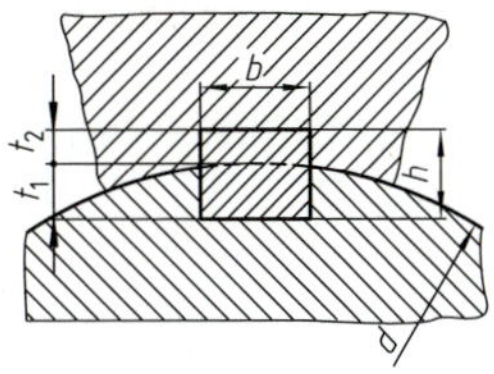	Einlegekeil DIN 6886 Form A 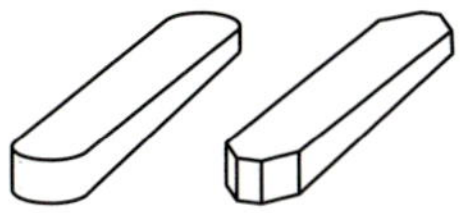 Die Keile sitzen in einer Wellennut.	Treibkeil DIN 6886 Form B 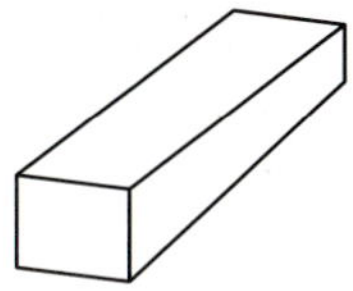	Nasenkeil DIN 6887 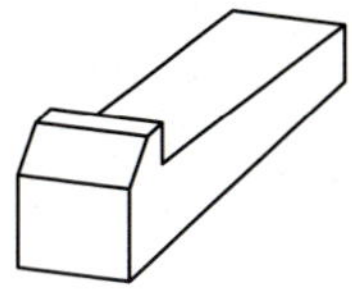
b) Flachkeil 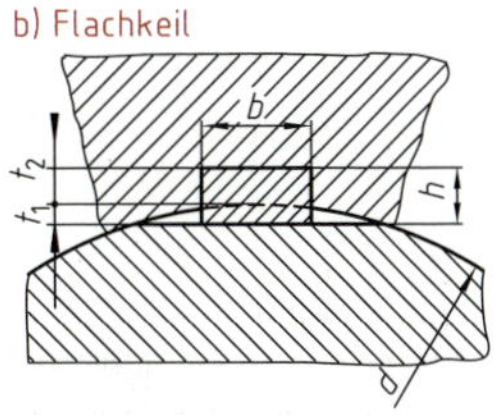	Welle angeflächt 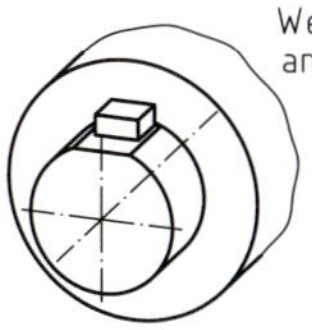 Die Keile sitzen auf einer ebenen Fläche.	Flachkeil DIN 6883 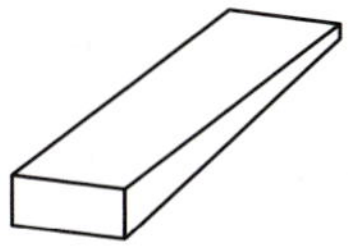	Nasenflachkeil DIN 6884 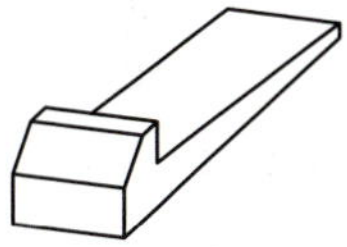
c) Hohlkeil 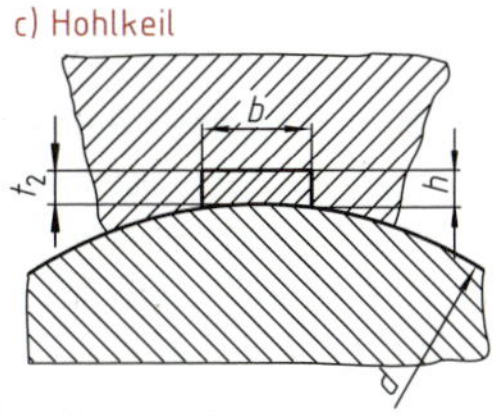	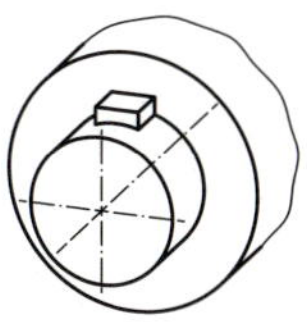 Die Keile sitzen auf der Mantelfläche der Welle.	Hohlkeil DIN 6881 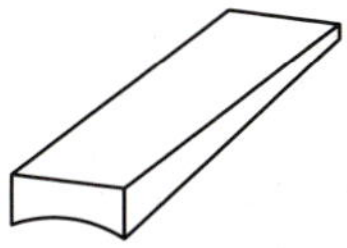	Nasenhohlkeil DIN 6889 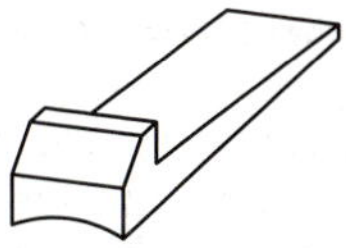

Tabelle 2.1 Arten der Längskeile

2.1.2 Keilabmessungen und Normung

Die Abmessungen der Längskeile sind genormt.

- Der **Keilquerschnitt *b* × *h*** ist vom **Wellendurchmesser *d*** abhängig. Die **Keilhöhe *h*** bezieht sich immer auf das dickere Ende des Keils, das der genormten Keilstahlhöhe entspricht (Bild 2.6). Von dieser Höhe ausgehend, wird der Keilrücken auf die geforderte Neigung (im Maschinenbau 1 : 100) abgeschliffen, abgehobelt oder abgefeilt. Bei Einlegekeilen (Form A) müssen auch noch die Stirnflächen abgerundet oder abgeschrägt werden (siehe Tabelle 2.1).
  Z. B. **Neigung 1 : 100 heißt:** Bei einer Keillänge von 100 mm verringert sich die Keilhöhe *h* um 1 mm, folglich nimmt die Keilhöhe *h* z. B. bei 50 mm Keillänge um 0,5 mm, bei 120 mm um 1,2 mm ab.

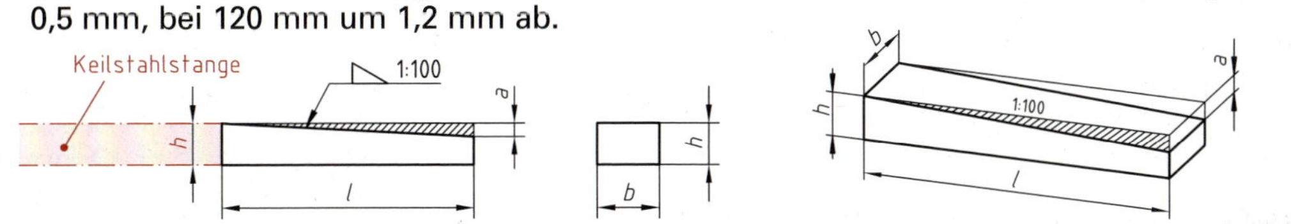

Bild 2.6 Abmessungen eines Längskeils; *b = Breite, h = Höhe, l = Länge*

- Die **Bezeichnung der Keile** besteht aus der Benennung der Keilart, der Maßangabe ($b \times h \times l$) und der Norm-Nummer. Eine Werkstoffangabe erfolgt nur für Stahlsorten, die besonders zu vereinbaren sind.

Bezeichnungsbeispiele:

- Bezeichnung eines **Nutenkeils** Form A (Einlegekeil) von Breite b = 10 mm, Höhe h = 8 mm und Länge l = 50 mm: **Keil DIN 6886–A 10 × 8 × 50–C45**
- Bezeichnung eines **Nasenkeils** von Breite b = 10 mm, Höhe h = 8 mm und Länge l = 60 mm: **Nasenkeil DIN 6887–10 × 8 × 60–C45**
- Bezeichnung eines **Flachkeils** von Breite b = 10 mm, Höhe h = 6 mm und Länge l = 60 mm: **Flachkeil DIN 6883–10 × 6 × 60–C45**

Die **Nennmaßhöhe *h*** gilt für den eingepassten Längskeil. Falls erforderlich, muss eine Einpasszugabe z von etwa 0,3 mm berücksichtigt werden (Bild 2.7).

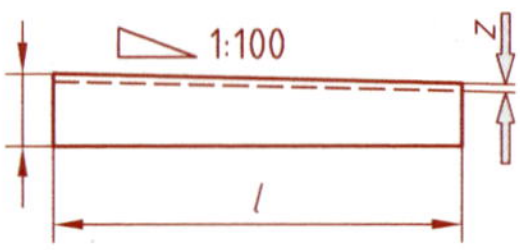

Oben: Alte Darstellung

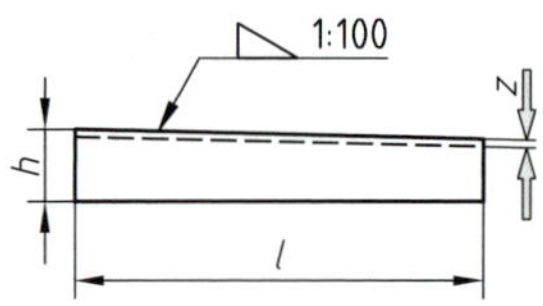

Bild 2.7 Einpasszugabe z

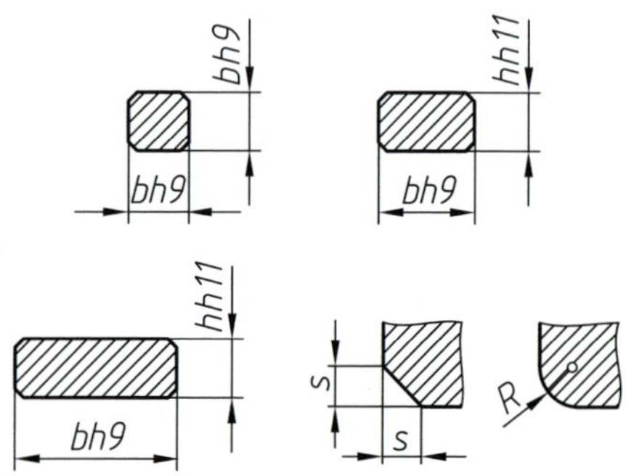

Bild 2.8 Blanker Keilstahl (Querschnitte)

- **Keilstahl.** Als Werkstoffe werden blank gezogene Stähle verwendet, z. B. C45.

Keilstahl mit Abmessungen ≤ 40 × 22 wird in der Regel mit allseitig gebrochenen Kanten, d. h. mit Schrägung S oder mit Rundung R (nach Wahl des Herstellers), geliefert (Bild 2.8).

Bezeichnung eines Keilstahls mit Nennmaß b = 18 mm und h = 11 mm, allseitig gebrochene Kanten aus C45: **Keilstahl DIN 6880–18 × 11–C45**

1	Hohlkeil 10 x 4 x 60	4	DIN 6881	C 45		
1	Flachkeil 10 x 6 x 60	3	DIN 6883	C 45		
1	Nasenkeil 10 x 8 x 60	2	DIN 6887	C 45		
1	Keil A 10 x 8 x 50	1	DIN 6886	C 45		
Stück	Benennung	Teil	Norm Nr. Zeichng.-Nr.	Werkstoff	Rohmaße od. Modell Nr.	Bemerkung

Bild 2.9 Eintragungsbeispiele in der Stückliste

Beachten Sie:
Die Wellendurchmesserbereiche in den Tabellen für Keile und Passfedern sind eingeteilt durch Angaben, wie z. B. „über 22 bis 30 mm", d. h.: der Durchmesser 30 mm fällt noch in diesen Maßbereich, hingegen müssen die Werte für den Durchmesser 22 mm im Bereich „über 17 bis 22 mm" gesucht werden.

2.1.3 Längskeilverbindungen

2.1.3.1 Nutenkeile

Nutenkeile eignen sich zur Übertragung großer Drehmomente. Je nach den Einbauverhältnissen werden sie als Treib-, Einlege- oder Nasenkeile ausgeführt (siehe Tabelle 2.1, Seite 41). Die Abmessungen der Nutenkeile sind den jeweiligen Normen zu entnehmen.

- **Treibkeile** (Keil B) verwendet man dort, wo das Ein- und Austreiben des Keils von beiden Seiten möglich ist. Kann der Treibkeil stirnseitig nicht eingetrieben werden (Bild 2.10a), so muss die Keilnut für das Einschieben des Keils mindestens zwei Keillängen betragen (Bild 2.10b). Eintreiben und Austreiben (Lösen) der Keile erfolgt mit Hilfe des Keiltreibers.

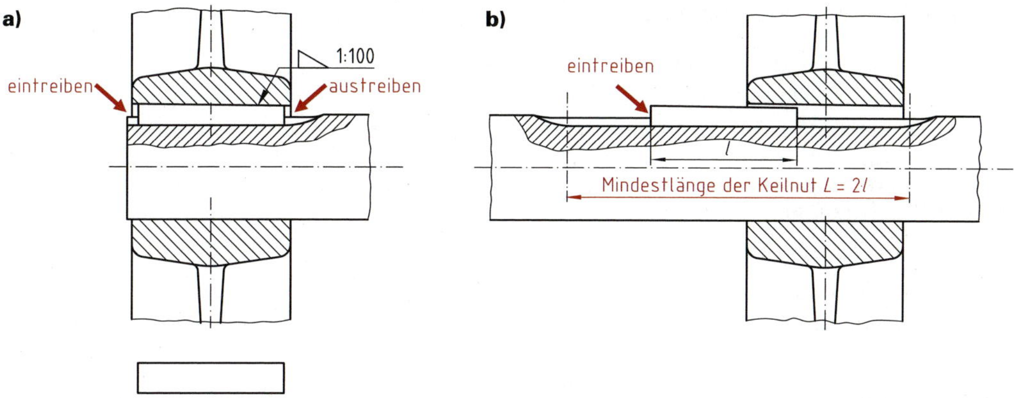

***Bild 2.10 a)** Treibkeilverbindung, **b)** Mindestlänge der Keilnut*

- **Einlegekeile** (Keil A) verwendet man dort, wo das Ein- oder Austreiben des Keils aus Platzmangel nicht möglich ist. Der Keil wird in die Wellennut eingelegt (eingepasst) und die Nabe mit einem passenden Werkzeug (z. B. Rohrstück) auf die Welle aufgetrieben (Bild 2.11).

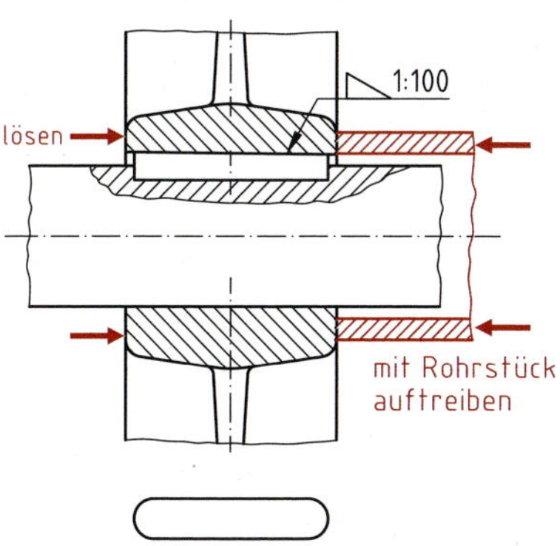

Bild 2.11
Einlegekeilverbindung

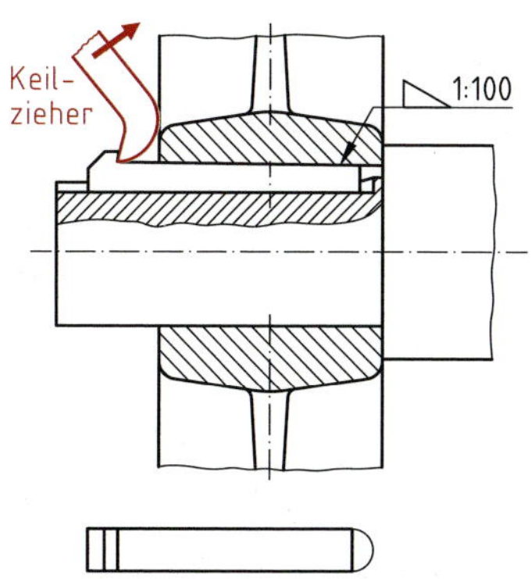

Bild 2.12
Nasenkeilverbindung

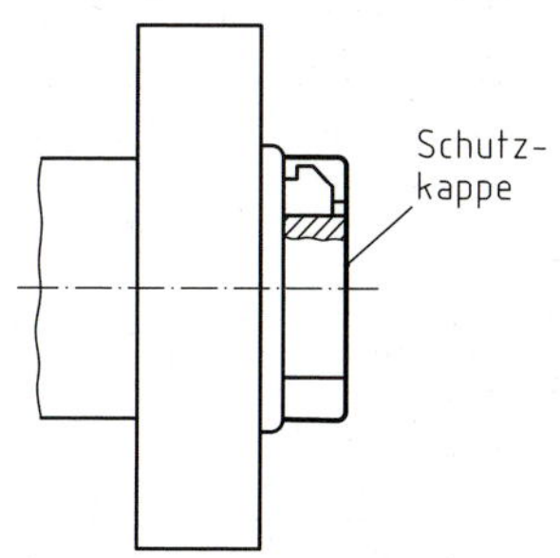

Bild 2.13
Abdeckung der Nase mit Schutzkappe

- **Nasenkeile.** Ist die Austreibseite des Keils nicht zugänglich, so erhält der Keil eine Nase, die das Lösen des Keils mit Hilfe eines Keilziehers ermöglicht (Bild 2.12). Bei der Montage des Nasenkeils ist zu beachten, dass die Nase die Nabenstirnfläche nicht berührt, weil sonst das Ansetzen des Keilziehers erschwert wäre. Die aus der Nabe herausragende Nase muss wegen Unfallgefahr abgedeckt werden(Bild 2.13).

- **Stoßweise Belastung.** Bei wechselnder, besonders stoßweiser Belastung ordnet man zwei um 120° versetzte Nutenkeile an. Für die Übertragung sehr großer Drehmomente werden Tangentialkeilverbindungen angeordnet (Bild 2.5d, Seite 40).

2.1.3.2 Flach- und Hohlkeile

Für die **Übertragung geringer Drehmomente** genügen **Flach- oder Hohlkeile**, die als Treib- und Nasenkeile ausgeführt werden können. Bei **Flachkeilverbindungen** wird die Welle auf Keilbreite abgeflacht und der Flachkeil auf dieser Fläche in die Nabennut eingetrieben (Bild 2.5b, Seite 40). Der **Hohlkeil** liegt mit seiner konkaven (hohlen) Bauchseite auf dem zylindrischen Wellenmantel und der Keilrücken im Nabennutgrund (Bild 2.5c, Seite 40). Die Montage der Nasenflach- und Nasenhohlkeile wird wie bei den Nasennutkeilen ausgeführt.

2.1.4 Die Fertigung der Wellen- und Nabennuten

Längskeilnuten für Einlege-, Treib- und Nasenkeile werden mit Finger- oder Scheibenfräsern gefräst (Bild 2.14). Hierbei entstehen beim Eindringen des Fräswerkzeugs in die Welle Verschneidungskanten, die im Allgemeinen nicht gezeichnet werden und wenn, dann nach den Bildern 2.14a und 2.14b zu zeichnen sind.

Aus Festigkeitsgründen dürfen Nabennuten nie zwischen den Radarmen von Scheiben eingearbeitet werden, sondern sind stets in der Mittelachse eines Radarmes anzuordnen (Bild 2.15).

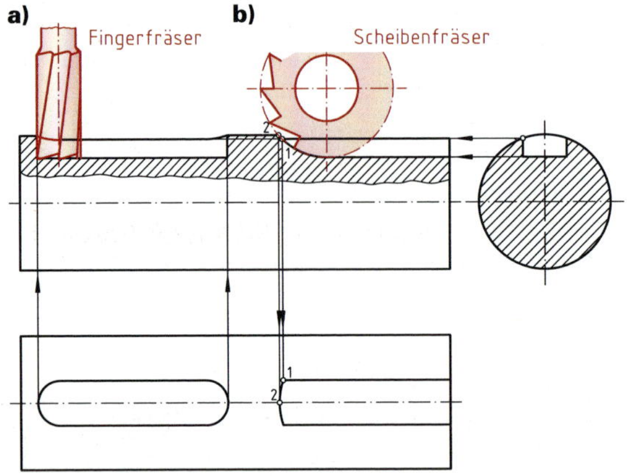

Bild 2.14 Welle mit Längsnuten
***a)** für Einlegekeil oder Passfeder*
***b)** für Treib- oder Nasenkeil*

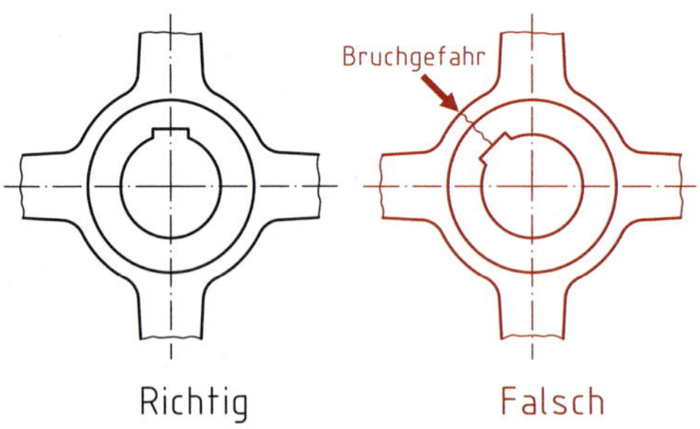

Bild 2.15 Anordnung der Nabennut

2.1.5 Darstellung und Bemaßung der Naben- und Wellennuten von Längskeilverbindungen

Die Neigung bzw. der Keilanzug bei Nabennuten und Längskeilen kann als Verhältnis (z. B. 1 : 100), in Winkelgraden oder in Prozenten angegeben werden. Bei Bedarf ist die Richtung der Neigung durch folgendes Symbol ⊿ zu kennzeichnen, z. B. Bilder 2.16 und 2.17.

1 Maßeintragung und Toleranzen. In Werkzeichnungen werden für die Nabennut die Maße t_2 und $d + t_2$ (Bild 2.16) sowie für die Wellennut t_1 und $d - t_1$ angegeben (Bild 2.17). Es kann aber auch die Angabe von t_1 für die Welle und $d + t_2$ für die Nabe genügen. Die Maße t_2 bzw. $d + t_2$ beziehen sich auf die größte Nabennuttiefe.

- **Toleranzen für Durchmesser *d*, Nut- und Keilbreite *b*** für:
  - Naben- und Wellendurchmesser, z. B. Übergangspassungen H8/h9, H7/h6, H7/k6
  - Naben- und Wellennutbreite D10, P9, JS 9
  - Keilbreite h9 (siehe Bild 2.8, Seite 42)

2 Bestimmung von Keil- und Nutabmessungen nach Normtabellen

Beispiel: Eine Riemenscheibe ist auf einer Welle mit 30 mm Durchmesser mit einem Treibkeil (Form B) zu befestigen. Die Abmessungen des Treibkeils sowie der Wellen- und Nabennut sind nach DIN 6886 zu bestimmen.

Der Wellendurchmesser von 30 mm fällt in den Maßbereich 22 bis 30 mm, demnach ergeben sich folgende Werte:

für Nasenkeil	Breite b = 8h9	Höhe h = 7h11
für Welle ... d = 30h9	Nuttiefe t_1 = 4,0	Kontrollmaß $d - t_1 = 26{,}0$
für Nabenbohrung ... d = 30H8	Nuttiefe t_2 = 2,4	Kontrollmaß $d + t_2 = 32{,}4$

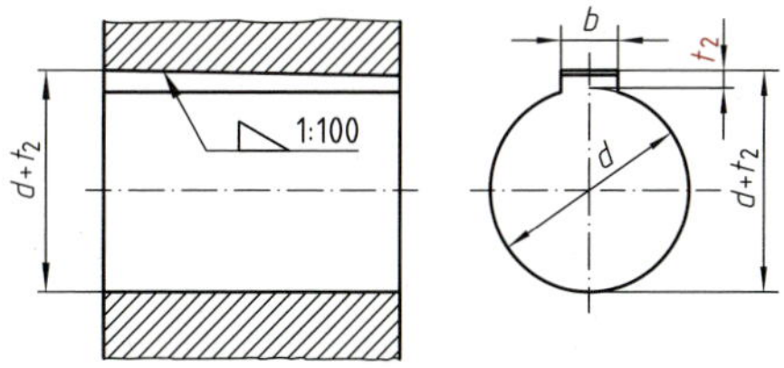

Bild 2.16 Bemaßung der Nabennut

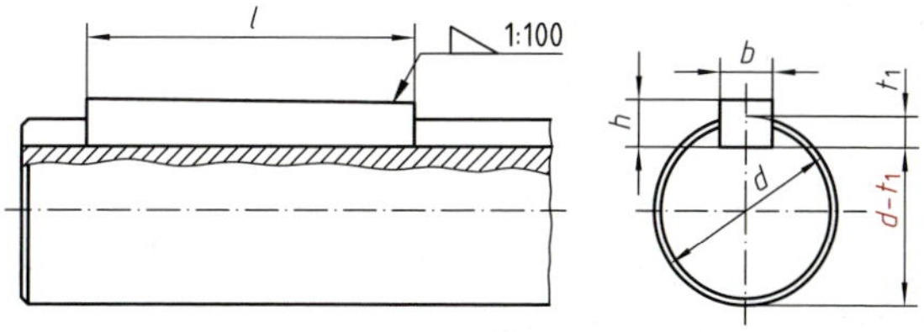

Bild 2.17 Bemaßung der Wellennut (Treibkeil)

a) **b)**

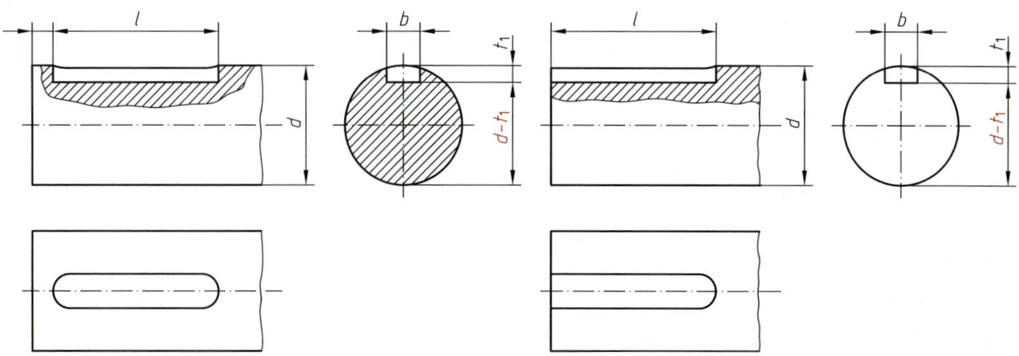

Bild 2.18 Bemaßung der Wellennut a) *für Einlegekeil,* ***b)*** *für Treib- oder Nasenkeil*

Beispiel: d = 28h9, b = 8D10, t_1 = 4,0, t_2 = 2,4

- Die **Bemaßung der Wellenquerschnitte und die Anordnung der Schnitte** zeigt Bild 2.19. Je nach den Platzverhältnissen auf dem Zeichenblatt kann der Querschnitt an der Stelle a, b oder auch unterhalb der Ansicht gezeichnet werden.

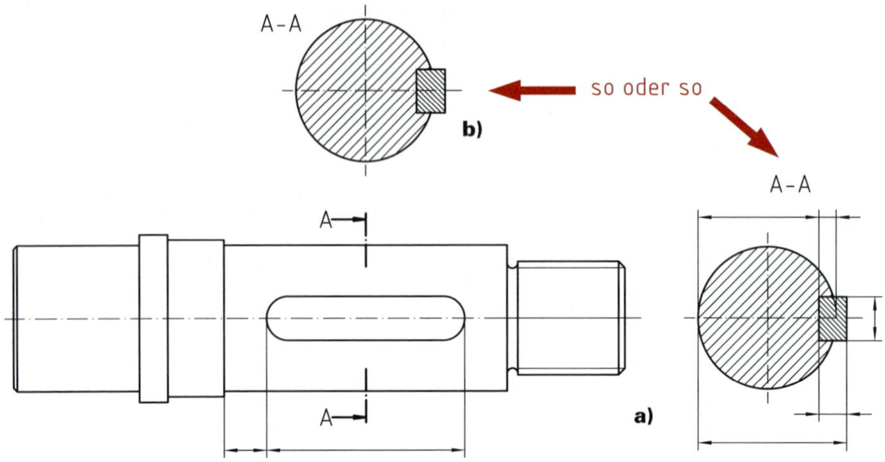

Bild 2.19 Bemaßung der Wellenquerschnitte und Anordnung der Schnitte

2.2 Querkeile

Querkeile stellen eine Verbindung von Maschinenteilen (Hülsen oder hülsenförmig endenden Teilen) mit Stangen her, die hauptsächlich Längskräfte, aber keine Drehmomente übertragen. Um die Schwächung der zu verbindenden Maschinenteile durch das Keilloch möglichst gering zu halten, werden die Querkeile mit **großer Keilhöhe *h*** und **kleiner Keildicke *s*** ausgeführt.

Der Querschnitt der Keile ist rechteckig mit abgerundeten (halbrunden) Spannflächen. Die Querkeile und Keillöcher werden meistens mit einseitigem Anzug versehen. Richtwerte für die Abmessungen und den Werkstoff der Querkeile siehe Bild 2.20.

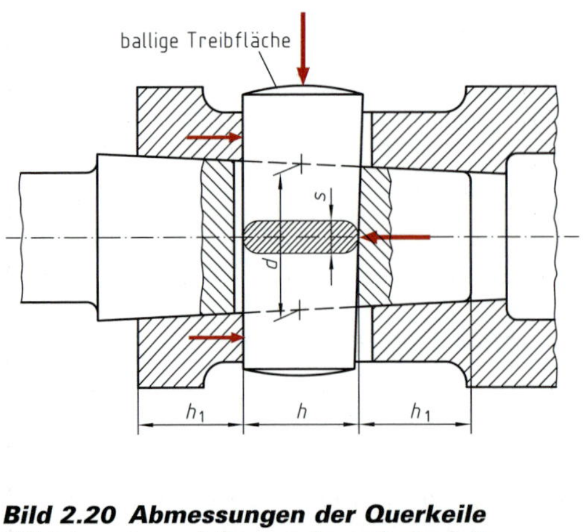

Bild 2.20 Abmessungen der Querkeile (Richtwerte und Anwendungsbeispiel)

Stangendurchmesser = d

Keildicke	s	$= \frac{1}{4} d$ bis $\frac{1}{3} d$
Keilhöhe	h	$= d$ bis $1{,}25\, d$
Keilabstand	h_1	$= \frac{2}{3} d$ bis $\frac{3}{4} d$

Anzug der Querkeile:

- bei öfterem Lösen 1 : 20
- bei dauernder Verbindung 1 : 30 bis 1 : 40

Werkstoff: Keilstahl C45 oder Einsatzstahl

Die Treibflächen des Querkeils sind ballig auszuführen.

ZA 14 Einlegekeilverbindung

Zweck der Zeichenaufgabe: Darstellung und Bemaßung von Naben- und Wellennuten für Einlegekeile und praktische Anwendung der Zeichengrundlagen nach den Bildern 2.11, 2.16 und 2.18a.

1. Zeichnen Sie auf ein Zeichenblatt Größe A3 die Einzelteile und die Zusammenstellung der Teile 1 bis 3.

Teil 1, Hebel EN-GJS-400-15, in Vorderansicht (Halbschnitt) und Seitenansicht. Beachten Sie: Nichtbemaßte Radien sind Gussradien.

Teil 2, Bolzen, Rd30 ÖNORM EN 10059–S275JR, in Vorderansicht (Nut aufgebrochen), Seitenansicht und den Schnitt A–A.

Teil 3, Keil DIN 6886–A 8 × 7 × 40 in Bolzen eingesetzt. Bestimmen Sie die Nut- und Keilabmessungen nach Bild 2.18a. Ergänzen Sie beim Gewindebolzen M10 den Hinweis auf einen Gewindefreistich, Form A, nach ÖNORM M 1802.

2. Bemaßen Sie vollständig und ergänzen Sie nach eigenen Überlegungen zweckentsprechende Oberflächenzeichen. Beachten Sie die Anmerkung in **ZA 15**.

3. Schriftfeld und Stückliste sind auszufüllen, Werkstoffe sind einzutragen.

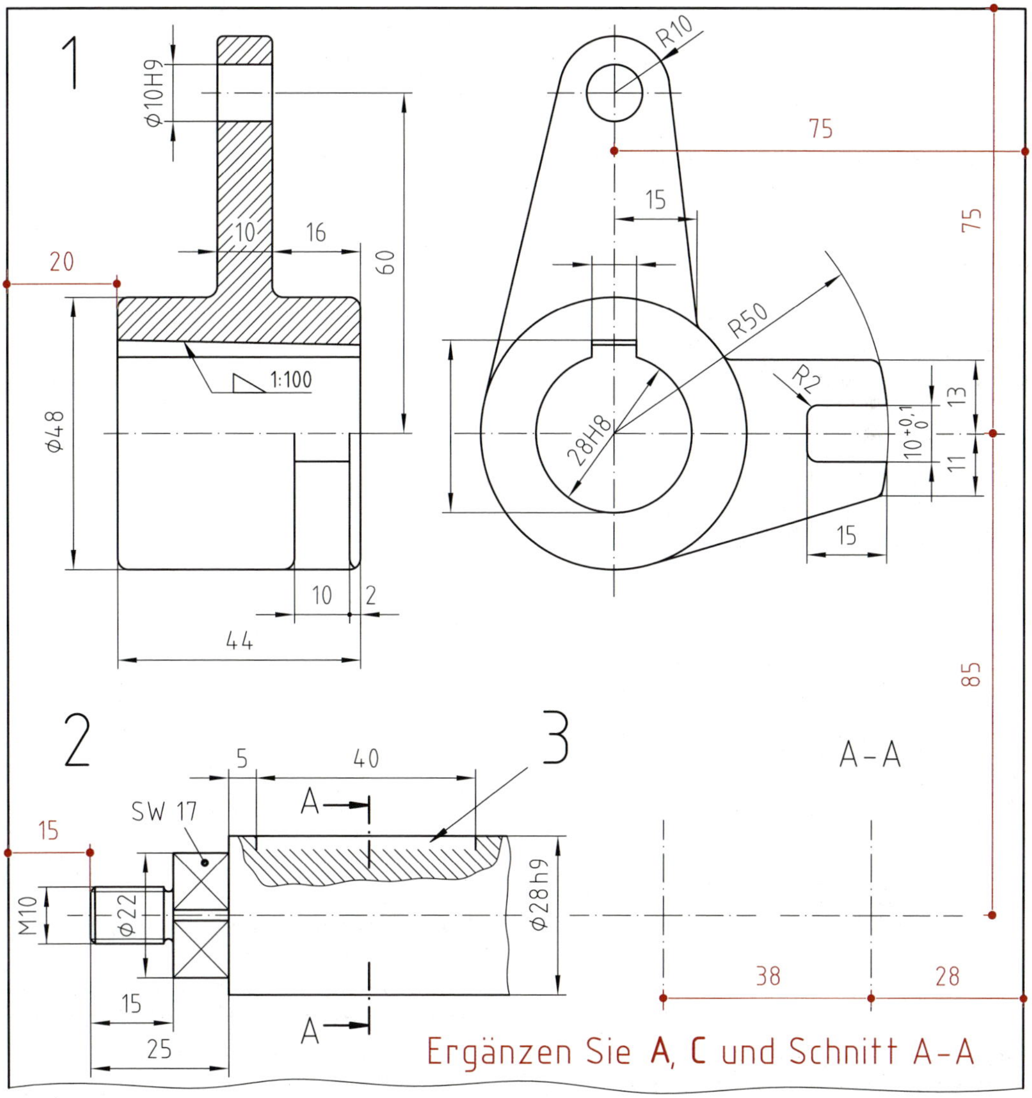

ZA 15 Treibkeilverbindung

Zweck der Zeichenaufgabe: Wie **ZA 14**, jedoch für Treibkeil nach den Bildern 2.10a, 2.16 und 2.17.

1. Zeichnen Sie auf ein Zeichenblatt Größe A3 die Einzelteile und die Zusammenstellung der Teile 1 bis 3.
   Teil 1, Stützrolle, EN-GJL–250, in Vorderansicht (Halbschnitt) und Seitenansicht.
   Teil 2, Welle, Rd32 ÖNORM EN 10059–E295, in Vorderansicht (Nut aufgebrochen), Seitenansicht und Draufsicht.
   Teil 3, Keil DIN 6886–B 8 × 7 × 50, in der Wellennut. Die Abmessungen der Naben- und der Wellennut sind aus den Bildern 2.16 und 2.17 zu ersehen.
2. Ergänzen Sie alle fehlenden Kanten.
3. Die Werkstücke sind vollständig zu bemaßen und mit zweckentsprechenden Toleranzen sowie Oberflächenzeichen zu versehen, z. B. **Teil 1**:
   Rollen-Lauffläche ... feingeschichtet (*R*a0,4),
   Stirnflächen ... geschruppt (*R*a12,5),
   alle übrigen Flächen ... geschlichtet (*R*a3,2)
4. Schriftfeld und Stückliste sind auszufüllen, Werkstoffe sind einzutragen.

Anmerkung: Die Oberflächenkennzeichnung ist nach ÖNORM EN ISO 1302 anzugeben.

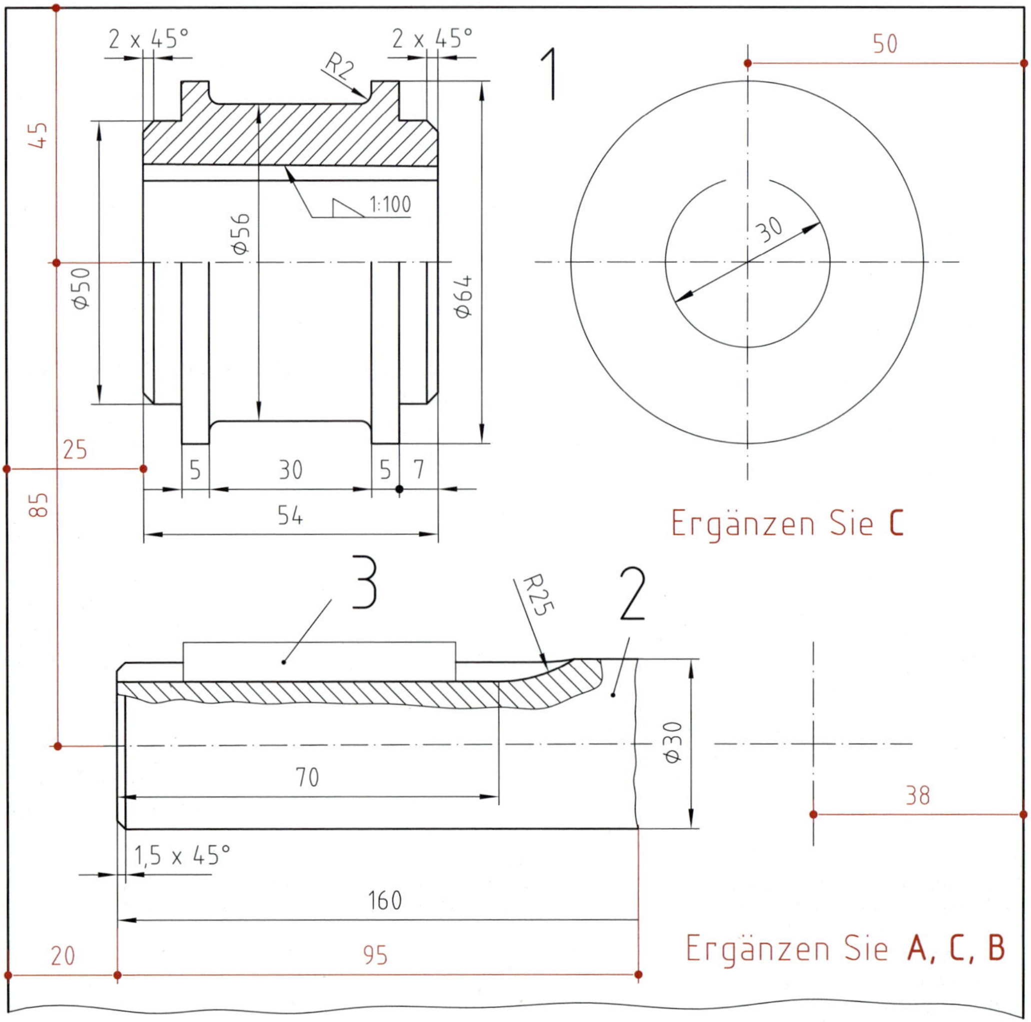

3 Längsfedern und Längsfederverbindungen

Längsfedern verbinden Maschinenteile (z. B. Zahnräder, Riemenscheiben) mit Wellen, Spindeln oder Achsen.

Eine Längsfeder verbindet die Welle mit der Nabe an den Seitenflächen und hat (im Gegensatz zu einer Längskeilverbindung) im Nabennutgrund ein kleines Spiel, so dass eine **spannungs- und schlagfreie Verbindung** entsteht (Bilder 3.1 und 3.2).

Die **Sicherung der Nabe** gegen axiale Verschiebung (Längskraft) muss durch geeignete Sicherungselemente (z. B. Nutmutter oder Stellring, Bild 3.3; Sicherungsring, Bild 7.3, Seite 88) zusätzlich erfolgen.

Wellenabstufungen oder Wellenbunde dienen ebenfalls zur Aufnahme von Längskräften.

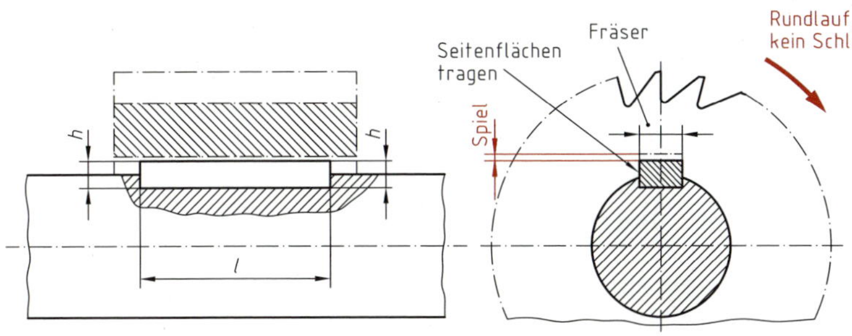

Bild 3.1 Spannungsfreie Mitnehmerverbindung durch Längsfedern

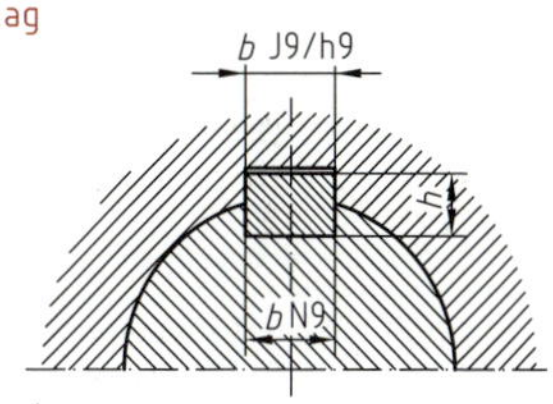

Bild 3.2 Passungsbeispiel für Längsfeder

3.1 Arten der Längsfedern

Je nach Art und Form stellen Längsfedern **feste** oder **längsverschiebbare** Verbindungen zwischen Nabe und Welle her, zum Beispiel mit:

- **Passfedern:** Nabe ist mit der Welle fest verbunden (Bild 3.3)
- **Gleitfedern:** Nabe ist auf der Welle längsverschiebbar (Bild 3.4)

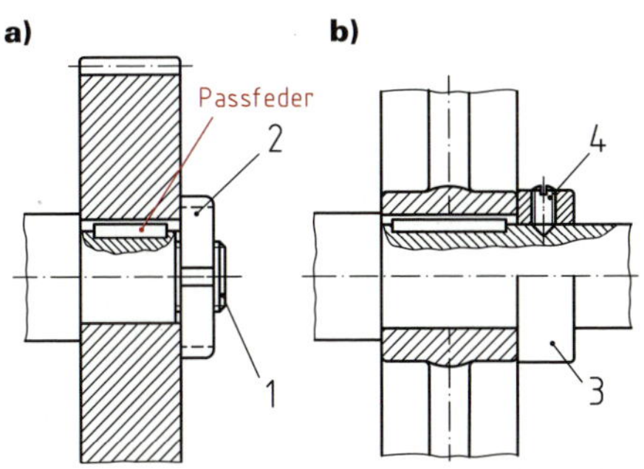

Bild 3.3 Passfederverbindung (Passung: Nabennut-Passfeder J9/h9)
*
a) Sicherung durch Nutmutter*
*
b) Sicherung durch Stellring*
1 Gewindezapfen
2 Nutmutter (linksgängig)
3 Stellring
4 Gewindestift

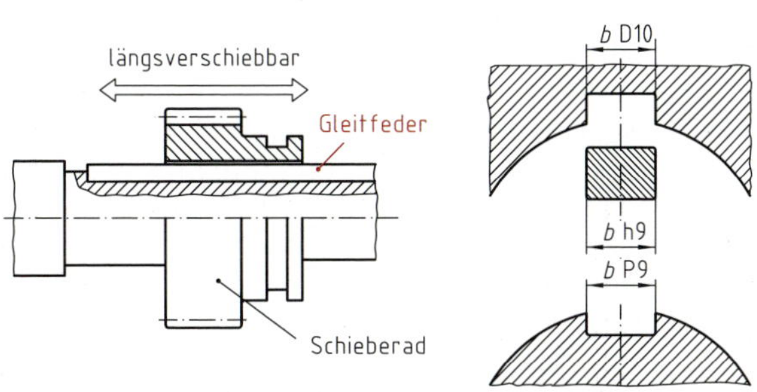

Bild 3.4 Gleitfederverbindung (Passung: Nabennut-Gleitfeder D10/h9)
Die Längsfeder ist in der Wellennut befestigt.

3.1.1 Passfedern

1 Man unterscheidet folgende genormte Passfedern:

- Passfedern, hohe Form, DIN 6885 (für den Normalfall, Bild 3.5)
- Passfedern, niedrige Form
- Passfedern für Werkzeugmaschinen, hohe Form (sie haben gegenüber den hohen Passfedern DIN 6885 größere Wellennuttiefe t_1 und kleinere Nabennuttiefe t_2).

2 Die **Abmessungen der Passfedern und Passfedernuten** (Bild 3.5) sind aus den Normtabellen zu entnehmen.

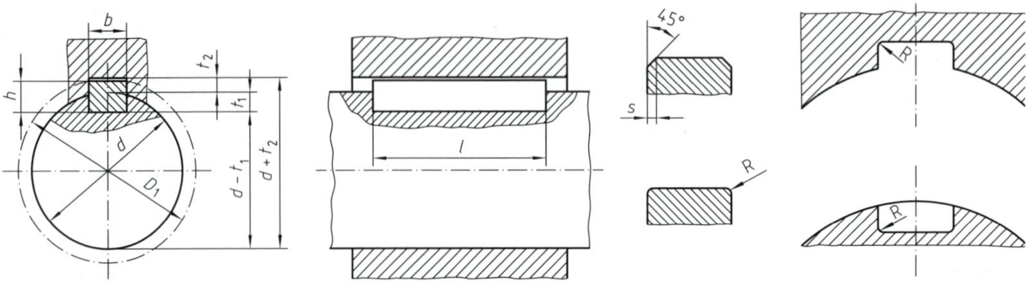

Bild 3.5 Abmessungen der Passfedern und Passfedernuten

Bezeichnungsbeispiel: Bezeichnung einer Passfeder Form A mit Breite b = 10 mm, Höhe h = 8 mm und Länge l = 40 mm aus C45:

Passfeder DIN 6885–A 10 × 8 × 40–C45

- Der **Längsfederquerschnitt *b* × *h* sowie** die **Abmessungen der Wellen- und Nabennut** werden **durch den Wellendurchmesser *d* bestimmt!**

Beispiel:
Passfeder Form A, hohe Form, DIN 6885, für Wellendurchmesser d = 34 mm, Länge l = 40 mm. Es ergeben sich folgende Werte:
b = 10 mm, h = 8 mm, Wellennuttiefe t_1 = 5 mm, Nabennuttiefe t_2 = 3,3 mm,

- Kontrollmaß für Welle $d - t_1 = 34 - 5 = 29$ mm
- Kontrollmaß für Nabe $d + t_2 = 34 + 3{,}3 = 37{,}3$ mm
- zulässige Abweichung für Länge l:
  für Passfeder −0,3 mm, für Nutlänge in Welle +0,3 mm (Bilder 3.16a und 3.16b).

- Um Naben von Maschinenteilen über Wellen mit eingesetzter Passfeder schieben zu können, muss die Nabenbohrung den **Mindest-Durchmesser D_1** haben (Bilder 3.5 und 3.6). Der Nutgrund der Wellen- und Nabennuten ist mit einer Rundung (Hohlkehle) zu versehen. Die Kanten der Passfedern sind allseitig abgeschrägt oder gerundet auszuführen (Bild 3.5).

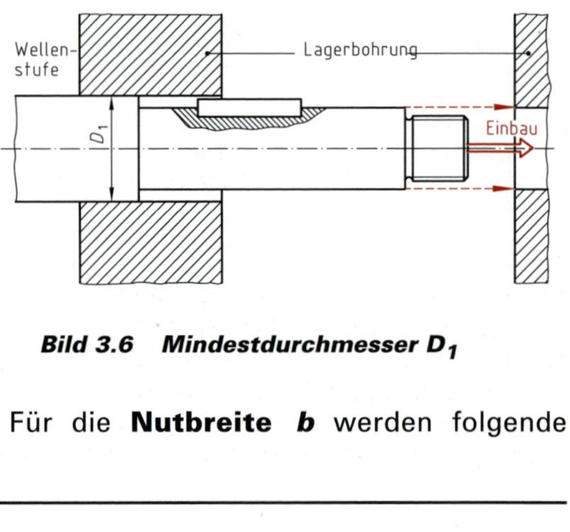

Bild 3.6 Mindestdurchmesser D_1

3 Werkstoffe für Passfedern. C45

4 Toleranz- und Passungsangaben. Für die **Nutbreite *b*** werden folgende Toleranzen empfohlen:

Normalsitz	N9 (Wellennut), J9 (Nabennut),
Festsitz	P9 (Wellen- und Nabennut)
Gleitsitz	H9 (Wellennut), D10 (Nabennut)

Für die **Passfederbreite *b*** = h9 (blankgezogener Keilstahl nach DIN 6880) und bei **Passfederlängen *l*** sind die zulässigen Abweichungen durch Abmaße nach Tabelle 3.1 anzugeben.

Länge *l* Nur bei rundstirnigen Formen, bei geradstirnigen ist die Wellennutlänge >*l*.											zul. Abweichung von *l*	
											Passfeder	Wellennut
6	8	10	12	14	16	18	20	22	25	28	–0,2	+0,2
		32	36	40	45	50	56	63	70	80	–0,3	+0,3
		90	100	110	125	140	160	180			–0,4	+0,4

Tabelle 3.1

5 Ausführungsformen der Passfedern. Passfedern werden rundstirnig oder geradstirnig ausgeführt (Bild 3.7). Die Befestigung der Passfedern erfolgt durch Einpressen in die Wellennut oder bei größeren Abmessungen und Längen durch eine oder zwei Halteschrauben (Bild 3.8). Zum Lösen der Passfedern kann ein Abdrückgewinde (Bild 3.9 a), und zum Ausheben aus der Wellennut eine Schrägung (Bild 3.9b) vorgesehen sein.

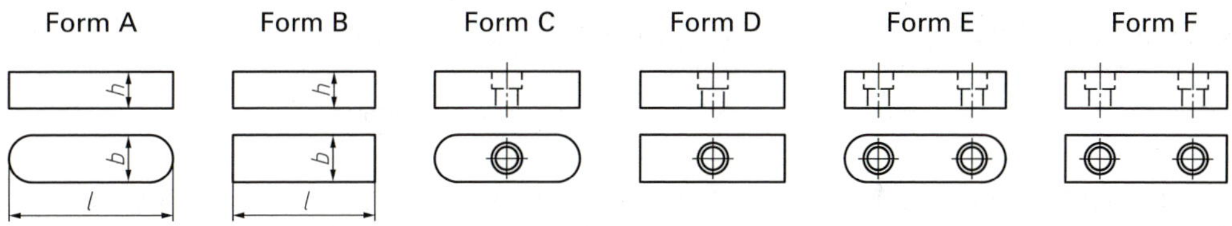

Bild 3.7 Ausführungsformen von Passfedern (Beispiele)
Form A und B: *rund- und geradstirnig, ohne Befestigung*
Form C und D: *rund- und geradstirnig, für eine Halteschraube*
Form E und F: *rund- und geradstirnig, für zwei Halteschrauben*

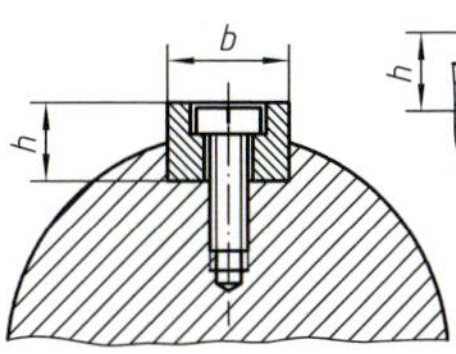

Bild 3.8 Befestigung der Passfedern durch Zylinderschrauben ÖNORM EN ISO 1207

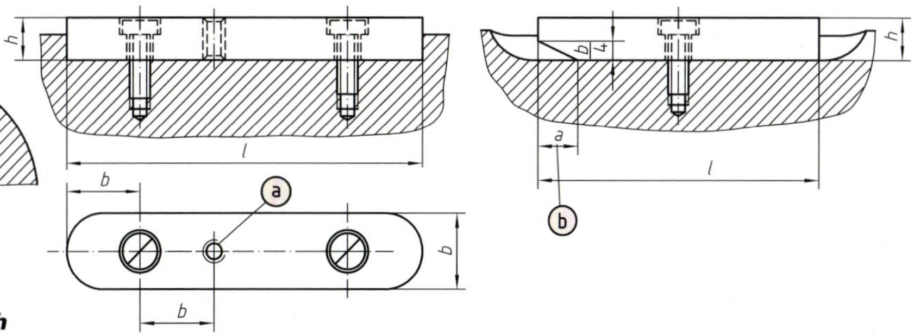

Bild 3.9
***a)** Passfeder mit Abdrückgewinde,* ***b)** Passfeder mit Aushebeschrägung*

3.1.2 Gleitfedern

Gleitfedern gleichen in den Ausführungsformen den Passfedern; sie erhalten jedoch in der Nabennut einen Gleitsitz D10/h9 (Bild 3.4), der die Längsverschiebbarkeit eines auf der Welle aufgefederten Maschinenteils gestattet. Gleitfedern werden in der Wellennut mit Halteschrauben befestigt (z. B. Formen C, D, E, F, Bilder 3.7 und 3.18). Die Anordnung nur einer Pass- oder Gleitfeder verursacht bei hohen Drehzahlen eine Unwucht, die durch Anbringen einer zweiten um 180° versetzten Feder vermieden wird.

3.1.3 Zapfenfedern

Für Maschinenteile, die auf einer Welle über längere Strecken zu verschieben sind, ist eine in der Nut eingesetzte Zapfenfeder zweckmäßiger als eine auf der Welle befestigte Gleitfeder. Die Feder wird mit ihrem Zapfen in eine Bohrung der Nabennut eingesetzt (Bild 3.10). Die Länge der Wellennut muss der Verschiebelänge des Maschinenteils entsprechen.

3.1.4 Schleppfedern

Schleppfedern werden vereinzelt in Wechselrädergetrieben zwischen der hohlen, geschlitzten Getriebewelle und den Zahnrädern eingebaut (Bild 3.11). Bei axialer Verschiebung der Schaltstange wird die an ihr befestigte Schleppfeder durch einen Abweisering aus der Nut eines Zahnrades herausgezogen, springt durch Federkraft in die Nut des nächsten Rades ein und ändert dadurch das Übersetzungsverhältnis.

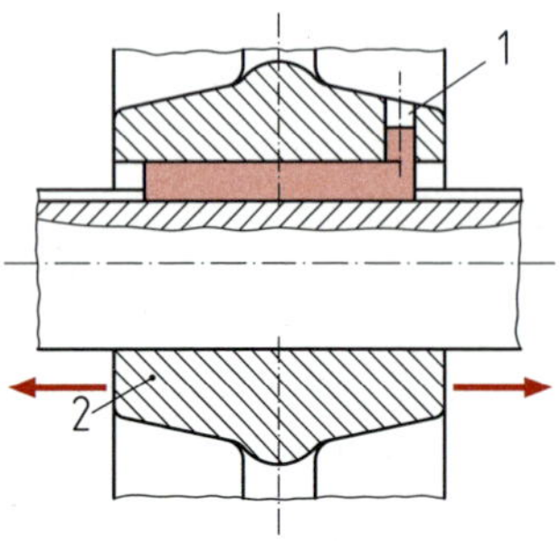

Bild 3.10 Zapfenfeder
1 Bohrung für Zapfen, 2 Gleitnabe

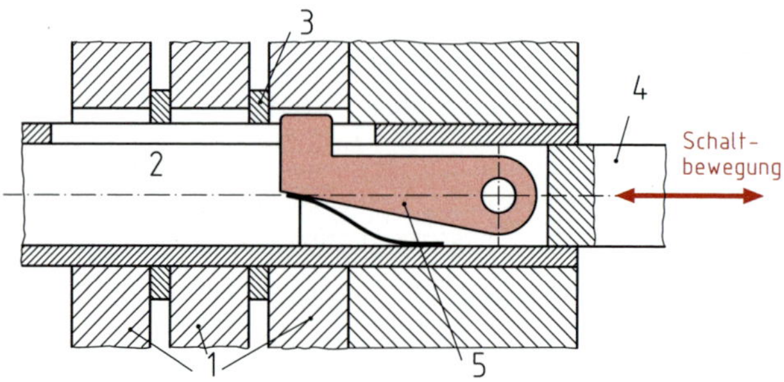

Bild 3.11 Schleppfeder in Wechselgetriebe
1 Getriebezahnräder, 2 Hohlwelle, 3 Abweisering, 4 Schaltstange, 5 Schleppfeder

3.1.5 Scheibenfedern

Scheibenfedern nach DIN 6888 (Bild 3.12) werden in besonderen Fällen anstelle von Passfedern verwendet. Sie haben allerdings den Nachteil, dass sie durch die tiefere Nut den Wellenquerschnitt erheblich schwächen. Scheibenfedern werden daher nur für die Übertragung kleinerer Drehmomente und vorwiegend bei kegeligen Wellenenden verwendet, weil sie sich der Verjüngung des Kegels genau anzupassen vermögen (Bild 3.14).

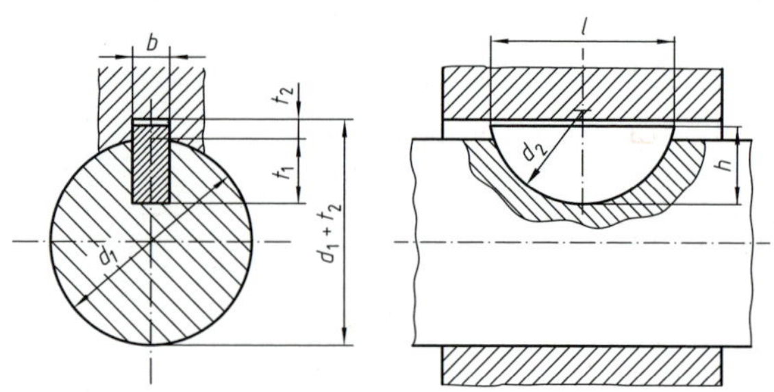

Bild 3.12 Scheibenfeder nach DIN 6888

Bezeichnungsbeispiel: Bezeichnung einer Scheibenfeder von Breite b = 6 mm und Höhe h = 9 mm:

Scheibenfeder DIN 6888–6 × 9–E335

Der Nutgrund erhält eine kleine Rundung. Die Kanten der Scheibenfeder sollen gebrochen oder gerundet sein.

Werkstoff: Abgeflachter Halbrundstahl für Scheibenfedern – E335

Die Fertigung der Wellennut erfolgt durch Fräsen mit einem Scheibenfräser, dessen Durchmesser d_2 + 0,5 mm ist (Bilder 3.13 und 3.14).

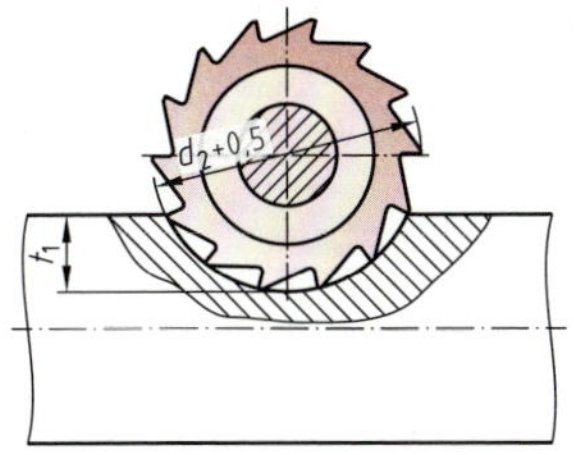

Bild 3.13 Fräsen einer Wellennut für die Scheibenfeder

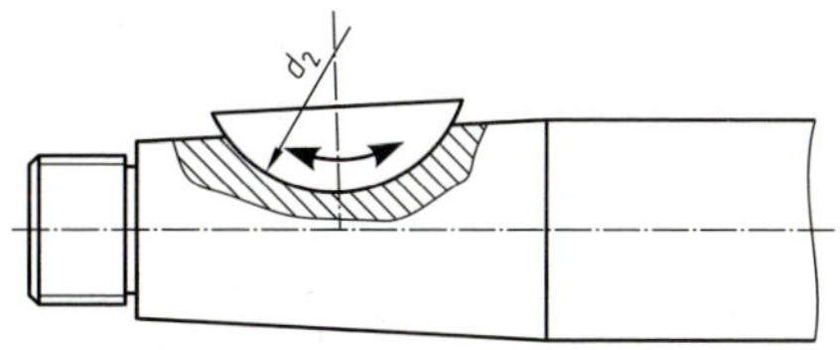

Bild 3.14 Kegeliges Wellenende mit einer Scheibenfeder

3.2 Darstellung und Maßeintragung von Naben- und Wellennuten bei Längsfedern

1 Die **zeichnerische Darstellung** von Werkstücken mit Naben- und Wellennuten für Längsfedern sowie die richtige Maßeintragung zeigen die Bilder 3.15 und 3.16. Die Anordnung der erforderlichen Wellenquerschnitte kann nach Bild 2.19 (Seite 46) erfolgen.

2 **Maßeintragung.** In Werkzeichnungen sind für die Nabennut die Maße t_2 und $d + t_2$ sowie für die Wellennut t_1 und $d - t_1$ einzutragen (siehe Bilder 3.5, 3.15 und 3.16). In vielen Fällen genügt aber auch das Summenmaß $d + t_2$ für die Nabennuttiefe und das Maß t_1 für die Wellennuttiefe.

3 **Toleranzen und Abmaße.** Die Maße für Naben- und Wellennuten sowie für Nutlängen sind mit Toleranzen bzw. Abmaßen zu ergänzen (siehe Tabelle 3.1, Seite 51). Die zulässigen Abweichungen für Nabennuttiefen t_2 und Wellennuttiefen t_1 sind in ÖNORM M 5461 festgelegt.

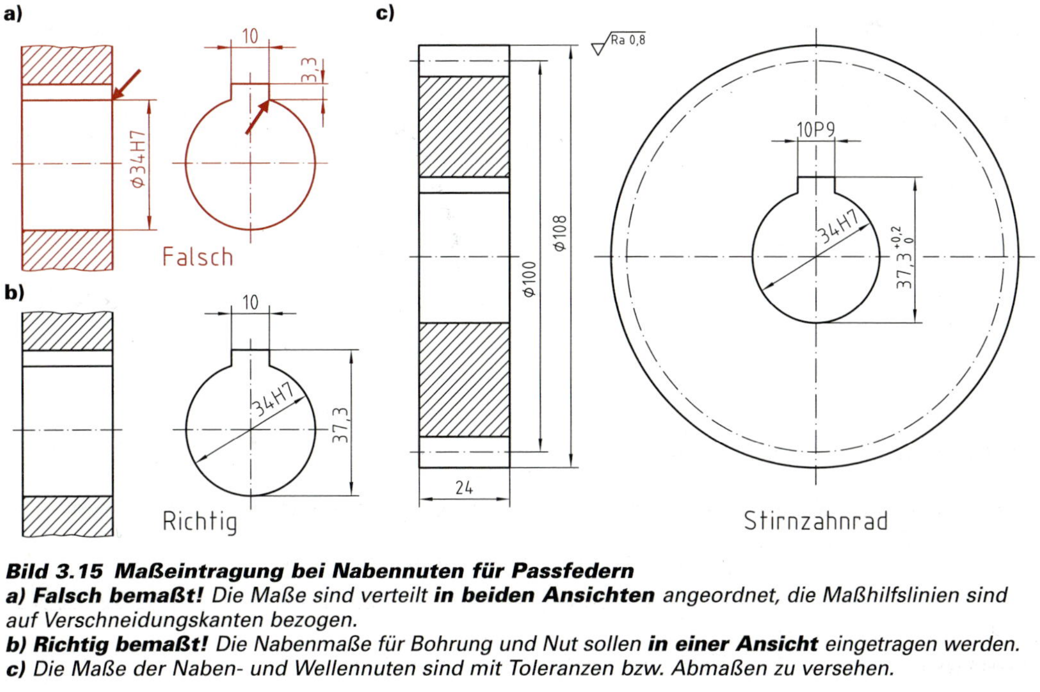

Bild 3.15 Maßeintragung bei Nabennuten für Passfedern
a) Falsch bemaßt! *Die Maße sind verteilt* ***in beiden Ansichten*** *angeordnet, die Maßhilfslinien sind auf Verschneidungskanten bezogen.*
b) Richtig bemaßt! *Die Nabenmaße für Bohrung und Nut sollen* ***in einer Ansicht*** *eingetragen werden.*
c) *Die Maße der Naben- und Wellennuten sind mit Toleranzen bzw. Abmaßen zu versehen.*

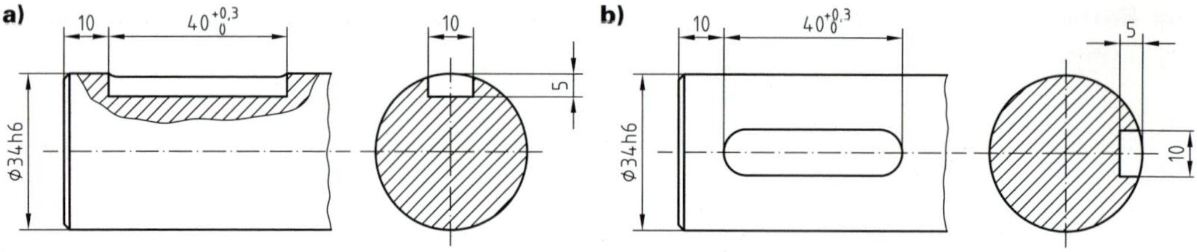

***Bild 3.16** Maßeintragung bei Wellennuten für Passfedern (Darstellung nach a oder b üblich)*

1	Scheibenfeder 6 x 7,5	3	DIN 6888	E 335		
1	Passfeder F 12 x 8 x 100	2	DIN 6885	C 45		
1	Passfeder A 8 x 7 x 28	1	DIN 6885	C 45		
Stück	Benennung	Teil	Norm Nr. Zeichng.-Nr.	Werkstoff	Rohmaße od. Modell Nr.	Bemerkung

***Bild 3.17** Eintragungsbeispiele in der Stückliste*

ZA 16 Passfederverbindung (Teilzeichnung)

Zweck der Zeichenaufgabe: Zeichnerische Darstellung von Naben- und Wellennuten für Passfedern und Anwendung der Zeichengrundlagen nach den Bildern 3.15 und 3.16, Heraussuchen von Maßwerten aus Normtabellen für die Maßeintragung.

1. Zeichnen Sie auf ein Zeichenblatt Größe A4 die Spindel, **Teil 1**, in Vorderansicht (aufgebrochen) und Seitenansicht (im Schnitt A–A); ferner die Seilrolle, **Teil 2**, in Vorderansicht (Vollschnitt) und Seitenansicht.
2. Bestimmen Sie die fehlenden Maße der Passfedernuten nach DIN 6885, für eine Passfeder A 8 × 7 × 28, hohe Form.
3. Bemaßen Sie die Einzelteile vollständig, bestimmen Sie notwendige Abmaße und Toleranzen (Bilder 3.15 und 3.16) und tragen Sie Oberflächenzeichen ein.
4. Schriftfeld und Stückliste sind auszufüllen, Werkstoffe sind einzutragen, und zwar:
   Teil 1, Spindel, S275JR,
   Teil 2, Seilrolle E 295.

ZA 17 Passfederverbindung (Zusammenstellungszeichnung)

Zweck der Zeichenaufgabe: Anfertigen einer Zusammenstellungszeichnung.

1. Zeichnen Sie auf ein Zeichenblatt Größe A4 die zusammengebauten **Teile 1 bis 4** mit eingelegter Passfeder und eingeschraubtem Gewindestift in Vorderansicht (Vollschnitt, Spindelansatz aufgebrochen) und Seitenansicht (im Schnitt A–A) wie die Skizze zeigt. Die Maßeintragung entfällt.
2. Schriftfeld und Stückliste sind auszufüllen:
   Teil 1 und **Teil 2** siehe **ZA 16**,
   Teil 3, Passfeder
   DIN 6885–A8 × 7 × 28–C45,
   Teil 4, Gewindestift ÖNORM
   EN 27434 (ISO 7434)–M6 × 12–5.8

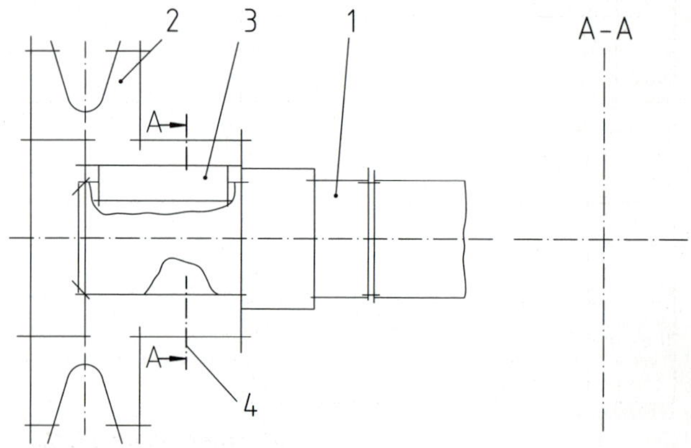

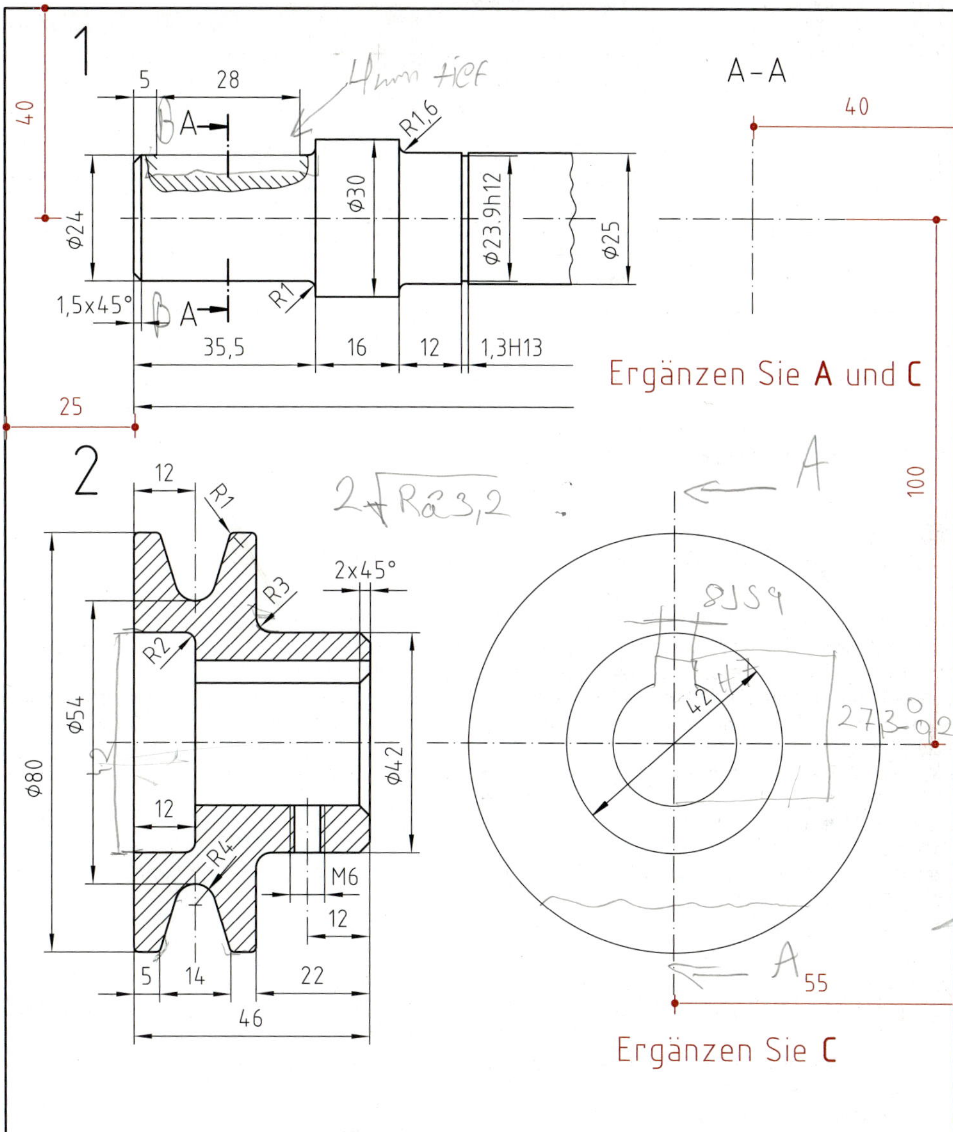

		2		E295		
		1		S275JR		
Stück	Benennung	Teil	Norm Nr. Zeichng.-Nr.	Werkstoff	Rohmaße od. Modell Nr.	Bemerkung

	Tag	Name		
Gez.				
Gepr.				
Norm gepr.				
Maßstab 1 : 1	Passfederverbindung			Ersatz für:
				Ersetzt durch:
Allgemein-toleranzen				ZA 16

Vorlage zu ZA 16

ZA 18 Welle mit Pass- und Gleitfeder

Zweck der Zeichenaufgabe: Wie **ZA 16**, jedoch zusätzlich für Passfeder (Gleitfeder) nach Bild 3.18.

1. Zeichnen Sie auf ein Zeichenblatt Größe A3 die Welle, **Teil 1**, mit eingepresster Passfeder A, **Teil 2**, angeschraubter Passfeder F (als Gleitfeder), **Teil 3**, und Zylinderschrauben, **Teil 4**, in Vorderansicht. Der Bereich der Nuten und der Verschraubung ist aufzubrechen. Zeichnen Sie unterhalb der Vorderansicht die Schnitte A–A und B–B. Die Zeichenblatteinteilung bestimmen Sie selbst.
2. Zeichnen Sie die Passfedern Form A und F, **Teil 2** und **Teil 3**, in den Schnittdarstellungen. Die Abmessungen der Wellennuten und Passfedern (hohe Form) sind nach DIN 6885 bzw. nach den Bildern 3.18 und 3.19 zu bestimmen.
3. Bemaßen Sie die Welle vollständig. Bestimmen Sie die notwendigen Abmaße und Toleranzen (siehe die Hinweise in den Bildern 3.16a und 3.16b). Verteilen Sie die Maße sinnvoll in allen Ansichten.
4. Kennzeichnen Sie die Oberflächenbeschaffenheit der Welle durch Sinnbilder nach ISO.
5. Schriftfeld und Stückliste sind auszufüllen, Werkstoffe sind einzutragen, und zwar:

Teil 1, Welle, Rd45 ÖNORM EN 10059–E295
Teil 2, Passfeder DIN 6885–A 8 × 7 × 45–C45
Teil 3, Passfeder DIN 6885–F 12 × 8 × 100–C45
Teil 4, Zylinderschraube ÖNORM EN ISO 1207–M 4 × 10–5.8

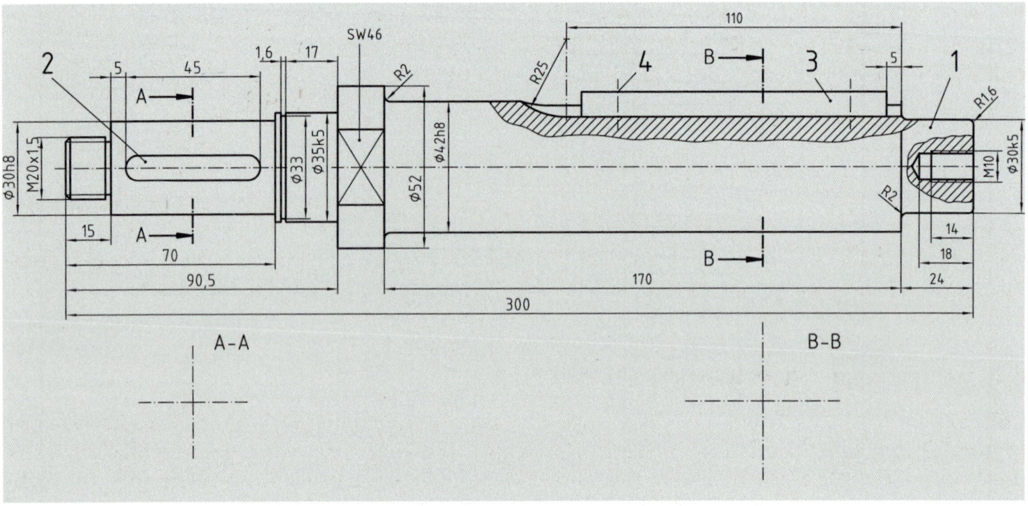

Welle mit Passfeder Form A und Form F zu ZA 18

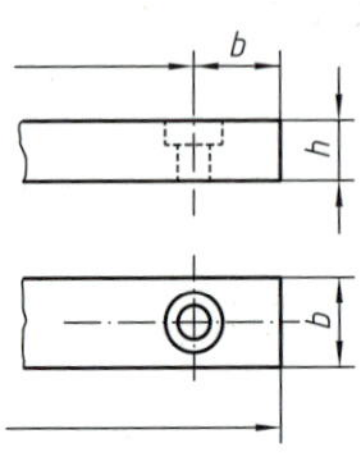

Bild 3.18 Passfeder F: Geradstirnig für zwei Halteschrauben

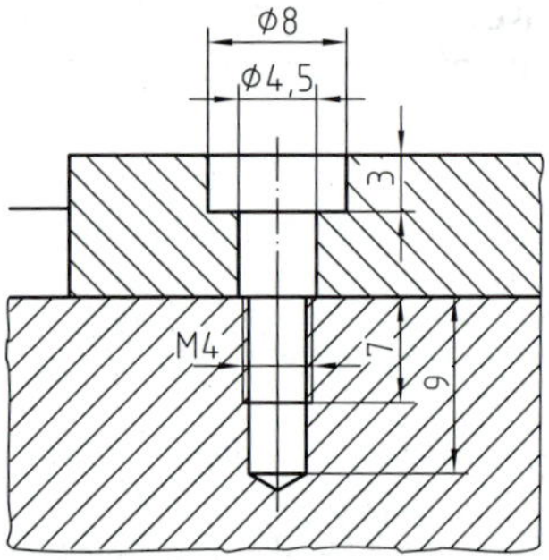

Bild 3.19 Abmessungen der zylindrischen Senkung für die Zylinderschrauben zur Befestigung der Passfeder F 12 × 8 × 100 (Vorlage zu ZA 18, Teil 3)

4 Profilwellen- und Profilnabenverbindungen

Diese Verbindungen werden vorwiegend bei hochbeanspruchten längsverschiebbaren Drehbewegungselementen, wie Getriebewellen, Getriebezahnrädern, Kupplungsteilen u. dgl., verwendet (Bild 4.1).

Vorteile gegenüber einer Längsfederverbindung: Gleichmäßige Belastung über den ganzen Wellenquerschnitt; Verschieben der Nabe auf der Profilwelle möglich, ohne zu ecken; keine Unwucht bei höheren Drehzahlen; kein Ausschlagen der Nabennuten, wie es bei Gleitfedern und großer Schalthäufigkeit sowie Drehrichtungsänderung vorkommen kann.

Arten:

- **Keilnaben- und Keilwellenprofile** (Bilder 4.1 bis 4.6) mit geraden Mitnehmerflächen(-flanken);
- **Kerbzahnnaben- und Kerbzahnwellenprofile** (Bild 4.7) mit schrägen Mitnehmerflächen;
- **Zahnnaben- und Zahnwellenprofile** mit Evolventenflanken (gewölbte Mitnehmerflächen, Bild 4.8);
- **Polygonprofile für Naben und Wellen** (Bilder 4.9 und 4.10).

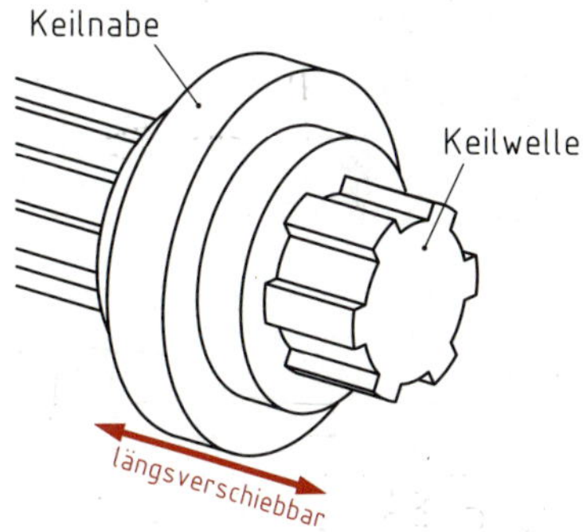

Bild 4.1 Keilwellenverbindung

Werkstoff: Profilwellen werden aus E295 bis E360 sowie bei höheren Beanspruchungen aus unlegierten und legierten Einsatzstählen gefertigt und im Einsatz gehärtet.

4.1 Keilnaben- und Keilwellenprofile

Keilwellen haben je nach Verwendung und Beanspruchung 4, 6, 8 und mehr auf der Mantelfläche gleichmäßig verteilte Federstege (Bild 4.2). Das Keilwellenprofil wird aus dem vollen Rundstahl nach dem Teilverfahren mit Scheibenfräsern oder nach dem Abwälzverfahren mit Wälzfräsern gefertigt. Für einen leichten Einbau der Keilwelle in die Keilnabe sind die Wellenenden anzuschrägen (Bild 4.3). Nach der Wärmebehandlung wird das Keilwellenprofil auf Keilwellenschleifmaschinen auf Fertigmaß geschliffen. Das Keilnabenprofil wird durch Räumen auf Räummaschinen gefertigt.

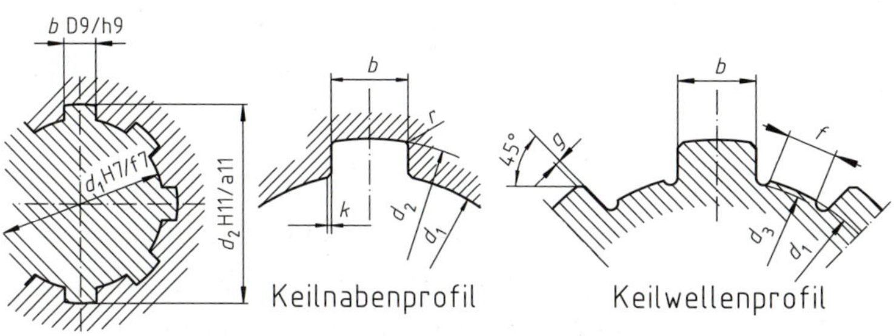

Bild 4.2 Keilwellenverbindung mit geraden Mitnehmerflanken nach ÖNORM ISO 14 (mittlere Reihe)

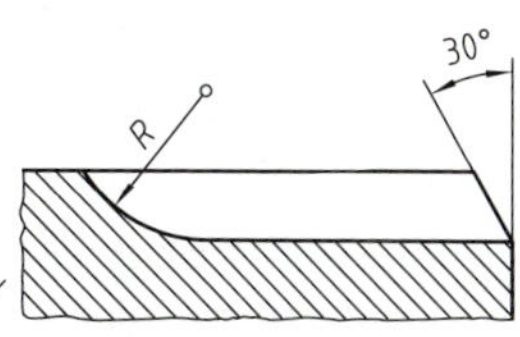

Bild 4.3 Abschrägung der Welle und Nutenauslauf
(R Fräser- bzw. Schleifscheibenradius)

4.1.1 Normung und Abmessungen von Keilnaben- und Keilwellenprofilen

Nach ÖNORM ISO 14 unterscheidet man Keilwellenverbindungen der leichten und mittleren Reihe (siehe Tabelle 4.1).

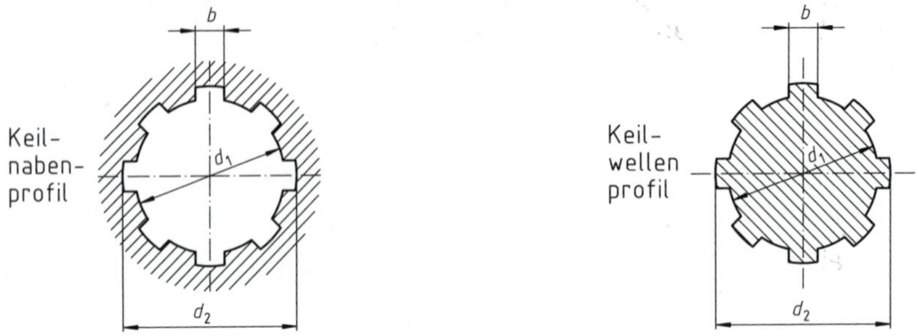

Bild 4.4 Keilnaben- und Keilwellenprofile

Innendurchmesser d_1	ÖNORM ISO 14 Keilzahl	Leichte Reihe d_2	b	ÖNORM ISO 14 Keilzahl	Mittlere Reihe d_2	b
26	6	30	6	6	32	6
28	6	32	7	6	34	7

Tabelle 4.1 Keilwellenverbindungen – Vergleich der Reihen (Beispiel)

4.1.2 Toleranzen und Passungen für Keilwellenverbindungen

Keilwellenverbindungen können je nach Bedarf längsbeweglich oder fest sein. Wie aus der folgenden Toleranztabelle zu ersehen ist, sind den Werten d_1, d_2 und b verschiedene Toleranzen zugeordnet. Die Passung der Wellen- und Nabenaußendurchmesser d_2 hat infolge der groben Toleranzpaarung H11/a11 ein sehr großes Spiel.

Die **Zentrierung von Nabe und Welle** kann durch:

- **Innenzentrierung** bei 6-, 8- und 10-keiligem Profil und
- **Flankenzentrierung** bei 8-, 10- und mehrkeiligem Profil

erfolgen.

Bauteil	Art der Zentrierung		b		d_1	d_2	b	d_1	d_2
Nabe	Innen- und Flankenzentrierung		ungeh. D9	gehärtet F10	H7	H11	D9	H7	H13
Welle	Innenzentrierung	Nabe beweglich	h8	e8	f7	a11	h9	g6	a11
		Nabe fest	p6	h6	j6			j6	
	Flankenzentrierung	Nabe beweglich	h8	e8	–			–	
		Nabe fest	u6	k6	–				

Tabelle 4.2 Toleranzen für Keilnaben- und Keilwellenprofile

4.1.3 Bezeichnung, Darstellung und Bemaßung von Keilwellenverbindungen

1 Die **Bezeichnung der Keilnaben- und Keilwellenprofile muss enthalten:** Anzahl der Federstege, Innen- und Außendurchmesser, Toleranz und ÖNORM-Nummer, z. B.:

- Bezeichnung eines **Keilnabenprofils** der mittleren Reihe mit 6 Stegen, Innendurchmesser d_1 = 28 mm und Toleranz H7 sowie Außendurchmesser d_2 = 34 mm und Toleranz H13:

Keilnabenprofil ISO 14–6 × 28 H7 × 34 H13

- Bezeichnung eines **dazugehörigen Keilwellenprofils** mit Toleranz für d_1 = g6 und für d_2 = a11:

Keilwellenprofil ISO 14–6 × 28 g6 × 34 a11

Bei Innenzentrierung einer ungehärteten und beweglichen Nabe mit einer Keilwelle ist für die Nutbreite *b* die Toleranz D9 und für die Keilbreite *b* die Toleranz h9 aus Tab. 4.2 zu wählen.

2 Die **zeichnerische Darstellung** von Keilnaben- und Keilwellenprofilen erfolgt nach den allgemeinen Zeichennormen, wobei alle Fertigungsmaße, Toleranzen und Oberflächenangaben in die Zeichnung einzutragen sind (Bild 4.5).

Die Darstellung von Keilwellenverbindungen in Fertigungszeichnungen kann nach ÖNORM EN ISO 6413 detailgetreu (Bild 4.5) oder vereinfacht (sinnbildlich, Bild 4.6) erfolgen.

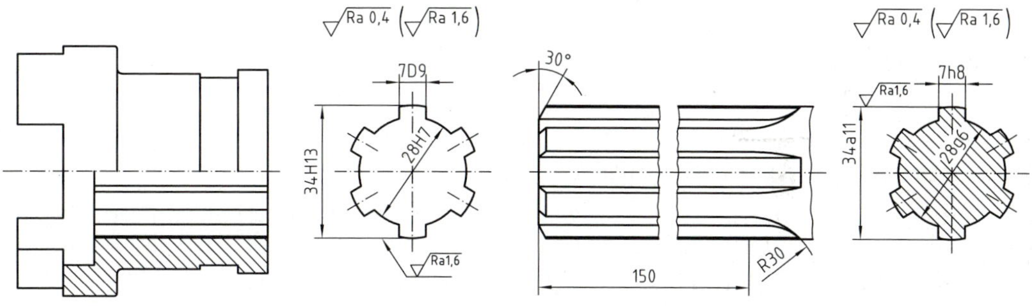

Bild 4.5 Zeichnerische Darstellung einer Schiebemuffe mit Keilnabenprofil und einer Getriebewelle mit Keilnabenprofil nach ÖNORM ISO 14 (mittlere Reihe) und vollständiger Maßeintragung, detailgetreu.

3 Die **vereinfachte (sinnbildliche) Darstellung.** Keilnaben- und Keilwellenprofile können nach Bild 4.6 auch vereinfacht dargestellt werden. Die übrigen Fertigungsmaße müssen nach dem jeweiligen Normblatt bestimmt werden.

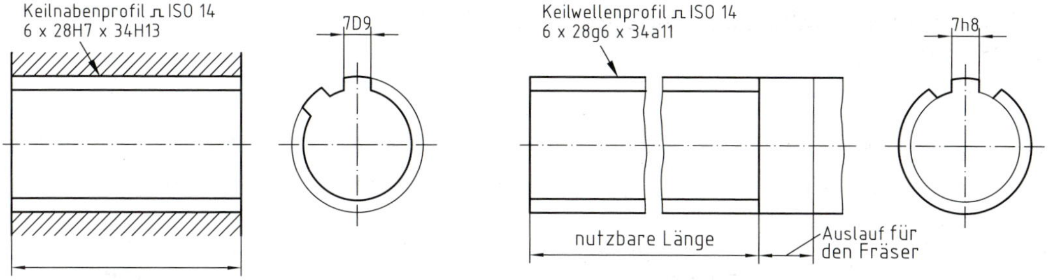

Bild 4.6 Vereinfachte (sinnbildliche) Darstellung eines Keilnabenprofils und eines Keilwellenprofils nach ÖNORM ISO 14 (mittlere Reihe)
⎍ ...Symbol für parallele Flankenausführung

4.2 Kerbzahn- und Evolventenzahn-Verbindungen

Mit Kerbzahnnaben- und Kerbzahnwellenprofilen nach DIN 5481 (Bild 4.7) sowie Zahnnaben- und Zahnwellenprofilen mit Evolventenflanken nach DIN 5482 (Bild 4.8) können ähnliche Verbindungen zwischen Wellen und Naben hergestellt werden wie mit Keilwellen. Infolge der vielen Zähne von geringer Profilhöhe wird die Welle im Querschnitt nur wenig geschwächt. Der Vorteil der Kerb- und Evolventenverzahnung liegt darin, dass bei geringster Wellenschwächung große Kräfte auch bei starken Stößen und wechselnder Kraftrichtung übertragen werden.

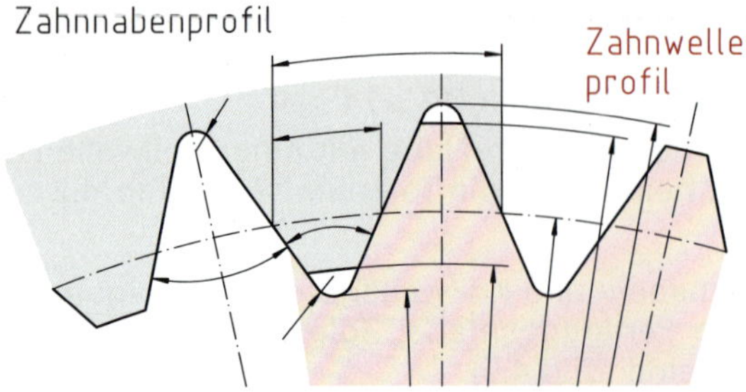

Bild 4.7 Kerbzahnnaben- und Kerbzahnwellenprofil mit notwendigen Maßangaben

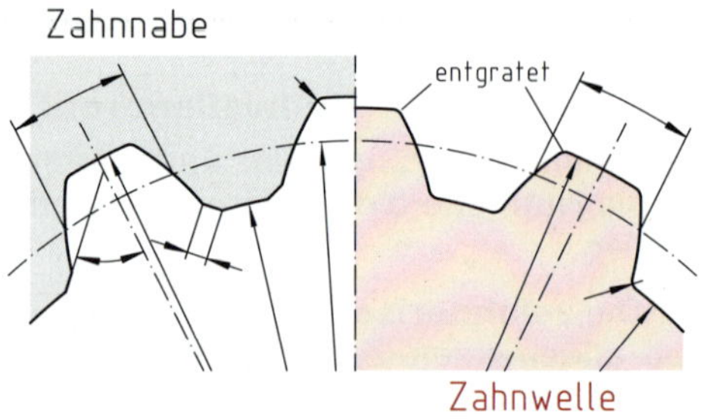

Bild 4.8 Zahnnaben- und Zahnwellenprofil mit Evolventenflanken sowie notwendigen Maßangaben

Die genormten Abmessungen und Bezeichnungsbeispiele der Profile sind aus den genannten DIN-Blättern zu ersehen.

4.3 Polygonprofilverbindungen

Die Verbindung wird durch ein Wellenprofil mit drei- oder vierseitiger Polygonform erreicht (Bild 4.9 und Bild 4.10). Das unrunde Polygonprofil ist ein „Gleichdick“, d. h. je zwei gegenüberliegende Punkte am Profilumfang ergeben bei jeder Messung D_m (Bild 4.9).

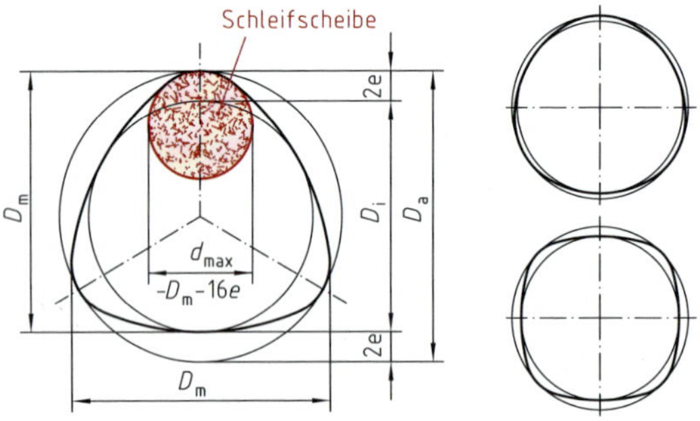

Bild 4.9 Polygonprofile
a) *Polygon-Dreieck-Profil, e Exzentrizität*
b) *Polygon-Dreieck-Profil*
c) *Polygon-Vier-Seiten-Profil*

Bild 4.10 Zahnradgetriebeteile mit Naben- und Wellenprofil

Die Profile werden auf Spezial-Profilschleifmaschinen geschliffen und können mit jedem Innen- und Außenmessgerät (z. B. Grenzlehre, Mikrometer) gemessen werden, wodurch die Genauigkeit der ISO-Passung gewährleistet ist, z. B.:

- **Spielpassungen:** Toleranzen H6 oder H7, gepaart mit h6, g6 oder f7,
- **Übergangs- und Übermaßpassungen:** Toleranzen H6 oder H7, gepaart mit k6 oder m6.

Durch das Fehlen von Kanten und Ecken werden Härterisse fast ausgeschlossen, und die Kerbwirkung wird ganz aufgehoben. Nach der Wärmebehandlung ist der Verzug ohne Schwierigkeit durch Fertigschliff zu beseitigen.

Das Anwendungsgebiet der Polygon-Dreiecks-Verbindungen ist sehr groß. Man kann sie – eine Profilschleifmaschine vorausgesetzt – anstelle aller gebräuchlichen Wellen-Naben-Verbindungen, Stifte, Keile, Federn verwenden (Anwendungsbeispiele siehe Bild 4.10).

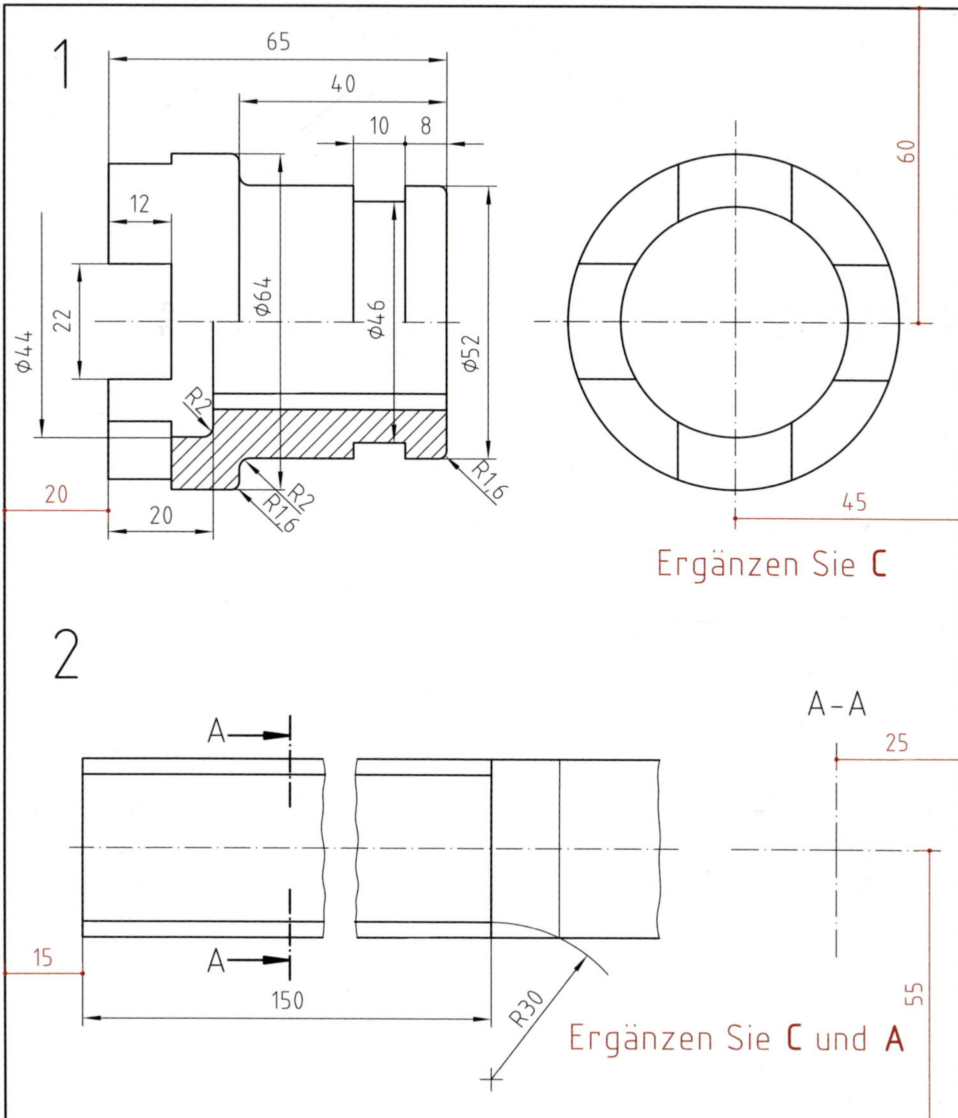

Stück	Benennung	Teil	Norm Nr. Zeichng.-Nr.	Werkstoff	Rohmaße od. Modell Nr.	Bemerkung
		2				
		1				

	Tag	Name
Gez.		
Gepr.		
Norm gepr.		

Maßstab 1 : 1

Allgemeintoleranzen

Klauenkupplung

Ersatz für:

Ersetzt durch:

ZA 19

Vorlage zu ZA 19

ZA 19 Klauenkupplung

Zweck der Zeichenaufgabe: Darstellung und Bemaßung von Keilnaben- und Keilwellenprofilen nach Norm- und Bezeichnungsangaben (siehe Abschnitt 4.1.3).

1. Zeichnen Sie auf ein Zeichenblatt Größe A4 nach Bild 4.6 (Seite 59) den
   Teil 1, Schiebemuffe, C15E, mit einem Keilnabenprofil ÖNORM ISO 14–6 × 28 H7 × 34 H13 in Vorderansicht (Halbschnitt) und Seitenansicht sowie den
   Teil 2, Getriebewelle, Rd38 ÖNORM EN 10059–E295, mit einem Keilwellenprofil ÖNORM ISO 14–6 × 28 g6 × 34 a11 in Vorderansicht (abgebrochen) und in der Seitenansicht im Schnitt A–A.
   Die Toleranz der Nutbreiten für eine bewegliche und ungehärtete Nabe mit Innenzentrierung bestimmen Sie nach Tabelle 4.2, Seite 58.
2. Bemaßen Sie die Teile vollständig und tragen Sie alle notwendigen Toleranzen sowie Oberflächenzeichen ein.
3. Schriftfeld und Stückliste sind auszufüllen, Werkstoffe sind einzutragen.

ZA 20 Keilwelle mit Schaltgriff (Teilzeichnung)

Zweck der Zeichenaufgabe: Wie **ZA 19**.

1. Zeichnen Sie auf ein Zeichenblatt Größe A3 nach eigener Platzeinteilung den **Teil 1**, sechsstegige Keilwelle nach ÖNORM ISO 14 (mittlere Reihe) mit den Nennmaßen d_1 = 28 mm und d_2 = 34 mm in Vorderansicht und im Schnitt A–A (siehe Tabelle 4.1, Seite 58). Die Keilwelle hat Innenzentrierung und soll in einer gehärteten Nabe beweglich sein (vergl. Tabelle 4.2, Seite 58). Zeichnen Sie die **Werkstücke 2, 3 und 4**, wie sie in der **ZA 20** dargestellt sind.
2. Bemaßen Sie die Teile vollständig und tragen Sie alle notwendigen Toleranzen sowie Oberflächenzeichen ein. Zeichnen Sie auch eine Passungsliste.
3. Ergänzen Sie das Schriftfeld und die Stückliste, und zwar:
   Teil 1, Keilwelle (Normbezeichnung bestimmen Sie selbst), Rd38 ÖNORM EN 10059–E335
   Teil 2, Schaltknopf, Rd65 ÖNORM EN 10059–S185
   Teil 3, Griffstange, Rd12 DIN 668–10S20, blank h11

ZA 21 Keilwelle mit Schaltgriff (Zusammenstellung)

Zweck der Zeichenaufgabe: Anfertigen einer Zusammenstellungszeichnung und Anwendung der vereinfachten Darstellung von Keilwellenprofilen nach Bild 4.6, Seite 59.

1. Zeichnen Sie auf ein Zeichenblatt Größe A3 die Keilwelle, **Teil 1**, in vereinfachter Darstellung und die **Teile 2 bis 4** samt Kegelstift, **Teil 5**, zusammengebaut in Vorderansicht und Seitenansicht (aufgebrochen im Bereich des Kegelstiftes). Die Montageskizze zeigt den Zusammenbau.
2. Die Griffstange ist in der Schaltknopfbohrung eingepresst (Übermaßsitz ∅10 H7/n6), der Kugelknopf ist auf der Griffstange aufgeschraubt. Am linken Wellenansatz mit ∅20 ist der Schaltknopf mit einem Kegelstift ÖNORM EN 22339 (ISO 2339)–5 × 62–St befestigt. Eine Bemaßung der Teile entfällt.
   Die Abmessungen des Kugelknopfes DIN 319–C40FS sind einem Tabellenbuch zu entnehmen.
   Beachten Sie den Hinweis in der Zeichnung: **Teil 1** und **Teil 2** gemeinsam gebohrt und gerieben.
3. Schriftfeld und Stückliste sind vollständig auszufüllen.

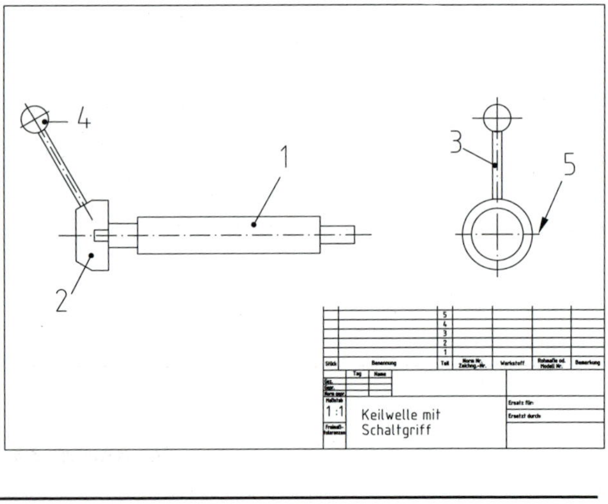

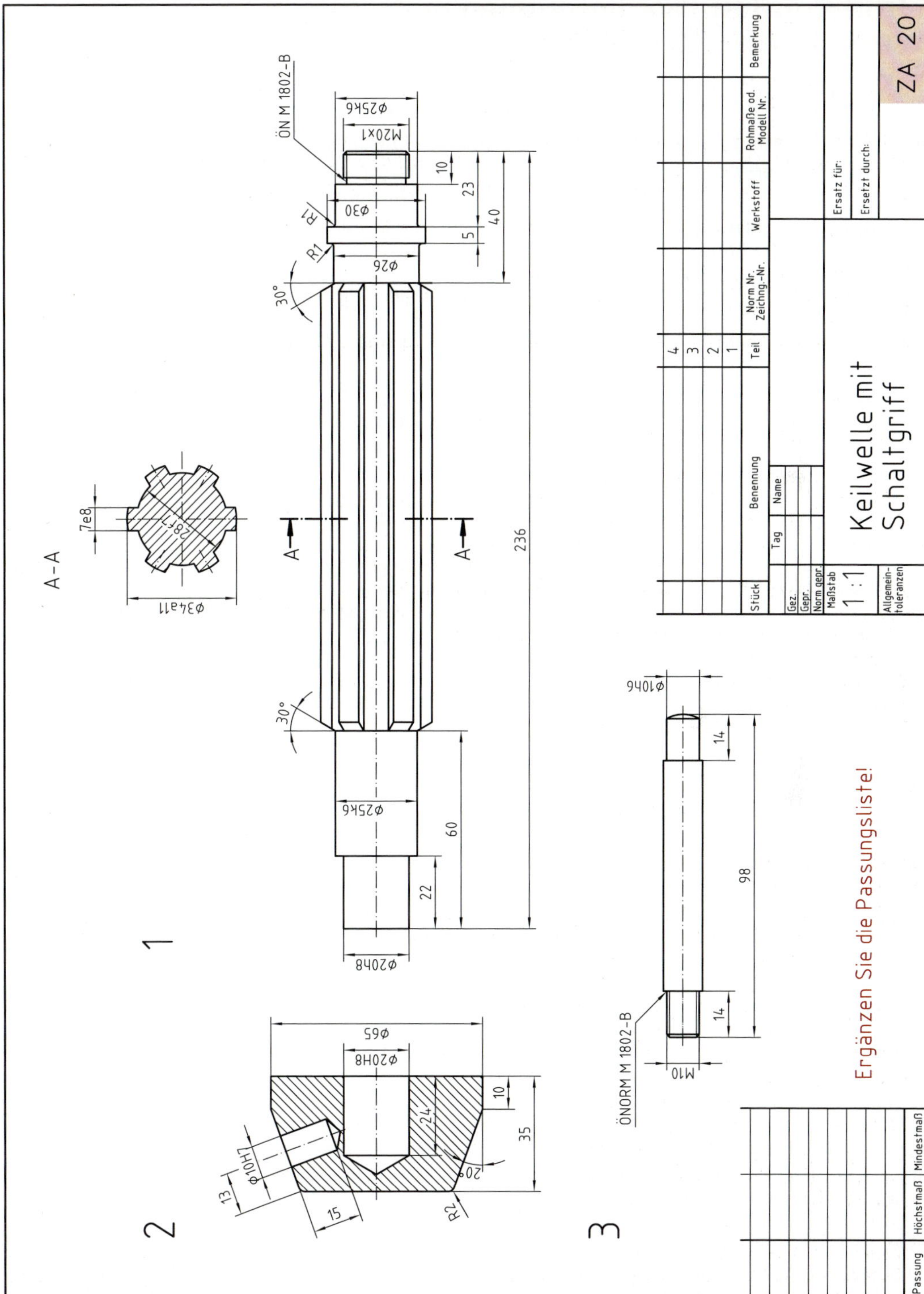

Vorlage zu ZA 20

5 Stifte und Stiftverbindungen

1 **Verwendung:** Stifte werden im gesamten Maschinen-, Apparate-, Werkzeug- und Vorrichtungsbau verwendet.

Sie haben folgende Aufgaben zu erfüllen und dienen als:

- **Verbindungselement** (Bild 5.1a), z. B. zur Verbindung von Schaltelementen mit Wellen oder Achsen, von Kurbeln mit Wellen, Spindeln u. dgl.
- **Sicherungselement** (Bild 5.1b) zur Fixierung der Lage zweier oder mehrerer Werkzeug- oder Maschinenteile.
- **Sicherungselement** Bild 5.1c) zur Aufnahme von Querkräften. Gleichzeitig wirken die Stifte auch entlastend für die Schraubenverbindungen.
- **Bauelement** (Bild 5.1d) für einfache und praktische Einbauzwecke.

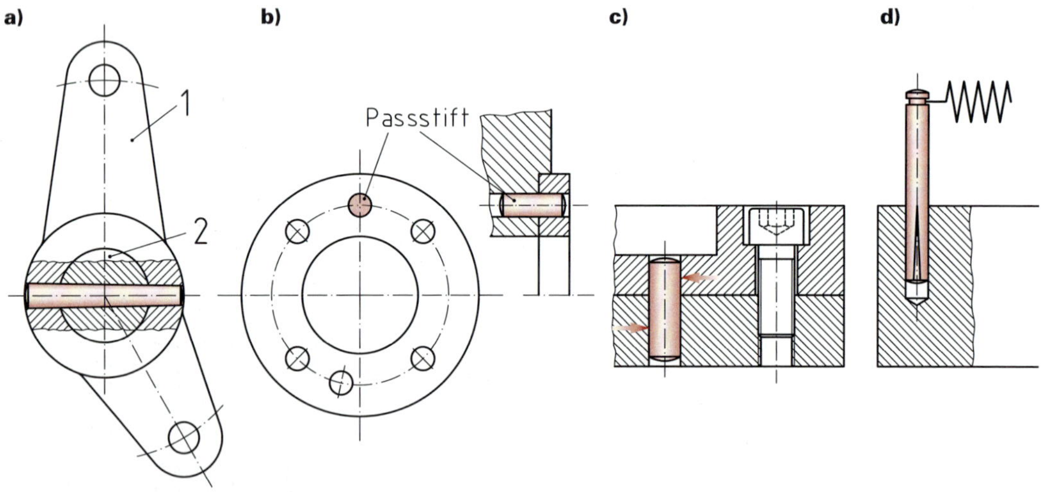

Bild 5.1 Verwendung der Stifte
a) *Verbindungsstift*
b) *Sicherungselement zur Lagensicherung*
c) *Sicherungselement zur Schraubenentlastung*
d) *Bauelement*

2 Kräftewirkung bei Stiftverbindungen (Bild 5.2). Bei ihren Verbindungs-, Sicherungs- und Befestigungseigenschaften sind die Stifte Scherbeanspruchungen durch Querkräfte, Drehmomente, Axialkräfte u. dgl. ausgesetzt.

3 Die Wahl eines Stiftes richtet sich nach den Erfordernissen, die die herzustellende Verbindung erfüllen soll, z. B. Häufigkeit der Lösung, Größe der auftretenden Querkräfte, Genauigkeitsgrad der Lagensicherung, Selbstlösungsgefahr, Herstellungskosten der Verbindung usw.

Merke:
In allen Fällen gewährleisten Stifte nach jedem Ausbau wieder einen sicheren und raschen Zusammenbau der Teile in die ursprüngliche Lage.

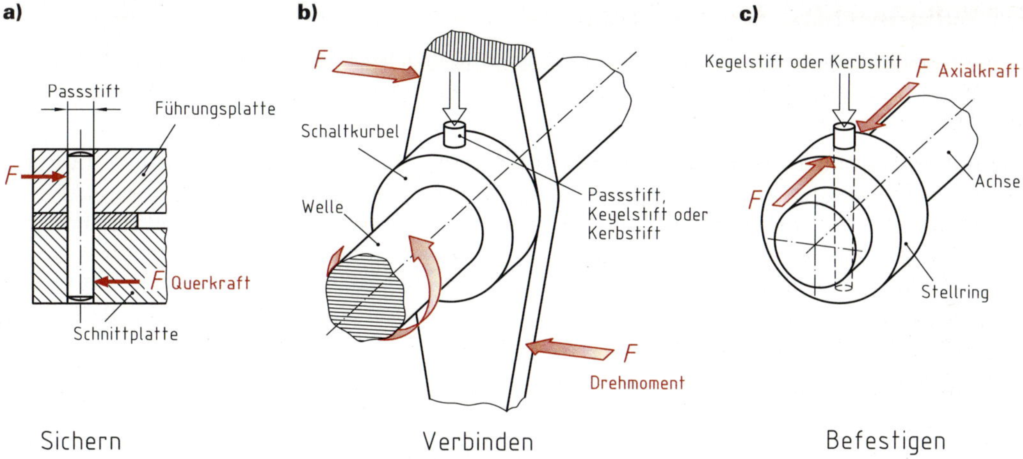

Bild 5.2 Kräftewirkung bei Stiftverbindungen
a) *Lagensicherung bei Auftreten von Querkräften*
b) *Mitnehmerverbindung zur Übertragung eines Drehmoments*
c) *Befestigung eines Stellringes zur Axialbegrenzung*

Stiftarten			Lösbarkeit und Ausführung des Stiftloches	Verwendungsbeispiele	Norm	
zylindrische Stifte	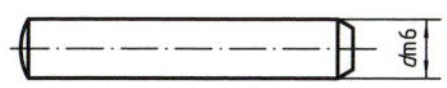	Passstift gehärtet	selten zu lösen, geriebenes Loch H7	Passverbindungen im Werkzeugbau	ÖNORM EN ISO	8734
	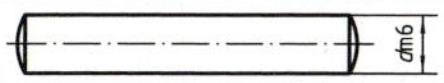	Passstift		normal beanspruchte Passverbindungen		2338
	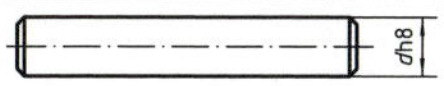	Verbindungsstift	oft lösbar, geriebenes Loch H9	bewegliche Verbindungen		2338
	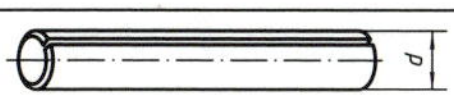	Spannstift	oft lösbar, nur gebohrtes Loch H11	rasch herstellbare Passverbindungen		8752
kegelige Stifte	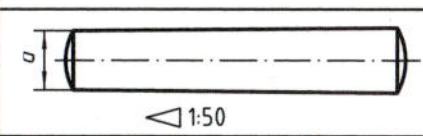	Kegelstift	oft lösbar, kegelig geriebenes Loch	allg. Passverbindungen und als Spannelement	ISO	2339
	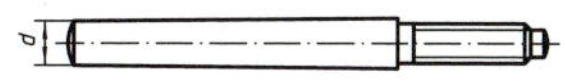	Kegelstift mit Gewindezapfen		Großmaschinenbau		8737
	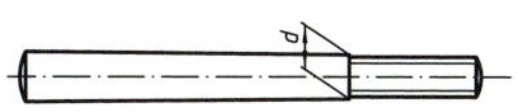	Kegelstift mit Sicherungsgewindezapfen		für starke Erschütterungen		Sonderausführung
Kerbstifte		Kegelkerbstift	Lösung zu vermeiden, jedoch öfters möglich; zylindrisches, nur gebohrtes Loch H11	billige, rasch herstellbare Verbindungen, deren Lösung voraussichtlich nicht in Betracht kommt	ÖNORM EN ISO	8744
	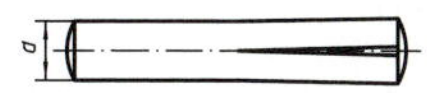	Passkerbstift				8745
		Zylinderkerbstift				8740
	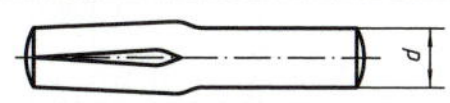	Steckkerbstift				8741

- Zylinderstift mit Innengewinde, ungehärtet, ÖNORM EN ISO 8733
- Zylinderstift mit Innengewinde, gehärtet, ÖNORM EN ISO 8734

Tabelle 5.1 Übersicht der gebräuchlichsten Stiftarten und Verwendungshinweise

5.1 Zylinderstifte

Je nach Art der Verwendung werden Zylinderstifte ÖNORM EN ISO 2338 und ÖNORM EN ISO 8734 mit verschiedenen Durchmessertoleranzen ausgeführt, die an der Form der Stiftenden erkennbar sind (Bild 5.3 und Bild 5.5):

- Zylinderstift mit Linsenkuppe (Passstift) ÖNORM EN ISO 2338 Toleranzfeld m6, (alt: Form A)
- Zylinderstift mit Kegelkuppe (Verbindungsstift) ÖNORM EN ISO 2338 Toleranzfeld h8, (alt: Form B)
- Zylinderstift ohne Kuppen (Nietstift) ÖNORM EN ISO 2338 Toleranzfeld h11, Form C
- Zylinderstift mit einseitiger Kegelkuppe (gehärteter Passstift) ÖNORM ISO 8734 Toleranzfeld m6

Werkstoff: Automatenstahl (St) 125 bis 245 HV

Festgelegte Nenndurchmesser *d*: 2 2,5 3 4 5 6 8 10 12 16 20 25 mm

a) **b)** **c)**

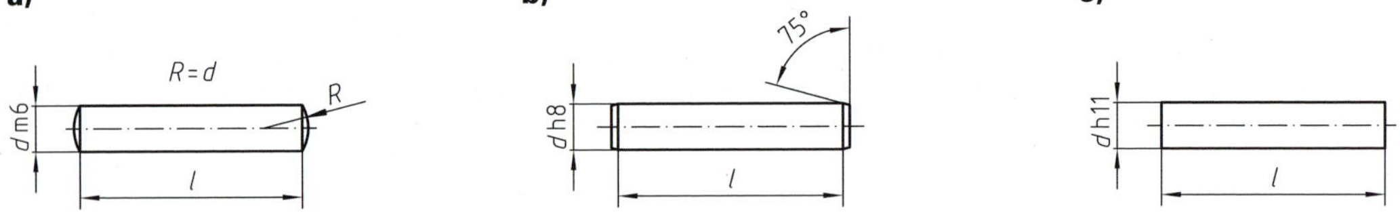

Bild 5.3 Zylinderstifte nach ÖNORM EN ISO 2338
a) *Passstift,* ***b)*** *Verbindungsstift,* ***c)*** *Nietstift*

Bezeichnungsbeispiele:

- Bezeichnung eines Zylinderstiftes (Passstift) von Durchmesser d = 5 mm nach ISO-Lehre m6 und Länge l = 30 mm:

  Zylinderstift ISO 2338–5m6 × 30–St

- Bezeichnung eines Zylinderstiftes (Verbindungsstift) von Durchmesser d = 5 mm nach ISO-Lehre h8 und Länge l = 30 mm:

  Zylinderstift ISO 2338–5h8 × 30–St

5.1.1 Zylinderstifte (Passstifte)

- **Passstifte, Form A,** verwendet man zur Lagesicherung austauschbarer Maschinen- und Werkzeugteile, z. B. Lagesicherung eines Lagerfußes auf einer Grundplatte (siehe ZA 22, Seite 73). Passstifte haben eine Durchmessertoleranz m6 und werden in die geriebene Bohrung (Toleranz H7) eingepresst. Es ist ungünstig, Stiftverbindungen oft zu lösen, da bei jedem Heraustreiben des Stiftes die Güte der Übermaßpassung abnimmt. Kegelstifte können dagegen beliebig oft gelöst werden.

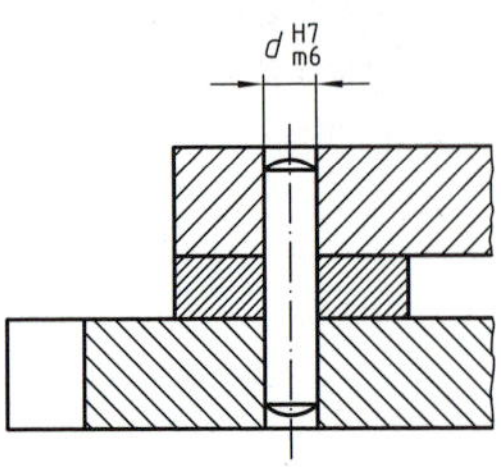

Bild 5.4
Zylinderstift (Passstift)

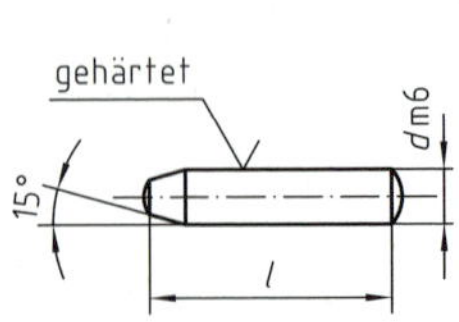

Bild 5.5
Zylinderstift, gehärtet

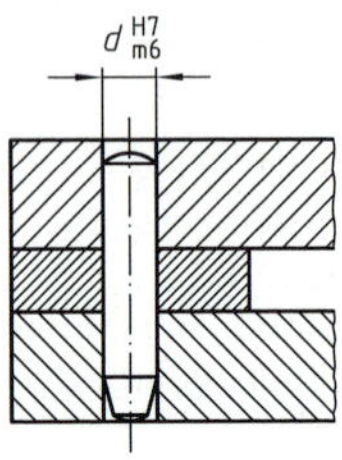

Einbaubeispiel

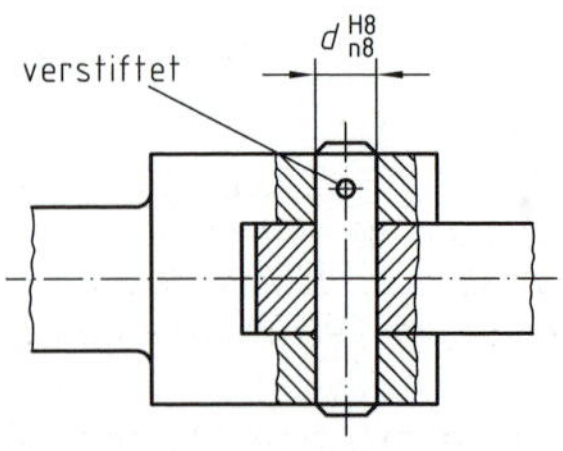

Bild 5.6 Zylinderstift (Verbindungsstift) für Gelenk

Häufig verbindet man auch durch Passstifte Griffelemente, Stellringe, Hebel (Bild 5.2), Schnecken usw. mit Wellen oder Spindeln. Dann übertragen Stifte auch Kräfte (z. B. Abscherkräfte), weshalb der erforderliche Stiftdurchmesser *d* errechnet oder geprüft werden muss.

Stifte für Bruchsicherungen sind so zu bemessen, dass der Stift bei gefährlichen Überlastungen glatt abgeschert wird. Dann ist der Kraftfluss unterbrochen, und wertvolle Antriebsteile sind vor Schaden bewahrt.

Passstifte können auch axial je zur Hälfte in die Nabe und in die Welle eingebaut werden und ergeben dadurch eine Verbindung von Nabe und Welle.

- **Gehärteter Zylinderstift mit Kegelansatz.** Dieser Stift nach ÖNORM EN ISO 8734 (Bild 5.5) wird aus Stahl, z. B. 100Cr4, 10Mn2 gefertigt, gehärtet (je nach Werkstoff: 550 bis 700 HV) und geschliffen. ***Verwendung:*** wie Passstift, hauptsächlich im Werkzeugbau für hochbeanspruchte Werkzeuge, z. B. für Schnitte, Stanzen, Pressformen.
- **Einbau der Passstifte.** Die zu verbindenden Werkstücke werden gemeinsam, in der Regel beim Zusammenbau, gebohrt und gerieben. Die Paarung H7 (Bohrung) mit m6 (Passstift) ergibt einen Übermaßsitz. Der Einbau des Passstifts erfolgt durch Eintreiben in das ausgeriebene Loch. **Beim Ausbau** wird der Passstift mit einem passenden Dorn nicht durch- sondern zurückgetrieben.

5.1.2 Zylinderstifte (Verbindungsstifte)

Verbindungsstifte, Form B, mit Durchmessertoleranz h8, werden für gelenkige oder bewegliche Verbindungen verwendet, wie z. B. Scharniere, Gelenke u. Ä. Die Paarung der Toleranzen H8 (Bohrung) mit h8 (Stift) ergibt einen Spielsitz (Bild 5.6).

5.1.3 Spannstifte (Spannhülsen)

Spannstifte sind federnde, geschlitzte Rohre aus Federstahl mit einem kegeligen Ende. Der Außendurchmesser ist größer als der Nenndurchmesser (Bild 5.7). Spannstifte werden in gebohrte Löcher mit der Toleranz H12 eingetrieben. Durch ihre Federspannung sitzen sie ohne besondere Passarbeit in der Bohrung fest (Bild 5.8).

Werkstoff: Silicium-Manganstahl, 420 bis 560 HV

Festgelegte Nenndurchmesser *d*: 2 3 4 5 6 8 10 12 14 16 18 20 25 mm usw.

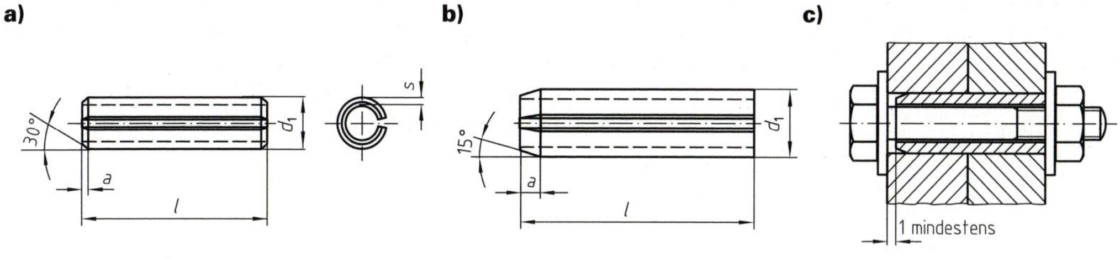

Bild 5.7 Spannstifte nach ÖNORM EN ISO 8752
a) *bis* $d_1 \leqq 12$ *mm Nenndurchmesser*
b) *ab* $d_1 > 12$ *mm Nenndurchmesser*
c) *Schrauben-Stift-Verbindung*

Bezeichnungsbeispiel:

- Bezeichnung eines Spannstiftes mit Nenndurchmesser d_1 = 10 mm und Länge l = 40 mm Regelausführung A:

Spannstift ISO 8752–10 × 40–A–St

- Die **Hauptanwendungsgebiete** für Spannstifte sind Verbindungen mit Festsitz, z. B. Handrad auf Spindel, Zahnrad auf Welle, Hülse und Zapfen (Bild 5.8).
- Durch die lichte Weite der Spannstifte (-hülsen) können Schrauben gesteckt werden, so dass platzsparende, zentrische Schrauben-Stift-Verbindungen entstehen (Bild 5.7c).
- Beim **Einbau von Spannstiften** ist auf die Lage von Querkraft und Schlitz zu achten. Für große Kräfte ist die Schlitzlage nach Bild 5.9a günstiger als nach Bild 5.9b, da hierbei die Hülse in Kraftrichtung federn kann.

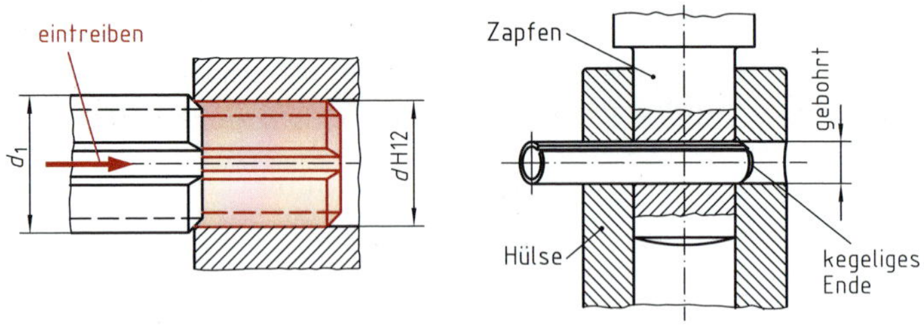

Bild 5.8 Einbau eines Spannstiftes *($d_1 > d$)*

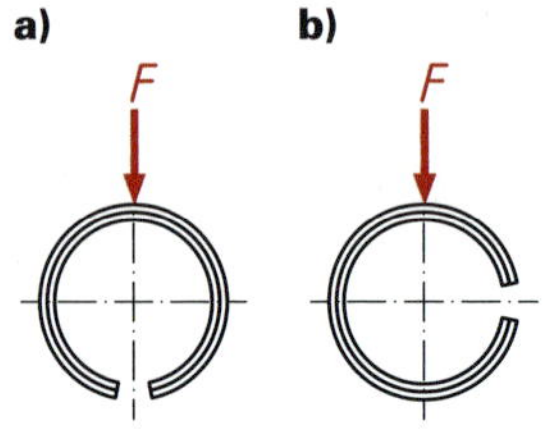

Bild 5.9 Schlitzlage beim Einbau von Spannstiften
(F Querkraft)

> **Merke:**
> **Spannstiftverbindungen** lassen sich beliebig oft ohne Beschädigung der Aufnahmebohrung oder des Spannstiftes lösen.

5.2 Glatte Kegelstifte

Je nach Zweck und Einbaumöglichkeit verwendet man einfache Kegelstifte (Bild 5.10), Kegelstifte mit Gewindezapfen (Bild 5.13 und Bild 5.15) und Kegelstifte mit Innengewinde (Bild 5.14). Kegelstifte haben ein Kegelverhältnis 1 : 50.

> **Kegel 1 : 50 bedeutet:**
> **Auf die Länge von 50 mm nimmt der Nenndurchmesser um 1 mm zu.**

5.2.1 Kegelstifte

- **Kegelstifte nach ÖNORM EN 22339 (ISO 2339)** (Bild 5.10) dienen vor allem zur Befestigung von Stellringen auf Wellen und Bolzen (Bild 5.11) oder als Verbindungselemente zur kraftschlüssigen Verbindung von Wellen, Spindeln u. dgl. mit Schalthebeln, Schnecken, Hand- und Zahnrädern.
- **Vorteil des Kegelstifts:** Der feste Sitz in der kegeligen Bohrung gewährleistet eine rüttelfeste Verbindung. Kegelstifte lassen sich leicht lösen, und die Gefahr des „Fressens“ ist geringer als bei Zylinderstiften.

> **Merke:**
> **Kegelstifte** können im Gegensatz zu Zylinderstiften **beliebig oft gelöst werden, ohne dass der Kegelsitz leidet.**

Festgelegte Nenndurchmesser *d*: 2 3 4 5 6 8 10 12 16 20 mm usw.

Werkstoff: Automatenstahl (St), Härte: 125 bis 245 HV, nach Wahl des Herstellers

Ausführungen: A ... geschliffen, B ... gedreht.

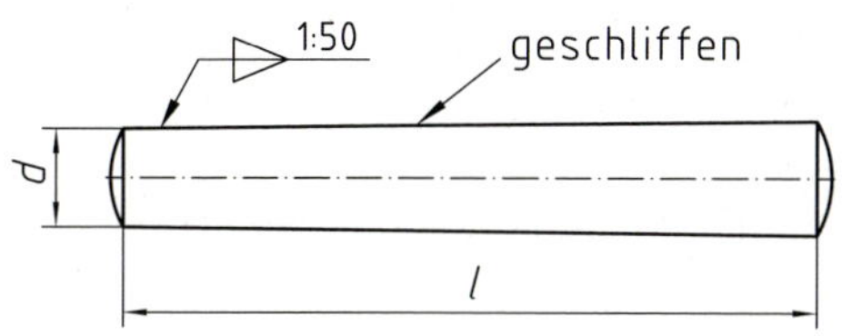

Bild 5.10 Kegelstift ÖNORM EN 22339
d Nenndurchmesser

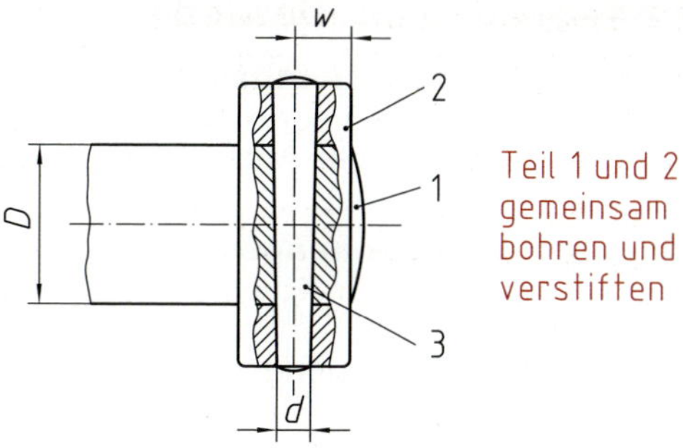

Bild 5.11 Kegelstiftverbindung: Bolzen mit Stellring
d Nenndurchmesser
D Bolzen- oder Wellendurchmesser
w Mindest-Randabstand

Bezeichnungsbeispiel:
Bezeichnung eines Kegelstifts mit Durchmesser d = 5 mm und Länge l = 40 mm:

Kegelstift ISO 2339–A–5 × 40–St

Beachten Sie:
Die Nenndurchmesser *d* der Kegelstifte sind bestimmten Bolzen- bzw. Wellendurchmessern *D* zugeordnet. Ebenso ist der Mindest-Randabstand *w* festgelegt (Bild 5.11).

- **Einbau der Kegelstifte.** Die zu verbindenden Teile werden beim Zusammenbau gemeinsam gebohrt. Der Bohrerdurchmesser, auf den das Stiftloch vorzubohren ist, entspricht dem Nenndurchmesser *d* des Kegelstifts, der sich auf das verjüngte Ende bezieht.

  Es ist vorteilhaft, das Loch für größere Kegelstifte stufig vorzubohren (Bild 5.12a), damit die Kegelreibahle eine geringere Zerspanungsarbeit zu leisten hat und die Einpasszeit verkürzt wird. Den weiteren Einbauvorgang zeigen die Bilder 5.12b bis 5.12d.

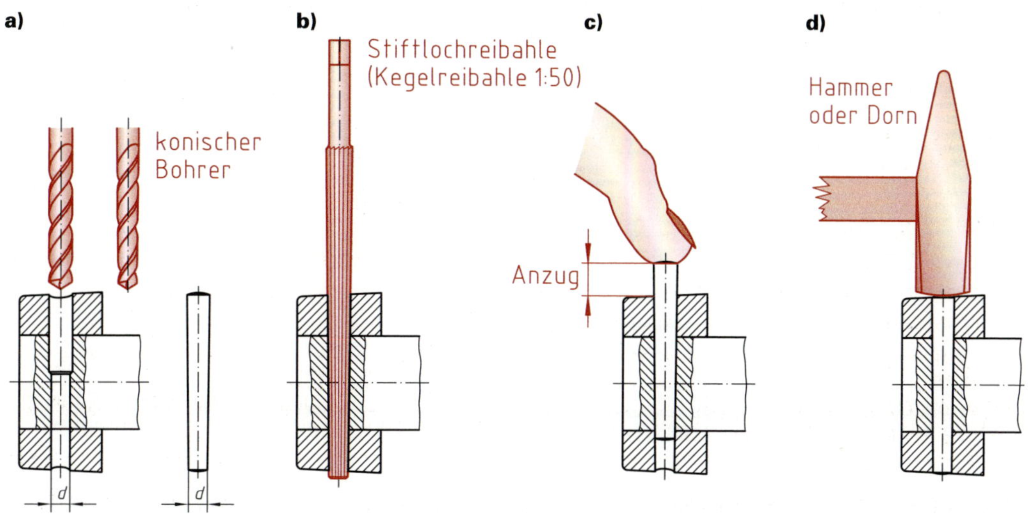

Bild 5.12 Einbau eines Kegelstifts
(d Nenndurchmesser)

5.2.2 Kegelstifte mit Gewinde

- **Kegelstifte mit Gewindezapfen nach ÖNORM EN 28737 (ISO 8737)** (Bild 5.13) werden vorwiegend zur Lagesicherung schwerer Teile eingebaut, vor allem dann, wenn der Stift von der Austreibseite nicht zugänglich ist. Der Kegelstift wird mit einer Abdrückmutter gelöst.
- **Kegelstifte mit Innengewinde nach ÖNORM EN 28736 (ISO 8736)** (Bild 5.14) werden vor allem für Konstruktionen verwendet, bei denen der Gewindezapfen nicht über die Werkstückoberfläche hinausragen darf. Zum Lösen der Stiftverbindung wird in das stirnseitige Innengewinde eine Schraube der Festigkeitsklasse von mindestens 8.8 eingeschraubt und damit der Kegelstift herausgezogen.
- **Kegelstifte mit Sicherungsgewindezapfen** (Bild 5.15) am verjüngten Ende des Kegels ergeben eine besonders gute Verbindung. Der Stift wird mit einer Mutter festgezogen und die Mutter anschließend gesichert.

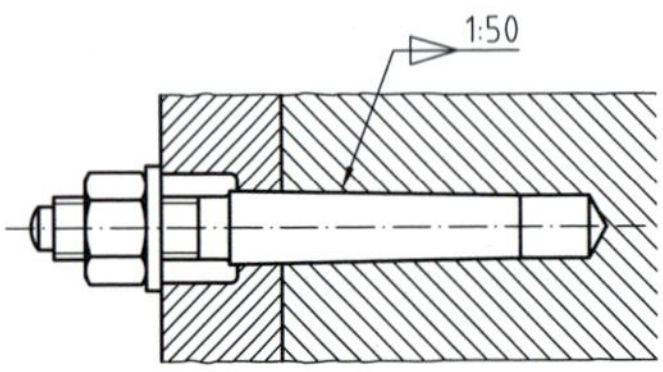

Bild 5.13 Kegelstift mit Gewindezapfen

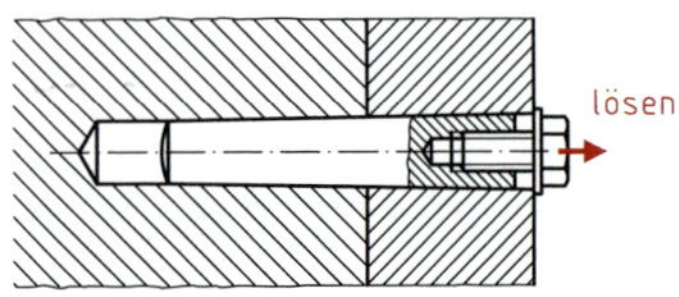

Bild 5.14 Kegelstift mit Innengewinde

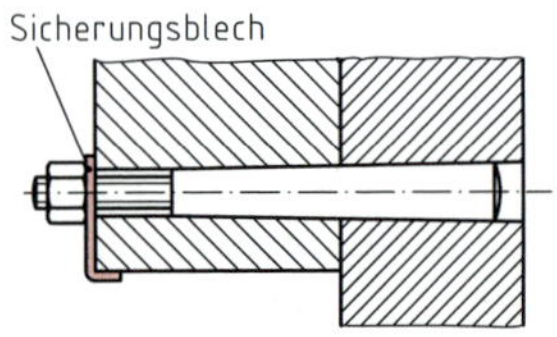

Bild 5.15 Kegelstift mit Sicherungsgewindezapfen

5.3 Kerbstifte

Verbindungen mit Pass- oder Kegelstiften sind wegen der erforderlichen geriebenen Bohrungen verhältnismäßig teuer (höherer Aufwand an Arbeitszeit und Werkzeugen!). Einfacher im Einbau und billiger in der Verwendung sind Kerbstifte.

Kerbstifte sind zylindrische und kegelige Stifte, die über einen Teil ihrer Länge oder auch über ihre gesamte Länge drei Kerben aufweisen (Bild 5.16). Die Kerben bilden Wülste, die über den zylindrischen Mantel hinausragen. Wird der Kerbstift in das gebohrte Loch eingeschlagen, so verformen sich die Wülste plastisch-elastisch und bewirken einen Kraftschluss mit der Bohrungswand.

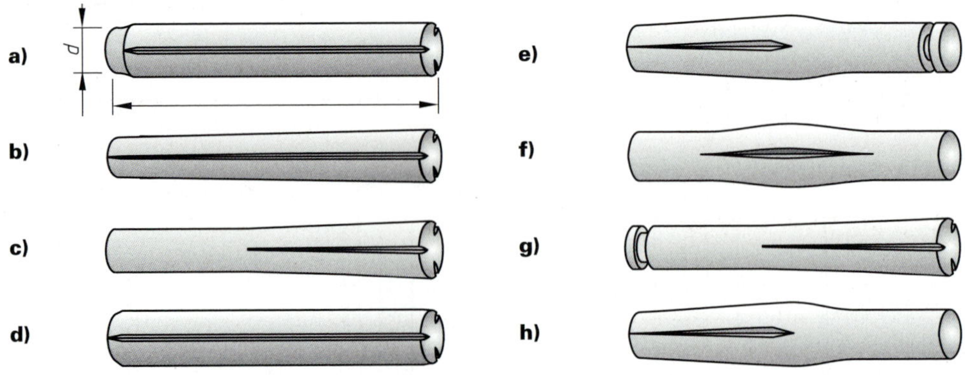

Bild 5.16 Kerbstifte
__a)__ Zylinderkerbstift mit Einführende ÖNORM EN ISO 8739, __b)__ Kegelkerbstift ÖNORM EN ISO 8744,
__c)__ Passkerbstift ÖNORM EN ISO 8745, __d)__ Zylinderkerbstift mit Fase ÖNORM EN ISO 8740,
__e)__ Steckkerbstift ÖNORM EN ISO 8741, __f)__ Knebelkerbstift ÖNORM EN ISO 8742,
__g)__ Passkerbstift mit Hals, __h)__ Steckkerbstift mit Hals

Die Bilder 5.16a bis 5.16f zeigen die wichtigsten genormten Kerbstiftarten. Außer diesen Grundformen gibt es noch Sonderformen für besondere Zwecke (Bilder 5.16g und 5.16h).

Festgelegte Nenndurchmesser *d*: 2 3 4 5 6 8 10 12 16 20 25 mm.

Werkstoff und Ausführung: Kerbstifte werden bei Normalausführung aus Automatenstahl (St), Härte 125 bis 245 HV, hergestellt. Andere Werkstoffe oder Oberflächen sind bei Bestellung anzugeben, z. B.: 9SMnPb28K (kurz: St bezeichnet) 45S20K, CuZn40 oder geölt, verkupfert, vernickelt, verkadmet, phosphatiert.

Kerbstifte neigen zum Fressen, wenn die Härte geringer ist als die des Werkstücks. Daher stets Stifte mit entsprechend großer Festigkeit verwenden.

Bezeichnungsbeispiele:

- Bezeichnung eines Zylinderkerbstifts mit einem kurzen zylindrischen Einführende mit Nenndurchmesser d = 5 mm und Länge l = 50 mm:

  Kerbstift ISO 8739–5 × 50–St

- Bezeichnung eines Kegelkerbstifts mit Nenndurchmesser d = 5 mm und Länge l = 50 mm:

  Kerbstift ISO 8744–5 × 50–St

- **Herstellung der Kerbstiftverbindungen.** Die zu verbindenden Werkstücke werden gemeinsam gebohrt (Bild 5.17a) und der Kerbstift eingetrieben (Bild 5.17b). Durch die gleichmäßig verteilten Kerben wird der Kerbstift beim Eintreiben im Bohrloch zentriert und verkantet nicht. Die Kerben schließen sich dabei zum Teil und halten den Stift sicher fest (Bild 5.17c). Der Stift kann durch Hammerschläge oder Druck mehrmals gelöst und wiederverwendet werden. Es ist empfehlenswert, den Stift mit Öl oder Talg einzufetten, damit er nicht frisst.

  Bohrlöcher (Aufnahmebohrungen) für Kerbstifte sollen **folgende Toleranzen erhalten:**

  H8 oder **H9** für Kerbstifte von 0,8 bis 3 mm Durchmesser
  H11 für Kerbstifte über 3 mm Durchmesser

  Diese Bohrungstoleranzen sind erzielbar, wenn der Spiralbohrer zentrisch geschliffen ist und die Bohrspindel schlag- und spielfrei läuft.

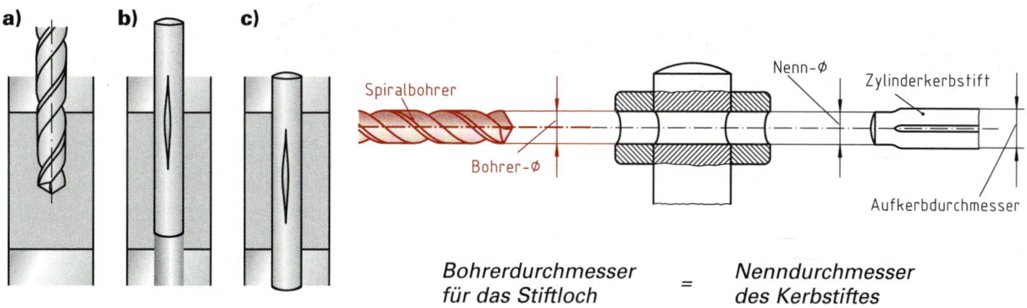

Bild 5.17 Fertigung einer Kerbstiftverbindung

4	Kerbstift 5 x 50	4	ISO 8745	St		
3	Spannstift 8 x 60-A	3	ISO 8752	St		
2	Kegelstift 6 x 40-A	2	ISO 2339	St		
4	Zylinderstift 5 x 30-A	1	ISO 2338	St		
Stück	Benennung	Teil	Norm Nr. Zeichng.-Nr.	Werkstoff	Rohmaße od. Modell Nr.	Bemerkung

Bild 5.18 Eintragungsbeispiele in der Stückliste

- **Anwendungsbeispiele von Kerbstiften**

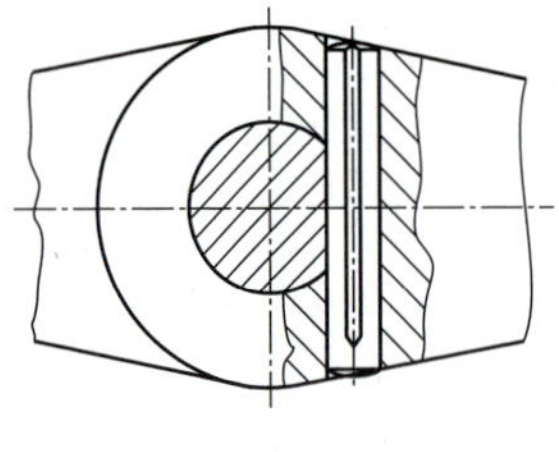

***Bild 5.19** Zylinderkerbstift ÖNORM EN ISO 8740 als tangentialer Verbindungsstift*

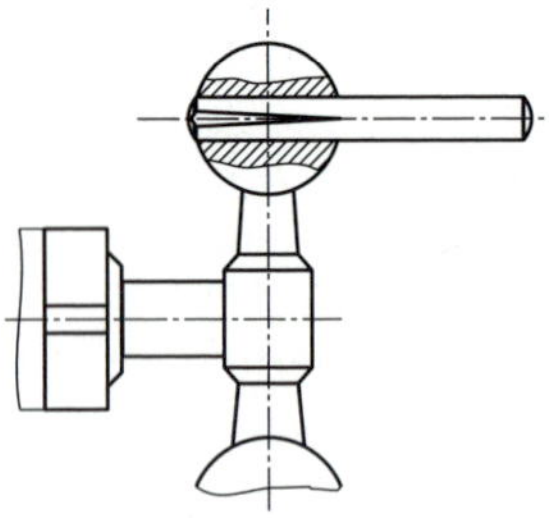

***Bild 5.20** Passkerbstift ÖNORM EN ISO 8745 als Kurbelgriff*

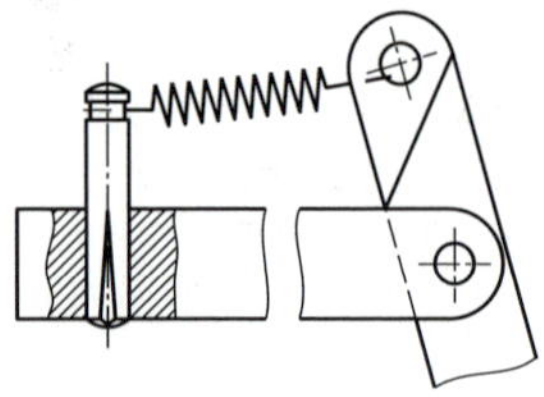

***Bild 5.21** Passkerbstift mit Hals als Federbolzen*

5.4 Kerbnägel

Kerbnägel haben wie Kerbstifte auf dem Schaft drei Kerbwülste. Beim Eintreiben in die Aufnahmebohrung (Toleranz-Hinweise siehe Abschnitt 5.3) verformen sich die Wülste und bilden dadurch die kraftschlüssige Verbindung. Es gibt Halbrundkerbnägel nach ÖNORM EN ISO 8746 (Bild 5.22) und Senkkerbnägel nach ÖNORM EN ISO 8747 (Bild 5.23) sowie Sonderformen, bei denen der Schaft nur teilweise eingekerbt ist (Bild 5.24).

Werkstoff für Kerbnägel: Stahl mit Festigkeitsklasse 4.6 blank, andere Werkstoffe sind bei Bestellung anzugeben.

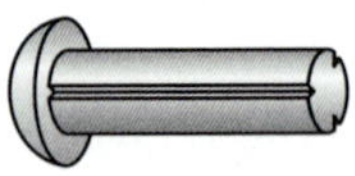

***Bild 5.22** Halbrundkerbnagel ÖNORM EN ISO 8746*

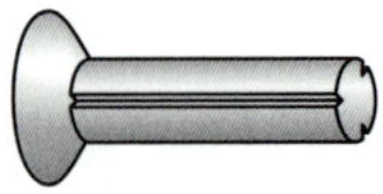

***Bild 5.23** Senkkerbnagel ÖNORM EN ISO 8747*

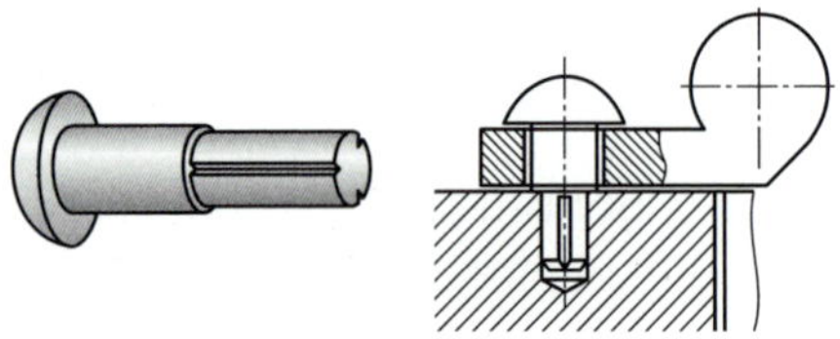

***Bild 5.24** Sonderformen von Halbrundkerbnägeln*

- **Anwendungsbeispiele von Kerbnägeln.** Kerbnägel eignen sich zum Befestigen von dünneren Blechen und flachen Werkstücken, z. B. von Abdeckblechen, Leistungsschildern (Bild 5.25), Dichtungen, Bremsbelägen (Bild 5.26) und Rohrschellen (Bild 5.27).

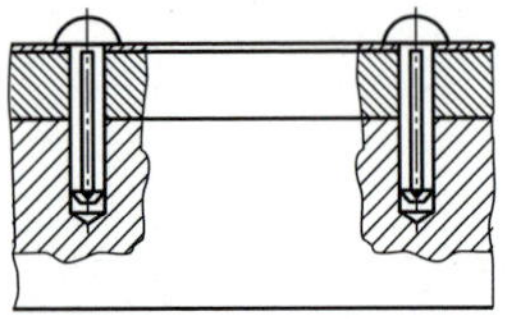

***Bild 5.25** Befestigung eines Abdeckblechs*

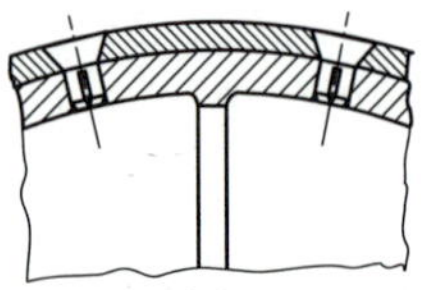

***Bild 5.26** Befestigung eines Bremsbelags*

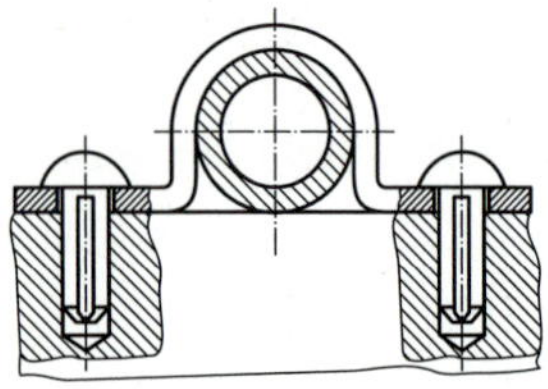

***Bild 5.27** Befestigung einer Rohrschelle*

ZA 22 Stiftverbindung (Augenlager)

Zweck der Zeichenaufgabe: Darstellung von Stiftverbindungen und Anwendung der Normen für die Bemaßung von Stiften und Stiftlöchern in Werkzeichnungen.

1. Zeichnen Sie auf ein Zeichenblatt Größe A3 das Augenlager als Einzelteil und mit der Grundplatte verschraubt und verstiftet (Zusammenstellung) in Vorderansicht und Draufsicht. Die Grundplatte ist an beiden Enden abzubrechen.
2. Bemaßen Sie die Teile vollständig und tragen Sie die notwendigen Toleranzangaben ein. Die Abmessungen der Normelemente (Sechskantschraube, Scheibe und Zylinderstift) sind aus den jeweiligen Normtabellen zu entnehmen.
3. Tragen Sie die erforderlichen Oberflächenzeichen ein! Überlegen Sie, welche Oberflächengüte die spanend bearbeiteten Flächen des Augenlagers erhalten sollen. Die Grundplatte ist allseitig geschruppt.
4. Ergänzen Sie den Schriftkopf und die Stückliste, und zwar:
   Teil 1, Augenlager, EN-GJL-250
   Teil 2, Grundplatte, Fl 50 × 12 ÖNORM EN 10025–S235JR
   Teil 3, Sechskantschraube ÖNORM EN ISO 4017–M 10 × 30–5.6
   Teil 4, Scheibe DIN EN ISO 7090–10,5–140HV
   Teil 5, Zylinderstift ÖNORM EN ISO 2338–5m6 × 28–St

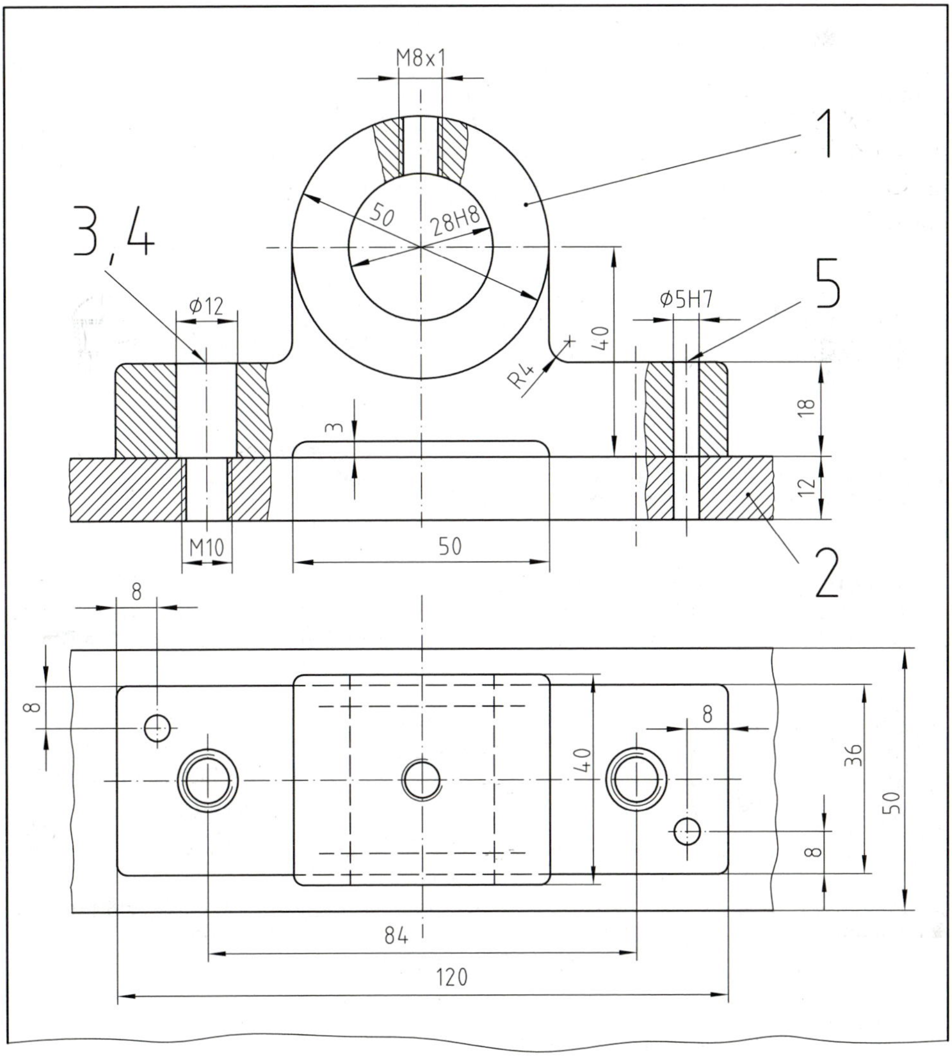

ZA 23 Bohrvorrichtung

Zweck der Zeichenaufgabe: Wie **ZA 22.**

1. Zeichnen Sie auf ein Zeichenblatt Größe A3 alle Teile der Bohrlehre als Einzelteile und zusammengebaut, verschraubt und verstiftet in Vorderansicht (Schnitt A–F) und Draufsicht.
2. Bemaßen Sie die Teile und tragen Sie geeignete Toleranzangaben und Oberflächenzeichen ein.
3. Ergänzen Sie das Schriftfeld und die Stückliste, und zwar:
   Teil 1, Grundplatte, Fl 55 × 12 ÖNORM EN 10025–S235JR
   Teil 2, Zwischenlage, Fl 20 × 12 ÖNORM EN 10025–S235JR
   Teil 3, Deckplatte, Fl 55 × 12 ÖNORM EN 10025–S235JR
   Teil 4, Bohrbuchse, DIN 179–A 6 × 10
   Teil 5, Zylinderschraube ÖNORM DIN 6912–M 8 × 25–8.8
   Teil 6, Zylinderstift ÖNORM EN ISO 2338–5m6 × 30–St

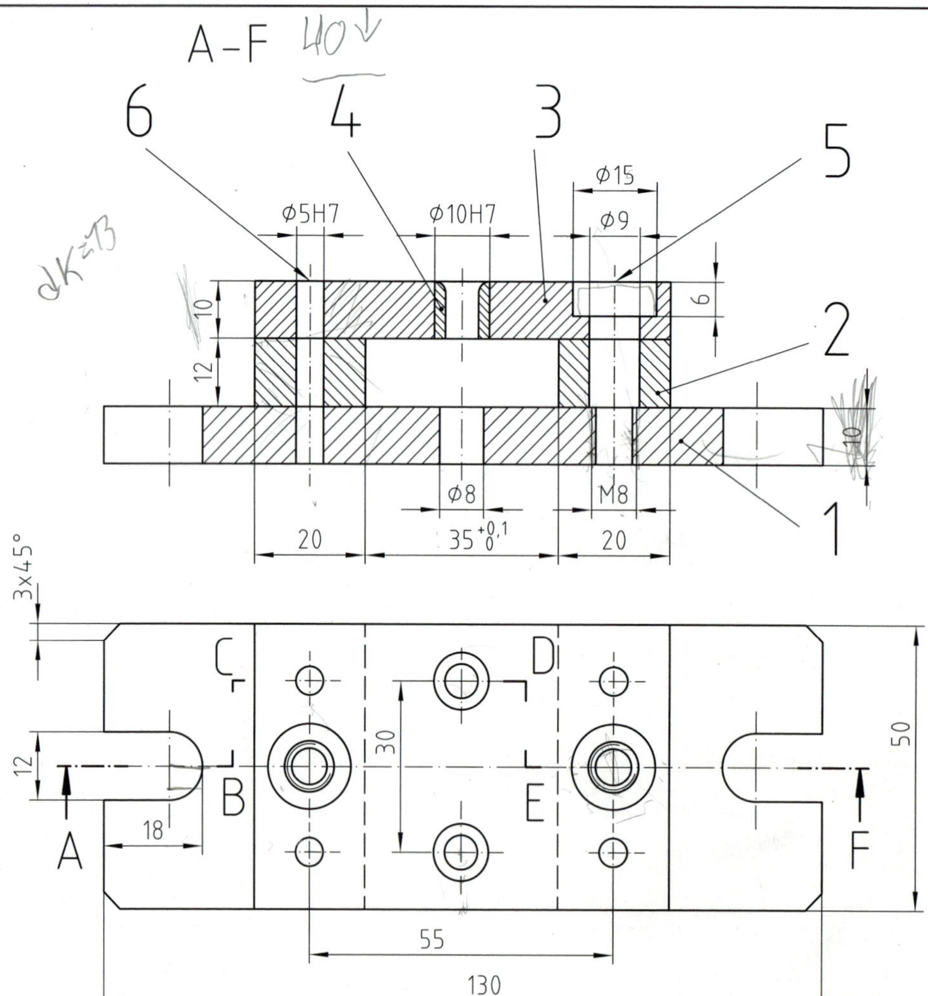

Maße für Bohrbuchse aus Normtabelle!

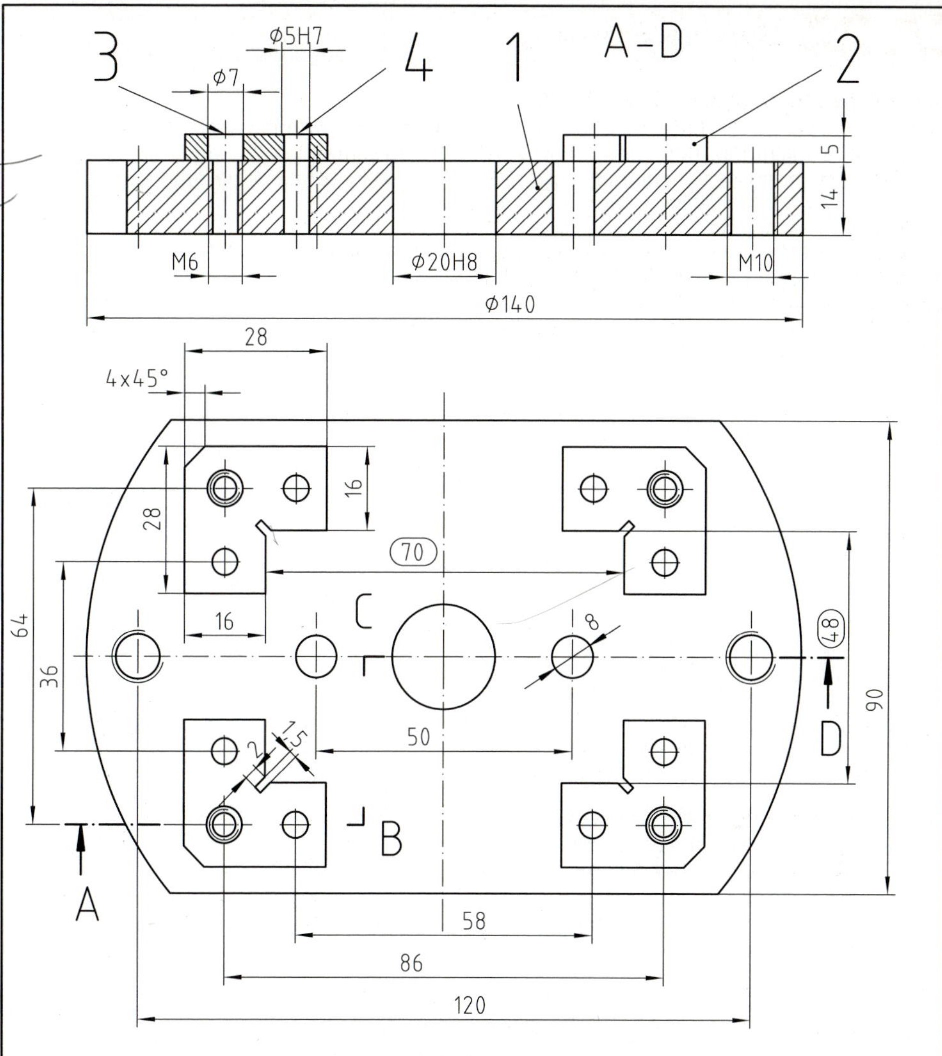

Stück	Benennung	Teil	Norm Nr. Zeichng.-Nr.	Werkstoff	Rohmaße od. Modell Nr.	Bemerkung
		4				
		3				
		2				
		1				

	Tag	Name
Gez.		
Gepr.		
Norm gepr.		

Maßstab 1:1

Allgemein-toleranzen

Zentrierplatte

Ersatz für:

Ersetzt durch:

ZA 24

Vorlage zu ZA 24

ZA 24 Zentrierplatte

Zweck der Zeichenaufgabe: Wie **ZA 22.**

1. Zeichnen Sie auf ein Zeichenblatt Größe A3 alle Teile der Zentrierplatte als Einzelteile und zusammengebaut, verschraubt und verstiftet in Vorderansicht (Schnitt A–D) und Draufsicht.
2. Bemaßen Sie die Teile vollständig, tragen Sie Oberflächenzeichen ein und ergänzen Sie das Schriftfeld und die Stückliste, und zwar:
   Teil 1, Zentrierplatte, 16 × 9 × 145–S235JR
   Teil 2, Positionswinkel, Werkzeugstahl, gehärtet
   Teil 3, Zylinderschraube ÖNORM EN ISO 1207 M6 × 16–5.8
   Teil 4, Zylinderstift ÖNORM EN ISO 2338–5m6 × 16–St

ZA 25 Spannvorrichtung

Zweck der Zeichenaufgabe: Wie in **ZA 22**; Herauszeichnen und Skizzieren von Einzelteilen aus einer bemaßten Zusammenstellungszeichnung.

1. **Anfertigen von Freihandskizzen:**
   a) Skizzieren Sie auf Zeichenblätter Größe A4 aus der bemaßten Zusammenstellungszeichnung die einzelnen Werkstücke **(Teil 1 bis 3)** in Vorder- und Seitenansicht sowie Draufsicht. Richtlinien für die Anfertigung von Freihandskizzen **siehe Teil 1 des Zeichenlehrganges, Seite 42.**
   b) Bemaßen Sie die Skizzen vollständig und tragen Sie Toleranzen sowie Oberflächenzeichen ein.
   c) Ergänzen Sie das Schriftfeld und die Stückliste (Angaben siehe unten).
2. **Zeichnen von Reinzeichnungen (Einzelteilzeichnungen):**
   a) Zeichnen Sie auf Zeichenblätter Größe A3 von den Freihandskizzen der **Teile 1 bis 3** Reinzeichnungen im Maßstab 1 : 1.
   b) Bemaßen Sie die Skizzen vollständig und tragen Sie Toleranzen sowie Oberflächenzeichen ein.
   c) Ergänzen Sie das Schriftfeld und die Stückliste (Angaben siehe unten).
3. **Zeichnen einer Zusammenstellungszeichnung:**
   a) Zeichnen Sie auf ein Zeichenblatt Größe A3 die Teile 1 bis 9 zusammengebaut, verschraubt und verstiftet in Vorder- und Seitenansicht sowie in Draufsicht. Die Maßeintragung entfällt.
   b) Ergänzen Sie das Schriftfeld und die Stückliste:

Teil 1, Grundplatte, Fl 120 × 20 ÖNORM EN 10025–S235JR
Teil 2, Sockel, EN-GJL-300
Teil 3, Bügel, EN-GJL-300
Teil 4, Zylinderstift ÖNORM EN ISO 2338– 8m6 × 70–St
Teil 5, Flügelmutter DIN 315 M8–5
Teil 6, Augenschraube DIN 444–M 8 × 40–4.6
Teil 7, Zylinderstift ÖNORM EN ISO 2338–8m6 × 35–St
Teil 8, Sechskantschraube ÖNORM EN ISO 4017–M10 × 25–4.6
Teil 9, Scheibe DIN 125–B 10,5 –140HV
Teil 10, Scheibe DIN 125–B 8,4 –140HV

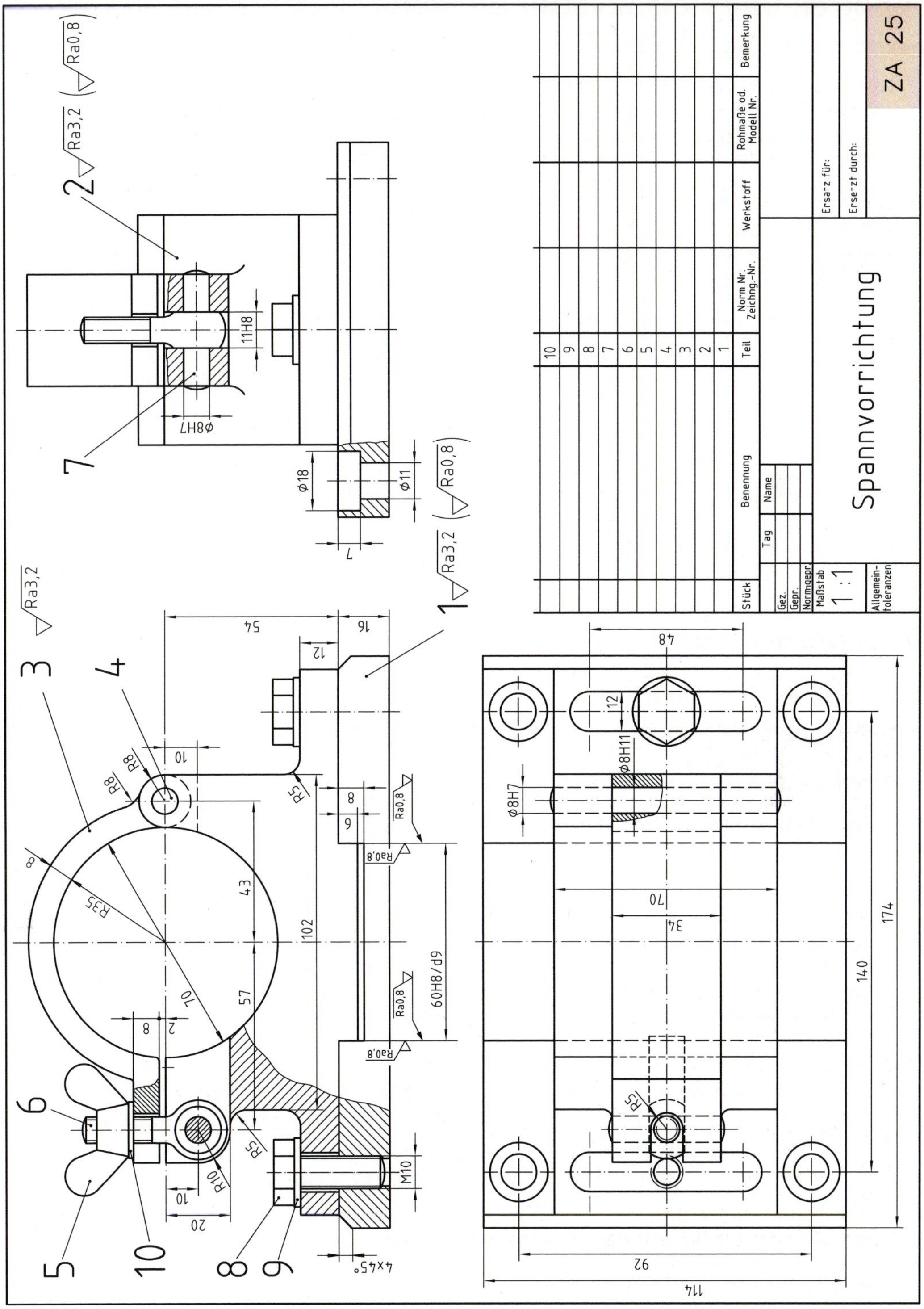

Vorlage zu ZA 25

6 Bolzen und Bolzenverbindungen

Bolzen werden vorwiegend für gelenkige Verbindungen von Maschinenteilen, wie Scharniergabeln, Aufhängungen oder gelenkige Gestänge, sowie als Rollenachsen u. Ä. verwendet (Bilder 6.4 bis 6.7).

- Genormte Bolzenarten
  - **Bolzen ohne Kopf,** ÖNORM EN 22340 (ISO 2340)
  - **Bolzen mit Kopf,** ÖNORM EN 22341 (ISO 2341)
  - **Bolzen mit Kopf und Gewindezapfen,** DIN 1445
- Für genormte Bolzen sind **Scheiben** nach ÖNORM EN 28738 (ISO 8738) zu verwenden.
- **Toleranzen für Bolzen- und Bohrungsdurchmesser.** Das Spiel zwischen Bolzen und Bohrung hängt von den Passtoleranzen ab. Die gewünschte Toleranz für Bolzen ist bei Bestellung anzugeben. Allgemein wird für Bolzen die Toleranz h11; für Bohrungen H11, H8 oder D10 empfohlen.
- **Werkstoff der Bolzen.** Als Werkstoff wird Automatenstahl, z. B. 9SMnPb28K verwendet, in Sonderfällen Werkstoffe mit höherer Festigkeit, die für eine etwaige Wärmebehandlung geeignet sind. Der Werkstoff ist bei der Bestellung anzugeben. Vergleiche die Bezeichnungsbeispiele!

6.1 Arten und Ausführungen der Bolzen

6.1.1 Bolzen ohne Kopf

- **Bolzen ohne Kopf** nach ÖNORM EN 22340 (ISO 2340), Bild 6.1, werden für einfache gelenkige Verbindungen verwendet. Die Sicherung erfolgt durch Splinte mit oder ohne Scheiben (Bild 6.2).

Festgelegte Nenndurchmesser *d*: 3 4 5 6 8 10 12 14 16 18 20 22 24 27 30 mm

a) **b)**

Bild 6.1 ***Bolzen ohne Kopf a)*** *ohne Splintlöcher Form A,* ***b)*** *mit Splintlöchern Form B*

Bezeichnungsbeispiele:

- Bezeichnung eines Bolzens ohne Kopf und ohne Splintlöcher mit Durchmesser d = 12 mm, Toleranz h11 und Länge l = 50 mm aus Stahl:

  Bolzen ISO 2340 – A 12 h11 × 50–St

- Bezeichnung eines Bolzens ohne Kopf und mit Splintlöchern mit Durchmesser d = 12 mm, Toleranz h11, Länge l = 50 mm aus Stahl:

  Bolzen ISO 2340 – B 12 h11 × 50–St

- **Berechnung des Splintlochabstands l_1 und der Bolzenlänge** l (Bild 6.1 und 6.2). Der Splintlochabstand l_1 (siehe Bild 6.2) ergibt sich aus der Breite der Gelenkteile (Klemmlänge) und, bei Verwendung von Scheiben, plus deren Dicke s. Für den Normalfall wird als Spiel ungefähr 0,5 mm angenommen und dazugerechnet.

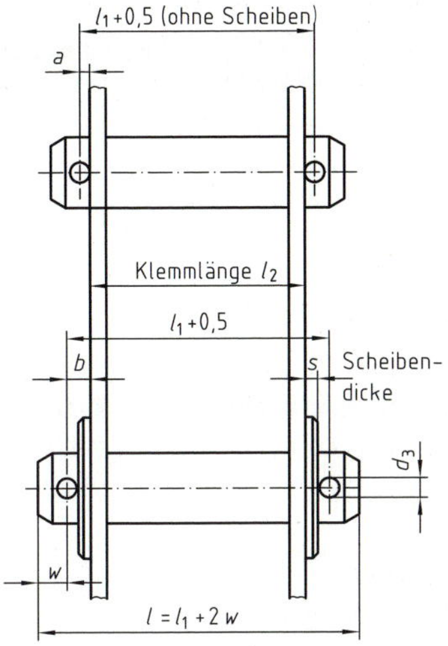

Splintlochabstand ohne Scheiben	$l_1 = l_2 + S + 2a$
Splintlochabstand mit Scheiben	$l_1 = l_2 + S + 2b$
Bolzenlänge	$l = l_1 + 2w$

l_2 = Klemmlänge
S = Spiel (Erfahrungswert etwa 0,5 mm)
a = halber Splintdurchmesser
b = a + Scheibendicke s
w = Randabstand

Bild 6.2 Längenbestimmung der Bolzen ohne Kopf mit Splintlöchern

- **Bolzen ohne Kopf mit größeren Durchmessern** können vorteilhaft mit einem **Achshalter** (siehe Bild 12.3, Seite 140) befestigt werden. Der Bolzen erhält beiderseits je eine Nut, in die der Achshalter eingesetzt wird und der den Bolzen auch gleichzeitig gegen Verdrehung sichert.

6.1.2 Bolzen mit Kopf

- **Bolzen mit Kopf** nach ÖNORM EN 22341 (ISO 2341), Bild 6.3, benötigen nur eine einseitige Sicherung mit Scheibe und Splint (Bild 6.4a). Nachteilig ist, dass bei Abnutzung des Splints durch Abscheuern Lösungsgefahr entsteht, die bei Verwendung eines Splintrings vermieden wird (Bild 6.4b).

Nenndurchmesser *d*: wie bei ÖNORM EN 22340.

Bezeichnung eines Bolzens mit Kopf, mit Splintloch und Durchmesser d = 10 mm, Toleranz h11, Länge l = 50 mm aus Stahl:

Bolzen ISO 2341 – B 10 h11 × 50–St

- **Berechnung des Splintlochabstands l_1 und Bolzenlänge** l erfolgt nach Bild 6.2 und Bild 6.3b.

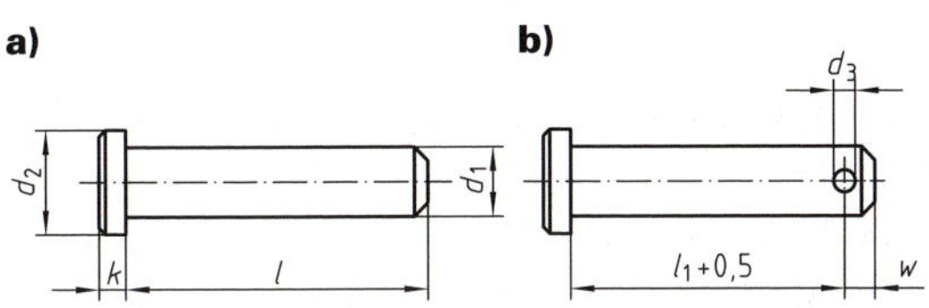

Bild 6.3 Bolzen mit Kopf
***a)** ohne Splintloch Form A*
***b)** mit Spintloch Form B*

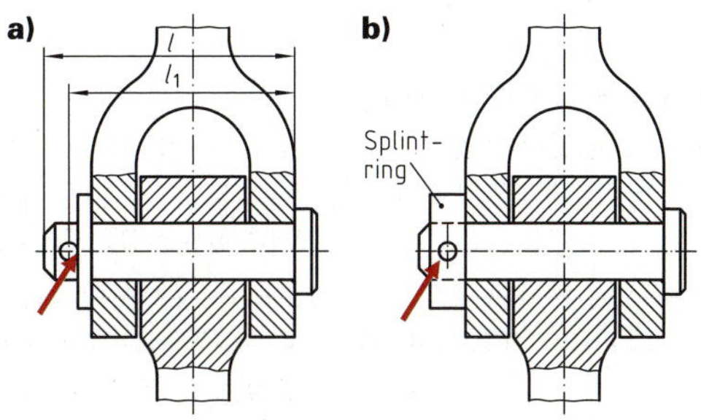

Bild 6.4 Bolzen mit Kopf
***a)** Sicherung mit Scheibe, Gefahr der Abscheuerung*
***b)** Splintring verhindert diese Gefahr*

6.1.3 Bolzen mit Gewindezapfen

- **Bolzen mit Gewindezapfen** nach DIN 1445 (Bild 6.5) werden dort verwendet, wo eine axiale Sicherung mit Splinten unzureichend ist. Die Sicherung bei diesen Bolzen erfolgt mit Scheibe und Mutter.

  Hierbei ist zu beachten, dass die Länge l_1 des Bolzens um das erforderliche Spiel länger sein muss als die Klemmlänge der Gelenkteile, um nach dem Anziehen der Mutter die Gelenkigkeit der Teile zu erhalten. Allenfalls ist noch eine Schraubensicherung anzubringen (siehe Anwendungsbeispiel Bild 6.5).

- Die **Bolzenlänge** l_2 ist aus Klemmlänge l_1 plus Gewindelänge b zu errechnen:

  $l_2 = l_1 + b$

Nenndurchmesser *d*: 8 10 12 14 16 18 20 24 27 30 40 50 mm

Bezeichnung eines Bolzens mit Gewindezapfen von Durchmesser d = 12 mm, Toleranz h11, Gewinde M10, Klemmlänge l_1 = 30 mm und Gewindelänge b = 17 mm, aus Stahl:

Bolzen DIN 1445 –12 h11 × 30 × 47–St

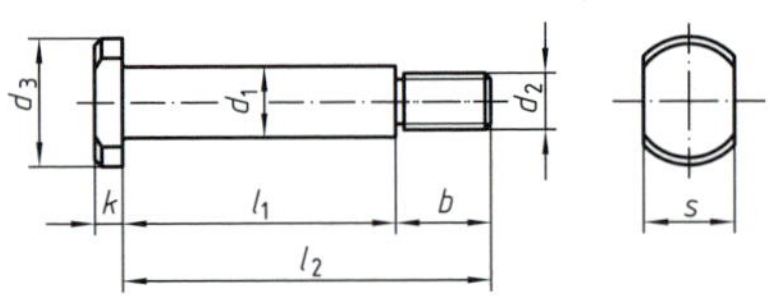

Bild 6.5 Bolzen mit Gewindezapfen, DIN 1445

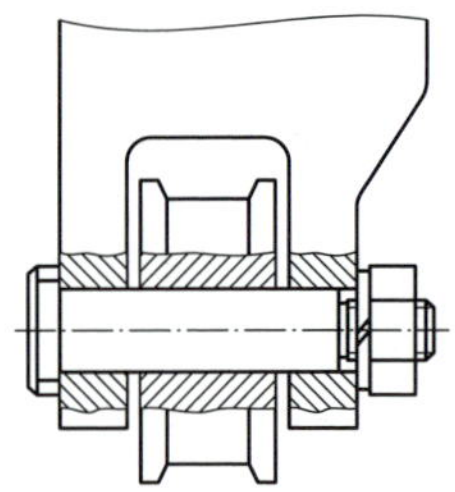

Anwendung als Rollenbolzen

6.1.4 Senkbolzen mit Nase

Soll aus Platzmangel der Bolzenkopf versenkt werden, so wird ein Senkbolzen mit Nase (Bild 6.6) gewählt. Die Nase am Senkkopf sichert den Bolzen gegen Verdrehung (siehe Anwendungsbeispiel Bild 6.6). Die Längen l_1 und l werden wie für Bolzen mit Kopf bestimmt.

Nenndurchmesser *d*: 6 8 10 12 16 20 24 mm

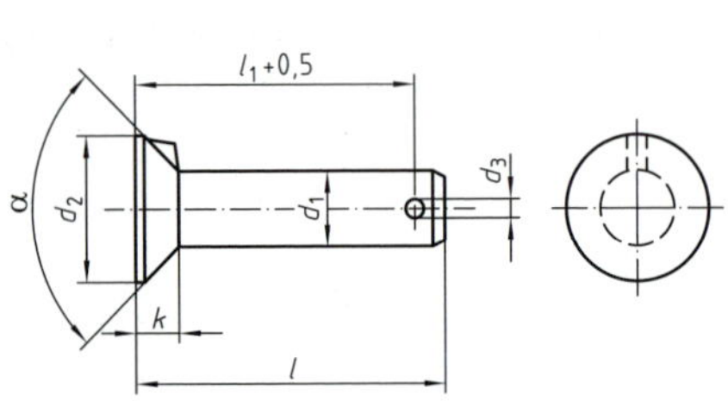

Bild 6.6 Senkbolzen mit Nase
Senkung $\alpha = 90°$, ab ∅20, $\alpha = 60°$

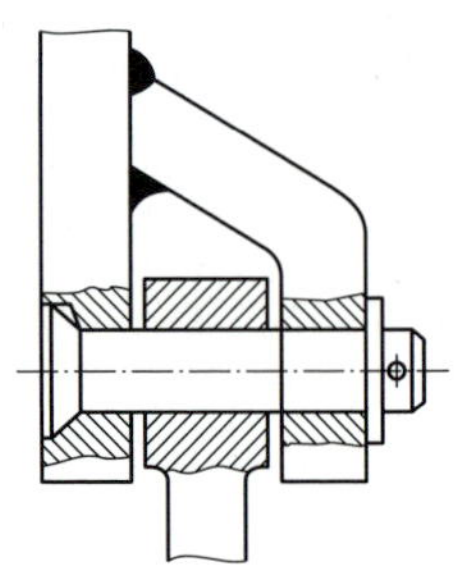

Anwendungsbeispiel

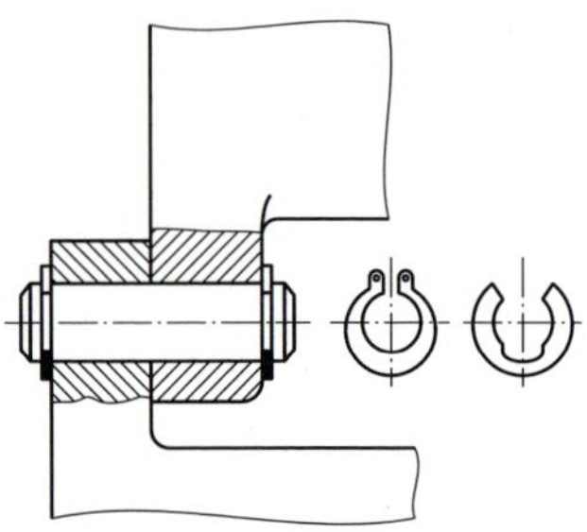

Bild 6.7 Bolzen mit Ringnuten

6.1.5 Bolzen mit Ringnut

Diese Bolzen (Bild 6.7) haben an den Enden Ringnuten zur Aufnahme von Sicherungsringen DIN 471 (Bild 7.3) oder Sicherungsscheiben DIN 6799, die die Bolzen axial festhalten (Bild 7.10).

2	Scheibe 10,5	5	ISO 7090	140 HV		
2	Bolzen 12 h 11-M10 x 16 x 30	4	DIN 1445	St		
8	Splint 3 x 15	3	ISO 1234	St		
8	Scheibe 10	2	ISO 8738	160 HV		
4	Bolzen B 10 h 11 x 50	1	ISO 2340	St		
Stück	Benennung	Teil	Norm Nr. Zeichng.-Nr.	Werkstoff	Rohmaße od. Modell Nr.	Bemerkung

Bild 6.8 Eintragungsbeispiele in der Stückliste

ZA 26 Exzenter-Spannelement

Zweck der Zeichenaufgabe: Darstellung und Bemaßung von Bolzen und Bolzenverbindungen nach den Bildern 6.1 bis 6.4. Heraussuchen von Bolzenabmessungen aus Normtabellen.

1. Zeichnen Sie auf ein Zeichenblatt Größe A3 das Spanneisen und den Spannhebel als Einzelteil und zusammengebaut und verstiftet in Vorderansicht und Draufsicht. Der Spannhebel hat eine Schräglage von 60°.

2. Bemaßen Sie die Teile vollständig mit Toleranzangaben und tragen Sie Oberflächenzeichen nach eigenen Überlegungen ein.

3. Ergänzen Sie das Schriftfeld und die Stückliste mit folgenden Eintragungen:
Teil 1, Spanneisen, Fl 32 × 20 DIN EN 10278–S275JR
Teil 2, Spannhebel, Fl 36 × 8 DIN EN 10278–S275JR
Teil 3, Bolzen – C 35
Teil 4, Kerbstift ÖNORM EN ISO 8740–3 × 18–St

ZA 27 Laufrolle (Teilzeichnung)

Zweck der Zeichenaufgabe: Wie in **ZA 26**.

1. Zeichnen Sie auf ein Zeichenblatt Größe A4 nach der angegebenen Platzaufteilung die **Teile 1 und 2**.

2. Bemaßen Sie die Teile vollständig und tragen Sie zweckentsprechende Toleranzangaben und Oberflächenzeichen ein. Der Bolzen, **Teil 3**, ist ein genormter Teil; er wird nicht bemaßt.

3. Ergänzen Sie das Schriftfeld und die Stückliste:
Teil 1, Winkel, L 75 × 50 × 7 ÖNORM EN 10056–S235JR
Teil 2, Laufrolle, Polyamid
Teil 3, Bolzen ÖNORM EN 22341 (ISO 2341)–B 14 h11 × 40–St

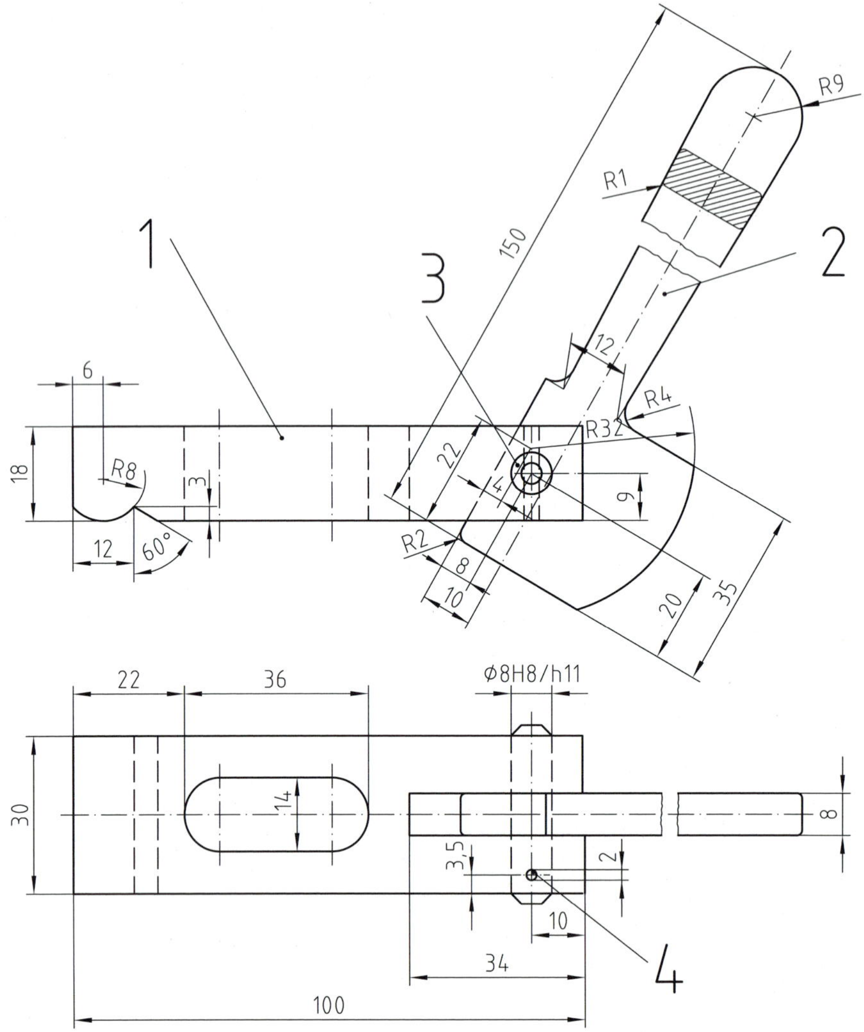

Stück	Benennung	Teil	Norm Nr. Zeichng.-Nr.	Werkstoff	Rohmaße od. Modell Nr.	Bemerkung
		4				
		3				
		2				
		1				

	Tag	Name		
Gez.				
Gepr.				
Norm gepr.				
Maßstab 1:1	Exzenter-Spannelement			Ersatz für:
				Ersetzt durch:
Allgemeintoleranzen				ZA 26

Vorlage zu ZA 26

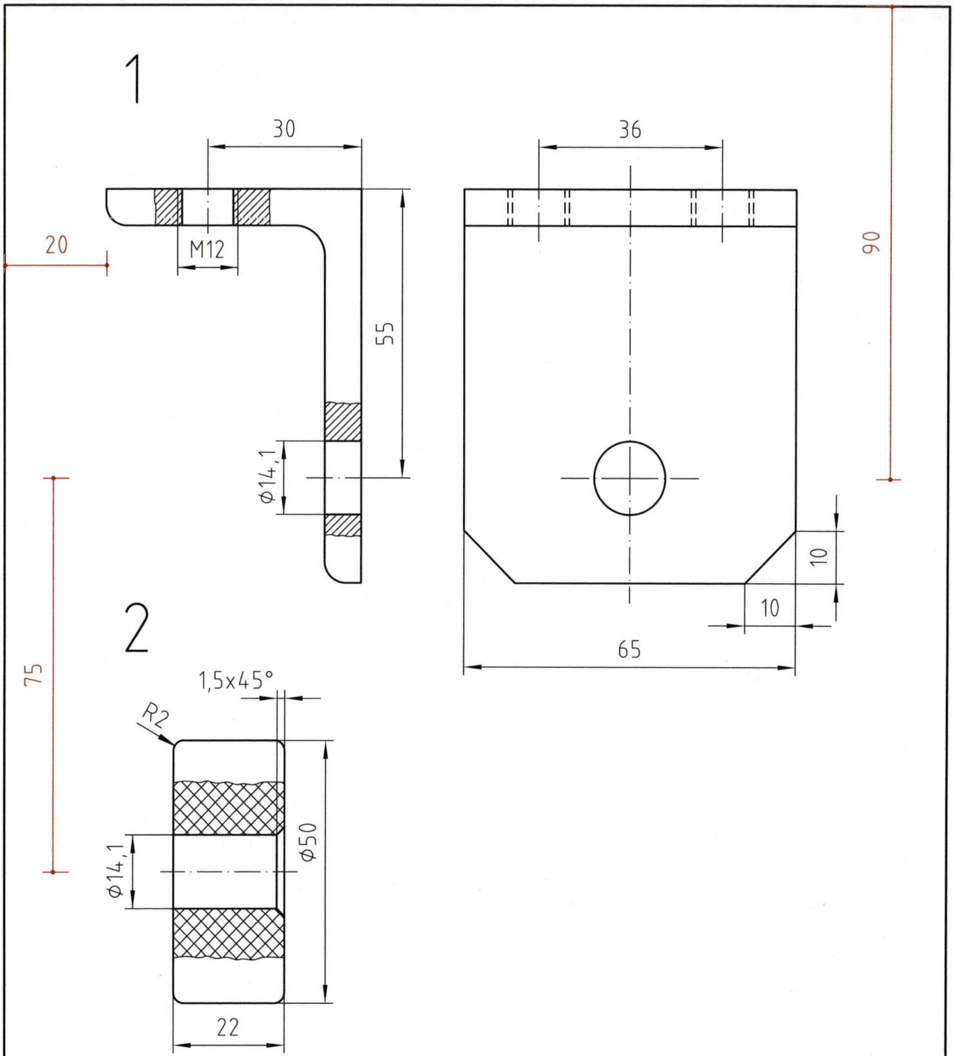

Stück	Benennung	Teil	Norm Nr. Zeichng.-Nr.	Werkstoff	Rohmaße od. Modell Nr.	Bemerkung
		3				
		2				
		1				

	Tag	Name		
Gez.				
Gepr.				
Norm gepr.				
Maßstab 1:1	Laufrolle			Ersatz für:
				Ersetzt durch:
Allgemeintoleranzen				ZA 27

Vorlage zu ZA 27

ZA 28 Laufrolle (Zusammenstellungszeichnung)

Zweck der Zeichenaufgabe: Wie in **ZA 26**.

1. Zeichnen Sie auf ein Zeichenblatt Größe A4 die **Teile 1 bis 5** der Laufrolle (**ZA 27**) zusammengebaut in Vorder- und Seitenansicht sowie Draufsicht (siehe Skizze).
2. Bezeichnen Sie die Teile mit Teilnummern. Die Zusammenstellung wird nicht bemaßt. Das Schriftfeld und die Stückliste sind jedoch vollständig auszufüllen:
   Teile 1 und 2 (siehe **ZA 27**)
   Teil 3 (von **ZA 27**)
   Teil 4, Scheibe ÖNORM EN 28738 (ISO 8738)–14–160HV
   Teil 5, Splint ÖNORM EN ISO 1234–4 × 25–St

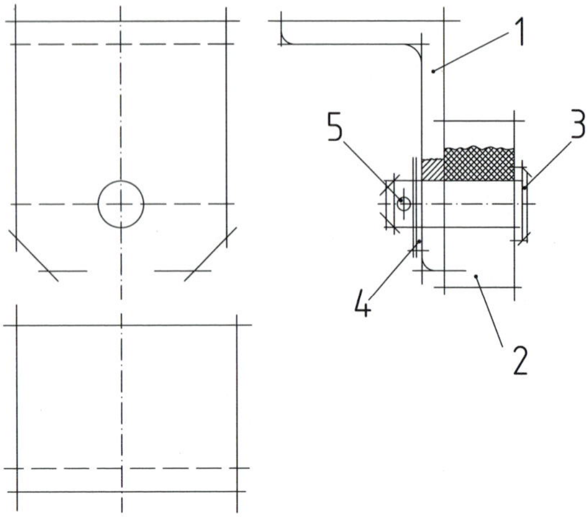

ZA 29 Gelenkverbindung

Zweck der Zeichenaufgabe: Wie in **ZA 26**.

1. Zeichnen Sie auf ein Zeichenblatt Größe A3 nach der angegebenen Platzaufteilung die **Teile 1 und 2** in Vorderansicht (aufgebrochen, Teilschnitte) und Seitenansicht.
2. Zeichnen Sie oberhalb der Stückliste eine Zusammenstellung der Gelenkverbindung in Vorderansicht (im Bolzenbereich aufgebrochen).
3. Bemaßen Sie die Einzelteile vollständig mit Toleranzangaben und tragen Sie geeignete Oberflächenzeichen nach eigener Überlegung ein. Die Zusammenstellung wird nicht bemaßt und nur mit den Teilnummern versehen.
4. Ergänzen Sie das Schriftfeld und die Stückliste:
   Teil 1, Aufhängung 4 kt 40 ÖNORM EN 10059–S275JR,
   Teil 2, Gelenk 4 kt 40 ÖNORM EN 10059–S275JR,
   Teil 3, Bolzen ÖNORM EN 22340 (ISO 2340–B 16 h11 × 65–St
   Teil 4, Scheibe ÖNORM EN 28738 (ISO 8738)–16–160HV
   Teil 5, Splint ÖNORM EN ISO 1234–4 × 25–St

ZA 30 Spannvorrichtung

Zweck der Zeichenaufgabe: Wie in **ZA 26**.

1. Zeichnen Sie auf ein Zeichenblatt Größe A3 nach der angegebenen Platzaufteilung die **Einzelteile 1 und 2**.
2. Zeichnen Sie oberhalb der Stückliste eine Zusammenstellung aller Teile der Spannvorrichtung (siehe Entwurf).
3. Bemaßen Sie die Einzelteile vollständig mit Toleranzangaben und tragen Sie Oberflächenzeichen ein. Passungsliste ist anzulegen.
   Normteile: **Teil 3,** Bolzen ÖNORM EN 22340 (ISO 2340)–B 10 h11 × 45–St
   Teil 4, Splint ÖNORM EN ISO 1234–3,2 × 20–St
   Teil 5, Vierkantschraube DIN 480–M8 × 30–8.8
4. Ergänzen Sie das Schriftfeld und die Stückliste. Die Benennung der Werkstücke, die Normbezeichnung der Teile sowie geeignete Werkstoffe und deren Bezeichnung bestimmen Sie selbst.

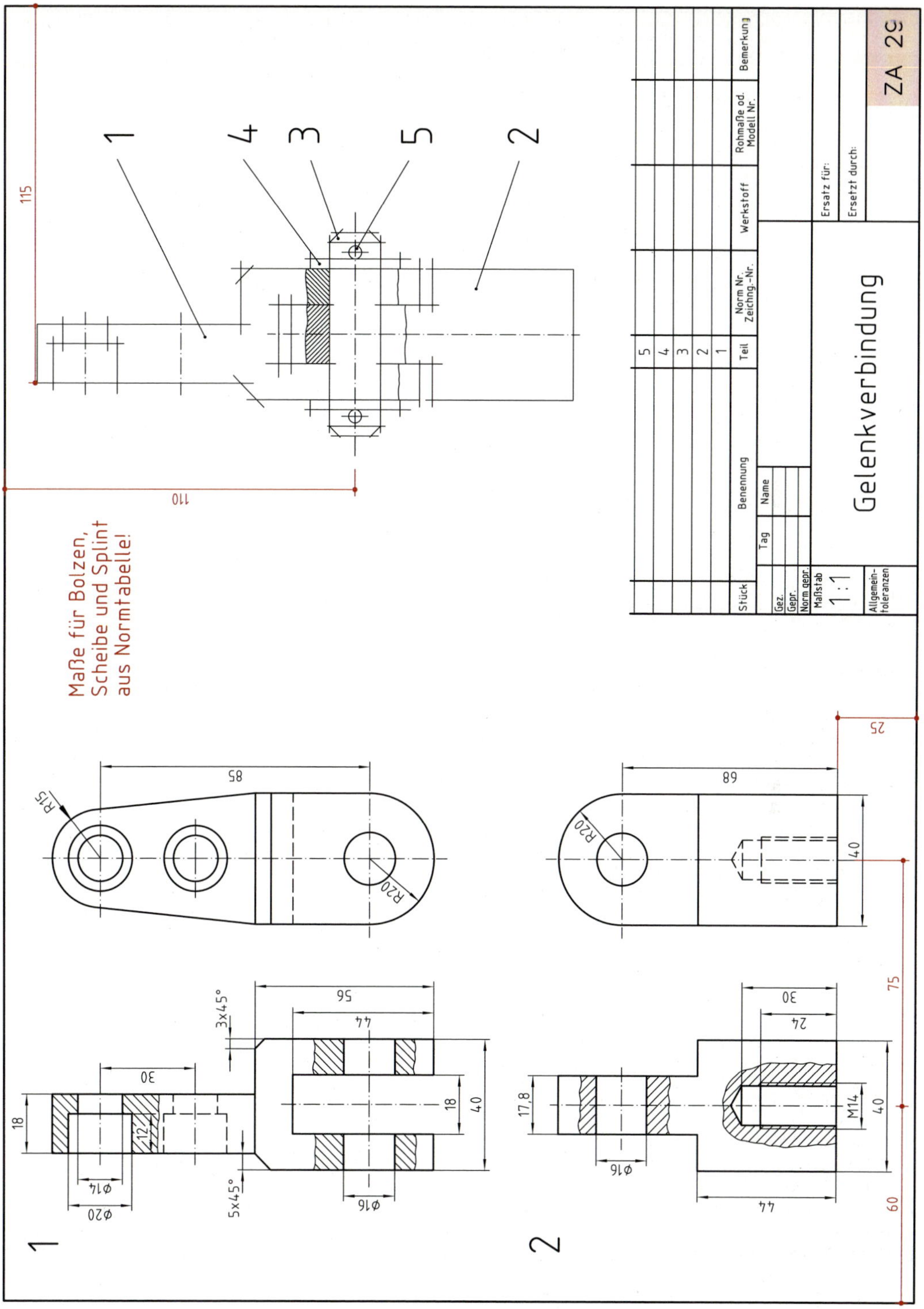

Vorlage zu ZA 29

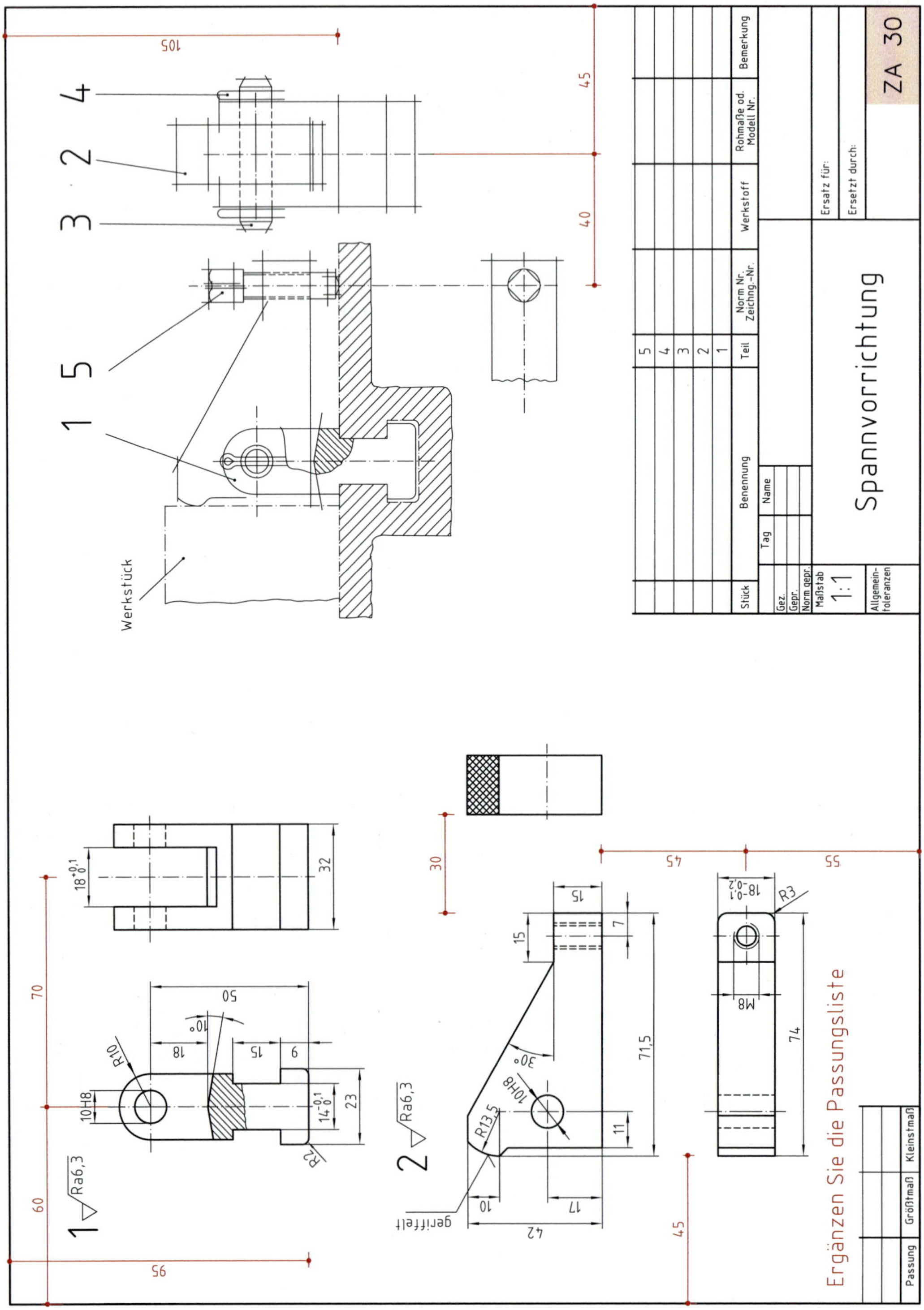

Vorlage zu ZA 30

7 Stellringe und Sicherungsringe

Um Achsen, Wellen oder Spindeln sowie darauf sitzende Teile gegen axiale Verschiebung zu sichern, sind entweder Stellringe, Sicherungsringe oder Wellenbunde bzw. -schultern erforderlich. Mit diesen Axialbegrenzungen werden auch lose schwingende oder drehende Maschinenteile in ihrer Lage geführt oder seitlich gesichert.

7.1 Stellringe

- Stellringe werden axial über Welle, Achse, Bolzen oder Spindel geschoben und an der geforderten Stelle, je nach den betrieblichen Erfordernissen, durch Gewindestifte, Kegel- oder Kerbstifte befestigt (siehe Anwendungsbeispiel Bild 5.11, Seite 69).

  Genormte Ausführungen: Stellringe DIN 705, Befestigung durch Gewindestifte oder Stifte (Bild 7.1)

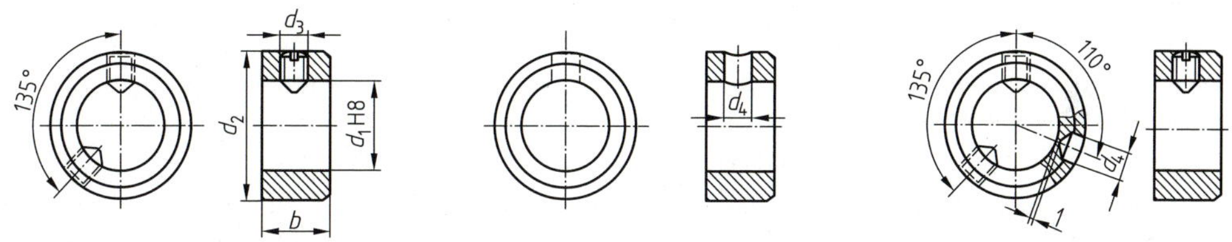

Form A
bis $d_1 \leq 70$ mm ein Gewindestift darüber zwei Gewindestifte

Form B
nur bis $d_1 = 150$ mm Befestigung durch Kegelstifte nach ÖNORM EN ISO 2339 oder Kegelkerbstifte nach ÖNORM EN ISO 8744

Form C
$d_1 \geq 70$ mm zwei Gewindestifte

Bild 7.1 Stellringe

- **Anordnung der Stellringe.** Glatte Wellen, Achsen oder Bolzen können mit zwei Stellringen gegen axiale Verschiebung gesichert werden. Die Ringe liegen beiderseits der Lagerstelle (Bild 7.2) und werden mit Gewinde-, Kegel- oder Kerbstiften auf der Welle befestigt (Bild 7.1). Beim Zusammenbau ist auf ein genügendes seitliches Spiel (Axialspiel) zu achten. Wegen möglicher Längenänderung infolge Erwärmung sind die Stellringe stets außerhalb der Lagerstellen anzuordnen (Bild 7.2a und 7.2b).

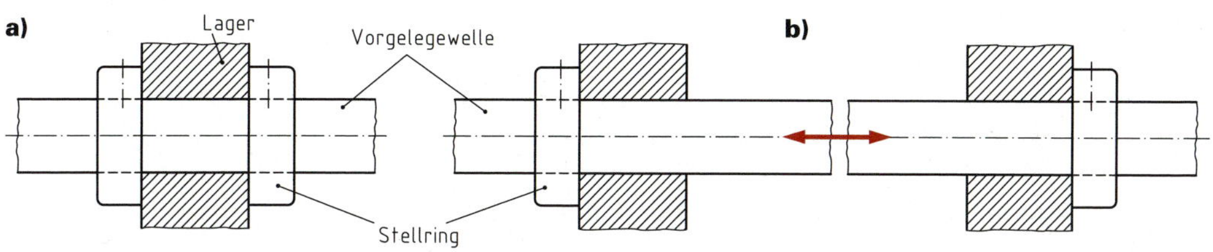

Bild 7.2 Anordnung der Stellringe bei Lagern
***a)** zu beiden Seiten eines Lagers*
***b)** außerhalb der beiden Lager*

Beachten Sie:
Wegen Unfallgefahr dürfen Gewinde- oder Kegelstifte nicht aus dem umlaufenden Stellring herausragen!

7.2 Sicherungsringe

- **Sicherungsringe für die axiale Begrenzung** liegen entweder in einer Ringnut der Welle oder Bohrung (Bild 7.3 und Bild 7.4) oder unmittelbar auf glatten Wellen und in glatten Bohrungen (Bild 7.7). Sie werden durch Federkraft festgehalten und bilden eine Schulter, welche die Maschinenteile gegen axiales Verschieben sichert.

7.2.1 Axial einzubauende Sicherungsringe

- **Sicherungsringe nach DIN 471 und 472** für Wellen (Bild 7.3) und Bohrungen (Bild 7.4) werden mit Hilfe einer speziellen Montagezange in die vorgesehene Ringnut eingesetzt. Die Abmessungen sind aus Normtabellen zu entnehmen.

Werkstoff: Hochwertiger Federstahl, gehärtet, C67, C75

Bezeichnungsbeispiele:
- Bezeichnung eines Sicherungsringes für einen Wellendurchmesser von d_1 = 40 mm und Dicke s = 1,75 mm:

  Sicherungsring DIN 471 – 40 × 1,75
- Bezeichnung eines Sicherungsringes für einen Bohrungsdurchmesser von d_1 = 40 mm und Dicke s = 1,75 mm:

  Sicherungsring DIN 472 – 40 × 1,75

- **Vorteil der Sicherungsringe.** Geringer Platzbedarf für den Einbau in radialer und axialer Richtung, rascher und einfacher Ein- und Ausbau. Anwendungsbeispiele zeigen Bild 6.7 (Seite 80) und Bild 7.5.

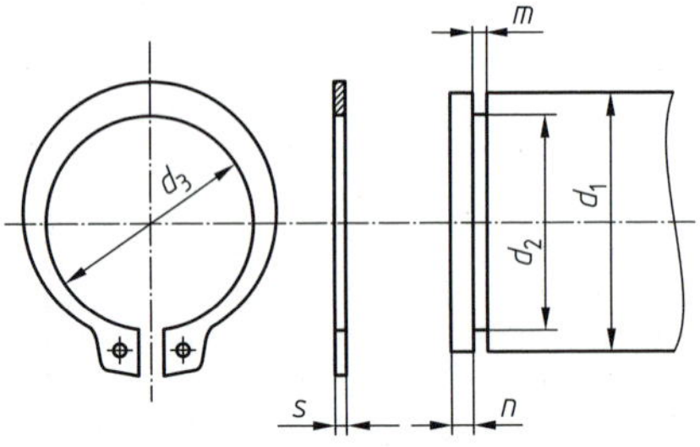

Bild 7.3 Sicherungsring für Wellen DIN 471

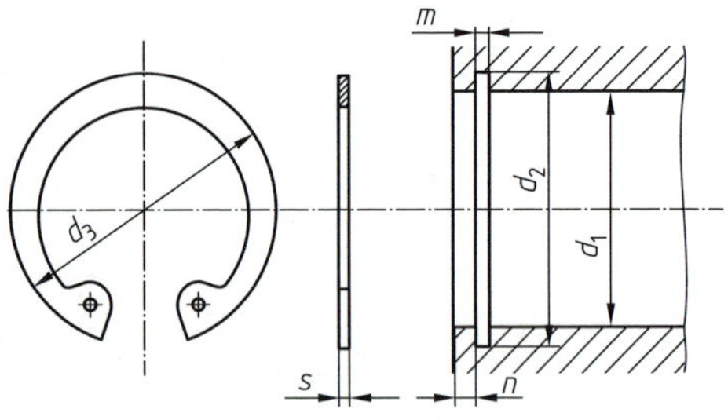

Bild 7.4 Sicherungsring für Bohrungen DIN 472

ZA 31 Gummipuffer-Kupplung

Zweck der Zeichenaufgabe: Darstellung und Anwendung von Sicherungsringen mit Abmessungen nach DIN 471 (vergleiche Bild 7.3).

1. Zeichnen Sie auf ein Zeichenblatt Größe A 4, die **Teile 3 und 4**. Bemaßen Sie die Teile vollständig, tragen Sie Toleranzangaben und Oberflächenzeichen ein.
2. Zeichnen Sie die Zusammenstellung einer Hälfte der Gummipuffer-Kupplung, **Teile 1 bis 5**, im Vollschnitt. Eine Maßeintragung entfällt (siehe auch Bild 7.5c).
3. Ergänzen Sie das Schriftfeld und die Stückliste mit folgenden Eintragungen:
   Teil 1, Kupplungsscheibe, EN-GJS-400-15
   Teil 2, Kupplungsscheibe, EN-GJS-400-15
   Teil 3, Kupplungsbolzen, Rd32 ÖNORM EN ISO 10059–E295
   Teil 4, Gummipuffer, Gummigewebe
   Teil 5, Sicherungsring DIN 471–20 × 1,2

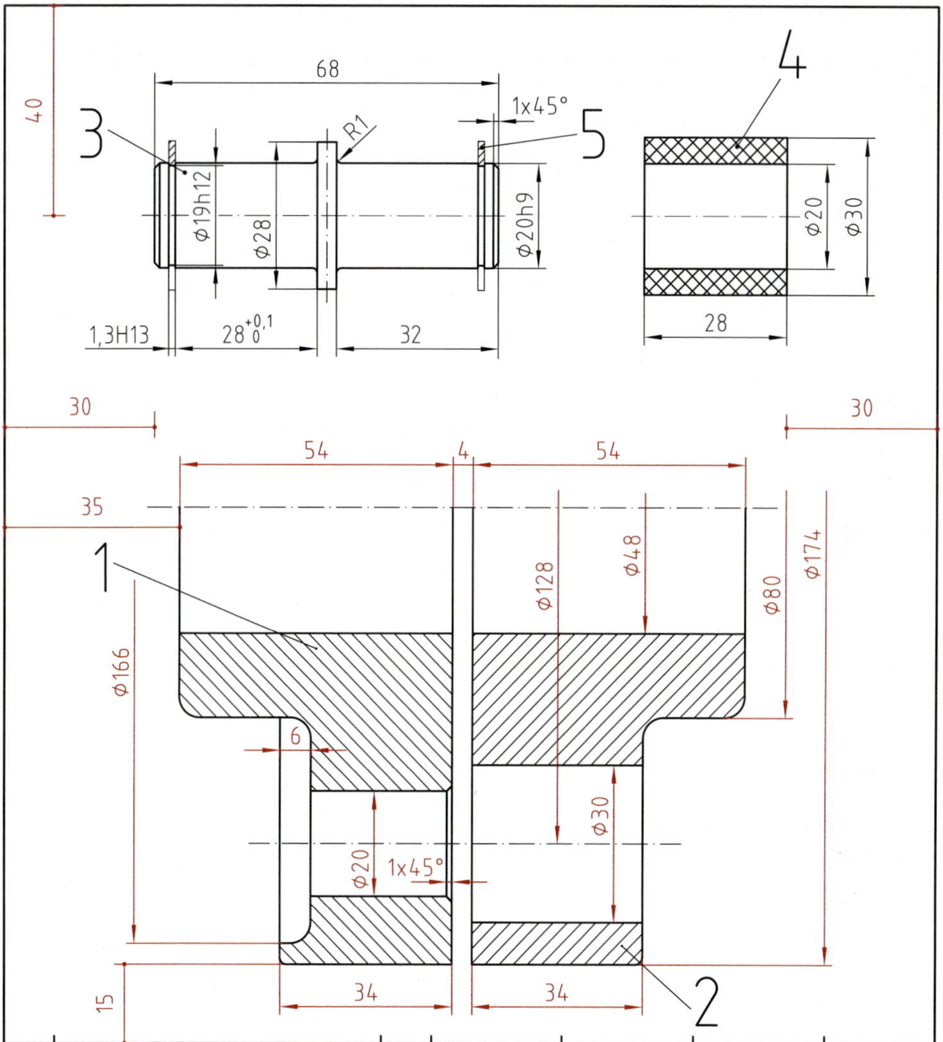

		5				
		4				
		3				
		2				
		1				
Stück	Benennung	Teil	Norm Nr. Zeichng.-Nr.	Werkstoff	Rohmaße od. Modell Nr.	Bemerkung

	Tag	Name		
Gez.				
Gepr.				
Normgepr.				
Maßstab 1:1	Gummipuffer-Kupplung			Ersatz für:
				Ersetzt durch:
Allgemein-toleranzen				ZA 31

Vorlage zu ZA 31

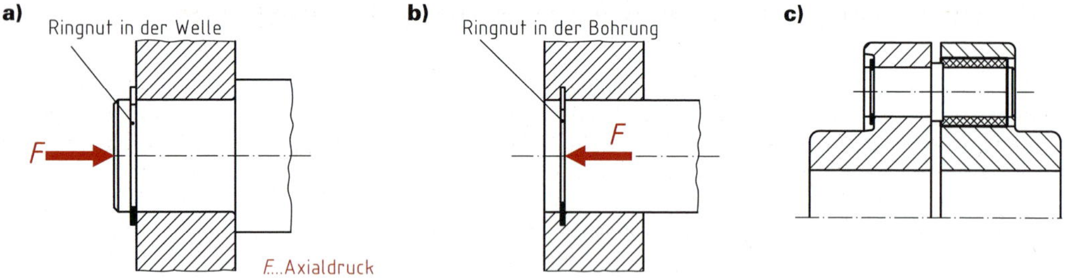

Bild 7.5 Einbaubeispiele a) *für Sicherungsringe DIN 471,* ***b)*** *für Sicherungsringe DIN 472,* ***c)*** *in einer elastischen Bolzenkupplung*

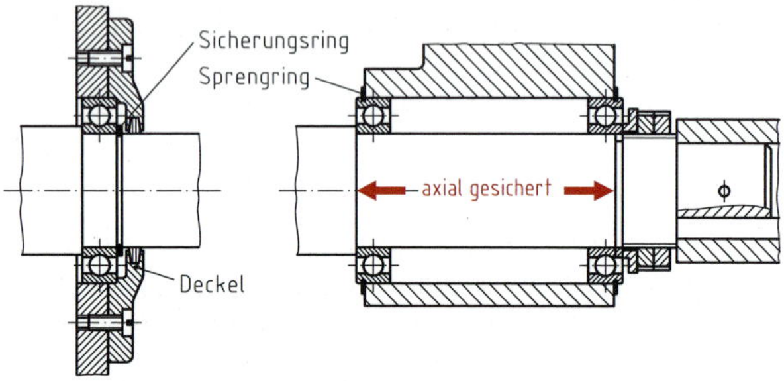

Bild 7.6 Einbaubeispiele für Sicherungsringe DIN 471 und Sprengringe DIN 5417 bei Radial-Rillenkugellager
a) *Festlegung in Verbindung mit einem Lagerdeckel*
b) *Festlegung von 2 Rillen-Kugellagern in einer glatten Bohrung*

- **Sprengringe nach DIN 5417** für Wälzlager mit Ringnut dienen zur axialen Fixierung des äußeren Laufrings (Bild 7.6).
- **Selbstsperrende Sicherungsringe** sind ebenfalls nur axial einzubauen und sitzen selbstsperrend ohne Ringnut auf glatten Wellen, Achsen oder Bolzen fest, zum Beispiel:
  - **Seeger-Greifring,** geeignet für Durchmesser von 1,5 bis 25 mm (Bild 7.7),
  - **Seeger-Dreieckringe,** für Durchmesser von 1,5 bis 12 mm (Bild 7.8),
  - **Seeger-Zackenringe** (Bild 7.9) für Wellen und Bohrungen.

  Selbstsperrende Sicherungsringe werden vor allem im Apparate- und Büromaschinenbau verwendet.

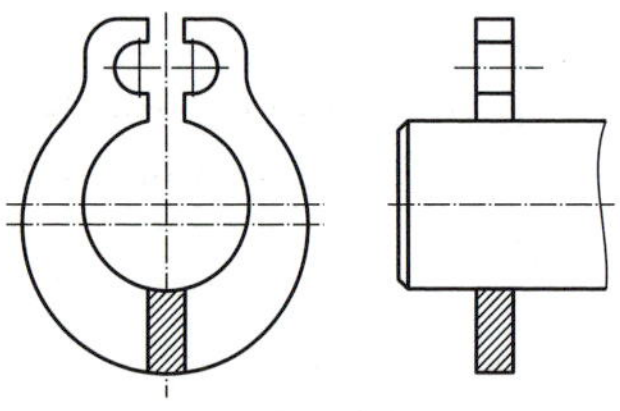

Bild 7.7 Seeger-Greifring

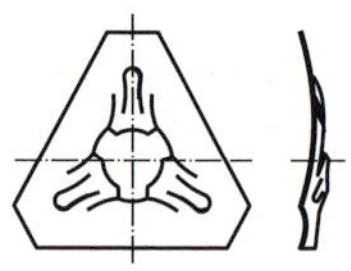

Bild 7.8 Seeger-Dreieckring

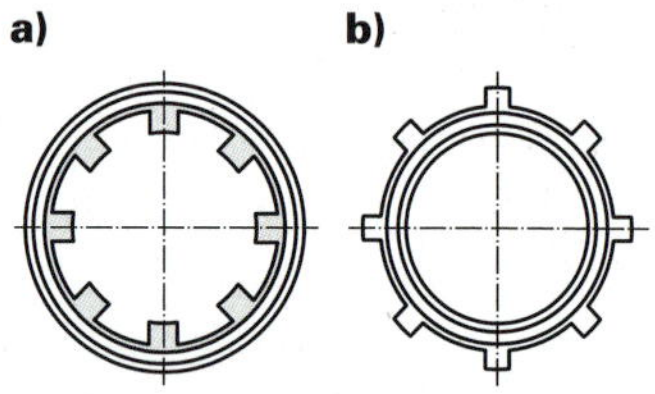

Bild 7.9 Seeger-Zackenring
a) *für Welle,* ***b)*** *für Bohrung*

7.2.2 Radial einzubauende Sicherungen

- Diese werden radial in die vorgesehene Ringnut von Wellen, Achsen oder Bolzen eingeschoben, z. B. die Sicherungsscheibe DIN 6799 (Bild 7.10). Infolge des nur etwas mehr als 180° betragenden Umschlingungswinkels wird die Längsbelastung einseitig aufgenommen. Außer der Sicherungsscheibe gibt es noch andere Arten von radial einzubauenden Sicherungen, z. B. Seeger-Halbmondringe und Seeger-Schließringe.

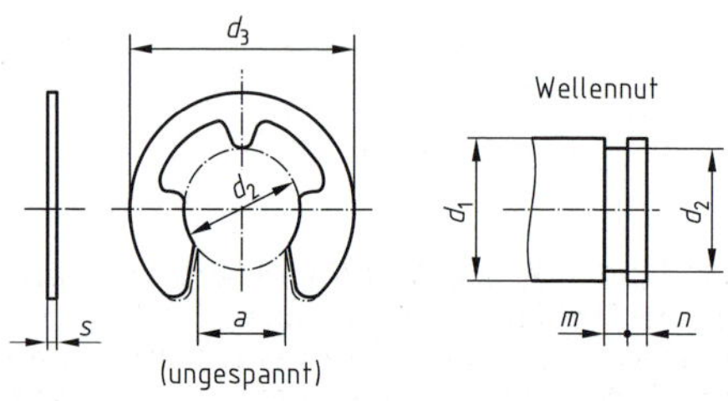

Bild 7.10 Sicherungsscheibe DIN 6799

8 Blechverbindungs- und Schnellbefestigungsteile

Blechverbindungs- und Schnellbefestigungsteile ermöglichen eine einfache und schnelle Verbindung von dünnen Blechen, Teilen aus nichtmetallischen Werkstoffen, z. B. Kunststoff, Glas, Keramik u. a.
Anwendungsgebiete: Karosserie- und Fahrzeugbau, Elektro- und Radioindustrie, Erzeugung von Haushaltsgeräten aller Art u. a.

Man unterscheidet **drei Hauptgruppen von Schnellbefestigungselementen**, die alle durch Federkraft wirken:

- **Speed-Nuts,** Schnellschraubverbindungen mit Blechmuttern und Blechschrauben (Bilder 8.1 bis 8.7).
- **Speed-Fixe** zum Verbinden von Teilen durch Zusammenstecken (Bilder 8.8 bis 8.11).
- **Speed-Clips** mit selbsthaltenden federnden Klemmlappen zur schnellen Befestigung verschiedenster Teile (Bilder 8.12 bis 8.16).

- Die **Schnellbefestigungselemente** (Speed-Nuts, Speed-Fixe und Speed-Clips) werden aus hochwertigem Federstahl hergestellt. Die Teile sind stahlblau angelassen, in Sonderausführungen sind sie galvanisch verzinkt bzw. farbgetaucht oder gebondert.

8.1 Speed-Nuts

- **Speed-Nuts** (Bilder 8.1 bis 8.7) haben zwei aufgebogene Krallen, die sich der Gewindesteigung der Blechschraube anpassen (Bild 8.1a). Beim Einschrauben pressen sich die gewölbten Krallen gegen den Gewindekern der Schraube, werden flachgedrückt und umschließen ihn fest (Bild 8.1b). Infolge des steilen Gewindes genügen wenige Umdrehungen für eine feste Verbindung zwischen Schraube und Grundplatte. Die Verbindung benötigt keine zusätzliche Sicherung durch Federringe, Zahnscheiben u. a.
- **Flachmuttern** (Bild 8.1) werden wie normale Gewindemuttern verwendet, besonders an Stellen, die von der Gegenseite zugänglich sind.
- **Schnappmuttern** (Bild 8.2) können auch inmitten einer Blechtafel eingesetzt werden, wenn neben dem Schraubenloch ein Durchbruch ist, durch den die Schnappmutter zu schieben ist.

a) b)

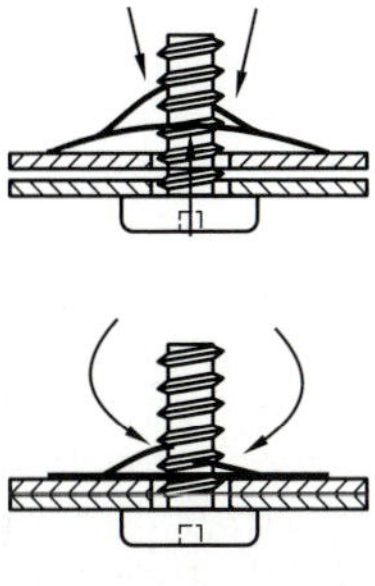

Bild 8.1 Speed-Nut-Flachmutter
a) *Blechschraube lose eingeschraubt*
b) *Flachmutter nach dem Festschrauben flachgedrückt und verspannt*

a) b)

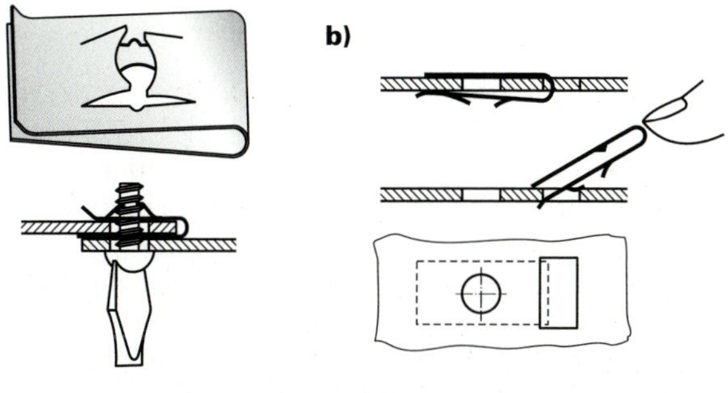

Bild 8.2 Einbau einer Schnappmutter
a) *Aufstecken der Schnappmutter über die Blechkante bei Randlöchern*
b) *Einstecken der Schnappmutter inmitten eines Blechs*

- **Schnappmuttern** (Bild 8.3) und **Winkelmuttern** (Bild 8.4a und Bild 8.4b) ermöglichen die Befestigung von Blechwinkeln oder rechtwinkelig anzuschließenden Seitenwänden.

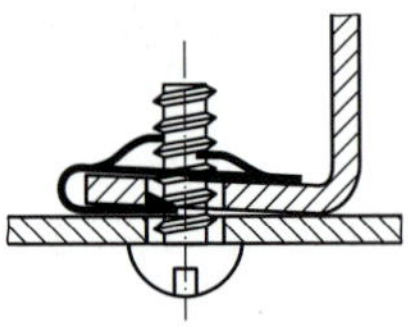

Bild 8.3 Schnappmutter

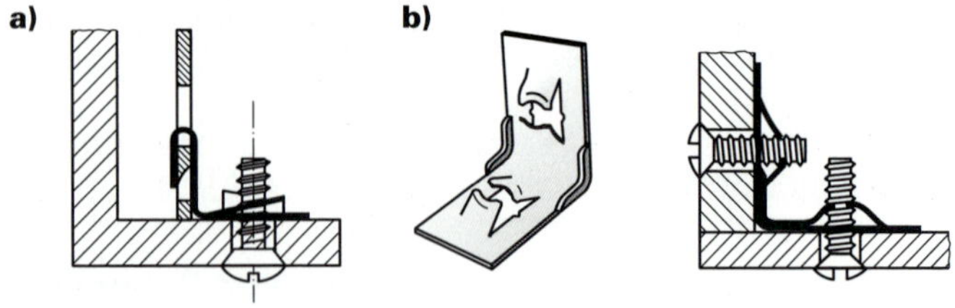

Bild 8.4 Anschrauben von Seitenwänden mit
a) *Winkelmutter,* ***b)*** *Winkelmutter*

- **Spreizmuttern** werden von der Vorderseite des Blechs in runde oder rechteckige Löcher eingesetzt. Die Federarme der Mutter werden beim Anziehen der Blechschraube gespreizt und ermöglichen eine Blindmontage (Bild 8.5).
- **Käfigmuttern** (Bild 8.6) hängt man nach dem Lackieren der Bleche in ein quadratisches Loch ein. Zum Befestigen der Blechteile werden Metrische Schrauben verwendet.
- **Holzanker** verwendet man zum Befestigen von Bauteilen an Holz, Kunststoff, Gummi u. a. Die Zacken der Speed-Nuts verkrallen sich beim Anschrauben im Werkstoff und halten fest (Bild 8.7a). Der Holzanker nach Bild 8.7b wird in eine zylindrische Senkung eingepresst. Die vier Zacken des Holzankers verankern sich in der Lochwand und verhindern ein Mitdrehen.

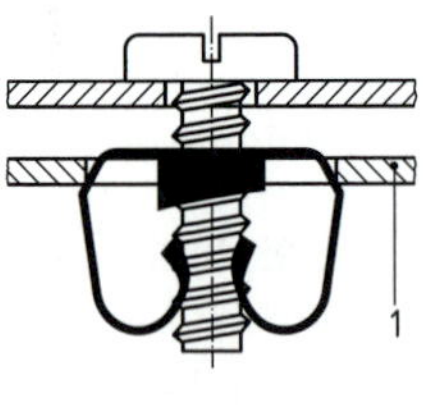

Bild 8.5 Spreizmutter
(1 befestigtes Blech)

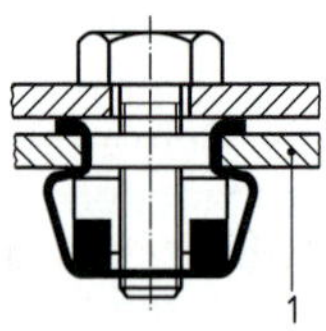

Bild 8.6 Käfigmutter

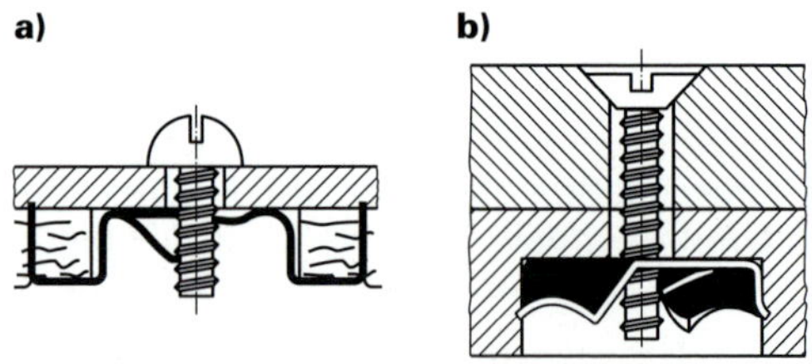

Bild 8.7 Holzanker

8.2 Speed-Fixe

- **Speed-Fixe** (Bilder 8.8 bis 8.11) sind Befestigungsteile, die mit glatten Stiften aus Metall, Kunststoff, Gummi oder Holz eine feste und sichere Verbindung ergeben. Beim Zusammenbau werden die Speed-Fixe von Hand über den glatten Stift geschoben und mit einem Stempel festgedrückt (Bild 8.8). Die Verbindung ist rüttelfest und gleichzeitig elastisch. Speed-Fixe eignen sich vor allem für Teile, die selten oder nie gelöst werden, z. B. zum Befestigen von Zierleisten, Griffen, Schrift- und Firmenzeichen. Speed-Fixe gibt es in verschiedenen Ausführungen, z. B. rechteckig (Bild 8.9), rund, Kronen-Fixe, Hut-Fixe usw.
- **Kronen-Fixe** (Bild 8.10) dienen zur Lagensicherung und ersetzen vor allem Splinte und Scheiben.
- **Hut-Fixe** (Bild 8.11) halten gewindelose Stifte und Bolzen rüttelsicher fest.

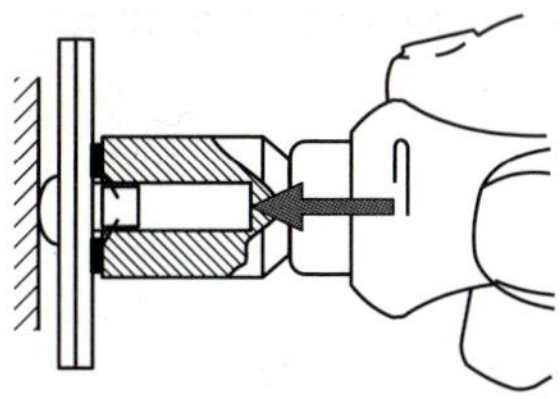

Bild 8.8
Einbau eines Speed-Fixes

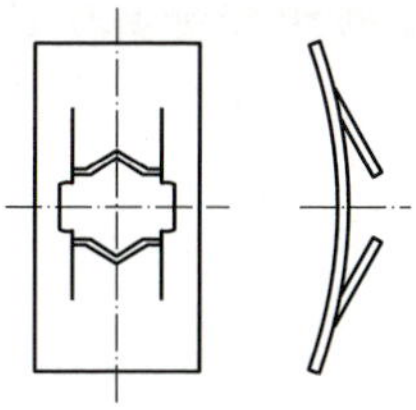

Bild 8.9
Speed-Fix, rechteckig

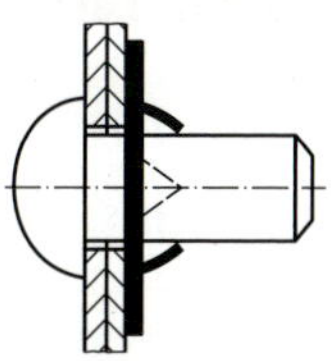

Bild 8.10
Kronen-Fix

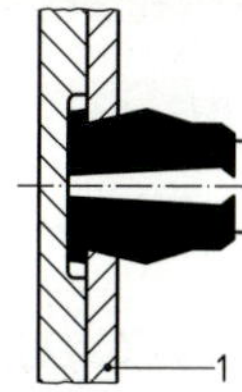

Bild 8.11
Hut-Fix

8.3 Speed-Clips

- **Speed-Clips** dienen zur Befestigung verschiedener Teile; Anwendungsbeispiele zeigen die Bilder 8.12 bis 8.16. Die Speed-Clips können wie Speed-Nuts mit Blechschrauben befestigt werden (Bild 8.12). Clip-Laschen sind selbsthaltend durch Einrasten in ein vorgeformtes Loch des Blechteils (Bild 8.13) oder passen sich der Werkstückform an und verbinden die Teile durch Federkraft (Bild 8.15).

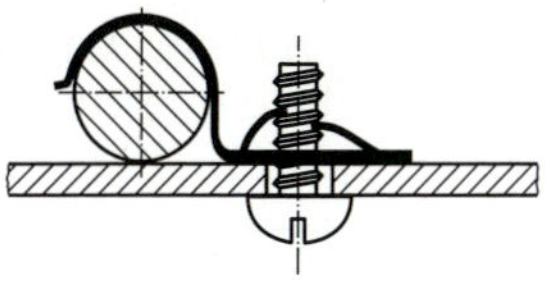

***Bild 8.12** Einfacher Kabel-Clip*

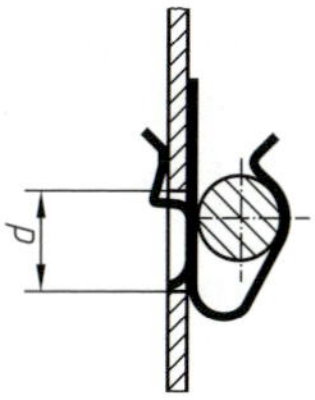

***Bild 8.13** Selbsthaftender Kabel-Clip*

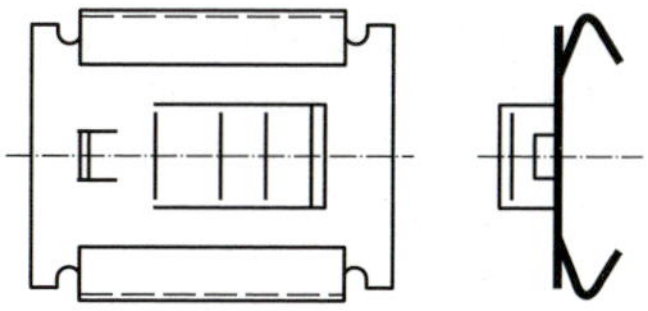

***Bild 8.14** Zierleisten-Clip*

- **Zierleisten-Clips** (Bild 8.14) lässt man in ein rundes oder viereckiges Loch der Blechwand einschnappen und befestigt daran Zierleisten.

- **Knopfhalter** (Bilder 8.15, 8.16) verbinden durch Federspannung Schalter- und Einstellknöpfe mit Schaltwellen und -bolzen. Die Clips werden einfach auf den Schaft geschoben. Die Federspannung verhindert einen toten Gang des Knopfes.

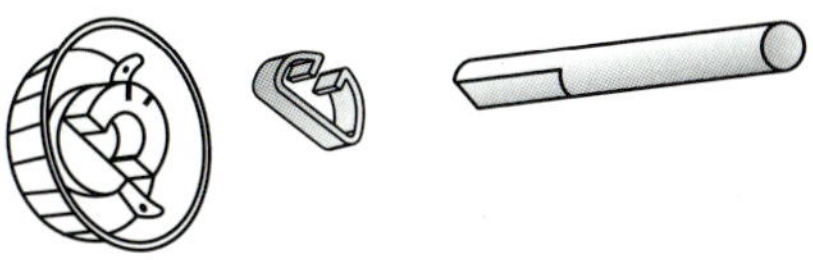

***Bild 8.15** Befestigung eines Einstellknopfes mit Knopfhalter*

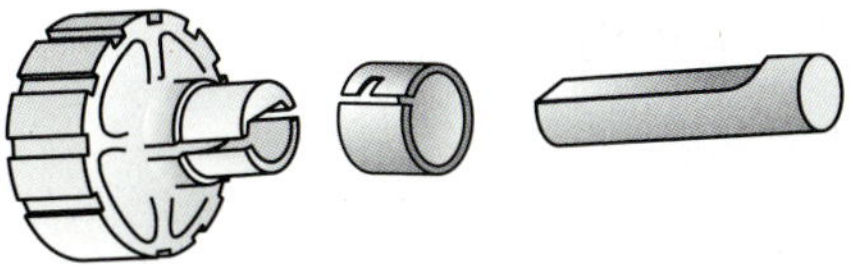

***Bild 8.16** Befestigung eines Schalterknopfes mit geschlitzter Nabe im Knopfhalter*

- Außer den genannten Grundformen der Speed-Nuts, Speed-Fixe und Speed-Clips gibt es noch eine Vielzahl anderer Formen für verschiedene Verwendungszwecke, z. B. **Anschweißmuttern aus Baustahl, Skalenscheibenbefestigungen, Befestigungsklammern** usw.

9 Schrauben- und Nietverbindungen im Konstruktionsbau

9.1 Niete und Nietverbindungen

9.1.1 Nietarten, Normung und Bezeichnungen

Niete verbinden durch Stauchen des Nietschafts und Formen eines Schließkopfs zwei oder mehrere Bauteile unlösbar miteinander (Bild 9.1).

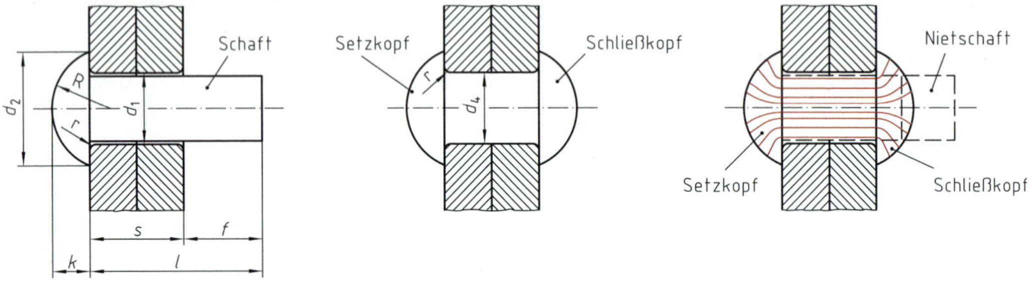

Ungeschlagener Niet *Geschlagener Niet* *Kräfteverteilung*

Bild 9.1 Nietverbindungen

Obwohl die Schweißverbindungen in den letzten Jahrzehnten einen großen Teil des früheren Anwendungsgebietes der Nietverbindungen eingenommen haben, werden Nietverbindungen begrenzt weiterhin angewendet (besonders auch bei dünneren Blechen von 1 bis 5 mm Dicke).

- Beispiele für die **Anwendung von Nietverbindungen:** Blech verarbeitende Industrie, Stahlbau, bei dünneren Blechen, um Verwerfungen zu unterbinden, bei Verbindungen von Stahl und Aluminium (Elementbildung wird durch neutrale Zwischenlagen unterbunden), bei Verbindung von bestimmten legierten Stählen, die nicht verschweißbar sind, vor allem aber beim Verbinden von Profilen, Rohren und Blechen aus festen (ausgehärteten) Leichtmetall-Legierungen für Leicht-, Portal- und Flugzeugbau, für die Lüftungstechnik u. a., wo Schweißen aus festigkeitstechnischen Gründen nicht möglich ist.
- Äußerlich unterscheidet man: **Vollniete, Hohlniete, Rohrniete.**

9.1.1.1 Niete ab 10 mm Schaftdurchmesser

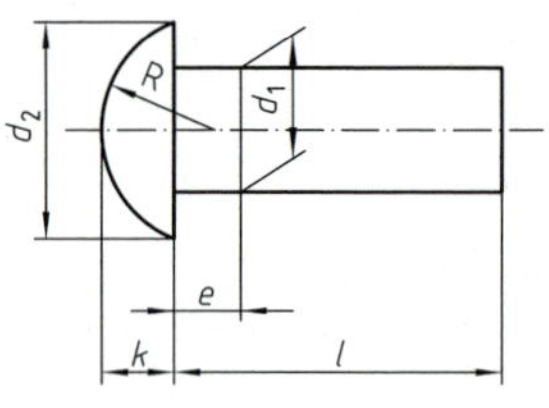

- **Halbrundniete für den Stahlbau** von 10 bis 36 mm Durchmesser DIN 124

  Bezeichnung eines Halbrundniets mit Rohnietdurchmesser d_1 = 16 mm und Länge l = 34 mm aus Stahl:

  Niet DIN 124–16 × 34–St

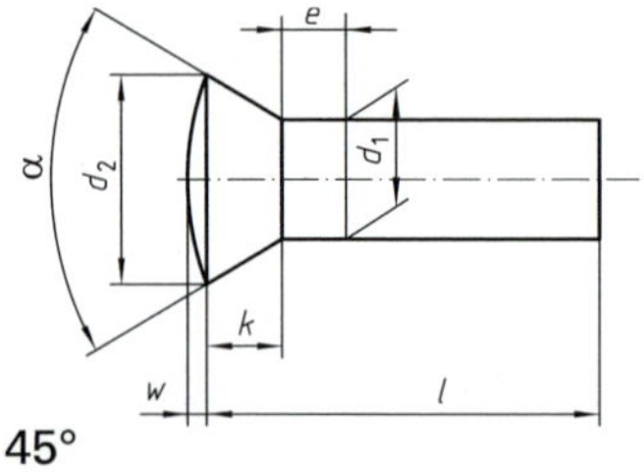

- **Senkniete** von 10 bis 36 mm Durchmesser DIN 302.

  Bezeichnung eines Senkniets mit Rohnietdurchmesser d_1 = 16 mm und Länge l = 34 mm aus Stahl:

  Niet DIN 302–16 × 34–St

  Senkwinkel α = 75°, ab ∅20 bis 27 α = 60°, ab ∅30 α = 45°
  Rohnietdurchmesser d_1: 10 12 (14) 16 (18) 20 (22) 24 30 36 mm
  Nietlochdurchmesser d: 11 13 15 17 19 21 23 25 31 37 mm
  Eingeklammerte Werte sind zu vermeiden.

9.1.1.2 Niete unter 10 mm Schaftdurchmesser

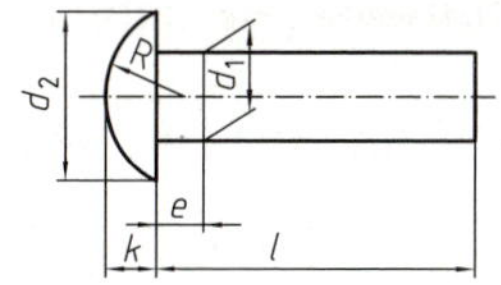

- **Halbrundniete** von 1 bis 8 mm Durchmesser DIN 660

  Bezeichnung eines Halbrundniets mit Durchmesser d_1 = 5 mm und Länge l = 20 mm aus Stahl:

  Niet DIN 660–5 × 20–St

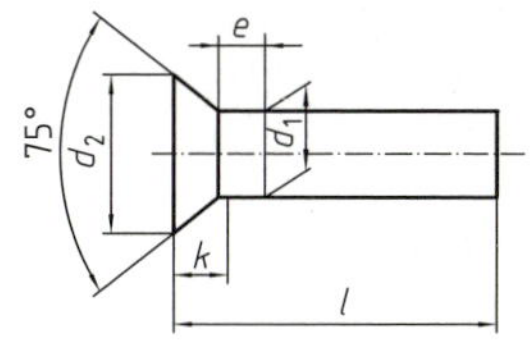

- **Senkniete** von 1 bis 8 mm Durchmesser DIN 661

  Bezeichnung eines Senkniets mit Durchmesser d_1 = 5 mm und Länge l = 20 mm aus Stahl:

  Niet DIN 661–5 × 20–St

Rohnietdurchmesser d_1:	1	1,2	1,6	2	2,5	3	4	5	6	8 mm
Nietlochdurchmesser d_4:	1,05	1,25	1,65	2,1	2,6	3,1	4,2	5,2	6,3	8,4 mm

Werkstoff (bei Bestellung angeben): Nietenstahl – St, Cu, Kupfer-Zink-Knetlegierung (Messing), Al-Knetlegierung (z. B. AlMg3, AlCuMg5), Reinaluminium Al99,5.

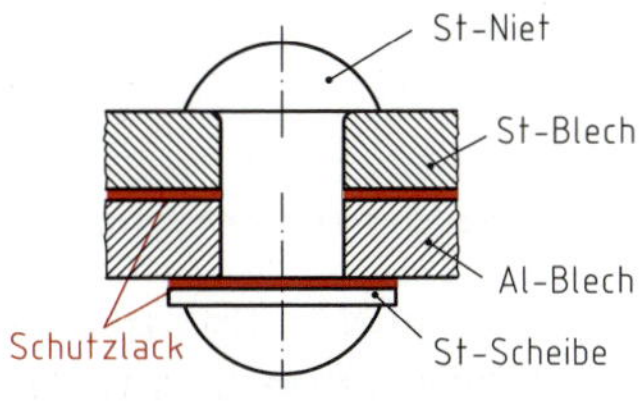

Bild 9.3 Schutzanstrich der Berührungsflächen

Beachten Sie: Niete sollen aus dem gleichen Werkstoff bestehen wie die zu verbindenden Werkstücke (d. h. Al mit Al-Nieten, Cu mit Cu-Nieten, St mit St-Nieten usw.). Wo trotzdem verschiedene Werkstoffe verbunden werden, müssen die Berührungsflächen vor der Vernietung gereinigt und mit einem Schutzlack-Anstrich versehen werden (z. B. Bitumen, Teerlack u. Ä.). Damit wird die Korrosion verhindert (siehe Bild 9.3).

9.1.1.3 Weitere Nietarten und Sonderformen

- **Halbhohlniet mit Senkkopf** (Bild 9.4), DIN 6792, Rohnietdurchmesser d_1: 1,6 2 2,5 3 4 5 6 8 10 mm.
- **Blechniete** (Bild 9.5) eignen sich durch ihren breiten flachen Kopf für Verbindungen von dünnen Blechen.
- **Rohrniete** (Bild 9.6) zum Verbinden von nichtmetallischen Werkstoffen mit Metallteilen.
- **Niete für Brems- und Kupplungsbeläge.** Form A mit vollem Schaft, Form B mit angebohrtem Schaft (Bild 9.7).
- **Nietstifte** mit angebohrten Enden zum Umbördeln oder Aufdornen (Anwendungsbeispiel Bild 9.8).

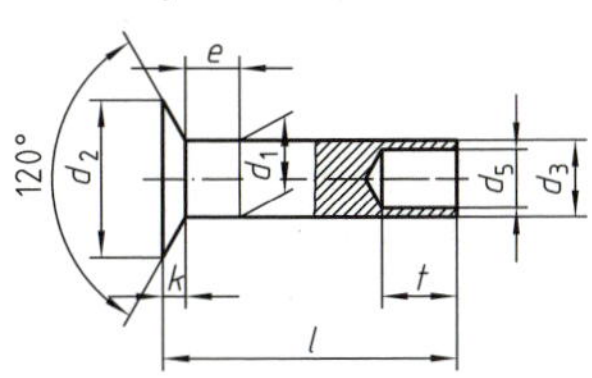

Bild 9.4 Halbhohlniet mit Senkkopf

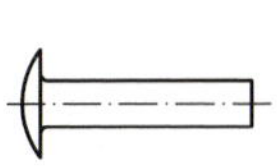

Bild 9.5 Blechniet

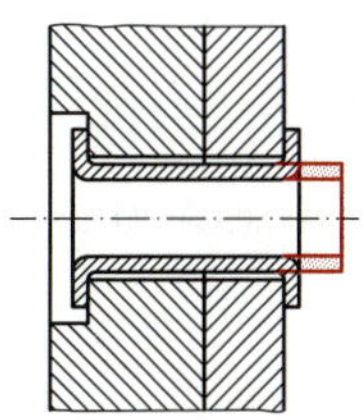

Bild 9.6 Rohrniet

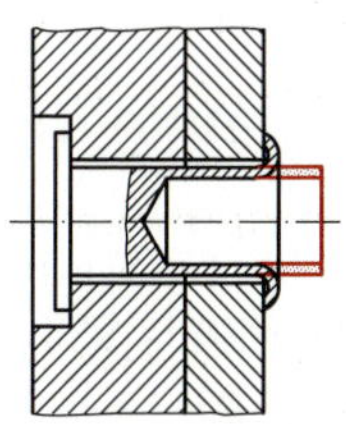

mit angebohrtem Schaft

Bild 9.7 Niet für Brems- und Kupplungsbeläge

a)

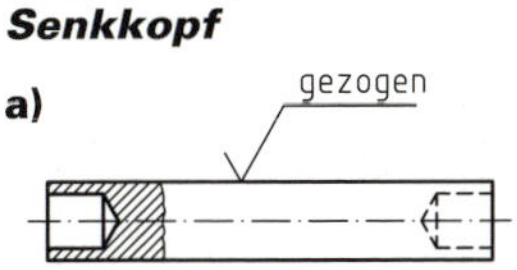

b)

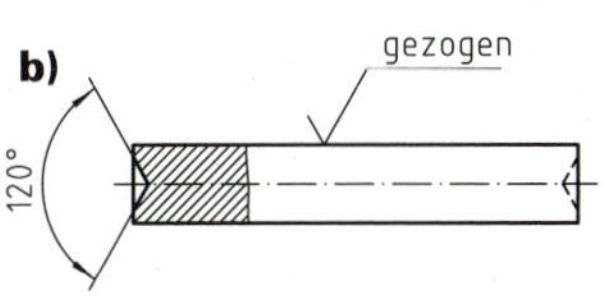

c)

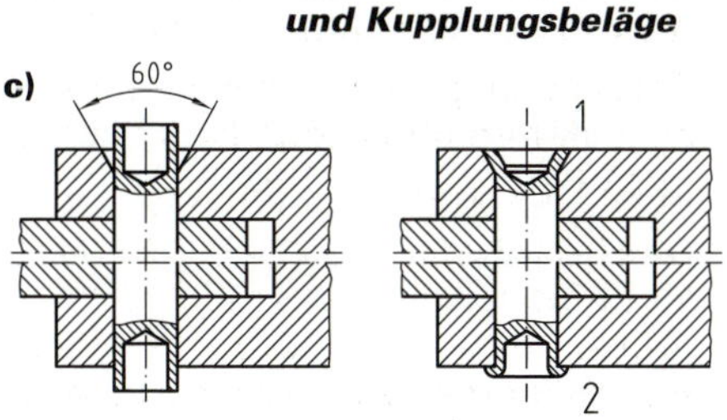

Bild 9.8 Nietstift a) *Form A,* ***b)*** *Form B,*
c) *Anwendungsbeispiele für Form A (1 als Senkknopf, 2 als Bördelkopf)*

Blindniete für nur einseitig zugängliche Nietstellen ohne Verwendung eines Gegenhalters, z.B.:

- **Blindniet (Dorn- oder Durchziehniete).** Sie bestehen aus dem hohlen Nietschaft mit Senk- oder Flachrundkopf und einem eingezogenen Nietdorn (Bild 9.9). **Nietvorgang:**
  - Einsetzen des Bildniets in das Nietloch (Bild 9.9a)
  - Zurückziehen des Nietdorns mit Hilfe der Nietzange oder eines pneumatischen Nietgeräts (Bild 9.9b)
  - Zusammenpressen der zu verbindenden Werkstücke, wobei sich gleichzeitig auf der Blindseite der Schließkopf bildet. Nach der Bildung des Schließkopfs reißt der Nietdorn an der Soll-Bruchstelle ab. (Bild 9.9c)

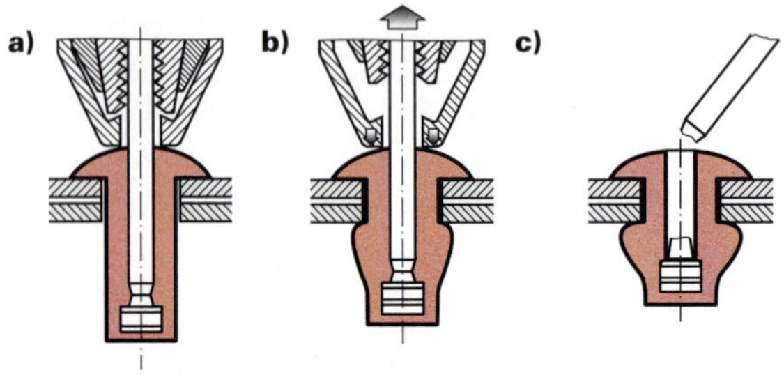

Bild 9.9 Blindniet, Nietvorgang

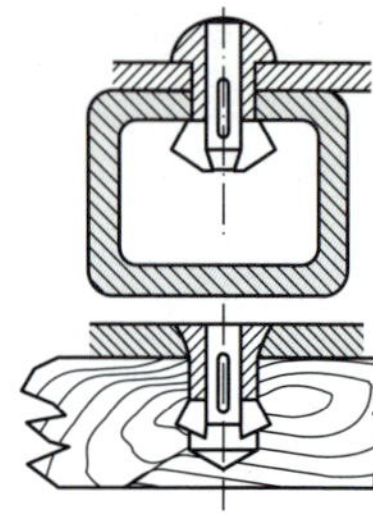

Bild 9.10 Kerbstift-Spreizniet

- **Kerbstift-Spreizniet** (Bild 9.10). Der Nietvorgang besteht darin, dass in den hohlen Spreizniet ein Kerbstift eingeschlagen wird, der das geschlitzte Schaftende spreizt und die zu verbindenden Teile zusammenpresst.
- **Blindnietmuttern** (Bild 9.11) sowie **Niet- und Einpressmuttern** (Bild 9.12) werden für dünnwandige Metallkonstruktionen verwendet, für Durchmesserbereiche M3 bis M10 und Klemmbereiche von 0,5 mm bis 7,5 mm.

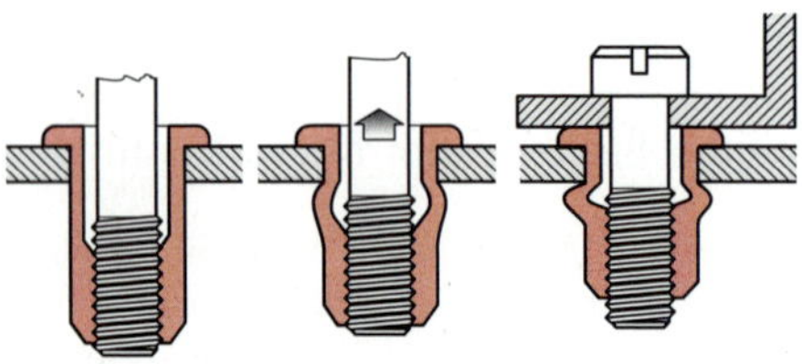

Bild 9.11 Blindnietmutter

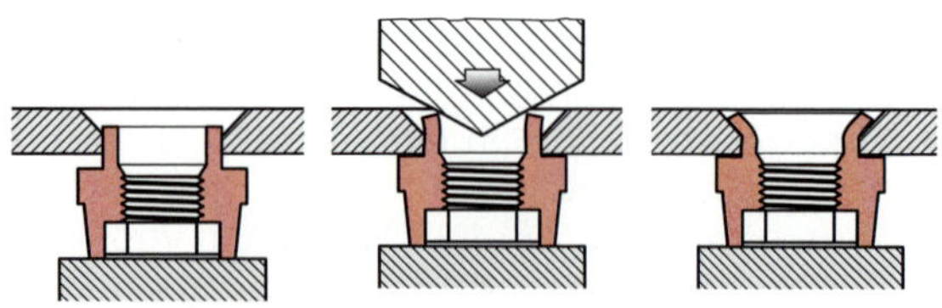

Bild 9.12 Niet- und Einpressmutter

9.2 Bestimmung der Rohnietlänge

- **Zur Bestimmung der Rohnietlänge l sind erforderlich:** Klemmlänge s, ein Zuschlag für die Werkstoffmenge zur Ausfüllung des Nietlochs d_4 und für die Bildung des Schließkopfs (9.13).

s = Klemmlänge (Summe der Blechdicken)
d_1 = Rohnietdurchmesser
d_4 = Nietlochdurchmesser (Lt. Tabelle oder ab 10 mm ... d_1 + 1 mm
l = Rohnietlänge
α = Senkwinkel je nach d_1 (75°, 60°, 45°)

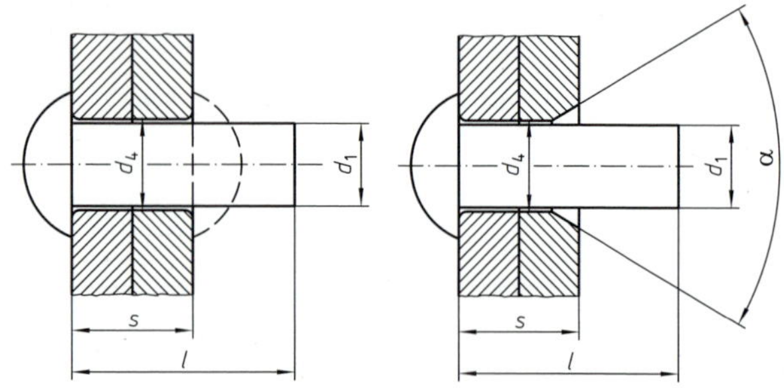

Bild 9.13 Bestimmung der Rohnietlänge *Halbrundschließkopf* *Senkschließkopf*

- **Näherungsformel für die Berechnung der Rohnietlänge l**

Niete unter 10 mm (Kaltnietung)	Niete ab 10 mm (Warmnietung)
Halbrund-Schließkopf $l = s + 1{,}5 \times d_1$	Halbrund-Schließkopf $l = s + 1{,}5 \times d_1$ (Stahlbauniet)
Senk-Schließkopf $l = s + 0{,}5$ bis $0{,}7 \times d_1$	Senk-Schließkopf $l = s \times 1{,}5 + d_1$ (Kesselniet)

Bei Massenfertigung empfiehlt es sich, die errechnete Rohnietlänge durch eine Probenietung zu überprüfen.

ZA 32 Hebelbefestigung (Nietverbindung aus Stahl)

Zweck der Zeichenaufgabe: Darstellung von Nietverbindungen; Anwendung von Normtabellen für Niete und Stahlprofile; Berechnen von Rohnietlängen mit Hilfe von Näherungsformeln (siehe Abschnitt 9.2).

1. Zeichnen Sie auf ein Zeichenblatt Größe A4 die Hebelbefestigung (**Teile 1 bis 4**) zusammengebaut und vernietet in Vorderansicht, Seitenansicht (Schnitt A–D) sowie Draufsicht (vergleiche mit den Bild 9.14 und Bild 9.15). Die fehlenden Abmessungen des Winkelprofils und der Halbrundniete sind nach Normtabellen zu bestimmen.
2. Bemaßen Sie vollständig und verteilen Sie die Maße auf alle Ansichten.
3. Zeichnen Sie zweckentsprechende Oberflächenzeichen ein.
4. Ergänzen Sie das Schriftfeld und die Stückliste und tragen Sie Werkstoffe ein:
   Teil 1, Befestigungswinkel, L 25 × 4 ÖNORM EN 10056–S235JR
   Teil 2, Ösenbügel, Bl 4 × 50–S235JR
   Teil 3, Niet DIN 660–6 × ...* –St
   Teil 4, Niet DIN 660–4 × ...* –St

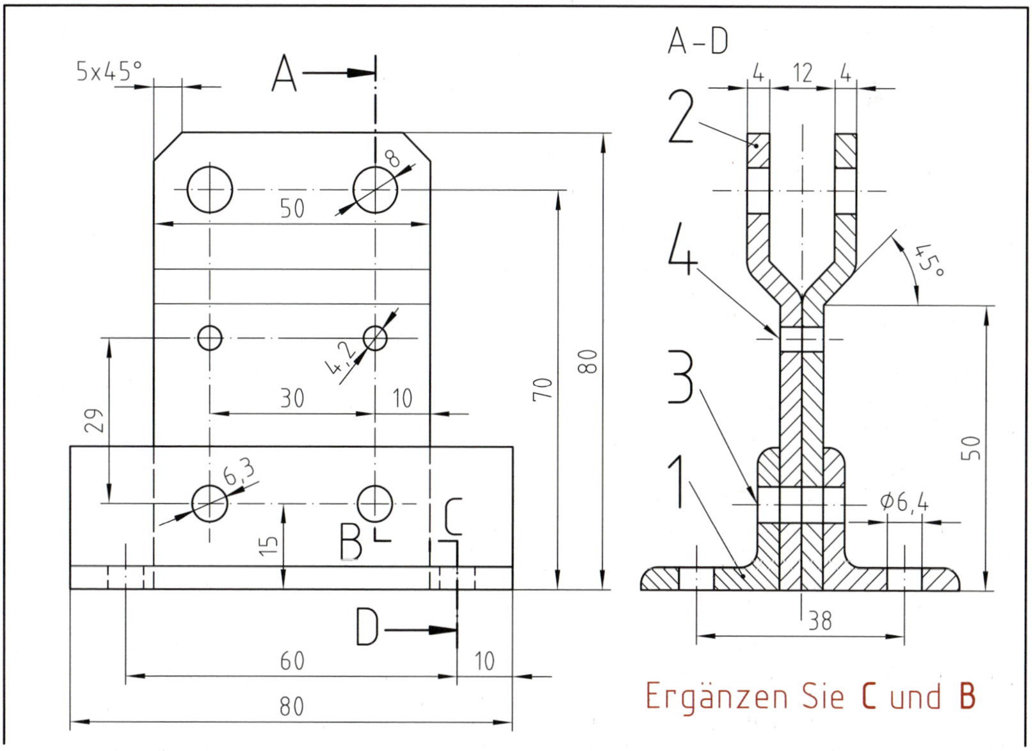

9.3 Darstellung und Bemaßung von Nietverbindungen

Nietverbindungen, die in der Regel aus mehreren Einzelteilen (z. B. Stab- und Formstählen, Knotenblechen u. a.) bestehen, werden stets in zusammengebautem und vernietetem Zustand dargestellt und vollständig bemaßt.

Die zeichnerische Darstellung einer Nietverbindung kann nach verschiedenen Arten erfolgen und zwar:

- **in natürlicher Größe (Maßstab 1 : 1) oder Maßstab 1 : 2.** Alle Nieten werden eingezeichnet (Bilder 9.14 bis 9.16), z. B. in Werkzeichnungen;
- **vereinfacht (in Kleindarstellungen).** Die Nietdarstellung kann entfallen und wird durch Hinweise und Bezeichnungen ersetzt (Bilder 9.17 und 9.18);
- **symbolisch (Maßstäbe 1 : 5 und 1 : 10).** Niete werden in Stahlbauzeichnungen durch genormte Symbole dargestellt (siehe Seite 104).

9.3.1 Maßstäbliche Darstellung von Nietverbindungen

In Werkzeichnungen M 1 : 1 oder M 1 : 2 werden alle Niete in den Ansichten der Nietverbindungen eingezeichnet. Hierbei sind folgende Zeichenrichtlinien zu beachten:

1 Niete werden stets in geschlagenem Zustand gezeichnet (Bilder 9.14 bis 9.16). Die Abmessungen der Niete sind den betreffenden Normblättern zu entnehmen.

2 Nieten dürfen nie im Längsschnitt gezeichnet werden (Bild 9.15).

3 Bei Darstellungen mit Blickrichtung auf den Nietkopf (z. B. Draufsicht) werden die Niete so gezeichnet, als wären die Nietköpfe abgeschnitten. Der Nietschaft ist im Querschnitt zu sehen und wird schraffiert (Bild 9.15).

4 In verkleinerten Darstellungen (Maßstab 1 : 2 und 1: 5) können in den Ansichten mit Blickrichtung auf den Nietkopf anstelle des Nietschaftdurchmessers der Deutlichkeit wegen die Kreise der Nietkopfdurchmesser gezeichnet werden; eine Schraffur entfällt (Bild 9.16).

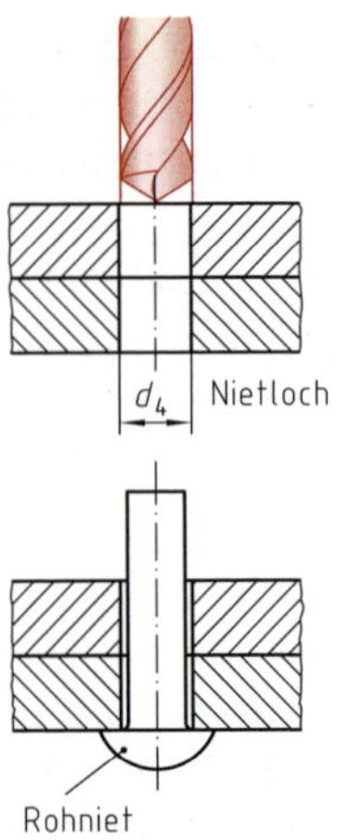

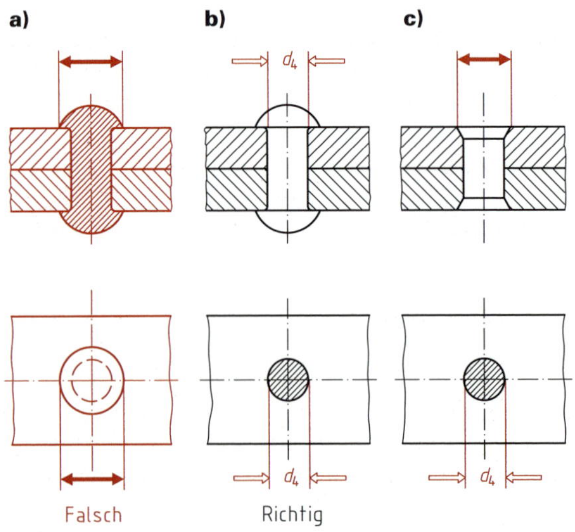

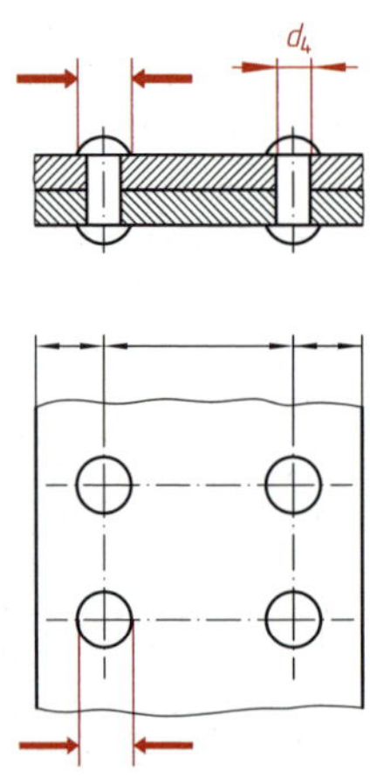

Bild 9.14
Nietloch und Rohniet

Bild 9.15
a) *Falsche Darstellung eines geschlagenen Halbrundniets*
b) *Richtige Darstellung eines geschlagenen Halbrundniets*
c) *Richtige Darstellung eines geschlagenen Senkniets*

Bild 9.16
Darstellung von Nietverbindungen in verkleinertem Maßstab (z. B. 1 : 2)

9.3.2 Vereinfachte Darstellung von Nietverbindungen

Nietverbindungen können in Kleinstdarstellungen nach ÖNORM A 6075 2. Teil vereinfacht gezeichnet und bemaßt bzw. bezeichnet werden (Bilder 9.17 und 9.18). Anstelle der üblichen Bemaßung werden Bezugsstriche verwendet, die zu den Maßen und Bezeichnungen der Niete führen.

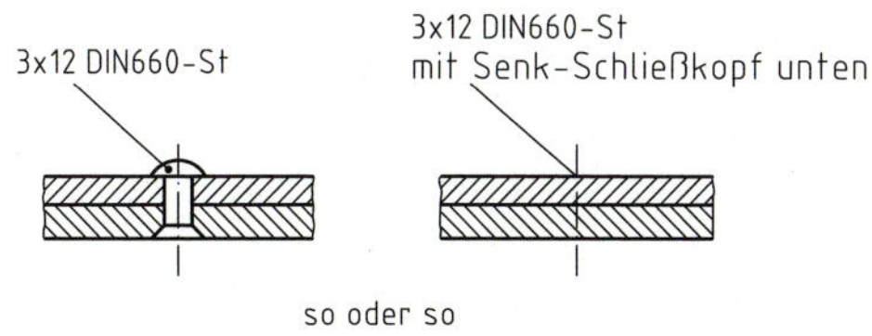

Bild 9.17 Vereinfachte Schnittdarstellung einer Nietverbindung in der Vorderansicht

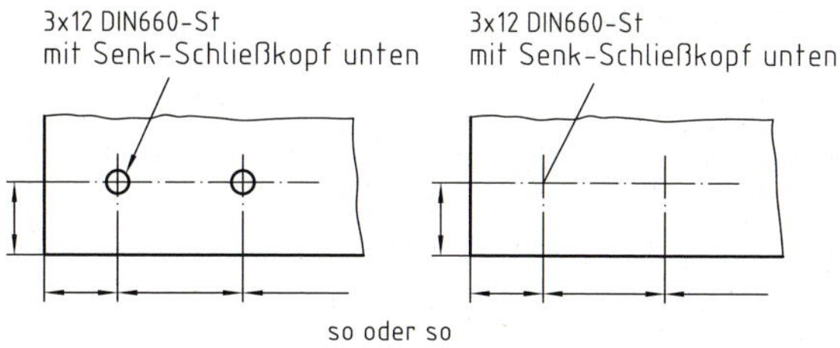

Bild 9.18 Vereinfachte Darstellung einer Nietverbindung in der Draufsicht

9.4 Darstellung und Bemaßung von Schraub- und Nietverbindungen im Stahl- und Leichtmetallbau

Zeichnungen von Konstruktionen im Stahl- und Leichtmetallbau, z. B. von Fachwerken im Brücken- und Kranbau, weichen in Darstellung und Maßeintragung von den Regeln der allgemeinen Zeichennormen etwas ab.

Je nach Größe und Umfang der Konstruktion oder des Bauwerks werden die Zeichnungen in verschiedenen Maßstäben ausgeführt, und zwar:

- **Übersichtszeichnungen im Maßstab 1 : 50 bis 1 : 1000,** sie umfassen das gesamte Bauwerk und stellen es übersichtlich dar. Auf Einzelheiten wird in diesen Zeichnungen nicht eingegangen.
- **Werkstattzeichnungen bzw. Bauzeichnungen im Maßstab 1 : 20 bis 1 : 10** stellen die Konstruktion im zusammengebauten Zustand dar und bilden in Verbindung mit sonstigen Arbeitsunterlagen die Grundlage für die Fertigung und den Zusammenbau der Einzelteile.
- **Teilzeichnungen im Maßstab 1 : 1 bis 1 : 5** enthalten Einzelteile und Einzelheiten, die zur deutlicheren Darstellung in natürlicher Größe oder in Maßstäben von 1 : 2 bis 1 : 5 gezeichnet werden, z. B. Knotenpunkte und Knotenbleche (Bild 9.29).

9.4.1 Darstellung von Stahlfachwerken

9.4.1.1 Fachwerknetz (Systemnetz, Neigungsdreieck)

- **In Bau- oder Werkstattzeichnungen von Stahlfachwerken** wird neben der zeichnerischen Darstellung von Fachwerkeinzelheiten in der Verkleinerung – z. B. 1 : 50 oder 1 : 100 – auch das System des Fachwerknetzes (Binder- oder Trägersystems) dargestellt (Bild 9.19, Seite 100).
- **Netzlinien** stellen die Schwerachsen der Fachwerkstäbe dar, die in den Netzpunkten (Knotenpunkten) zusammenlaufen (Bild 9.19 und Bild 9.21, Seite 100). Die Maße in Millimeter von Knotenpunkt zu Knotenpunkt werden über die Netzlinien (Systemlinien) ohne Maßlinien und Maßpfeile eingeschrieben. Nur die Hauptmaße (Höhe, Spannweiten, Ausladung usw.) werden mit Maßlinien eingetragen (Bild 9.19).

- Die **Knotenpunkte** werden mit römischen Ziffern, z. B. I, II, III usw. (oder Pos. 1, Pos. 2 usw.) bezeichnet und als Einzelheit (Detail) im Maßstab 1 : 1 bis 1 : 5 dargestellt (Bild 9.19 und Bild 9.21).
- Bei Fachwerken muss jede Zeichnung bemaßte **Systemnetze** (Bild 9.19) oder **Neigungsdreiecke** (Bild 9.21) enthalten. Punkte einer Konstruktion, die für die Form oder für einen Anschluss maßgebend sind, müssen durch zusätzliche Kontrollmaße in der Zeichnung festgelegt werden (Bild 9.20).

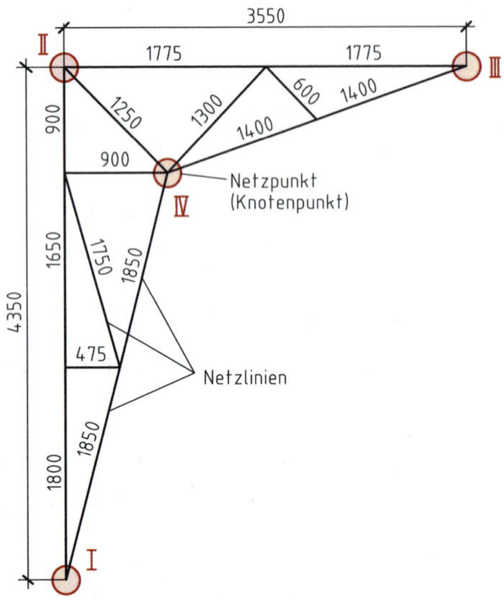

Bild 9.19 Fachwerknetz (Systemnetz), z. B. im Maßstab 1 : 50

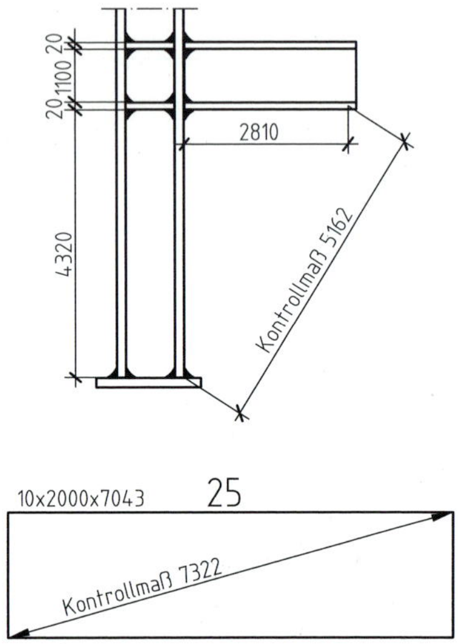

Bild 9.20 Kontrollmaße

- Beim Zeichnen von Stahlbauteilen und Knotenpunkten muss auf die Lage der **Schwerachsen** und für die Bohrungen der Schraub- und Nietverbindungen noch auf das **Wurzel- und Streichmaß** (Anreißmaß) Bezug genommen werden.

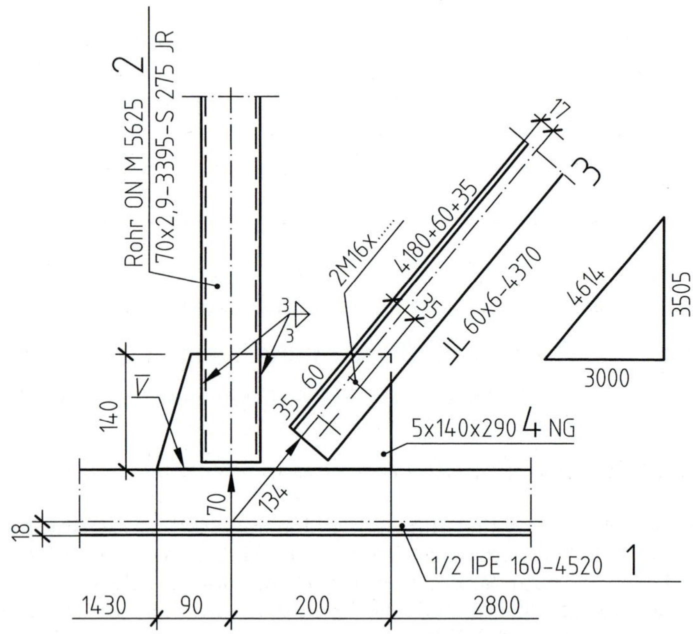

Bild 9.21 Knotenpunkt einer Schraub- und Schweißverbindung mit Neigungsdreieck

9.4.1.2 Schwerachsen (Netzlinien)

- Alle Linien, die durch den Schwerpunkt einer Querschnittfläche gehen, werden als Schwer- oder Biegeachsen bezeichnet (Bilder 9.22 bis 9.24). Bei symmetrischen Querschnittflächen stimmen die Mittellinien mit den Schwerachsen überein (Bild 9.22). Bei Profilstäben, z. B. L-, [-, ⊥-Stahl, liegen Schwerachsen auch außerhalb der Querschnittfläche (Bild 9.23 und Bild 9.24).
- Die Schwerachsen sind in den Bildern 9.22 bis 9.24 durch x – x und y – y gekennzeichnet, der Abstand ist durch das Maß *e* bestimmt. Die Netzlinien sollen mit den Schwerachsen übereinstimmen (Bild 9.21).

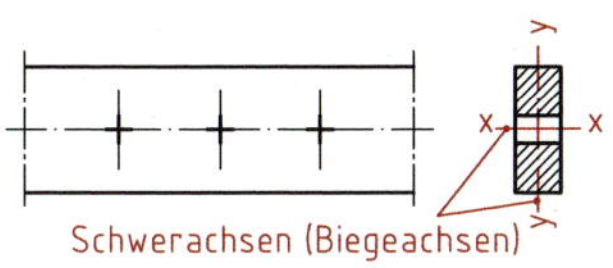

Bild 9.22 Schwerachsen stimmen mit den Mittellinien des Querschnitts überein

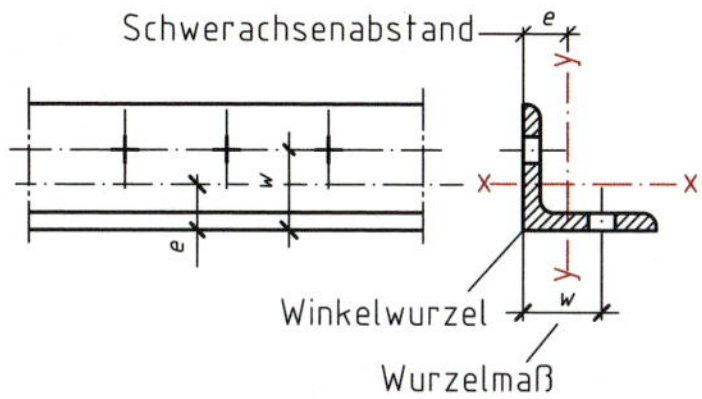

Bild 9.23 Schwerachsen und Wurzelmaße (Anreißmaße) bei L-Stählen

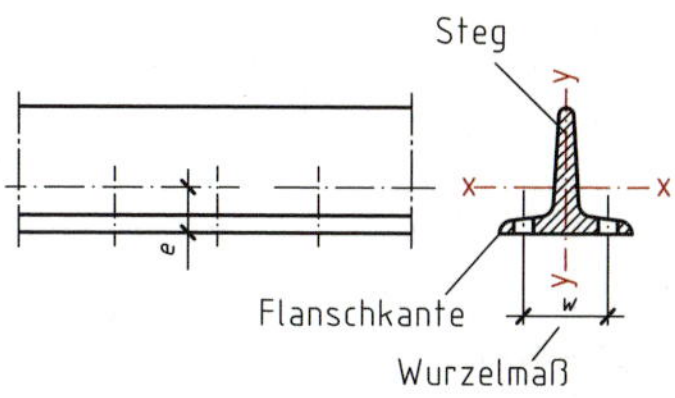

Bild 9.24 Schwerachsen und Wurzelmaße (Anreißmaße) bei ⊥-Stählen

9.4.2 Darstellung von Stahlbauteilen

9.4.2.1 Wurzelmaße (Streich- und Anreißmaße)

- Bei allen L-, [- und ⊥-Stählen werden die Lochabstände von Bezugskanten, -linien oder -flächen aus angerissen. Man bezeichnet den Abstand von der Bezugskante bis zur Lochmitte als Wurzelmaß *w* (Bild 9.26). Bei Form- und Stabstählen, deren Steg in der Mitte des Flansches steht, müssen die Flanschlöcher von der Flanschmitte aus angerissen werden (Bild 9.27).

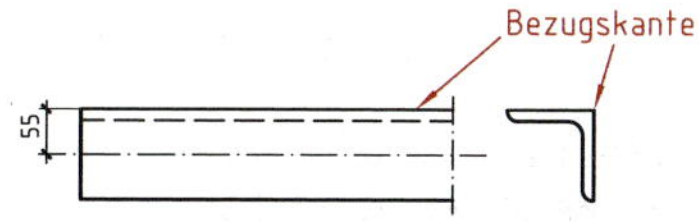

Bild 9.25

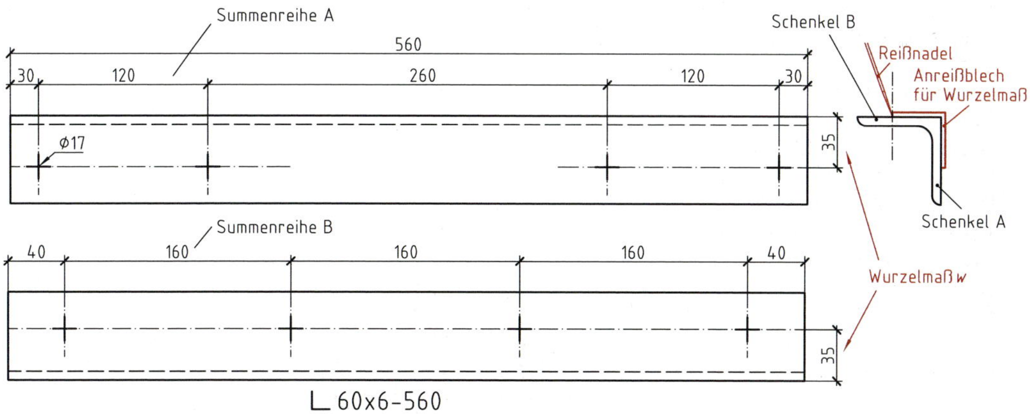

Bild 9.26 Bemaßung eines Winkelstahlstabs (Wurzelmaß)

- Bild 9.26 zeigt die Bemaßung der Lochmittelabstände an einem Winkelstahl ÖNORM EN 10056 durch Wurzelmaße und Maßketten. Die Summe der Einzelmaße muss die Gesamtlänge des Stabs ergeben. Bei gleichen Lochmittelabständen (Teilungen) genügt es, die Anzahl der Teilungen und das entsprechende Gesamtmaß anzugeben (Bild 9.27a und 9.27b).

- Sind in den beiden Winkelschenkeln eines Winkelstahls Lochreihen mit verschiedenen Lochmittelabständen, so werden beim Anreißen die beiden verschiedenen Summenreihen und Winkelschenkel durch die Buchstaben A und B besonders gekennzeichnet, um einen Irrtum zu vermeiden (Bild 9.26).
- Ähnlich muss beim Anreißen eines [-Formstahls vorgegangen werden.

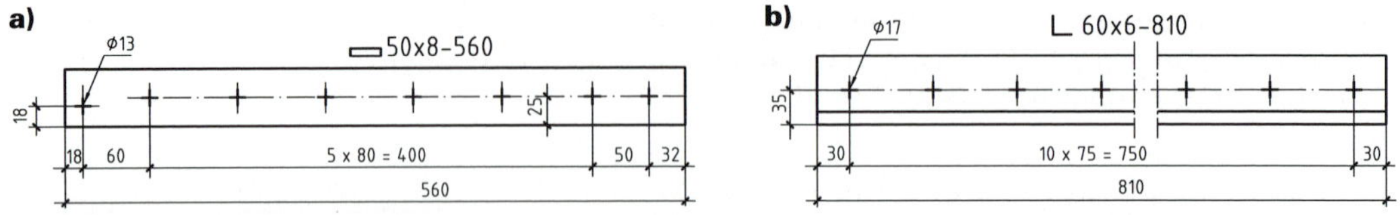

Bild 9.27 Bemaßung gleicher Lochmittelabstände

- Bei Bemaßung von ⊥-Stählen und I-Trägern sind die Wurzelmaße *w* für die Schenkellöcher nach DIN 997 einzutragen (Bild 9.29). Mit Hilfe eines Streichmaßes (Anreißblechs) wird die Flanschmitte (Bild 9.29) und dann von der Mitte aus mit dem Spitzzirkel das Wurzelmaß *w* angerissen.

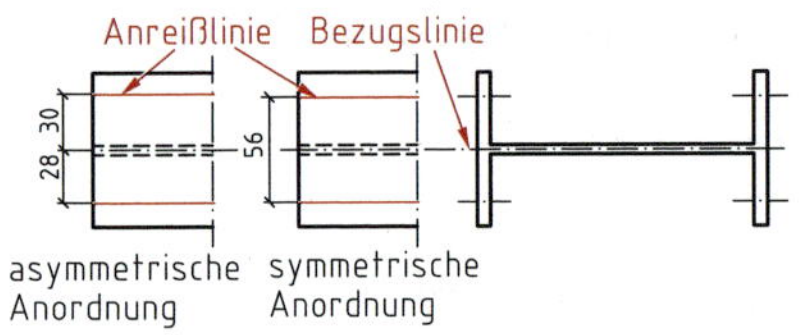

Bild 9.28

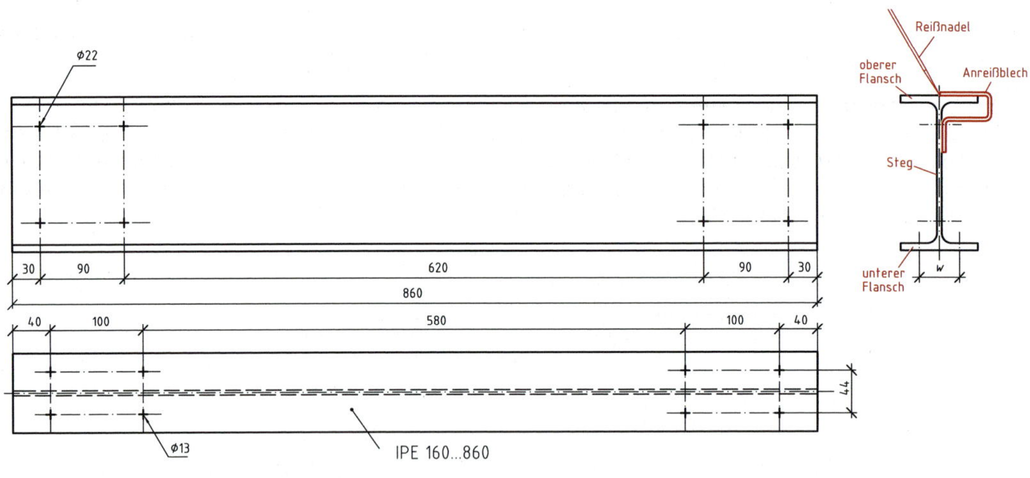

Bild 9.29 Bemaßung und Wurzelmaße eines I-Formstahls

- Abweichungen von den genormten Wurzelmaßen (und Lochdurchmessern) sind in begründeten Ausnahmefällen zulässig. Wurzelmaßsprünge müssen in der Zeichnung deutlich kenntlich gemacht sein (Bild 9.30).

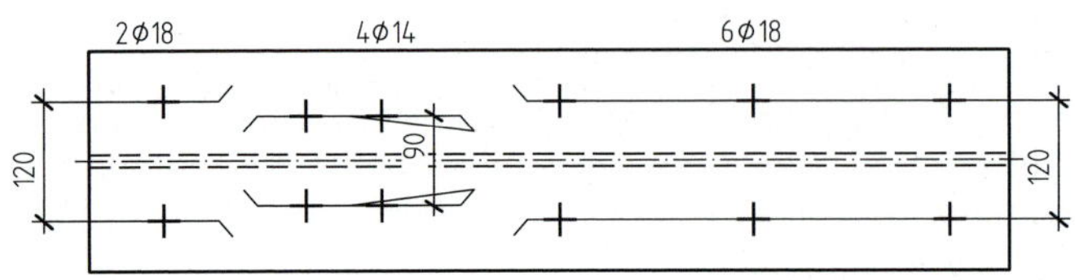

Bild 9.30

9.4.2.2 Knotenbleche

Knotenbleche dienen zum Verbinden der Fachwerkstäbe in den Knotenpunkten (Bild 9.21 und Bild 9.32). Aus dem Fachwerknetz sind die Lagen und Winkel zu ersehen, unter denen die Netzlinien zusammenlaufen. Diese Winkel bzw. Lagen müssen auf dem Knotenblech genau aufgetragen werden, wobei zu beachten ist, dass die Netzlinien mit den **Schwerachsen** zusammenfallen.

In Werkstattzeichnungen wird neben der Darstellung des gesamten Knotenpunkts (Bild 9.31) auch der **Anreißplan des Knotenblechs** herausgezeichnet.

Der Anreißplan muss alle Maße enthalten, um ein rasches und sicheres Anreißen der Knotenbleche und Lochabstände zu gewährleisten.

Vielfach werden zum Anreißen von Knotenblechen auch **Anreißschablonen** verwendet, oder die Löcher werden auf NC-gesteuerten Bohrwerken gefertigt.

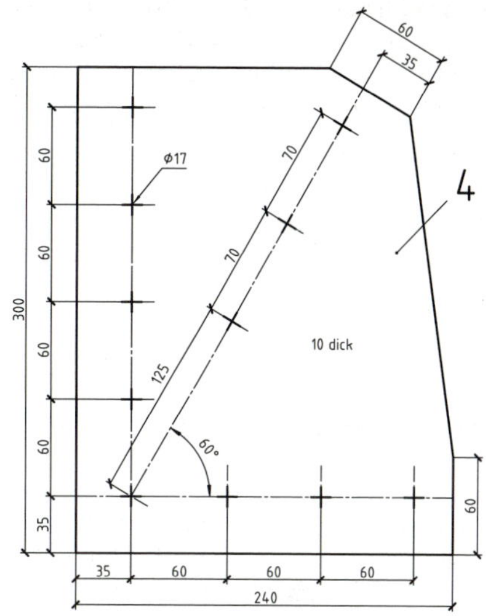

Bild 9.31 Knotenblech mit Anreißplan

9.4.2.3 Bezeichnen der Stahlbauteile und Eintragen der Teilnummern (Positionierung)

1 Alle in der Zeichnung dargestellten und anzufertigenden Teile (Positionen) erhalten eine fortlaufende Teilnummer (Positionsnummer), Bild 9.32.

2 Jede Position ist in der Zeichnung mit Profilangabe, Länge, erforderlichenfalls Werkstoffgüte und Positionsnummer anzuschreiben. Die Positionsnummer muss sich von der übrigen Schrift deutlich abheben. Die Unterscheidung der Positionsnummer kann durch größere Ziffern (Bild 9.32) oder durch Einklammern mit eckigen Klammern erreicht werden (Bild 11.13, Seite 132).

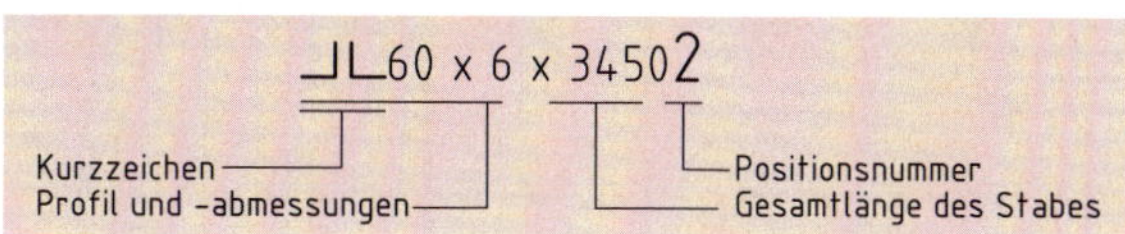

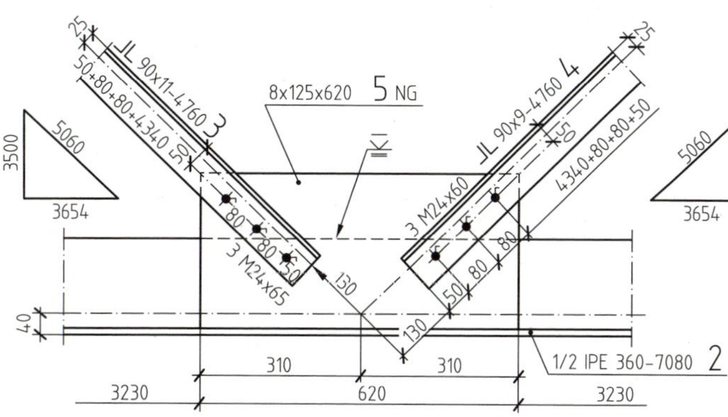

Bild 9.32 Bezeichnung der Bauteile mit Teilnummern

- Jede Position ist in der Zeichnung nur einmal anzuschreiben, und zwar in jener Darstellung, die über die Position die beste Aussage macht. Tritt eine Position öfter oder in einer anderen Darstellung auf, genügt die Positionsnummer allein in Klammer gesetzt (Bild 11.15, Seite 132).
- Fällt eine Position in der Zeichnung aus, ist die nicht benutzte Nummer in die Stückliste einzutragen und mit dem Vermerk „entfällt" zu versehen.
- Zulieferteile, die als Einzelteile (z. B. Abspannseile) oder als komplette Zulieferteile (z. B. Winden) in den Zeichnungen angegeben sind, sind ebenfalls zu positionieren.

Beispiele: Abspannseil ⌀12mm ... 120m 80 Winde Typ 253 63

9.4.2.4 Verbindungsmittel

Da den Verbindungen aus statischen Gründen große Bedeutung zukommt, sind die Verbindungsmittel sorgfältig und in eindeutiger Form darzustellen.

1 Für die Darstellung von Schrauben- und Nietverbindungen gelten festgelegte Symbole und Kurzzeichen (Tabelle 9.1). Die Darstellung muss das Loch und das Verbindungsmittel – Schraube bzw. Niet – erfassen.

Tabelle 9.1 **Zeichenebene normal zur Achse** **Zeichenebene parallel zur Achse**

Löcher	ohne Senkung	Senk. auf Vorderseite	Senk. auf Rückseite	Senkung beiderseits	ohne Senkung	Senkung auf gezeichneter Seite	Senkung beiderseits
in der Werkstatt gebohrt							
auf der Baustelle gebohrt							

Schrauben Niete	Schrauben oder Niet: ohne Senkung	Schrauben oder Niet: Senk. auf Vorderseite	Schrauben oder Niet: Senk. auf Rückseite	Senkniet Senkung beiderseits	Schraube oder Niet: ohne Senkung	Schraube oder Niet: Senkung a. gez. Seite	Senkniet Senkung beiderseits	Schraube mit Lage der Mutter
in der Werkstatt eingebaut								
auf der Baustelle eingebaut								
auf der Baustelle gebohrt u. eingebaut								

Anmerkung:
Die Symbole in Tabelle 9.1 entsprechen der noch gültigen ÖNORM A 6230. Mit Einführung der ÖNORM EN ISO 5845 ist eine Änderung der Symbole festgelegt (siehe nebenstehende Beispiele).

	ÖNORM A 6230	ÖNORM EN ISO 5845	Beispiel
Löcher			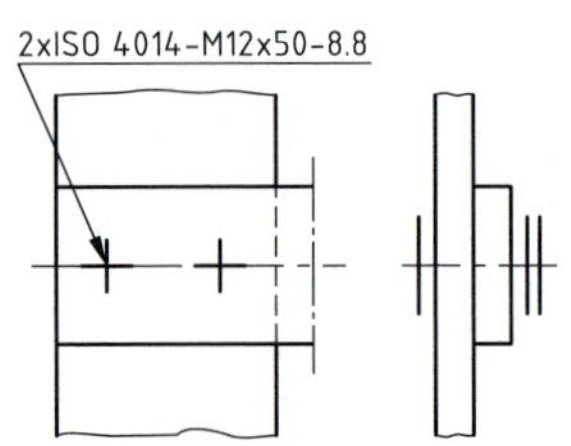
Verbindungselemente	M12x50	M12x50	
	N10x40	N10x40	

2 Bei der Darstellung der Löcher und Verbindungselemente ist zu beachten, ob ihre Achsen **normal** oder **parallel** zur Zeichenebene liegen (siehe Tabelle 9.1).

Die **Symbole** sind mit **breiten Volllinien,** die **Achsen der Löcher** mit **schmalen Volllinien** zu zeichnen.

Zu den Punktmarken sind noch die Kurzzeichen für die Löcher, Schrauben und Niete mit Angabe der Abmessungen und Stückzahl zu schreiben. Die Kurzzeichen sind auf eine Hinweislinie zu setzen, die unter Knickführung mit Pfeil möglichst nahe auf die zugehörige Darstellung weist (Bild 9.33). Bei eindeutiger Zuordnung darf die Hinweislinie entfallen (Bild 9.30 und Bild 9.32).

Löcher

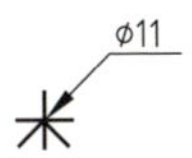

Durchgangsloch mit einem Durchmesser von 11 mm, in der Werkstatt gebohrt, Senkung auf Rückseite.

Schrauben

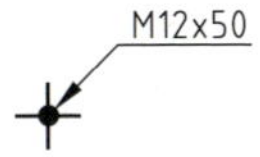

Schraube mit metrischem Gewinde M12, 50 mm lang, in Werkstatt eingebaut, ohne Senkung.

Niete

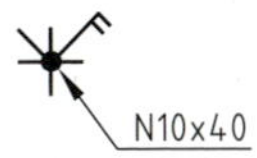

Niet mit 10 mm Durchmesser, 40 mm lang, Senkung auf Vorderseite, auf der Baustelle gebohrt und eingebaut.

Gruppe gleicher Verbindungselemente

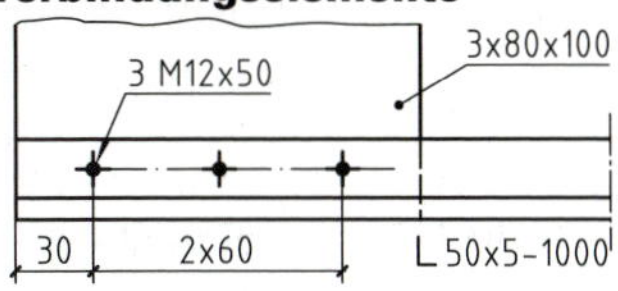

Die Bezeichnung der Verbindungselemente braucht nur an einem äußeren Verbindungselement angebracht werden.

Bild 9.33 Angabebeispiele

3 **Kurzzeichen für Löcher, Schrauben und Niete.** Die Kurzbezeichnung von Löchern, Schrauben und Niete muss mit ihrer Normbezeichnung übereinstimmen.

Folgende Angaben sind in der Zeichnung notwendig (Bild 9.33):

- **Löcher:** Angabe des Lochdurchmessers. Beispiel: ⌀11
- **Schrauben:** Angabe des Durchmessers und der Länge.
  Beispiele: M12 × 50, 3 M12 × 50
  Zusätzliche Angaben: Anzahl der Schrauben, Verbindungsart, Normnummer, Werkstoffgüte.
- **Niete:** N mit Angabe des Schaftdurchmessers des Niets und Schaftlänge.
  Beispiel: N10 × 40

4 **Schrauben, Muttern und Scheiben**

Sechskantschrauben nach DIN 7990

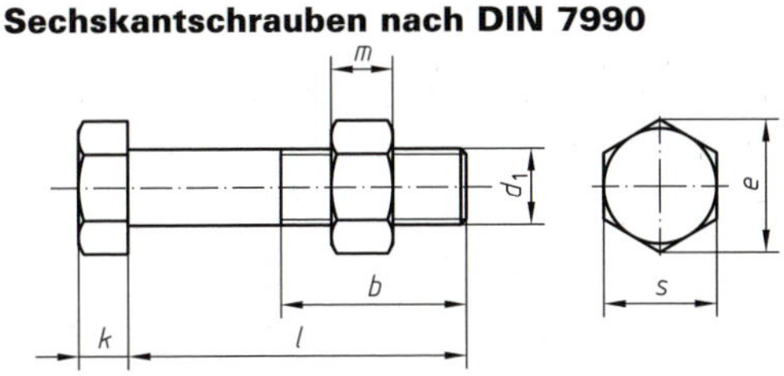

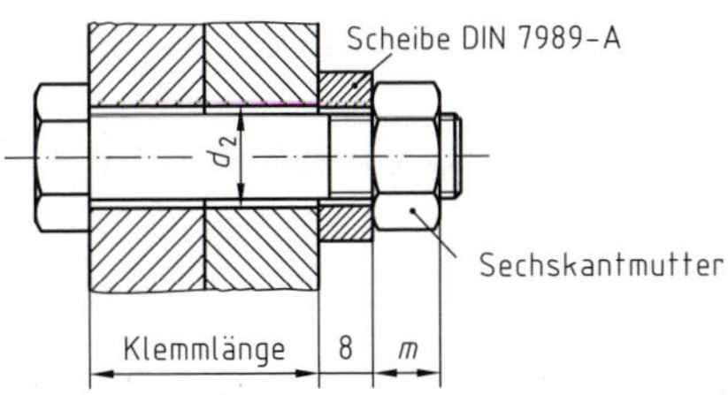

Sechskant-Passschrauben nach DIN 7968

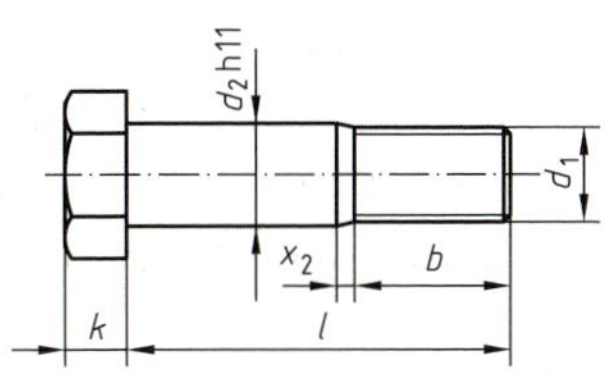

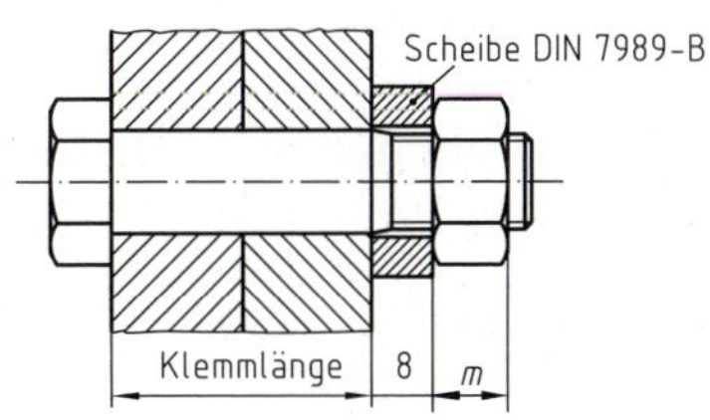

Bild 9.34 Schrauben für Stahlkonstruktionen

- **HV-Verbindungen.** Für diese Schraubenverbindungen werden Sechskantschrauben nach DIN 6914, Sechskantmuttern nach DIN 6915 und Scheiben nach DIN 6916 verwendet. Diese Verbindungsteile sind mit „HV" gekennzeichnet (H ... **H**ochfester Werkstoff, V ... kommt ursprünglich von **v**orgespannt). Die Schrauben haben die Festigkeitsklasse 10.9, die Muttern 10 und die Scheiben sind aus C45.
  Die Schlüsselweiten der Schrauben und Muttern sind größer als bei normalen Schrauben; **Beispiel:** Normale Schraube M12 ... $s = 19$ mm, HV-Schraube M12 ... $s = 22$ mm.
  HV-Schraubenverbindungen können sehr stark angezogen werden.

5 Stahlfachwerke können als SL-, SLP-, GV- und /oder GVP-Verbindung ausgeführt sein.

- **SL-Verbindungen** sind nicht vorgespannte, formschlüssige Verbindungen, die auf Scher- und Lochleibung beansprucht werden. Die Verbindungen können sowohl mit Sechskantschrauben für Stahlkonstruktionen nach DIN 7990 (Bild 9.34) als auch mit hochfesten Schrauben nach DIN 6914 (HV-Schrauben) ausgeführt werden.
  Vorteil einer HV-Verbindung: Durch die höheren Festigkeitswerte sind die Schrauben mit höherer Scherkraft belastbar. Dadurch können für die Stahlbaukonstruktion weniger Schrauben berechnet werden.
  SL-Verbindungen werden für Bauwerke mit vorwiegend ruhender Belastung verwendet, wie Hallen, Gebäude, Leitungs- und Sendemaste u. a.
- **SLP-Verbindungen** sind exakt passende, nicht vorgespannte Schraubenverbindungen mit Sechskant-Passschrauben nach DIN 7968 (Bild 9.34) oder mit HV-Passschrauben (Kennzeichnung HVP am Schraubenkopf). Verwendung auch für dynamische Belastung, z. B. Brückenbau, Stahlhochbau. Durch die fehlende Vorspannung muss die Schraubenverbindung gegen Selbstlösen gesichert sein.
- **GV-Verbindungen** sind gleitfest vorgespannte Verbindungen mit HV-Schrauben. Bei diesen Verbindungen entsteht kein Lochleibungsdruck; die Schrauben werden nicht auf Abscherung, sondern vorwiegend auf Zug beansprucht. Durch die Schraubenvorspannung werden die zu verbindenden Teile so fest zusammengepresst, dass sie trotz Belastung nicht verrutschen können.
  Um die dazu notwendigen Reibkräfte zu erreichen, werden die Berührungsflächen der Bauteile z. B. durch Sandstrahlen, Flammstrahlen oder mit gleitfesten Anstrichen aufgeraut bzw. behandelt.
- **GVP-Verbindungen** sind sehr genau passende, gleitfeste Verbindungen mit HV-Passschrauben. Neben den wirkenden Reibkräften durch die Vorspannung ist die Verbindung durch die Passschrauben noch zusätzlich gegen Scherkräfte gesichert.

GV- und GVP-Verbindungen sind für statische und dynamische Beanspruchung geeignet, z. B. Brücken- und Kranbau, Bagger. Der feste Kraftschluss einer GV-Verbindung ist weniger nachgiebig als der Formschluss einer SL-Verbindung (aber teuer). Durch die hohe Vorspannung bei einer GV-Verbindung ist eine Schraubensicherung nicht notwendig.

6 Kurzzeichen für Schraubenverbindungen bei Stahlfachwerken

Verbindung nicht vorgespannt:	SL-Verbindung	M	mit Angabe des Gewindedurchmessers der Schraube
	SLP-Verbindung	P M	
Verbindung vorgespannt:	GV-Verbindung	GV M	
	GVP-Verbindung	GVP M	Beispiel: GVP M 24 × 60
	P ... Passschraube		

Für Verbindungen nach ÖNORM B 4600, Teil 11, weisen die **Schaftdurchmesser der Passschrauben folgende Toleranzen** auf:

Schraube für SLP-Verbindung: Toleranz h11
Schraube für GVP-Verbindung: Toleranz b11

Diese Toleranzmaße brauchen in der Darstellung nicht angeführt zu werden. Andere Toleranzen sind dem Durchmessermaß nachzusetzen (z. B. M 24 k6).

7 **Den Schraubendurchmessern sind Normdurchgangslöcher zugeordnet:**

Schrauben		M12	M16	M20	M22	M24	M27	M30
Normdurchgangs-loch in mm	SL-Verbindung	14	18	22	24	26	29	32
	GV-Verbindung	14	18	22	24	26	30	33
Durchgangslöcher für Passschrauben		Größtes zulässiges Lochspiel zwischen Schraubenschaftdurchmesser und Lochdurchmesser bei SLP- und GVP-Verbindungen nach ÖNORM B 4600, Teil 11: 0,3 mm Bei Passschrauben mit anderen Toleranzen ist die Bohrungstoleranz anzugeben.						

- Bei Schrauben mit zugehörigem Normdurchgangsloch ist über dieses keine gesonderte Angabe zu machen.
- Bei Schrauben mit anderem Durchgangsloch anstatt des Normdurchgangsloches ist der gewünschte Lochdurchmesser bzw. die Bohrungstoleranz anzugeben. Dies erfolgt durch Angabe unter dem Schraubenkurzzeichen unterhalb der Hinweislinie (Bild 9.35).

8 Bei der Darstellung von Gruppen von Schrauben und Nieten gleicher Normnummer, gleichen Durchmessers, gleicher Klemmlänge und gleicher Werkstoffgüte genügt die **einmalige** Darstellung der Verbindung durch ein vollständiges Symbol mit Maßangaben des Verbindungselementes (Bild 9.35).
In diesem Fall ist die Anzahl der Löcher, Schrauben und Nieten, die die Gruppe bilden, vor der Bezeichnung einzutragen. Für die restlichen Schrauben bzw. Niete:

- brauchen nur die Symbole (Bild 9.32) oder
- muss mindestens ein Kreuz (Bild 9.35) gesetzt werden.

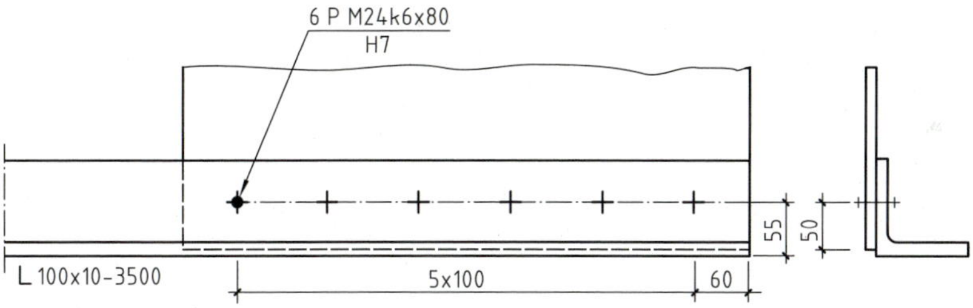

Bild 9.35

- Schrauben, Muttern und Scheiben, die als Verbindungsmittel für die Stahlkonstruktion dienen, brauchen nicht positioniert zu werden. Sie müssen in der Zeichnung eindeutig bezeichnet sein, wobei Durchmesser und Länge anzugeben sind (Bild 9.33).
- Schrauben jedoch, die im Rahmen der eigenen Fertigung hergestellt werden, und Schrauben, die nicht zur Stahlkonstruktion gehören, müssen positioniert werden. **Beispiel:**

Steinschraube M20x400Mu 33

9.4.3 Stücklisteneintragung

Die Stücklisten von Stahlbauzeichnungen müssen folgende Eintragungen enthalten:

- **Stückzahlen** der in der Zeichnung dargestellten Positionen
- **Benennung der Positionen** (z. B. Strebe, Träger, Fußplatte)
- **Positions- bzw. Teilnummer**
- **Querschnitte bzw. Profilangaben** unter Verwendung der genormten Kurzzeichen mit **Abmessungen** und **Normbezeichnungen**
- **Werkstoffangaben und -güte**
- **Längen** als Fertigmaß, ohne Bearbeitungszugaben;
- **Einheitsmasse** in kg/m bzw. kg/m², Stück- und Gesamtmasse in kg.

185

10	50	10	50	20	15	30
1	Knotenblech	4	10 x 240	S 235 J0	260	78,5 kg/m²
2	Strebe	3	L50 x 5 ÖN EN 10056	S 235 J0	1180	3,77 kg/m
2	Träger	2	L60 x 8 ÖN EN 10056	S 235 J0	3420	7,09 kg/m
2	Steher	1	L60 x 8 ÖN EN 10056	S 235 J0	4200	7,09 kg/m
Stück	Benennung	Pos.Nr	Profil, Abmessung, Normbez.	Werkstoff	Länge	Masse

Bild 9.36 Beispiel einer Stücklisteneinteilung für Stahlbauzeichnungen

- **Eintragung der Werkstoffgüte.** Die für einen Bauteil vorwiegend verwendete Werkstoffgüte ist in der Stückliste oder über dem Schriftfeld anzugeben. Die anderen Werkstoffgüten sind bei den einzelnen Positionen anzuführen.

Beispiel:

10x270x2750 12
S 355 J0

ZA 33 Auflagerrahmen (Stahlbaukonstruktion)

Zweck der Zeichenaufgabe: Darstellung einer Stahlbaukonstruktion unter Verwendung von Sinnbildern für Schrauben; Üben im Bezeichnen, Positionieren und Anlegen von Stücklisten für Stahlbauzeichnungen.

1. Zeichnen Sie auf ein Zeichenblatt Größe A3 die Stahlbaukonstruktion in Vorder- und Seitenansicht sowie Draufsicht im Maßstab 1 : 5. Die Abmessungen der U- und Winkelprofile sind den Normtabellen zu entnehmen. Die Darstellung der Schrauben erfolgt sinnbildlich.
2. Zeichnen Sie oberhalb der Stückliste den **Teil 3**, Knotenblech, und dazu den Anreißplan im Maßstab 1 : 1 (vergleiche mit Bild 9.31).
3. Bemaßen Sie die Stahlbaukonstruktion vollständig und ergänzen Sie die notwendigen Positionierungen nach Abschnitt 9.4.2. Der Winkelstahl L 40 × 5–530 (**Teil 4**) und der Flachstahl ▭ 60 × 10–1300 (**Teil 5**) sind auf der Baustelle zu verschrauben. Ergänzen Sie die Sinnbilder und die Schraubenabmessungen.
4. Zeichnen Sie das Schriftfeld und die Stückliste für Stahlbauzeichnungen nach Bild 9.36. Benennen Sie die Bauteile und tragen Sie die notwendigen Angaben in die Stückliste ein.

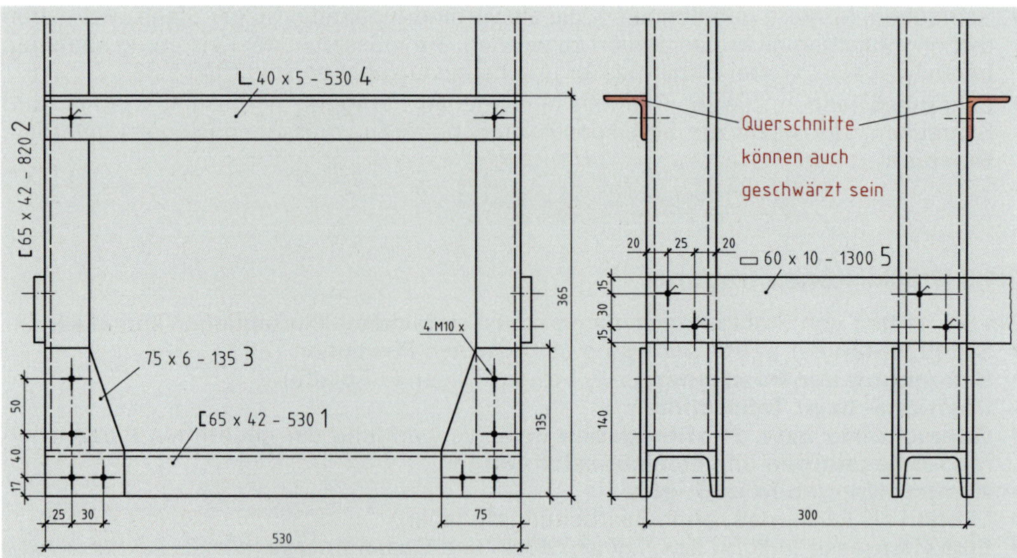

9.4.4 Nietverbindungen im Leichtmetallbau

Das Vernieten von Leichtmetallbauteilen hat gegenüber dem Verschweißen den großen Vorteil, dass sich die Bauteile nicht verspannen und verziehen, wie dies durch die Wärme beim Schweißen der Fall ist. Dadurch bleiben die Festigkeitseigenschaften der Bauteile unverändert. Um Schäden durch galvanische Korrosion zu vermeiden, müssen die Niete aus gleichartigen Legierungen und gleichen Festigkeitswerten wie die Bauteile sein, z. B.:

- Bauteil aus AlMg3 mit Nieten aus AlMg 3 (siehe ZA 34);
- Bauteile aus AlCuMg mit Nieten aus AlCuMg1;
- Bauteile aus AlMgSi mit Nieten aus AlMgSi1.

Für die Fertigung von Konstruktionen im Leichtmetallbau werden Bleche, Bänder, Rohre, Stangen (z. B. Flach-, Vierkant-, Sechskant- und Rundstangen) sowie Strangpressprofile in den verschiedensten Lieferformen, gepresst oder gezogen, mit Kantenrundung oder scharfkantig, aus Reinaluminium sowie Al- und Mg-Knetlegierungen verwendet.

ZA 34 Aufhängung (Nietverbindung aus Al-Legierung)

Zweck der Zeichenaufgabe: Wie **ZA 32**.

1. Zeichnen Sie auf ein Zeichenblatt Größe A4 die Aufhängung (**Teile 1 bis 4**) zusammengebaut und vernietet in Vorderansicht, Seitenansicht (Schnitt A–D) sowie Draufsicht. Das Distanzrohr ist mit den Wangen durch eine Bördelnietung verbunden.
   Teil 1, Sockel, U 50 × 30 × 4–AlMg5
   Teil 2, Wange, Fl 50 × 5–AlMg3
   Teil 3, Niet, DIN 660–6 × ... –Al
   Teil 4, Distanzrohr, 20 × 4–AlMg

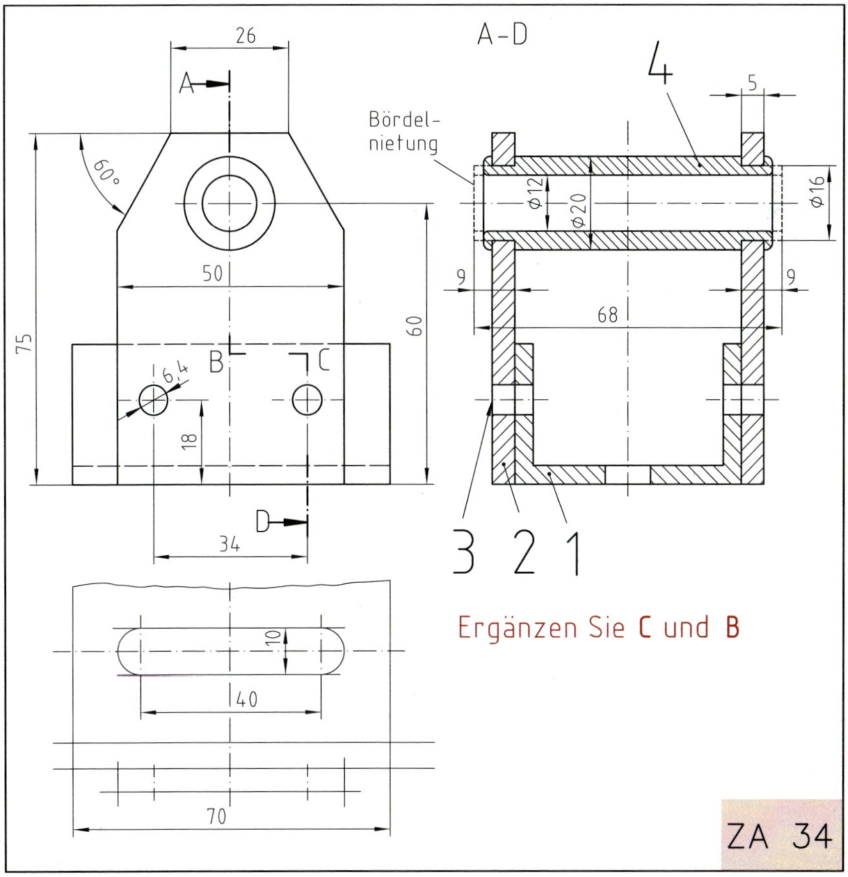

ZA 35 Knotenpunktverbindungen von Stahlkonstruktionen

1. Aufgabe: Knotenpunkt – Schraubverbindung
Zeichnen Sie den Knotenpunkt im Maßstab M 1 : 5 auf ein Zeichenblatt A3 und die entsprechenden Sinnbilder für die Schrauben ein.
Die Winkel α und β bestimmen Sie durch Aufzeichnen des Fachwerknetzes im Maßstab M 1 : 20.
Die Form und die fehlenden Abmessungen des Knotenbleches, der Löcher und Schrauben bestimmen Sie selbst! Die Verbindung ist mit Sechskantschrauben und Muttern nach DIN 7990 und Scheiben nach DIN 7989, Ausführung A, verschraubt.

2. Aufgabe: Knotenpunkt – Schraub- und Schweißverbindungen
Zeichnen Sie den Knotenpunkt im Maßstab M 1 : 2 auf ein Zeichenblatt A3 und die entsprechenden Sinnbilder für die Schraub- und Schweißverbindungen ein.
Den Winkel α bestimmen Sie durch Aufzeichnen des Fachwerknetzes im Maßstab M 1 : 20.
Sinnbilder für Schweißzeichnen siehe Abschnitt 10: Darstellung von Schweißverbindungen.

1. Aufgabe

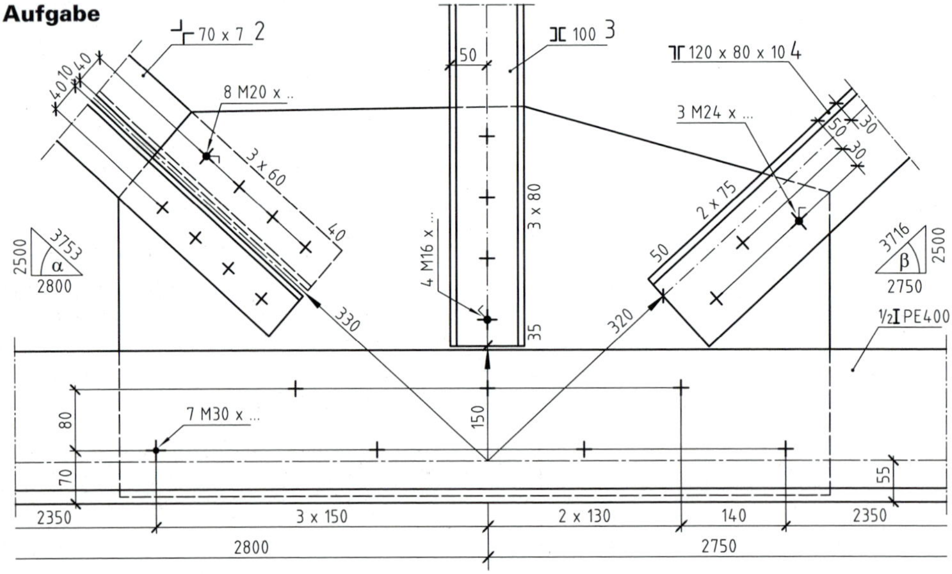

2. Aufgabe

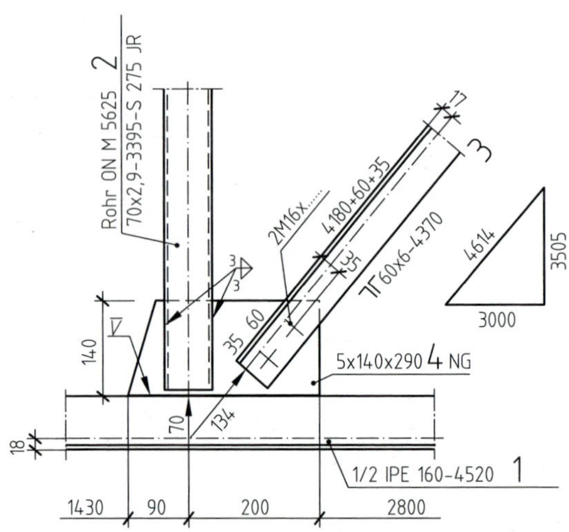

10 Darstellung von Schweißverbindungen

10.1 Schweißverbindungen durch Schmelzschweißen (Allgemeines)

- Die zu verschweißenden Teile werden am Schweißstoß durch Schweißnähte zu einem **Schweißteil** (geschweißtes Bauteil) vereinigt.
- Eine **Schweißgruppe** entsteht durch Verschweißen von Schweißteilen.
- Die fertige **Schweißkonstruktion** kann aus einer oder mehreren Schweißgruppen bestehen.
- Der **Schweißstoß** ist der unmittelbare Bereich, in dem die Teile durch Schweißen miteinander verbunden werden (Bild 10.1). Seine Art wird bestimmt durch:
  - Lage der Teile am Schweißstoß zueinander,
  - Art und Umfang der Nahtvorbereitungen,
  - Nahtaufbau und Nahtausführung.

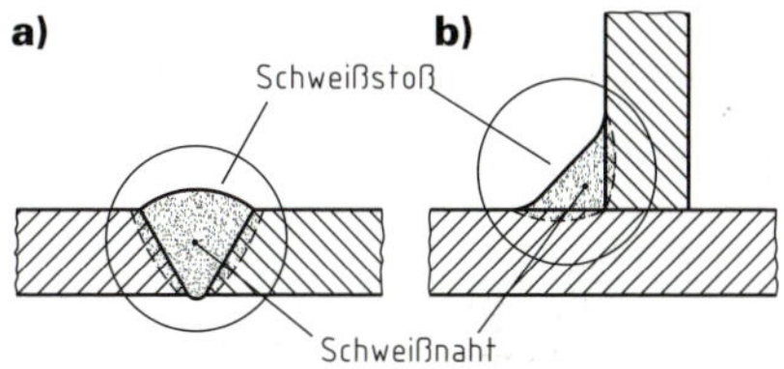

***Bild 10.1 Schweißstoß und Schweißnaht a)** V-Naht, **b)** Kehlnaht*

- **Schweißstoßarten** (siehe Bild 10.2):
  - Stumpfstöße (Stumpfnähte durchgeschweißt oder nicht durchgeschweißt)
  - Stirnstöße (Stirnnähte)
  - T-Stöße (Kehlnähte durchgeschweißt oder nicht durchgeschweißt)
  - Eckstöße (Ecknähte durchgeschweißt oder nicht durchgeschweißt)
  - Sonderformen, z. B. Dreiblech-Stöße, Loch- oder Schlitzschweißung
- Die **Schweißnaht** (z. B. Stumpf- oder Kehlnaht) verbindet die Teile am Schweißstoß; sie besteht aus aufgeschmolzenem Grundwerkstoff und in den meisten Fällen aus eingeschmolzenen Zusatzwerkstoff (Bild 10.1). Stumpf- und Kehlnähte können als Flach-, Wölb- oder Hohlnähte ausgeführt werden (Bild 10.2). Bestimmend für die Nahtdicke von Stumpfnähten ist das Maß *s* und von Kehlnähten das Maß *a*.

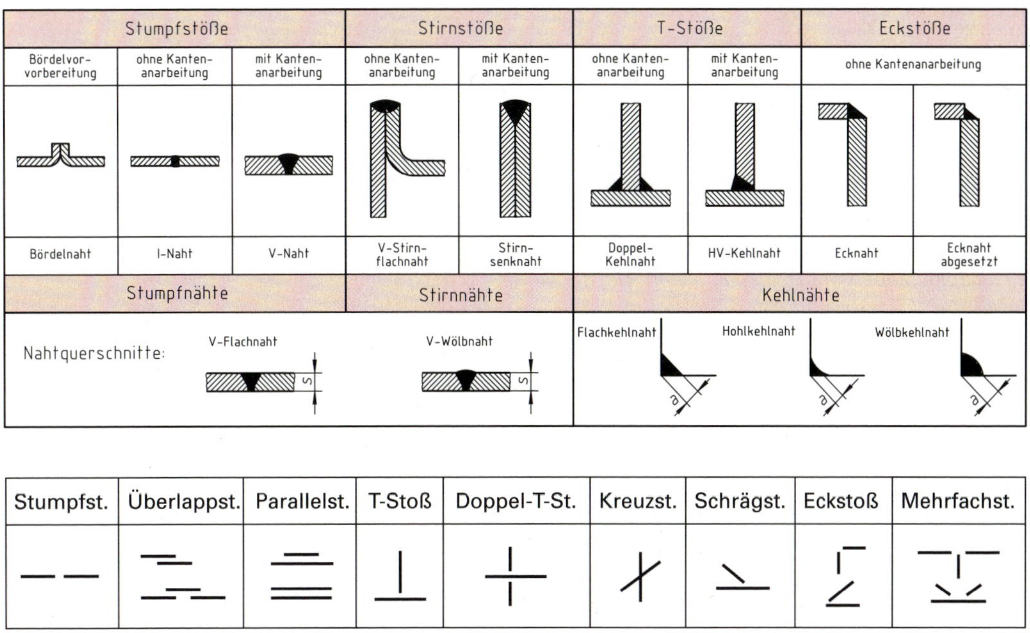

Bild 10.2 Schweißstoßarten

Nach dem Nahtverlauf unterscheidet man:

- **durchlaufende Nähte**, die in ihrer ganzen Länge nicht unterbrochen sind (Bild 10.3);
- **unterbrochene Nähte**, die in ihrer Länge durch gleichmäßig verteilte Strecken (Nahtteile) unterteilt sind (Bild 10.4a);
- **unterbrochene Nähte nicht versetzt**, bei denen die verschweißten Strecken von Doppel-Kehlnähten einander gegenüberliegen (z. B. bei einem T-Stoß);
- **unterbrochene Nähte versetzt**, bei denen die verschweißten Strecken von Doppel-Kehlnähten gegeneinander versetzt sind (Bild 10.4b).

Für die zeichnerische Darstellung und Bemaßung von Schweißkonstruktionen, z. B. geschweißten Werkstücken, Vorrichtungen, Gehäusen, Behältern und Stahlfachwerken, gelten die allgemeinen Zeichennormen. Die Darstellung der Schweißnähte kann bildlich (Bild 10.3) oder symbolisch durch Eintragen von genormten Schweißnahtsymbolen (Bild 10.7) erfolgen.

10.2 Bildliche Darstellung und Bemaßung von Schweißnähten

1 Bei der Darstellung von geschweißten Werkstücken (z. B. im Maßstab 1 : 1) werden alle sichtbaren Schweißnähte durch eine Nahtlinie (breite Volllinie) und zusätzlich durch Schuppungsbogen (kurze Bogen in schmalen Volllinien) gekennzeichnet. Die Länge der Bogenlinie ergibt sich durch Projektion aus den Ansichten (Bild 10.3a und Bild 10.3b). Bei strichliert gezeichneten Nähten entfällt das Einzeichnen der Schuppungsbogen (Bild 10.3b). Bild 10.3 zeigt Beispiele der bildlichen Darstellung und Bemaßung von V-, Kehl- und Ecknähten.

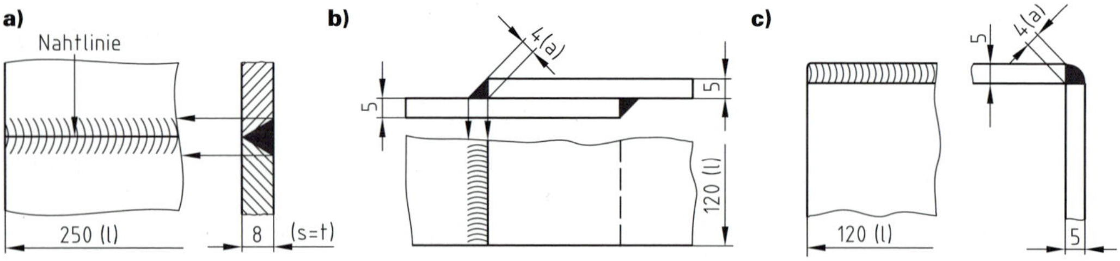

Bild 10.3 Bildliche Darstellung von Schweißnähten durch Schuppung und Maßeintragung
a) *Stumpfstoß mit V-Naht, durchgeschweißt, Nahtoberfläche in Ansicht sichtbar, Nahtdicke s = t = Blechdicke, Nahtlänge l = 250 mm;*
b) *Kehlnaht, Nahtdicke a = 4 mm, Nahtlänge l = 120 mm, die Schuppung der verdeckten Überlappnaht wird nicht eingezeichnet;*
c) *Ecknaht, außen mit Wölbnaht, Nahtdicke a = 4 mm*

2 Im Schnitt wird der Nahtquerschnitt eingezeichnet und die mit Schweißgut ausgefüllte Fugenform geschwärzt, der Rest der geschnittenen Werkstückfläche wird schraffiert (Bild 10.3a). Eine besondere Darstellung und Bemaßung der Fugenform ist nur bei Sonder-Schweißnähten erforderlich.

3 In der bildlichen Darstellung müssen alle Einzelheiten bemaßt werden. Die Maßeintragung erfolgt nach den allgemeinen Zeichennormen durch Zahlenangabe zwischen den Maßpfeilen (Bild 10.4).

4 Bei unterbrochenen Kehlnähten (z. B. bei einem längeren T-Stoß) sind die einzelnen Nahtteile mit den entsprechenden Nahtlängen und -abständen einzuzeichnen (Bild 10.4). Als Maß für die Nahtdicke *a* gelten bei Hohlnaht oder Wölbnaht die kleinsten feststellbaren Werte (Bild 10.2).

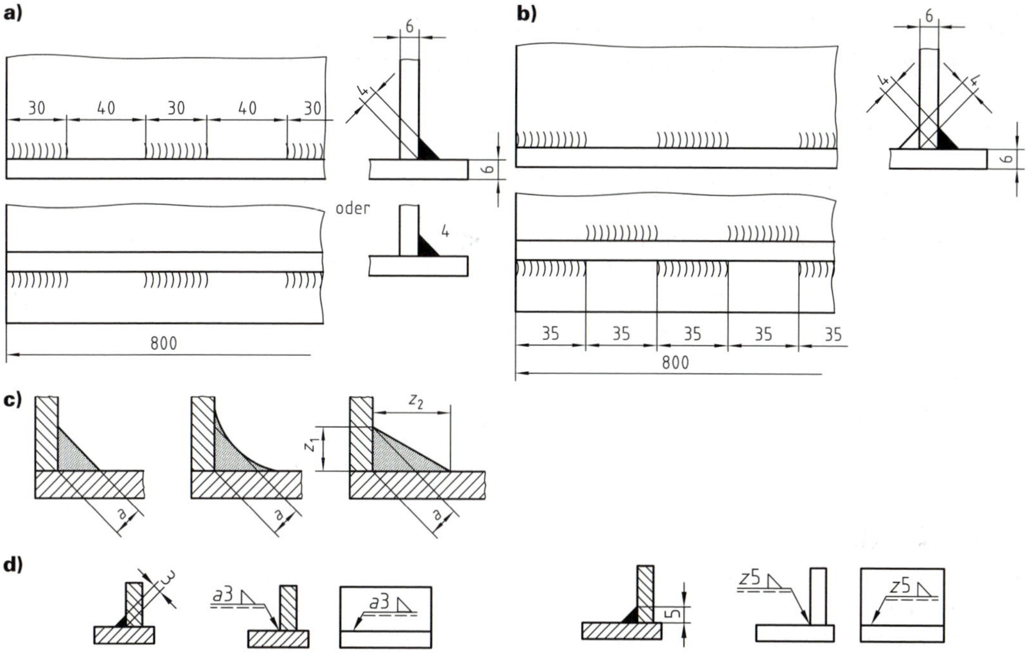

Nahtdicke a = 3 mm Schenkellänge $z = a\sqrt{2}$ = 5 mm

Bild 10.4 Bemaßung unterbrochener Kehlnähte
a) *einseitige Kehlnaht, unterbrochen;* ***b)*** *Doppel-Kehlnaht, unterbrochen und versetzt;*
c) *Nahtdicke bei Kehlnähten;* ***d)*** *durchgehende Kehlnaht*

5 Falls erforderlich, sind ergänzende Angaben in die Zeichnung einzutragen (siehe Abschnitt 10.3).

ZA 36 Gelenkanschluss

Zweck der Zeichenaufgabe: Zeichnen von geschweißten Werkstücken in bildlicher Darstellung.

1. Zeichnen Sie die Schweißkonstruktion in Vorder- und Seitenansicht sowie Draufsicht in bildlicher Darstellung im Maßstab 1 : 1 und mit den Maßangaben.

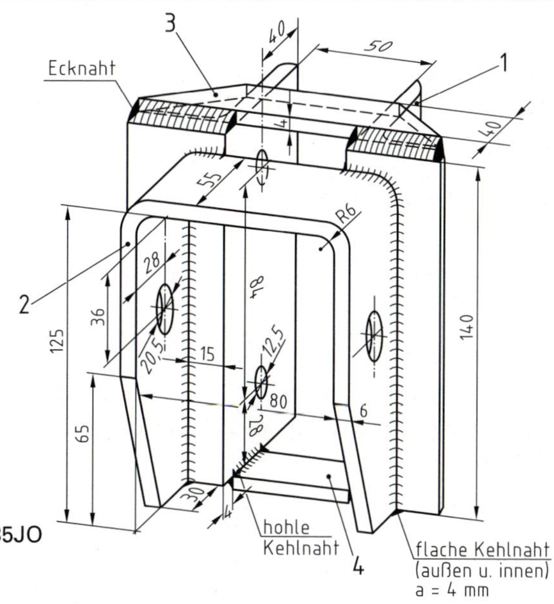

Werkstoffangaben:
Teil 1, L 80 × 40 × 8...69 ÖN EN 10056–S235JO
Teil 2, Fl 55 × 6 ÖN M 3230–S235JO
Teil 3 und Teil 4, 4 × 40 × 130–S235JO

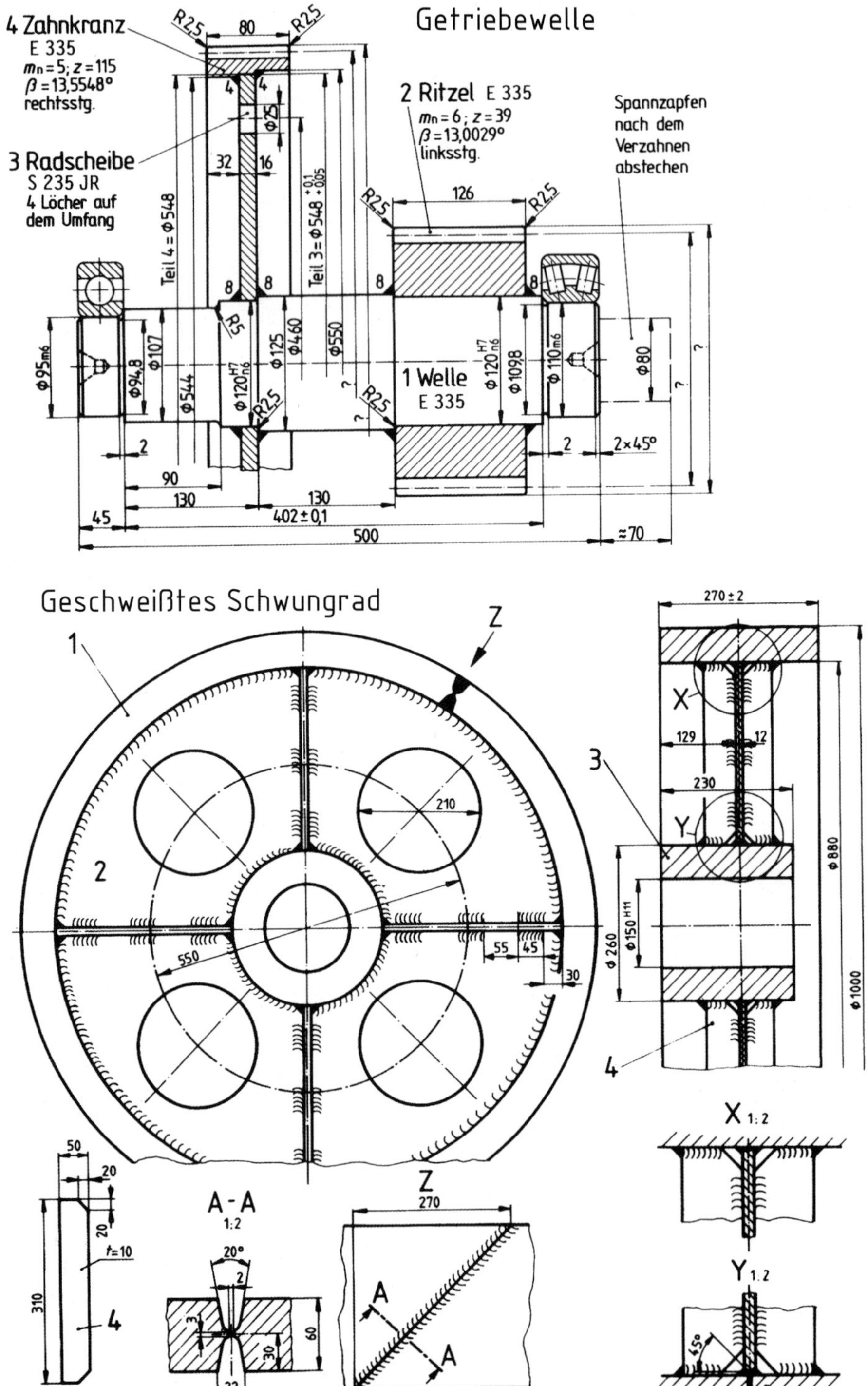

Geschweißte Werkstücke in bildlicher Darstellung

ZA 37 Konsole (Schweißkonstruktion)

Zweck der Zeichenaufgabe: Bildliche Darstellung von Schweißkonstruktionen.

1. Zeichnen Sie auf ein Zeichenblatt Größe A3 die Konsole in Vorder- und Seitenansicht sowie Draufsicht im Maßstab 1 : 1.
   Teil 1, Wandplatte, 6 × 120 × 145–S235JO
   Teil 2, Konsolplatte, 5 × 70 × 94–S235JO
   Teil 3, Rippe, 5 × 60 × 95–S235JO

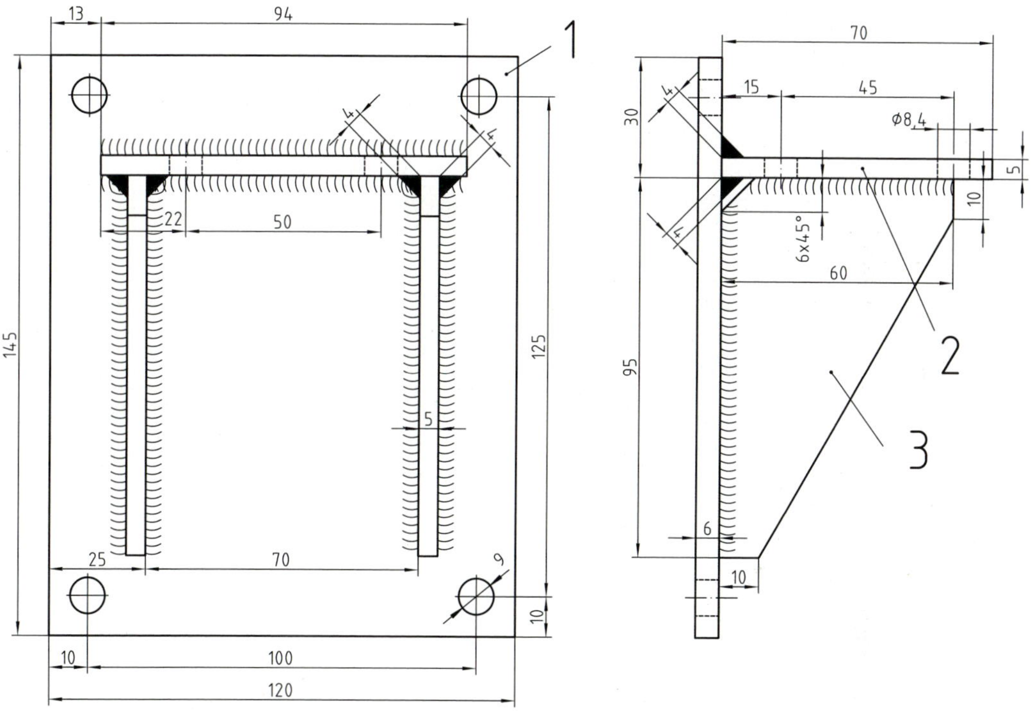

ZA 38 Winkellager für Kegelradpaar

Zweck der Zeichenaufgabe: Wie **ZA 37**.

1. Zeichnen Sie in bildlicher Darstellung die Schweißkonstruktionen in Vorder- und Seitenansicht sowie Draufsicht mit Teilschnitten (Aufbrüchen) im Maßstab 1 : 1.
2. Bemaßen Sie vollständig, setzen Sie Oberflächenzeichen und, wo nötig, geben Sie Abmaße und Passungen an. Fehlende Maße bestimmen Sie selbst.

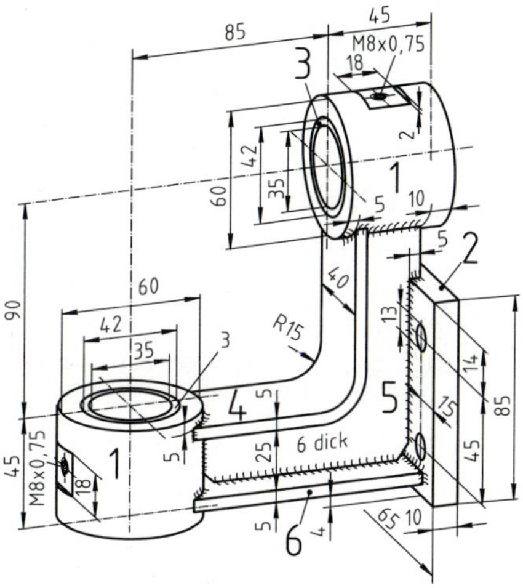

10.3 Symbolische Darstellung und Bemaßung von Schweißnähten

Bei der Darstellung von Schweißverbindungen (Stahlkonstruktionen), wo die verschiedensten Stoßarten und Schweißnahtformen notwendig sind, werden die betreffenden Schweißnähte symbolisch durch Eintragen von genormten Schweißnahtsymbolen nach ÖNORM EN 22553 (ISO 2553) gekennzeichnet (siehe Bilder 10.5 bis 10.17 und Tabellen 10.1 bis 10.8).

10.3.1 Darstellung der Schweißnahtsymbole in Werkzeichnungen

10.3.1.1 Schweißnahtsymbole

In Werkzeichnungen werden die Schweißnähte in Ansicht und Schnitt durch eine Nahtlinie (breite Volllinie) dargestellt. Auf diese Nahtlinie beziehen sich die Schweißnahtsymbole; sie enthalten alle erforderlichen Angaben über die Art und Ausführung der Nähte (siehe die Beispiele in den Tabellen 10.6 bis 10.8).

Die **Schweißnahtsymbole setzen sich zusammen aus** (Bild 10.5 und Bild 10.6):
- **Bezugszeichen** (Bezugslinie, Bezugspfeil)
- **Grundsymbole** für die Fugenform
- **Zusatzsymbole** für die Nahtausführung
- **Ergänzungssymbole** (gegebenenfalls)
- **Angabe des Schweißverfahrens**

Beim Eintragen der Schweißnahtsymbole sowie bei Wortangaben sind die ÖNORMEN über die Ausführung technischer Zeichnungen (Linienbreite, Maßeintragung, Normschrift) und im Besonderen die Hinweise der ÖNORM EN 22553 zu beachten.

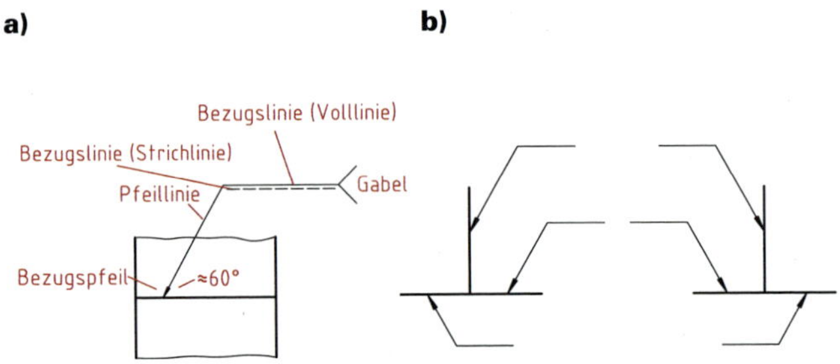

Bild 10.5 Bezugszeichen
***a)** Ausführung des Bezugszeichens*
***b)** Möglichkeiten verschiedener Stellungen von Bezugszeichen zur Nahtlinie*

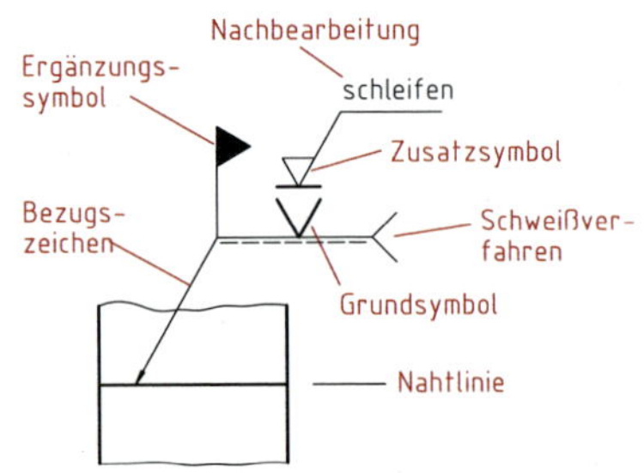

Bild 10.6 Schweißnahtsymbol mit Zusatz- und Ergänzungssymbolen

- **Bezugszeichen** (Bild 10.5)

1 Das Bezugszeichen besteht aus der Bezugslinie (Volllinie und Strichlinie) und der Pfeillinie. Von der Bezugslinie führt die Pfeillinie (etwa 60°) schräg zum Stoß (Nahtlinie). Die Pfeillinie ist am Stoß mit einem Pfeil versehen.

Die Bezugs-Strichlinie kann entweder über oder unter der Bezugs-Volllinie angegeben werden. Bei symmetrischen Schweißnähten kann die Strichlinie entfallen (Bild 10.7d).

2 Die Bezugslinie soll waagrecht zur Zeichenblatthauptlage oder – wenn dies nicht möglich ist – senkrecht zu dieser verlaufen.

3 Die Bezugslinie kann am Ende durch eine Gabel ergänzt werden, in die Angaben über Schweißverfahren eingetragen werden (Bild 10.5).

4 Die Möglichkeiten verschiedener Stellungen von Bezugszeichen zur Nahtlinie zeigt Bild 10.5.

5 **Lage des Grundsymbols zur Bezugslinie.** Das Grundsymbol kann entweder über oder unter den Bezugslinien (Volllinie oder Strichlinie) angeordnet werden (Bild 10.7).
Dabei ist zu beachten:

- **Liegt die Naht auf der Pfeilseite,** steht das Schweißsymbol auf der **Bezugs-Volllinie** (Bild 10.7a).
- **Liegt die Naht auf der Gegenseite,** steht das Schweißsymbol auf der **Bezugs-Strichlinie** (Bild 10.7b).

Um eine möglichst verständliche Naht-Kennzeichnung zu erreichen, ist zu empfehlen, in der Zeichnung nur eine der möglichen Darstellungen anzuwenden. Dabei ist zu beachten:

- dass die Pfeillinie auf die Naht-Pfeilseite und nicht auf die Naht-Gegenseite weist und das Grundsymbol auf der Bezugs-Volllinie zu stehen kommt.
- beim im Schnitt oder in Ansicht dargestellten Nähten ist das Grundsymbol so anzuordnen, dass der Bezugspfeil auf die Kantenbearbeitung zeigt und der Nahtquerschnitt mit der Stellung des Symbols übereinstimmt (Bild 10.7c).

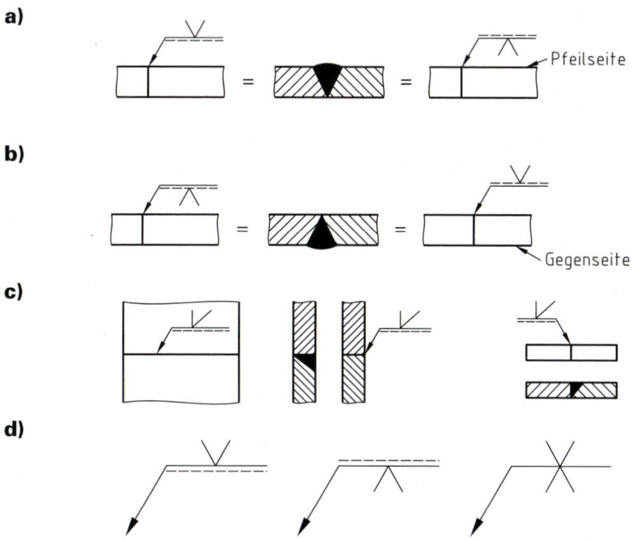

Bild 10.7 Symbolische Darstellung von Schweißnähten. a) *Naht ausgeführt von der Pfeilseite;* ***b)*** *Naht ausgeführt von der Gegenseite;* ***c)*** *Bezugspfeil zeigt in Richtung der Kantenbearbeitung;* ***d)*** *Nahtkennzeichnungen*

- **Grundsymbole für die Fugenformen** (Tabellen 10.1 und 10.2)

Das einzelne Grundsymbol bezeichnet eine einseitig geschweißte Naht. Für die Bezeichnung beidseitig zu schweißender Nähte werden zwei gleiche oder unterschiedliche Grundsymbole kombiniert (z. B. für große Blechdicken); siehe Tabellen 10.1 und 10.2.

1 Die Grundsymbole sind mindestens 3,5 mm hoch und in einer Mindestlinienbreite von 0,35 mm auszuführen (siehe Beispiel in Tabelle 10.2).

2 Das Grundsymbol steht normal (unter 90°) zur Bezugslinie (Bild 10.7).

3 Die Schweißnahtsymbole können in den Ansichten bzw. im Schnitt eingetragen werden (Bild 10.7).

Benennung	Grundsymbol	Schnittdarstellung	Benennung	Grundsymbol	Schnittdarstellung
Bördelnaht			Kombination von zwei gleichen Grundsymbolen		
I-Naht			Doppel-V-Naht (X-Naht)	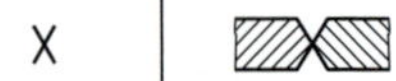	
V-Naht			Doppel-HV-Naht (K-Naht)		
HV-Naht			Doppel-Y-Naht		
Steilflankennaht	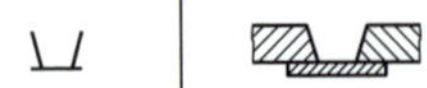		Doppel-U-Naht		
Y-Naht			Kombination unterschiedlicher Grundsymbole		
HY-Naht			UV-Naht	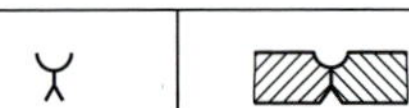	
U-Naht			HU-HV-Naht		
HU-Naht					

Tabelle 10.1: Stumpfnähte u. a. – Grundsymbole für Fugenformen

Benennung	Grundsymbol	Schnittdarstellung	Benennung	Grundsymbol	Schnittdarstellung
Einseitige Kehlnähte			Kombinationen von Grundsymbolen		
Kehlnaht	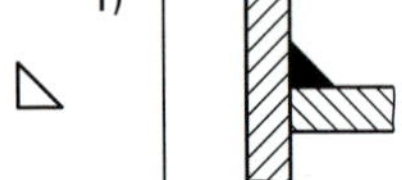 1)		Doppel-Kehlnaht	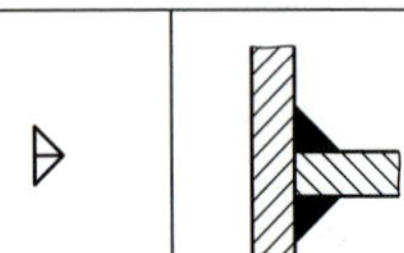	
HV-Kehlnaht	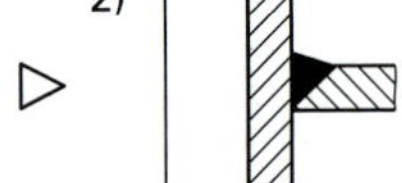 2)		HV-Doppel-Kehlnaht	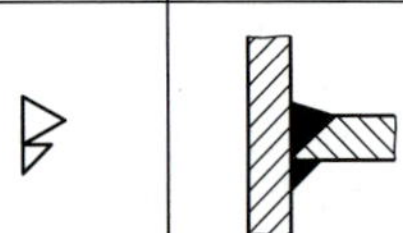	
HY-Kehlnaht	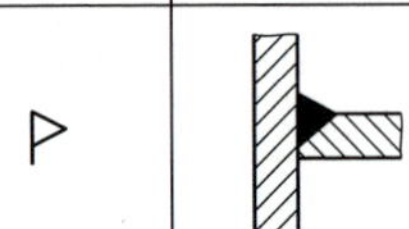		Doppel-HV-Kehlnaht	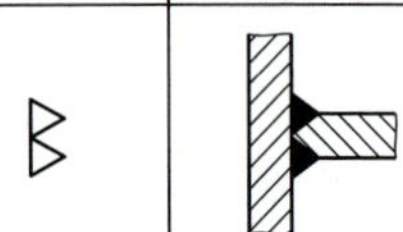	
HU-Kehlnaht	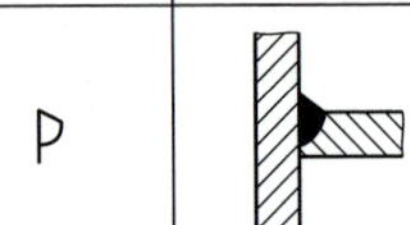		Doppel-HY-Kehlnaht	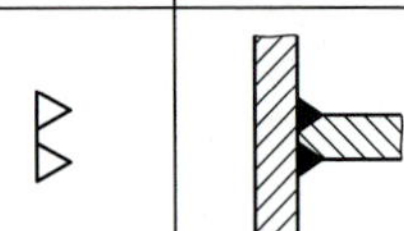	

Tabelle 10.2: Kehlnähte – Grundsymbole für Fugenformen

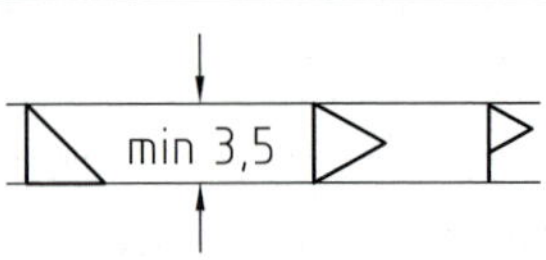

1) Das Grundsymbol ist ein 45°-Dreieck
2) Das Grundsymbol ist ein gleichseitiges 60°-Dreieck

- **Zusatzsymbole** (Tabelle 10.3). In Verbindung mit den Grundsymbolen geben Zusatzsymbole besondere Hinweise auf die Ausführungsart von Schweißnähten, z. B. ob Stumpf- oder Kehlnähte als Flach-, Hohl- oder Wölbnähte ausgeführt werden sollen.

V-Naht mit Gegenlage und ebenen Oberflächen | *Doppel-Kehlnaht mit hohlen Oberflächen (Hohlnähte)*

Bild 10.8 Beispiele von Zusatzsymbolen

Benennung	Zusatzsymbol	Beispiele Schweißnahtsymbole	Schnittdarstellung	Benennung	Zusatzsymbol	Beispiele Schweißnahtsymbole	Schnittdarstellung
Flachnaht	—			Stumpfnaht gegengeschweißt, ohne Ausarbeiten der Wurzel			
				Naht nicht durchgeschweißt	—		
Hohlnaht	◡			Naht bearbeitet		blecheben schleifen	
Wölbnaht	⌒			Doppel-Kehlnaht unterbrochen, nicht versetzt	Z		
Wurzel ausgearbeitet gegengeschweißt				Doppel-Kehlnaht unterbrochen, versetzt			

Tabelle 10.3: Zusatzsymbole für Nahtausführungen (Beispiele)

- **Ergänzungssymbole** (Tabelle 10.4). Ergänzungssymbole geben Hinweise auf den Verlauf der Schweißnähte, z. B. dass die Naht ringsum zu schweißen ist, und Hinweise auf Montagenähte (siehe Bild 10.9).

  Das Schweißnahtsymbol im Anwendungsbeispiel (Bild 10.9) bedeutet: Teil 1 ist mit einer ringsum verlaufenden flachen Kehlnaht bei der Montage an den Teil 2 anzuschweißen.

Benennung	Ergänzungssymbol	Beispiele
Naht ringsrum	○	
Montagenaht	⚑	

Tabelle 10.4: Ergänzungssymbole

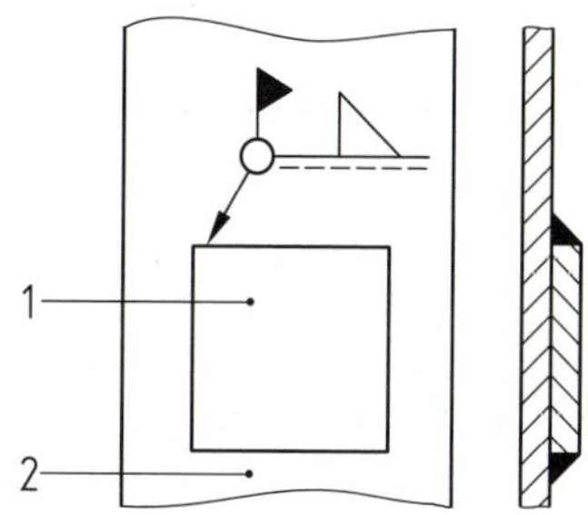

Bild 10.9 Anwendungsbeispiel für Ergänzungssymbole

- **Angabe des Schweißverfahrens durch Kurzzeichen** (ÖNORM EN 25817). Falls eine Angabe des Schweißverfahrens erforderlich ist, sind hierfür die angeführten Ordnungsnummern anzuwenden. Diese werden in die Gabel am Ende der Bezugslinie eingetragen (Bild 10.10):

Schweißverfahren	Ordnungs-nummer
Lichtbogenhandschweißen	111
Metall-Inertgasschweißen (MIG)	131
Metall-Aktivgasschweißen (MAG)	135
Wolfram-Inertgasschweißen (WIG)	141
Gasschweißen mit Sauerstoff und Azetylen	311

Tabelle 10.5

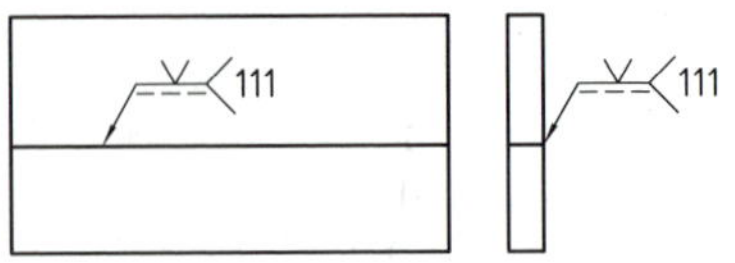

Bild 10.10

- **Schweißnahtsymbole gebräuchlichster Schweißnahtarten** (Beispiele)

In Tabelle 10.8 (Seiten 126 bis 128) sind die Symbole für die gebräuchlichste Nahtarten und Nahtausführungen enthalten. Für diese Standardausführungen können die entsprechenden kompletten Symbole direkt den Tabellen entnommen werden. Weitere Beispiele siehe Originalausgabe ÖNORM EN 22553.

Neben den in Tabelle 10.8 gezeigten Schweißverbindungen zeigen die folgende Bilder weitere gebräuchliche Schweißverfahren.

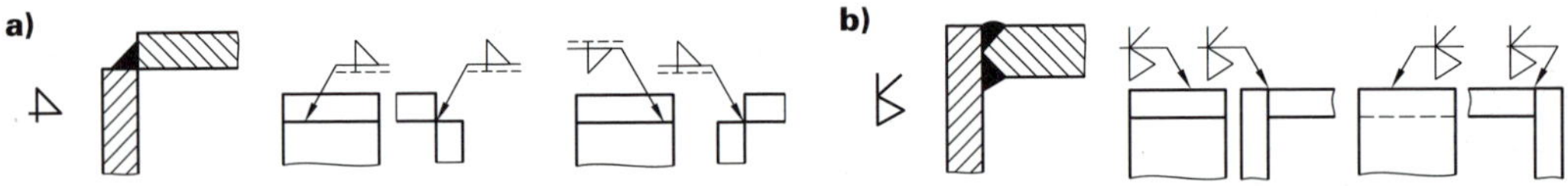

***Bild 10.11 Gebräuchliche Schweißverfahren a)** Ecknaht, **b)** HV-Naht mit HV-Kehlnaht*

- **Schweißnahtfolge und Schweißrichtung.** Soll die Reihenfolge für die Ausführung der Schweißnähte angegeben werden, so ist die Reihungszahl in einem Quadrat mit Bezugsstrich zur Naht einzutragen (Bild 10.12).

  Die Schweißrichtung kann durch Einzeichnen eines Pfeils mit oder ohne Reihungszahl angezeigt werden (Bild 10.12).

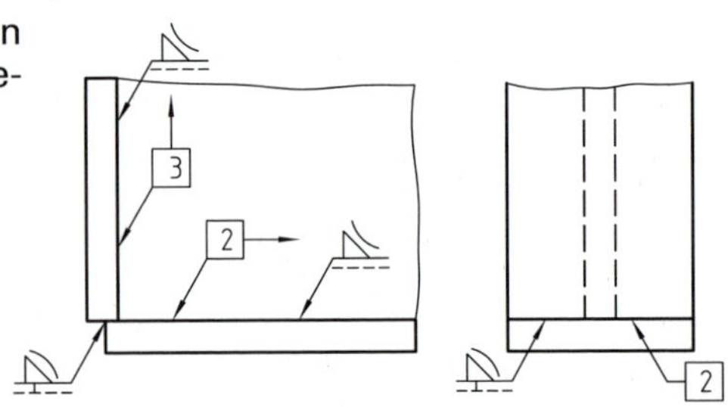

Bild 10.12 Kennzeichnung der Schweißnahtfolge und Schweißrichtung

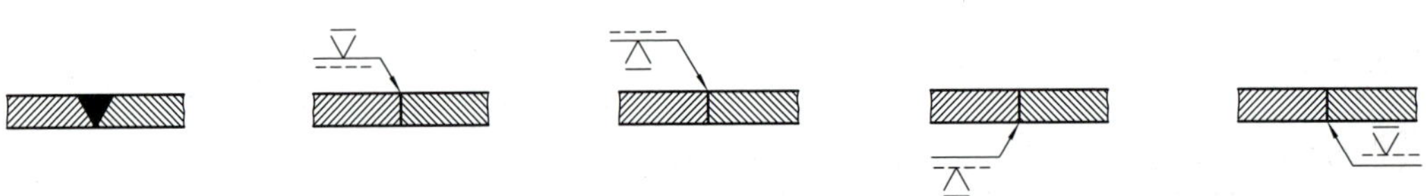

Bild 10.13 Mögliche Eintragungen von Bezugszeichen und Schweißsymbolen, z. B. bei einer V-Flachnaht

10.3.1.2 Eintragung von Bezugszeichen und Schweißsymbolen in Zeichnungen

Beim Eintragen der Schweißsymbole ist auf die Stellung des Symbols zur Bezugslinie und auf die Bezugs-Strichlinie zu achten. Für die Eintragung der Symbole wird die Projektionsmethode 1 angewendet.

Beispiele:

1 Bei einseitig zu schweißenden Nähten (V-, U-Nähten u. dgl.) und bei beidseitig zu schweißenden Nähten (Doppel-V-, Doppel-U-Nähten u. dgl.) kann die Pfeillinie von jeder Richtung und Seite auf die Schweißnaht zeigen (Bild 10.13).

2 Lage der Symbole (Bild 10.14)

Naht, ausgeführt von der Pfeilseite	Naht, ausgeführt von der Gegenseite	nur für symmetrische Nähte
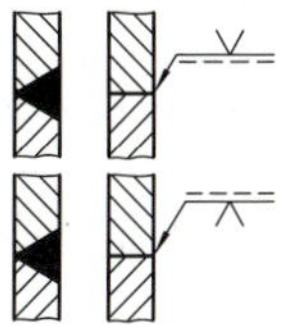	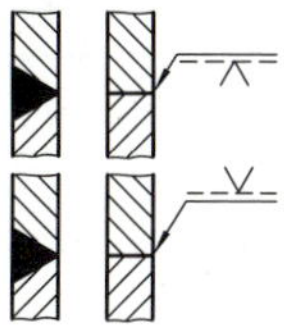	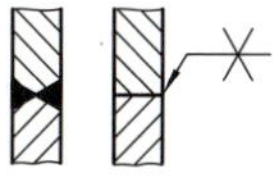

Bild 10.14

3 Bei beidseitig zu schweißenden Nähten (Doppel-V-, Doppel-U-Nähten u. dgl.) kreuzt das Symbol die Bezugslinie, wobei die Nahtwurzel auf der Bezugslinie liegt.

4 Bei Bördel- und I-Nähten zeigt die Pfeillinie auf jene Werkstückseite, wo die Schweißung durchzuführen ist. Das Symbol steht oberhalb der Bezugslinie (Bild 10.15).

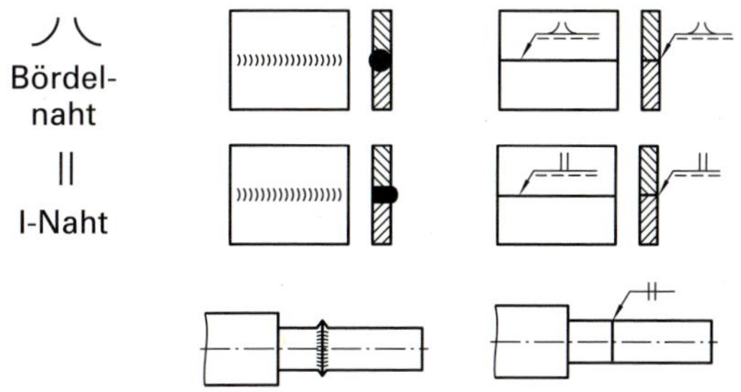

Bild 10.15

5 Bei einseitiger Kantenanarbeitung (HV-, HU-Nähten u. dgl.) kann die Pfeillinie ober- oder unterhalb, aber nur in Richtung auf die angearbeitete Fugenkante zeigen.

Illustration	Symbolhafte Darstellung
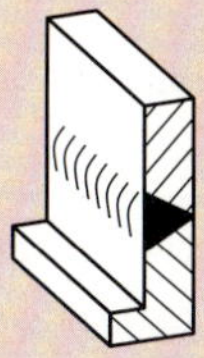	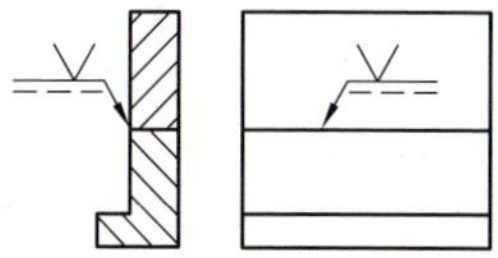
	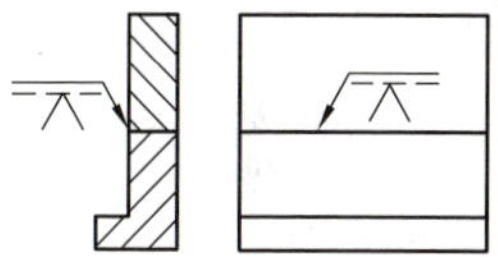
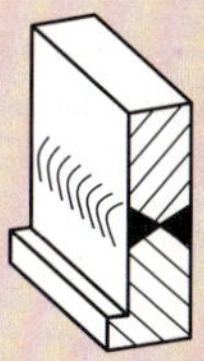	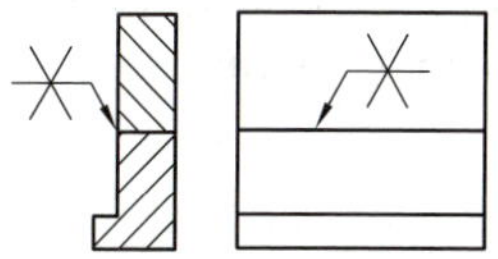
	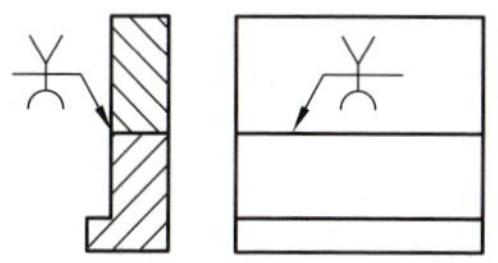
	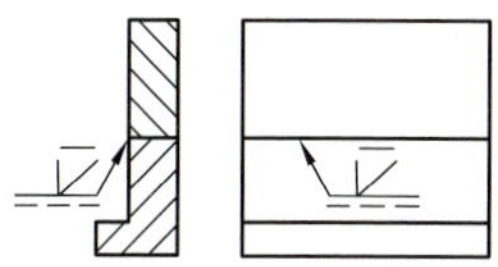
	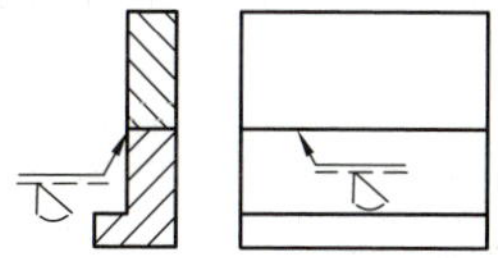

Tabelle 10.6: Symbole für Stumpfnähte

Illustration	Symbolhafte Darstellung	Illustration	Symbolhafte Darstellung
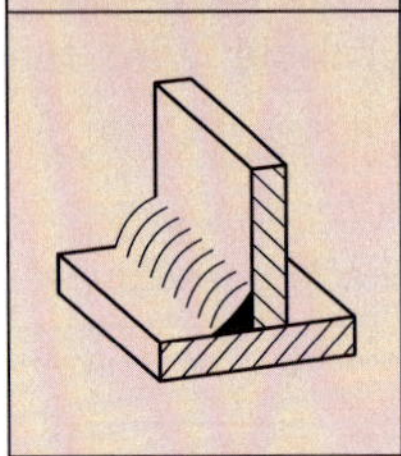	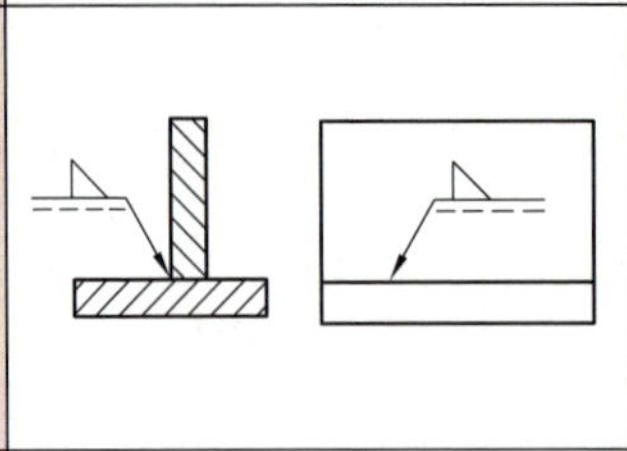	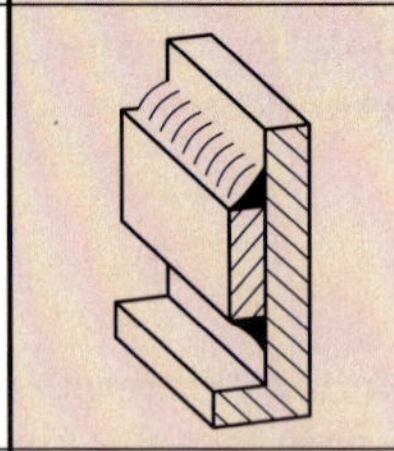	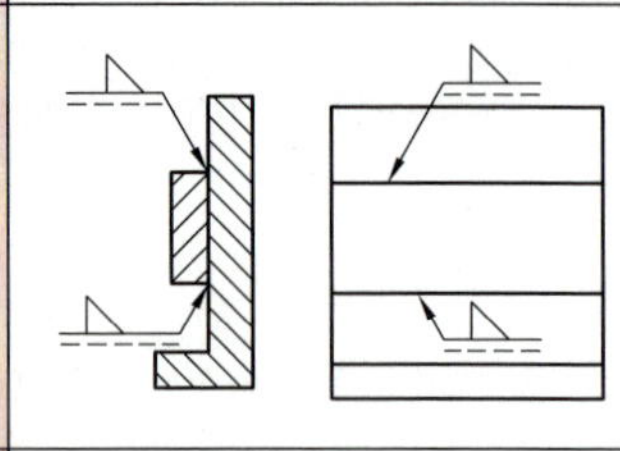
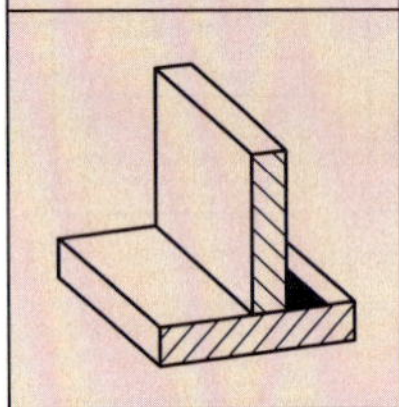	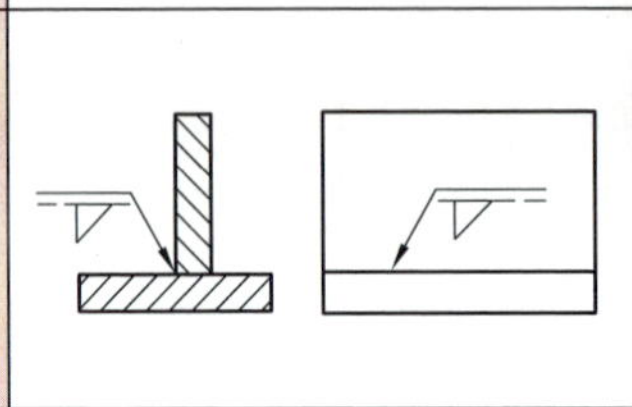	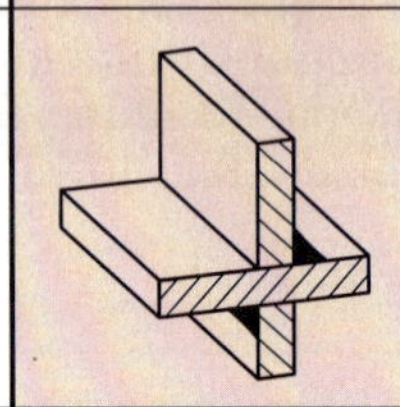	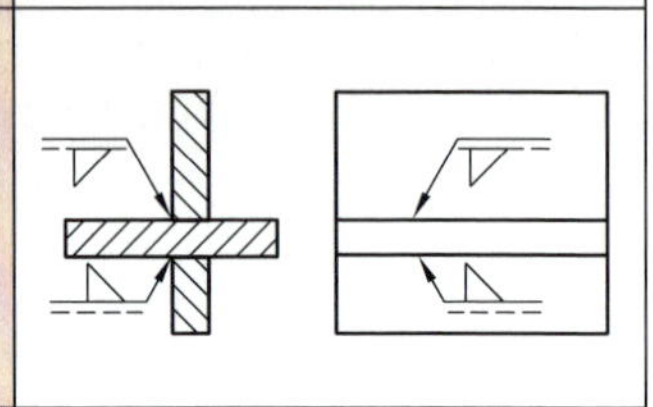
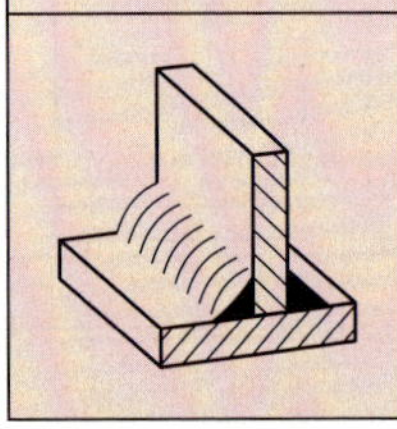	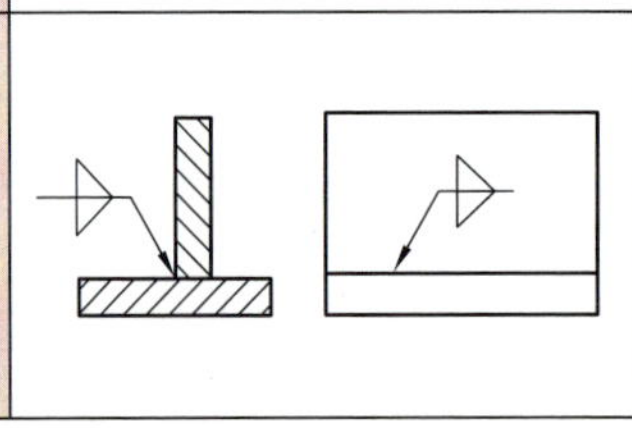	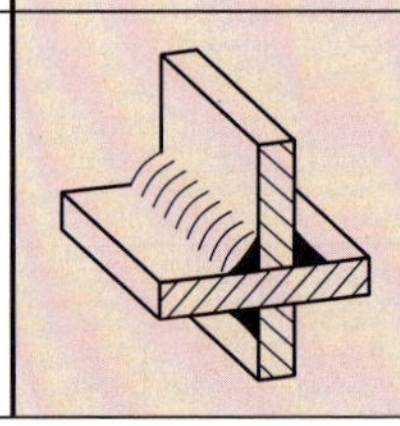	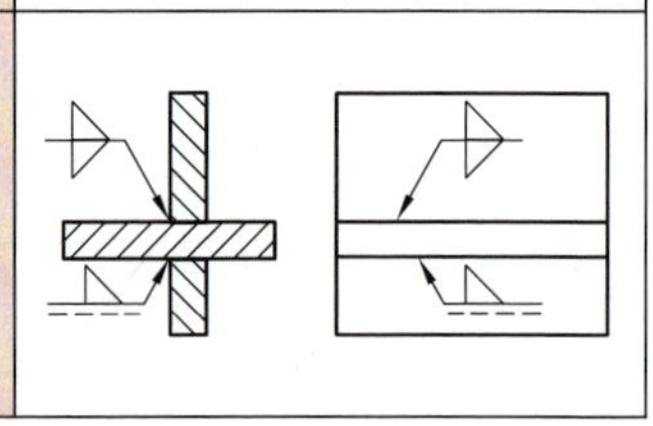

Tabelle 10.7: Symbole für Kehlnähte

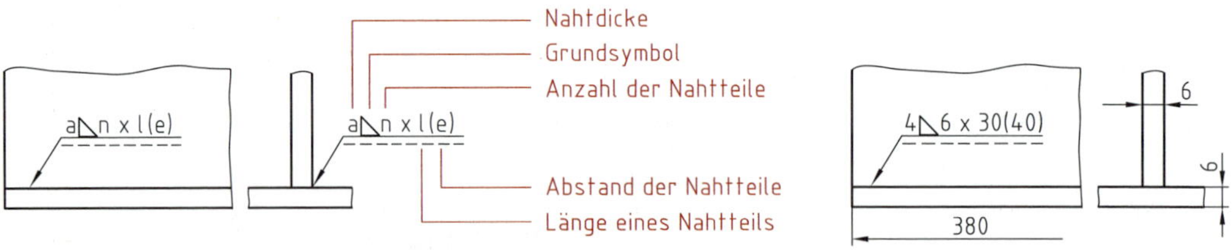

Bild 10.16 Unterbrochene Nahtdarstellung

6 Unterbrochene Nähte (z. B. einfache Kehlnaht) werden nach Bild 10.16 bemaßt. Bei Maßangabe für eine Doppel-Kehlnaht, unterbrochen, mit versetzten bzw. nicht versetzten Nahtteilen wird noch das betreffende Zusatzsymbol eingefügt (Bild 10.17). Der Anfang der unterbrochenen Nähte ist mit Vormaßen zu bemaßen (Bild 10.18).

a)

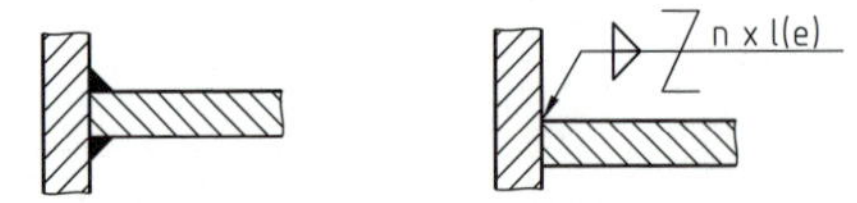

b)

Bild 10.17 Bemaßung von unterbrochenen Kehlnähten a) *Doppel-Kehlnaht unterbrochen, nicht versetzt;* ***b)*** *Doppel-Kehlnaht unterbrochen, versetzt*

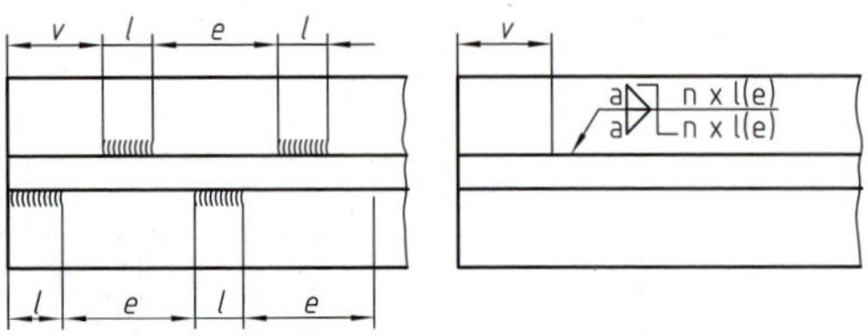

Doppelkehlnaht, unterbrochen, versetzt, mit einseitigem Vormaß

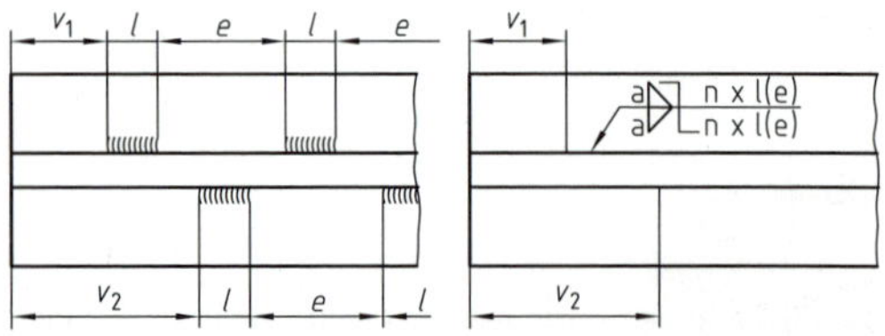

Doppelkehlnaht, unterbrochen, versetzt, mit zwei Vormaßen (das Zeichen für den Nahtversatz entfällt)

Bild 10.18 Vormaße v

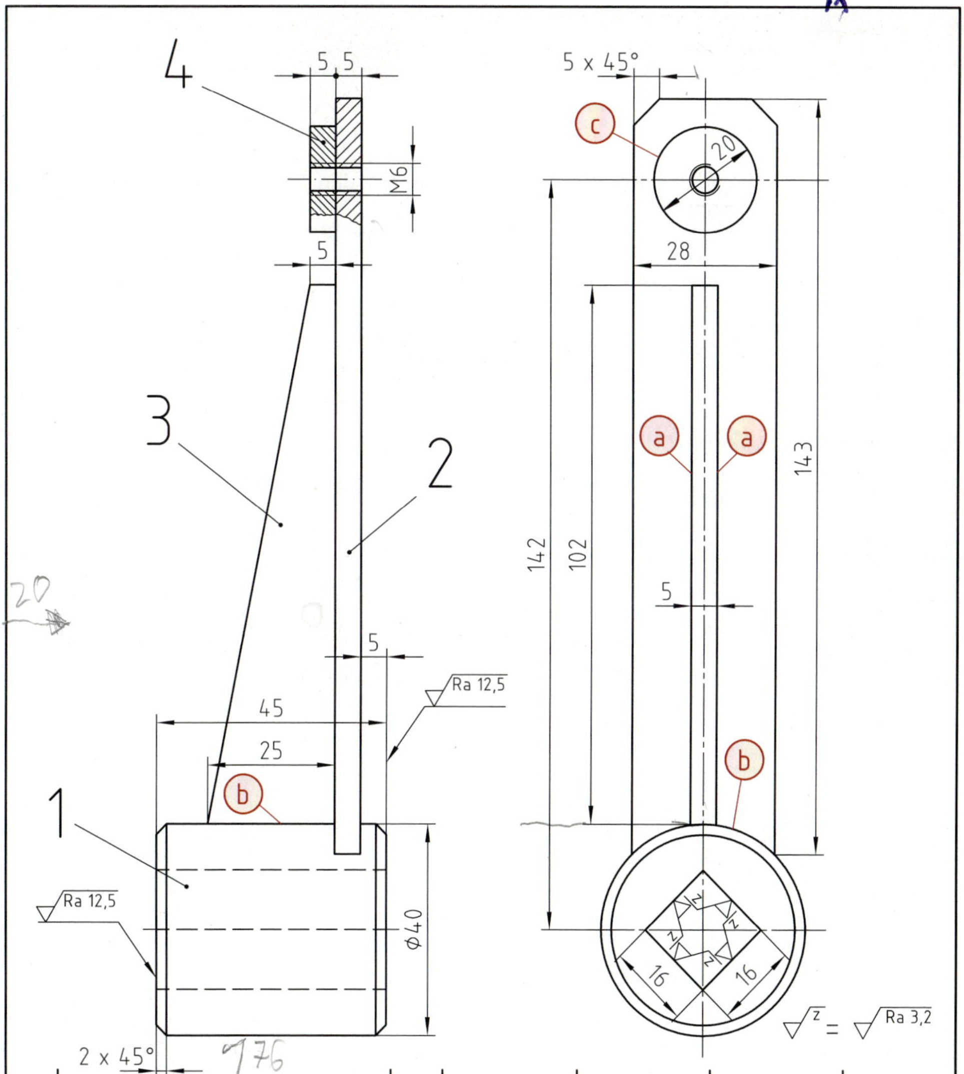

		4				
		3				
		2				
		1				
Stück	Benennung	Teil	Norm Nr. Zeichng.-Nr.	Werkstoff	Rohmaße od. Modell Nr.	Bemerkung

	Tag	Name		
Gez.				
Gepr.				
Norm gepr.				
Maßstab 1 : 1	Kurbel			Ersatz für:
				Ersetzt durch:
Allgemein-toleranzen				ZA 39

Vorlage zu ZA 39

ZA 39 Kurbel

Zweck der Zeichenaufgabe: Zeichnen von geschweißten Werkstücken mit symbolischer Darstellung von Schweißnähten.

1. Zeichnen Sie auf ein Zeichenblatt Größe A4 die Kurbel in Vorder- und Seitenansicht.
2. Tragen Sie für die Schweißnähte a bis c und die Art des Schweißens (Lichtbogen-Handschweißen) folgende Symbole und Angaben ein:
   a: unterbrochene Doppelkehlnaht $a = 3$ mm, $l = 12$ mm, $e = 18$ mm, $n = 4$,
   b: durchlaufende Doppelkehlnaht $a = 3$ mm,
   c: einseitige, durchlaufende Kehlnaht $a = 3$ mm.
3. Bemaßen Sie vollständig und setzen Sie Oberflächenzeichen für die beiden Stirnflächen der Kurbelnabe und für das Vierkantloch. Ergänzen Sie das Schriftfeld und die Stückliste mit:
   Teil 1, Kurbelnabe, Rd40 ÖNORM EN 10059–S235JO
   Teil 2, Kurbelarm, Fl 30 × 5 ÖNORM EN 10058–S235JO
   Teil 3, Rippe, 5 × 25 × 102–S235JO
   Teil 4, Verstärkung, Rd20 ÖNORM EN 10059–S235JO

ZA 40 Lagerbock

Zweck der Zeichenaufgabe: Zeichnen Sie von geschweißten Werkstücken mit symbolischer Darstellung von Schweißnähten.

1. Zeichnen Sie den geschweißten Lagerbock mit $h = 320$ mm im Maßstab M 1 : 2. Der **Teil 2** soll aus U 100 durch Verschweißen hergestellt werden. Es sind die Zuschnitte für die **Teile 2 und 3** zu zeichnen.
2. Benennen Sie die Teile und bestimmen Sie geeignete Werkstoffe.

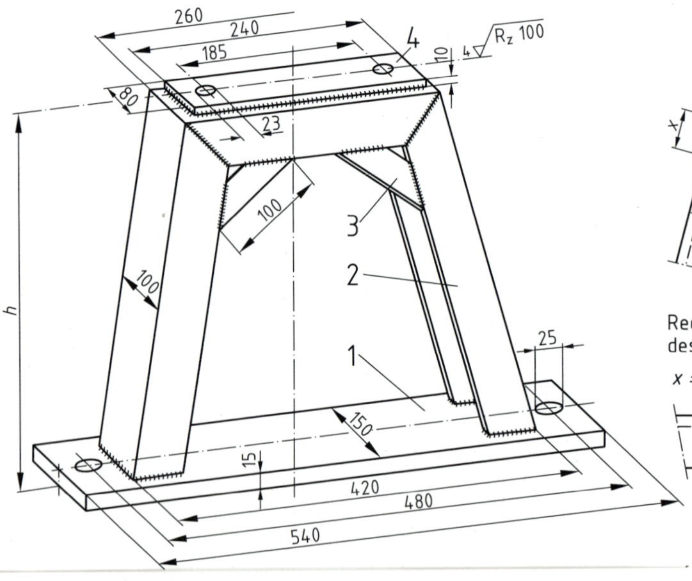

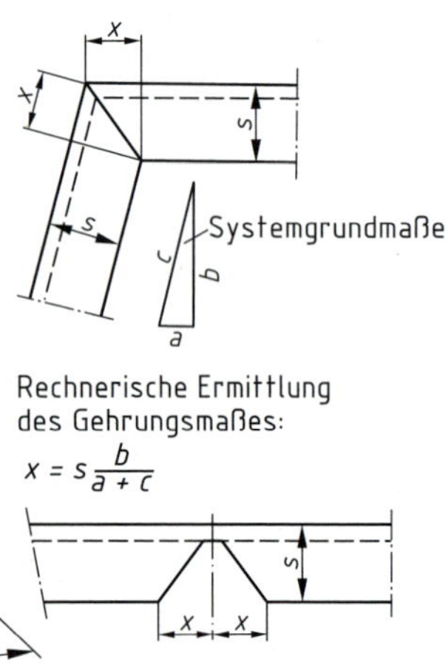

ZA 41 Schraubzwinge

Zweck der Zeichenaufgabe: Wie **ZA 40**.

1. Zeichnen Sie die Schraubzwinge in den notwendigen Ansichten und mit folgenden Schweißnähten: Schweißnaht **1** ... Doppelkehlnaht, $a = 5$ mm, **2** ... Kehlnaht rundherum, $a = 4$ mm, **3** ... Doppel-HV-Naht.
   Teil 1, Bügel, S275JO; **Teil 2,** Flanschteil zum Bügel, S275JO; **Teil 3,** Druckstück, S275JO; **Teil 4,** Nabe mit Tr20 × 4, S275JO; **Teil 5,** Spindel mit Tr20 × 4 und Ansatzkuppe nach DIN 78, ÖNORM EN ISO 4753, E295.

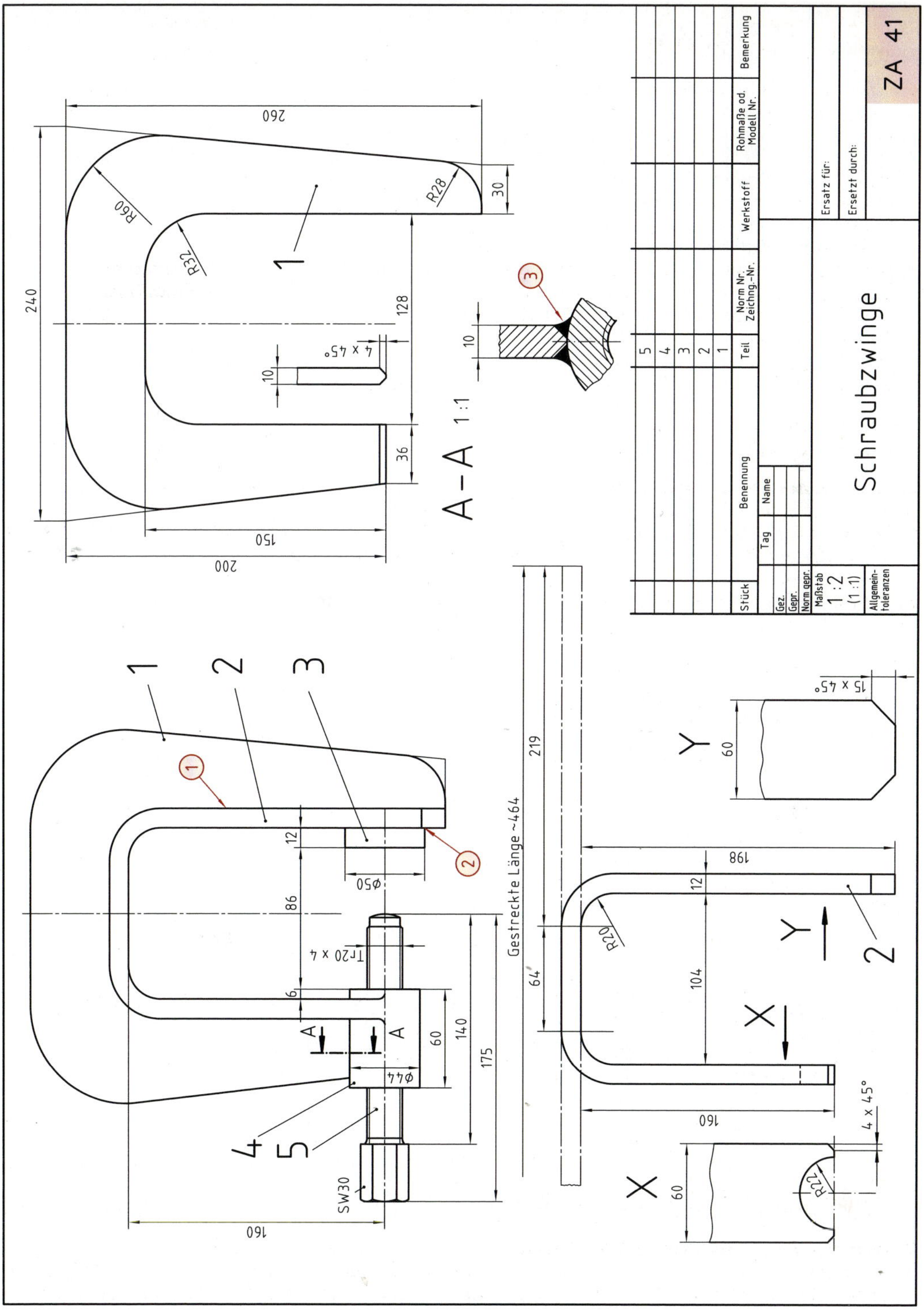

Vorlage zu ZA 41

Benennung Symbol	räumlich		Symbolische Darstellung wahlweise
Bördelnaht	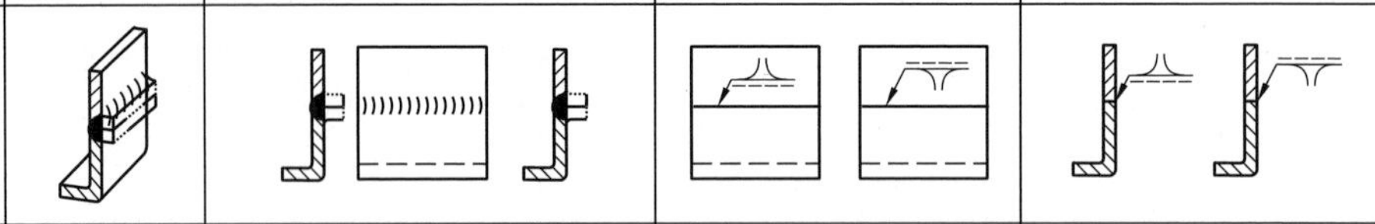		
I-Naht ||	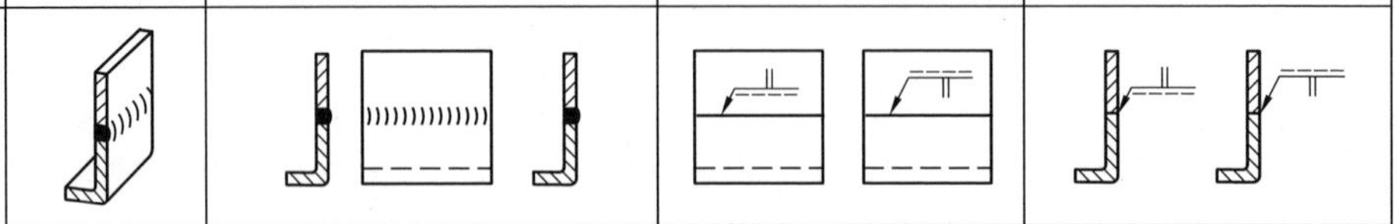		
	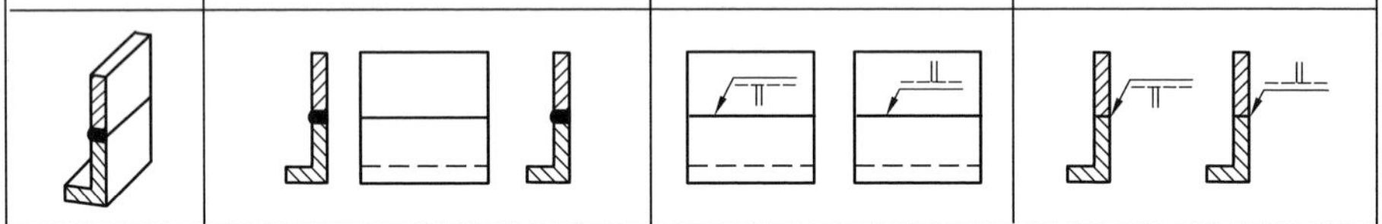		
	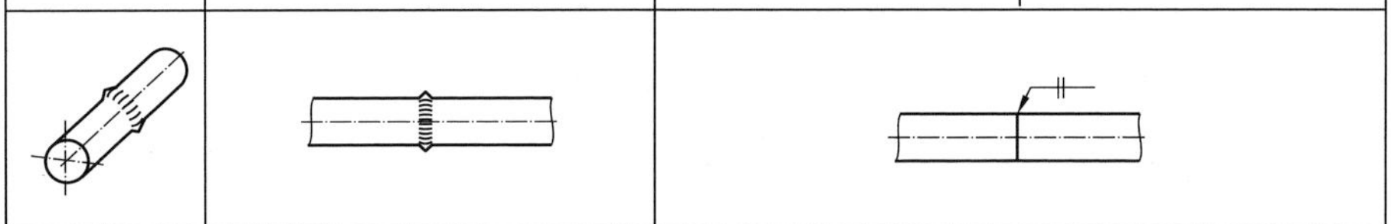		
Bördelnaht mit Gegenlage	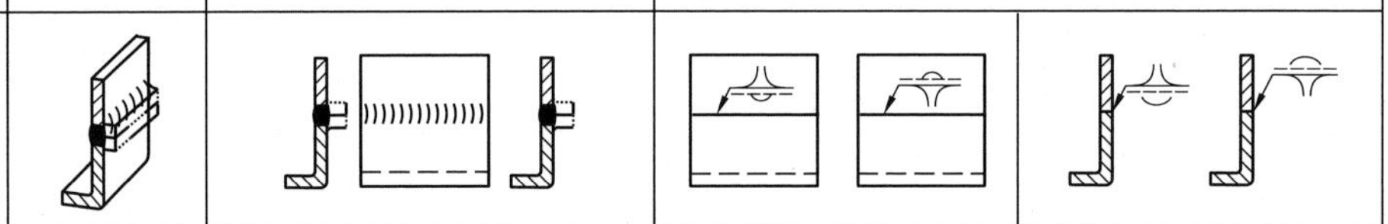		
I-Naht || geschweißt von beiden Seiten	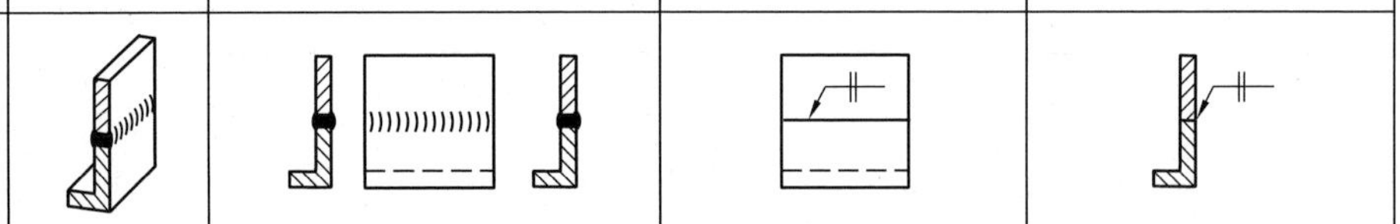		
V-Naht V	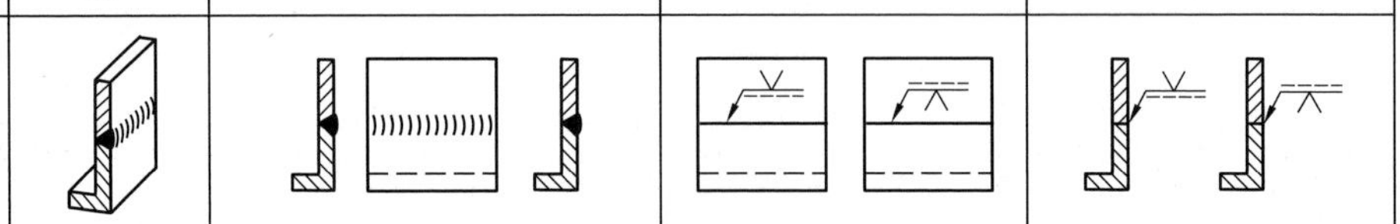		
	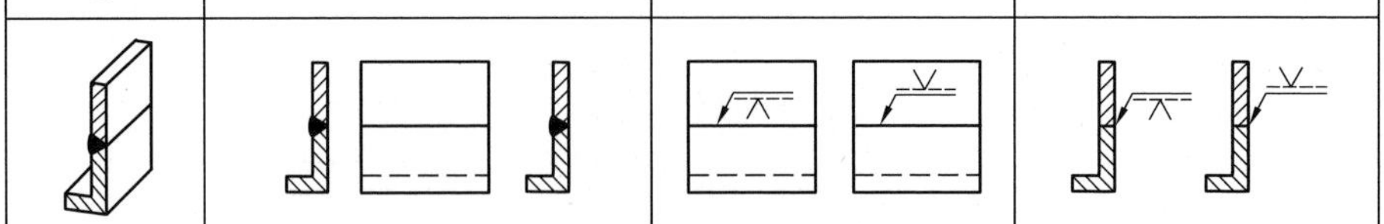		
Doppel-V-Naht X-Naht	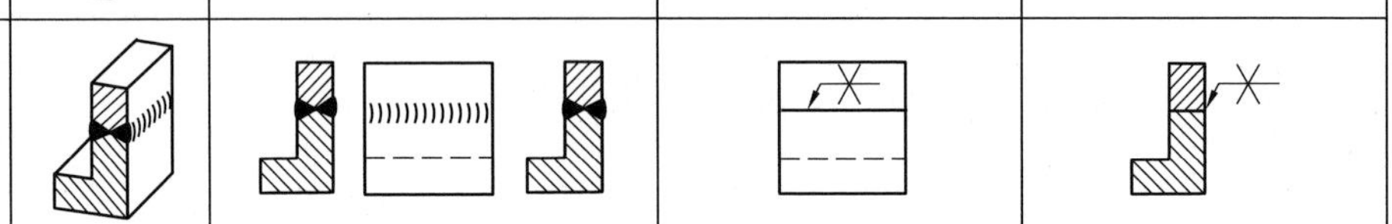		
V-Naht V mit Gegenlage	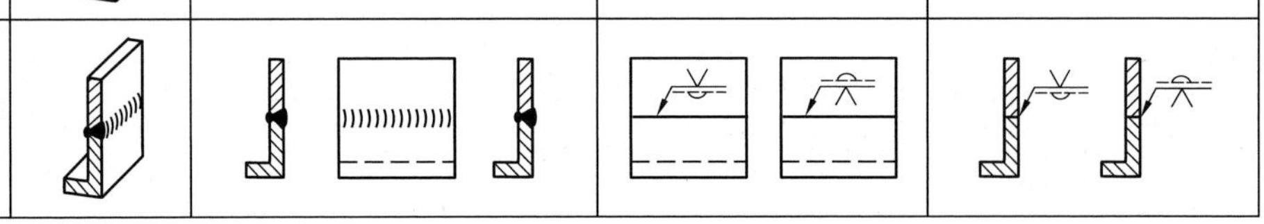		

Tabelle 10.8: Schweißnahtsymbole gebräuchlicher Schweißnähte

Benennung Symbol	räumlich	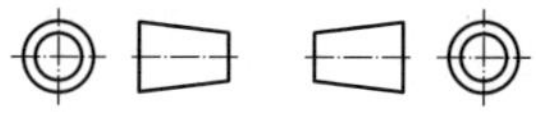	Symbolische Darstellung	wahlweise
HV-Naht	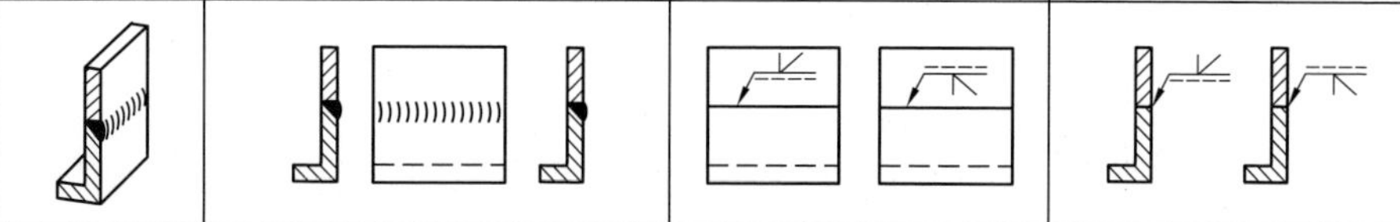			
	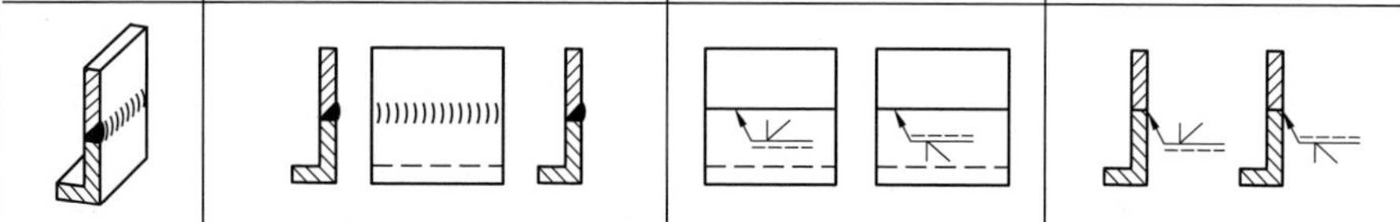			
	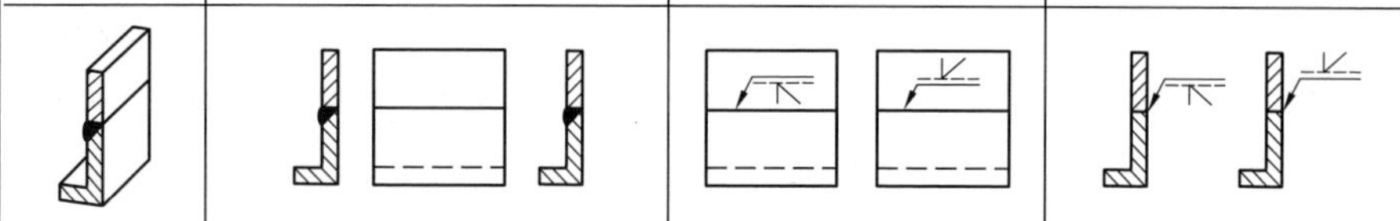			
Y-Naht	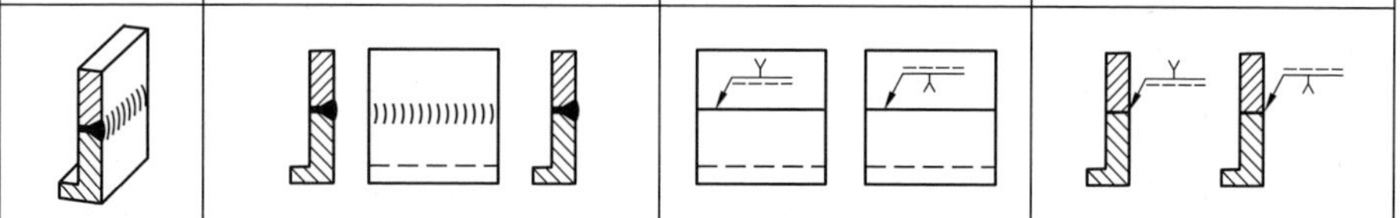			
HY-Naht	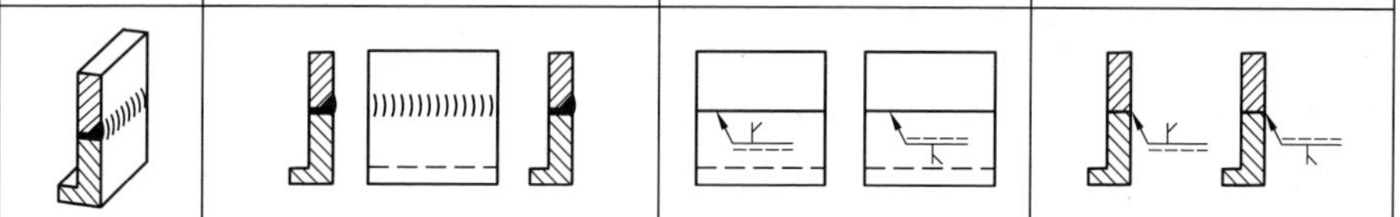			
U-Naht	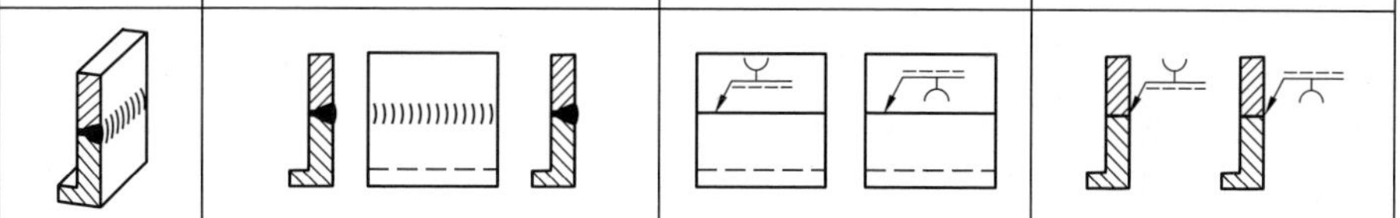			
Doppel-HV-Naht (K-Naht)	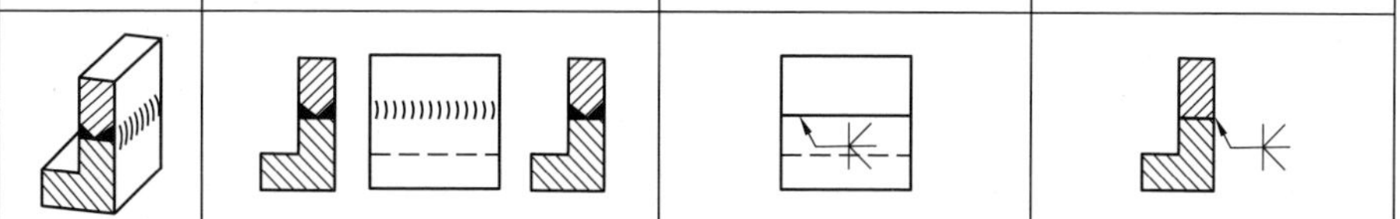			
	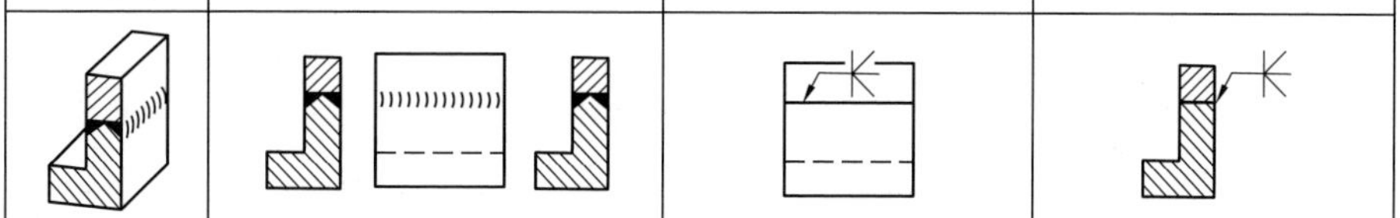			
Doppel-Y-Naht	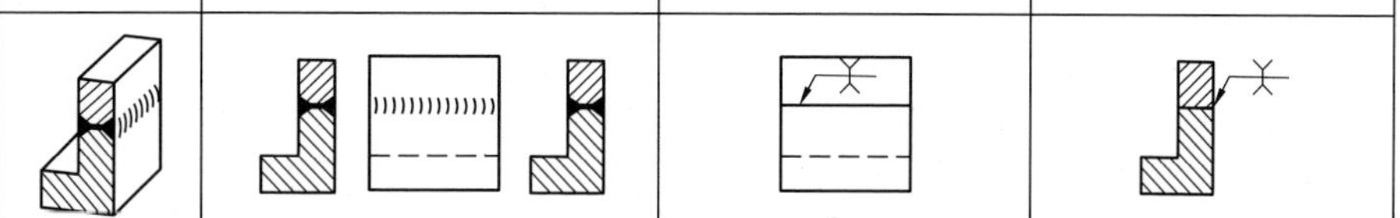			
Doppel-U-Naht	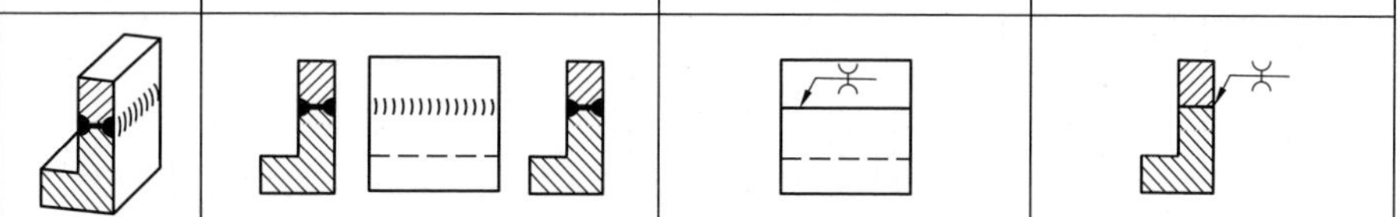			

Tabelle 10.8: Schweißnahtsymbole gebräuchlicher Schweißnähte. Fortsetzung

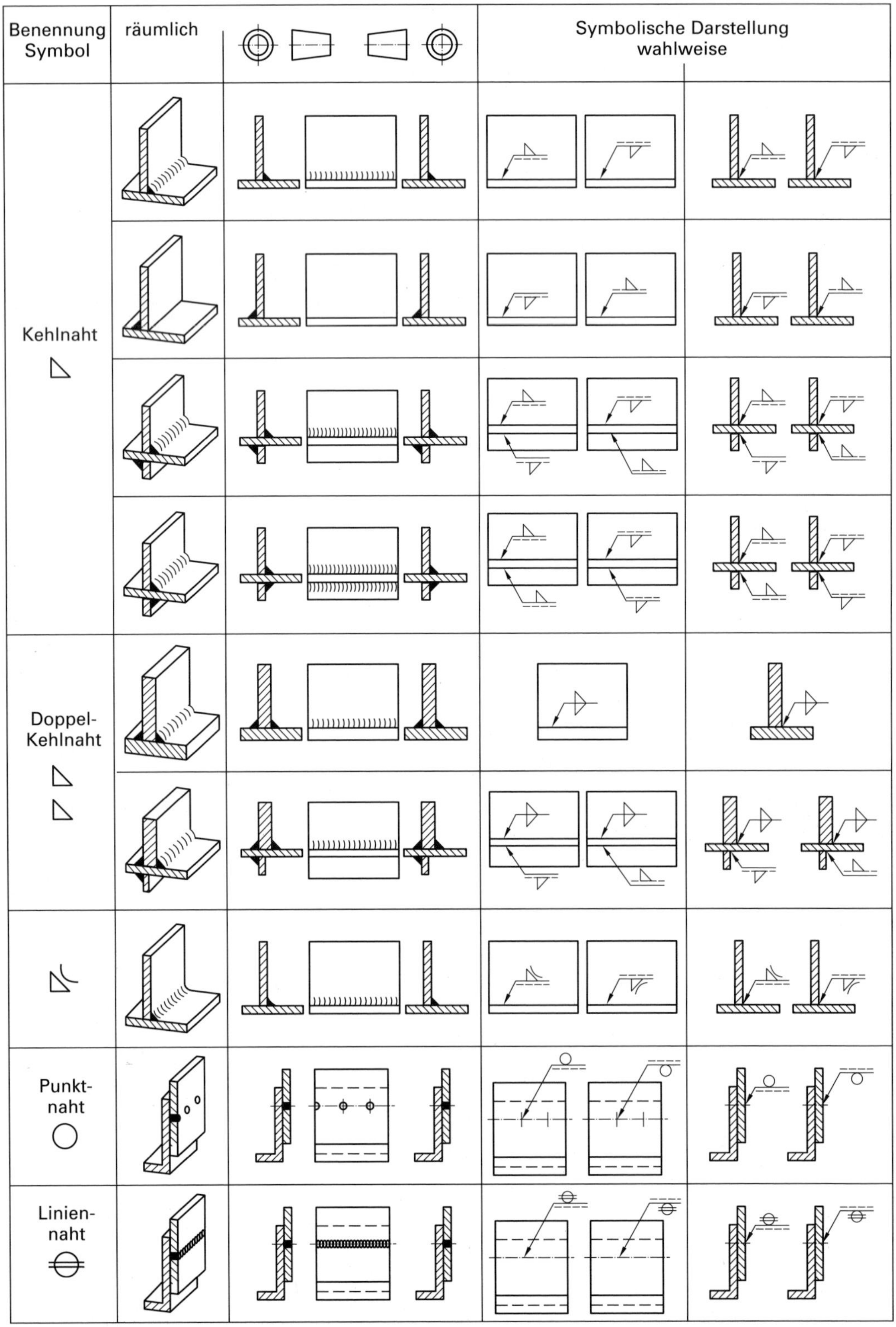

Tabelle 10.8: Schweißnahtsymbole gebräuchlicher Schweißnähte. Fortsetzung

11 Stahlbauzeichnungen

11.1 Darstellung der Ansichten und Schnitte

Normung: ÖNORM A 6230

Diese ÖNORM enthält Bestimmungen für Werkstattzeichnungen mit den dazugehörigen Unterlagen im Stahlbau, das sind im Wesentlichen der Brücken-, Kran-, Stahlhoch-, Stahlleicht- und Wasserbau. Die Werkstattzeichnungen gehören vorwiegend für einmal zu erstellende Stahlkonstruktionen, deren Positionen in Zeichnungen meist nicht einzeln, sondern in zusammengebautem Zustand dargestellt und bemaßt werden.

Der Bauteil soll in **einer** Zeichnung dargestellt werden. Ist dies nicht möglich, so können zu dieser Zeichnung ein bis höchstens zwei Ergänzungszeichnungen hinzugefügt werden. Voraussetzung ist aber, dass für alle Zeichnungen gemeinsame Unterlagen aufgestellt werden und dass aus deren Schriftfeldern ihre Zusammengehörigkeit hervorgeht.

Maßstäbe siehe Seite 99.
Fachwerknetze (Systemnetze, Neigungsdreiecke) siehe Seite 100.

1 **Vorerst ist eine Hauptansicht** durch Zeichnen der Systeme, Achsen und Schnitte festzulegen.

Die Hauptansicht ist jene Ansicht, die über das Bauwerk, den Bauteil oder den Lieferteil die größte Aussage macht (Bild 11.1).

Die notwendigen Schnitte und Ansichten sind der Hauptansicht beizuordnen und zu bezeichnen. Um die Übersichtlichkeit sicherzustellen und die Orientierung zu erleichtern, sind die einmal gewählten Blickrichtungen beizubehalten (Bild 11.1; Anordnung nach Bild 11.2 ist möglich).

Bei symmetrischen Bauteilen können Schnitt und Ansicht je zur Hälfte in einem gemeinsamen Riss dargestellt werden (Bild 11.3). Schnitte von Schnitten sind nur dann zulässig, wenn die ursprüngliche Blickrichtung beibehalten wird.

2 Wird ein Teil unterbrochen dargestellt, muss er durch eine Bruchlinie begrenzt werden (z. B. Schnitt b–b in Bild 11.1).

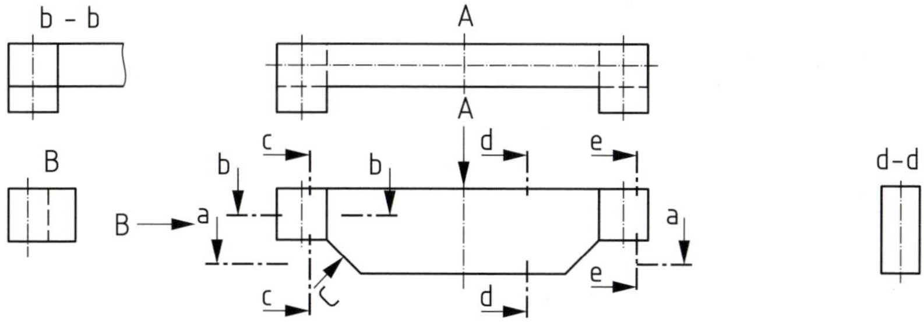

Bild 11.1

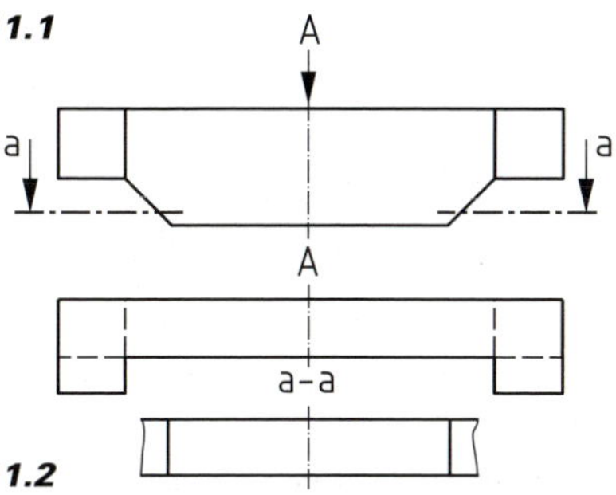

Bild 11.2

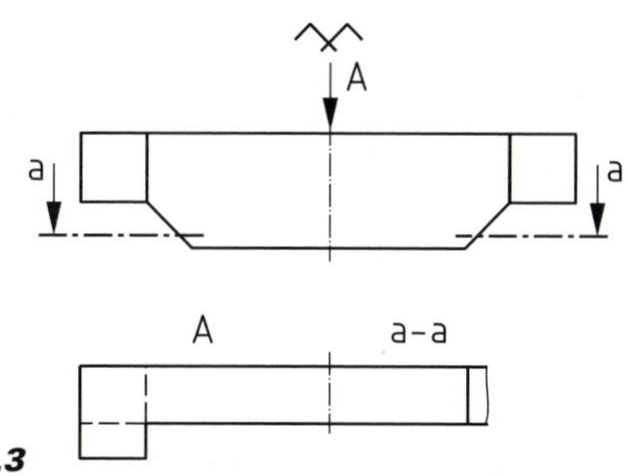

Bild 11.3

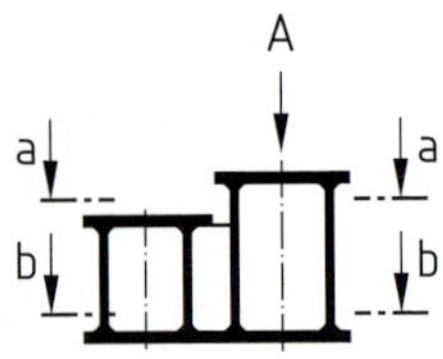

Bild 11.4

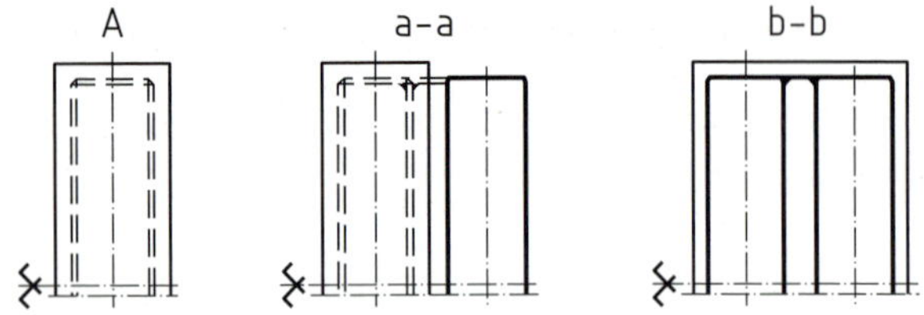

Bild 11.5

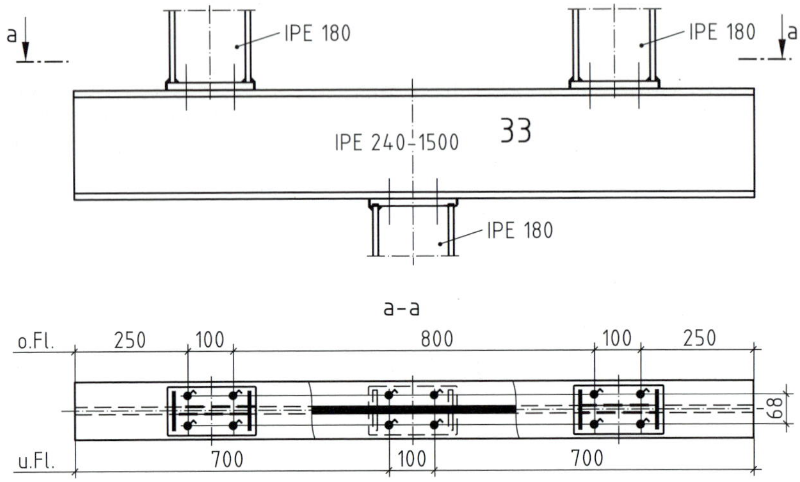

Bild 11.6

Bei der Darstellung von Schnitt- oder Ansichtsebenen dürfen nur die zur Ebene gehörenden und die unmittelbar dahinter liegenden anschließenden Teile gezeichnet werden (Bild 11.4 und Bild 11.5).

Ausnahmsweise dürfen jedoch dahinter liegende Teile durch örtliches Unterbrechen der Betrachtungsebene sichtbar gemacht werden. So werden im Bild 11.6 durch Unterbrechen des oberen Flansches Konstruktionsdetails des unteren Flansches sichtbar. Dadurch entfällt eine komplizierte und zusätzliche Schnittführung.

3 Als Vereinfachung dürfen ausnahmsweise Steg und Flansch in einer Ansicht dargestellt werden, wenn beide getrennt bemaßt werden. Diese Darstellungsart ist nur zulässig, wenn die konstuktiven Absichten eindeutig zu erkennen sind (Bild 11.7).

Ansichten und Details sind der Reihe nach mit Großbuchstaben, Schnitte der Reihe nach mit Kleinbuchstaben zu bezeichnen (Bild 11.4 und Bild 11.5).

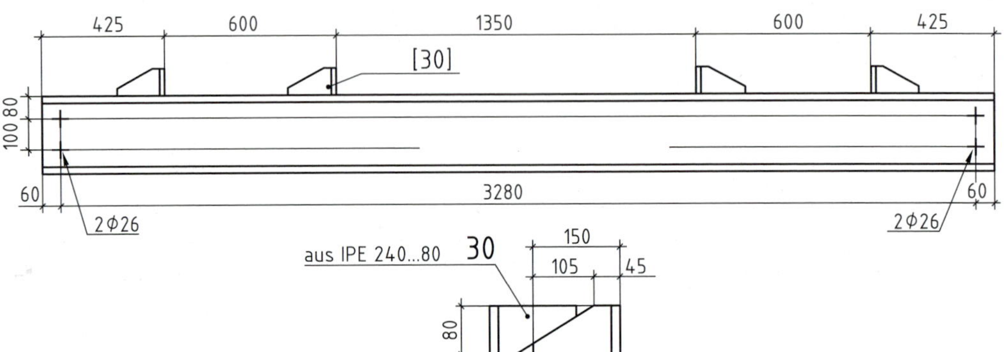

Bild 11.7

4 Bei symmetrischen Bauteilen wird nur eine Hälfte voll gezeichnet; die zweite Hälfte entfällt oder wird nur angedeutet (Bild 11.8). Die Symmetrie wird durch die Bezeichnung „Symmetrieachse" (Bild 11.8) oder durch das im Bild 11.5 gezeigte Symbol dargestellt.

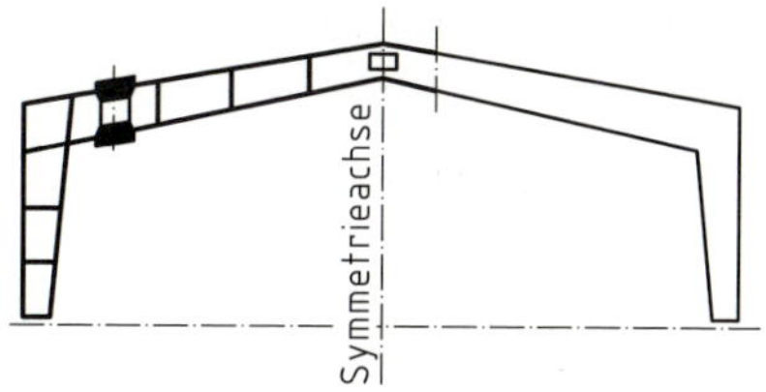

Bild 11.8

5 Bis einschließlich Maßstab 1 : 10 sind die durchgehenden Profile und Bleche im Schnitt voll geschwärzt (Bilder 11.9 und 11.10), bei größeren Maßstäben schraffiert darzustellen (Bild 11.11). Stoßen geschwärzte Teile aneinander, so sind Fugen anzudeuten (Bild 11.10).

Für die Anordnung von Fugen sowie für die Ausführung der Schraffuren gilt sinngemäß ÖNORM A 6063. Profilrundungen werden üblicherweise bis einschließlich Maßstab 1 : 10 nicht gezeichnet.

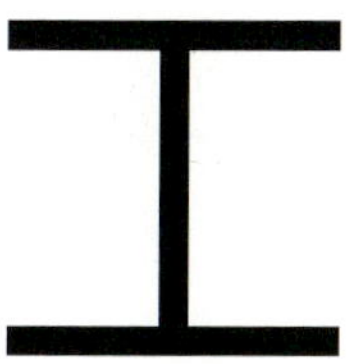

Bild 11.9

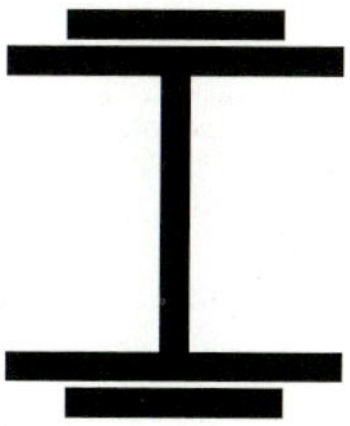

Bild 11.10

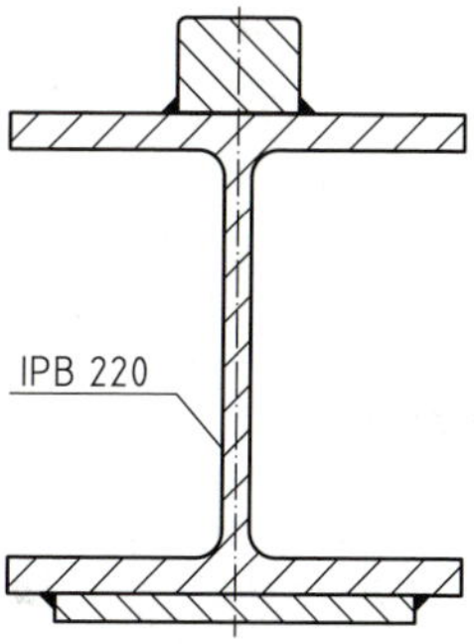

Bild 11.11

6 Teile, die zu einem Schnitt schräg verlaufen, werden nicht gezeichnet (Bild 11.12, Schnitt a–a).

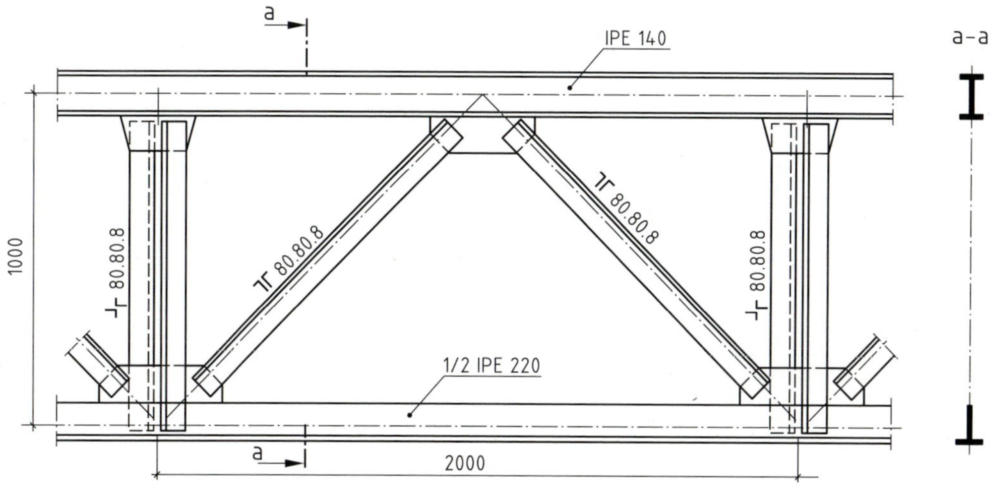

Bild 11.12

7 Zeichenlage. Die Bauteile sind weitestgehend in ihrer Gebrauchslage darzustellen, z. B. Stützen lotrecht (Bild 11.13), Träger waagrecht (Bild 11.14).

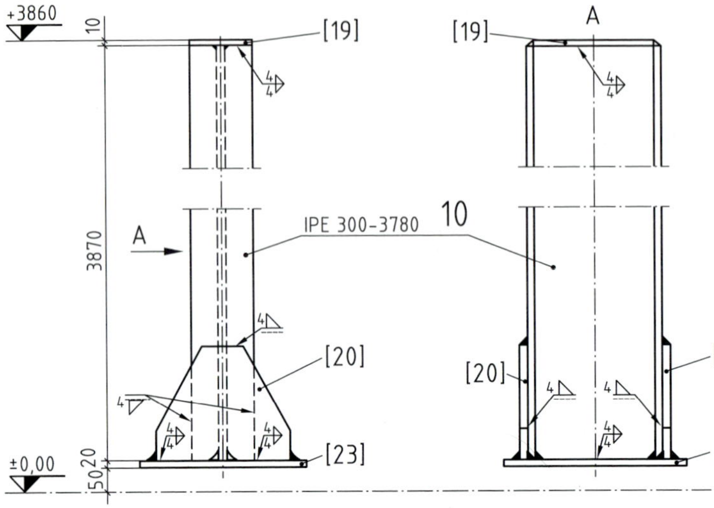

Bild 11.13

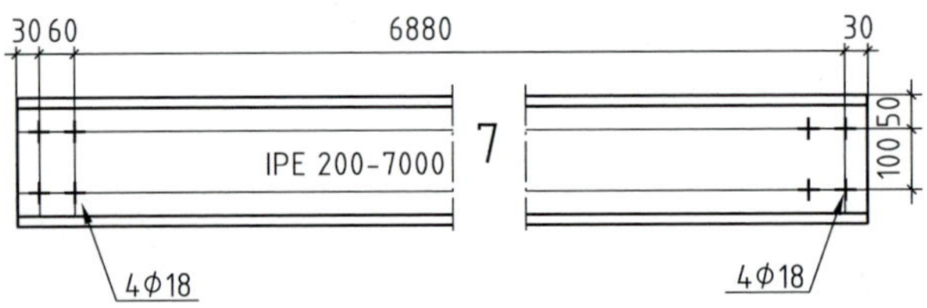

Bild 11.14

8 Lange Teile, wie Träger, Stützen und dgl., können in jenen Zwischenbereichen, die keine konstruktive Aussage enthalten, unterbrochen und zusammengeschoben gezeichnet werden (Bilder 11.13 bis 11.15).

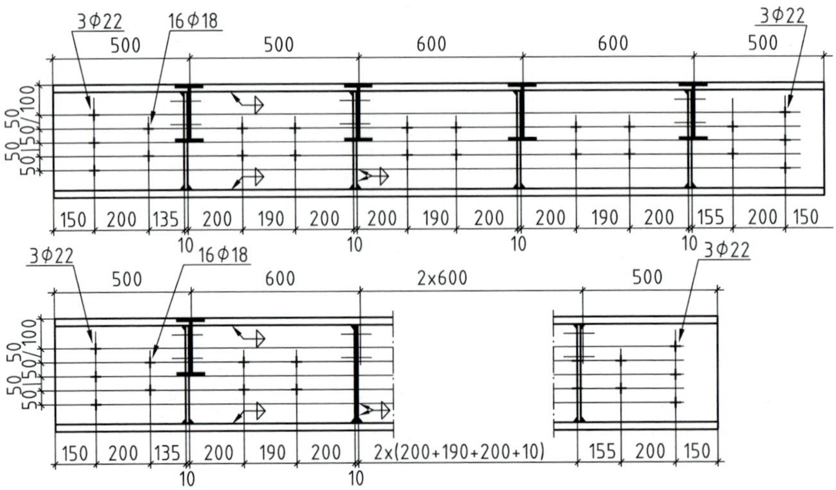

Bild 11.15

9 Details. Zur Erhöhung der Deutlichkeit und zur besseren Bemaßung wichtiger Punkte, wie z. B. Schweißfasen (außer genormten), Knoten, Querschnitte, sind Einzelheiten in größerem Maßstab herauszuzeichnen (Bild 11.16 und Bild 11.17).

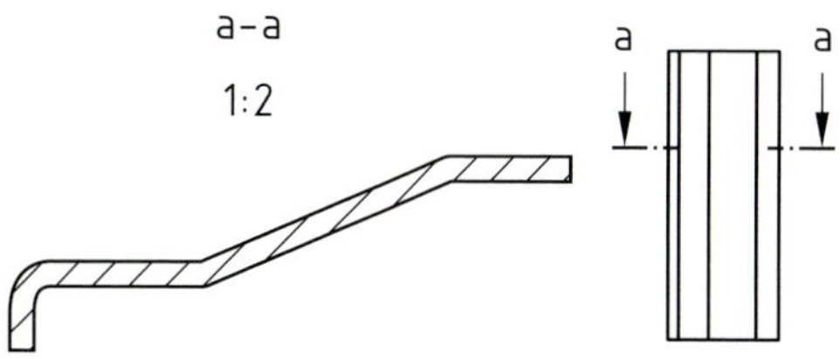

Bild 11.16

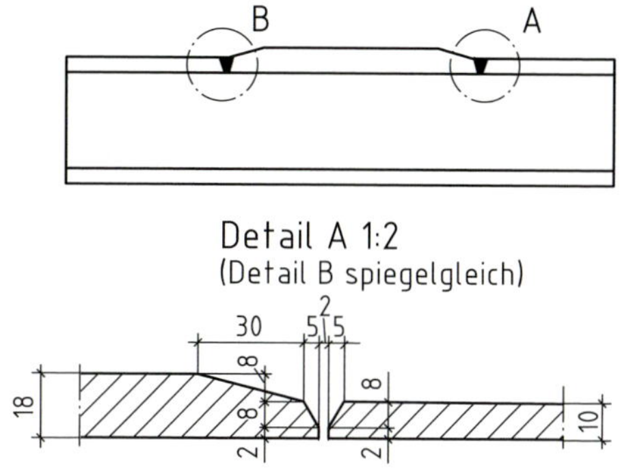

Bild 11.17

11.2 Maßeintragung

11.2.1 Maßlinien, Maßhilfslinien, Maßbegrenzungszeichen, Maßzahlen

Die Zeichnungen und die Anarbeitungsunterlagen (Beiblätter, Naturgrößen, Detailzeichnungen und dgl.) müssen so ausreichend bemaßt sein, dass Werkstätte und Montageabteilung ohne arbeitsverzögernde Rückfragen die Konstruktion anfertigen, kontrollieren und montieren können.

1 Die Bemaßung von Positionen, Liefer- oder Bauteilen hat in jener Darstellung zu erfolgen, welche den besten Aufschluss über die einzelnen Maßstellen gibt (Bild 11.18). Unnötige Maßeintragungen sind zu vermeiden.

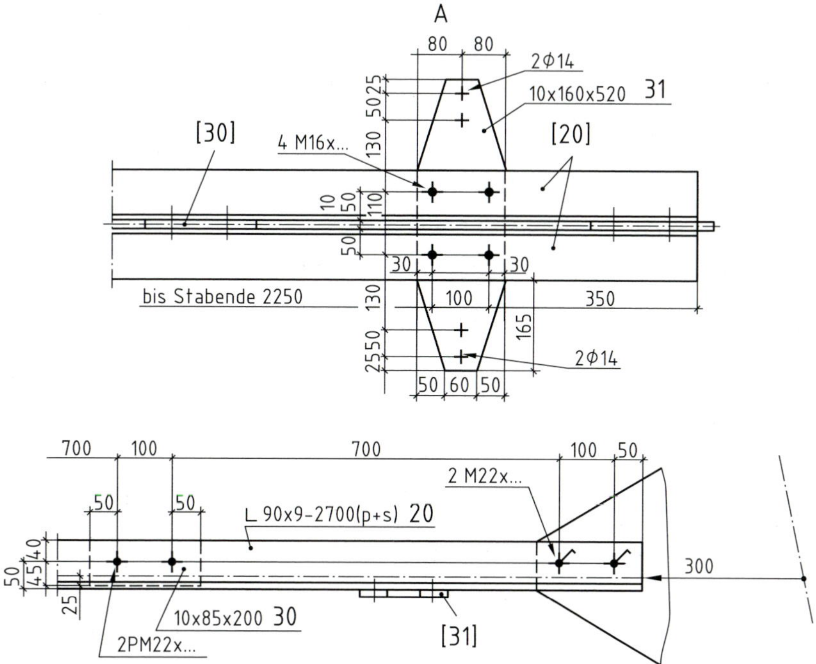

Bild 11.18

2 In den Zeichnungen sind nur jene Maße einzutragen, die der Bauteil oder das Bauwerk im Endzustand aufweisen soll. Schweiß- und Bearbeitungszugaben sind im Fertigungsbereich zu berücksichtigen. Maßzahlen werden über die Maßlinien gesetzt. Sie sollen gemäß Bild 11.18 angeordnet werden. Im schraffierten Bereich sind sie zu vermeiden. Bei nicht maßstäblich gezeichneten Teilen werden die Maßzahlen unterstrichen. Sämtliche Maßangaben sind in Millimetern einzutragen, wobei das Einheitszeichen mm wegfällt.

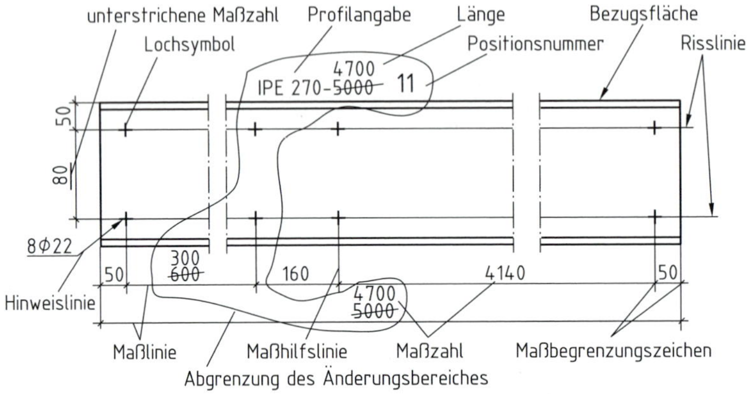

Bild 11.19

3 An den **Enden der Maßlinie** wird das Maßbegrenzungszeichen (der „Maßpfeil") gesetzt. Dieses ist in der Regel ein kleiner schräger Strich (Bild 11.19).

4 **Beschriftung.** Grundsätzlich sind Normschriften gemäß ÖNORM EN ISO 3098 anzuwenden. Die Schriftgröße hat der Bedeutung und dem Schriftbild zu entsprechen. Bei Anwendung der Mikroverfilmung ist ÖNORM A 6001 zu berücksichtigen.

5 **Linien.** Für die Ausführung der Linien gilt die ÖNORM EN ISO 128-20. Bevorzugte Liniengruppen: 0,7, 0,5, 0,35.

Werden Zeichnungen in Bleistift erstellt, müssen Beschriftung, System- und Mittellinien, Maßzahlen und Maßbegrenzungszeichen sowie Symbole (z. B. der Verbindungsmittel) in Tusche ausgeführt werden.

6 **Stäbe und Profile.** Darstellungen von Stäben und Profilen sollten immer ihre Normbezeichnung enthalten, der, wenn nötig, die durch einen kurzen waagrechten Strich abgetrennte Schnittlänge folgt (Bild 11.20).

Beispiel: IPE 220-3600

Wenn es keine Normbezeichnung gibt, sind die auf Seite 137 gezeigten Symbole und Maße anzuwenden.

7 **Bleche** werden mit der Dicke und nachgestellten Maßen des kleinsten umschriebenen Rechteckes bezeichnet.

Beispiel: 10 × 300 × 610

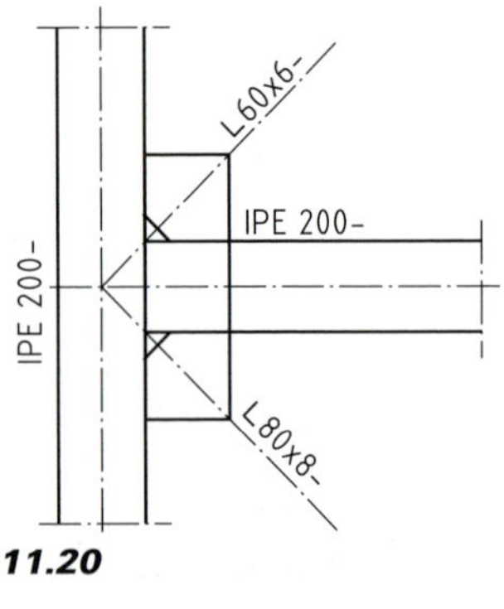

Bild 11.20

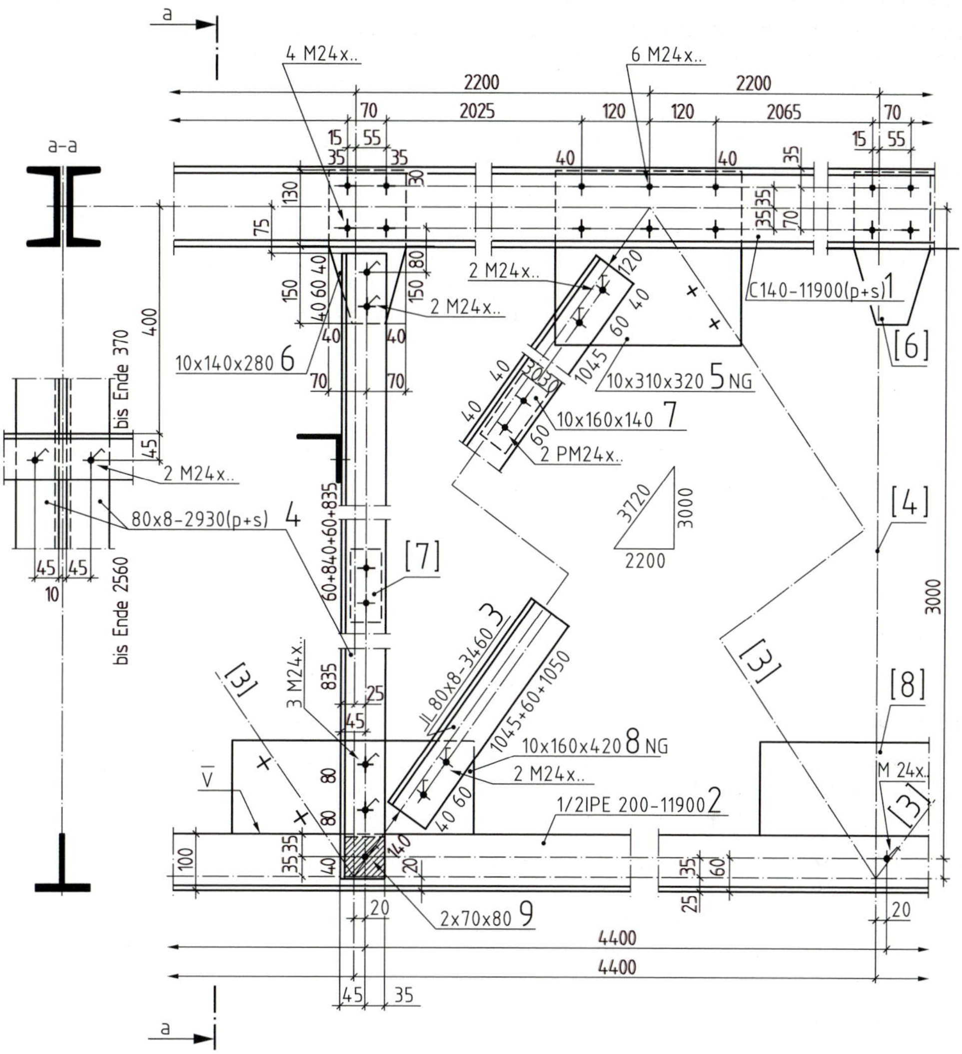

Bild 11.21 Stahlbauzeichnung in richtiger Darstellung (Linienarten, Maßangaben, Schnittdarstellung, Teilebezeichnung, Positionierung u. a.)

8 **Weitere Beispiele für die Bemaßung** siehe Bilder 11.22 bis 11.24.

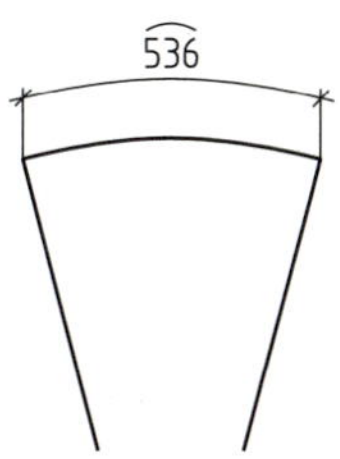

Bild 11.22 Bogenmaß

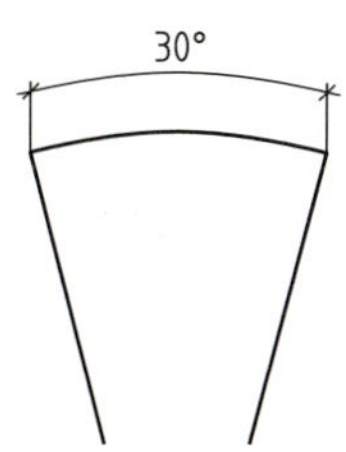

Bild 11.23 Winkelmaß

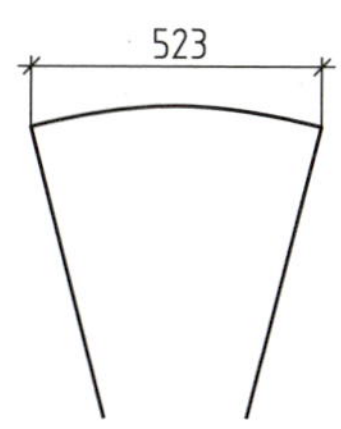

Bild 11.24 Sehnenmaß

11.2.2 Maßketten

Die Zeichnungen müssen alle notwendigen Haupt- (z. B. Systemmaße, Achsmaße, Höhenmaße), Zusammenbau- und Richtmaße enthalten, aus denen die Bemaßungen der einzelnen Positionen abgeleitet werden können. Jede Position ist mit einer durchgehenden, geschlossenen, vom Beginn der Position bis zu ihrem Ende reichenden Maßkette zu versehen.

1 Die Summe der Einzelmaße einer Maßkette ergibt bei Form- und Stabstahl die Länge, bei Blechen die Länge und die Breite. Die Maßkette dient auch zur Erstellung der Additionsliste (Additionsstreifen).

2 Verschiedene Bearbeitungsarten (z. B. Bohren, Schweißen) an derselben Position sind in einer Maßkette anzugeben, falls der Fertigungsvorgang nicht eine getrennte Bemaßung erfordert (Bild 11.25).

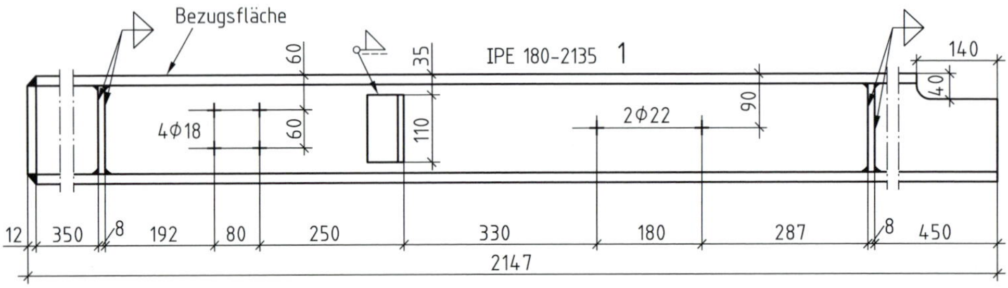

Bild 11.25

3 Bei gleichen Teilungen genügt es, die Anzahl der Teilungen und das entsprechende Gesamtmaß anzugeben (Bild 11.26).

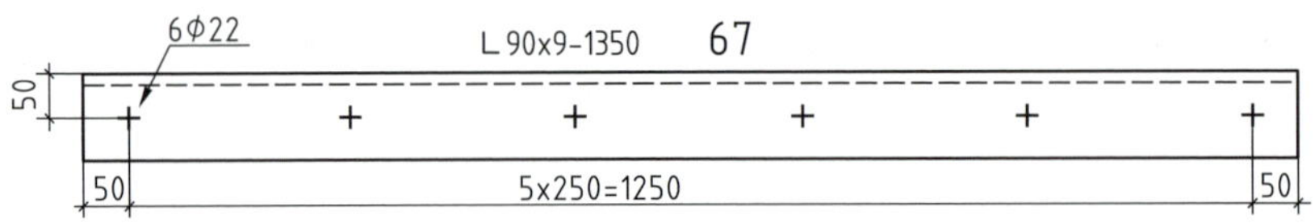

Bild 11.26

4 Bei Profilstößen dürfen die Maßketten über die Profilenden hinaus zur anschließenden Position geführt und mit Anschlussmaßen versehen werden. Die Maßkette schließt mit Maßergänzungen die Bemaßung zu verbindender Teile (z. B. Stoßlaschen) ein (Bild 11.27).

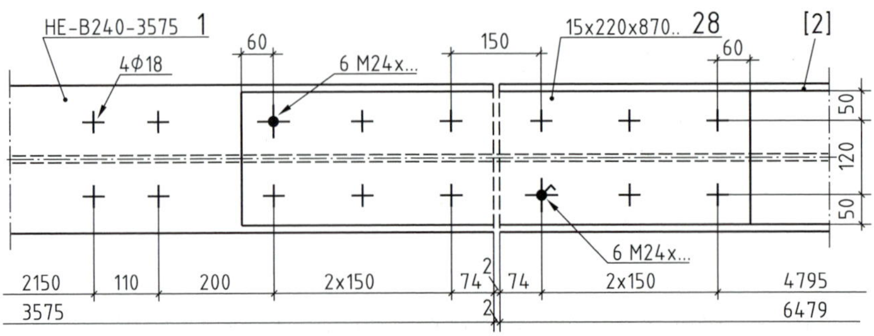

Bild 11.27

11.2.3 Bezeichnung für Profile, Stäbe, Bleche und Rohre

Für die Darstellung sollten immer Normbezeichnungen oder entsprechende Symbole mit Maßangaben verwendet werden. Der Bezeichnung ist auch die Schnittlänge des Stahlbauteils beizufügen. Beispiel siehe Bild 11.29.

I PE220–2600	Warmgewalzter mittelbreiter I-Träger mit Höhe = 220 mm, Länge = 2600 mm
L 80 × 40 × 6–3600	Warmgewalzter ungleichschenkliger rundkantiger Winkelstahl mit Schenkelbreiten von 80 mm und 40 mm, Schenkeldicke = 6 mm, Länge = 3600 mm
⅃L 80 × 40 × 6–3600	Winkelstahl wie oben; Doppelprofil
L 90 × 9–2700	Warmgewalzter gleichschenkliger rundkantiger Winkelstahl mit Schenkelbreiten = 90 mm, Schenkeldicke = 9 mm, Länge = 2700 mm
[200–1500	Warmgewalzter rundkantiger U-Stahl mit Höhe = 200 mm, Länge = 1500 mm
I 120–2000	Warmgewalzter schmaler I-Träger mit Höhe = 120 mm, Länge = 2000 mm
Ø 101,6 × 2, 9 – 4000	Rohr mit rundem Querschnitt, Außen-Ø = 101,6 mm, Wanddicke = 2,9 mm, Länge = 4000 mm
▭ 60 × 40 × 2, 9 – 2500	Stahlrohr mit rechteckigem Querschnitt, Breite = 60 mm, Höhe = 40 mm, Wanddicke = 2,9 mm, Länge = 2500 mm
[220 × 40 × 4 – 2800	Gekantetes U-Profil mit Höhe = 220 mm, Breite = 40 mm, Blechdicke = 4 mm, Länge = 2800 mm
10 × 270 × 2750	Blech mit Dicke = 10 mm, Breite = 270 mm, Länge = 2750 mm

Tabelle 11.1: Normbezeichnung und Symbole für Profile, Stäbe, Bleche und Rohre

- T T-Profil
- ⅂ Z-Profil
- Ø Stäbe mit kreisförmigem Querschnitt (Rundstahl)
- ▭ Stäbe mit rechteckigem Querschnitt (Flachstahl)
- ⫯ Schiene
- ⫯⫯ Wulstwinkel, Wulstflach

Bild 11.28 Weitere Symbole für Profilformen

Beispiel:

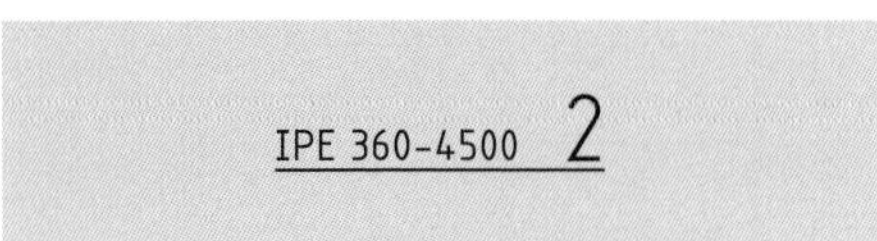

Bild 11.29

11.2.4 Positionierung der Stahlbauteile, siehe Seite 103 (Kap. 9.4.2.3)

ZA 42 Knotenpunkt

Zweck der Zeichenaufgabe: Zeichnen von geschweißten Stahlbaukonstruktionen mit symbolischer Darstellung von Schweißnähten.

1. Zeichnen Sie den Knotenpunkt in Vorderansicht und Seitenansicht.
Schweißnähte: Lichtbogenhandschweißung
Profile: S235JO

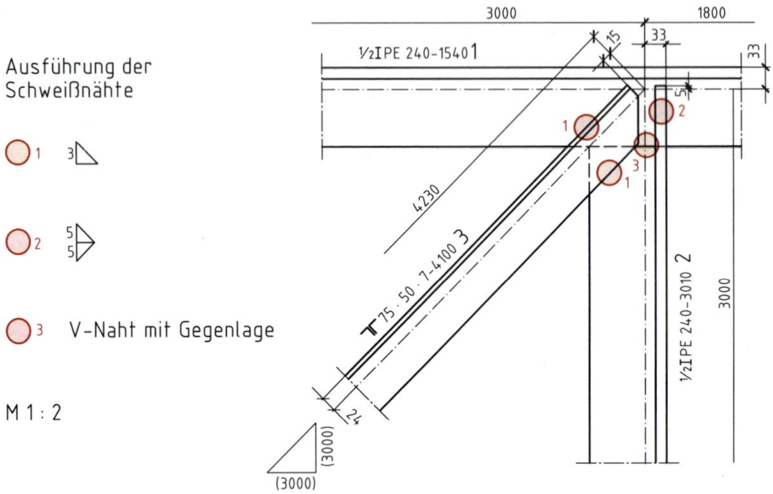

ZA 43 Stützenfuß

Zweck der Zeichenaufgabe: Wie **ZA 42**.

1. Zeichnen Sie den Stützenfuß in Vorderansicht, Draufsicht und Seitenansicht.
Schweißnähte: Lichtbogenhandschweißung
Profile: S235JO

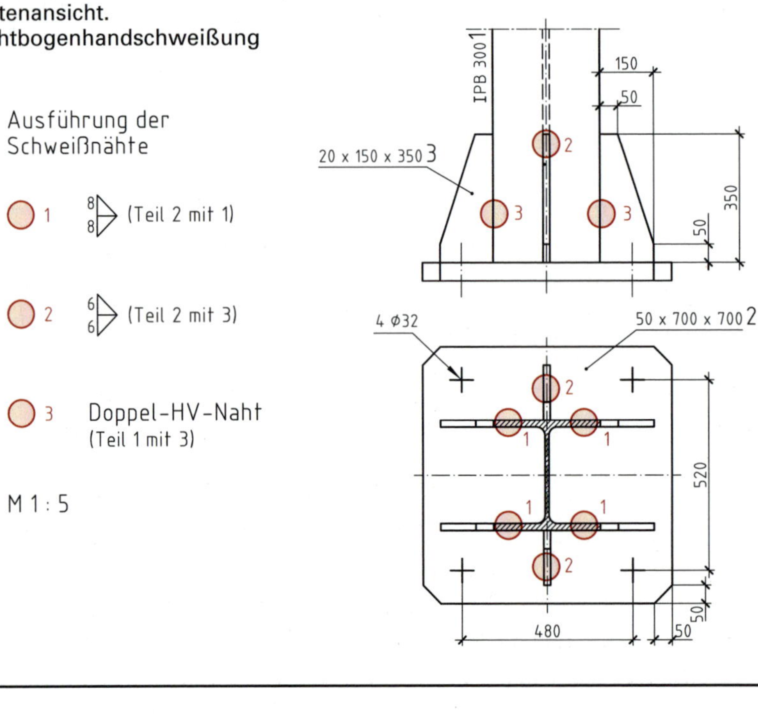

12 Achsen, Wellen und Spindeln

12.1 Achsen

Achsen werden durch die Gewichtsbelastung der auf ihnen laufenden oder befestigten Maschinenteile, Radscheiben, Laufräder u. dgl. vorwiegend auf Biegung beansprucht. Drehen sich die Achsen, so wirkt noch zusätzlich das Lagerreibungsmoment, das aber gegenüber dem Biegemoment vernachlässigt werden kann. Man unterscheidet **feste und umlaufende Achsen**.

Gebräuchliche Anwendungsbeispiele von Achsen zeigt das Bild 12.1.

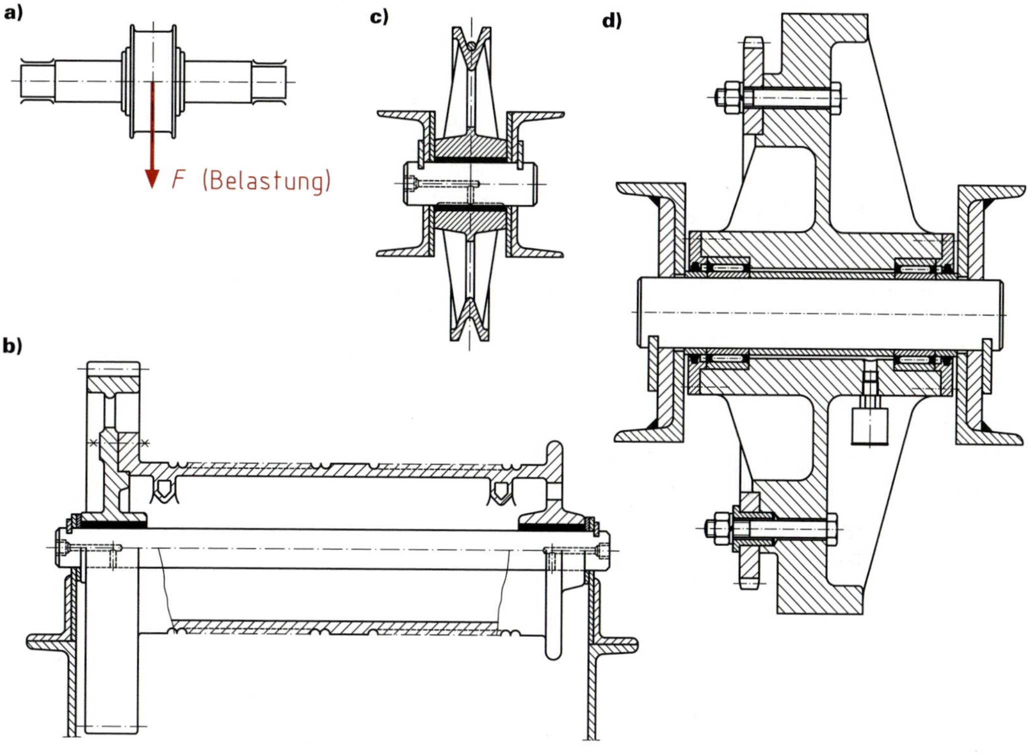

Bild 12.1 Beispiele von Achsen
a) *Radachse,* ***b)*** *Seiltrommelachse,* ***c)*** *Rollenachse,* ***d)*** *Praktische Anwendung einer Achslagerung*

Achsen werden einfach und zweckmäßig durch **Achshalter** befestigt (Bild 12.3). Achshalter sichern Achsen gegen Drehung und Längsverschiebung. Sie sind auf der Seite der Achslagerung anzubringen, die nicht belastet ist. Beim Zusammenbau ist darauf zu achten, dass die Schmierbohrungen zur unbelasteten Lagerhälfte gerichtet sind (Bild 12.2).

Schmiervorrichtungen: Staufferbuchsen, Schmiernippel, Schmier-Stopfen (Bild 12.2).

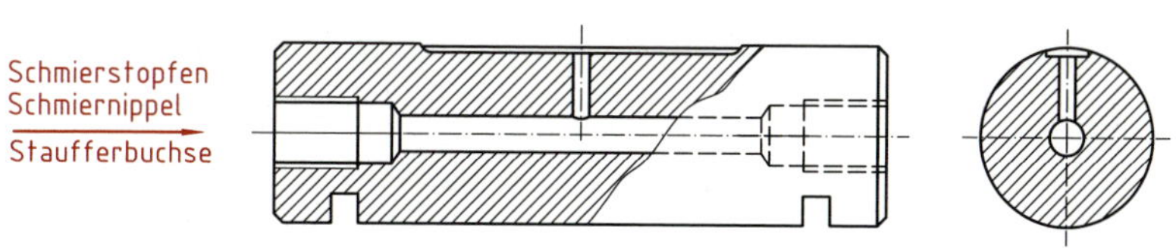

Bild 12.2 Rad- oder Rollenachse

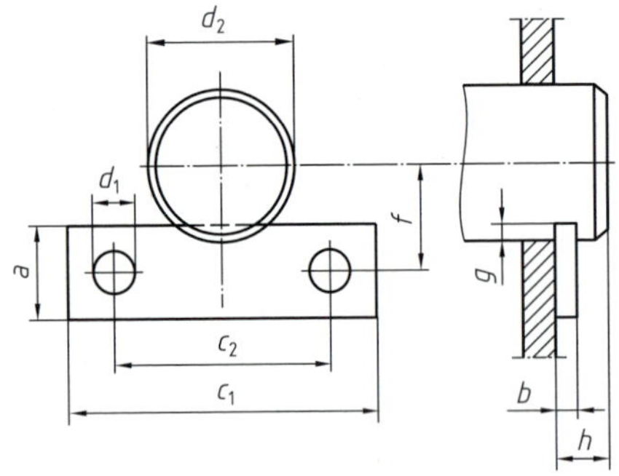

Bild 12.3 Achshalter

Anordnung: parallel oder entgegengesetzt zur Belastungsrichtung der Achse.

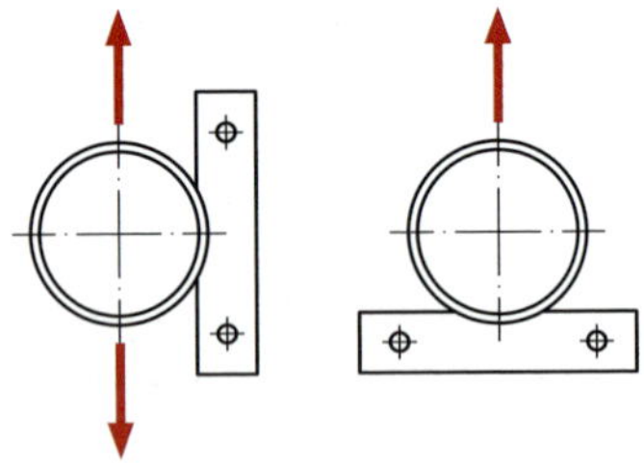

Die Achshalter sind so anzuordnen, dass die Befestigungsschrauben durch den Achsdruck nicht beansprucht werden.

Bezeichnungsbeispiel (siehe Maßtabelle, Seite 142):
Bezeichnung eines Achshalters von Breite a = 30 mm und Dicke b = 8 mm:

Achshalter DIN 15058 – 30 × 8

12.2 Wellen und Spindeln

Wellen drehen sich und übertragen Drehmomente. Beansprucht werden sie auf Biegung und Verdrehung, außerdem sind in vielen Fällen die elastische Verformung, auftretende Schwingungen und kritische Drehzahlen einer Welle zu untersuchen.

Nach dem Verwendungszweck unterscheidet man (Bild 12.4) z. B. abgesetzte Getriebe- und Motorwellen, glatte Triebwerkswellen, gekröpfte Kurbelwellen, Keilwellen oder Wellen mit Polygonprofilen, biegsame Wellen und Gelenkwellen zur Kraftübertragung zwischen ortsbeweglichen Antriebs- und Arbeitsmaschinen.

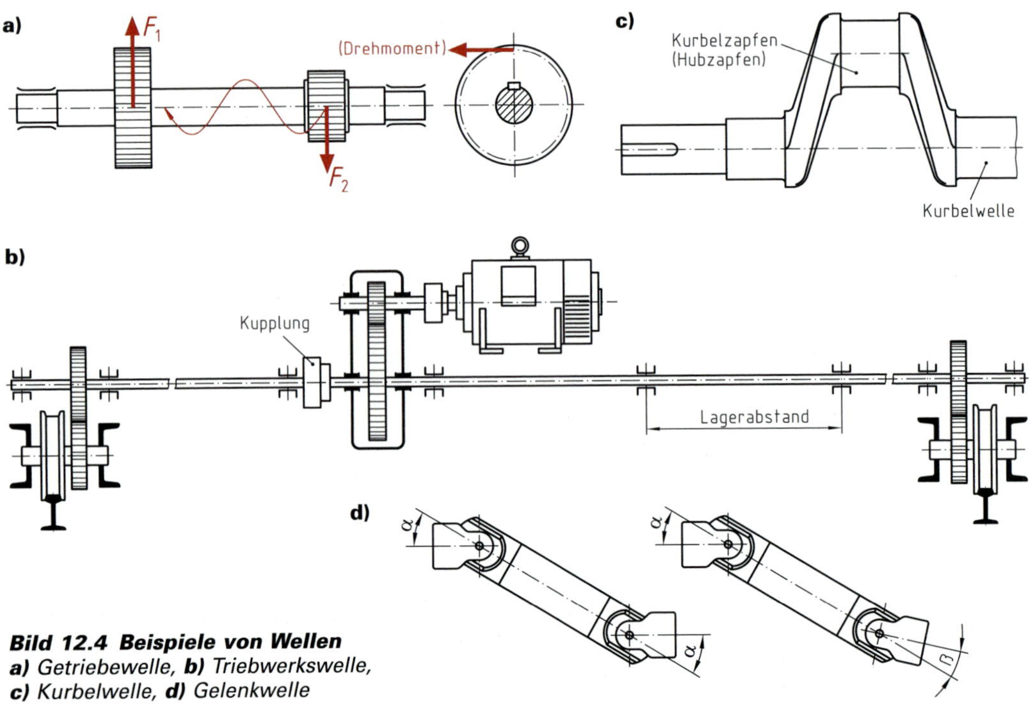

Bild 12.4 Beispiele von Wellen
***a)** Getriebewelle, **b)** Triebwerkswelle,*
***c)** Kurbelwelle, **d)** Gelenkwelle*

Die **Biegebeanspruchung** entsteht durch die Gewichtskraft der auf der Welle befestigten Teile (Zahnräder, Riemenscheiben, Schwungräder u. dgl.) und durch die einseitig wirkenden Kräfte (Zahnkraft, Riemenzug u. Ä.). Die Größe des Drehmoments hängt von der zu übertragenden Leistung und der Drehzahl pro Minute ab. Biegung und Verdrehung sind bei Wellen Wechselbeanspruchungen. Sie werden daher auf Dauerfestigkeit, weniger auf statische Festigkeit berechnet.

- **Werkstoffe.** Für gering beanspruchte Teile ohne Durchfederung und ohne wesentlichen Verschleiß an der Laufstelle genügt S275JR; für höher beanspruchte Triebwerksteile und wenn aus Verschleißrücksichten ein härterer Werkstoff gewählt werden muss, verwendet man E295. Für hohe Beanspruchungen sind E335 und E360 geeignet, da man diese Stähle vergüten und oberflächenhärten kann. Sehr hoch beanspruchte Wellen, wie Kurbel-, Nocken-, Differential-, Vorlege- und Gelenkwellen, werden vorwiegend aus Einsatzstählen, z. B. C15, 15Cr3, 16MnCr5, und Vergütungsstählen, z. B. C22, C35, C45, 40Mn4, 37MnSi5, 34Cr4, 34CrMo4, hergestellt.
  Lieferform: Blanker Rundstahl, gezogen, gedreht oder geschliffen, Freiformschmiedestücke und Gesenkschmiedestücke.

Die Werte der Dauerfestigkeit für Wellen sind abhängig von **Wellenform** und **Oberflächenbeschaffenheit.**

- **Wellenform.** Hier ist der Einfluss der Kerbstellen und die Kerbwirkung zu berücksichtigen (Bild 12.5). Kerbstellen an Wellen sind Radien, Einstiche, Nuten, Rillen, aufgekeilte oder aufgepresste Naben, Querlöcher (z. B. Schmierbohrungen), Gewinde u. a. Die Kerbstellen ergeben eine erhöhte Kerbempfindlichkeit und setzen die Dauerfestigkeit erheblich herab.
  Zum Erhöhen der Dauerfestigkeit und Abbau der Kerbwirkung an abgesetzten Wellen sollen Rundungen möglichst glatt ausgeführt werden, z. B. kaltgewalzt bzw. gerollt oder prägepoliert.
  Die Kerbempfindlichkeit steigt mit zunehmender Bruchfestigkeit. Wellen aus hochwertigen Werkstoffen sind daher besonders sorgfältig zu gestalten und riefenfrei zu bearbeiten. Bei allen Querschnittsübergängen und Schultern an Bunden sind ausreichend große Rundungen (Bild 12.6), sorgfältig eingestochene Rillen oder Freistiche (Bild 12.7) vorzusehen.
- **Oberflächenbeschaffenheit.** Die Dauerfestigkeit ist von der Güte der Wellenoberfläche (feinstbearbeitet, geschliffen, mit Walzhaut usw.) und von den Korrosionseinflüssen abhängig.

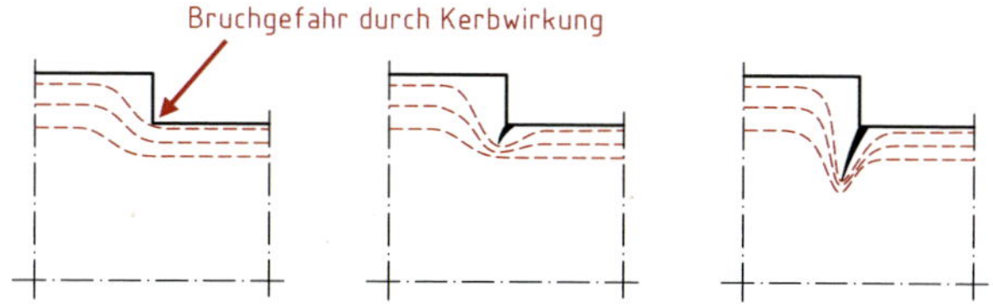

Bild 12.5 Kerbwirkung

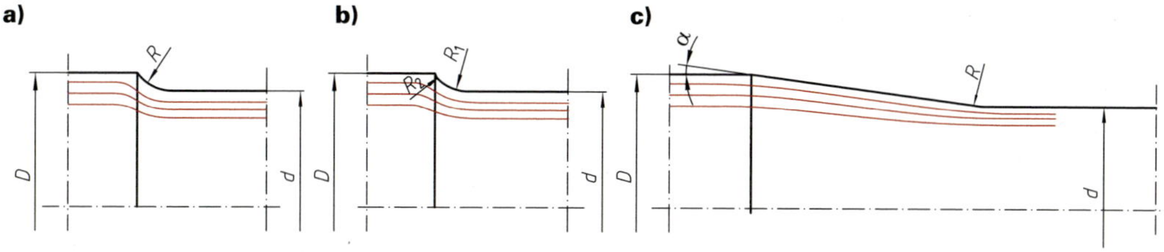

Bild 12.6 Zweckmäßige Übergangsstellen bei abgesetzten Wellen. Nach Möglichkeit sind große und glatte Übergangsradien auszuführen: a) *Richtwerte für die Rundung;* ***b)*** *Richtwerte für die Korbbogenrundung;* ***c)*** *Wenn es die Konstruktion erlaubt, sind kegelförmige Übergänge äußerst günstig, Übergangswinkel α = 15°, R = d/5*

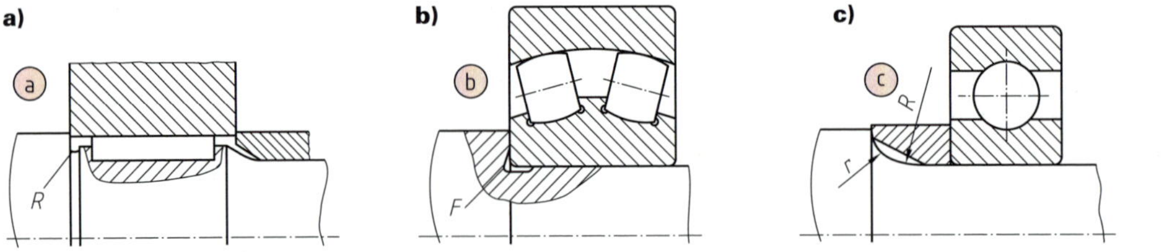

Bild 12.7
a) *Bei niedrigen Schulterhöhen und zwecks Erleichterung der Schleifarbeit ist z. B. eine sorgfältig eingestochene Hohlkehle (Rille R) anzubringen*
b) *sehr zweckmäßig sind Freistiche F nach DIN 509, wenn die Wellenabsätze geschliffen werden, damit die Schleifscheibenkante freien Auslauf hat*
c) *Abstandsring, damit der Übergang genügend ausgerundet werden kann*

ZA 44 Seiltrommelachse mit Achshalter

Zweck der Zeichenaufgabe: Darstellung von Achsen in Werkzeichnungen.

1. Zeichnen Sie auf ein Zeichenblatt Größe A3 den **Teil 1**, Seiltrommelachse, im **Teil 2**, Rahmenblech, mit **Teil 3**, Achshalter DIN 15058, befestigt (siehe Bild 12.3) und **Teil 4**, Sechskantschraube ÖNORM EN ISO 4018–M10 × 25–5.6, verschraubt in Vorder- und Seitenansicht sowie Draufsicht.
   Beachten Sie: Zeichnen Sie den Achshalter nur an der linken Seite der Seiltrommelachse mit der Verschraubung im Schnitt A–B.
2. Bestimmen Sie die fehlenden Abmessungen des Achshalters nach folgenden Werten.
3. Ergänzen Sie den Schriftkopf und die Stückliste.

Maßtabelle für Achshalter nach DIN 15058 (siehe Bild 12.3, Seite 140)

<table>
<tr><th colspan="2">Wellendurchmesser d_2</th><th rowspan="2">a</th><th rowspan="2">b</th><th rowspan="2">c_1</th><th rowspan="2">c_2</th><th rowspan="2">d_1</th><th rowspan="2">f</th><th rowspan="2">g</th><th rowspan="2">h ≈</th><th colspan="2">Befestigungsschrauben Gewinde</th></tr>
<tr><th>Bereich</th><th>Vorzugs-durchmesser</th><th>metrisches Gewinde</th><th>metrisches Feingewinde</th></tr>
<tr><td rowspan="4">über 16 bis 25</td><td>18</td><td rowspan="4">20</td><td rowspan="4">5</td><td rowspan="4">60</td><td rowspan="4">36</td><td rowspan="4">9</td><td rowspan="2">16</td><td>3</td><td rowspan="4">10</td><td rowspan="4">M8</td><td rowspan="4">M8x1</td></tr>
<tr><td>20</td><td rowspan="2">4</td></tr>
<tr><td>22</td><td>17</td></tr>
<tr><td>25</td><td>18</td><td>4,5</td></tr>
<tr><td rowspan="6">über 25 bis 40</td><td>28</td><td rowspan="6">25</td><td rowspan="6">6</td><td rowspan="6">80</td><td rowspan="6">50</td><td rowspan="6">11</td><td rowspan="2">22</td><td>4,5</td><td rowspan="6">12</td><td rowspan="6">M10</td><td rowspan="6">M10x1</td></tr>
<tr><td>(30)</td><td rowspan="2">5,5</td></tr>
<tr><td>32</td><td>23</td></tr>
<tr><td>(35)</td><td rowspan="2">24</td><td>6</td></tr>
<tr><td>36</td><td rowspan="2">6,5</td></tr>
<tr><td>40</td><td>26</td></tr>
<tr><td rowspan="6">über 40 bis 63</td><td>45</td><td rowspan="6">30</td><td rowspan="6">8</td><td rowspan="6">100</td><td rowspan="6">70</td><td rowspan="6">13</td><td>31</td><td>6,5</td><td rowspan="6">16</td><td rowspan="6">M12</td><td rowspan="6">M12x1,5</td></tr>
<tr><td>50</td><td>33</td><td>7</td></tr>
<tr><td>(55)</td><td rowspan="2">35</td><td>7,5</td></tr>
<tr><td>56</td><td>8</td></tr>
<tr><td>(60)</td><td>36</td><td>9</td></tr>
<tr><td>63</td><td>37</td><td>9,5</td></tr>
</table>

Maßtabelle für Seilrolle (zu ZA 45)

Für Seil-∅	r	d	d_1	d_2	a	b	c
8,0 mm	5	25	30	50	40	32	6
6,5 mm	4	20	25	45	36	28	5
5,0 mm	3,2	18	22	40	30	22	5

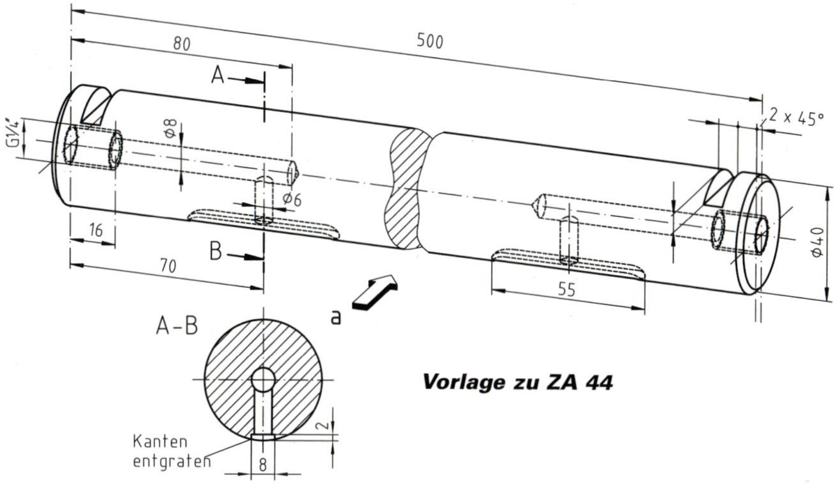

Vorlage zu ZA 44

ZA 45 Seilrollenlagerung

Zweck der Zeichenaufgabe: Wie **ZA 44**. Zeichnen Sie als Einzelteil die Achse (Teil 4) und eine Zusammenstellung der Seilenrollenlagerung.

1. Wählen Sie einen Seildurchmesser und zeichnen Sie dazu eine Seilrollenlagerung.

Teil 1, U-Profil 80
Teil 2, Seilrolle
Teil 3, Lagerbuchse
Teil 4, Achse
Teil 5, Stellring
Teil 6, Gewindestift
Teil 7, Flachschmiernippel
Teil 8, Achshalter
Teil 9, Sechskantschraube
Teil 10, Federring

Bestimmen Sie die notwendigen Abmessungen und beachten Sie die Normausführungen.

2. Ergänzen Sie alle fertigungsnotwendigen Hinweise (z. B. Oberflächenangaben, Abmaße, Passungen).

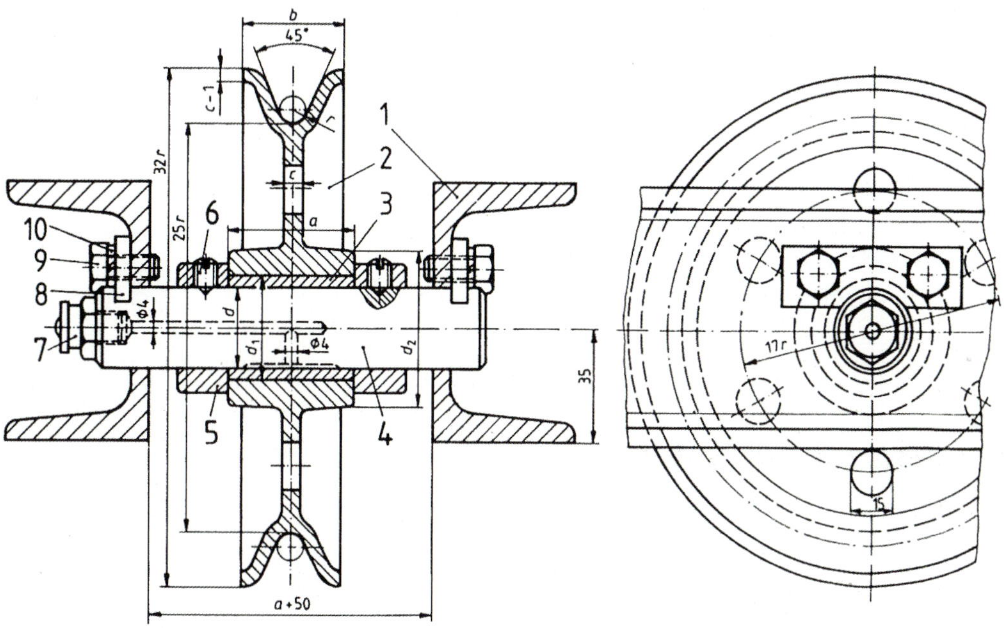

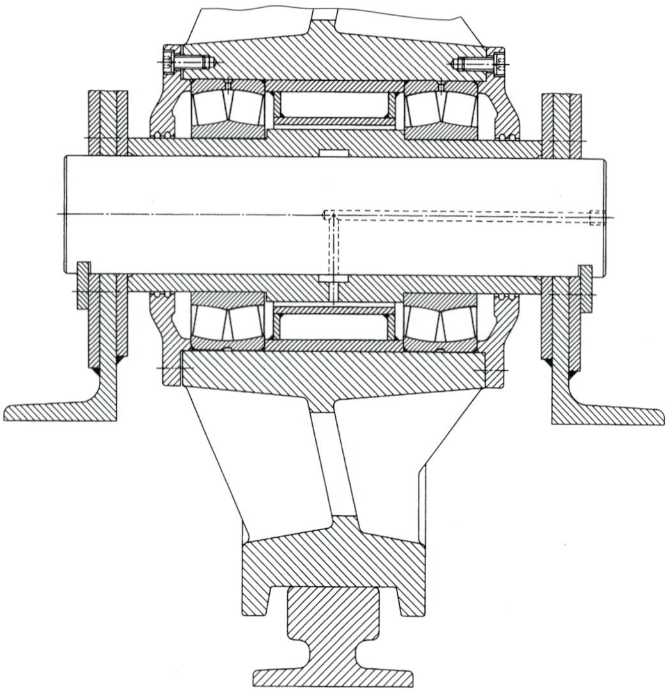

Bild 12.8 Beispiel einer Achslagerung eines Kranlaufrades

ZA 46 Kupplungswelle mit Flanschlager

Zweck der Zeichenaufgabe: Zeichnen Sie aus der Zusammenstellung die Kupplungswelle, **Teil 1,** mit allen fertigungstechnischen Angaben (Ansicht, Schnitte, Oberflächenangaben, Passungen u. dgl.), Keilwellenprofil ÖNORM ISO 14–B 6 × 28 f7 × 34 a11. Ergänzen Sie unterhalb des Schnittes A–B den Querschnitt des Keilwellenprofils. Maße und Passungen sind einzutragen.

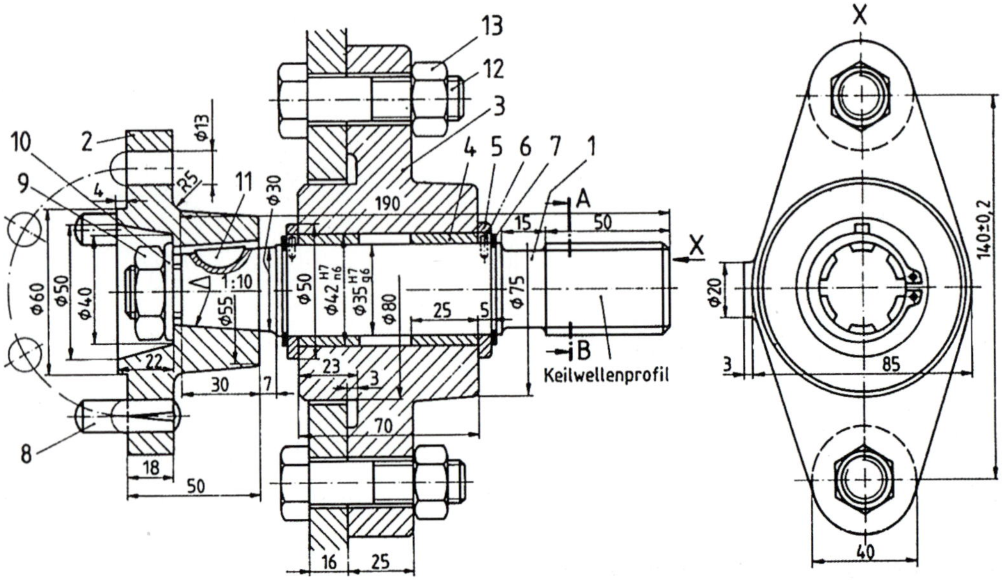

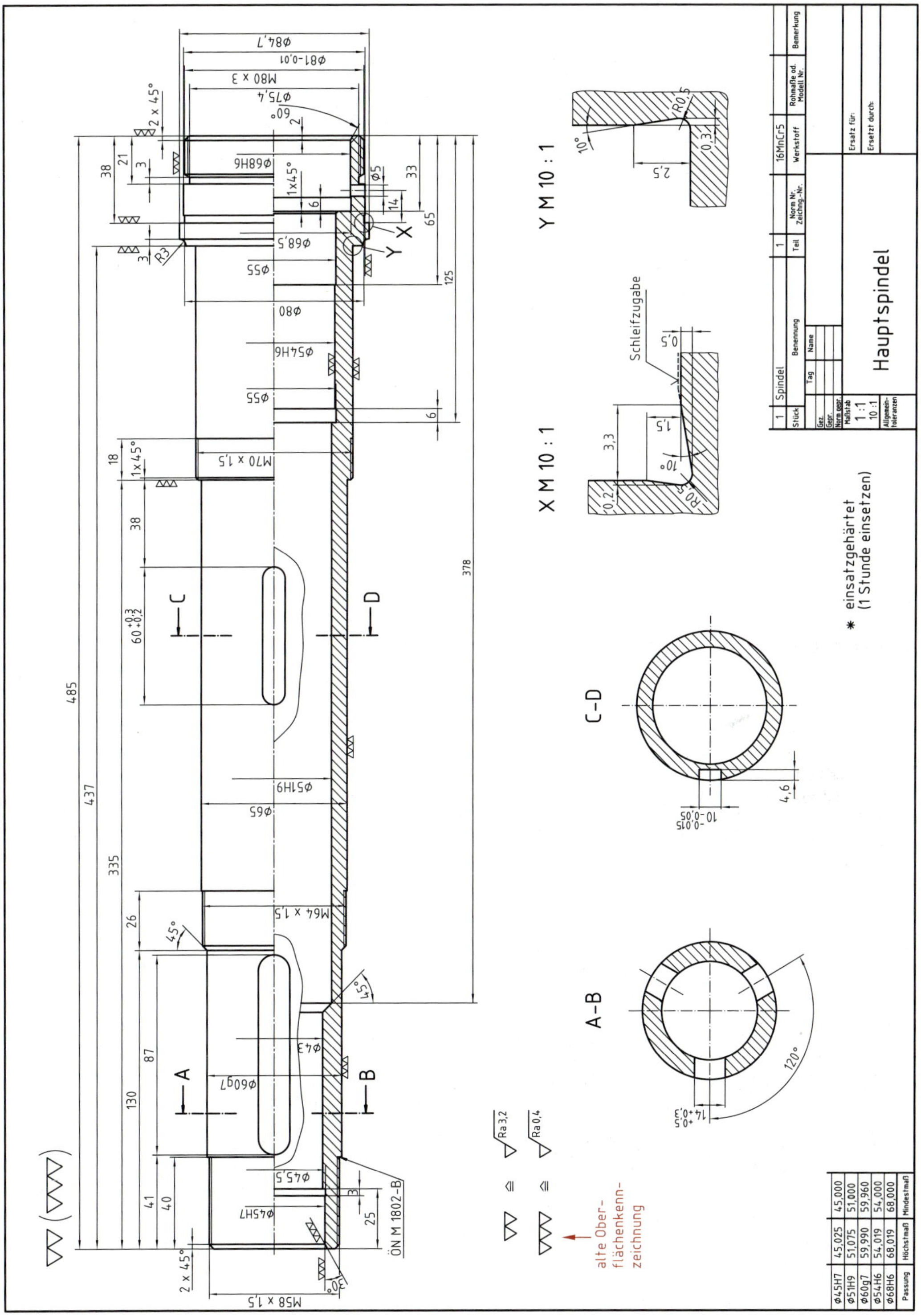

Bild 12.9 Beispiel einer Maschinenspindel

13 Gleitlager

Mit Lagern werden Zapfen von Wellen, Achsen und Spindeln gestützt und mit zulässig kleinem Spiel bei geringster Reibung geführt. Entsprechend der gleitenden oder rollenden Reibung unterscheidet man zwischen **Gleit- und Wälzlagern.**
Bei Gleitlagern entsteht durch die Lagerung des Zapfens in der Lagerschale bzw. -buchse **Flächenberührung,** während **bei Wälzlagern** infolge der Wälzkörper **Punktberührung** bzw. **Linienberührung** vorliegt.

Aus der Lagerbelastung (Lagerkraft F in N) ergeben sich durch Festigkeitsberechnungen die notwendigen Zapfenabmessungen, Zapfendurchmesser d und Zapfenlänge l, die auf genormte Lagerabmessungen aufgerundet werden.

13.1 Einteilung der Gleitlager

- Nach der **Belastungsrichtung** unterscheidet man **Radiallager** (Querlager) und **Axiallager** (Längslager). Bei Radiallagern, auch Traglager genannt, wirkt die Belastung quer zum Zapfen (Bild 13.1), diese Lager tragen die Wellen. Bei Axiallagern, auch Stützlager genannt, wirkt die Belastung längs des Zapfens (Bild 13.2 und Bild 13.3), die Lager stützen die Wellen.
- Die weitere Einteilung der **Radiallager** ergibt sich daraus, ob diese ein- oder zweiteilig sind, feste oder einstellbare Lagerschalen haben, sowie nach der Art der Schmierung (z. B. Ringschmierlager) und auch nach Art der Befestigung (z. B. Steh- oder Hängelager).
- **Axiallager** werden eingeteilt nach Art des Zapfens als Spurlager, Ringspurlager (Bild 13.24), Kammlager und Segmentlager (Bild 13.25 und Bild 13.26).

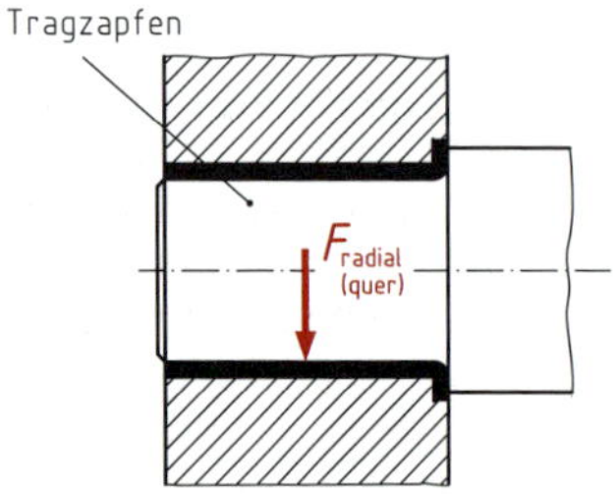

Bild 13.1 Radiallager, Belastung wirkt quer zum Zapfen (Traglager)

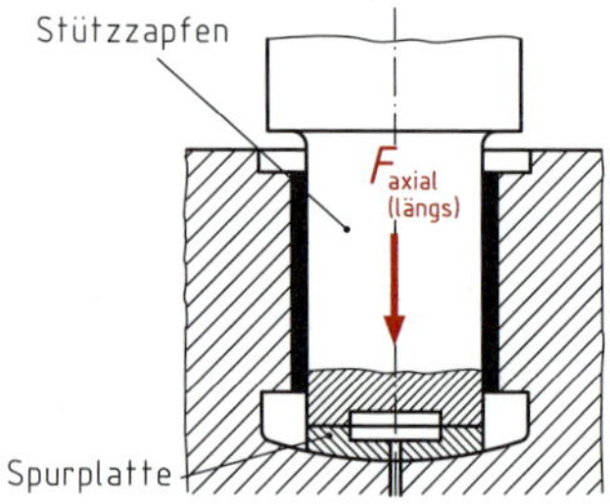

Bild 13.2 Axiallager, Belastung wirkt längs des Zapfens (Stützlager)

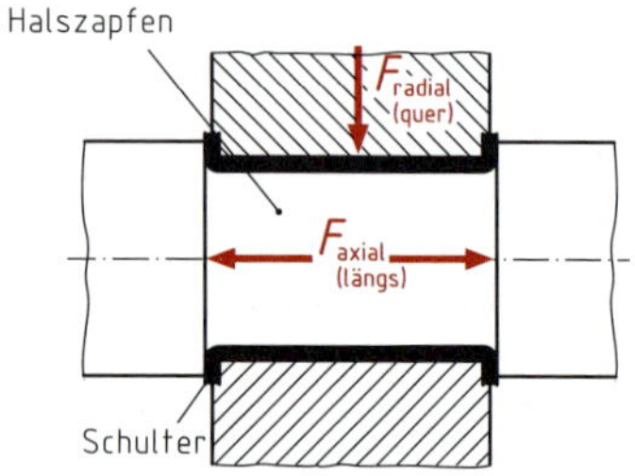

Bild 13.3 Halslager (Bundlager), Belastung tritt in beiden Richtungen auf

- Bei Radial- und Axiallagern unterscheidet man selbstständige Lagerkörper, wie die genormten Augen-, Flansch-, Deckel- und Stehlager (Bilder 13.7 bis 13.12), und solche, die mit gegossenen Gehäusen oder Maschinenständern eine Einheit bilden, z. B. Lagerungen von Kurbelwellen in Motorgehäusen oder Arbeitsspindeln in Spindelstöcken.

13.2 Radiallager (Querlager)

Radiallager können in den Wänden von Gehäusen oder Maschinenständern liegen (Bild 13.4) oder als einbaufertige Lagerkörper ausgebildet sein (Bild 13.7).

13.2.1 Einteilige Lager

- **Lageraugen in Gehäusewänden.** Lageraugen sind Bohrungen in Gehäuse- oder Maschinenwänden (Bild 13.4a und Bild 13.4b), die in der Regel durch Augenangüsse verbreitert sind (Bild 13.4b), um eine größere Lagerlänge l_1 zu erhalten. An Maschinenständern aus Stahlblech schweißt man das Lagerauge an (Bild 13.4c).

  Das genaue Fluchten zweier Lagerstellen kann nur durch gemeinsame **Bearbeitung in einem Arbeitsgang und in einer Aufspannung** (Drehen, Durchreiben oder Feinbohren) erzielt werden.

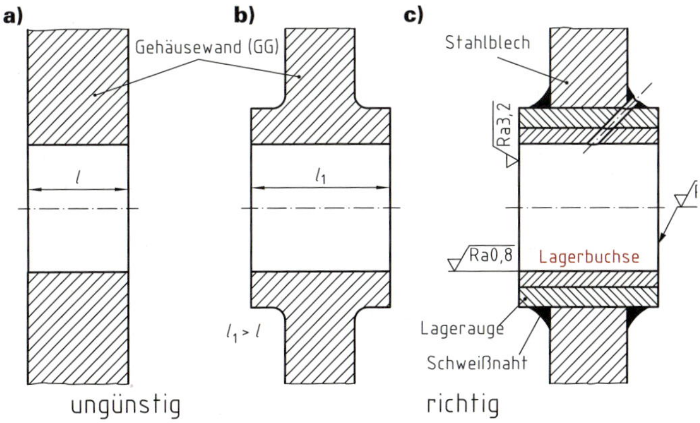

Bild 13.4 Einteilige Lager
***a)** ungünstig (l zu kurz)*
***b)** ohne Lagerbuchse*
***c)** mit Lagerbuchse*

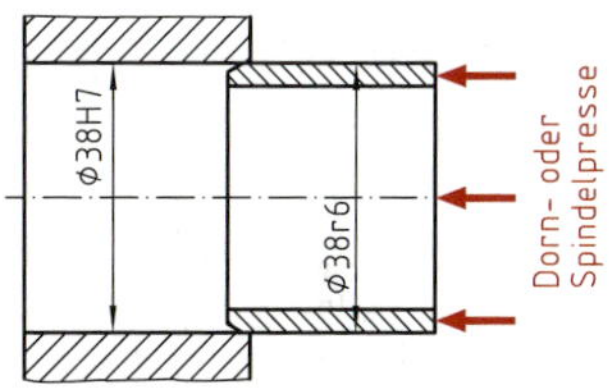

Bild 13.5 Einpressen einer Lagerbuchse

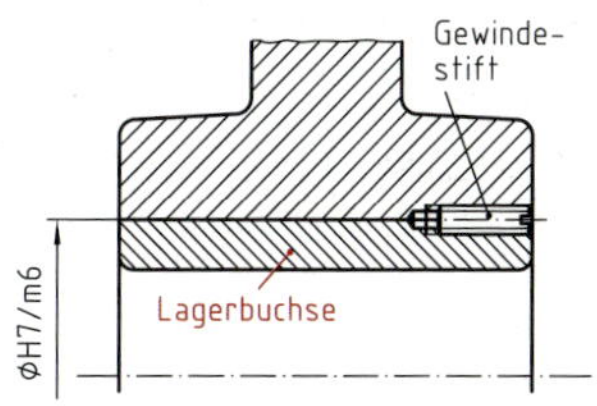

Bild 13.6 Buchsensicherung

Um bessere Laufeigenschaften zu erzielen, werden in die Lageraugen Buchsen aus geeigneten Lagerwerkstoffen (z. B. Kupferlegierungen, Sintermetall, Duro- und Thermoplaste) eingepresst (Bild 13.5). Bild 13.7 zeigt verschiedene Formen von Lagerbuchsen. Angaben über Abmessungen sowie Richtlinien über die Ausführung von Schmierlöchern und -nuten zeigen die Bilder 13.21a bis 13.21c.

- **Einpressen der Lagerbuchsen** (Bild 13.5 und Bild 13.6). Für das Einpressen von Lagerbuchsen in die vorbereitete Gehäusebohrung können, je nach Zweck und Aufgabe des Lagers, Übermaß- oder Übergangspassungen gewählt werden, z. B.: H7/s6, H7/r6, H7/n6, H7/m6.

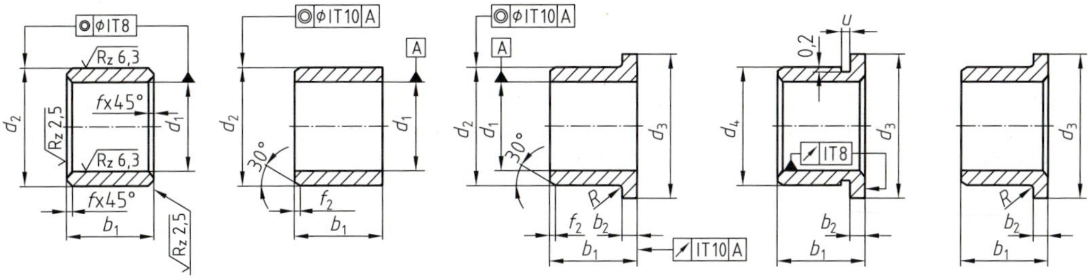

Bild 13.7 Lagerbuchsen für Gleitlager nach DIN 1850

- **Augen- und Flanschlager.** Im allgemeinen Maschinen- und Hebezeugbau werden einteilige Augenlager nach DIN 504 und Flanschlager nach DIN 502 verwendet (Bild 13.8). Die Lager werden mit oder ohne Buchsen sowie mit Stauffer- oder Fettkammerschmierung ausgeführt. Für das Einschrauben der Schmierarmatur (z. B. Staufferbüchse) erhalten die Lager ein durch Lagerauge und Buchse führendes Gewinde- bzw. Schmierloch.

  Ausführungen: Form A ... mit Buchse, Form B ... ohne Buchse

  Werkstoff: Gusseisen (z. B. EN-GJL oder EN-GJS)

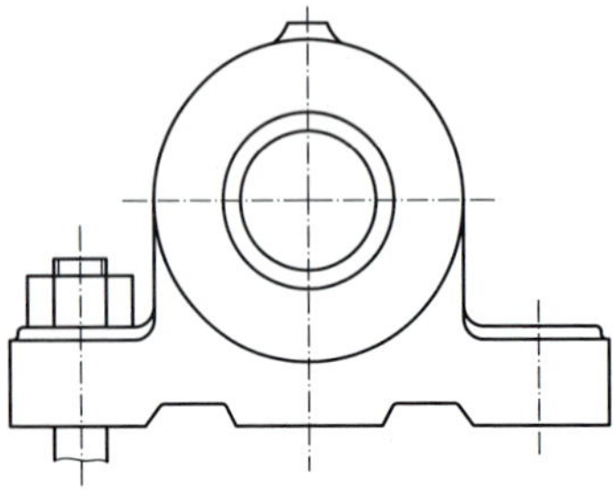

Augenlager nach DIN 504 für Wellendurchmesser von 25 bis 140 mm

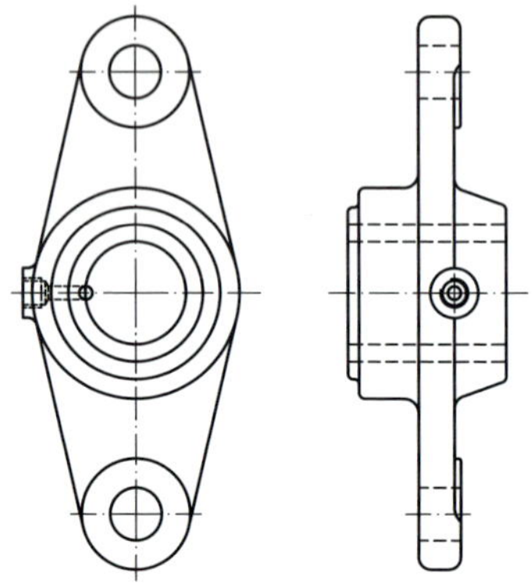

Flanschlager nach DIN 502 für Wellendurchmesser von 25 bis 70 mm

Bild 13.8 Augen- und Flanschlager

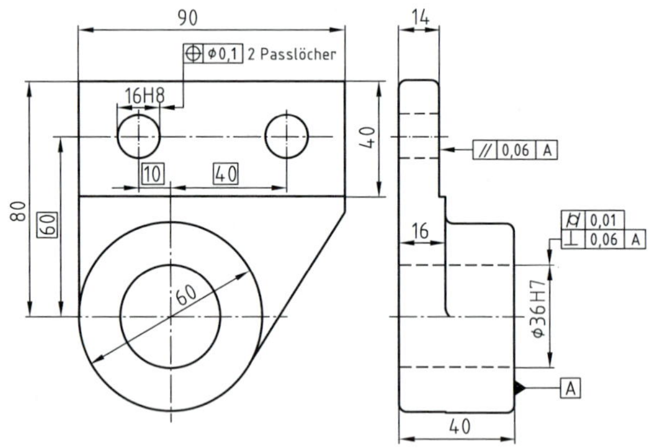

Bild 13.9
Einteiliges, nicht genormtes Lager (Hängelager) mit Form- und Lagetoleranzen *(siehe Kapitel 21)*

ZA 47 Flanschlager mit Lagerbuchse

Zweck der Zeichenaufgabe: Darstellung von Gleitlagern mit Lagerbuchsen sowie Schmiernuten und Öltaschen.

1. Zeichnen Sie auf ein Zeichenblatt Größe A3 das Flanschlager, **Teil 1,** mit eingebauter Lagerbuchse, **Teil 2,** und Sechskantschraube, **Teil 3,** in Vorderansicht (Vollschnitt) und Seitenansicht (Halbschnitt A–A durch das Schmierloch).
2. Zeichnen Sie die Lagerbuchse, **Teil 2,** in Einzeldarstellung in Vorderansicht (Vollschnitt) und Seitenansicht (Halbschnitt).
3. Bemaßen Sie die Teile vollständig. Die Maßeintragung für die Lagerbuchse ist in der Einzeldarstellung vorzunehmen. Tragen Sie die erforderlichen Passungen und zweckentsprechende Oberflächenzeichen ein. Die Lagerbuchse ist in das Flanschlager eingepresst und erhält eine Übermaßpassung.
4. Ergänzen Sie das Schriftfeld und die Stückliste, und zwar:
   Teil 1, Flanschlager, EN-GJL-200
   Teil 2, Lagerbuchse, CuSn8P
   Teil 3, Sechskantschraube ÖNORM EN ISO 4017–M12 × 28–5.6

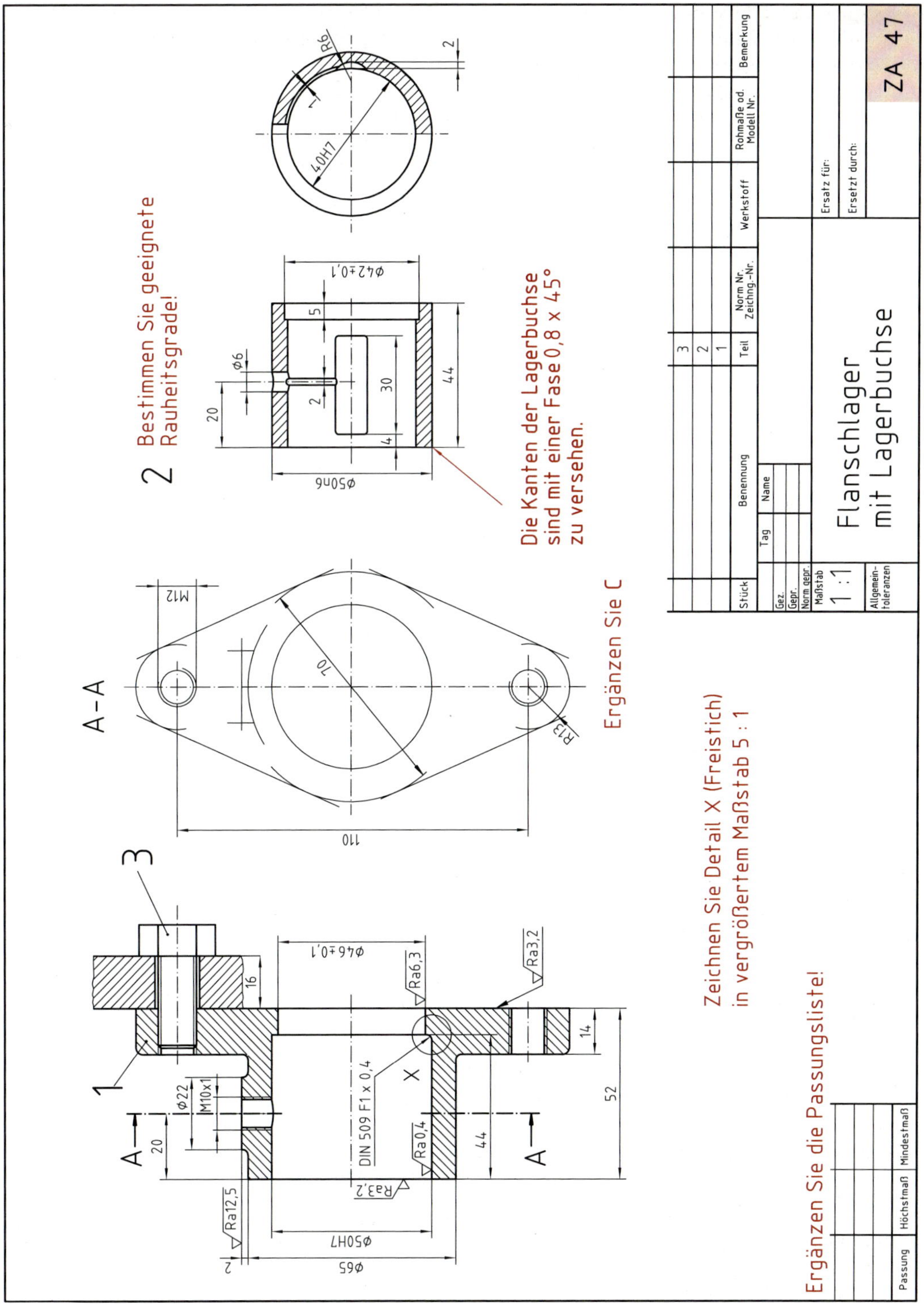

Vorlage zu ZA 47

ZA 48 Augenlager für Steuerungswelle

Zweck der Zeichenaufgabe: Darstellung und Bemaßung einteiliger Gleitlager (Augenlager).

1. Zeichnen Sie aus der Zusammenbauzeichnung den **Teil 1,** Augenlager, in Vorder-, Draufsicht und Seitenansicht, mit allen notwendigen Maßen, montiert auf einem U-Profil 100.
2. **Erweiterung der Zeichenaufgabe:** Zeichnen Sie die restlichen Einzelteile der Steuerungswelle im Maßstab 1 : 1 mit allen fertigungsnotwendigen Maßen und Abmaßen, Passungen sowie Oberflächenangaben.
   Teile: 1 ... Augenlager, 2 ... Lagerbuchse, 3 ... Steuerungswelle, 4 und 5 ... Hebel, 6 ... Bolzen, 7 und 8 ... Keil A oder B, 9 ... Sechskantmutter, 10 ... Anschlagschraube mit Ansatzkuppe nach ÖNORM EN ISO 4753 (aus einem Normteil gefertigt), 11 ... Scheiben.

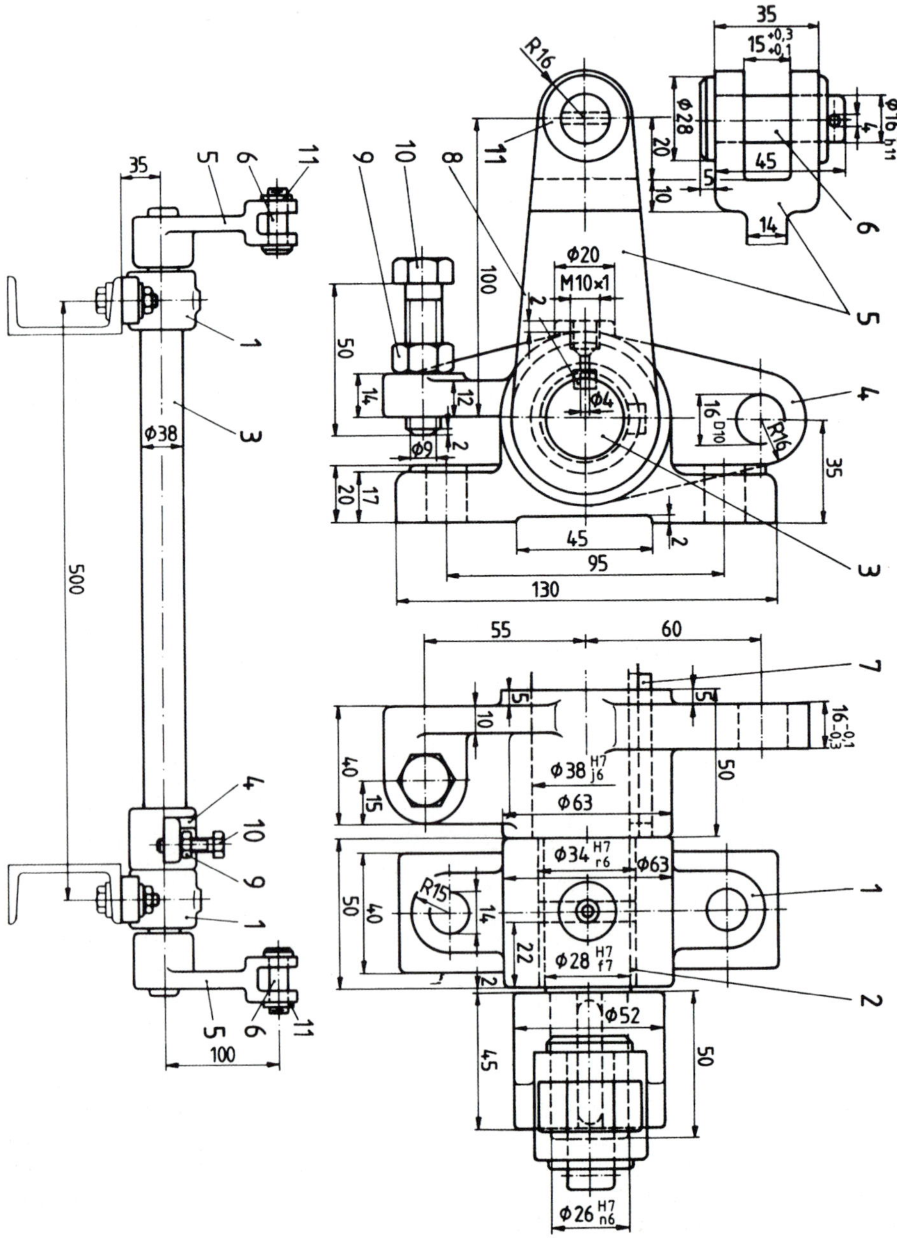

13.2.2 Zweiteilige Lager

- **Lager mit festen Lagerschalen (Deckellager).** Wo ein axiales Einstecken des Zapfens nicht möglich ist, werden geteilte Lager verwendet (Bild 13.10). Sie bestehen aus dem **Lagerunterteil** und dem **Lagerdeckel,** deren gegenseitige Lagensicherung durch eine Zentrierstufe (Bild 13.11) erreicht wird, sowie aus den **Lagerschalenhälften,** die durch den Lagerdeckel mit zwei oder – bei größeren Ausführungen – mit vier Schrauben im Lagerunterteil befestigt werden. Gegen Verdrehung sind die Lagerschalen meist durch einen in den Lagerdeckel ragenden hohlen Zapfen gesichert, der gleichzeitig die Schmiereinrichtung aufnimmt. Um den richtigen Zusammenbau des zweiteiligen Lagers zu sichern, werden die Lagerschalenhälften sowie Lagerdeckel und -körper an den Trennfugen mit Schlagziffern bezeichnet (Bild 13.10).

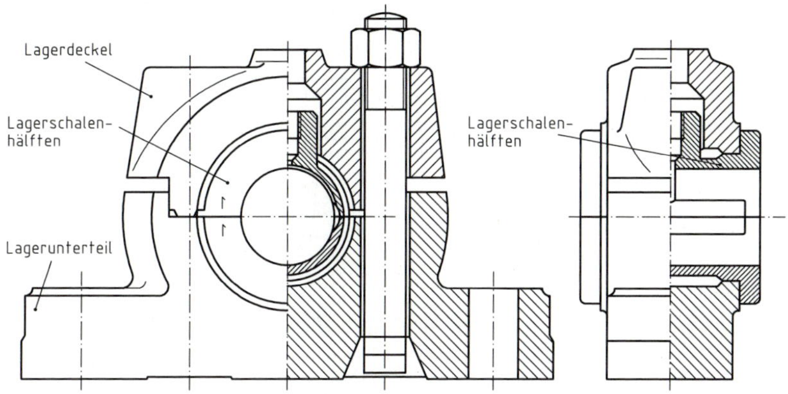

Bild 13.10 Stehlager mit fester Lagerschale (Deckellager)

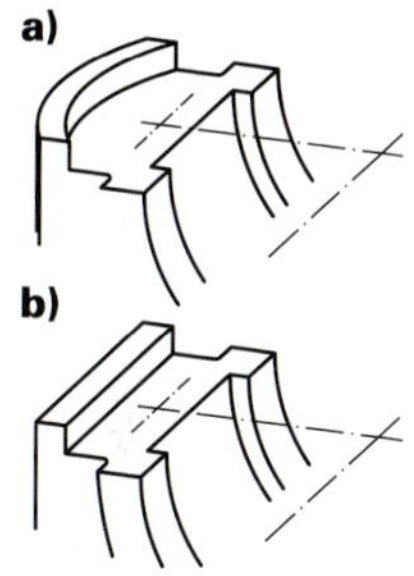

Bild 13.11 Lagerdeckel-zentrierungen
a) *zylindrische*
b) *parallele Zentrierstufe*

Geteilte Lager haben den großen Vorteil, dass sie den Einbau einer Welle mit Halszapfen (z. B. bei mehrfach gekröpfter Kurbelwelle) ermöglichen. Die Lagerschalen sind zum Einstellen des Lagerspiels nachstellbar.

Die **Normung der Deckellager** nach DIN 505 (Bild 13.12) und DIN 506 sieht Lager mit oder ohne Lagerschalen, für Staufferfettschmierung oder Fettkammerschmierung vor. Die Lagerschalen sind je nach Anforderung und Lagerbelastung aus geeigneten Lagerwerkstoffen (siehe Kapitel 13.2.3).

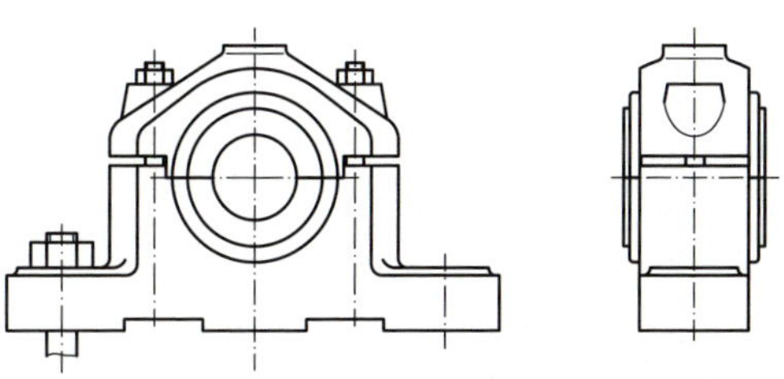

Bild 13.12 Deckellager nach DIN 505 für Wellendurchmesser von 25 bis 125 mm

Ausführung:
A mit Schalen für Staufferfettschmierung
B mit Schalen für Fettkammerschmierung
C ohne Schalen für Staufferfettschmierung
D ohne Schalen für Fettkammerschmierung

Werkstoff: Lagerkörper aus Gusseisen, Lagerschale aus Gusseisen oder Rotguss. Fehlende Maße sind freie Konstruktionsmaße.

- **Lager mit einstellbaren (beweglichen) Lagerschalen.** Lager mit fester, unbeweglicher Lagerschale genügen nicht allen Anforderungen und werden daher nur für kurze Wellen verwendet. Sie haben den Nachteil der Kantenpressung bei Wellendurchbiegung. Dies vermeiden Lager mit Kugelbewegung, deren Schalen an den Einbaustellen kugelig ausgebildet sind, so dass sie sich jeder Wellenlage sofort anpassen bzw. einpendeln können (Bild 13.13).

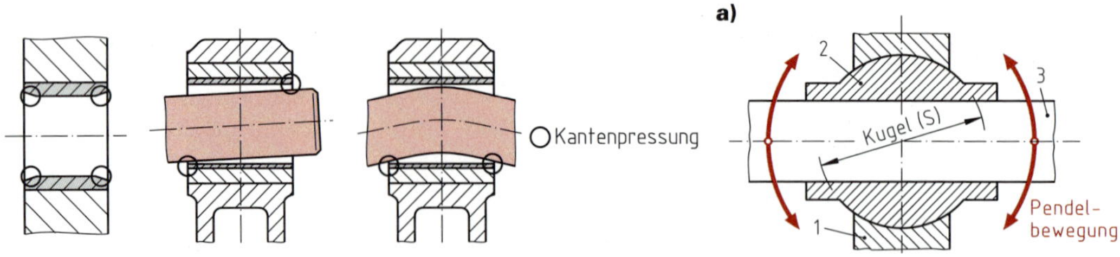

Bild 13.13 Gleitlager mit einstellbarer Lagerschale
a) *Prinzip der Kugelbewegung, 1 Lagerfuß, 2 Lagerschale, 3 Welle*

- **Gelenklager für hohe statische Lasten.** Für hohe statische Lasten bei Einstellbewegungen oder geringen Drehbewegungen eignen sich die raumsparenden Gelenklager (Bild 13.14), nach dem Prinzip des Kugelgelenks. Die Oberflächen sind feingeschliffen und mit Molybdändisulfid behandelt.

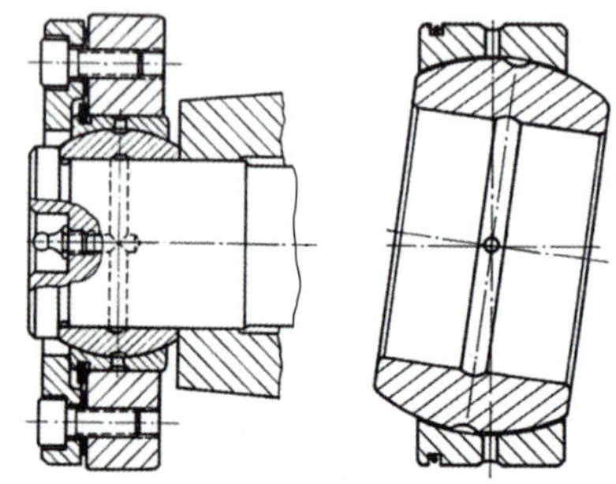

Bild 13.14 Gelenklager
rechts: Anwendungsbeispiel, Kolbenstangen-Anlenkung der Hubpressen eines Schaufelladers

- **Ringschmierlager.** In der Lagerbuchse oder -schale befindet sich ein Schlitz, in dem ein dünnwandiger Schmierring lose auf dem Wellenzapfen hängt (Bild 13.16). Dreht sich der Zapfen, so wird der Schmierring mitgenommen und fördert das Öl aus der Ölkammer nach oben, wodurch die Zapfenlauffläche dauernd geschmiert wird.

  Ringschmierlager mit einem oder zwei losen Schmierringen (Bild 13.17) haben zwei Füllöffnungen *F*, die zugleich Schaulöcher für die Schmierringe sind. Die Schrauböffnung S_1 dient zum Einstellen des normalen Ölstands, die Schrauböffnung S_2 zum Entleeren der Ölkammer.

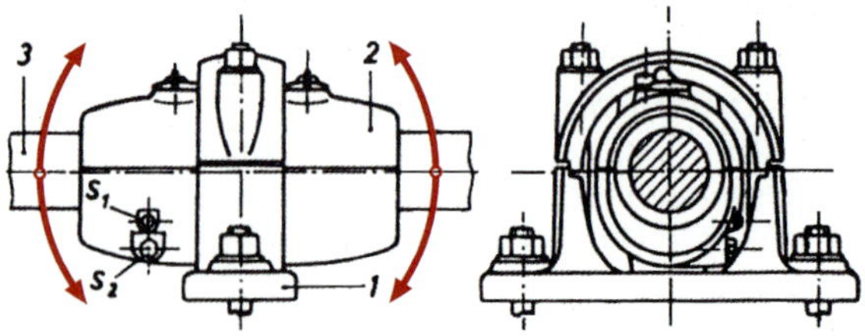

Bild 13.15 Ringschmierlager
1 Lagerfuß, 2 Lagerschale, 3 Welle

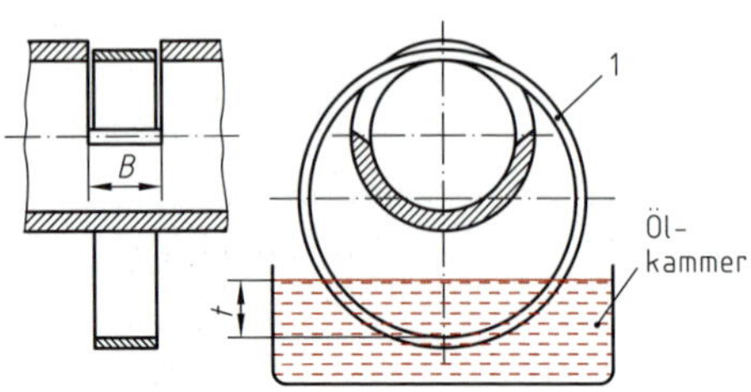

Bild 13.16 Prinzip der Ringschmierung
1 loser Schmierring, B Schlitz in der Lagerbuchse, t Eintauchtiefe

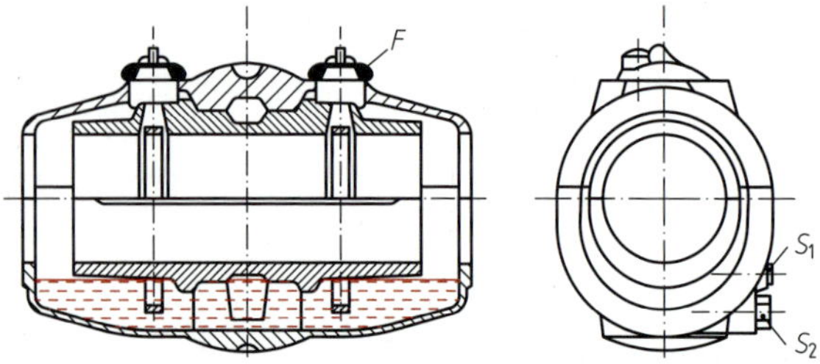

Bild 13.17 Ringschmierlagerschale mit zwei losen Schmierringen
F Füllöffnung, S_1 Ölstandschraube, S_2 Ölablassschraube

Vorteile der Ringschmierung: Betriebssichere, wirtschaftliche Dauerschmierung. Bei Stillstand wird kein Öl gefördert, Ölwechsel und Wartung sind nur in großen Zeitabständen notwendig.

ZA 49 Deckellager (Stehlager mit fester Lagerschale)

Zweck der Zeichenaufgabe: Darstellung von geteilten Lagern mit Lagerschale; Darstellung von Schmiernuten und Öltaschen.

1. Zeichnen Sie auf ein Zeichenblatt Größe A3 das Deckellager mit eingebauter Lagerschale samt Hammerschrauben und Sechskantmuttern in Vorder- und Seitenansicht je im Halbschnitt sowie Draufsicht mit abgehobenem Lagerdeckel.
2. Zur Befestigung des Lagerdeckels werden zwei Hammerschrauben (**Teil 4**) mit Sechskantmuttern (**Teil 5**) verwendet (siehe Bild 13.10).
3. Bemaßen Sie vollständig, tragen Sie Passungen nach eigenen Überlegungen ein und ergänzen Sie in der Zeichnung die Oberflächenzeichen.
4. Ergänzen Sie das Schriftfeld und die Stückliste mit den Werkstoff- und Normangaben:

Teil 1, Lagerunterteil, EN-GJL-200
Teil 2, Lagerdeckel, EN-GJL-200
Teil 3, Lagerschale, CuZn31Si1
Teil 4, Hammerschraube M16 × 115–4.6
Teil 5, Sechskantmutter ÖNORM EN ISO 4032–M16–6

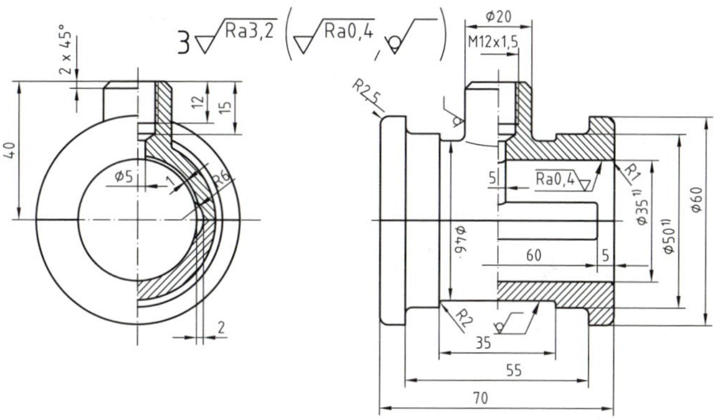

Bild zu ZA 49 Lagerschale, Teil 3, Schmiernuten- und Öltaschenausführung *siehe Bild 13.10*

ZA 50 Anbau-Deckellager

Zweck der Zeichenaufgabe: Darstellung und Bemaßung von zweiteiligen Gleitlagern.

1. Zeichnen Sie auf ein Zeichenblatt Größe A3 das Anbau-Deckellager (**Teil 1**, Lagerflansch, und **Teil 2**, Lagerdeckel, EN-GJL-250) in Vorderansicht (Teilschnitt im Bereich der linken Deckelbefestigung), Draufsicht mit abgehobener Deckelhälfte und Seitenansicht (im Vollschnitt).
2. Zeichnen Sie die Vorderansicht mit eingeschraubter Stiftschraube DIN 939–M10 × 30–5.6 (**Teil 3**), Scheibe DIN EN ISO 7090 10,5–St (**Teil 4**) und Sechskantmutter ÖNORM EN ISO 4032–M10–6 (**Teil 5**). In den übrigen Ansichten entfällt die Darstellung der **Teile 3 bis 5**.
3. Bemaßen Sie vollständig, tragen Sie Passungen nach eigenen Überlegungen ein und ergänzen Sie die Zeichnung durch Oberflächenzeichen.
4. Ergänzen Sie das Schriftfeld und die Stückliste mit den entsprechenden Werkstoff- und Normangaben.
5. Wählen Sie zur Schmierung des Anbau-Deckellagers einen Schmiernippel (DIN 71412).

Form A

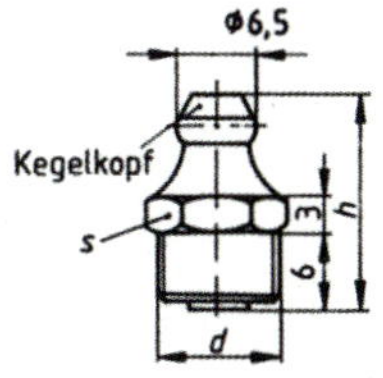

Form B

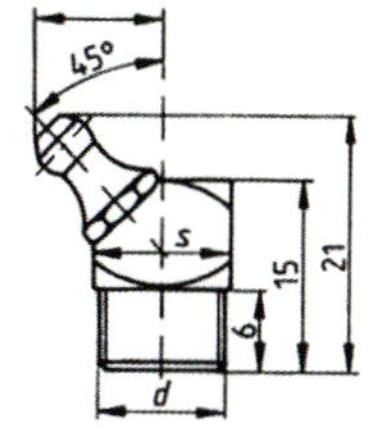

Form C

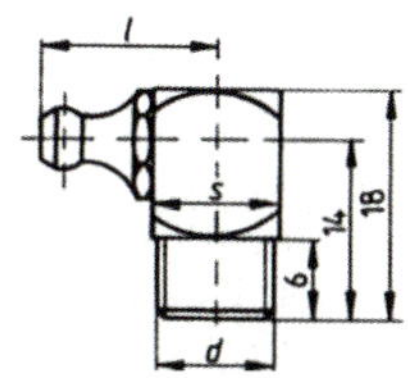

Maße in mm, Festigkeitsklasse 5.8

Kurzzeichen	A M6	A M8×1	A M10×1
d	M6	M8×1	M10×1
h	16	17	18
s	7	8	9

Kurzzeichen	B M6	B M8×1	B M10×1
d	M6	M8×1	M10×1
l	10	10	11
s	9	9	11

Kurzzeichen	C M6	C M8×1	C M10×1
d	M6	M8×1	M10×1
l	14	14	15
s	9	9	11

Bezeichnungsbeispiel mit Gewinde M10 × 1, Form B und Festigkeitsklasse 5.8:

Kegelschmiernippel DIN 71412–B M10 × 1–5.8

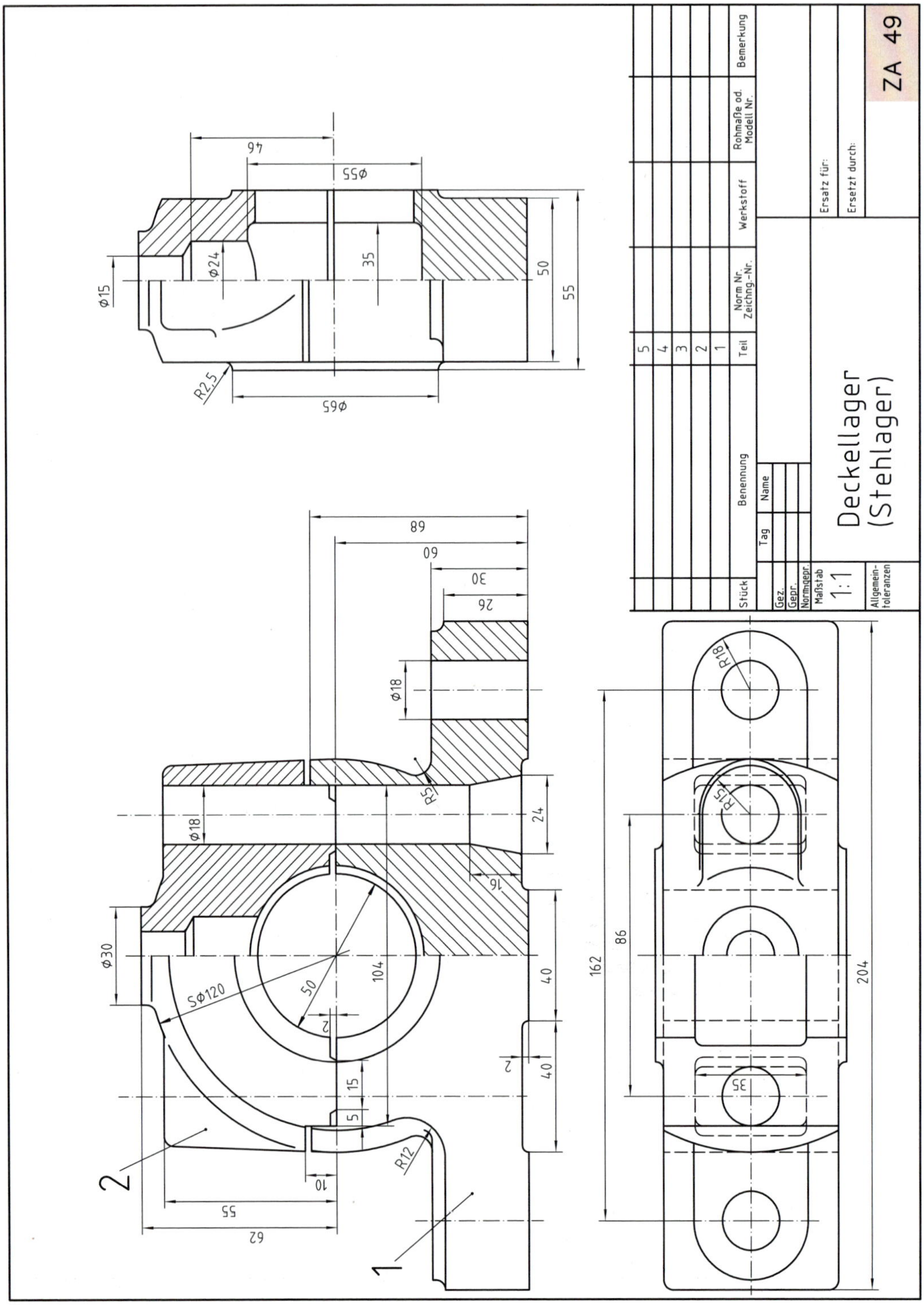

Vorlage zu ZA 49

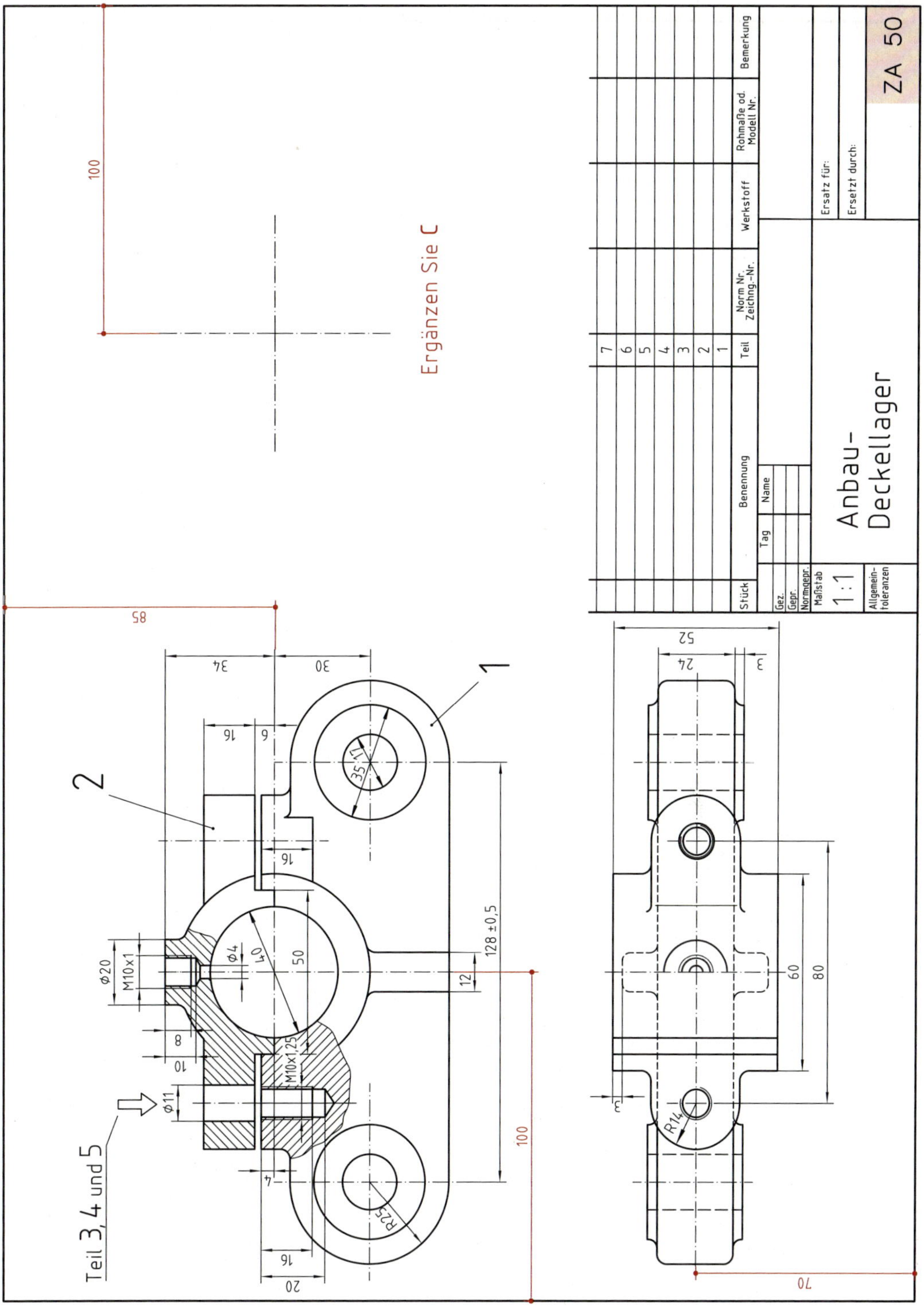

Vorlage zu ZA 50

13.2.3 Gestaltung der Lagerschalen und -buchsen

Durch die Lagerschale bzw. -buchse erhält der Lagerzapfen seine unmittelbare Führung. Für die Gestaltung des Teils sind daher wichtig: Werkstoffpaarung von Zapfen und Lagerschale, Beschaffenheit der Gleitflächen, Kantenpressung, Längs- und Lagerspiel sowie die Anordnung und Ausbildung der Schmiernuten.

1 **Zapfen und Lagerschalen sollen aus verschiedenen Werkstoffen bestehen** (z. B. Zapfen aus Stahl E295 und Schale aus Gusseisen). Die richtige Wahl der geeigneten Lagerwerkstoffe hängt von der Lagerbelastung und Gleitgeschwindigkeit des Zapfens ab.

Aus wirtschaftlichen Gründen und der Festigkeit wegen sind größere Lagerkörper nur selten aus einem Grundwerkstoff, der gleichzeitig Lagerwerkstoff ist. Nur Gusseisen hat ausreichende Festigkeit und gleichzeitig die Eigenschaften eines Gleitlagerwerkstoffs. Beispiele sind Augenlager Form B nach DIN 504 (Bild 13.7) oder Lagerstellen, die sich unmittelbar in Gussgehäusewänden von Maschinenständern befinden (Bild 13.4a und 13.4b). Da sich die Laufflächen abnützen, ist es günstiger, einteilige Lager mit Lagerbuchsen (Bild 13.4c) und geteilte Lager mit Lagerschalenhälften (Bild 13.10) auszustatten. Am gebräuchlichsten sind Zweistoff-Lagerschalen, die aus einer Stützschale (Grundschale) aus Gusseisen, Stahl, Bronze und einem dünnwandigen Ausguss aus Nichteisenmetall bestehen (Bild 13.23a und Bild 13.23b).

- **Gusseisen**, nur für einfache und untergeordnete Lagerungen, z. B.: EN-GJL-150 bis EN-GJL-250 je nach erforderlicher Festigkeit.
- **Guss-Zinnbronze** (Legierung aus Cu und Sn)
  G-CuSn14: Harte Legierung mit dem höchsten für Lagerzwecke in Betracht kommenden Sn-Gehalt, geringe Dehnung; für höher beanspruchte Gleitlagerschalen mit geringer Stoßbeanspruchung, hochbeanspruchte Gleitplatten und -leisten u. a.
  G-CuSn12: Zähhart, hohe Verschleißfestigkeit; für hochbelastete Gleitflächen mit Stoßbeanspruchung, wie Druckmuttern für Spindeln, schnelllaufende Schnecken- und Schraubenränder, Lager von Werkzeugmaschinen bei mittlerer Beanspruchung u. a.
  GZ-CuSn12, GC-CuSn12: Zähhart, sehr gute Verschleißfestigkeit, beste Laufeigenschaften bei hohen Flächendrücken und hohen Gleitgeschwindigkeiten, Verwendungsgebiete wie G-CuSn12.
- **Rotguss** (Legierung aus Cu, Sn und Zn; einige Sorten enthalten Pb)
  G-CuSN10Zn: Zähhart, für Gleitlagerschalen und -buchsen, höher beanspruchte Gleitplatten und -leisten, Schneckenräder mit niedriger Gleitgeschwindigkeit, Stützschalen von Achslagern u. a.
  GZ-CuSn10Zn, GC-CuSn10Zn: Hart, Verwendungsgebiete wie G-CuSn10Zn.
  G-CuSn7ZnPb: Mittelhart, für Gleitlagerschalen mit guten Notlaufeigenschaften, mittelbeanspruchte Gleitplatten und -leisten u. a.
  GZ-CuSn7ZnPb, GC-CuSn7ZnPb: Mittelhart, hohe Verschleißfestigkeit, gute Notlaufeigenschaften; für normal- und hochbeanspruchte Gleitlagerschalen und -buchsen u. a.
  Die Kurzzeichen bedeuten: **G** ... Sandguss (Formguss), **GZ** ... Schleuderguss, **GC** ... Strangguss.
- **Guss-Bleibronze und Guss-Zinn-Bleibronze** (Legierung aus Cu und Pb als Hauptbestandteile) Bleibronzen sind eine wichtige Legierungsgruppe für die Herstellung von Gleitlagerwerkstoffen.
  G-CuPb25: Verbundgusswerkstoff, Lager für Verbrennungsmotoren.
  G-CuPb5Sn: Mittelharte und zähe Legierung; gute Gleiteigenschaften und Verschleißfestigkeit; für Gleitlager mit höheren Flächendrücken und leichten Kantenpressungen; gute Korrosionsbeständigkeit; für säurebeständige Armaturen und Gussstücke.
  G-CuPb10Sn: Mittelweiche Legierung; sehr gute Gleiteigenschaften und Verschleißfestigkeit; für Gleitlager mit hohen Flächendrücken und leichten Kantenpressungen; für Armaturen wie G-CuPb10Sn.
- **Guss-Aluminiumbronze und Guss-Mehrstoff-Aluminiumbronze, z. B.**
  G-CuAl11Ni: Hohe Festigkeit, säurebeständig, für Gleitlager mit sehr hohen Stoßbelastungen.
- Für **Sonderlager** werden **gesinterte Lagermetalle** und **Pressstoffe** verwendet.

Tabelle 13.1: Die wichtigsten Gleitlagerwerkstoffe

2 **Die Laufflächen der Lagerschalen bzw. -buchsen** müssen genaueste geometrische Form und höchste Oberflächenglätte haben. Dies erreicht man durch Reiben, Schaben, Feinstdrehen bzw. Feinstbohren oder bei gehärteten Lagerbuchsen durch Feinschleifen (Bild 13.18). Eine grobe Laufoberfläche vergrößert nach Abtragen der Riefen das Lagerspiel *A* (Bild 13.18).

3 **Wellenbunde bzw. Wellenschultern** dürfen nie auf zwei verschiedenen Metallen anlaufen (Bild 13.19a). Deshalb muss die Schulterhöhe *e* stets kleiner sein als der Lagerschalenbund (Höhe *w* in Bild 13.19b). Die Stirnflächen der Lager erhalten einen kleinen Vorsprung *v* (Bild 13.19b). Wird der Bund eingelassen, so ist auf ein ausreichendes Übermaß *x* zu achten, damit er sich bei Erwärmung frei ausdehnen kann.

Damit die Wellenschulter am Lagerschalenbund satt anliegen kann, muss die Hohlkehle *R* an der Wellenschulter kleiner sein als die Rundung R_1 an der Lagerschale (Bild 13.9b). Anstelle einer Rundung R_1 kann die Lagerschalenkante stark angefast (abgeschrägt) werden. Ausführungsmöglichkeiten zeigen Bild 13.19c und Bild 13.19d.

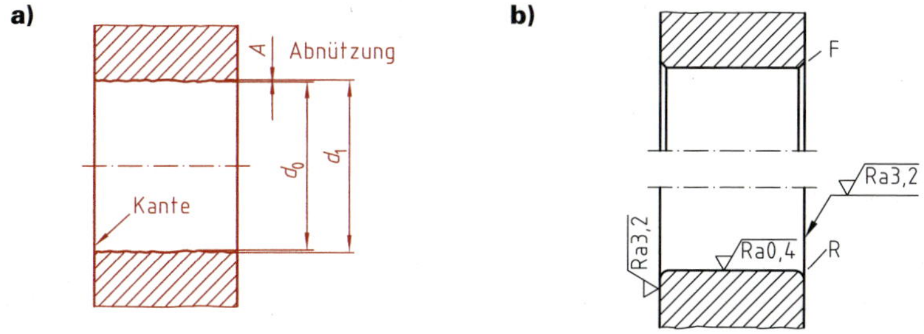

Bild 13.18 Bearbeitung der Laufflächen (Oberflächenbeschaffenheit) a) falsch; b) richtig
A Abnützung, F Fase, R Rundung

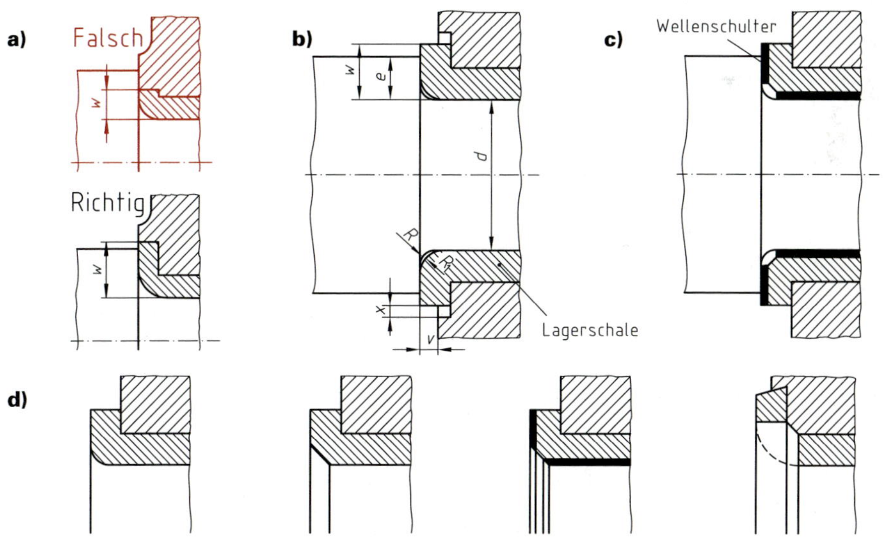

Bild 13.19 Ausbildung des Lagerschalenbundes und der Wellenschulter

4 **Kantenpressung.** Aus Festigkeitsuntersuchungen ergibt sich, dass jede **Krafteinwirkung** zumindest **elastische Verformungen** nach sich zieht. Elastische Wellenverformungen können bei starren Lagern zu Kantenpressungen und damit zu Beschädigungen der Lagerschale bzw. der Welle führen. Diese entsteht infolge einer möglichen Durchbiegung der Welle an den Lagerschalenkanten. Sie kann durch kurze Lagerlänge *l*, Abrunden oder Abfasen der Lagerkanten (Bild 13.18), genau fluchtende Lagerbohrung und schließlich durch eine bewegliche Lagerschale (Bild 13.13) vermieden werden.

5 Längsspiel. Zwischen Wellenbund und Lagerschalenkragen soll wegen möglicher Wärmedehnung ein kleines Passungsspiel vorhanden sein. Dies wird durch die Wahl einer Spielpassung, z. B. H8/d9, H9/d10, H11/d9, erreicht.

6 Lagerspiel und Passungsauswahl. Für einen klaglosen Lauf von Gleitlagerungen ist das richtige **Lagerspiel *s*** maßgebend. Die Größe des Lagerspiels ist von der Lagerbelastung, Drehzahl und Lagertemperatur sowie vom Zapfen- und Lagerwerkstoff u. a. abhängig. Die Wahl der zweckmäßigsten Passung kann nach der folgenden Tabelle bestimmt werden.

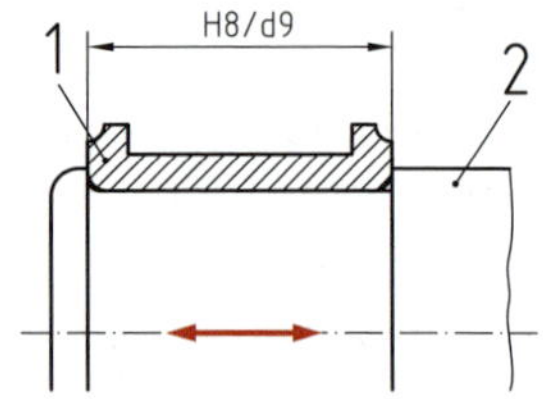

Bild 13.20 Längsspiel
1 Lagerschale
2 Wellenzapfen

Einheitsbohrung Reihe 1	Einheitsbohrung Reihe 2	Einheitswelle Reihe 1	Einheitswelle Reihe 2	Merkmale des Spiels	Anwendungsbeispiele
H7/g6	H6/g5	h6/G7	h5/G6 h8/G7	ohne merkliches Spiel	genaue Gleitlagerung mit geringem Spiel
H7/f7	H8/f7	h9/F8	h6/F7 h6/F8	merkliches Spiel	Gleitlagerung hoher Beanspruchung, z. B. für Getriebelagerungen
	H8/f8 H9/f8		h8/F8 h8/F9		Gleitlagerung mittlerer Beanspruchung
	H8/e8	h9/E9		reichliches Spiel	Gleitlagerung niedriger Beanspruchung
	H8/d8 H8/d9	h9/D10*	h9/D	sehr reichliches Spiel	Lagerung bei langen Wellen und Vorgelegen *Transmissionslager
	H9/d10 H11/d9	h11/D10	h11/D11		untergeordnete Gleitlagerungen

Tabelle 13.2: Passungsauswahl für Gleitlagerungen

7 Ausbildung und Anordnung der Schmiernuten. Bei Gleitlagern ist für eine ausreichende und nicht aussetzende Schmierung zu sorgen. Für die Schmiermittelzuführung und -verteilung dienen Bohrungen (Schmierlöcher), Längs- und Ringnuten sowie Öltaschen (Bild 13.21). Sie werden in die Lagerschalen bzw. Lagerbuchsen eingearbeitet, wobei zu beachten ist, dass die Übergänge der Nutkanten flach und verlaufend erfolgen.

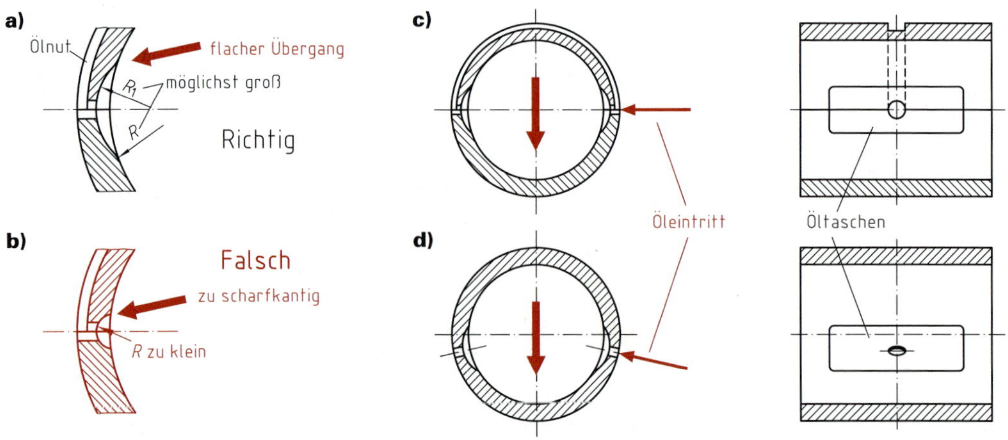

Bild 13.21 Richtige Ausführung und Anordnung von Schmiernuten und Öltaschen
a) *Flacher Übergang der Schmiernuten fördert die Schmierfilmbildung. Geräumige Öltaschen speichern genügende Mengen Öl.*
b) *Scharfe Schmiernutkanten erschweren die Schmierfilmbildung.*
c) *Öltaschen möglichst über die ganze Lagerlänge, damit sie die volle Lauffläche benetzen.*
d) *Öltaschen und Ölzufuhr nahe an der belastenden Zone anordnen.*

8 Schmiermittelzufuhr. Beim Drehen des Zapfens bildet sich ein Ölkeil, der das Schmiermittel zwischen Zapfen und Lagerschale presst. Dadurch wird der Zapfen von der Lauffläche der Lagerschale abgehoben und „schwimmt" auf dem Ölfilm: es tritt die so wichtige flüssige Reibung ein (Bild 13.22).

Längsnuten und Öltaschen müssen stets im unbelasteten Teil des Lagers, jedoch nahe an der belasteten Zone angeordnet sein (Bild 13.21d). Diagonal angeordnete Schmiernuten sind unzweckmäßig, weil sie die Bildung eines zusammenhängenden Schmierfilms erschweren oder sogar verhindern.

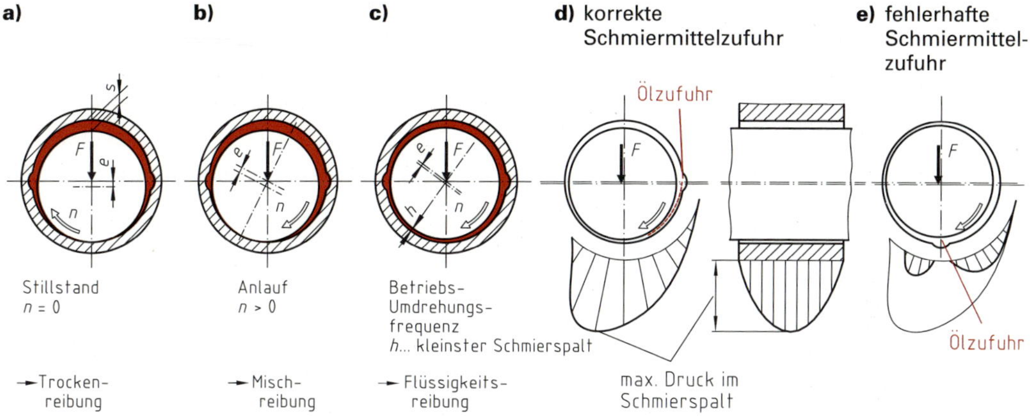

Bild 13.22 Wirkprinzip der hydrodynamischen Schmierung und Schmiermittelzufuhr

- Bei **hydrodynamischer Schmierung** genügt für eine gleichbleibende Drehrichtung eine Ölzuführung, die die Bildung des Ölkeils (Keilspalts) in Drehrichtung gewährleistet. Für wechselnde Drehrichtung muss die Ölzuführung in beiden Richtungen erfolgen, damit die Bildung des Ölkeils in beiden Richtungen gewährleistet ist.
- Bei **hydrostatischer Schmierung** wird das Öl über mehrere Bohrungen von einer Pumpe in das Lager hineingedrückt ($p \leqq 200$ bar). Damit ist sichergestellt, dass die Welle innerhalb der Lagerschale „schwimmt". Hydrostatische Schmierungen beschränken sich auf hochbelastete Sonderausführungen (z. B. Turbinenbau, Kraftwerksgeneratoren).

Beispiele von zweckmäßiger Lagerschalenausführung und Schmiernutenausbildung zeigen Bild 13.23a und Bild 13.23b.

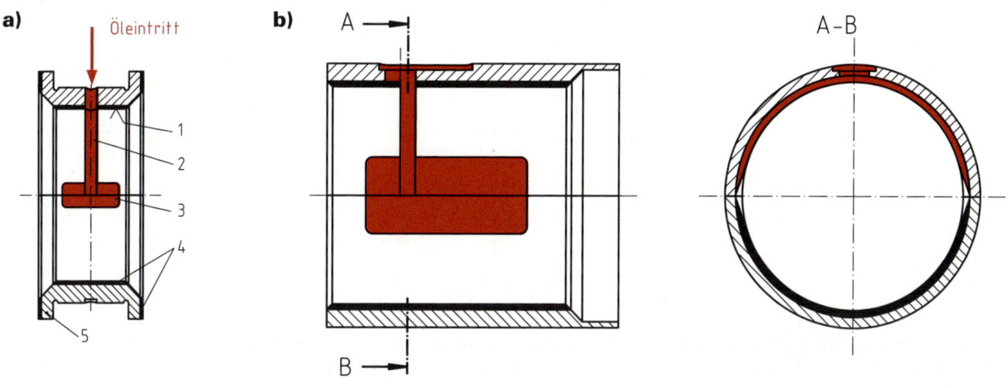

Bild 13.23 Gleitlagerschalen (Beispiele für die Ausführung von Schmiernuten und Öltaschen)
__a)__ Verbundlager mit Anlaufbund; 1 z. B. feingebohrt, 2 Ölnut, 3 Öltasche, 4 Bleibronze (z. B. G-CuPb10Sn), 5 Stützschale (Stahl); __b)__ Verbundlager ohne Anlaufbund

13.3 Axiallager (Längslager)

Längslager stützen Achsen oder Wellen in der Achsrichtung. Die gesamte Lagerkraft belastet eine verhältnismäßig kleine Stirn- oder Ringfläche des Spur- oder Kammzapfens. Dementsprechend werden die lasttragende Spurplatte oder -linse (Bild 13.24) bzw. die Tragflächen der Segmentlager und ihre Druckringe sehr sorgfältig ausgebildet (Bild 13.25 und Bild 13.26).

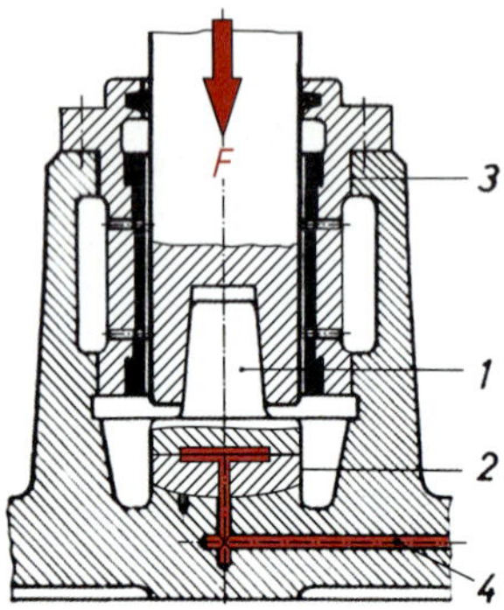

Bild 13.24 Ausführungsbeispiel eines Ring-Spurlagers
1 Ring-Spurzapfen, 2 Spurlinse, 3 Halslager, 4 Ölkanal

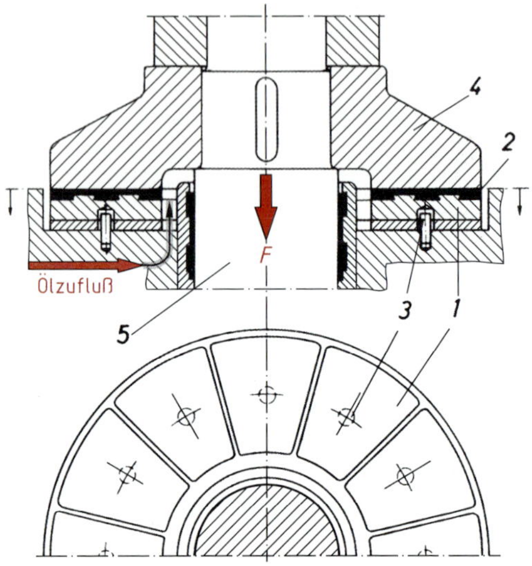

Bild 13.25 Segmentlager (schematisch)
1 Tragklötze (Segmente), 2 Weißmetall-Gleitbahn, 3 Führungszapfen, 4 Tragring, 5 Welle

13.3.1 Spurlager

Bei dem Ringspurlager (Bild 13.24) läuft ein eingesetzer, gehärteter Ringspurzapfen (1) mit der Welle; die ballige Spurlinse (2) sichert die genaue Auflage der Spurflächen, die über den Ölkanal (4) unter Druck geschmiert werden. Seitlich wird die Welle durch das ausgegossene Halslager (3) geführt.

13.3.2 Bundlager

Sind Traglager durch Querkräfte und geringe Längskräfte belastet, dann erhalten Wellen, Achsen oder Spindeln ein oder zwei Bunde. Das Bundlager (Bild 13.3) hat die Bunde beiderseitig der Lagerschale, deren sorgfältig ausgebildete Stirnseiten die Laufflächen bilden. Die **Ringflächen** werden durch das an den Enden austretende Öl geschmiert.
Bundlager für Wellen mit Einzelbund haben in der Mitte der Lagerschale eine Ausnehmung, in welcher der angedrehte oder aufgezogene Wellenbund läuft. Der Bund dient als fester Schmierring und zur Aufnahme der Längskräfte.

13.3.3 Segmentlager

- Bei **Segmentlagern** (Bild 13.25) ist die lasttragende Gleitbahn eine Ringfläche aus einzelnen kippbaren Tragklötzen bzw. Segmenten (1), von denen jedes durch einen Führungszapfen (3) mit genügend großem Spiel gehalten wird. Die gegenseitige Lage auf der Tragfläche des Lagers ist damit gesichert; infolge ihrer Beweglichkeit wird die Entstehung eines zusammenhängenden Ölfilms begünstigt. Die Welle (5) hat einen kräftigen Tragring (4), der sich mit der gesamten Lagerlast auf die Tragklötze stützt. (Vergleiche auch Bild 13.26).

- **Segmentdruckringe (Segmentlager).** Die Wellen und ihre Bunde (gehärtet und feinstbearbeitet) werden an den Stirnflächen durch Drucklagerringe bzw. Druckklötze abgestützt. Ein solches Lager und konstruktive Einzelheiten zeigt das Bild 13.26. Die Lager sind jeweils nur für eine Drehrichtung gebaut, damit die volle Leistungsfähigkeit des Lagers ausgenützt werden kann.

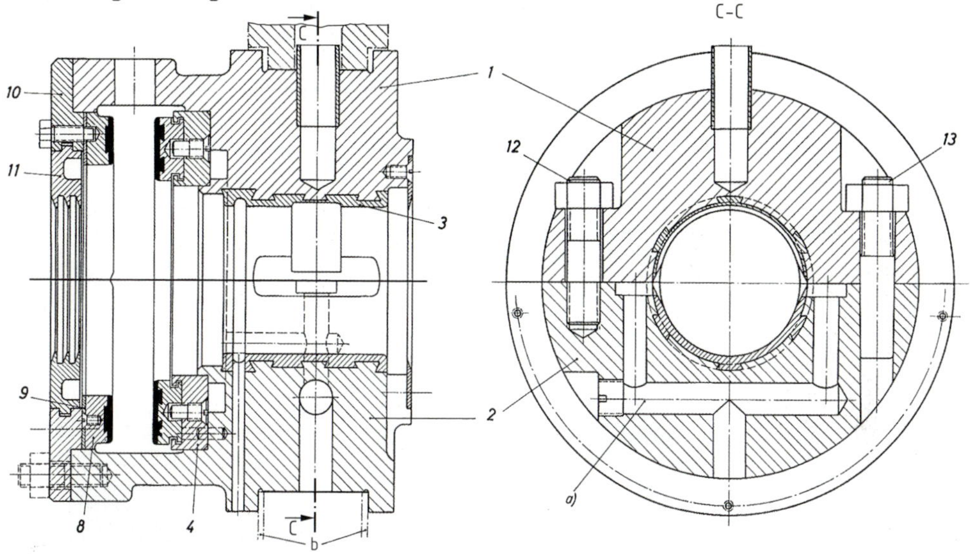

Bild 13.26 Segment-Drucklager
1 oberer Lagerteil, EN-GJL-250, 2 unterer Lagerteil, EN-GJL-250, 3 Lagerausguss, 4 Segment-Drucklagerring für Rechtslauf, 8 Druckring für Rechtslauf, 9 Beilagering, 2 teilig, S235JR, 10 Lagerdeckel, 2 teilig, S235JR, 11 Dichtscheibe, 2 teilig, Rotguss, 12 Stiftschraube DIN 939 und Sechskantmutter ÖNORM EN ISO 4032, 13 Kegelstift ÖNORM EN 28737 (ISO 8737) und Sechskantmutter ÖNORM EN ISO 4032;
a = Bohrungen für die Schmiermittelzufuhr bzw. -verteilung
b = Beilagen für den Einbau des Lagers. Die Dicke der Beilagen wird erst beim Zusammenbau bestimmt.

13.3.4 Axialdruckringe

In die Lauffläche der Axialdruckringe sind hydrodynamisch wirkende Keilräume eingearbeitet, in denen sich ein zusammenhängender Ölfilm bildet. Das Öl muss je nach Gleitgeschwindigkeit des Zapfens unter Druck von innen oder durch Bohrungen den Schmiernuten zugeführt werden.

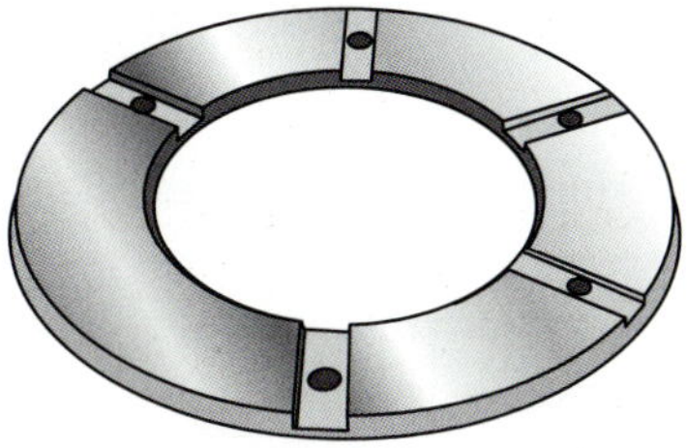

Bild 13.27 Feinkopierter Axialdruckring für eine Drehrichtung

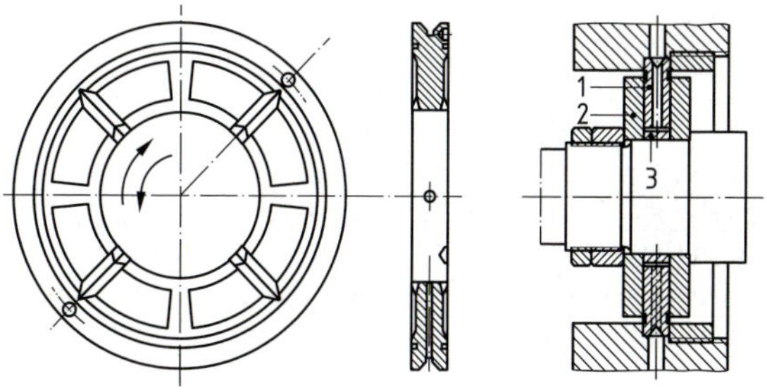

Bild 13.28 Einbau eines doppelseitigen Druckringes
1 doppelseitiger Axialdruckring, 2 Stahlanlaufring, 3 Distanzring

Axialdruckringe werden nach den Erfordernissen mit vier und mehr Keilräumen ausgestattet, für eine oder zwei Drehrichtungen, ein- und doppelseitig gebaut (Bild 13.27 und Bild 13.28). Für axiale Führungslager mit Lasten in beiden Richtungen eignen sich doppelseitige Axialdruckringe. Sie werden aus einem Lagerwerkstoff von hoher mechanischer Festigkeit und guten Gleiteigenschaften hergestellt.

14 Wälzlager

Wälzlager sind der Sammelbegriff für alle Kugel-, Rollen- und Nadellager. Aus den **Grundtypen Rillenkugellager und Zylinderrollenlager** sind viele Wälzlagerarten für die verschiedensten Anwendungsgebiete entwickelt worden.

Vorteile der Wälzlager: geringer Platzbedarf, anspruchslose Wartung, Ersparnis an Schmiermitteln, Austauschbarkeit durch internationale Normung, große Genauigkeit, leichter Ein- und Ausbau, vielseitige Ausführungen, keine Einlaufzeit, die bei den Gleitlagern zum Teil notwendig ist.

Wälzlager sind nach ÖNORM M 6318, Teil 1 bis 14 und 6319, Teil 1 u. 2 genormt.

a) b)

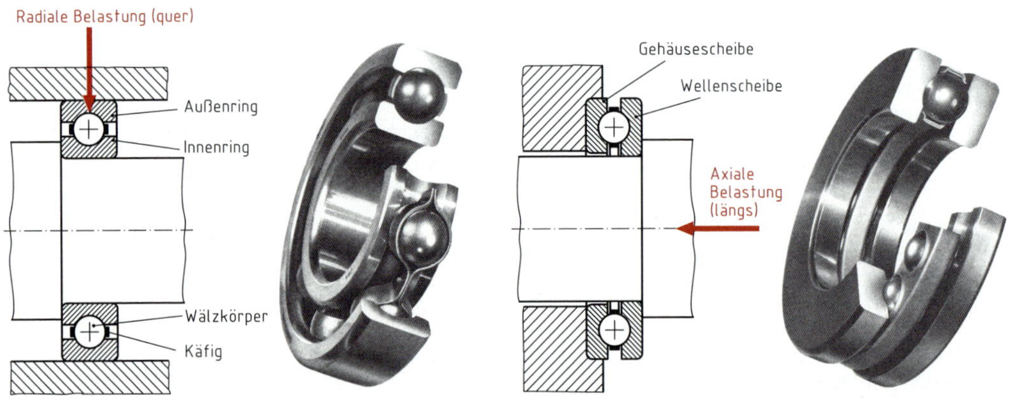

Bild 14.1
***a) Radiallager** (Querlager, Ringlager); **b) Axiallager** (Längslager, Scheibenlager)*

- Nach der **Belastungsrichtung** unterscheidet man grundsätzlich **Radiallager** (Ringlager, Bild 14.1a) und **Axiallager** (Scheibenlager, Bild 14.1b). Radiallager nehmen Belastungen auf, die quer zur Wellenachse, Axiallager solche, die längs zur Wellenachse auftreten.

- Als **Wälzkörper** werden Kugeln und Rollen (Zylinderrollen, Tonnen, Kegelrollen und Nadeln) verwendet (Bild 14.2).

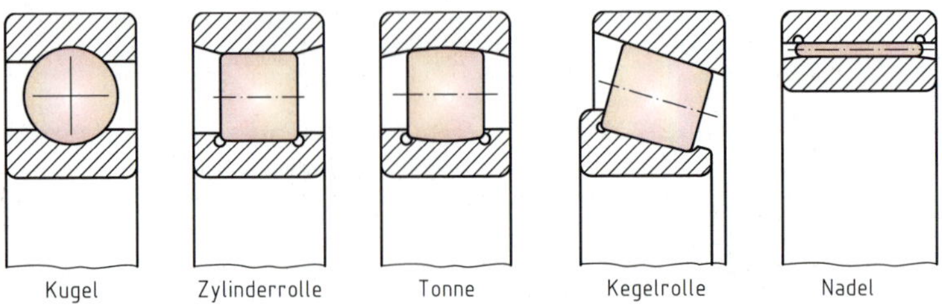

Kugel Zylinderrolle Tonne Kegelrolle Nadel

Bild 14.2 Wälzkörperarten (ÖNORM M 6319)

14.1 Wälzlager in der Zeichnung

Bei der zeichnerischen Darstellung von Wälzlagern werden im Allgemeinen nur die Laufringe und die Wälzkörper gezeichnet. Die Darstellung erfolgt stets im Schnitt (Bild 14.3). Wälzlager sind genormte Maschinenelemente. Für die Bestimmung des notwendigen Platzbedarfs sind Außendurchmesser, Innendurchmesser und Breite des Lagers erforderlich (Bild 14.3).

Alle anderen Abmessungen (wie Größe der Wälzkörper usw.) sind durch die genormte Ausführung des Lagers bestimmt, für die zeichnerische Darstellung aber unwesentlich und daher in den Wälzlagertabellen nicht angegeben. Trotzdem ist darauf zu achten, dass diese Lagerteile annähernd maßstäblich dargestellt werden (Bild 14.4a und Bild 14.4b). In Werkzeichnungen vieler Firmen wird auf die Darstellung der Lagereinzelheiten (Laufringe, Wälzkörper) verzichtet und es werden die Wälzlager vereinfacht, nur mit den Abmessungen *d*, *D* und *b*, z. B. nach Bild 14.4c, dargestellt.

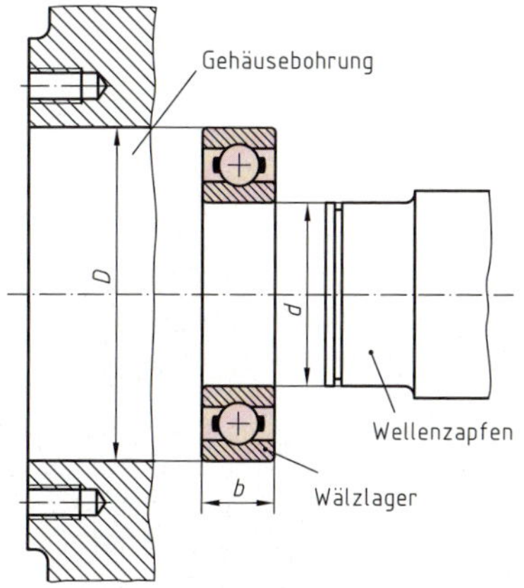

Bild 14.3 Notwendige Abmessungen eines Wälzlagers für den Einbau

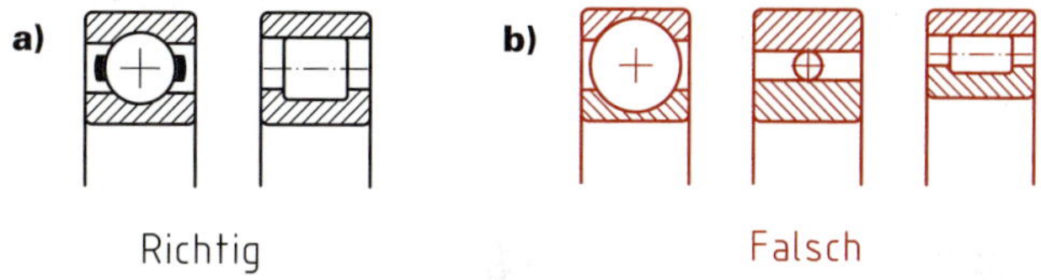

Vereinfachte Darstellung von Wälzlagern: *Die Umrisse des Lagers werden ohne weitere Details gezeichnet. In der Mitte des Lagerquerschnittes sind – je nach Lagerart – Strichsymbole (Linien oder Bogen) mit breiter Volllinie einzuzeichnen. Siehe auch Tab. 14.1, Seite 176.*

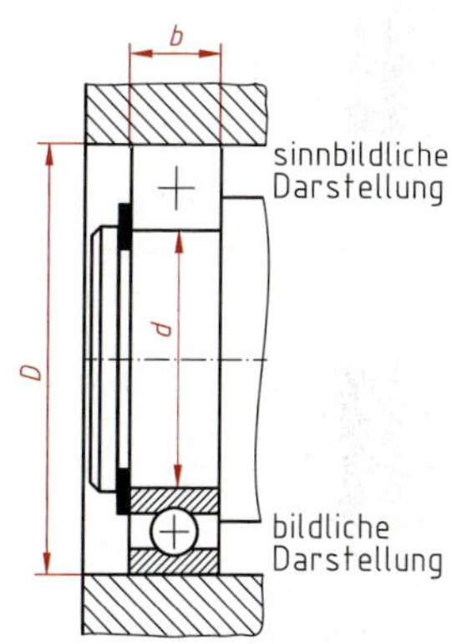

Bild 14.4 Darstellung von Wälzlagern

14.2 Arten der Wälzlager und ihre Anwendung

- **Radial-Rillenkugellager** (Bild 14.5) ist ein einreihiges, starres, nicht einstellbares Lager mit tiefen Laufrillen; das meistverwendete Wälzlager im Maschinenbau. Das Lager kann sowohl Radial- als auch Axialbelastungen in jeder Richtung aufnehmen. Bei hohen Drehzahlen ist es zur Aufnahme von Axialkräften besser geeignet als ein Axial-Rillenkugellager. ***Verwendung:*** Alle Gebiete des Maschinenbaues.

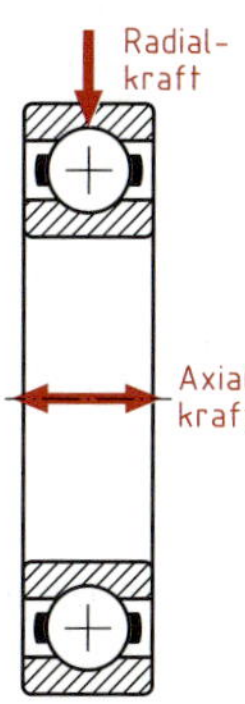

Bild 14.5 Radial-Rillenkugellager

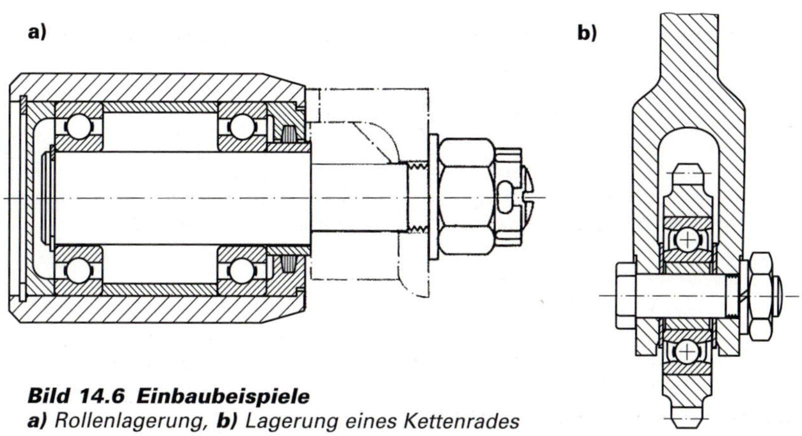

Bild 14.6 Einbaubeispiele
a) *Rollenlagerung,* ***b)*** *Lagerung eines Kettenrades*

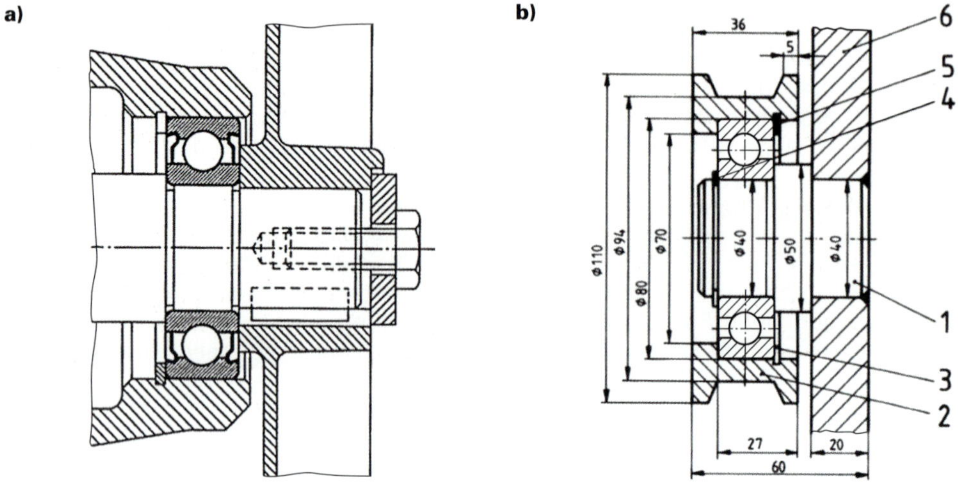

Bild 14.7 Einbaubeispiele a) *Lüftungsscheibe,* ***b)*** *Laufrolle*

Gegen Staub ungeschützte Lager (siehe Einbaubeispiele in Bild 14.6b und Bild 14.7a) müssen einseitig oder beiderseitig Deckscheiben Z oder Dichtscheiben RS erhalten (Bild 14.8).

Deckscheiben Z sind nicht schleifende Dichtungen auf dem Lagerring.
Dichtscheiben RS sind schleifende Dichtungen auf dem Lagerring.

Radial-Rillenkugellager in Sonderausführung zeigt das Bild 14.8. Die Lager der Ausführung 2 Z bzw. 2 RS sind auf Lebensdauer geschmiert.

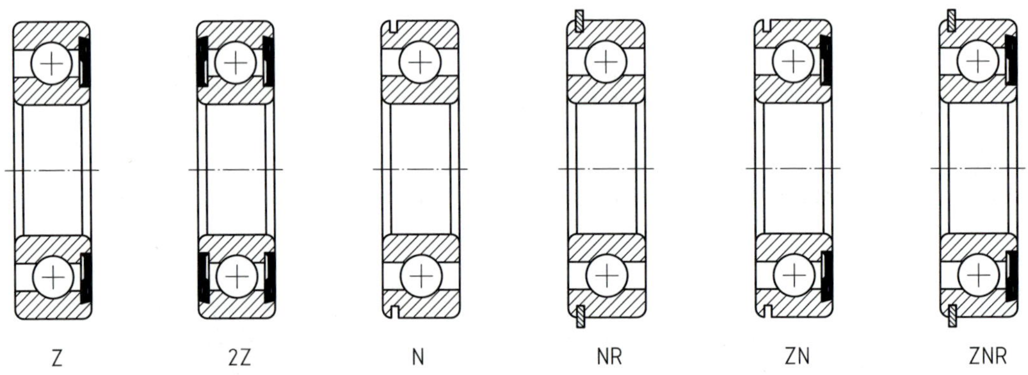

Bild 14.8 Radial-Rillenkugellager in Sonderausführung
Ausführung ***Z mit einer Deckscheibe,*** *Ausführung* ***2Z mit zwei Deckscheiben,*** *Ausführung* ***N mit Ringnut im Außenring,*** *Ausführung* ***NR mit Ringnut und Sprengring im Außenring,*** *Ausführung* ***ZN mit einer Deckscheibe und Ringnut im Außenring,*** *Ausführung* ***ZNR mit einer Deckscheibe, Ringnut und Sprengring im Außenring***

- **Radial-Schrägkugellager**, einreihig (Bild 14.9), zweireihig (Bild 14.10). Hier liegen die Anlageflächen der Kugeln schräg versetzt, und der Kugeldruck wirkt unter einem spitzen Winkel zur Wellenachse. Das Lager hat daher auch eine hohe Tragfähigkeit in axialer Richtung. Schrägkugellager sind auch zur Aufnahme von wechselnden Axialbelastungen geeignet. ***Verwendung:*** Fahrzeugbau und Getriebebau.

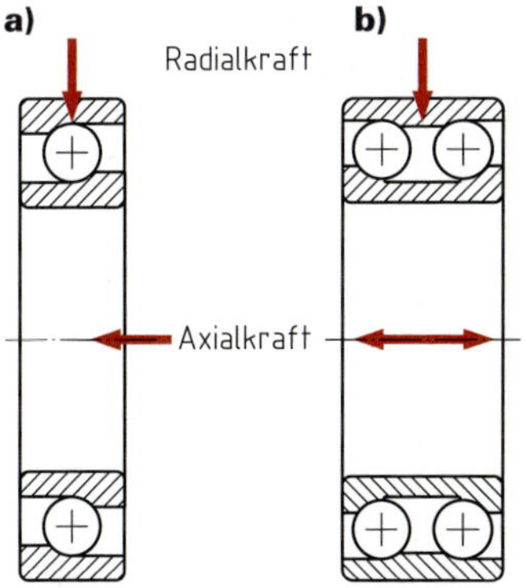

Bild 14.9 Radial-Schrägkugellager a) *einreihig,* **b)** *zweireihig*

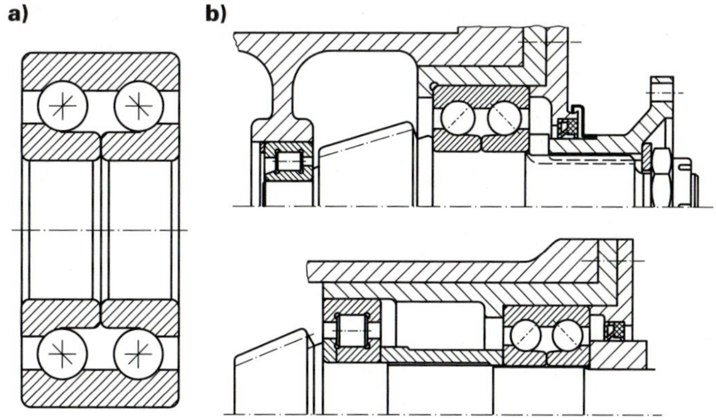

Bild 14.10 Radial-Schrägkugellager a) *mit geteiltem Innenring,* **b) Anwendungsbeispiel:** *Ritzellagerungen*

- **Radial-Pendelkugellager** (Bild 14.11). Der Außenring weist eine hohlkugelförmige Laufbahn auf, so dass sich der Innenring mit den Kugeln um den Lagermittelpunkt in bestimmten Grenzen schwenken lässt. ***Verwendung:*** Überall dort, wo ein leichtes Durchbiegen der Wellen, hervorgerufen durch Zahnräderdrücke, Riemenzüge, Fliehkräfte usw., ferner Montageungenauigkeiten und Bearbeitungsfehler, ausgeglichen werden soll.

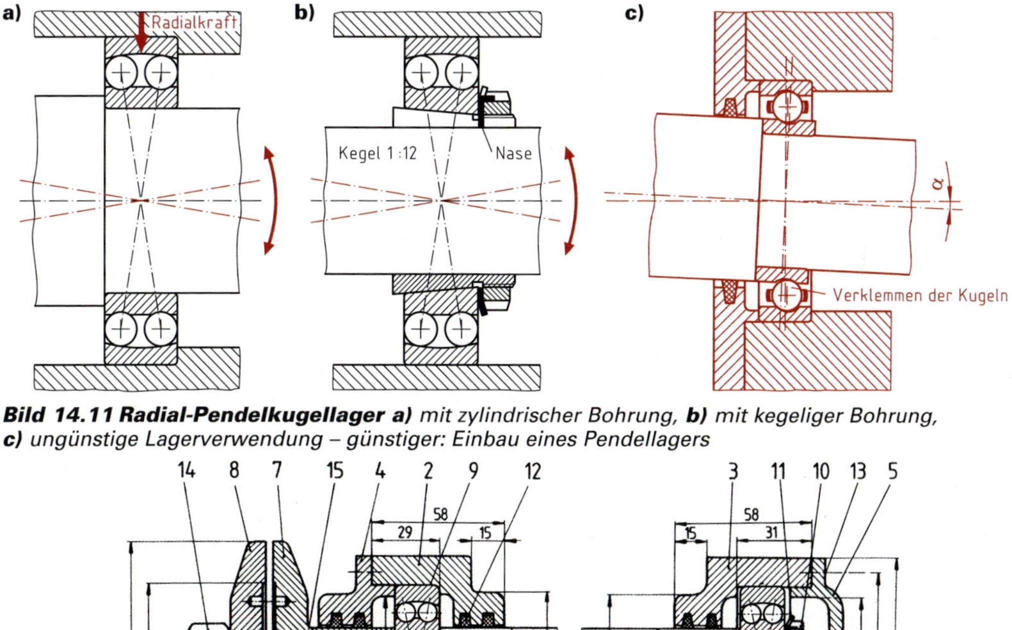

Bild 14.11 Radial-Pendelkugellager a) *mit zylindrischer Bohrung,* **b)** *mit kegeliger Bohrung,* **c)** *ungünstige Lagerverwendung – günstiger: Einbau eines Pendellagers*

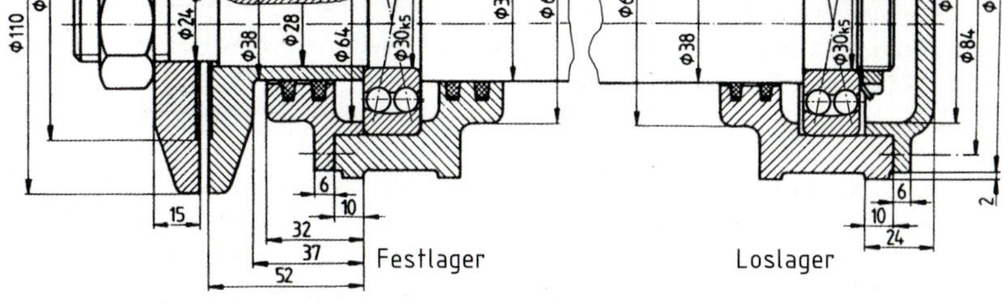

Bild 14.12 Anwendung von Radial-Pendelkugellagern

- **Axial-Rillenkugellager** (Bild 14.13). Die Lager nehmen nur Axialkräfte auf, aber keine Radialkräfte. Man unterscheidet einseitig wirkende Axial-Rillenkugellager (Bild 14.13a) und wechselseitig wirkende Axial-Rillenkugellager (Bild 14.13b).

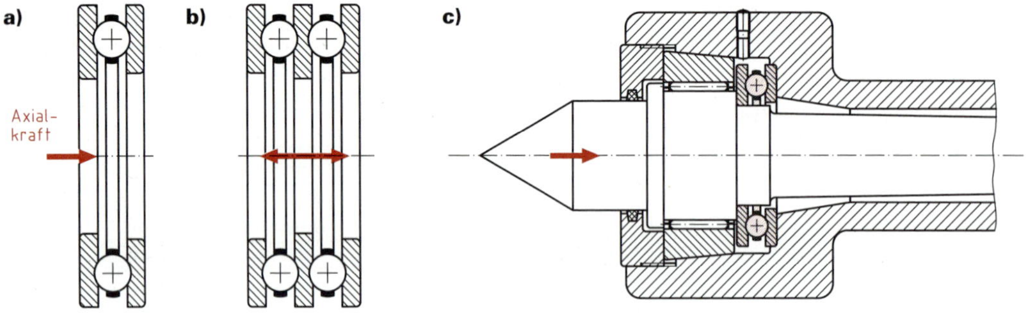

Bild 14.13 Axial-Rillenkugellager a) *einseitig wirkend,* ***b)*** *wechselseitig wirkend,* ***c)*** *Anwendungsbeispiel*

- **Radial-Zylinderrollenlager** (Bild 14.14) hat infolge der Linienberührung der zylindrischen Wälzkörper gegenüber der Punktberührung der Kugeln höhere Tragfähigkeit. Das Zylinderrollenlager eignet sich für schweren, stoßweisen Betrieb und dort, wo neben der hohen Belastung auch noch Platzmangel herrscht. Die Führung der Rollen erfolgt zwischen Borden des Innen- oder des Außenringes. Radial-Zylinderrollenlager werden auch zweireihig ausgeführt. ***Verwendung:*** Elektromotoren, Bahnmotoren, Rollenachslager, Fahrzeuge, Werkzeugmaschinen usw.

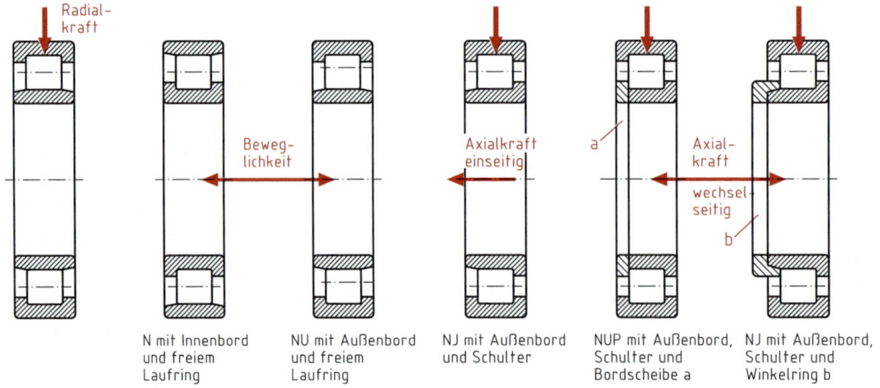

Bild 14.14 Radial-Zylinderrollenlager

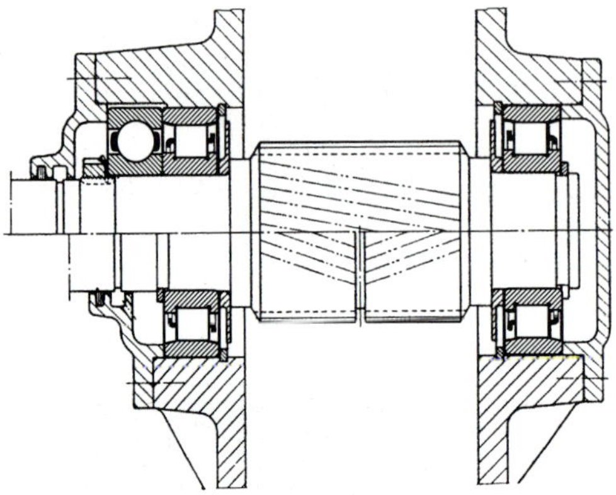

Bild 14.15 Radial-Zylinderrollenlager Anwendungen

- **Lager mit Innenbord N bzw. Außenbord NU und freiem Laufring.** Bei diesen Lagern werden die Rollen zwischen den Borden des Innenrings oder des Außenrings geführt, über den freien Laufring ist eine Beweglichkeit in axialer Richtung möglich. Diese Lager gleichen Axialänderungen aus und werden daher auch als **Loslager** bezeichnet.
- **Lager mit Außenbord und Schulter am Innenring NJ (Stützbord).** Die Schulter begrenzt die Wellenverschiebung nach einer Seite; die Lager wirken als Schulterlager und nehmen Axialkräfte nur in einer Richtung auf.

- **Lager mit Außenbord, mit Schulter am Innenring und Bordscheibe oder Winkelring.** Durch Bordscheibe oder Winkelring wird die axiale Beweglichkeit des Lagers nach beiden Seiten gesichert – die Lager werden zu **Festlagern.**

- **Radial-Kegelrollenlager** (Bild 14.16) ist ein zerlegbares, einreihiges Lager, das in Radial- und Axialrichtung hoch belastbar ist. Das Lager ermöglicht einfachen Ein- und Ausbau. Radiale und axiale spielfreie Lagerung ist durch Nachstellen möglich. Zur Führung der Welle sind immer zwei Lager erforderlich (siehe Bild 14.16b, Anwendungsbeispiele). ***Verwendung:*** Radlagerungen, Fahrzeugbau, Werkzeugmaschinen usw.

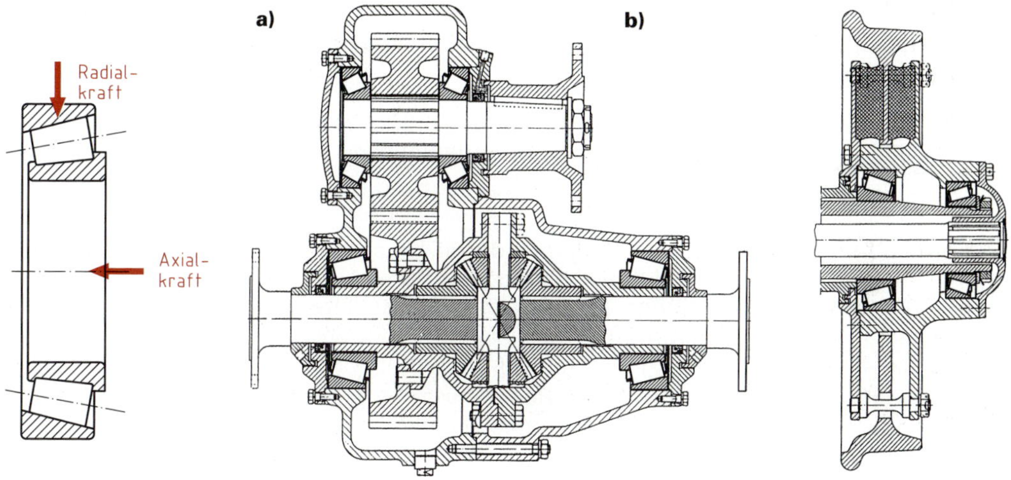

Bild 14.16 Radial-Kegelrollenlager
Anwendungsbeispiele: a) *Getriebelagerung,* ***b)*** *Radlagerung*

- **Radial-Tonnenlager**, einreihig (Bild 14.17a). Als Wälzkörper werden Tonnen verwendet. Der Außenring weist eine (ähnlich wie beim Pendelkugellager) hohlkugelförmige Laufbahn auf. Die Lager sind winkeleinstellbar und eignen sich besonders für Konstruktionen, bei denen hohe radiale Tragfähigkeit und der Ausgleich von Fluchtfehlern gefordert wird.

- **Radial-Pendelrollenlager**, zweireihig (Bild 14.17b). Diese Lager sind für stärkste, auch stoßweise Belastungen geeignet und die tragfähigsten Wälzlager überhaupt. Sie können in der Radial- und Axialrichtung hoch belastet werden.

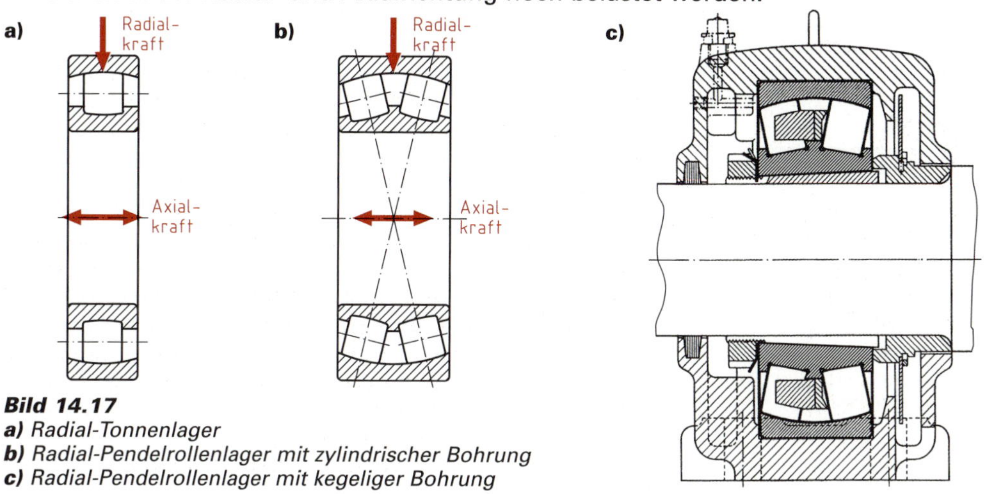

Bild 14.17
a) *Radial-Tonnenlager*
b) *Radial-Pendelrollenlager mit zylindrischer Bohrung*
c) *Radial-Pendelrollenlager mit kegeliger Bohrung*

Die **Tonnen- und Pendelrollenlager** (Bild 14.17, Seite 167) werden mit zylindrischer oder kegeliger Bohrung ausgeführt. Lager mit kegeliger Bohrung werden auf der Welle mittels Spannhülse oder Abziehhülse befestigt. ***Verwendung:*** Achslager für Eisenbahnwagen, Walzwerke, Traglager für Schiffswellen usw.

- **Nadellager** (Bild 14.18). Die Wälzkörper sind Nadeln (lange, dünne, zylindrische Rollen). Das Nadellager ist ein Wälzlager mit sehr geringem Raumbedarf. Es eignet sich besonders für hohe Radialbelastung bei schwingender Bewegung. Nadellager können keine Axialkräfte aufnehmen. ***Verwendung:*** Maschinenbau, Kraftfahrzeugbau usw., vor allem für moderne Konstruktionen, bei denen äußerste Raumausnützung verlangt wird.

Die Bilder 14.18 (1) bis (9), zeigen einige der vielen **Ausführungsmöglichkeiten von Nadellagerungen**, und zwar:

- (1) einreihiges Nadellager mit Außenlaufring.
- (2) einreihiges Nadellager mit Außen- und Innenlaufring.
- (3) und (4) zweireihige Nadellager mit Außenlaufring oder mit Außen- und Innenlaufring.
- (5) und (6) einreihiger und zweireihiger Nadelkäfig (Lagerung mit geringstem Raumbedarf). Eingebaut wird nur der Käfig mit Nadeln. Verwendung nur dort, wo sowohl die Welle als auch die Gehäusebohrung gehärtet und geschliffen werden kann (62±2 HRC).
- (7) Nadelbüchsen, bestehend aus einem Stahlkäfig mit Nadeln und einem dünnen, präzis gezogenen Blechmantel als Außenring. Kann die Gehäusebohrung nicht gehärtet werden, dann ermöglicht dieses Bauelement eine Lagerung mit sehr geringem Raumbedarf, der nicht größer als der eines Gleitlagers ist.
- (8) Nadelbüchse mit Innenring.
- (9) Nadaxlager für radiale und axiale Lagerdrücke (Sonderausführungen).

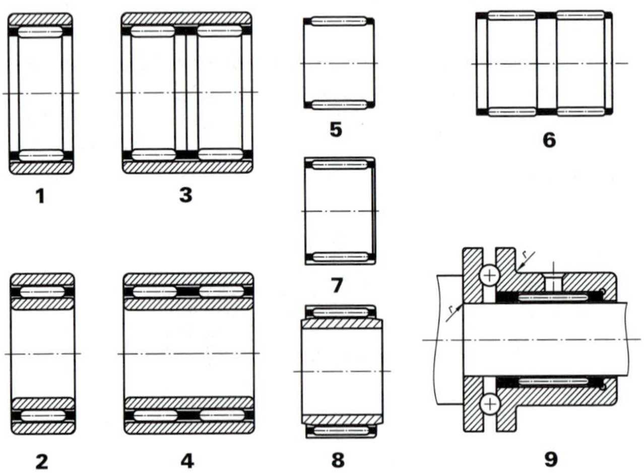

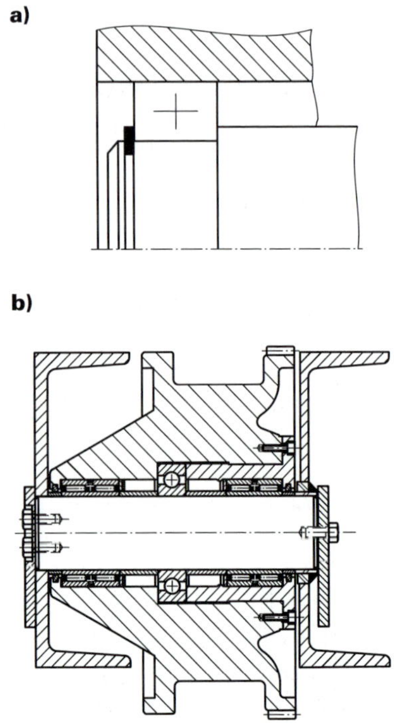

Bild 14.18 Nadellager
a) *vereinfachte Darstellung*
b) *Anwendungsbeispiel*

14.3 Gestaltung der Lagerungen

14.3.1 Lageranordnung

Für die Lagerung eines umlaufenden Maschinenteils (z. B. einer Welle) sind im Allgemeinen zwei Lager erforderlich, die es gegenüber dem stillstehenden Teil (z. B. dem Gehäuse) in radialer und axialer Richtung abstützen bzw. führen; **ein Festlager und ein Loslager** (Bild 14.19).

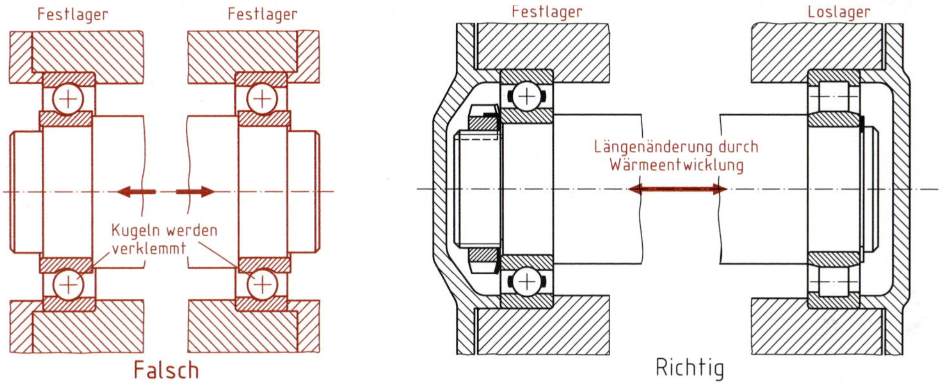

Bild 14.19 Lageranordnung

- Das **Festlager (Führungslager)** übernimmt die radiale Abstützung und die **axiale Führung** in beide Richtungen. Es muss daher auf der Welle und im Gehäuse seitlich festgelegt werden. Als Festlager eignen sich Radiallager (Bild 14.19), die kombinierte Belastungen aufnehmen können, z. B. Rillenkugellager. Als Festlager kann auch ein Radiallager, z. B. ein Zylinderrollenlager, zusammen mit einem Vierpunktlager oder Axiallager verwendet werden, das die Welle axial in beide Richtungen führt und mit radialem Spiel im Gehäuse einzubauen ist.
- Das **Loslager (Einstelllager)** übernimmt nur die **radiale Führung** und muss in Achsrichtung verschiebbar sein, um ein gegenseitiges Verspannen der Lager zu verhindern (z. B. bei Längenänderungen der Welle infolge Wärmedehnungen). Die Axialverschiebung muss entweder im Lager selbst – wie z. B. bei Zylinderrollenlagern der Bauformen NU oder N und Nadellagern – oder zwischen einem der Lagerringe und seinem Gehäuse möglich sein.

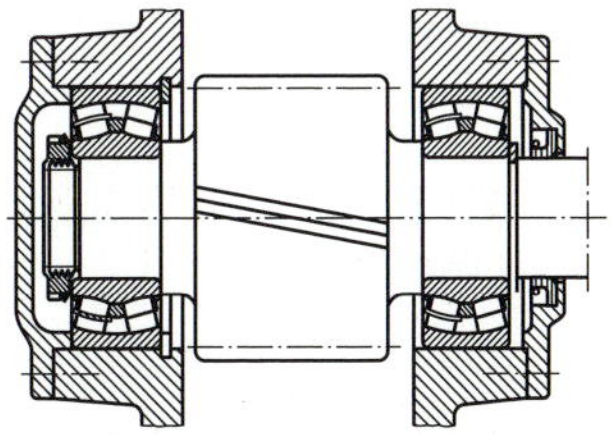

Festlager *Loslager*

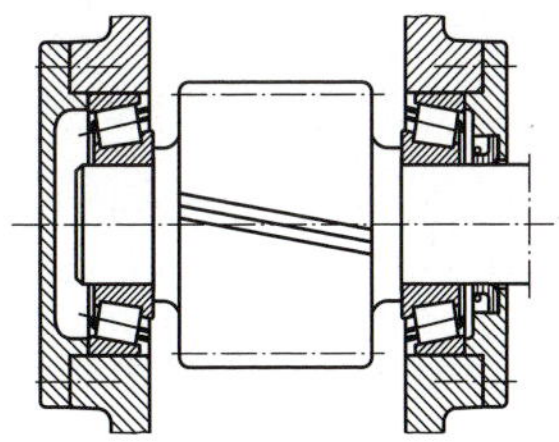

gegenseitige Führung

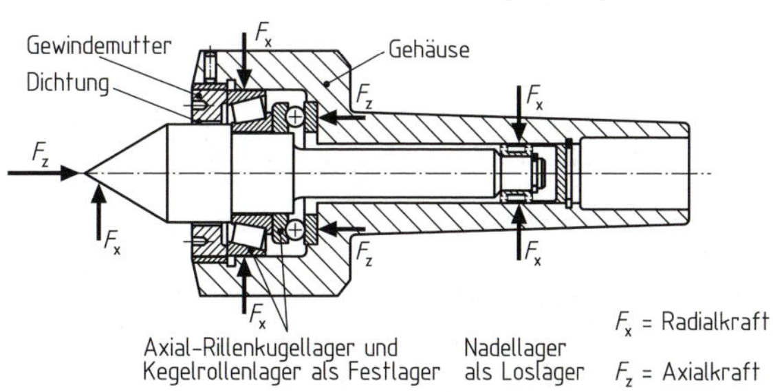

Bild 14.20 Richtige Lageranordnung mit Einbaubeispielen

- Bei der so genannten **„gegenseitigen Führung"** wird die Welle von jedem der beiden Lager nur in einer Richtung axial geführt. Diese Anordnung kommt hauptsächlich für die Lagerung kurzer Wellen mit Rillenkugellagern, Schrägkugellagern, Kegelrollenlagern (Bild 14.20) und Zylinderrollenlagern der Bauform NJ in Betracht.

14.3.2 Radiale Befestigung der Lager

Die Innen- und Außenringe von Wälzlagern müssen auf der Welle bzw. im Gehäuse radial befestigt werden, damit sie sich unter Last nicht auf ihrem Gegenstück abwälzen („wandern“) können.

Eine einwandfreie radiale Befestigung ist im Allgemeinen nur durch entsprechend feste **Passungen für die Lagerringe** zu erreichen. Feste Passungen haben außerdem den Vorteil, dass dünnwandige Lagerringe auf ihrem ganzen Umfang unterstützt werden und so die Tragfähigkeit und die Lebensdauer des Lagers voll ausgenützt wird.

14.3.3 Toleranzen und Passungen

- **Toleranzen der Wälzlager.** Die Außenmaße der Wälzlager (Außendurchmesser, Bohrung und Breite) sind in den ISO-Normen bzw. ÖNORMEN festgelegt. Die für den Einbau zulässigen Toleranzen sind in den Wälzlagerlisten angegeben.
- **Passungen für Wellenzapfen und Gehäusebohrungen.** Die Wahl der Passung zwischen Welle und Bohrung bzw. Außenring und Gehäuse hat entscheidenden Einfluss auf die Größe des Lagerspiels.

Für einen festen Sitz des Innenrings auf der Welle muss der Wellendurchmesser etwas größer sein als die Lagerbohrung; er muss ein Übermaß haben. Durch Aufbringen des Lagers auf die Welle weitet sich der Lagerring und verringert die Radialluft. Im Allgemeinen werden Wälzlager so eingebaut, dass je nach den Umlaufverhältnissen entweder der Außen- oder Innenring im Gehäuse oder auf der Welle einen festen Sitz erhält.

Die Wellensitze und Gehäusebohrungen sind feinzudrehen und für genaue Lagerungen zu schleifen. Dabei ist auf Rundheit und Konizität zu achten, da sich die dünnwandigen Ringe; z. B. der Nadellager, weitgehend der Wellen- bzw. Gehäuseform anpassen.

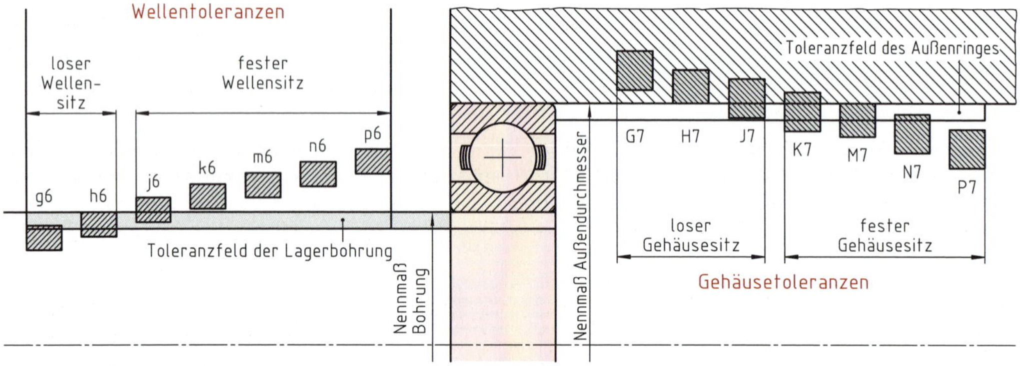

Bild 14.21 Passungsschaubild der Toleranzfelder für Welle, Lager und Gehäuse

Bei der Wahl der Passung sind zu beachten:

- **Umlaufverhältnisse.** Bei Radiallagern unterscheidet man grundsätzlich **zwei Belastungsarten:** Umfangslast und Punktlast.
  - **Umfangslast** für den Innenring ist vorhanden, wenn der Innenring im Verhältnis zur Belastungsrichtung umläuft und die Innenringrollbahn auf dem ganzen Umfang beansprucht wird. Dies ist der häufigste Belastungsfall.
  - Läuft der Außenring um, so wird die Rollbahn des stillstehenden Innenringes nur an einer Stelle (in Belastungsrichtung) beansprucht, es liegt **Punktlast** für den Innenring vor.

  Beispiel: Vorderräder von Kraftwagen; der Achsschenkel steht still, die Nabe mit dem Außenring läuft um. Bei Punktlast für den Innenring werden mit Ausnahme der Pendellager alle Lager ungünstiger beansprucht, die Tragfähigkeit sinkt auf etwa 70 % der in den Lagertafeln angegebenen Werte.

- **Art und Größe der Belastung.** Bei der Wahl der Passung ist die Durchfederung der Rollbahnringe unter Belastung zu berücksichtigen. Ein Ring kann z. B. bei niedriger Belastung einen genügend festen Sitz haben, aber durch die elastische Verformung bei größerer Belastung so locker werden, dass er dem Einfluss der umlaufenden Last folgt und mitwandert. Beachte, dass der Lagerring nicht auf der Sitzfläche wandern darf, weil dadurch die Lagerung in kurzer Zeit zerstört wird. Die Festigkeit des Sitzes muss daher der Größe und Art der Belastung angepasst sein. Allgemein kann man sagen: Je größer die Umfanglast eines Laufringes ist, um so fester muss sein Sitz sein.
- **Lagerluft.** Durch den Einbau der Lager wird die Lagerluft verringert. Dies darf ein gewisses Maß nicht überschreiten, so dass bei der Wahl der Passung darauf Rücksicht zu nehmen ist. Bei zu großer Luftverminderung durch den gewünschten Sitz sind Lager mit größerer Lagerluft als normal zu verwenden. Richtig eingebaute Wälzlager müssen nach dem Aufziehen des Lagers und Festziehen aller Schrauben und Muttern noch so viel Lagerspiel haben, dass die Wälzkörper nicht unter Spannung laufen. Das Lager muss sich immer noch leicht drehen lassen.
- **Laufgenauigkeit.** Gesteigerte Anforderungen an die Laufgenauigkeit erhöhen auch die Anforderungen an die Güte der Passung (Bild 14.21).
- **Axiale Verschiebemöglichkeit.** Bei Loslagern muss einer der beiden Rollbahnringe axial verschiebbar sein, was durch die gewählte Passung gewährleistet sein muss. Für Lager in Leichtmetallgehäusen ist stets ein strammer Sitz anzuwenden, weil sich Leichtmetall bei Temperaturerhöhung doppelt so viel dehnt wie Stahl; bei gleichem Sitzcharakter würde sich der Außenring im Leichtmetallgehäuse lösen.
- **Temperaturverhältnisse.** Temperaturunterschiede, Richtung des Wärmeflusses usw. sind zu beachten. Denn Ringe, die unter normalen Verhältnissen genügend festsitzen, können locker werden, und axial verschiebbare Ringe der Loslager können bei tieferen Temperaturen als normal blockieren.

14.3.4 Axiale Befestigung der Lager

Zur axialen Befestigung eines Lagerringes reicht eine feste Passung allein nur dann aus, wenn keine Axialkräfte zu übertragen sind und das seitliche Abwandern des Rings verhindert werden soll. In allen anderen Fällen ist eine entsprechende axiale Sicherung erforderlich.

- **Bei Festlagern** werden beide Lagerringe axial nach beiden Seiten befestigt (Bild 14.20).
- **Bei Loslagern** wird nur der Ring mit der festeren Passung axial befestigt, der andere Ring muss sich ungehindert gegenüber dem Gegenstück verschieben können.
- **Bei gegenseitiger Führung** genügt es, die Lagerringe jeweils nach einer Seite festzulegen.

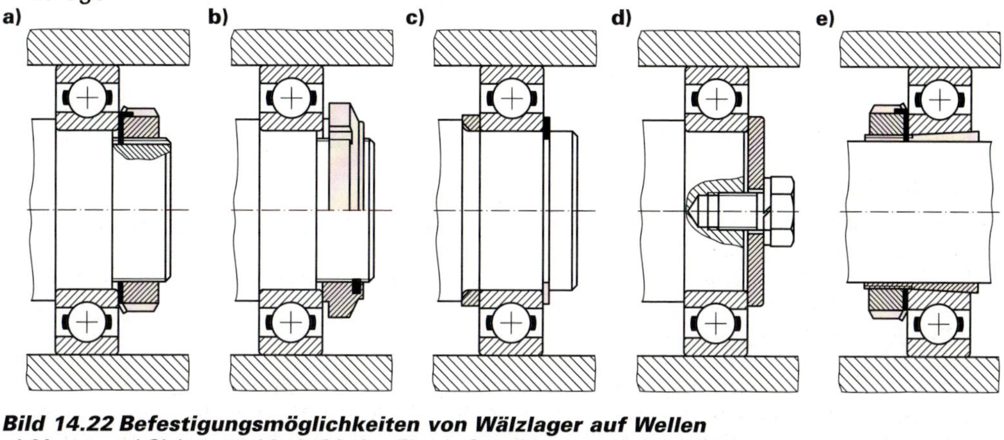

Bild 14.22 Befestigungsmöglichkeiten von Wälzlager auf Wellen
__a)__ Mutter und Sicherungsblech, __b)__ eine Elastic-Stop-Mutter mit einem Sicherungsring aus Polyamid erspart die Wellennut und das Sicherungsblech, __c)__ Sprengring und Abstandsring, __d)__ Scheibe und Sechskantschraube, __e)__ Spannhülse, Mutter und Sicherungsblech (Befestigung auf glatten Wellen)

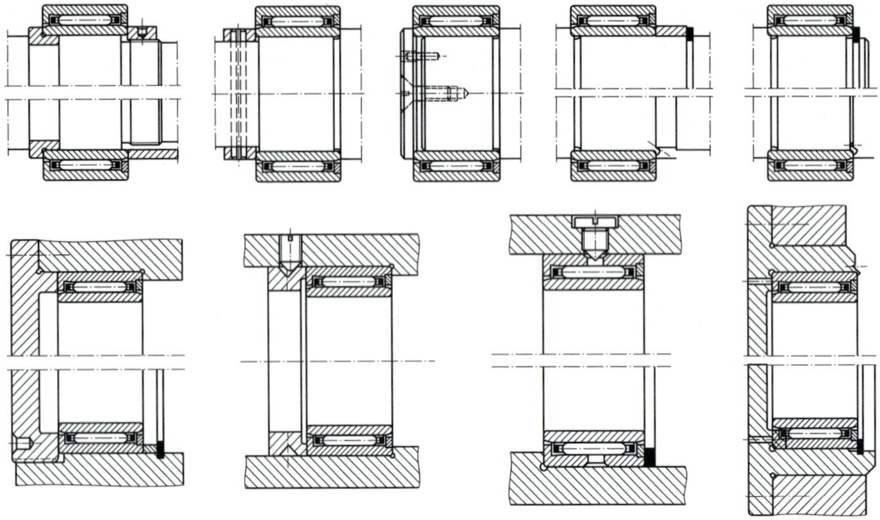

Bild 14.23 Befestigungsmöglichkeiten von Wälzlagern (am Beispiel von Nadellagern) auf Wellen und mit Lagerdeckeln

14.3.5 Gestaltung der Lagerabdichtung

Die Abdichtung eines Wälzlager hat den Zweck, den Austritt des Schmiermittels aus dem Lager und das Eindringen von Verunreinigungen (Staub, Schmutz u. dgl.) von außen zu verhindern.

Lager werden abgedichtet durch:

- **Schleifende Dichtungen** aus Filz, synthetischen Dichtungsstoffen, Metall, Gummi; **nichtschleifende Dichtungen**, die einen mit Fett angefüllten Dichtungsspalt haben.
- **Filzringe** (Bild 14.24). Abmessungen der Filzringe und Ringnuten siehe ÖNORM M 6330. Werkstoff der Filzringe ist nicht zu weicher Wollfilz. Bei sauberen Betriebsverhältnissen genügt ein Filzring. Für staubigen Betrieb sollen zwei Filzringe nebeneinander angeordnet werden, für rauen und schmutzigen Betrieb Filzringe in Verbindung mit Labyrinthen. Bei Labyrinthabdichtungen ist der Spalt mit Fett zu füllen (Spaltbreite 0,5 bis 0,75 mm). In vielen Fällen ist es zweckmäßig, Öffnungen für das Nachschmieren des Labyrinths anzubringen. Vor dem Einbau ist der Filzring in Öl zu tränken, um beim Einlaufen die Reibung auf der Welle zu verringern.

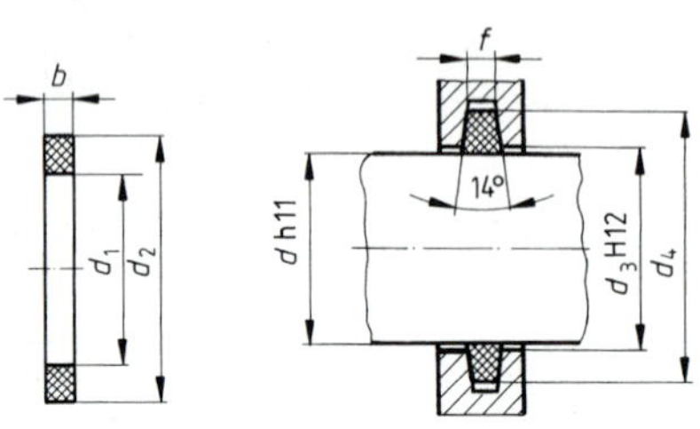

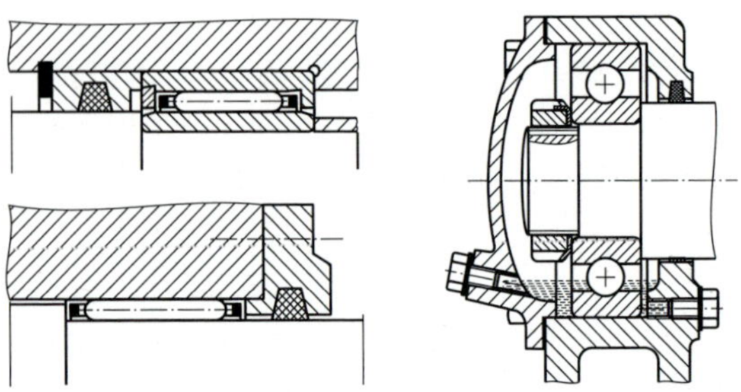

Bild 14.24 Filzringe, Einbaubeispiele

- **Radial-Wellendichtringe** DIN 3760 (Bild 14.25 und Bild 14.26) sind die gebräuchlichsten Abdichtungselemente. Zum Einbau ist der Dichtring an Dichtkante und Außenumfang mit einem Schmiermittel einzufetten. Die **abgeschrägte Manschettenkante** muss stets dem abzudichtenden Stoff zugekehrt sein. Die **scharfe Manschettenkante** dichtet ab, indem sie die Flüssigkeit von der Welle abstreift.

Manschettenwerkstoffe: Diese sind zumeist auf der Basis von synthetischen, ölbeständigen Kautschuken (Perbunan), synthetischen, nicht ölbeständigen Kautschuken (Buna) und Naturkautschuk aufgebaut. Weitere Basismaterialien sind Neoprene, Thiokol, Silikone usw.
Eigenschaften: Hohe Temperaturbeständigkeit bei Verwendung von Spezialmischungen zwischen –70 °C und +250 °C. Hohe Alterungs- und Verschleißfestigkeit, homogenes, gas- und flüssigkeitsdichtes Gefüge. Die chemische Beständigkeit ist, je nachdem, welcher Stoff als Ausgangsbasis verwendet wird, sehr verschieden.

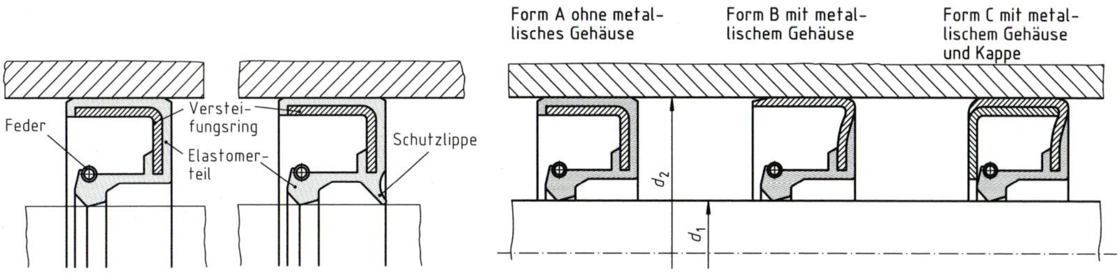

In technischen Zeichnungen werden vielfach die Radial-Wellendichtringe vereinfacht nach ÖNORM EN ISO 9222 dargestellt (Bild 14.26a bis 14.26c).

- Bei allgemeiner Darstellung werden nur die Umrisse des Dichtungselementes ohne weitere bauliche Details gezeichnet und in die Mitte des Dichtungsquerschnittes ein diagonal liegendes Kreuz mit breiter Volllinie eingetragen (Bild 14.26a).
- Bei Bedarf kann zusätzlich durch einen Pfeil die Einbau- bzw. Dichtrichtung angegeben werden (Bild 14.26b).

a)

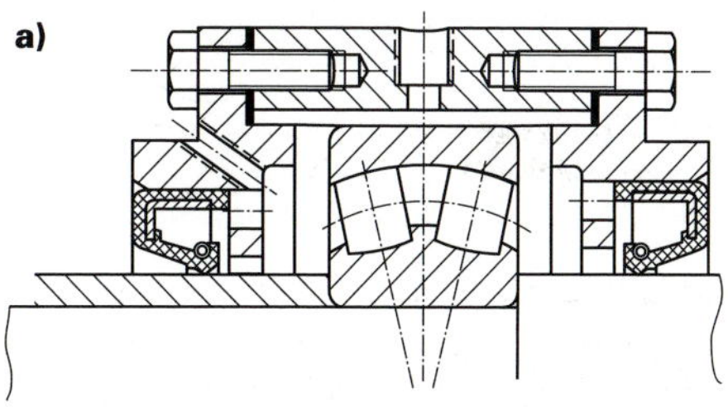

Bild 14.25 Radial-Wellendichtringe
***a)** Einbaubeispiel*

- Soll in der technischen Zeichnung auf die spezielle Art eines Radial-Wellendichtringes hingewiesen werden, so stehen zur Darstellung Symbole für Dichtringe ohne oder mit Staublippe zur Auswahl (Bild 14.26c).

a) **b)**

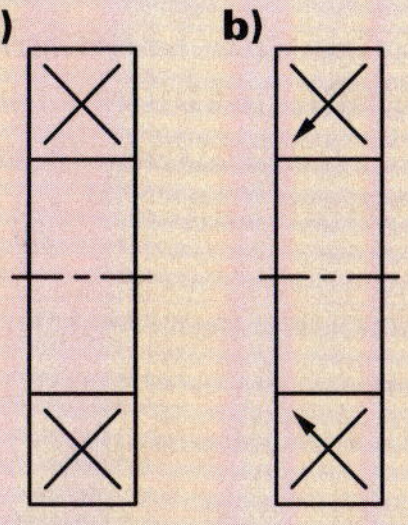

c) Bauart	Vereinfachte Darstellung	Bildliche Darstellung
Radial-Wellen-dichtring **ohne** Staublippe	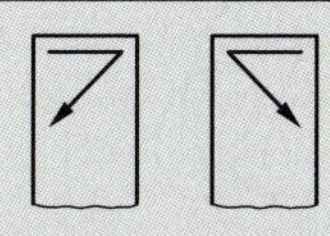	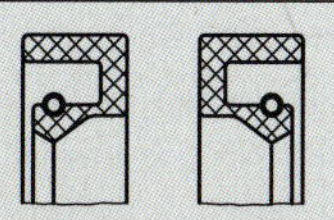
Radial-Wellen-dichtring **mit** Staublippe	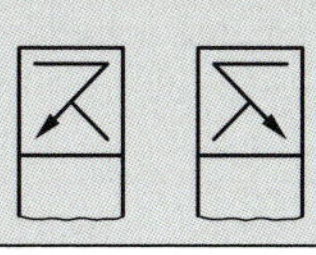	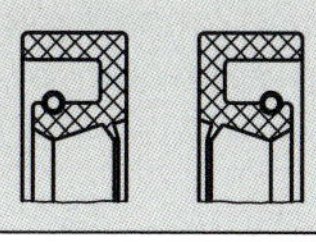

Bild 14.26 Vereinfachte Darstellung von Radial-Wellendichtringen

- **Fangrillen (Fettrillen)** (Bild 14.27). Die einfachste Form einer nichtschleifenden Dichtung ist die Anordnung von mindestens drei Fangrillen. Das Spiel zwischen Welle und Gehäusebohrung liegt zwischen 0,1 und 0,5 mm.
  Der enge Spalt verhindert, dass das Schmiermittel ausläuft und Verunreinigungen eindrigen.
  Bei Fettschmierung sind die Rillen beim Einbau mit Fett zu füllen. Fangrillen werden oft in Verbindung mit einem Filzring angeordnet.
  Die Wirkung der Fangrillendichtung kann durch Schleuderringe und Labyrinthdichtung (Bild 14.28) erhöht werden.

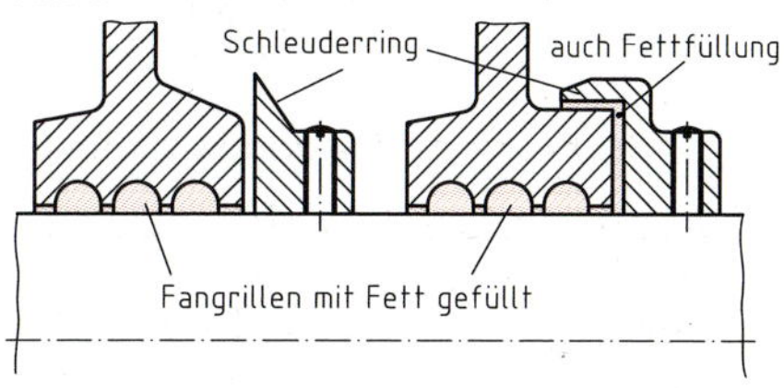

Bild 14.27 Fangrillen

- **Labyrinthdichtungen** (Bild 14.28). Der Spalt wird mit Fett gefüllt. In vielen Fällen ist es zweckmäßig, Öffnungen zum Nachschmieren des Labyrinths anzubringen. Bei Ölschmierung sind Spritzringe oft besser als Labyrinthe.
- **Spritzringe** (Bild 14.29) bilden bei Ölschmierung und hoher Drehzahl einen wirksamen Schutz gegen das Austreten von Öl. Durch die scharfe Kante des Ringes wird das auf der Welle entlanglaufende Öl abgespritzt, so dass es wieder in das Gehäuse zurückfließen kann. Durch **Schleuderringe** wird das Eindringen von Verunreinigungen verhindert.

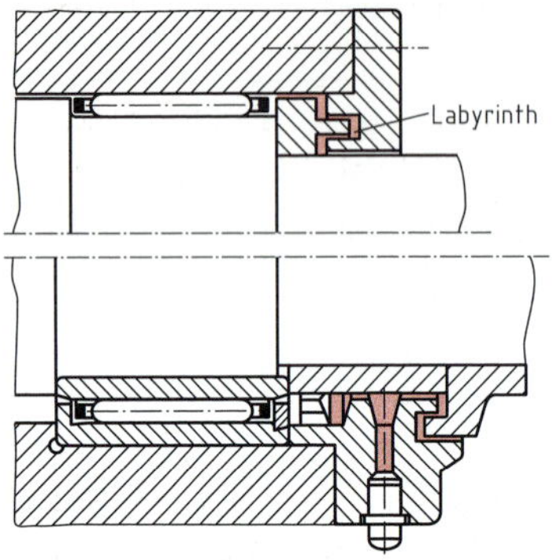

Bild 14.28 Labyrinthdichtungen

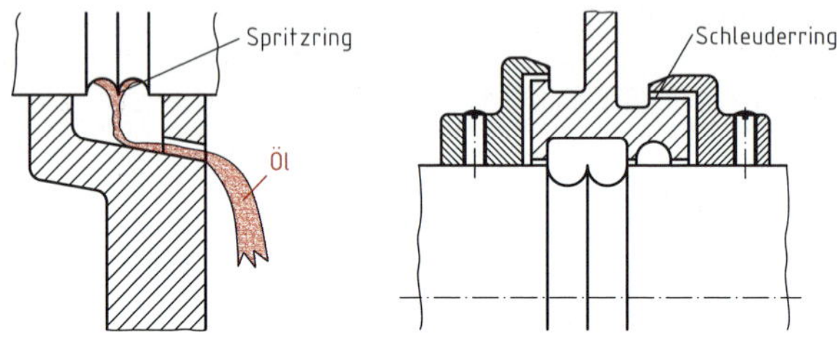

Bild 14.29 Spritzring und Schleuderring

14.4 Bezeichnung der Wälzlager

Normung: ÖNORM M 6318.
Die Kurzbezeichnung der Wälzlager besteht aus der **Reihenbezeichnung**, der **Bohrungskennziffer** und gegebenenfalls aus **Zusatzzeichen**, die Vorsetz- und Nachsetzzeichen sein können.

14.4.1 Reihenbezeichnung

Beispiele:

	Lagerreihen-bezeichnung	Bohrungs-kennziffer
Radial-Rillenkugellager	60	10
Radial-Rillenkugellager	62	10
Radial-Rillenkugellager	63	10
Radial-Zylinderrollenlager	N2	05
Radial-Zylinderrollenlager	NU22	15
Radial-Kegelrollenlager	302	10

Die Bezeichnung für die Lagerreihe kann aus einer Zahl bestehen oder aus einem oder mehreren Großbuchstaben und einer Zahl.

Die Reihenbezeichnung kennzeichnet die verschiedenen Ausführungen einer bestimmten Wälzlagergröße.

Erklärung: Die Lager einer Ausführungsart unterscheiden sich bei gleichem Bohrungsdurchmesser durch die Größe der Wälzkörper und dadurch auch im Außendurchmesser, in der Breite und in der Tragfähigkeit (Bild 14.30), vergleiche auch mit der Wälzlagertabelle. Für einen bestimmten Innendurchmesser gibt es also verschieden große Lager bzw. Lagerreihen.

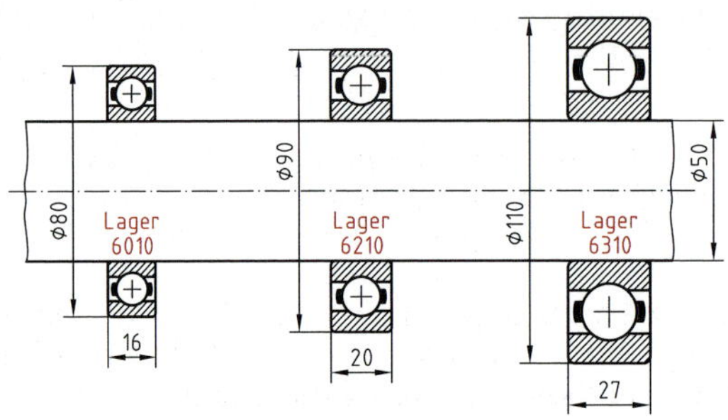

	Tragzahlen C	Co
6010	1700	1560
6210	2700	2450
6310	4750	4000

Bild 14.30
Vergleich verschiedener Lagerreihen

14.4.2 Bohrungskennziffer

- Die **Bohrungskennziffer** wird an das Zeichen für die Lagerreihe angehängt.
- **Bohrungsmaße bis 9 mm Durchmesser** werden in mm
  - einer zweistelligen Zahl der Lagerreihe unmittelbar angehängt, z. B. Radial-Rillenkugellager 624 (62 ... Lagerreihe, 4 ... Bohrungsmaß in mm)

  oder
  - einer dreistelligen Zahl nach einem Schrägstrich beigefügt, z. B. Radial-Rillenkugellager 618/9 (618 ... Lagerreihe, 9 ... Bohrungsmaß in mm).
- **Bohrungsmaße von 10 bis 17 mm Durchmesser** erhalten eine Bohrungskennziffer, die an das Zeichen für die Lagerreihe angehängt wird, und zwar:
  - für das Bohrungsmaß 10 mm ... die Bohrungskennziffer 00
  - für das Bohrungsmaß 12 mm ... die Bohrungskennziffer 01
  - für das Bohrungsmaß 15 mm ... die Bohrungskennziffer 02
  - für das Bohrungsmaß 17 mm ... die Bohrungskennziffer 03

  z. B. Radial-Rillenkugellager 6002 (60 ... Lagerreihe, 02 ... Bohrungskennziffer – entspricht Bohrung 15 mm).
- **Bohrungsmaße ab 20 mm Durchmesser** erhalten eine Bohrungskennziffer, die an das Zeichen für die Lagerreihe angehängt wird. Diese Kennziffer mit 5 multipliziert ergibt das Bohrungsmaß, z. B.:

  Radial-Rillenkugellager 6010 (60 ... Lagerreihe, 10 ... Bohrungskennziffer – entspricht einer Bohrung $10 \times 5 = 50$ mm);

  Radial-Zylinderrollenlager NU206 (NU2 ... Lagerreihe, 06 ... Bohrungskennziffer – entspricht einer Bohrung $06 \times 5 = 30$ mm).

14.4.3 Zusatzzeichen (Vorsetz- und Nachsetzzeichen)

- **Zusatzzeichen** werden fallweise der Lagerbezeichnung **vorgesetzt** bzw. **angefügt**, z. B.:

  Radial-Pendelkugellager 1210K
  Radial-Pendelkugellager 1210K + H210
  Radial-Rillenkugellager 6220N

- **Wichtige Nachsetzzeichen** zum Lagerkurzzeichen bedeuten (siehe auch Bild 14.8):

K	Kegelige Bohrung des Innenringes
N	Ringnut im Außenring
NR	Ringnut und Sprengring
Z	Deckscheibe (nicht schleifende Dichtung) auf einer Seite des Lagers
2 Z	Deckscheibe (nicht schleifende Dichtung) auf beiden Seiten
ZN	Deckscheibe (nicht schleifende Dichtung) auf einer Seite und Ringnut (Deckel normalerweise gegenüber der Ringnutseite)
ZNR	Deckscheibe (nicht schleifende Dichtung) auf einer Seite mit Ringnut und Sprengring
RS	Dichtscheibe (schleifende Dichtung) auf einer Seite des Lagers
2 RS	Dichtscheibe (schleifende Dichtung) auf beiden Seiten

- **Weitere zusätzliche Bezeichnungen der Lager** ergeben sich aus der so genannten C-Klassifikation und der Maß- sowie Laufgenauigkeit. Die Erklärung dieser Bezeichnungen würde aber über den Rahmen dieses Lehrbuches hinausgehen.

ZA 51 Antriebswelle

Zweck der Zeichenaufgabe: Darstellung und Anwendung von Wälzlagern in Werkzeichnungen.

1. Zeichnen Sie auf ein Zeichenblatt Größe A3 den **Teil 1**, Antriebswelle, mit den entsprechenden Schnittangaben A–B und C–D.

Schnitt A–B: Wellennut für einen Nasenkeil 8 × 7 × 56 DIN 6887 (Verbindung mit einer Scheibe).
Schnitt C–D: Wellennut für eine Passfeder A 12 × 8 × 45 DIN 6885 (Verbindung mit einem Zahnrad).

2. Bestimmen Sie nach Normtabellen die Abmessungen der Wellennuten und ergänzen Sie diese in der Werkzeichnung.
3. Tragen Sie Oberflächenzeichen sowie Passungsangaben ein und zeichnen Sie eine Passungsliste.
4. Zeichnen Sie an den gegebenen Stellen den
   Teil 2, Radial-Rillenkugellager 6207 – ÖNORM M 6318 T1
   Teil 3, Radial-Zylinderrollenlager N207 – ÖNORM M 6318 T6
5. Das Rillenkugellager (Festlager) ist mit einer Abstandshülse (Hülse nicht zeichnen) und das Zylinderrollenlager (Loslager) mit **Teil 4**, Sicherungsring DIN 471–35 × 1,5, axial gesichert.

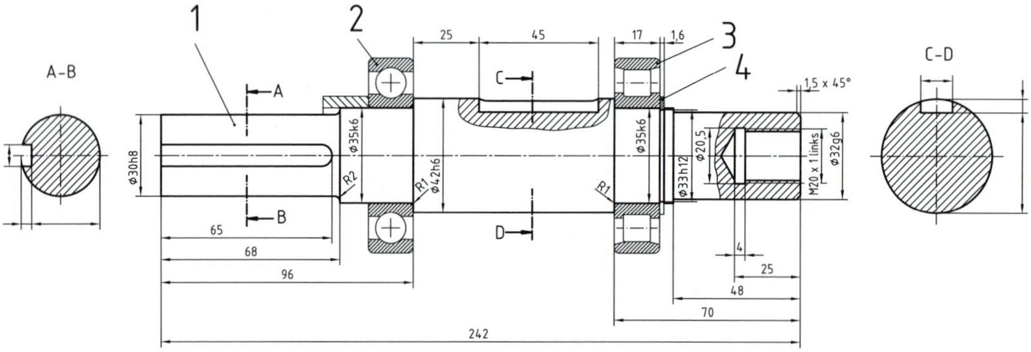

Vereinfachte Darstellung		Bildliche Darstellung		
einreihig	zweireihig	Radial-Rillenkugellager einreihig zweireihig	Radial-Zylinderrollenlager einreihig zweireihig	
		Radial-Pendelrollenlager einreihig	Radial-Pendelrollenlager zweireihig	Radial-Pendelkugellager zweireihig
		Radial-Kegelrollenlager, einreihig	Radial Schrägkugellager, einreihig	Axial-Rillenkugellager einseitig wirkend

Tabelle 14.1: Wälzlagerarten in Fertigungszeichnungen

Die Symbole (Linien, Bogen) der vereinfachten Darstellung werden mit breiter Volllinie in die Querschnittsfläche des Wälzlagers eingezeichnet.

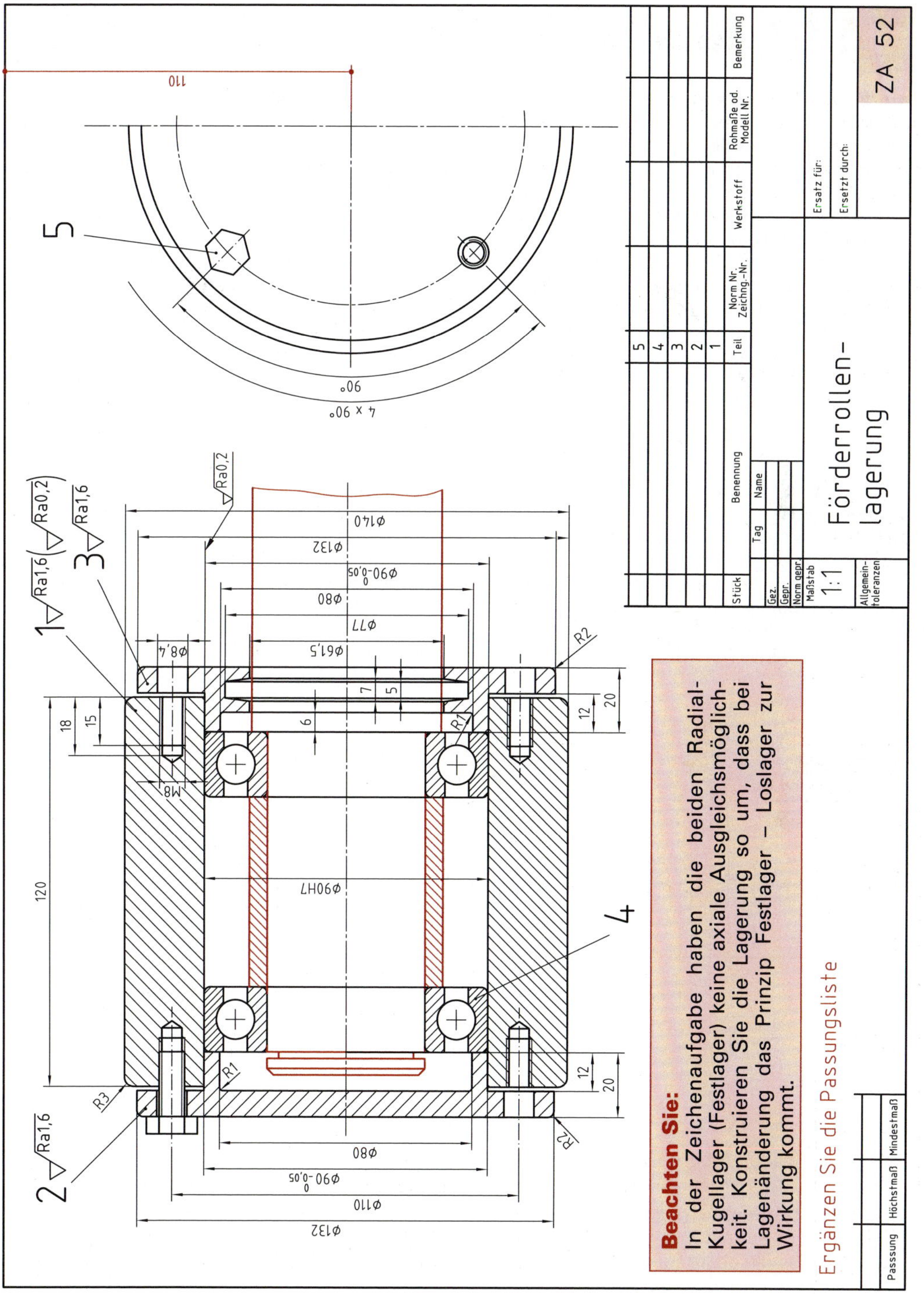

Vorlage zu ZA 52

Teil 1, Förderrolle, S275JR
Teil 2 und 3, Lagerdeckel, S235JR
Teil 4, Radial-Rillenkugellager 6210–ÖNORM M 6318 T1
Teil 5, Sechskantschraube ÖNORM EN ISO 4017–M 8 × 20–5.6

ZA 52 Förderrollenlagerung

Zweck der Zeichenaufgabe: Wie in **ZA 51** (Siehe: Hinweis in **ZA 52**).

1. **Teilzeichnung.** Zeichnen Sie von jedem Einzelteil eine Werkzeichnung mit allen für die Fertigung notwendigen Angaben (Abmessungen, Toleranzen, Oberflächenangaben). Von den Drehteilen genügt ein Riss (Vorderansicht). Die Lochkreise der **Teile 1 bis 3** sind in der Vorderansicht umgelegt darzustellen.
2. **Zusammenstellungszeichnung.** Zeichnen Sie von der Förderrollenlagerung eine Zusammenstellung aller Teile (siehe ZA), aber ohne Maßeintragung.

ZA 53 Getriebewelle

Zweck der Zeichenaufgabe: Wie in **ZA 51.**

1. Zeichnen Sie auf ein Zeichenblatt Größe A3 den **Teil 1**, Getriebewelle, mit Schnitt A–B und C–D.
   Schnitt A–B: Wellennut für einen Einlegekeil A 14 × 9 × 70
   (Verbindung mit einer Keilriemenscheibe)
   Schnitt C–D: Wellennut für eine Passfeder A 18 × 11 × 60
   (Verbindung mit schrägverzahntem Zahnrad)
2. Wie in **ZA 52.**
3. Zeichnen Sie an den gegebenen Stellen den
   Teil 2, Radial-Rillenkugellager 6211 – ÖNORM M 6318 T1
   Teil 3, Axial-Rillenkugellager 51213 – ÖNORM M 6318 T4
   Teil 4, Radial-Zylinderrollenlager NU211 – ÖNORM M 6318 T6
4. Das Radial-Rillenkugellager (Festlager) ist mit **Teil 5**, Sicherungsring DIN 471–55 × 2, und das Radial-Zylinderrollenlager (Loslager) mit **Teil 6**, Scheibe, **Teil 7**, Federring DIN 128–A10, und **Teil 8**, Sechskantschraube ÖNORM EN ISO 8676–M 10 × 1 × 25–8.8, axial befestigt.

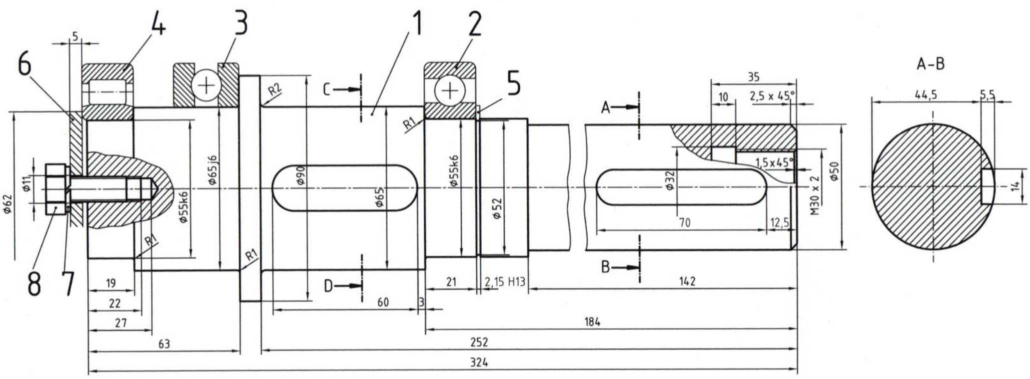

ZA 54 Kupplungswelle mit Riemenscheibe

Zweck der Zeichenaufgabe: Wie in **ZA 51.**

1. Zeichnen Sie auf ein Zeichenblatt Größe A3 die Kupplungswelle mit Riemenscheibe.
2. Zeichnen Sie die obere Hälfte der Riemenscheibe mit schmalen Volllinien (keine Maße eintragen).
3. Ergänzen Sie unterhalb der Schnittführung A–B den Schnitt.
4. Bestimmen Sie geeignete Passungen, Oberflächenangaben und die fehlenden Maße aus den Normtabellen.

Teil 1, Kupplungswelle, C35
Teil 2, Radial-Pendelkugellager 2208 – ÖNORM M 6318 T3 } vereinfacht darstellen
Teil 3, Radial-Rillenkugellager 6306 – ÖNORM M 6318 T1 }

Teil 4 und 5, Abstandsring, S235JR
Teil 6, Scheibe, S275JR
Teil 7, Federring DIN 128–A 8
Teil 8, Sechskantschraube ÖNORM EN ISO 4017–M8 × 20–5.6

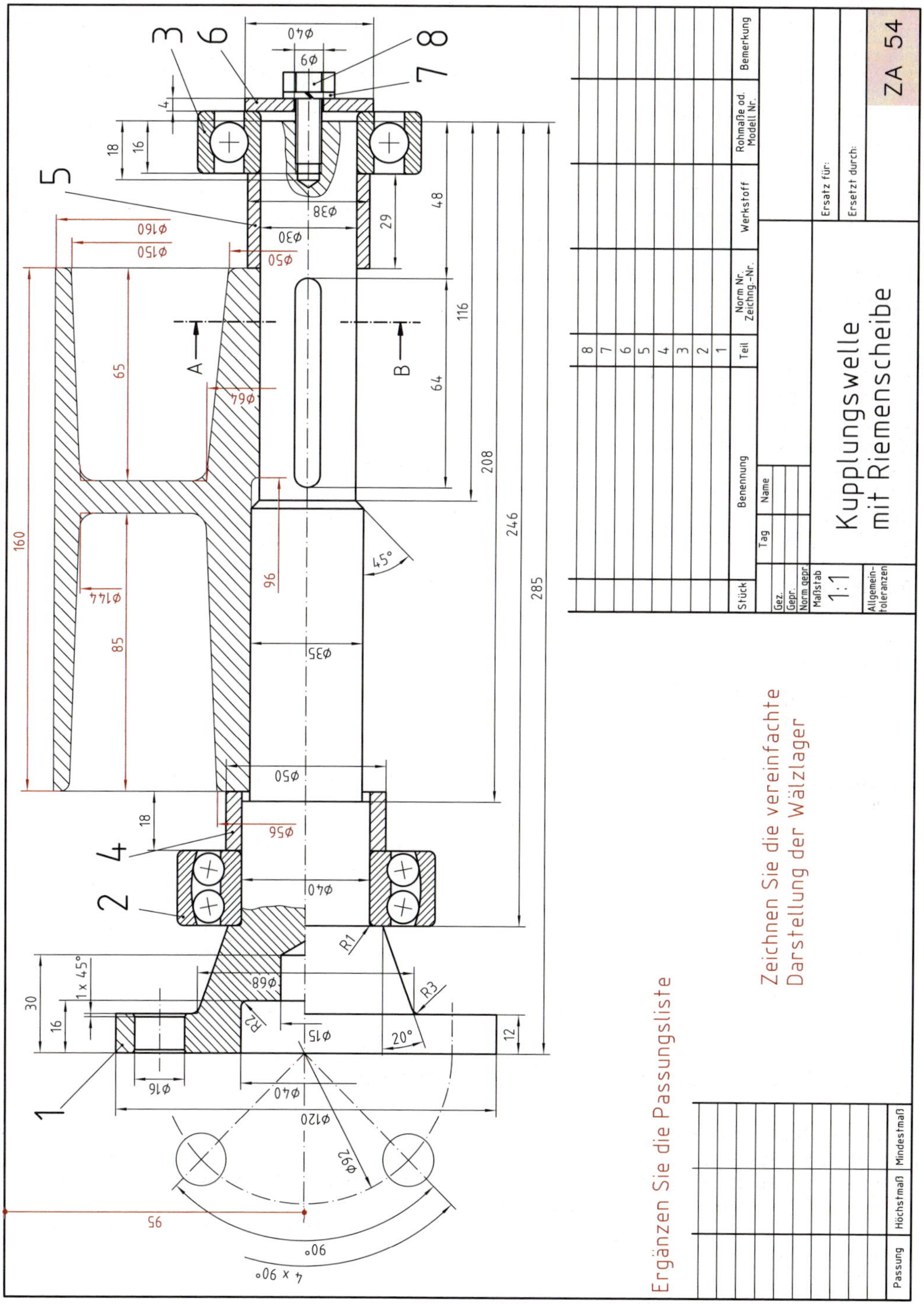

Vorlage zu ZA 54

15 Kupplungen

Kupplungen dienen zum Verbinden von treibenden mit getriebenen Maschinenteilen (Kraftmaschinen mit Arbeitsmaschinen). Sie übertragen dabei das Drehmoment von der Antriebs- auf die Abtriebsseite. Je nach den praktischen Anforderungen werden die Wellenenden oder Antriebsteile fest, drehelastisch, winkelbeweglich, schaltbar usw. verbunden. Ferner werden Kupplungen zum Umkehren der Bewegungs- oder Drehrichtung verwendet.

Es gibt heute eine große Zahl von verschiedenen Kupplungstypen (Tabelle 15.1 und 15.2), die, je nach den betrieblichen Erfordernissen, mit mechanischer, elektromagnetischer, pneumatischer oder hydraulischer Schaltung ausgeführt werden.

Im Rahmen dieses Lehrbuchs ist es nicht möglich, auf die vielen Kupplungsgruppen, ihre Eigenschaften usw. einzugehen. Diese Grundlagen sind in jedem einschlägigen Fachbuch über Maschinenelemente (Drehbewegungselemente) zu ersehen.

Feste Kupplungen	Ausgleichskupplungen
• Hülsenkupplung • Schalenkupplung nach DIN 115 (Bild 15.1) • Scheibenkupplung nach DIN 116 (Bild 15.2) • Stirnverzahnung nach Hirth • Sellerskupplung	• **gelenkige Kupplungen** • Klauenausdehnungskupplungen • Kreuz- bzw. Kardangelenke • Gewebegelenke • Wellengelenke • Doppel-Zahnkupplungen • **elastische Kupplungen** (Bild 15.3 bis Bild 15.5) • biegeelastische Kupplungen • drehelastische Kupplungen

Tabelle 15.1 Nicht schaltbare Kupplungen

Fremdgeschaltete Kupplungen	Selbsttätige Kupplungen
• **Klauenkupplungen** • **Zahnkupplungen** • einfache Zahnkupplungen • Lamellen-Zahn-Synchronkupplungen • Elektromagnet-Zahnkupplungen • **Mehrscheiben-Lamellenkupplungen** • mechanisch geschaltete Lamellenkupplungen (Bild 15.6 und Bild 15.7) • elektromagnetisch geschaltete Lamellenkupplungen (Bild 15.9); z. B. Luftspalt-Kupplungen durchflutete Kupplungen mit Schleifringen durchflutete Kupplungen ohne Schleifringe • druckölgeschaltete Lamellenkupplungen • druckluftgeschaltete Lamellenkupplungen (Bild 15.8) • **Einscheibenkupplungen** • mechanisch geschaltete Einscheibenkupplungen • elektromagnetisch geschaltete Einscheibenkupplungen • druckölgeschaltete Einscheibenkupplungen • druckluftgeschaltete Einscheibenkupplungen • **Federband-Kupplungen** • **Einflächenkupplungen (Backenkupplungen)** • Airflex-Schaltkupplungen • Hydroflex-Kupplungen • Doppelkonus-Reibungskupplungen • Spannring-Reibungskupplungen	• **Anlaufkupplungen** • fliehkraftabhängige Anlaufkupplungen, z. B. Centri-Kupplung, Amolix-Kupplung, Pulvis-Kupplung • steuerbare Anlaufkupplungen, z. B. Induktionskupplung, Asynchronkupplung, Magnetpulver-Kupplung • **Sicherheitskupplungen** • Scher- oder Brechbolzen-Kupplungen • Lamellen-Sicherheitskupplungen • Induktionskupplungen • fliehkraftabhängige Sicherheitskupplungen • **Richtungsgeschaltete Kupplungen** (Freiläufe, Überholkupplungen und Gesperre)

Tabelle 15.2 Schaltbare Kupplungen

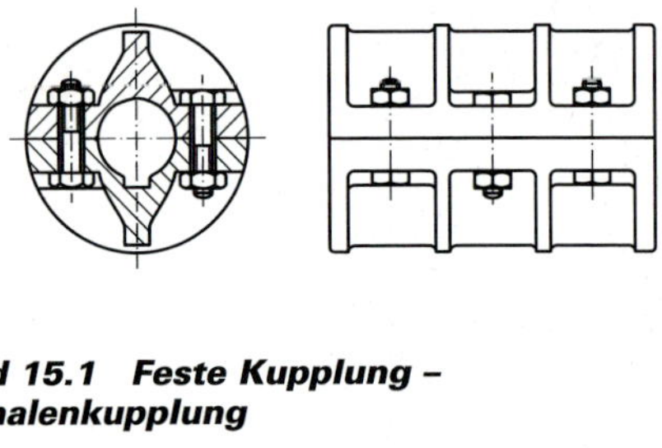

Bild 15.1 Feste Kupplung – Schalenkupplung

Beispiele:

- **Feste Kupplungen** zeigen Bild 15.1 und Bild 15.2; sie stellen eine starre, dauernde Verbindung zweier Wellen her und übertragen das Drehmoment ungedämpft auf die getriebene Welle. Eine radiale und axiale Wellenverschiebung ist nicht möglich. ***Verwendung*** hauptsächlich für glatte zusammengesetzte Transmissionswellen.
- **Elastische Kupplungen** zeigen Bild 15.3 bis 15.5. Zwischen den an- und abtriebsseitigen Kupplungsteilen werden elastische Elemente eingebaut.

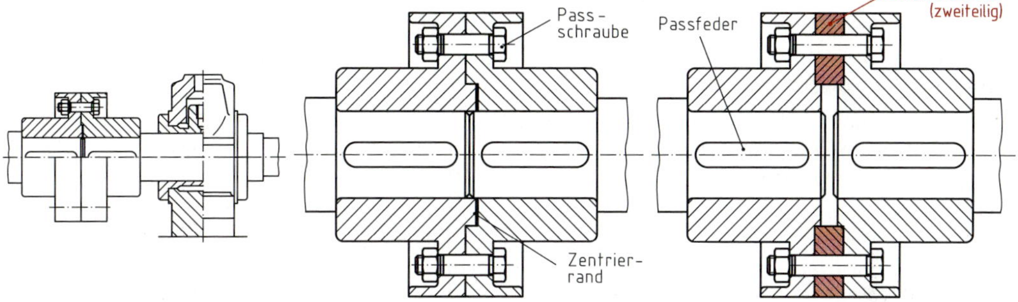

Bild 15.2 Scheibenkupplung

Die **Werkstoffe der elastischen Kupplungselemente** sind von der geforderten Elastizität, Dämpfungsfähigkeit und den Umgebungseinflüssen abhängig. Die Elemente werden als Pakete, Reifen, Ringe, Buchsen u. Ä. aus Gummi, Gummigewebe, Vulkollan, Kunststoff, Leder und Stahlfedern ausgeführt.

- **Biegeelastische Kupplungen** gleichen vorwiegend Längsverschiebungen und Längsausdehnungen der Wellen aus, und zwar unter Einwirkung des Drehmoments, ohne wesentliche Axialkräfte zu erzeugen.

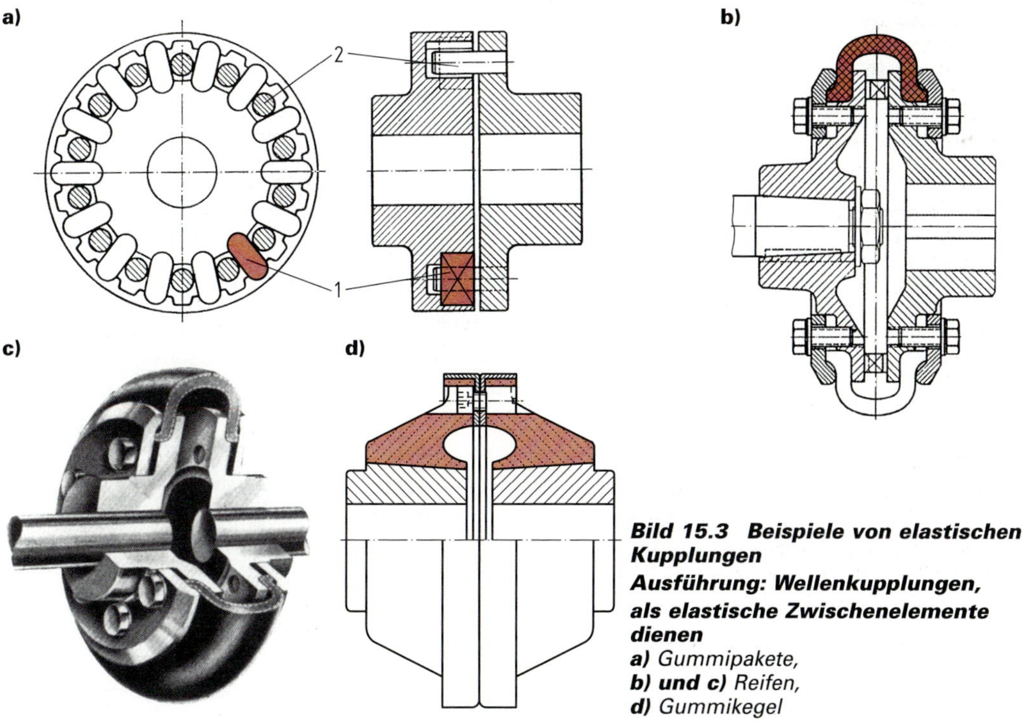

Bild 15.3 Beispiele von elastischen Kupplungen
Ausführung: Wellenkupplungen, als elastische Zwischenelemente dienen
a) *Gummipakete,*
b) und c) *Reifen,*
d) *Gummikegel*

- **Drehelastische Kupplungen** verbinden die an- und abtriebsseitigen Kupplungsteile drehelastisch und dämpfen, vernichten oder zeitverlagern auftretende Stöße durch Kraft- oder Arbeitsmaschinen; ferner verhindern sie das Aufschaukeln von Drehschwingungen und verlagern kritische Drehzahlen.
- **Kleine winklige und parallele Verlagerungen** der Wellen werden ausgeglichen, die durch ungenauen Einbau, Riemenzüge, getrennte Fundamente und Fundamentsenkungen, ungleichmäßige Abnützung der Lager, häufigen Wechsel der Aufstellung sowie Aufstellung auf provisorische Fundamente entstehen.
- Die **elastischen Elemente** isolieren die in den gekuppelten Maschinen erzeugten Geräusche; Gummielemente u. Ä. wirken gleichzeitig auch elektrisch isolierend.

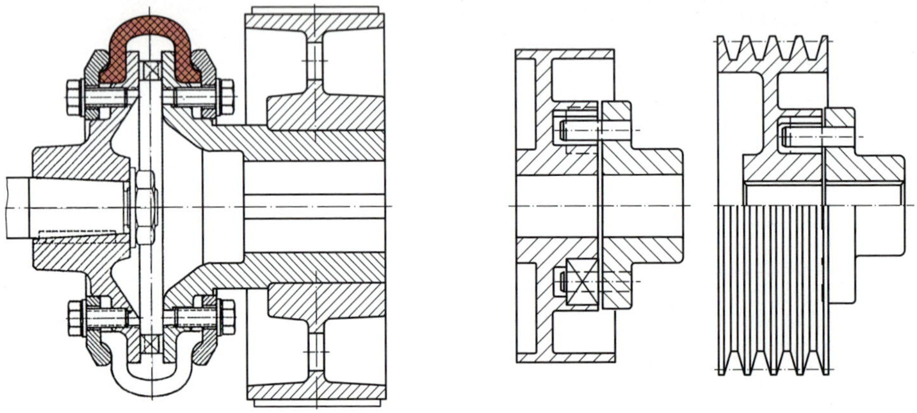

Bild 15.4 Ausführungsbeispiele von Wellenkupplungen mit Brems- und Riemenscheiben

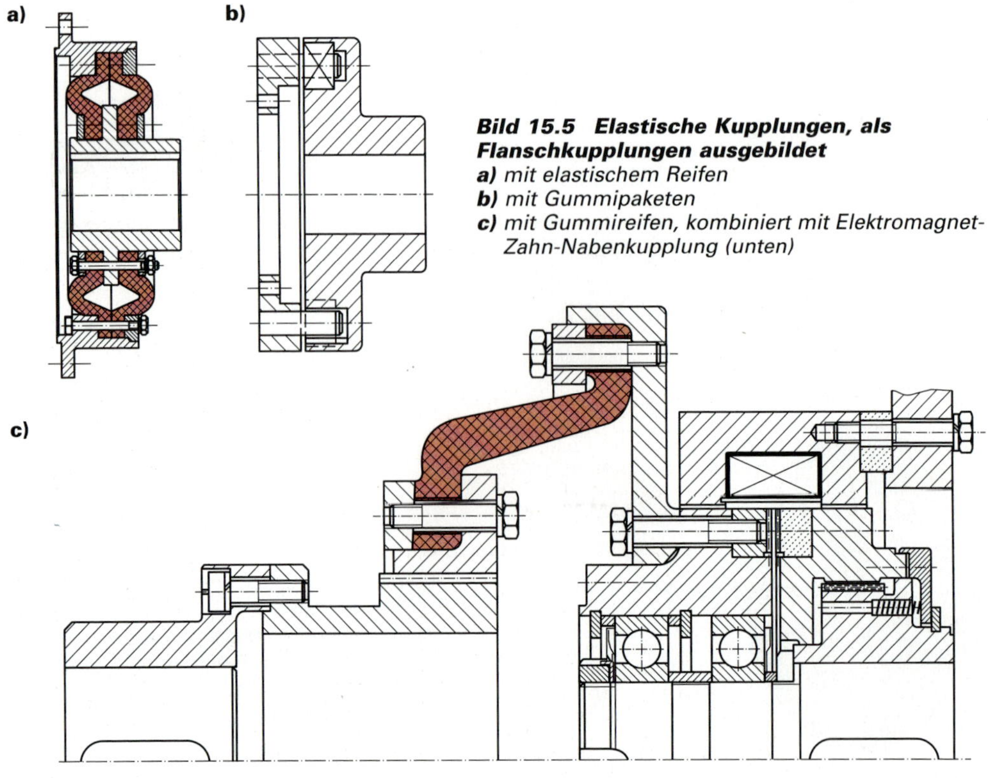

Bild 15.5 Elastische Kupplungen, als Flanschkupplungen ausgebildet
__a)__ mit elastischem Reifen
__b)__ mit Gummipaketen
__c)__ mit Gummireifen, kombiniert mit Elektromagnet-Zahn-Nabenkupplung (unten)

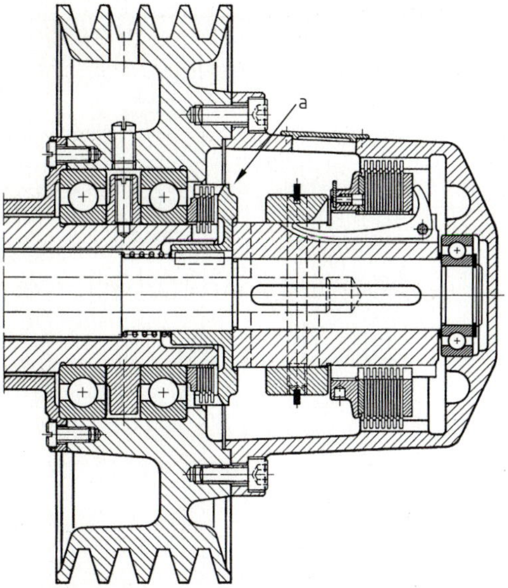

Bild 15.6 Mechanisch geschaltete Lamellenkupplung, eingebaut in Fräsmaschinen
a Lamellenbremse

ZA 55 Scheibenkupplung

Scheibenkupplungen sind nach DIN 116 genormt.

Zeichnen Sie für eine Wellenverbindung eine:

a) Scheibenkupplung der Form A für einen Wellendurchmesser d_1 = 45 mm.
b) Scheibenkupplung der Form B für einen Wellendurchmesser d_1 = 50 mm
Die Kupplungshälften sind mit Passschrauben nach DIN 609 zu verbinden.

Form A
mit Zentrier-ansatz

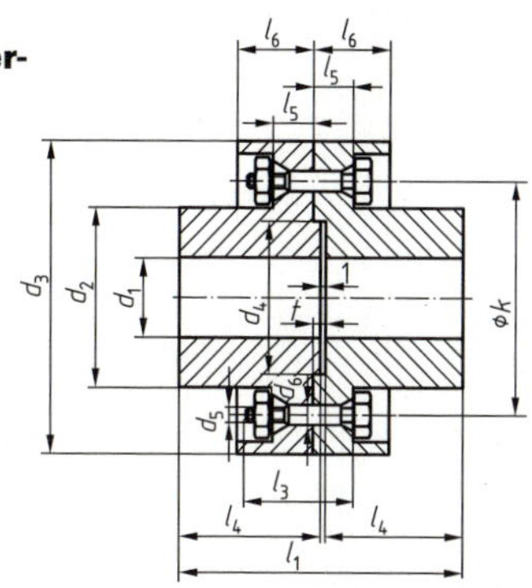

Form B
mit zweiteiliger Scheibe

Werkstoff: EN-GJL-200, andere nach Vereinbarung

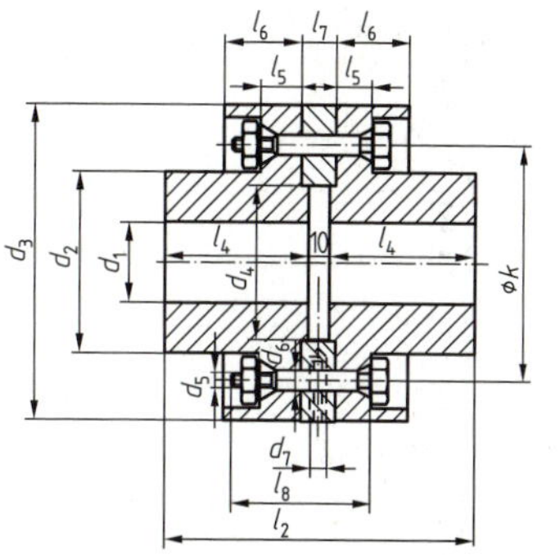

Maße in mm	d_1 N7	25	30	35	40	45	50	55	60	70	80
	d_2	58	58	72	72	95	95	110	110	130	145
	d_3	125	125	140	140	160	160	180	180	200	224
	d_4 H7/h8	50	50	65	65	75	75	90	90	100	115
	d_6 H7	11	11	11	11	11	11	13	13	13	13
	d_7	M 10	M 10	M 10	M 10	M 10	M 10	M 10	M 10	M 10	M 10
	k	90	90	100	100	125	125	140	140	160	180
	l_1	101	101	121	121	141	141	171	171	201	221
	l_2	110	110	130	130	150	150	180	180	210	230
	l_4	50	50	60	60	70	70	85	85	100	110
	l_5	16	16	16	16	18	18	18	18	23	23
	l_6	31	31	31	31	34	34	37	37	41	41
	l_7	16	16	16	16	16	16	16	16	18	18
	t	3	3	3	3	3	3	3	3	4	4
Pass-schrauben DIN 609	d_5	M 10	M 10	M 10	M 10	M 10	M 10	M 12	M 12	M 12	M 12
	l_3	45	45	45	45	50	50	50	50	60	60
	l_8	60	60	60	60	65	65	70	70	80	80
	Anzahl	3	3	3	3	3	3	4	4	6	8

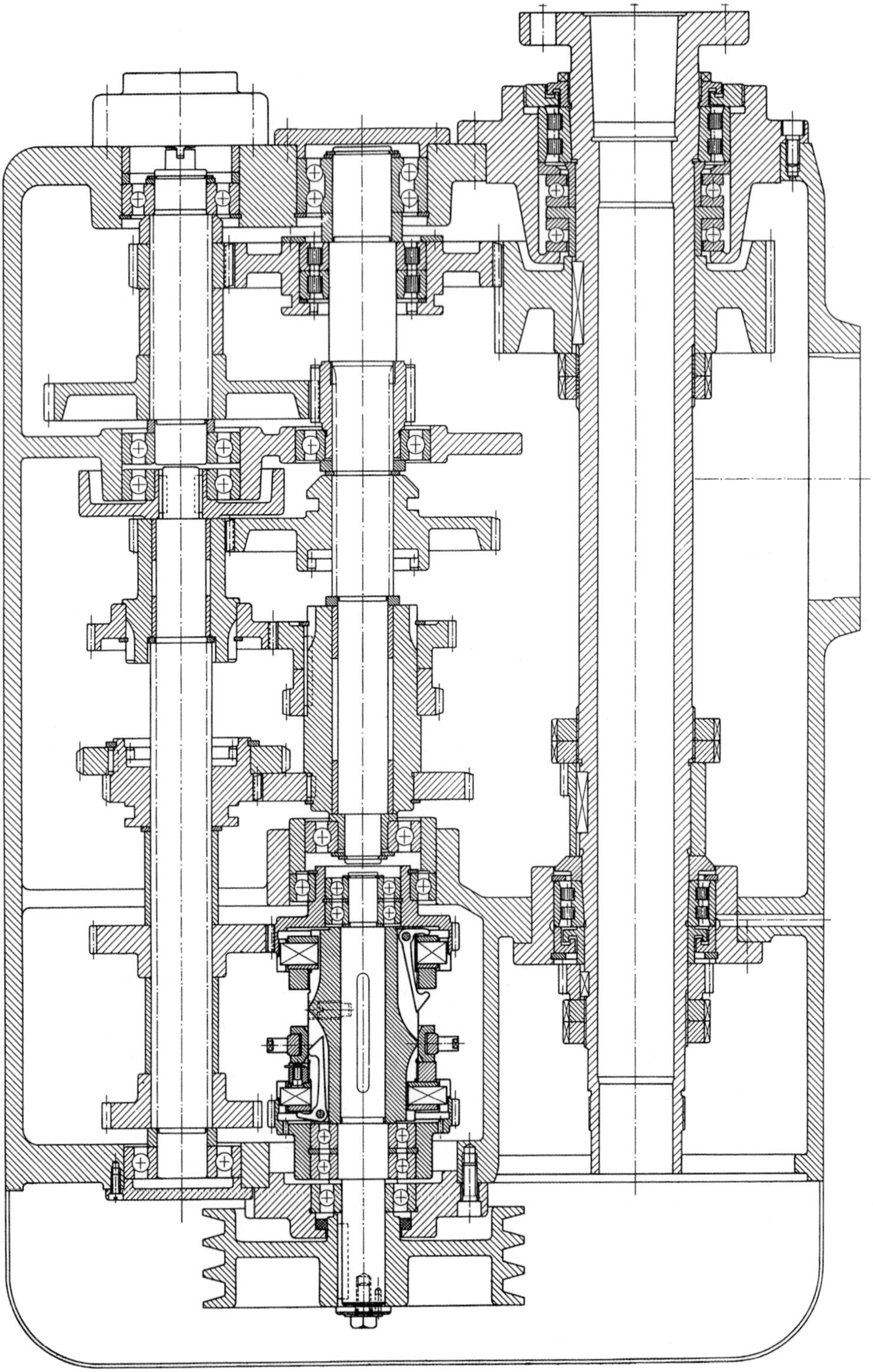

Bild 15.7 Mechanisch geschaltete Lamellen-Doppelkupplung in der Antriebswelle einer Drehmaschine

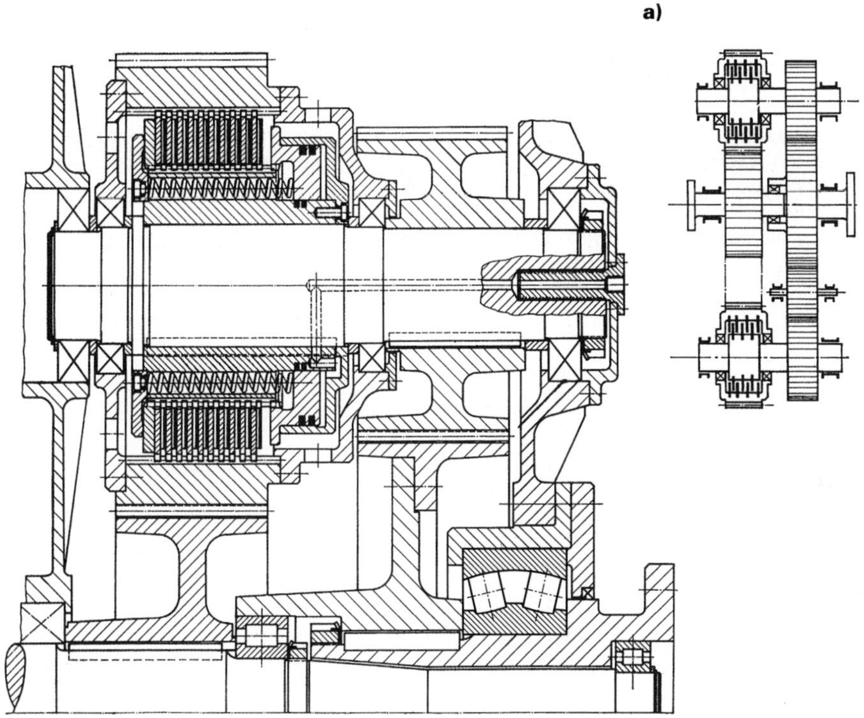

Bild 15.8 Druckölgeschaltete Lamellenkupplung (Reibpaarung Stahl/Sinterbelag) eingebaut in Zahnrädern eines Schiffswendegetriebes a) *Antriebsschema*

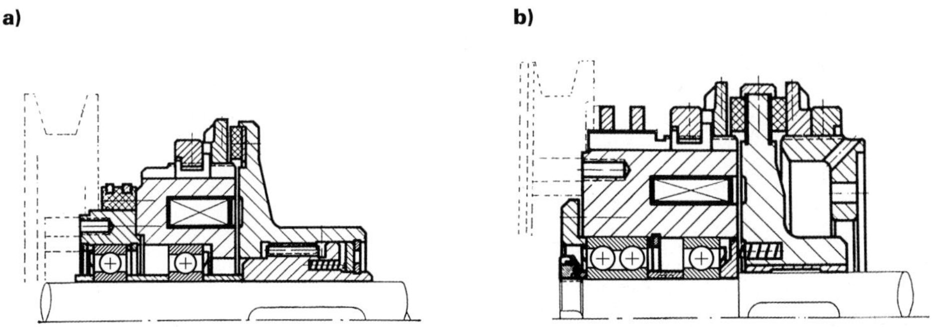

Bild 15.9 Ausführungsbeispiele von elektromagnetisch geschalteten Einscheibenkupplungen a) *Nabenkupplung,* ***b)*** *Nabenkuplung mit Federdruckbremse*

ZA 56 Elastische Scheibenkupplung

Zweck der Zeichenaufgabe: Wie **ZA 55.**

1. Zeichnen Sie auf ein Zeichenblatt Größe A3 nach den in der ZA aufgeführten Einzelteilen eine Zusammenbauzeichnung im Maßstab 1 : 1 (siehe Schemabild) mit den erforderlichen Maßen. Die Wellenenden **(Teil 10 und 11 im Schemabild)** sind mitzuzeichnen. Die rechte Kupplungshälfte sitzt auf dem abgesetzten Wellenende eines Getriebes. Überlegen Sie geeignete Welle-Nabe-Verbindungen.
2. Benennen Sie die Teile und bestimmen Sie geeignete Werkstoffe.

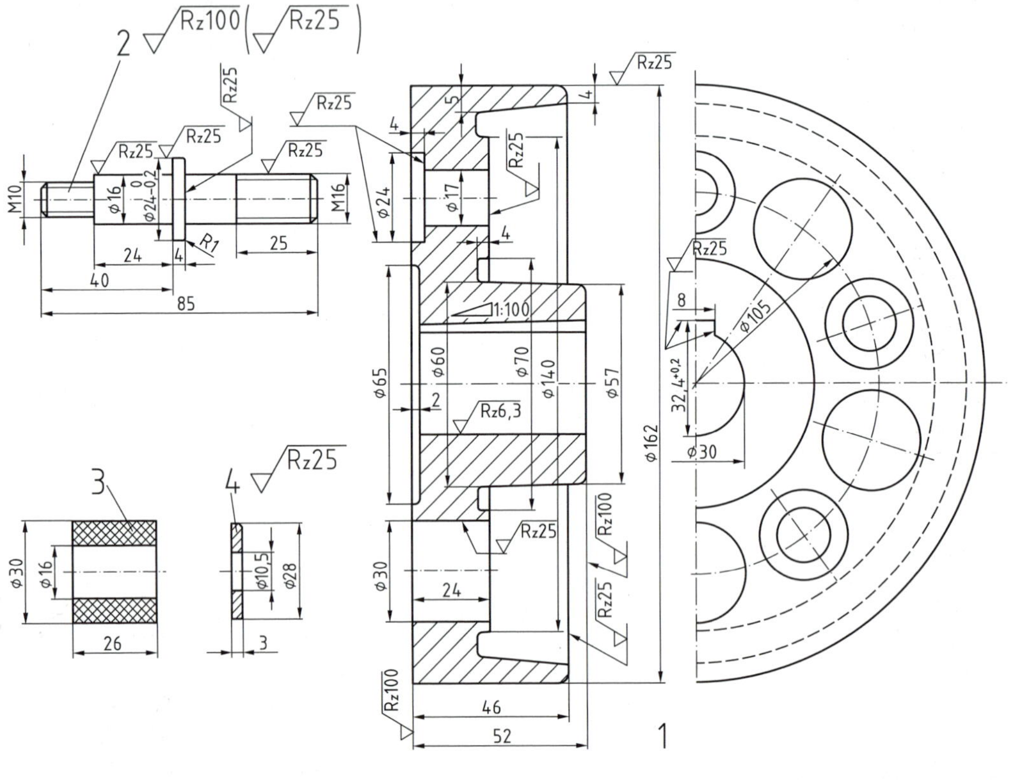

Schemabild für den Zusammenbau

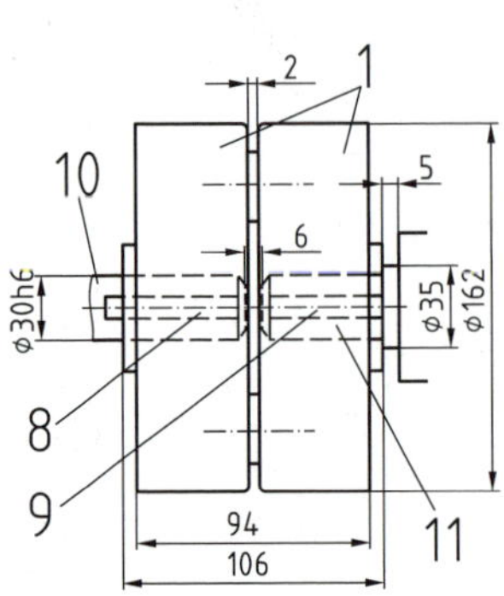

16 Zahnräder

Normung: ÖNORM EN ISO 2203

Zahnräder übertragen Drehmomente unmittelbar von einer Welle auf die andere. Die Kraft- oder Bewegungsübertragung ist zwangsläufig und schlupffrei, sodass zwischen An- und Abtriebseite das errechnete Übersetzungsverhältnis unverändert bleibt.

	Darstellung	Vereinfachte Darstellung
Stirnradpaar *Anderer Verlauf der Flankenlinien ist sinngemäß anzudeuten. Die Flankenrichtung soll nur an einem Zahnrad gezeigt werden.	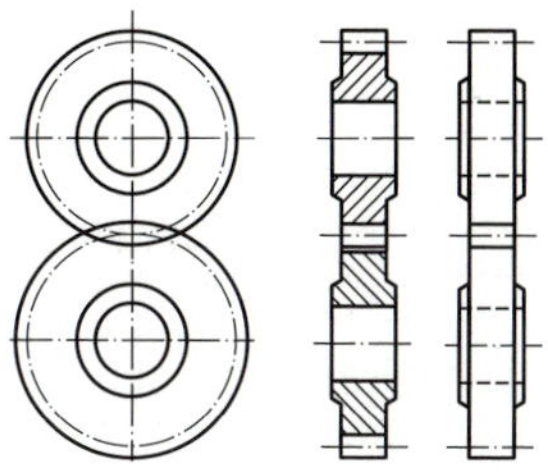	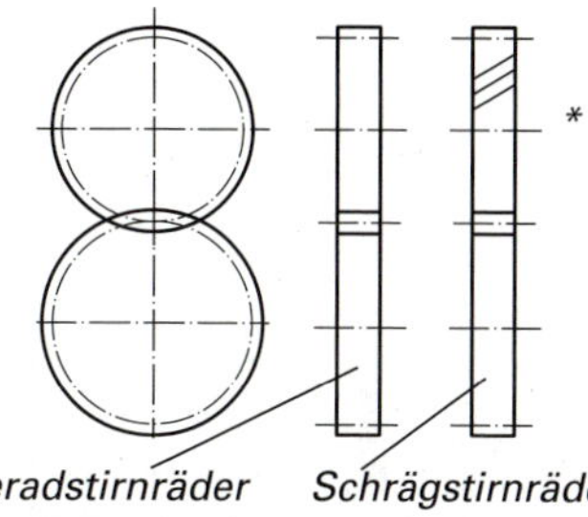
Stirnrad mit Zahnstange Die Zahnform der Zahnstange kann angedeutet werden, wenn die Darstellung besonders anschaulich sein soll.	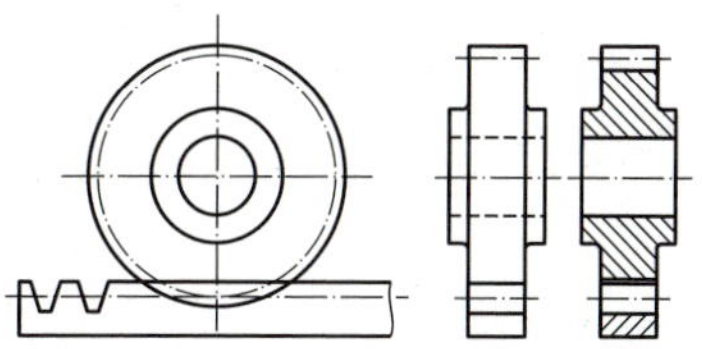	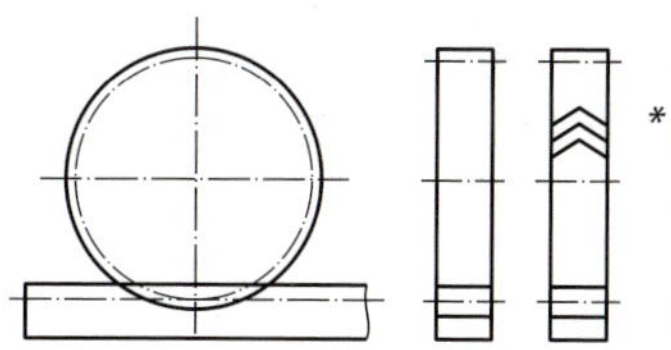
Kegelradpaar	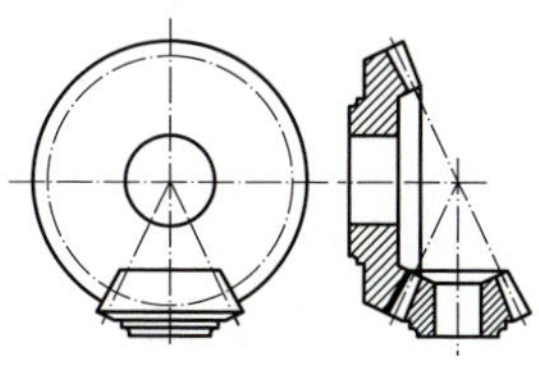	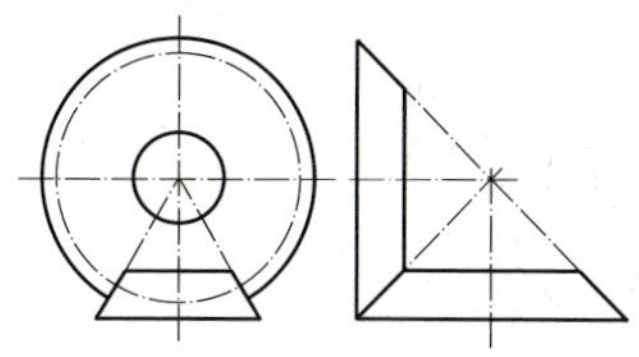
Schraubenradpaar	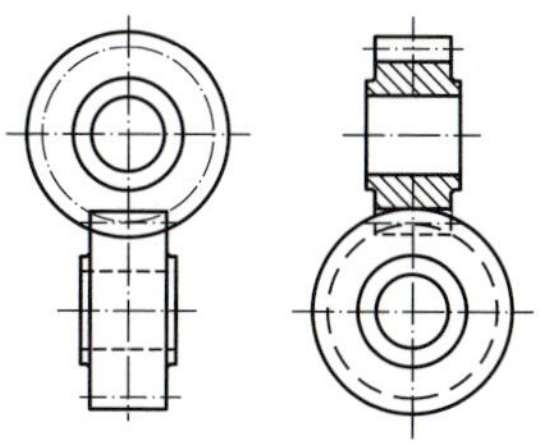	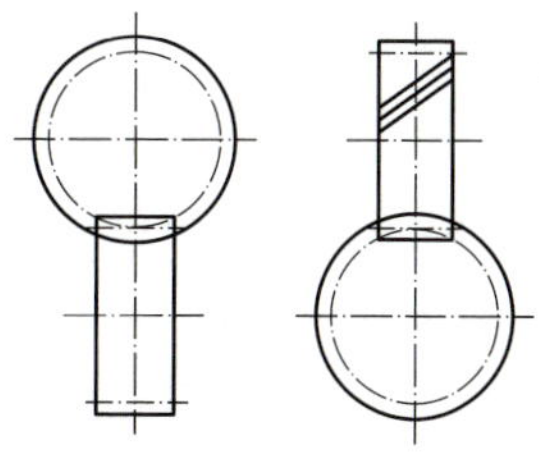
Schneckenradsatz (Schnecke und Schneckenrad)	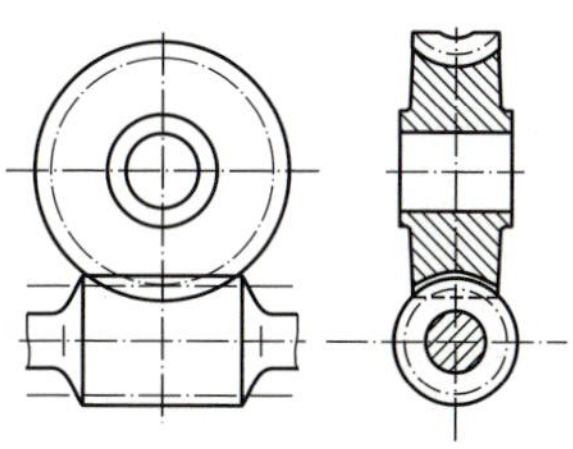	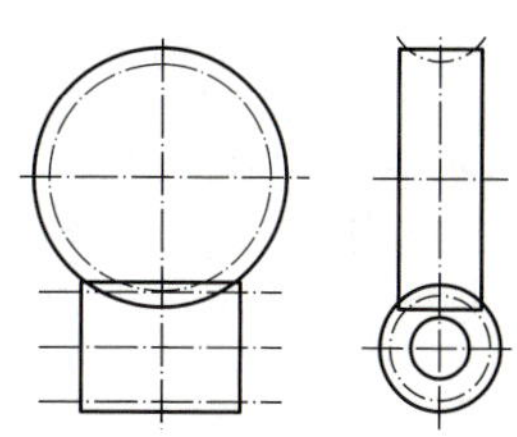

Tabelle 16.1

- **Zahnrädergetriebe** bestehen aus einem oder mehreren Räderpaaren (Rad und Gegenrad). Zahnräder unterscheidet man nach:
  - Lage der Wellen zueinander und Grundformen der Wälzflächen bzw. -körper,
  - Lage der Verzahnung zueinander.
- **Außenverzahnung mit gegenläufigen Rädern.** Außenverzahnte Radkörper stehen in Eingriff. Auch Ritzel und Zahnstange haben Außenverzahnung, da die Zahnstange ein Stück eines Zahnrades mit unendlich großem Durchmesser ist.
- **Innenverzahnung mit gleichläufigen Rädern.** Ein kleines außenverzahntes Rad kämmt mit einem größeren innenverzahnten Rad, z. B. in Planetengetrieben.

16.1 Stirnräder

Nach der Richtung der Zähne unterscheidet man:

- **Geradverzahnte Stirnräder** (Bild 16.1a). Die Zähne liegen parallel zur Wellenachse.
- **Schrägverzahnte Stirnräder** (Bild 16.1b). Die Zähne liegen nicht parallel, sondern schräg zur Wellenachse. ***Vorteil:*** Entsprechend der schrägen Zahnstellung erfolgt der Eingriff der Zähne allmählich und weich, das Abwälzen der Zahnflanken geht ruhiger als bei einem geradverzahnten Stirnrad vor sich; besonders geschliffene Zähne führen zu einem fast völlig geräuschlosen Lauf. ***Nachteil:*** Durch die Schrägstellung der Zähne tritt ein Axialdruck auf, der zu größeren Reibungsverlusten im Lager führt. Der Axialdruck wird aufgehoben durch doppelte entgegengesetzte Schrägverzahnung, der so genannten Pfeilverzahnung.
- **Pfeilverzahnte Stirnräder** (Bild 16.1c). Das sind Zahnräder mit entgegengesetzter Schrägverzahnung.

a) b) c)

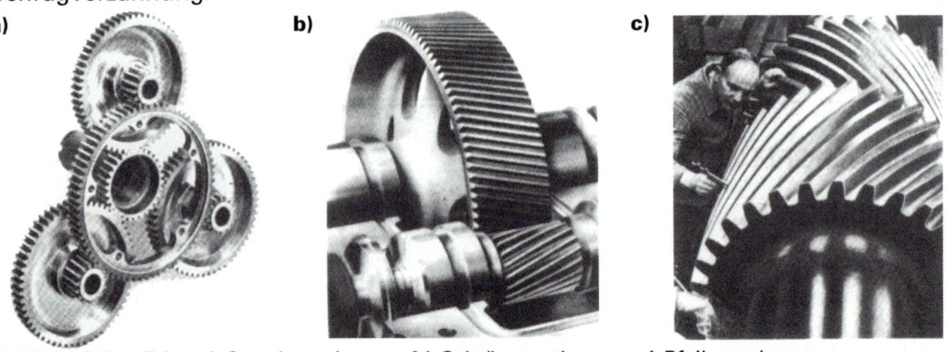

Bild 16.1 Stirnräder a) *Geradverzahnung,* ***b)*** *Schrägverzahnung,* ***c)*** *Pfeilverzahnung*

16.1.1 Zeichnerische Darstellung der Stirnräder

1 Bei Zahnrädern unterscheidet man (Bild 16.2): Kopfkreisdurchmesser, Teilkreisdurchmesser und Fußkreisdurchmesser. Die Zahnform wird durch den Kopf- und den Fußkreis begrenzt. Zur Aufteilung der Zähne dient der Teilkreis.

2 In Werkzeichnungen werden die Zähne eines Zahnrads nicht eingezeichnet, Bild 16.3a (das wäre, ähnlich wie bei den Gewindegängen eines Gewindes, viel zu umständlich); sondern die Zahnraddurchmesser werden durch Linienarten dargestellt (Bild 16.2 und Bild 16.3), und zwar:

- **Kopfkreis** mit breiter Volllinie;
- **Teilkreis** mit strichpunktierter Linie;
- **Fußkreis (bei ungeschnittener Ansicht)** wird im Allgemeinen nicht dargestellt. Falls es jedoch notwendig erscheint, wird dieser immer mit schmaler Volllinie gezeichnet (Bild 16.4);
- **Fußkreis (bei geschnittener Ansicht)** mit breiter Volllinie.

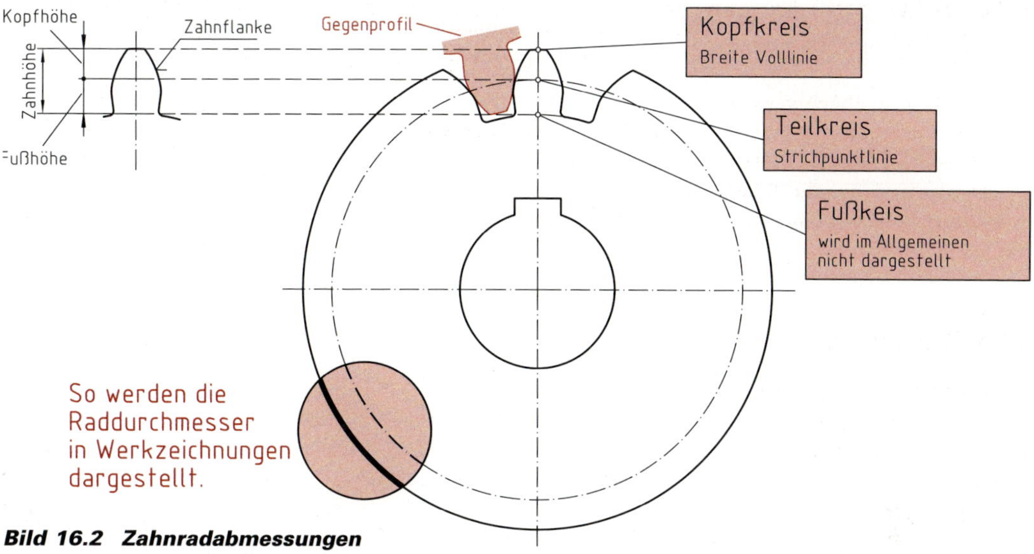

Bild 16.2 Zahnradabmessungen

> **Beachten Sie:**
> Infolge der Scheibenform, Wellenbohrung, Keil- oder Passfedernuten u. Ä. werden Zahnräder zweckmäßig im Schnitt dargestellt (Bild 16.3).

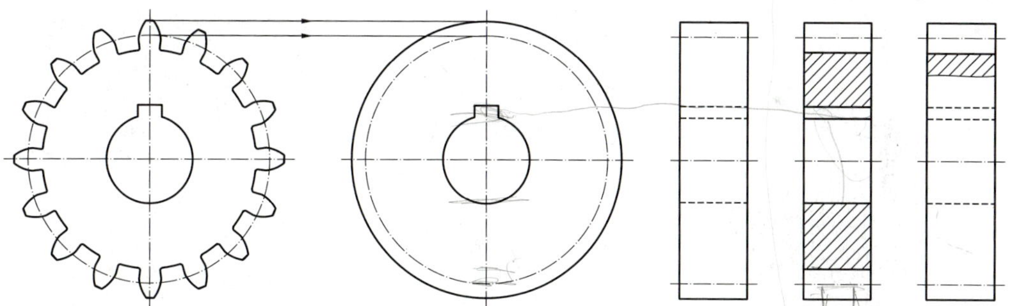

Bild 16.3 Darstellung eines Stirnrads

3 Sollen bei Zahnrädern oder Zahnstangen ein oder zwei Zähne in der Zeichnung dargestellt werden, so sind diese mit breiten Volllinien zu zeichnen (Bild 16.4). In diesem Fall darf auch der Fußkreis mit schmaler Volllinie gezeichnet werden.

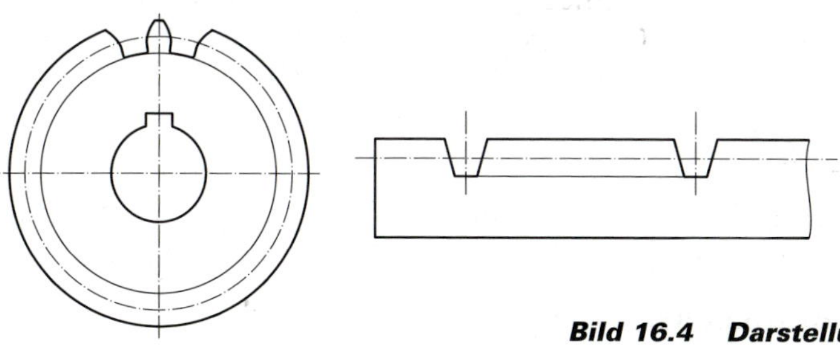

Bild 16.4 Darstellung mit eingezeichneten Zähnen

4 Die **Richtung der Verzahnung,** außer bei geradverzahnten Rädern, wird mit drei schmalen Volllinien im Radkörper eingezeichnet (Bild 16.5).

Zähne – Verzahnungsrichtung	**Symbol**
Schrägverzahnung nach links	
Schrägverzahnung nach rechts	
Doppelte Schrägverzahnung (abwärts)	
Doppelte Schrägverzahnung (aufwärts)	
Hypoidverzahnung (abwärts)	
Hypoidverzahnung (aufwärts)	

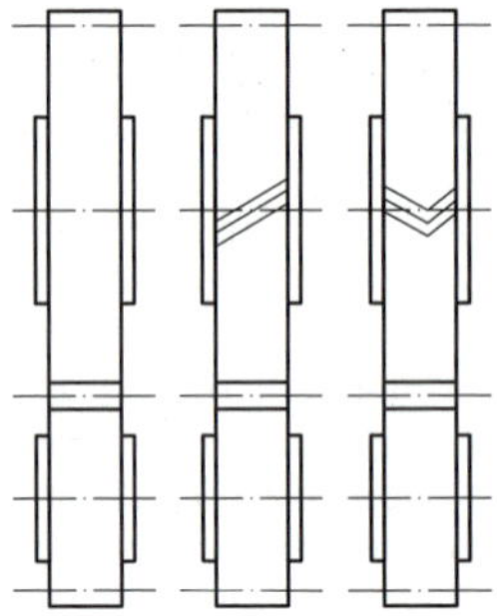

Bild 16.5
Richtung der Verzahnung

5 Darstellung von zwei Zahnrädern miteinander im Eingriff. Hier werden beide Zahnräder in der Darstellung: halb Schnitt – halb Ansicht gezeichnet, damit die inneren und die äußeren Zahnradformen bemaßt werden können (Bild 16.6), oder die Zahnräder werden ganz geschnitten.

Beachten Sie dabei:
Beim Zeichnen von zwei miteinander im Eingriff stehenden Zahnrädern werden die Zähne nie geschnitten gezeichnet, nur der Radkörper. Man denkt sich den Zahn vom ersten Rad (im Allgemeinen das treibende) voll sichtbar gezeichnet (Bild 16.6), dahinter den Zahn des zweiten Rades. Der Zahn des zweiten Rades liegt verdeckt, von ihm ist nur der Fußkreis sichtbar. Der Kopfkreis des Rades 1 und der Fußkreis des Rades 2 dürfen einander nicht berühren, weil zwischen beiden Kreisen ein Kopfspiel vorhanden ist (siehe Zahnradabmessungen, Bild 16.2, Seite 189).

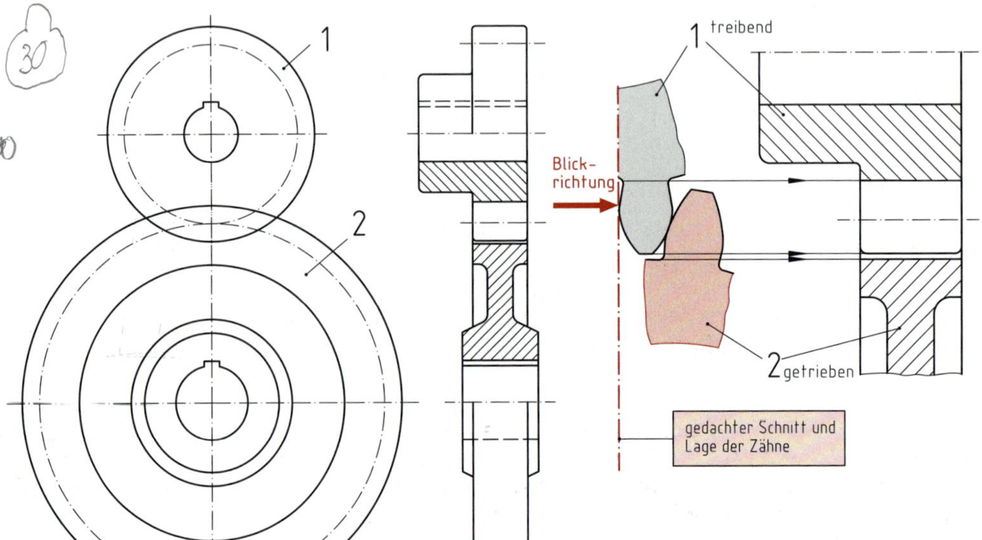

Bild 16.6 Darstellung von zwei Stirnrädern im Eingriff

In Fertigungszeichnungen kann eventuell auch der Kopfkreis des Zahnrades 2 mit strichlierter Linie gezeichnet werden.

6 **Werkstoff der Zahnräder.** In der Regel wird für das Ritzel ein härterer Werkstoff gewählt als für das Rad, weil die Ritzelzähne infolge der kleineren Radabmessungen entsprechend öfter zum Eingriff kommen und sich rascher abnützen.

Je nach den gestellten Anforderungen kommen in Betracht: Gusseisen, Stahlguss, Stahl (legiert und unlegiert), Kunststoffe (z. B. Polyamid), Hartgewebe wie Novotex, Resitex, Ferrozell usw. Für gehärtete Räder: Stähle für Oberflächenhärtung, im Einsatz härtbare unlegierte und legierte Stähle, Nitrierstähle und Vergütungsstähle.

16.1.2 Geradverzahnte Stirnräder in Werkzeichnungen

Für die einwandfreie Fertigung, Kontrolle und sichere Montage eines Zahrads sind folgende Angaben in Werkzeichnungen notwendig:

1 **Sämtliche Abmessungen** (vergleiche mit Bild 16.7):

(1) Kopfkreisdurchmesser d_k
(2) Teilkreisdurchmesser d_0 oder d
(3) Fußkreisdurchmesser d_f (dieser ist nur dann notwendig, wenn das Zahnrad ein anderes Bezugsprofil als nach DIN 867 hat oder wenn eine Toleranz eingehalten werden muss)
(4) Zahnbreite (meist gleich Radbreite b)
(5) zulässiger Rundlauffehler des gesamten Radkörpers } (Bild 16.8)
(6) zulässiger Planlauffehler des gesamten Radkörpers } (Bild 16.8)

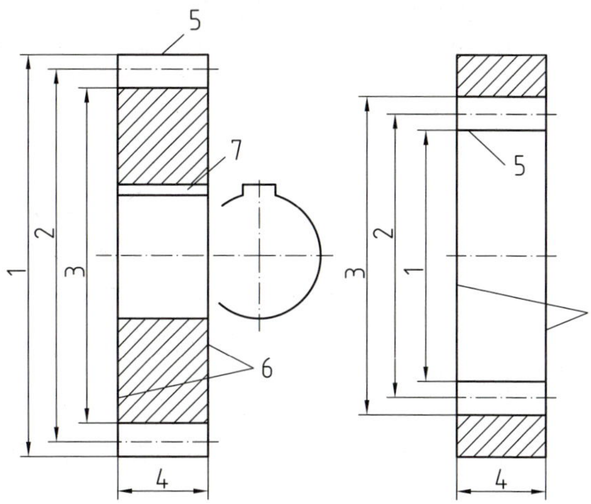

Bild 16.7 Zahnradabmessungen in Werkzeichnungen

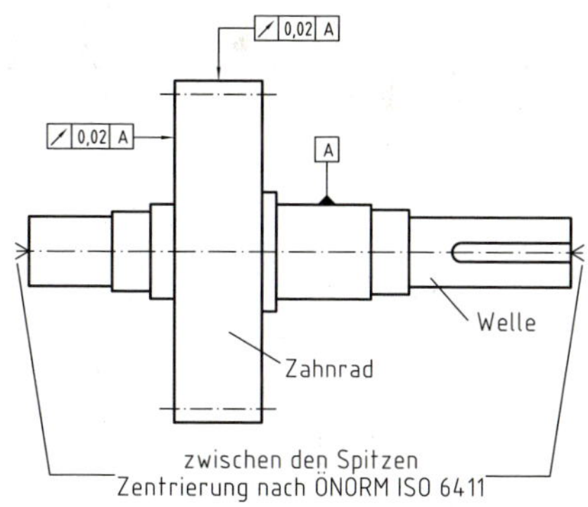

Bild 16.8 Zahnradwelle mit Rund- und Planlauftoleranzen

Je nach der gewünschten Genauigkeit werden die Zahnräder in verschiedene Prüfgeräte gespannt und kontrolliert, z. B. Prüfen auf Rundlauffehler, Stirnlauffehler, Zahnform- und Teilungsfehler, Prüfen der Zahnrichtung durch Abfahren der Zahnflanke mit Feintaster. Bei diesen Prüfverfahren wird der gesamte Radkörper (Zahnrad und Welle) oder das Zahnrad, aufgesteckt auf einem Prüfdorn, kontrolliert. In den Prüfgeräten lässt man entweder zusammengehörige Zahnradpaare ineinandergreifen oder ein zu prüfendes Rad mit einem genau ausgeführten Prüfrad (einem so genannten Meisterrad) abrollen bzw. kämmen. Am Ausschlag eines Messuhrzeigers lassen sich Rundlauf, Achsabstand usw. kontrollieren.

2 Sonstige Abmessungen, z. B. der Passfedernuten.

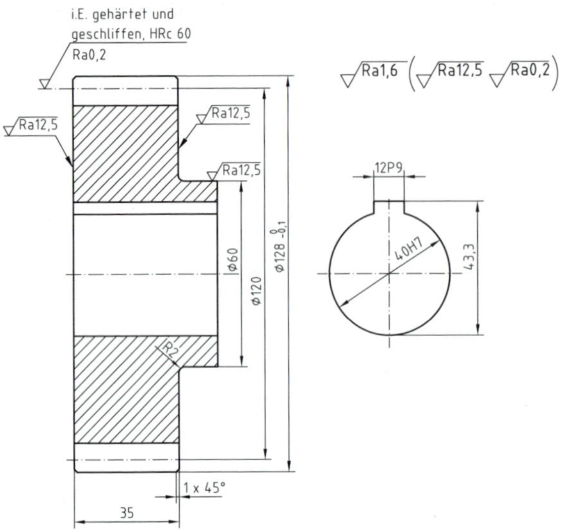

Bild 16.9 Werkzeichnung eines geradverzahnten Stirnrads
Werkstoff: 15Cr3, Zähnezahl = 30, Modul = 4, Bezugsprofil DIN 867, ÖNORM M 6701, Zahnhöhe = 8,8

Bild 16.10 Werkzeichnung einer geradverzahnten Zahnstange
Werkstoff: C60, Zähnezahl = 50, Modul = 3, Teilung = 9,42, Bezugsprofil DIN 867, ÖNORM M 6701, Zahnhöhe = 6,6

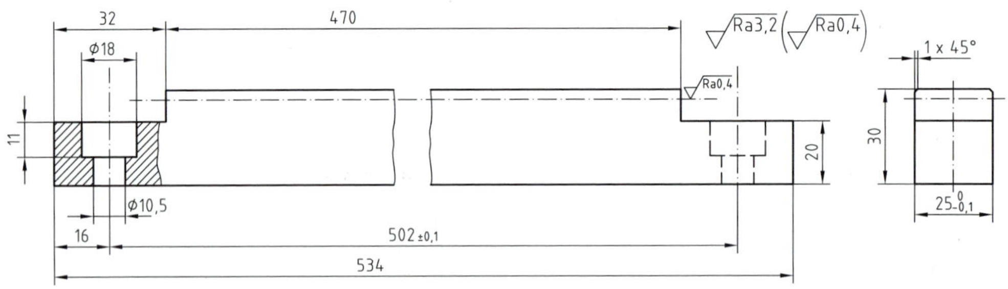

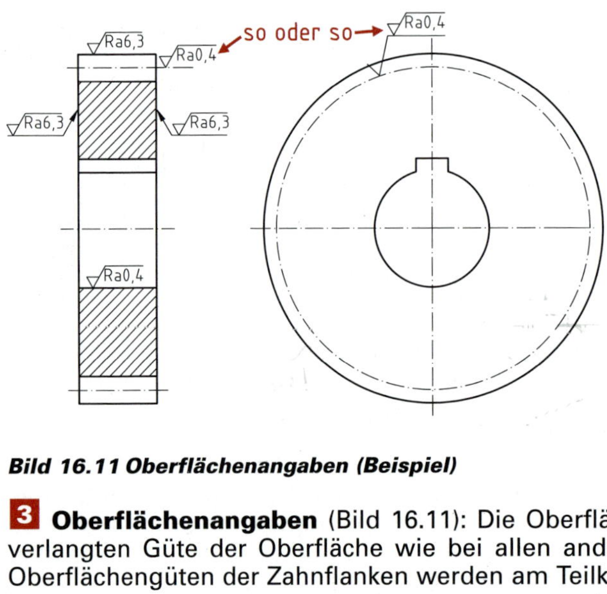

Bild 16.11 Oberflächenangaben (Beispiel)

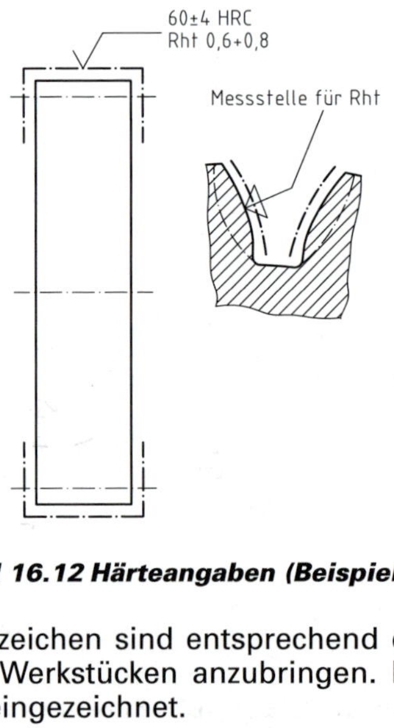

Bild 16.12 Härteangaben (Beispiel)

3 Oberflächenangaben (Bild 16.11): Die Oberflächenzeichen sind entsprechend der verlangten Güte der Oberfläche wie bei allen anderen Werkstücken anzubringen. Die Oberflächengüten der Zahnflanken werden am Teilkreis eingezeichnet.

4 Härteangaben (Bild 16.12): Zahnräder werden vielfach auch gehärtet. Die Härteangaben sind möglichst in Form von Härtebildern darzustellen. Aus diesen muss ersichtlich sein:

- Art der Härtung (z. B. oberflächengehärtet nach dem Einsatzverfahren),
- Härtetiefe und Härtewert einschließlich Toleranz (z. B. Härtewert nach Rockwell HRC),
- Art der Härteprüfung (wenn ein besonderes Verfahren gefordert wird),
- Stelle der Härteprüfung (bei Bedarf).
- Die Härtebilder sind verkleinerte Zeichnungen, die neben die 1 : 1-Werkstückdarstellung gezeichnet werden (vergleiche auch mit Bild 16.20).

Beispiele für Oberflächenhärtung: Einsatzhärtung, Flammenhärtung, Induktionshärtung.

5 Zusätzliche Angaben

Zähnezahl, Modul, Bezugsprofil, Profilverschiebungsfaktor, Zahnhöhe, Nummer des Gegenrads, Zähnezahl des Gegenrads, Achsabstand im Gehäuse und Abmaße.

Beispiel: Geradverzahntes Stirnrad

Zähnezahl	z	17
Modul	m	3,5
Bezugsprofil		DIN 867
Profilverschiebungsfaktor	x	+0,518
Zahnhöhe	h	7,7
Nummer des Gegenrades		R 712
Zähnezahl des Gegenrades	z_2	33
Achsabstand im Gehäuse und Abmaße	a	90 + 0,02

DIN 867 oder ÖNORM M 6701

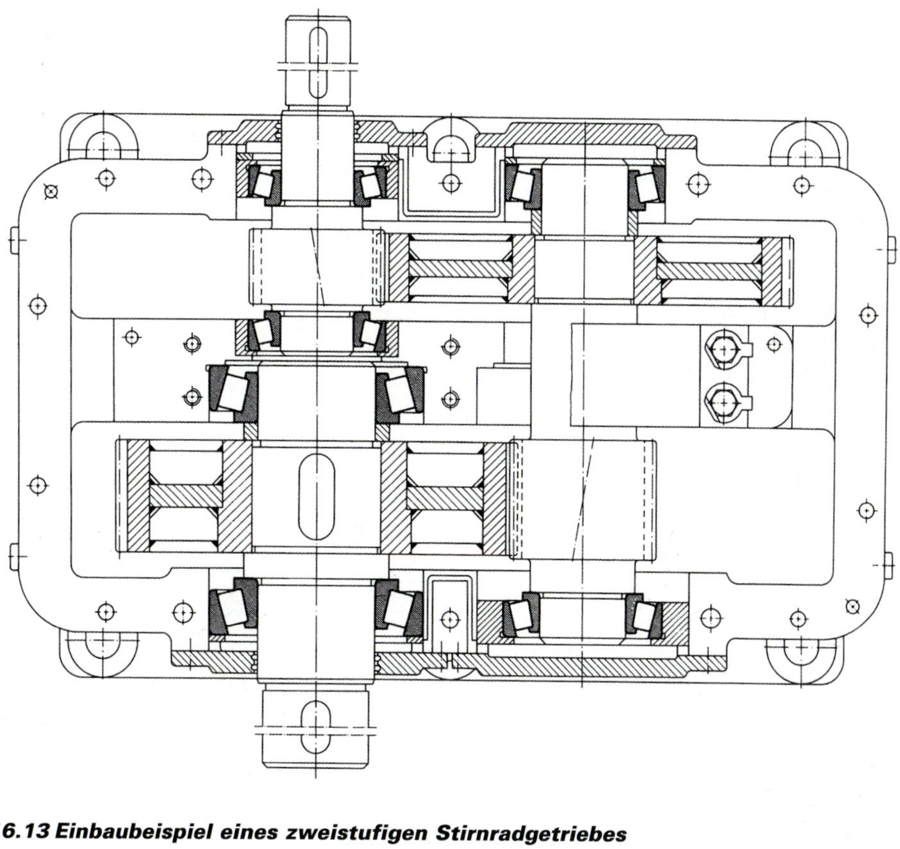

Bild 16.13 Einbaubeispiel eines zweistufigen Stirnradgetriebes

16.1.3 Schrägverzahnte Stirnräder in Werkzeichnungen

Die Zahnradabmessungen, Oberflächenangaben und Härteangaben sind wie bei den geradverzahnten Stirnrädern durchzuführen. Weitere zusätzliche Angaben bei schrägverzahnten Rädern sind folgende:
Zähnezahl, Normalmodul, Bezugsprofil, Profilverschiebungsfaktor, Zahnhöhe, Schrägungswinkel, Flankenrichtung, größte Drehzahl des Rades in 1/min, Nummer des Gegenrads, Achsabstand im Gehäuse und Abmaße.
Die zusätzliche Angabe des Stirnmoduls m_s ist nur für die Berechnung erforderlich.

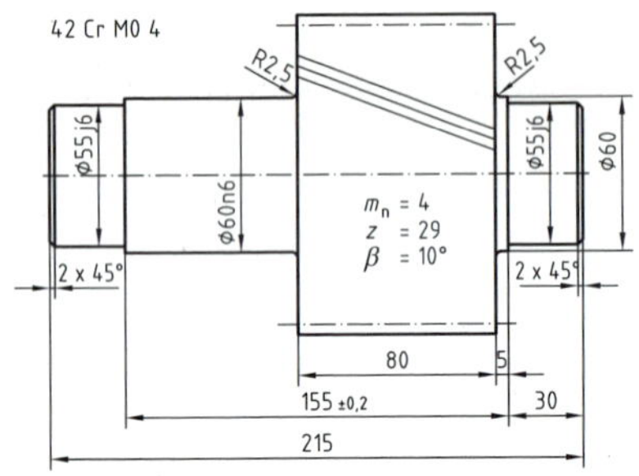

Beispiel: Schrägverzahntes Stirnrad

Zähnezahl	z	29
Normalmodul (= Werkzeugmodul)	m	4
Bezugsprofil		DIN 867
Profilverschiebungsfaktor	x	0
Zahnhöhe	h	8,8
Schrägungswinkel	β	20°
Flankenrichtung		rechts
Größte Drehzahl des Rades in 1/min	n	900
Nummer des Gegenrades		322/2
Zähnezahl des Gegenrades	z_2	45
Achsabstand im Gehäuse und Abmaße	a	148 + 0,05

DIN 867 oder ÖNORM M 6701

16.1.4 Schiebezahnräder

Die Verbindung von Schiebezahnrädern mit Wellen durch Gleitfedern wird in Getrieben (Werkzeugmaschinen, Kraftfahrzeugen usw.) wegen der starken Querschnittsbelastung durch Keilwellen und Keilnaben ersetzt (siehe ZA 59).

M · 7

ZA 57 Ritzelwelle

Zweck der Zeichenaufgabe: Darstellung eines geradverzahnten Stirnrads; Ausrechnen der Zahnradabmessungen.

1. Zeichnen Sie auf ein Zeichenblatt Größe A3 die Ritzelwelle (geradverzahntes Stirnrad) in Vorder- und Seitenansicht. Das Zahnradritzel hat eine Zähnezahl $z = 24$ und einen Modul $m = 2{,}5$; Werkstoff: Vergütungsstahl 37MnSi5.
2. Berechnen und ergänzen Sie die fehlenden Zahnradabmessungen.
3. Bestimmen Sie die Abmessungen der Nut für den Einlegekeil A 8 × 7 × 35 in der Seitenansicht im Schnitt A–B.
4. Zeichnen Sie eine Passungsliste und tragen Sie darin das Höchst- und das Mindestmaß der gegebenen Passungen ein.
5. Ergänzen Sie Form- und Lagetoleranzen.

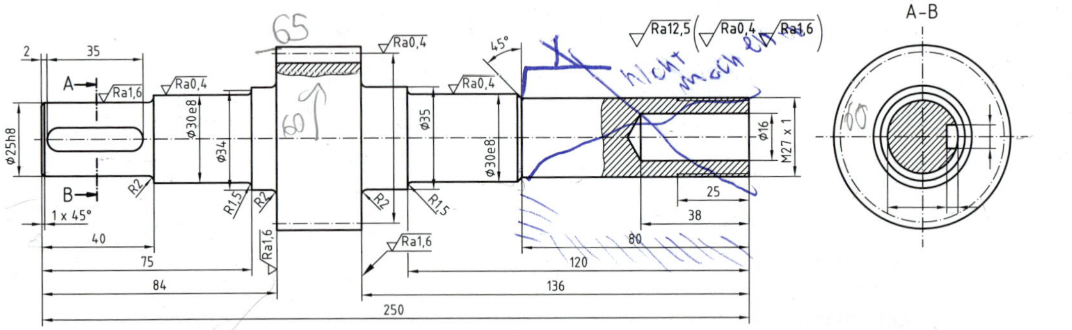

ZA 58 Getriebewelle und Gegenrad

Zweck der Zeichenaufgabe: Darstellung eines Zahnräderpaares; Ausrechnen der Zahnradabmessungen und des Achsabstandes.

1. Zeichnen Sie auf ein Zeichenblatt Größe A3 die Getriebewelle und das Gegenrad in Vorder- und Seitenansicht.

Zahnrad 1	Getriebewelle	Vergütungsstahl 41Cr4	Zähnezahl $z_1 = 18$	Modul $m = 2$
Zahnrad 2	Gegenrad	Vergütungsstahl C45	Zähnezahl $z_2 = 52$	Modul $m = 2$

   Die Zahnräder sind geradverzahnte Stirnräder mit Bezugsprofil DIN 867.
   Berechnen Sie zuerst die Zahnradabmessungen und den Achsabstand, dann erst beginnen Sie mit dem Zeichnen.
2. Zeichnen Sie die Getriebewelle im Bereich des oberen Zahns aufgebrochen und das Gegenrad im Vollschnitt.
3. Ergänzen Sie im Schnitt A–A die Abmessungen der Passfedernut.
4. Bestimmen Sie geeignete Oberflächenangaben und tragen Sie diese in die Zeichnung ein.
5. Zeichnen Sie eine Passungsliste und geben Sie darin das Höchst- und Mindestmaß der gegebenen Passungen an.
6. Ergänzen Sie Form- und Lagetoleranzen.

ZA 59 Schiebezahnräder

Zweck der Zeichenaufgabe: Wie in **ZA 58.**

1. Zeichnen Sie auf ein Zeichenblatt Größe A3 die Schiebezahnräder in Vorderansicht im Halbschnitt und in Seitenansicht.

Zahnrad 1	Ritzel	Werkstoff: 15Cr3	Zähnezahl $z_1 = 18$	Modul $m = 3$
Zahnrad 2	Schieberad	Werkstoff: 41Cr4	Zähnezahl $z_2 = 28$	Modul $m = 3$

2. Berechnen und ergänzen Sie die Zahnradabmessungen. Beachten Sie beim Zeichnen jene Stelle, wo die Zahnräder ineinandergreifen.
3. Der **Teil 1**, Ritzel, erhält eine Passfedernut, der **Teil 2**, Schiebezahnrad, ein Keilnabenprofil.
4. Ergänzen Sie die fehlenden Abmessungen, Oberflächenzeichen und Härteangaben.
5. Ergänzen Sie Form- und Lagetoleranzen.

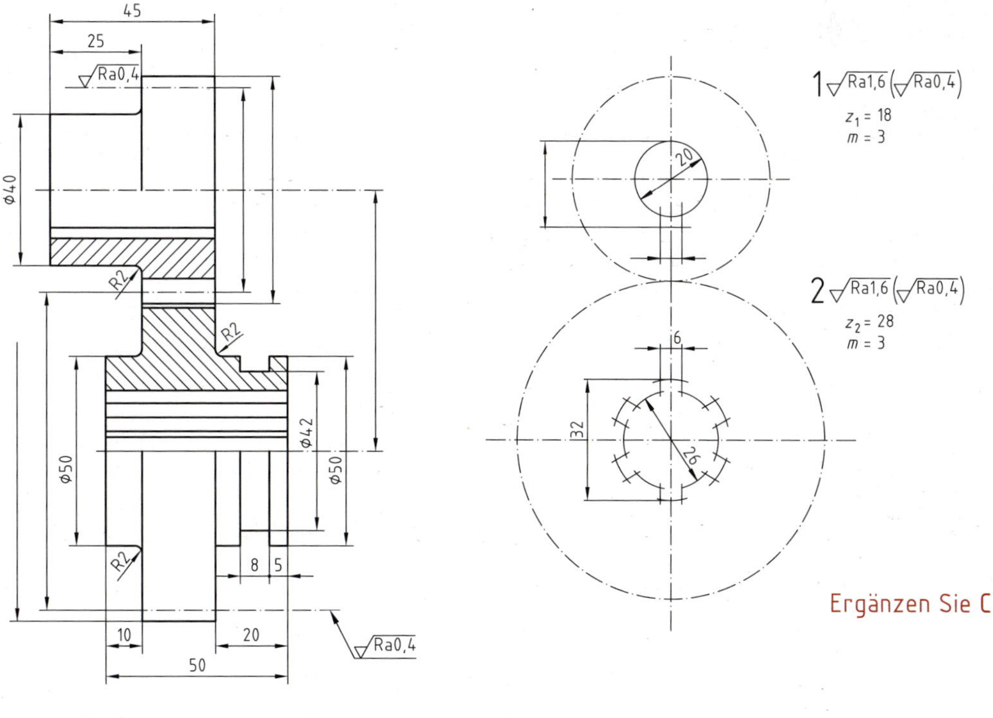

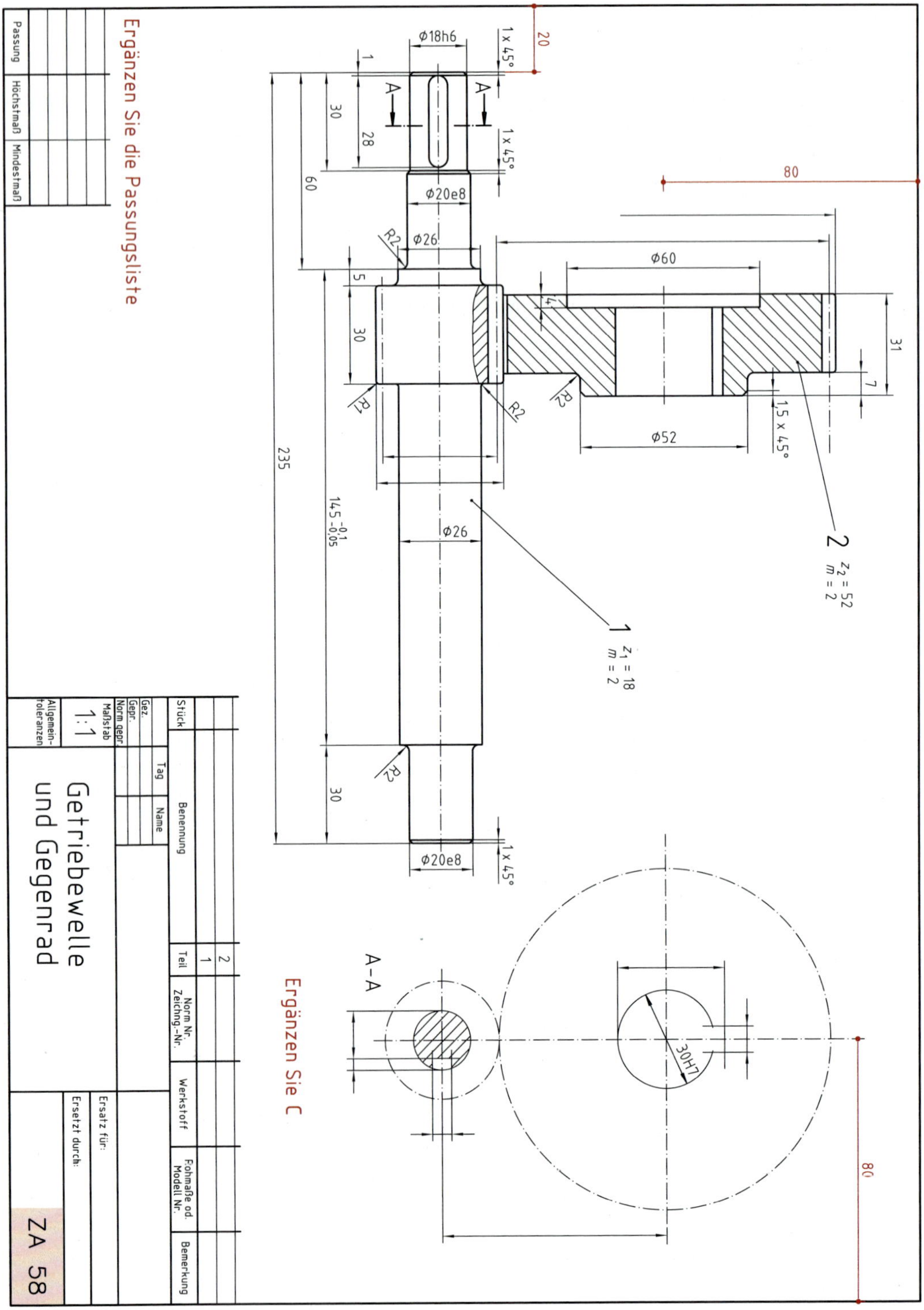

Vorlage zu ZA 58

16.2 Kegelräder

Verwendung: Für Wellen, die einander unter einem Winkel schneiden.

16.2.1 Zeichnerische Darstellung der Kegelräder

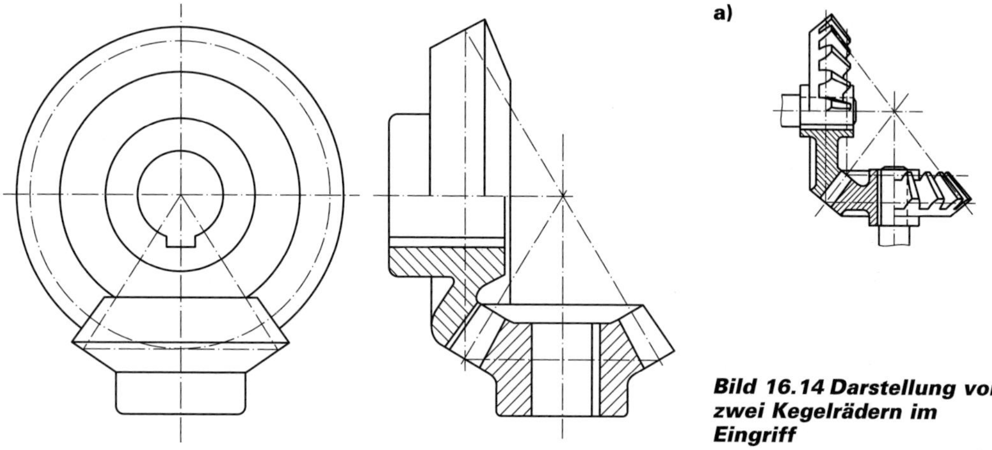

Bild 16.14 Darstellung von zwei Kegelrädern im Eingriff

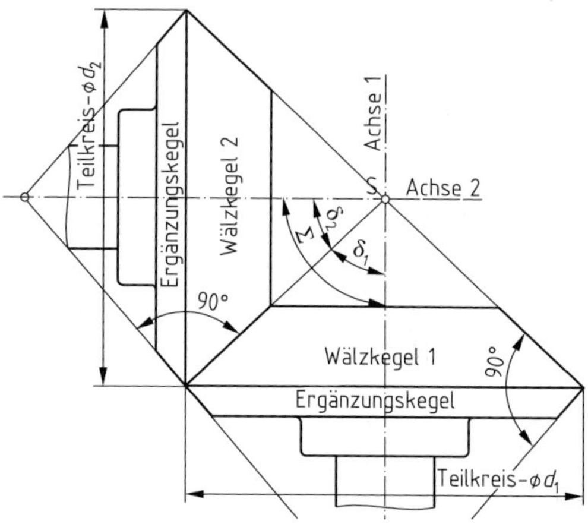

Die zeichnerische Darstellung der Kegelradzähne und Raddurchmesser ist wie bei den Stirnrädern, nur ist bei den Kegelrädern die Zahnhöhe verschieden (an der Außenseite des Rades größer als innen, Bild 16.14). Auch bei der Darstellung der Kegelräder werden die einzelnen Zähne nicht gezeichnet (Bild 16.14a).

Der Kopfkreis wird **nicht** gezeichnet, wenn ein Zahnradkörper vom anderen überdeckt wird.

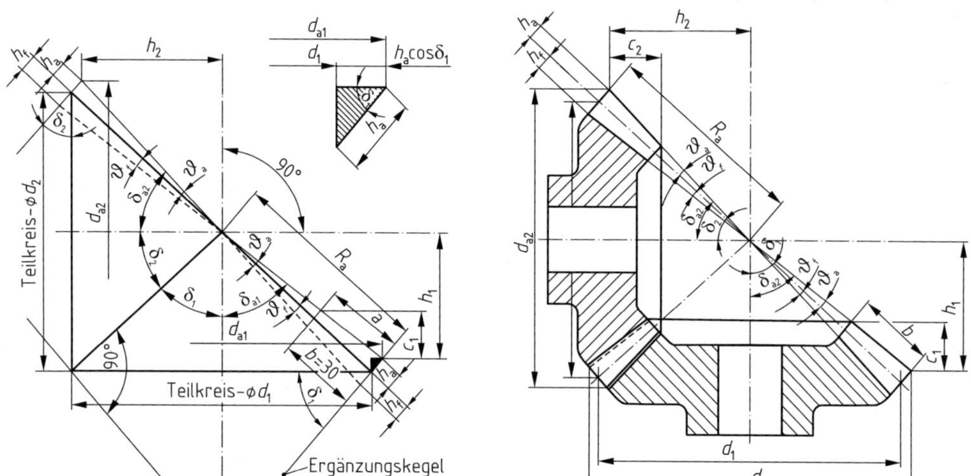

Bild 16.15 Begriffe und notwendige Maßangaben bei Kegelrädern

Das Bild 16.15 (Seite 197) zeigt die für die **Fertigung von gerad- oder schrägverzahnten Kegelrädern notwendige Maße. Weitere erforderlichen Angaben sind:**

- Zähnezahl *z*,
- Modul *m*,
- Bezugsprofil DIN 867,
- Achswinkel δ;
- die Oberflächen-, Härte- und Werkstoffangaben sind wie bei den Stirnrädern anzugeben.

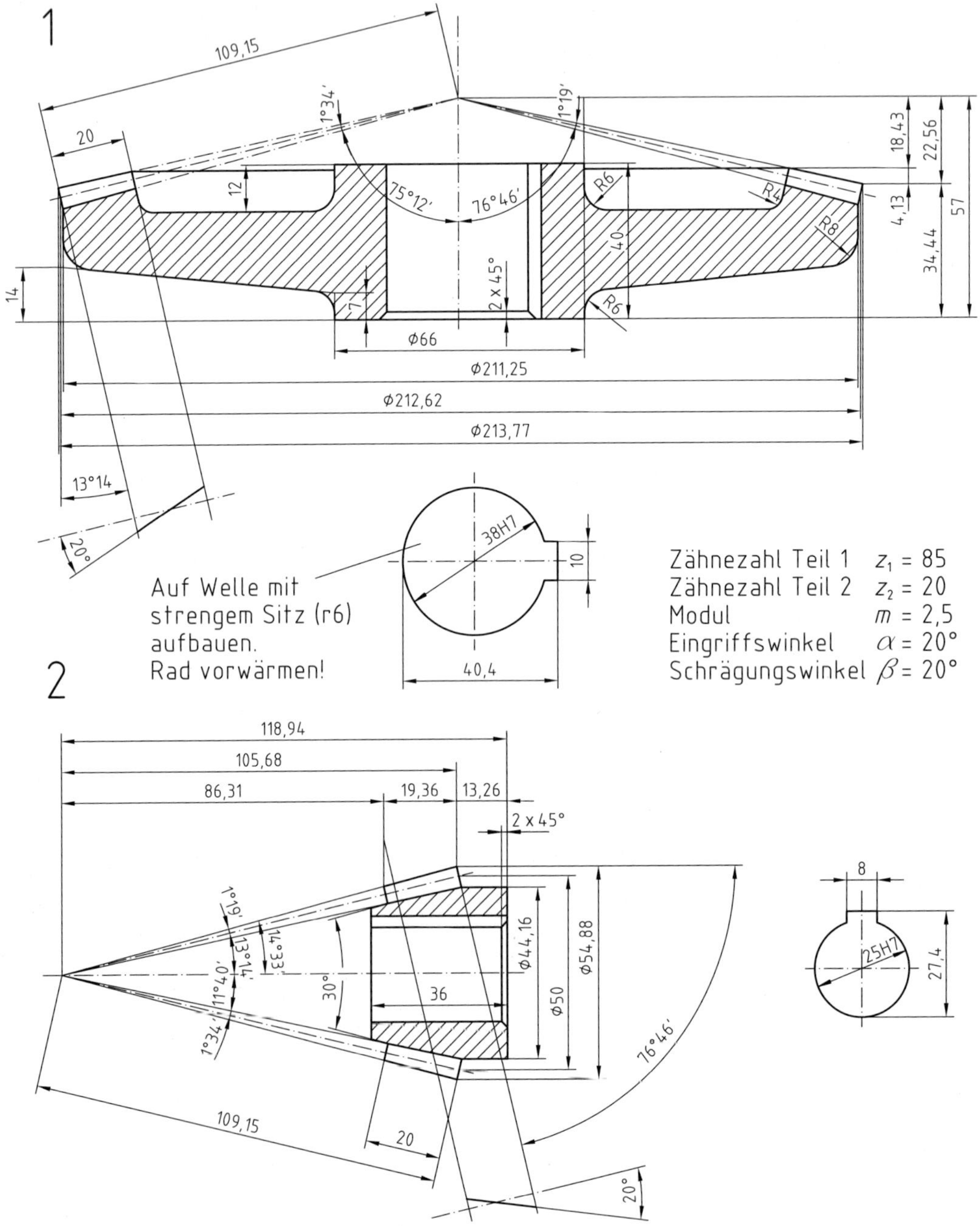

Bild 16.16 Werkzeichnungen von Kegelrädern

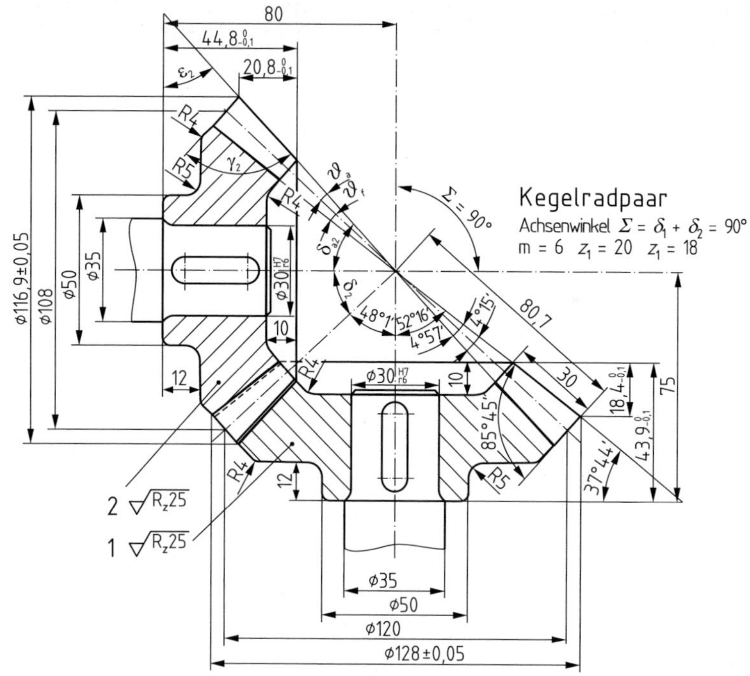

Bild 16.17 Abmessungen geradverzahnter Kegelräder mit einem Achswinkel δ = 90°

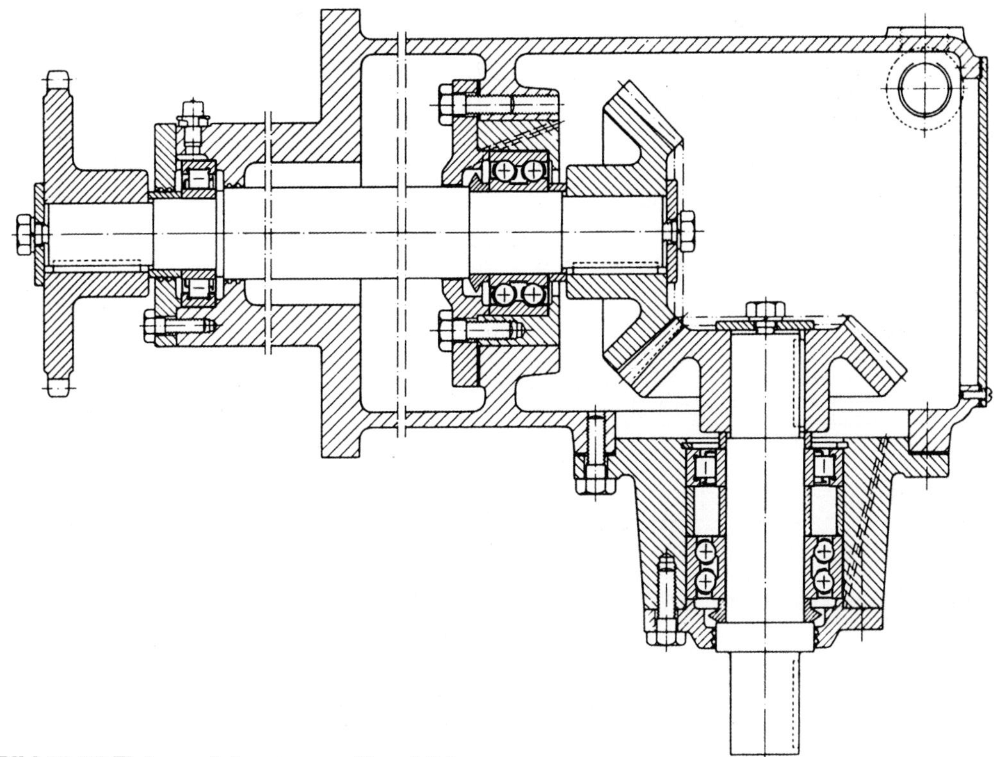

Bild 16.18 Einbauzeichnung von Kegelrädern

16.3 Schneckengetriebe

Anwendung: Für große Übersetzungen ins Langsame (z. B. $i = 40 : 1$, $i = 60 : 1$).

Bei Schneckengetrieben kreuzen die Wellen einander. Eine zeichnerische Darstellung eines Schneckengetriebes zeigt das Bild 16.19. Es besteht aus der treibenden Schnecke und dem getriebenen Schneckenrad.

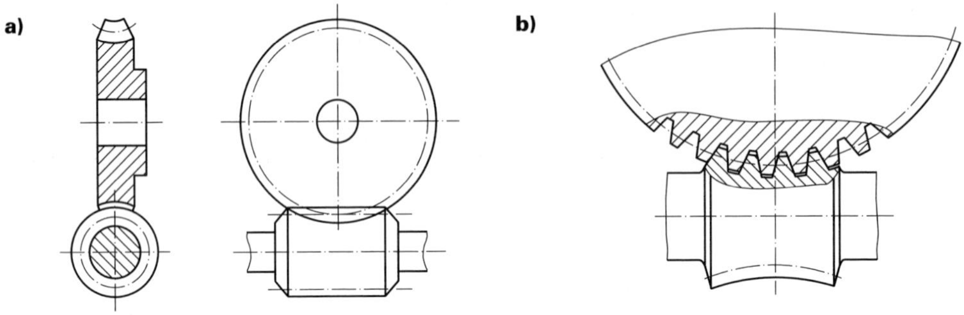

Bild 16.19 Darstellung von Schnecke und Schneckenrad im Eingriff

16.3.1 Schnecken

Schnecken können zylindrische (Bild 16.19a) oder globoide Form (Bild 16.19b) haben. Schnecken erzeugen einen großen Axialschub, für Schneckenlagerungen wählt man daher meist Kegelrollenlager. Werkzeichnungen einer Schnecke (mit Härtebild) und eines Schneckenrades zeigen die Bilder 16.20 und 16.22.

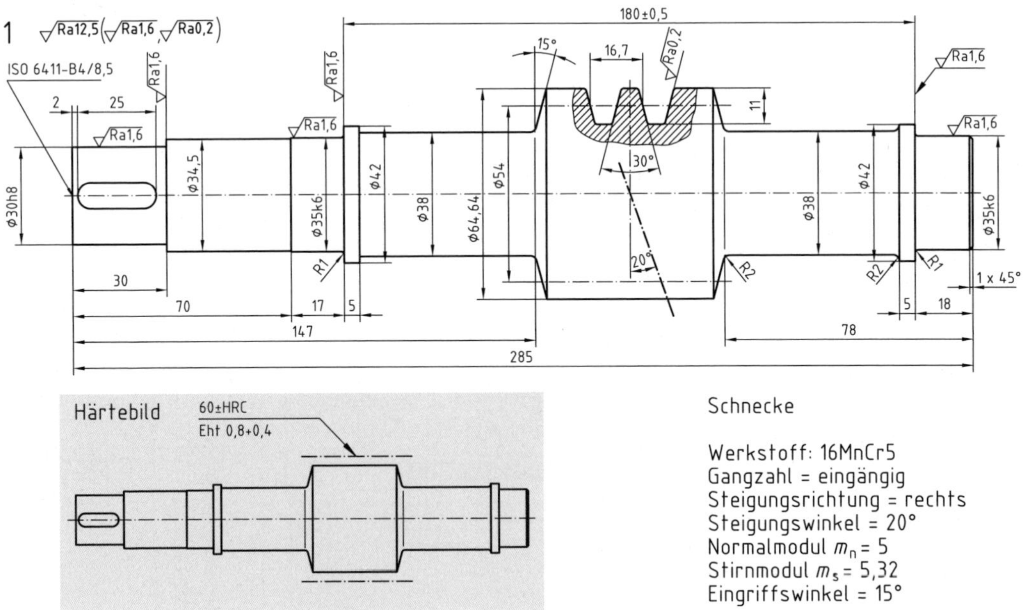

Bild 16.20 Werkzeichnung einer Schnecke (und Härtebild)

Neben den fertigungstechnischen Abmessungen des Schneckenkörpers sind für die Schnecke noch weitere Angaben notwendig: Gangzahl, Steigung, Steigungswinkel, Steigungsrichtung, Stirnmodul (gemessen im Achsschnitt), Normalmodul (gemessen im Normalschnitt), Zahnhöhe, Eingriffswinkel, Nummer des zugehörigen Schneckenrades, Zähnezahl des Schneckenrades, Achsabstand im Gehäuse und Abmaße.

Beachten Sie bei der Bestimmung des Moduls: Es wird entweder der Stirnmodul oder der Normalmodul als genormter Wert festgelegt (nach Modulreihe ÖNORM M 6702); und zwar ist es zweckmäßig:

- beim **Drehen** der Schnecke auf der Drehmaschine den Stirnmodul als genormten Wert festzulegen, damit die Modulsteigungen des Drehbank-Vorschubgetriebes ausgenützt werden können, und
- beim **Fräsen** der Schnecke den Normalmodul als genormten Wert festzulegen, um sich dem Werkzeugmodul anzupassen.

16.3.2 Schneckenräder

Der Zahnfuß des Schneckenrads liegt kreisbogenförmig, parallel zum Außendurchmesser der Schnecke mit Kopfspiel $S_k = 0{,}2\ h_k$ (Bild 16.21a); der Zahnkopf ist ebenfalls kreisbogenförmig (Bild 16.21a, b, d) oder bei kleiner Zähnezahl gerade (Bild 16.21c).

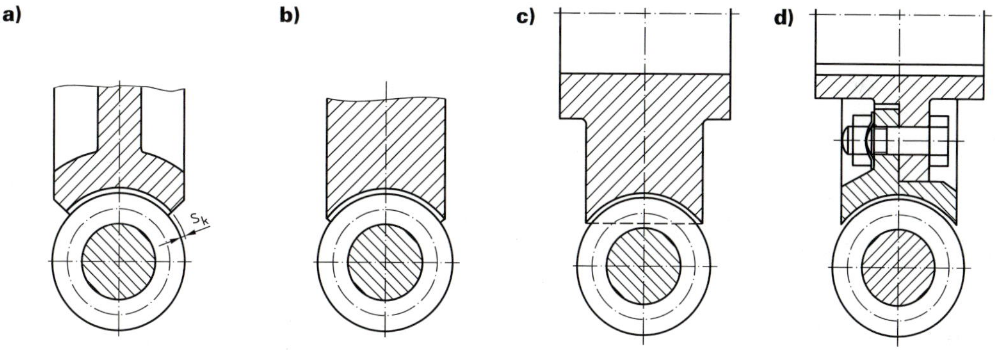

Bild 16.21 Ausführungen von Schneckenrädern

Bei kleineren Getrieben und einem Achsabstand bis etwa 100 mm ist im Allgemeinen der Radkörper aus einem Teil (z. B. Schleuderbronze GZ-CuSn12, Bild 16.21b). Bei größeren Getrieben und einem Achsabstand >100 mm ist das Schneckenrad geteilt ausgeführt. (Bild 16.21d); der Radkörper (z. B. Gusseisen) wird mit dem Zahnkranz (z. B. Schleuderbronze GZ-CuSn12) zusammengepasst (Passung K7) und verschraubt.

Neben den fertigungstechnischen Abmessungen des Schneckenrads sind noch folgende Angaben notwendig: Zähnezahl, Stirnmodul, Normalmodul, Zahnhöhe, Steigungswinkel, Eingriffswinkel, Achsabstand im Gehäuse und Abmaße; nach Bedarf auch Nummer, Gangzahl, Steigungsrichtung und Steigung der zugehörigen Schnecke

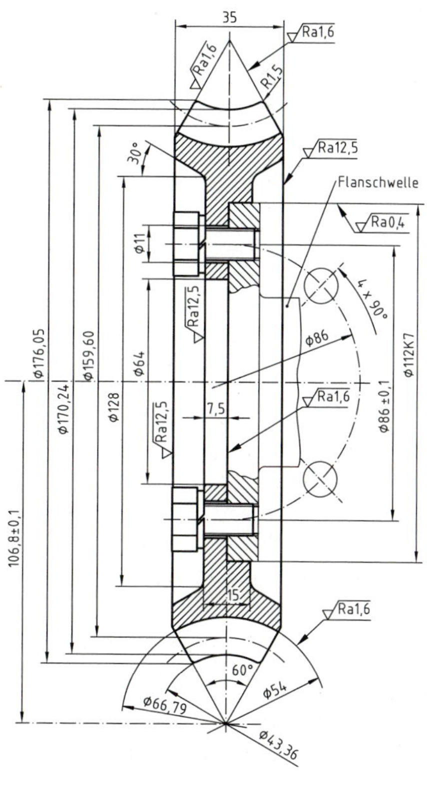

Schneckenrad

Werkstoff: G-CuSn 10
Zähnezahl = 30
Normalmodul $m_n = 5$
Stirnmodul $m_s = 5{,}32$
Steigungswinkel = 20°
Eingriffswinkel = 15°

Bild 16.22 Fertigungszeichnung eines Schneckenrades

16.4 Schraubenräder

Denkt man sich ein kämmendes Stirnradpaar so verdreht, dass die Achsen der Räder einander kreuzen, dann entstehen Schraubenräder (Bild 16.23).

Vorteil: Beide Räder können durch die verschiedenen Zahnschrägungswinkel β_1 und β_2 bei jedem Übersetzungsverhältnis gleich groß sein. Die Räder haben verschiedene Schrägungswinkel, mit einer Ausnahme, wenn $\beta_1 = \beta_2 = 45°$.

Die Normalteilung t_n ist bei beiden Rädern gleich, die Stirnteilung t_s durch die verschiedenen Schrägungswinkel verschieden. Das treibende Rad soll stets den größeren Winkel haben. Durch entsprechende Neigung der Zähne erhält man Rechts- oder Linksdrall.

Die zeichnerische Darstellung von Schraubenrädern zeigt das Bild 16.24.

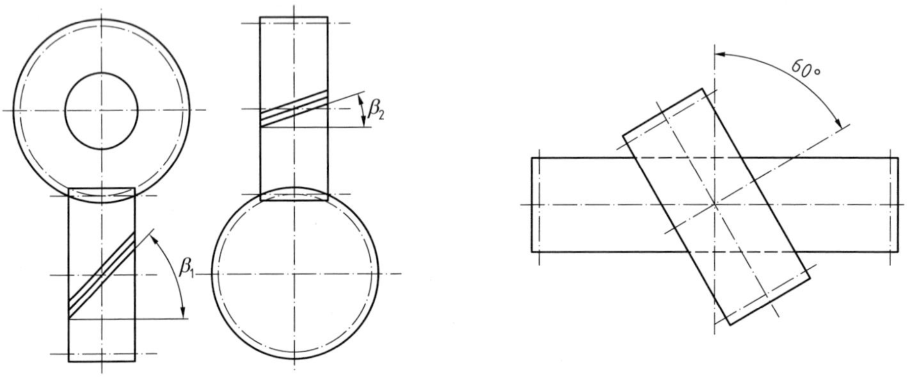

mit 90°-Achsenwinkel *mit 60°-Achsenwinkel*

Bild 16.23 Schraubenräder

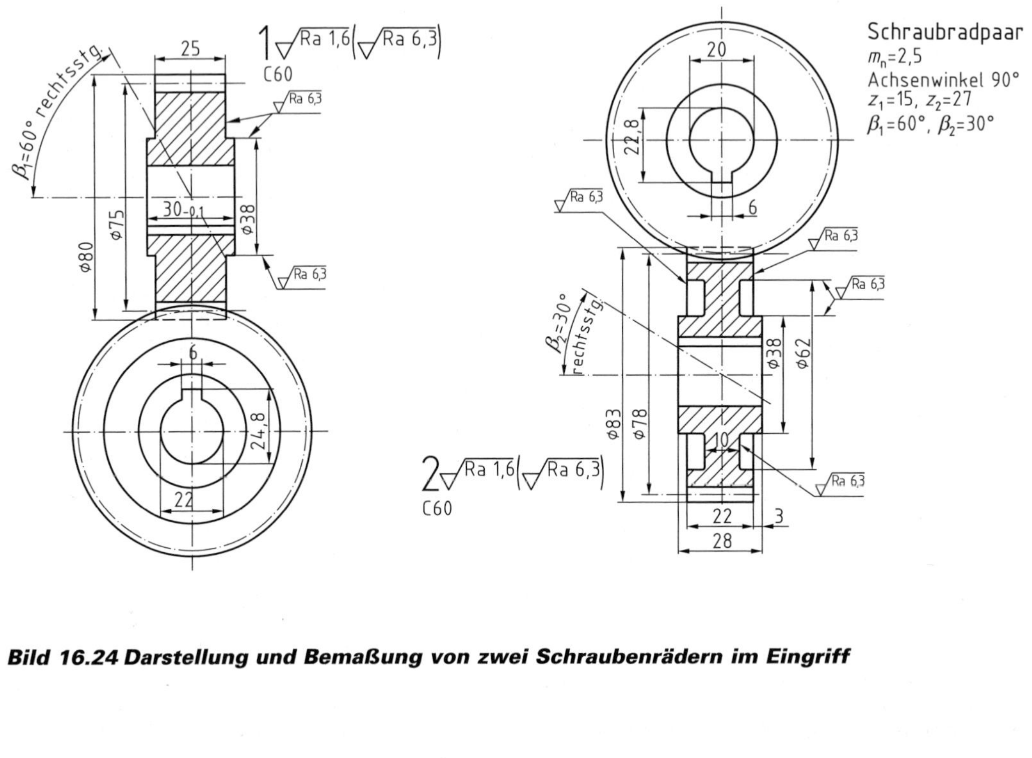

Bild 16.24 Darstellung und Bemaßung von zwei Schraubenrädern im Eingriff

17 Riemenscheiben für Riementriebe

17.1 Flachriemenscheiben

Nach der Bauweise unterscheidet man ein- und zweiteilige Riemenscheiben (Bild 17.1a und 17.1b), Arm- und Bodenscheiben (Vollscheiben, Bild 17.2a und 17.2b) sowie nach der Verwendung Fest- und Leerscheiben.

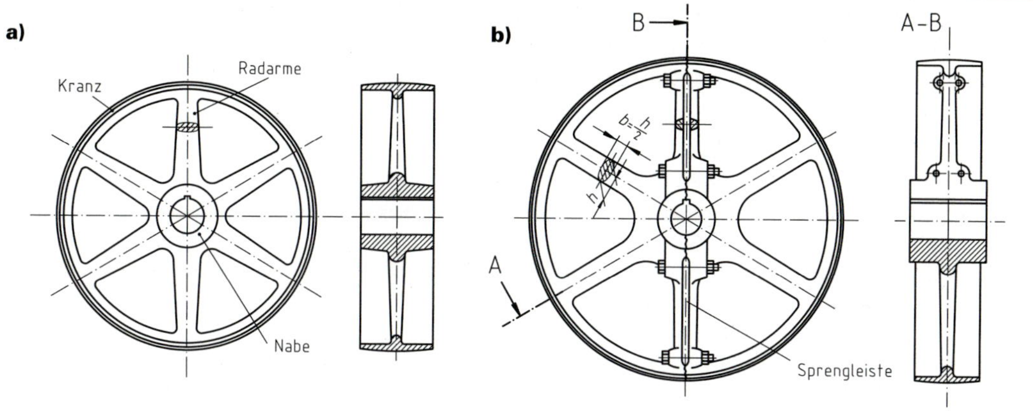

Bild 17.1 Flachriemenscheiben a) *einteilige,* ***b)*** *zweiteilige*

17.1.1 Einteilige Riemenscheiben

Riemenscheiben bestehen aus

- dem **Kranz** (Lauffläche für den Riemen),
- den **Radarmen** bei Armscheiben (Bild 17.1) oder
- dem **Boden** bei Boden- und Wechselriemenscheiben (Bild 17.2)
- der **Nabe** für die Befestigung auf der Welle.

- **Wechselriemenscheiben** haben einen lösbaren Kranz und eine Nabe mit Zentrierflansch (Bild 17.2b). ***Vorteil:*** Der Riemenscheibenkranz kann nach Bedarf ausgewechselt werden, ohne die Flanschnabe von der Motorwelle lösen zu müssen, z. B. bei Änderung des Übersetzungsverhältnisses.

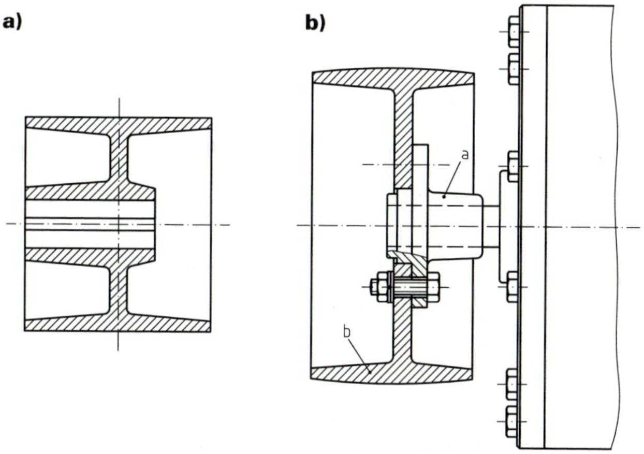

Bild 17.2 Flanschriemenscheiben mit vollem Boden
a) *Bodenscheibe*
b) *Wechselriemenscheibe (b) mit Flanschnabe (a)*

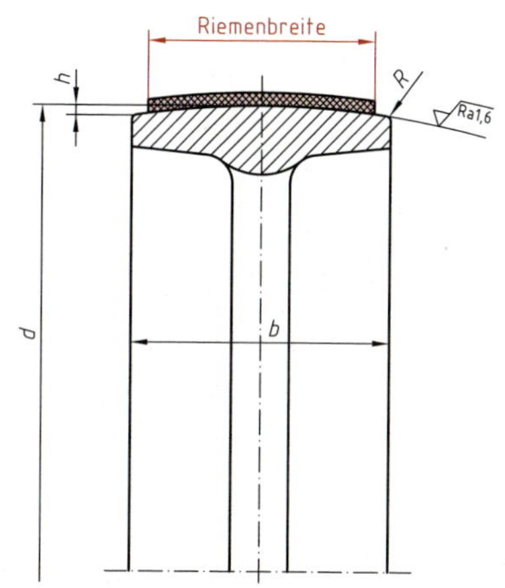

Bild 17.3 Kranz- und Riemenbreite *b Kranzbreite, h Wölbhöhe, R Kante gerundet*

- Die **Kranzform** kann **zylindrisch** oder **gering bombiert** (gewölbt) sein. Die zylindrische Kranzform (Bild 17.2a) gewährleistet jedoch keinen exakten Spurlauf. Durch eine schwach bombierte Kranzform mit Wölbhöhe *h* (Bild 17.3) wird der Spurlauf des Riemens erzwungen. Bei Übersetzungen $i > 1:3$ braucht nur die größere Scheibe bombiert ausgeführt zu werden.
- Die **Lauffläche des Kranzes** ist feinzuschlichten (zu schleifen oder zu polieren), um eine rasche Abnützung des Riemens zu verhindern. Wellen müssen zueinander genau parallel und waagrecht eingerichtet und die Riemenscheiben genau ausgefluchtet sein.

17.1.2 Zweiteilige Riemenscheiben

- **Zweiteilige Riemenscheiben** (Bild 17.1b) wird man dort verwenden, wo das seitliche Aufschieben auf die Welle nicht möglich ist, z. B. bei nachträglicher Montage einer Riemenscheibe oder bei sehr schweren Scheiben.

  Solche Riemenscheiben werden in einem Stück gegossen, erhalten jedoch für die spätere Teilung (Sprengung) längs eines Armes eine Sprengleiste; entlang dieser erfolgt, nach der vollständigen Bearbeitung, die Trennung. Die Scheibenhälften werden durch Schrauben miteinander verbunden, während die unregelmäßig verlaufende Sprengfuge ein gutes Zusammenpassen sichert.

  Die **Befestigung der Riemenscheiben** auf der Welle kann mittels Passfedern oder Längskeilen erfolgen. Bei zweiteiligen Riemenscheiben wird die Passfedernut in der Nabe um 90° zur Teilfuge versetzt, während die Keilnut in der Teilfuge anzuordnen ist (Bild 17.1b).

> Riemenscheiben sind stets statisch und je nach Geschwindigkeit und Empfindlichkeit des Antriebs auch dynamisch auszuwuchten.

- **Flachriemenscheiben** sind nach ÖNORM M 6501 genormt. Das Normblatt enthält die festgelegte Durchmesserreihe der Riemenscheiben, die Hauptmaße der Kranzform und Hinweise für die Zuordnung der Riemenbreite zur Kranzbreite *b* (Bild 17.3).

  Werkstoff: Flachriemenscheiben werden je nach Riemengeschwindigkeit und Betriebsanforderungen aus Gusseisen (z. B. EN-GJL-250 nur für Riemengeschwindigkeiten $v \leqq 35$ m/s), Baustahl, Leichtmetall-Legierungen und Kunststoff gefertigt.

ZA 60 Wechselriemenscheibe (Einzelteile)

Zweck der Zeichenaufgabe: Darstellung und Bemaßung einer Wechselriemenscheibe (Ausführung: Flachriemenscheibe) in einer Teilzeichnung.

1. Zeichnen Sie auf ein Zeichenblatt Größe A3 die einzelnen Antriebsteile 1 bis 3: **Teil 1** in Vorderansicht (Vollschnitt), **Teil 2** in Vorderansicht (Halbschnitt und Gewinde aufgebrochen) und Seitenansicht, **Teil 3** in Vorderansicht (im Bereich der Passfedernut aufgebrochen) und Schnitt A–A.
2. Bemaßen Sie die Einzelteile vollständig, tragen Sie Abmaße und Toleranzen (Passungen) sowie zweckentsprechende Oberflächenzeichen ein. Passungsliste ist anzulegen.
3. Ergänzen Sie das Schriftfeld und die Stückliste:
   Teil 1, Wechselriemenscheibe, Al-Guss
   Teil 2, Flanschnabe EN-GJL-250
   Teil 3, Motorwelle, Rd35 ÖN M 3221–E295

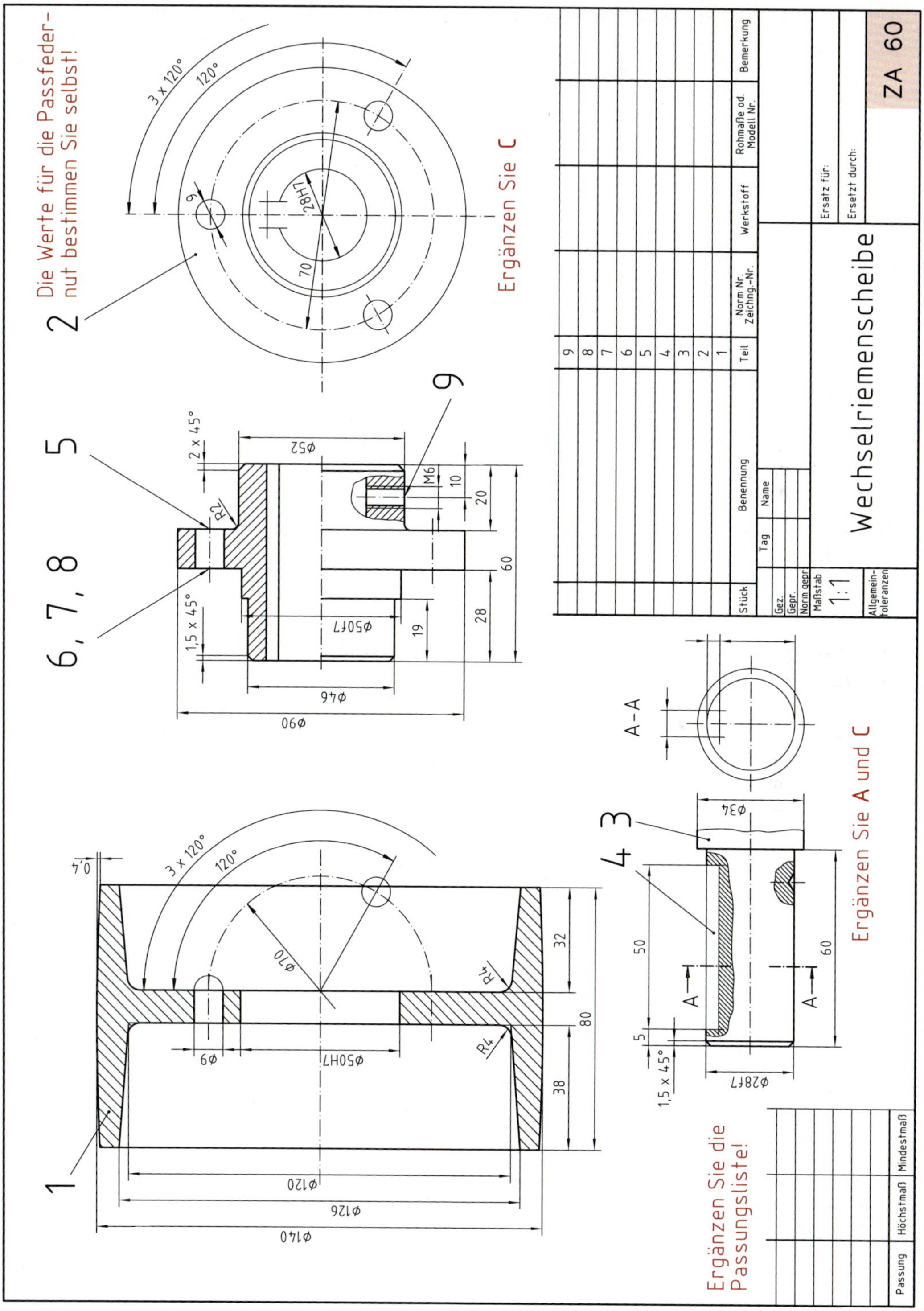

Vorlage zu ZA 60

ZA 61 Wechselriemenscheibe (Zusammenstellung)

Zweck der Zeichenaufgabe: Darstellung der Riemenscheibe **ZA 60** in einer Zusammenstellungszeichnung.

1. Zeichnen Sie auf ein Zeichenblatt Größe A4 die Wechselriemenscheibe und Motorwelle, **Teile 1 bis 3**, zusammengebaut, verschraubt und aufgefedert samt den Befestigungselementen, **Teile 4 bis 9**, in Vorderansicht (Vollschnitt); vergleiche Bild 17.2b. Die Welle, **Teil 3**, ist im Bereich der Passfedernut und der Gewindestiftsenkung aufzubrechen. Die Maßeintragung entfällt.
2. Ergänzen Sie das Schriftfeld und die Stückliste:
   Teile 1 bis 3 wie in **ZA 60**
   Teil 4, Passfeder DIN 6886–A 8 × 7 × 50–C45
   Teil 5, Sechskantschraube ISO 4014–M8 × 35–5.6
   Teil 6, Sechskantmutter ISO 4032–M8–5
   Teil 7, Scheibe DIN EN ISO 7090–8,4–St
   Teil 8, Federring DIN 128–A8
   Teil 9, Gewindestift ISO EN 27434–M6 × 15–5,6

17.2 Keilriemenscheiben und Keilriemen

- **Keilriementriebe** (Bild 17.4) werden in allen Industriezweigen und im allgemeinen Maschinenbau angewendet. Für größere Leistungsübertragung werden meistens zwei und mehr nebeneinanderliegende Keilriemen angeordnet, die in mehrrilligen Keilriemenscheiben laufen.

  Die **Vorzüge der Keilriementriebe sind:** Raumersparnis infolge kurzer Achsabstände, elastische schlupffreie Leistungsübertragung, Dämpfung auftretender Stöße und Schwingungen, geräuschloser und stoßfreier Lauf bei endlosen Keilriemen, größere Schonung der Lager durch geringe Vorspannung, große Übersetzungsverhältnisse möglich.

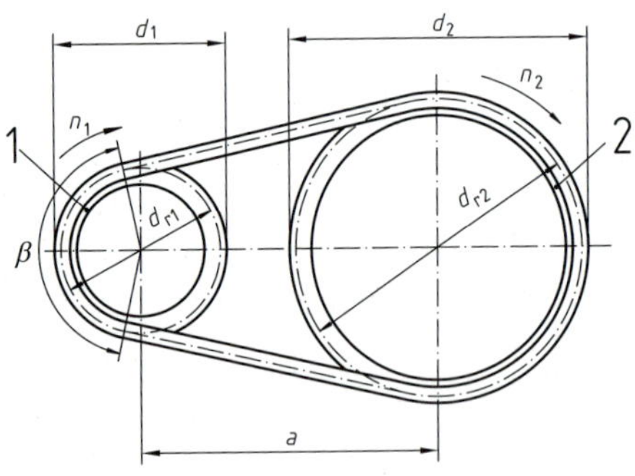

Bild 17.4 Keilriementrieb
d_{r1} Wirkdurchmesser und n_1 Drehzahl der treibenden Scheibe 1
d_{r2} Wirkdurchmesser und n_2 Drehzahl der getriebenen Scheibe 2
a Achsabstand, β Umschlingungswinkel des Keilriemens

- Die Übertragungselemente für die Drehbewegung sind genormte Keilriemenscheiben und Keilriemen (Bild 17.5):
  - **Keilriemenscheiben für Normalkeilriemen** nach DIN 2215 und 2217
  - **Keilriemenscheiben für Schmalkeilriemen** nach DIN 7753 und 2211.

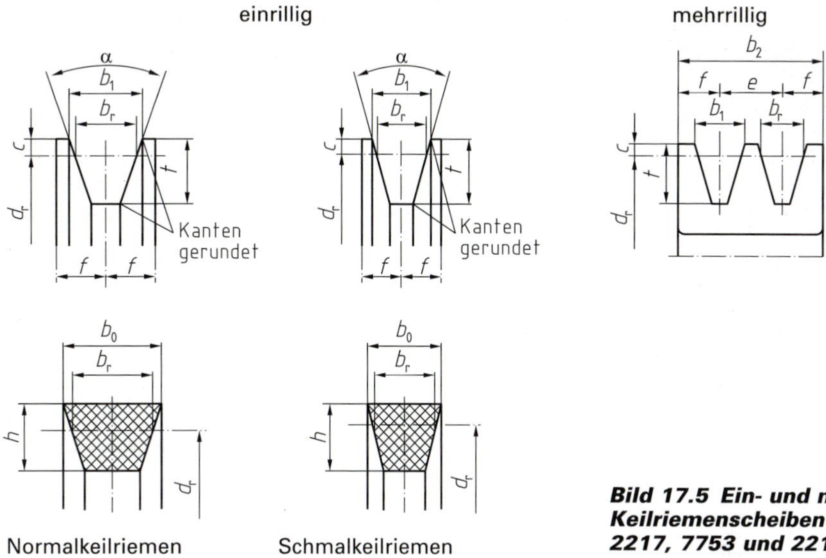

Bild 17.5 Ein- und mehrrillige Keilriemenscheiben nach DIN 2215, 2217, 7753 und 2211

- Die **Abmessungen des Rillenkranzes** der Keilriemenscheiben mit einer oder mehr Rillen sind den angeführten Normblättern zu entnehmen.
- Die **Rillenflanken** sind mit einer maximalen Rauheit von Ra = 1,6 µm auszuführen. Die Rillenkanten und der Übergang vom Rillengrund zu den Rillenflanken sind gerundet auszuführen.
- Der **Wirkdurchmesser** d_r ist für die Berechnung von Riemengeschwindigkeit und Übersetzungsverhältnis maßgebend. Die minimalen Wirkdurchmesser $d_{rmin.}$ sollen nach Möglichkeit nicht unterschritten werden. Die Wirkdurchmesser sind möglichst groß zu wählen, jedoch soll eine Riemengeschwindigkeit von 30 m/s nicht überschritten werden.

Werkstoff: EN-GJL, St, GS, EN-GJS.

Auswuchten: Riemenscheiben sind bei Riemengeschwindigkeiten $\leq$25 m/s statisch, $>$25 m/s dynamisch auszuwuchten.

Keilriemen und Keilriemen-scheiben nach DIN 2215 und 2217	Kurzzeichen (obere Nennbreite) b_0	6	10	13	17	22	32
	ISO-Kurzzeichen	Y	Z	A	B	C	D
	Riemenhöhe h	4	6	8	11	14	20
	min. Wirkdurchmesser der zugehörigen Riemenscheibe d_r	28	50	75	125	200	315

Tabelle 17.1: Keilriemenprofile für α = 34° (Bild 17.5), Maße in mm

- **Zweistoff-Keilriemenscheiben** bestehen aus einer hochverschleißfesten Aluminium-Legierung und im Bereich der Nabenbohrung aus einem Kern oder Segmenten aus Gusseisen (Bild 17.6 und Bild 17.7, Seite 208). Diese verstärken die Nabe und verhindern, dass Nabennuten oder Bohrungen ausgeschlagen werden, wie dies bei normalen Leichtmetallscheiben möglich ist.

  Derartige **Leichtmetallscheiben mit Gussnaben oder armierten Naben** sind bedeutend leichter als massive Gusseisenscheiben. Dadurch können Kugellager und Wellen und unter Umständen die Gesamtkonstruktion des Triebes leichter gehalten werden.

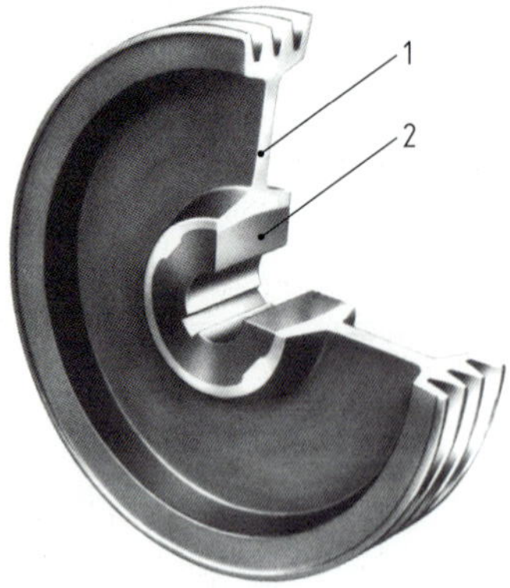

Bild 17.6 Zweistoff-Keilriemenscheibe
1 Scheibenkörper aus Al-Legierung
2 Gusseisennabe

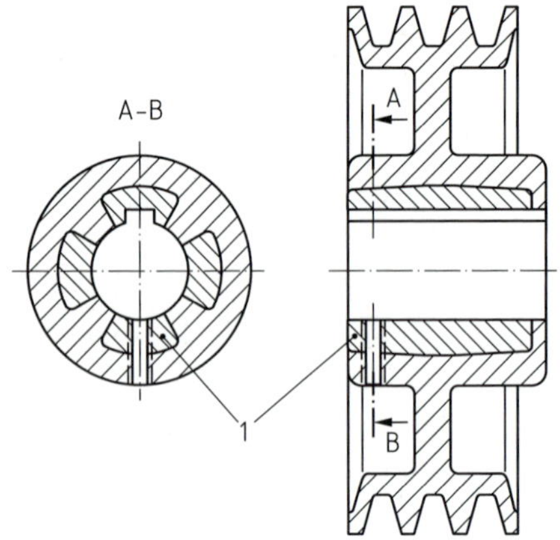

Bild 17.7 Leichtmetall-Keilriemenscheibe mit armierter Nabe
1 Gusseisen-Segment

ZA 62 Keilriemenscheibe

Zweck der Zeichenaufgabe: Darstellung und Bemaßung einer Schmalkeilriemenscheibe nach DIN 2211.

1. Zeichnen Sie auf ein Zeichenblatt Größe A3 die zweirillige Keilriemenscheibe in Vorderansicht (Halbschnitt) und Seitenansicht. Die bestimmenden Maße für eine Keilriemenscheibe sind die obere Nennbreite b_0 des Keilriemens und der Wirkdurchmesser d_r (Bild 17.5). Bestimmen Sie mit dem Tabellenbuch für den Keilriemen b_0 = 16,3 mm (SPB) und d_r = 125 mm alle zugehörigen Maßwerte und zeichnen Sie danach die Scheibe.
2. Bemaßen Sie vollständig mit Toleranzangaben (für Nabenbohrung H7) und tragen Sie zweckentsprechende Oberflächenzeichen ein (Angaben siehe in Bild 17.5).
3. Ergänzen Sie das Schriftfeld und die Stückliste.
   Werkstoff der Keilriemenscheibe: Al-Guss EN-AC-AlSi10Mg(Cu).

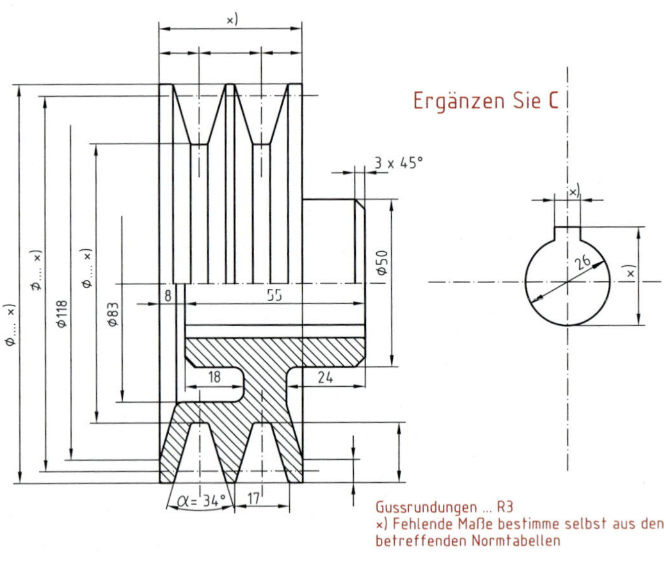

ZA 63 Keilriemenantrieb

Zweck der Zeichenaufgabe: Wie **ZA 62.**

1. Zeichnen Sie aus der Zusammenstellung die Keilriemenscheibe, **Teil 16**, für Keilriemen 13/A nach DIN 2217. Bestimmen und ergänzen Sie die Maßangaben des Keilscheibenprofils sowie der fehlenden Keilriemenscheibenabmessungen.
   Die Keilriemenscheibe dient zum Antrieb eines schaltbaren Kettenvorgeleges. Die Kettenräder, **Teil 2 und 3**, haben an den Stirnseiten Klauen, die abwechselnd mit den Klauen der Klauenkupplung, **Teil 4**, über eine Gleitfeder, **Teil 6**, in Eingriff gebracht werden.

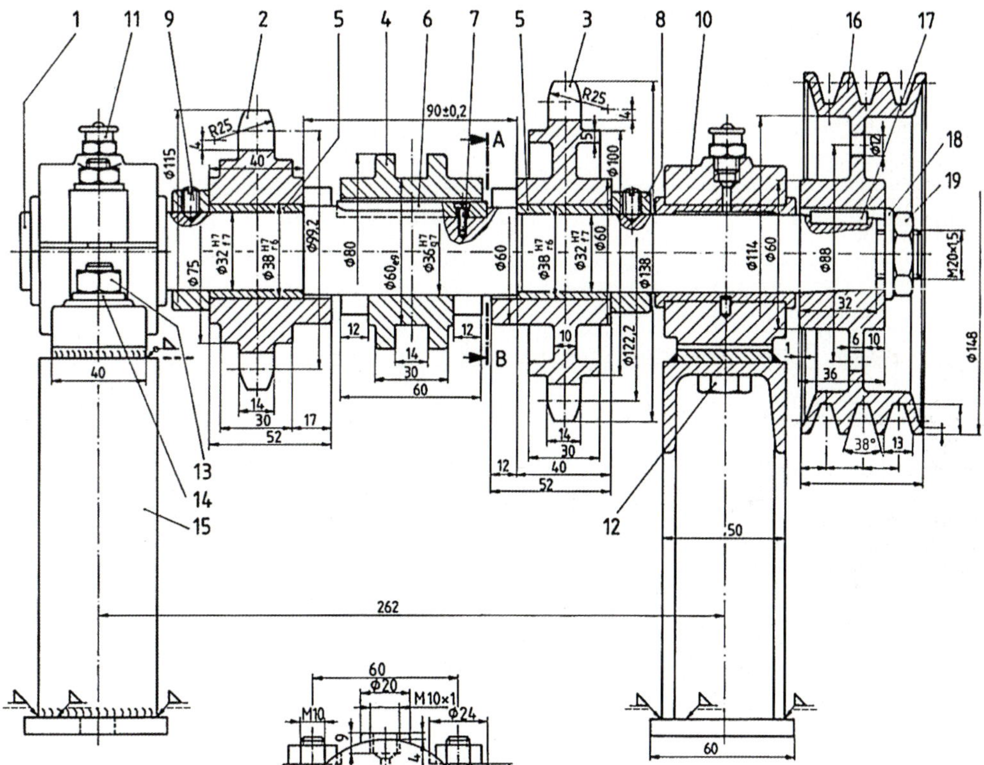

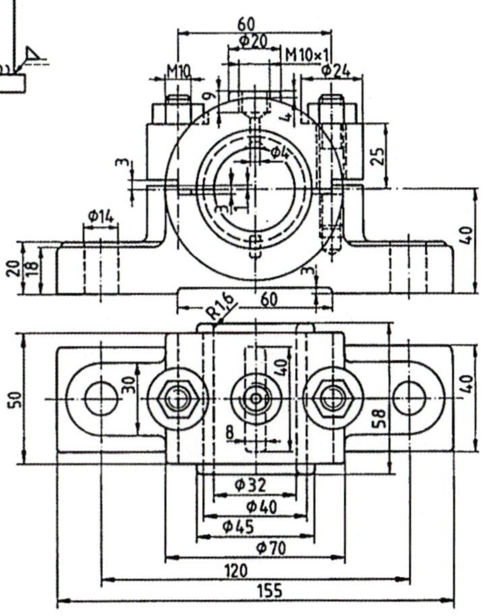

2. Zeichnen Sie weitere Einzelteile, z.B. Kettenräder, Kupplungsteil u.a.

Das Vorgelege ist mit zweiteiligen Stehlagern abgestützt. Die Lager sind auf geschweißten Rahmen aus U-Stahl geschraubt.

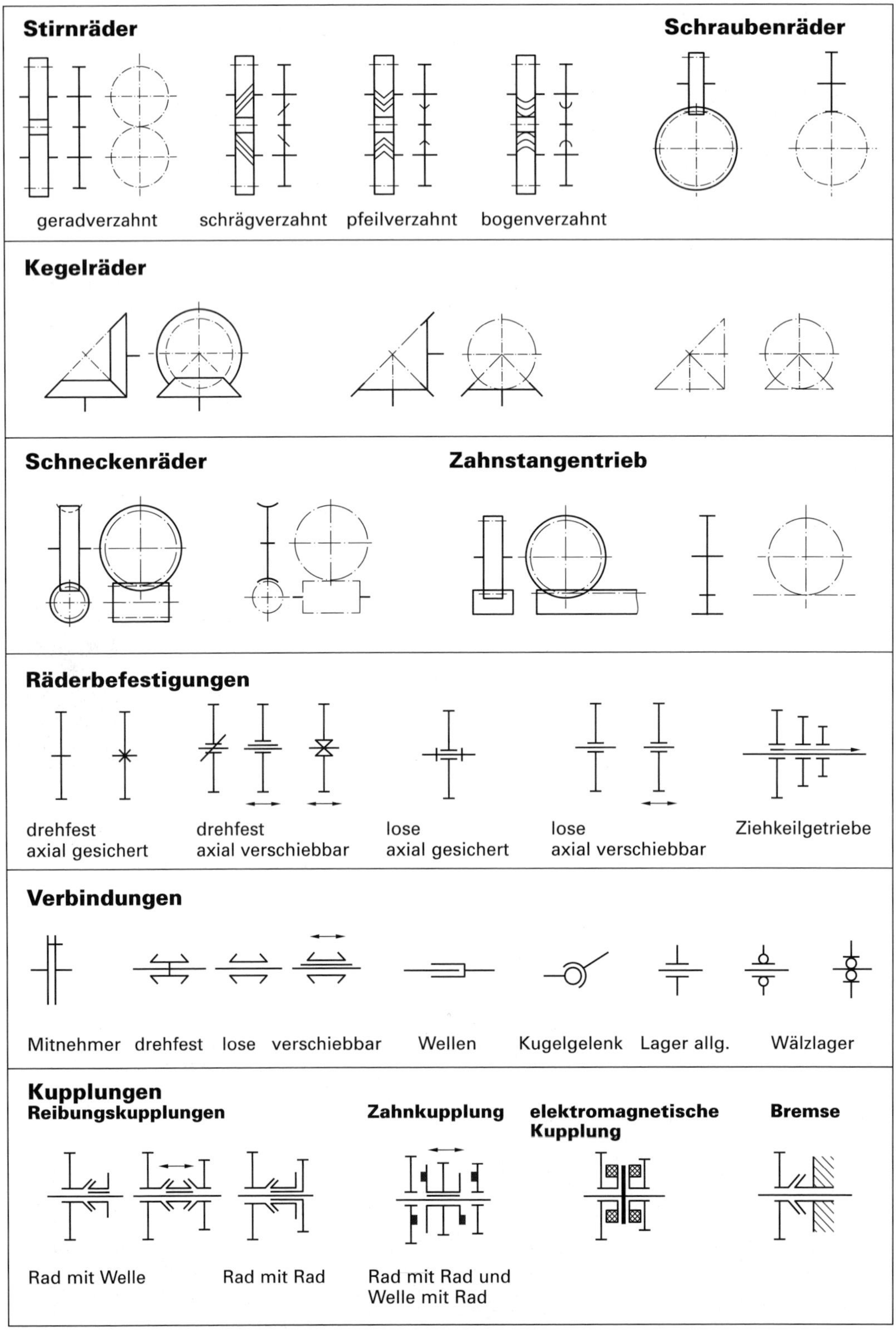

Bild 17.8 Graphische Symbole für Antriebselemente

18 Kettentriebe

Kettentriebe verwendet man zur schlupffreien Kraftübertragung und dort, wo ein starres Übersetzungsverhältnis verlangt wird, der Wellenabstand jedoch für eine direkte Übertragung durch Zahnräder zu groß ist.

Die Triebelemente des Kettentriebes sind Stahlketten (Treibketten) und Kettenräder.

18.1 Stahlgelenkketten

- **Stahlgelenkketten** werden als Ein- und Mehrfachketten ausgeführt und je nach den Erfordernissen als Treib-, Transport-, Förder- und Lastenketten verwendet.
  Arten von Stahlgelenkketten: Rollenketten (Bild 18.1), Hülsen-, Buchsen-, Gall-, Fleyer- und Rotaryketten sowie Zahnketten. Das bestimmende Maß der Kettengröße ist die **Teilung *p*** in Millimeter oder in Zoll (z. B. $^3/_8$″, $^1/_2$″).
- **Rollenketten** bestehen aus Innen- und Außenlaschen, Bolzen (in Außenlaschen eingepresst), Buchsen (in Innenlaschen eingepresst) und Rollen, die auf den Buchsen lagern (Bild 18.1). Sie werden als Ein- und Mehrfach-Rollenketten ausgeführt. Übersetzungen sind bis 1 : 7 möglich, am günstigsten sind i = 1 : 1 bis 1 : 4.
  Beispiel: Rollenketten (Europäische Bauart) DIN 8187

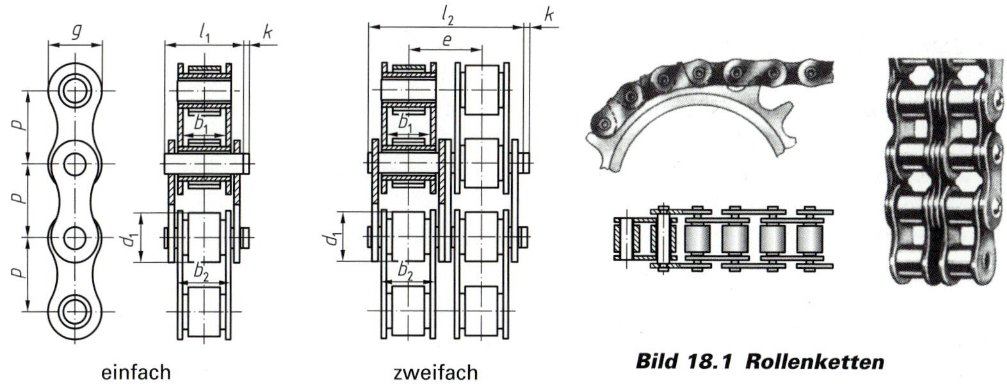

Bild 18.1 Rollenketten

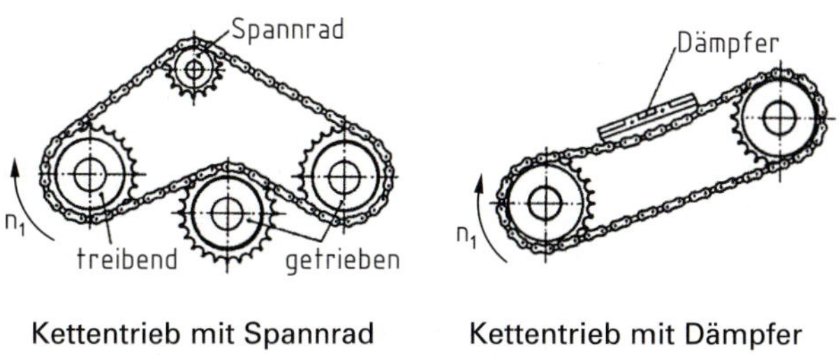

Bild 18.2 Rollenkettentriebe mit Spannrad und Dämpfer

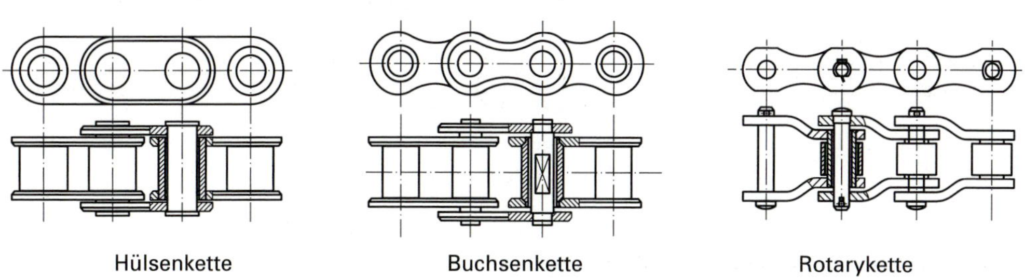

18.2 Kettenräder für Rollenketten

Die Konstruktion der Kettenräder baut sich auf Sehnenvielecke auf, deren Sehnen der Kettenteilung entsprechen. Die Zahnkurve der Kettenzähne besteht aus Kreisbögen, die durch die Radien R und R_1 gebildet werden. Im Übrigen passt sich die Zahnform der Kettenabmessung an (vergleiche Bild 18.3).

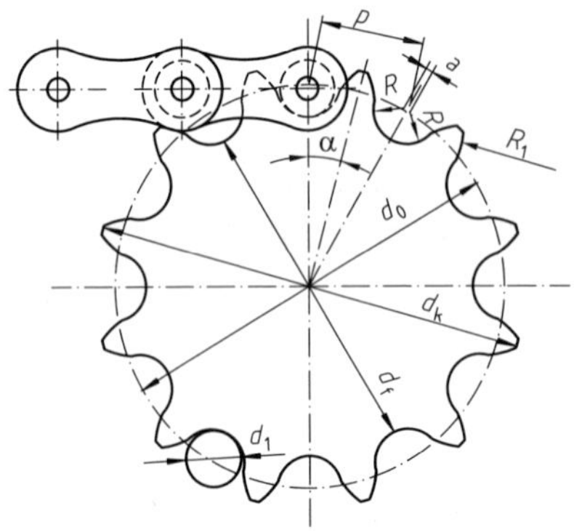

p Teilung (Sehne am Teilkreis)
z Zähnezahl
d_1 Rollendurchmesser (Tabellenwert)
d_0 Teilkreisdurchmesser $d_0 = p \times n$
d_f Fußkreisdurchmesser $d_f = d_0 - d_1$ (–0,10 mm Arbeitstoleranz)
d_k Kopfkreisdurchmesser
a Zahnlückenspiel

Bild 18.3 Kettenrad für Rollenketten

Das **Zahnlückenspiel *a*** gewährt den Rollen der Kette ein kleines Spiel zwischen den Zähnen, wodurch das Abrollen der Kette unbehindert erfolgen kann.

Die **Zahnbreiten *B*** und **Zahnkranzhöhen** (Kettenradprofil) von Kettenrädern für ein- und zweifache Rollenketten (Bild 18.1) sind nach DIN 8187 zu bestimmen.

Die **Zahnspitzen** sind seitlich etwas abzurunden, damit sie leicht in die Zwischenräume der Kettenglieder gleiten können.

Kettenritzel sollen nicht zu klein gewählt werden; im Allgemeinen nicht unter zehn Zähnen.

Werkstoff der Kettenräder: Gusseisen, Stahlguss, im Gesenk geschmiedeter Stahl, aus Stahlblech gestanzt.

18.2.1 Zeichnerische Darstellung von Kettenrädern

Aus gegebener Zähnezahl und Rollenkettenteilung werden die Kettenradabmessungen rechnerisch ermittelt. Für die zeichnerische Darstellung der Kettenräder gelten die Richtlinien nach ÖNORM EN ISO 2203 (Bild 18.4).

a) **b)** **c)**

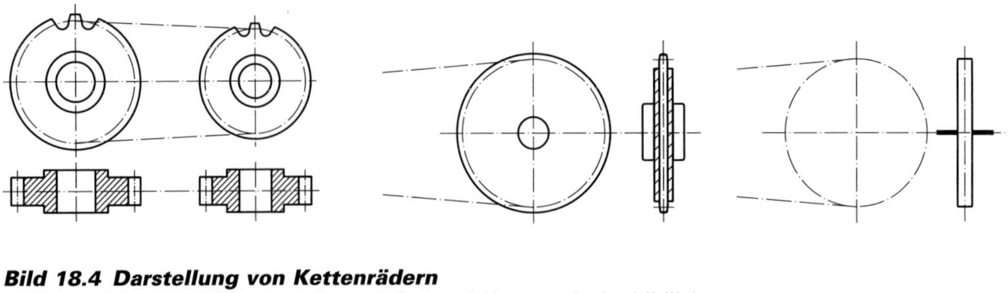

Bild 18.4 Darstellung von Kettenrädern
***a)** Kettenräderpaar, **b)** Kettenrad, vereinfacht, **c)** Kettenrad, sinnbildlich*

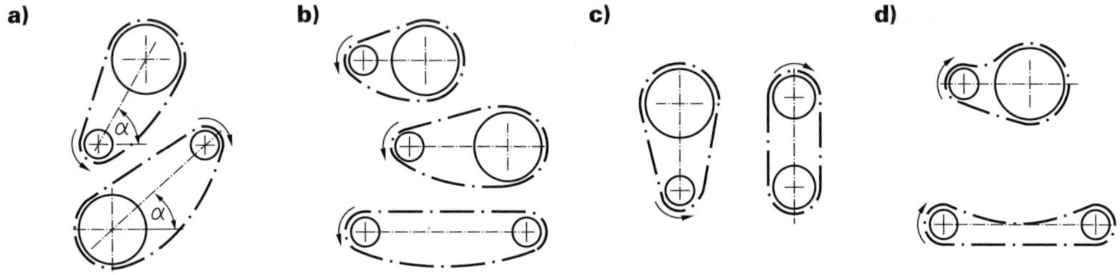

Bild 18.5 Anordnung von Kettentrieben
a) *günstige Anordnung bei* $\alpha = 60°$
b) *waagrechte Anordnung – günstig*
c) *senkrechte Anordnung – weniger günstig*
d) *Lasttrumm unten angeordnet – möglichst vermeiden*

Zeichnen Sie Einzelteile (Kettenrad, Riemenscheiben u.a.) aus der Zusammenstellung und ergänzen Sie alle fertigungsnotwendigen Hinweise.

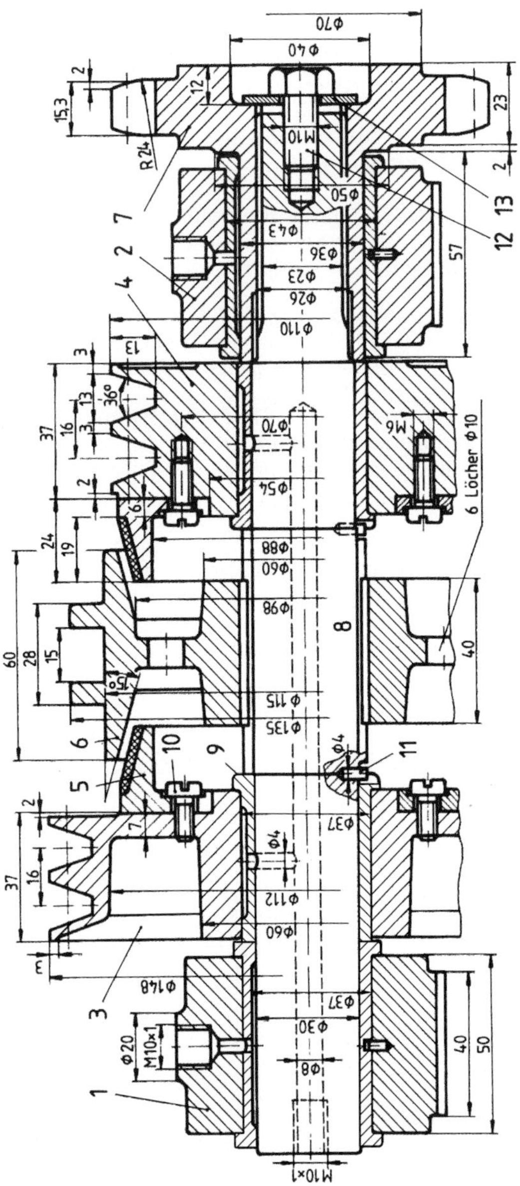

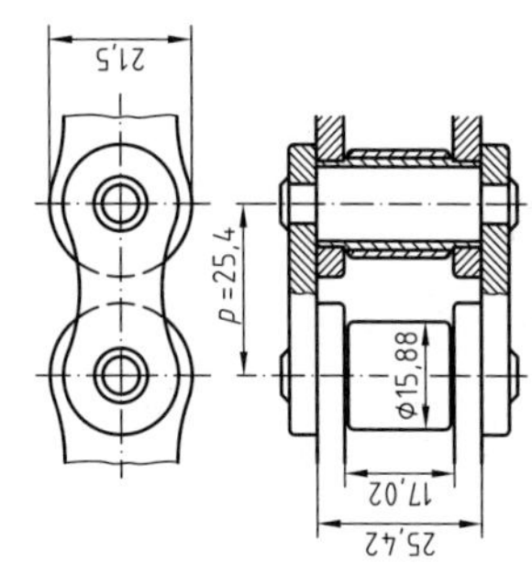

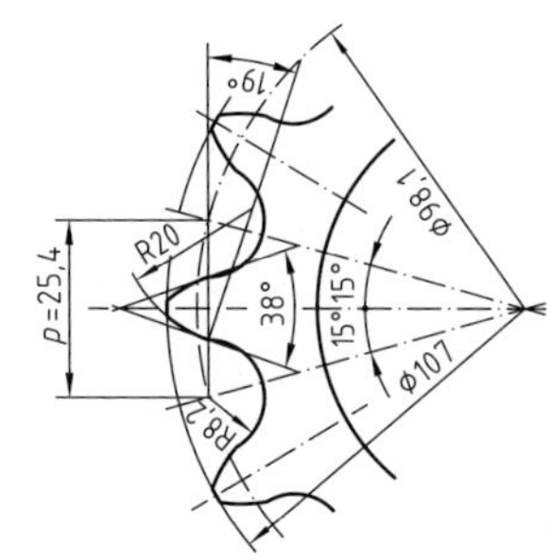

Bild 18.6 Zeichnerische Darstellung von Kettenrädern für Rollenketten in einem Kettenrädervorgelege

Die **Darstellung von Sperrrädern** erfolgt nach Bild 18.7a oder vereinfacht nach Bild 18.7b.

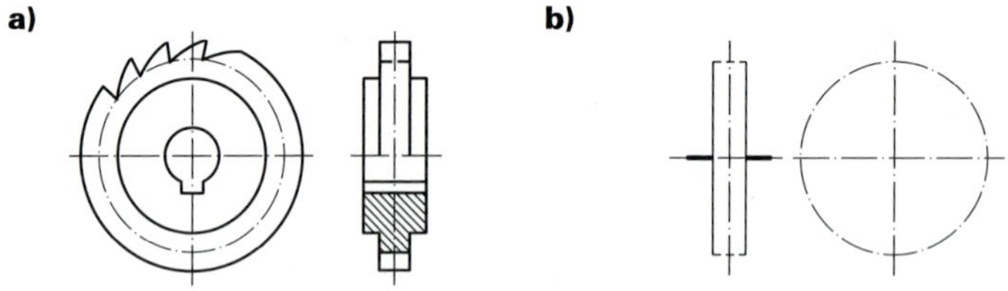

Bild 18.7 Darstellung von Sperrrädern
a) *normal in Vorder- und Seitenansicht und Viertelschnitt,* ***b)*** vereinfacht

ZA 64 Kettenrad für Rollenkette

Zweck der Zeichenaufgabe: Entwurf und Darstellung des Kettenrads für eine Rollenkette DIN 8187.

1. Rollenkette, DIN 8187, p = 12,7 mm. Berechnen und bemaßen Sie dazu ein Kettenrad, z = 28.
2. Zeichnen Sie auf ein Zeichenblatt Größe A3 das Kettenrad in Vorderansicht und Seitenansicht (Halbschnitt).
   Einfachheitshalber werden vom Kettenrad nur drei Zahnlücken gezeichnet, und der restliche Kreis des Außendurchmessers wird mit einer breiten Volllinie ausgezogen (siehe Bild 18.4a). Im Übrigen gelten für die Darstellung des Teilkreises und Fußkreises die gleichen Zeichenregeln wie für Zahnräder.
3. Bemaßen Sie vollständig (auch die errechneten Werte eintragen), tragen Sie Passungszeichen (Nabenbohrung H7) und zweckentsprechende Oberflächenzeichen ein.
4. Ergänzen Sie das Schriftfeld und die Stückliste. Das Kettenrad besteht aus EN-GJMW-400-5.

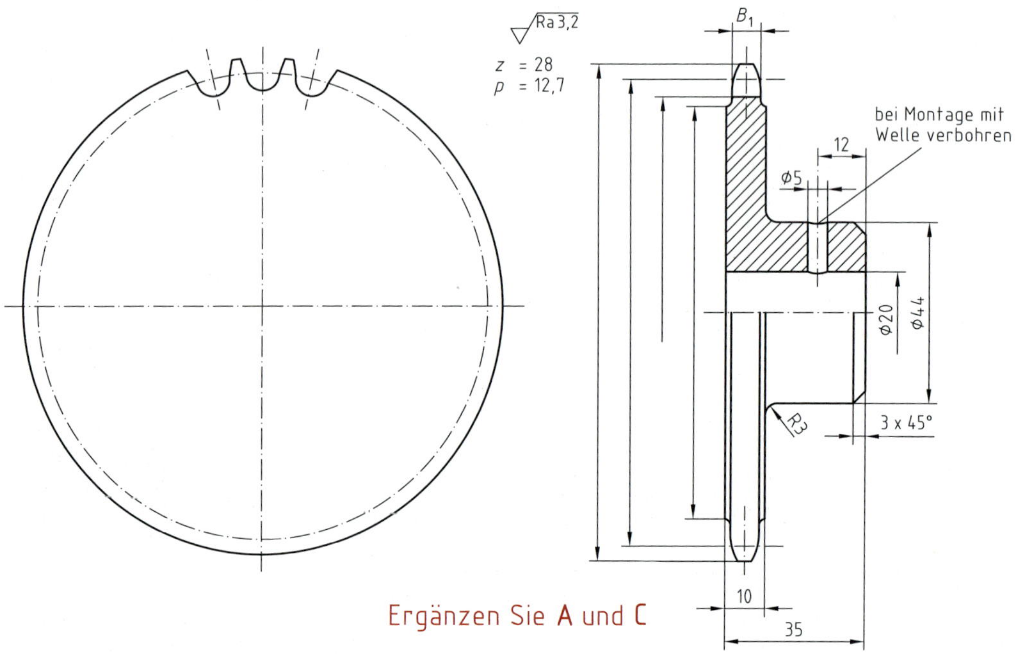

19 Federn

Nach Art der Beanspruchung (Belastung) und Verwendung unterscheidet man Druck-, Zug-, Dreh-, Teller-, Spiral- und Blattfedern sowie Federn, die einem bestimmten Zweck angepasst sind, z. B. Biegungsfedern.

19.1 Darstellung von Federn in Werkzeichnungen

Die zeichnerische Darstellung nach ÖNORM EN ISO 2162 kann in Ansicht, im Schnitt und sinnbildlich erfolgen. Wenn erforderlich, ist der Querschnitt des Federdrahts mit Wortangabe oder Symbol zu kennzeichnen (Bild 19.1) und die Wickelrichtung (links oder rechts) anzugeben.

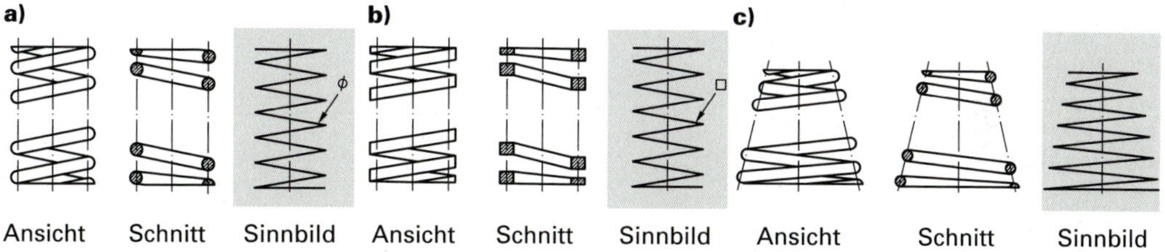

Bild 19.1 Druckfedern
a) *Zylindrische Schraubendruckfeder aus Draht mit rundem Querschnitt*
b) *Zylindrische Schraubendruckfeder aus Draht mit rechteckigem Querschnitt*
c) *Kegelige Schraubendruckfeder aus Draht mit rundem Querschnitt*

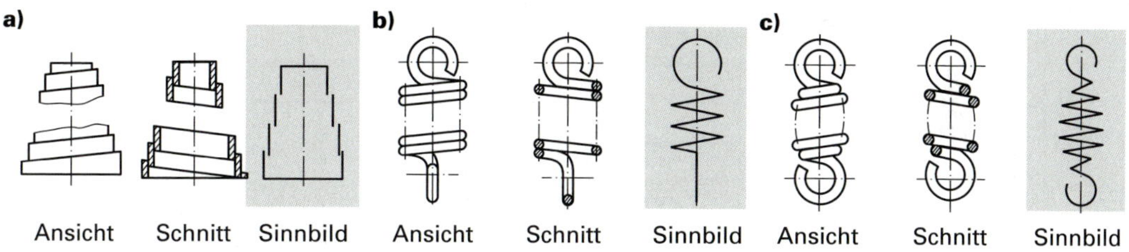

Bild 19.2 Druck- und Zugfedern
a) *Kegelige Schraubendruckfeder aus rechteckigem Blechstreifen (Schnecken-Feder)*
b) *Zylindrische Zugfeder aus Draht mit rundem Querschnitt*
c) *Doppelt-kegelige Zugfeder aus Draht mit rundem Querschnitt*

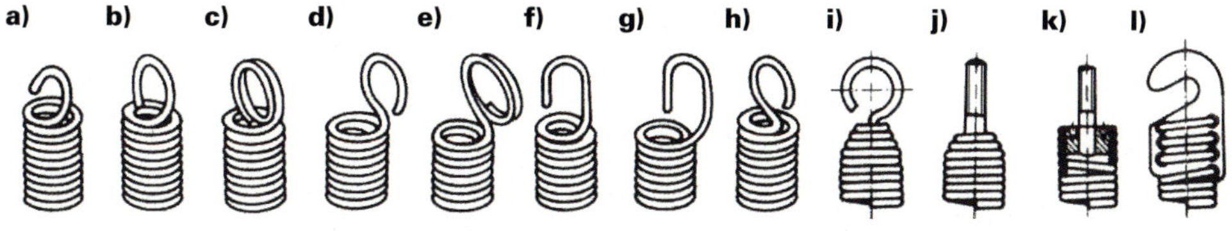

Bild 19.3 Ösenformen von Zugfedern nach DIN 2097
a) *halbe Deutsche Öse,* ***b)*** *ganze Deutsche Öse,* ***c)*** *doppelte Deutsche Öse,*
d) *ganze Deutsche Öse seitlich hochgestellt,* ***e)*** *Deutsche Doppelöse seitlich hochgestellt,* ***f)*** *Hakenöse,*
g) *Hakenöse seitlich hochgestellt,* ***h)*** *Englische Öse,* ***i)*** *Haken eingerollt,* ***j)*** *Gewindebolzen eingerollt,*
k) *Gewindestopfen eingeschraubt,* ***l)*** *Flachöse eingeschraubt*

Für die Fertigung von Druck- und Zugfedern ist die Darstellung in Ansicht oder im Schnitt am zweckmäßigsten (Bild 19.4).

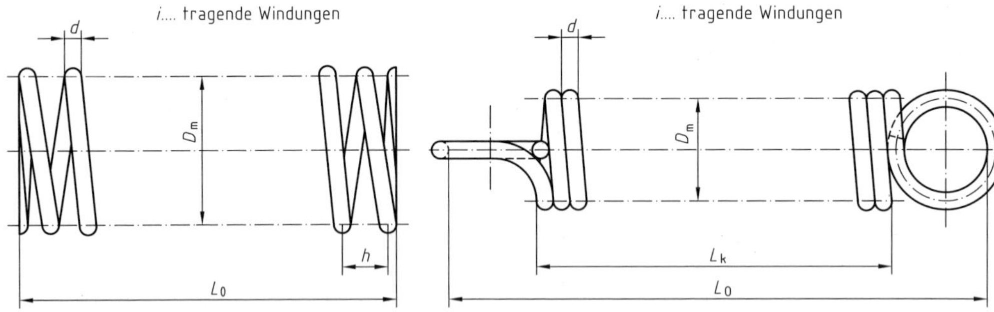

Bild 19.4 Darstellung und Maßeintragung von Druck- und Zugfedern
Linksgewundene Federn erhalten zum Durchmesser D_m noch den Zusatz „linksgängig".

d Drahtdicke
D_m mittlerer Windungsdurchmesser
h Steigung der Windungen
L_0 Länge der ungespannten Feder
L_k Wickellänge ohne Ösen
i Zahl der tragenden Windungen

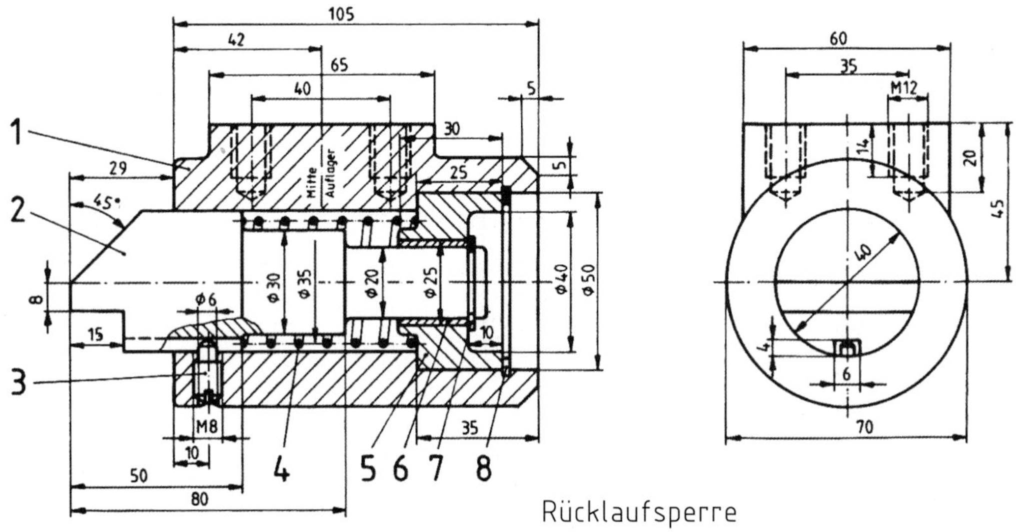

Bild 19.5 Anwendungsbeispiel einer Druckfeder

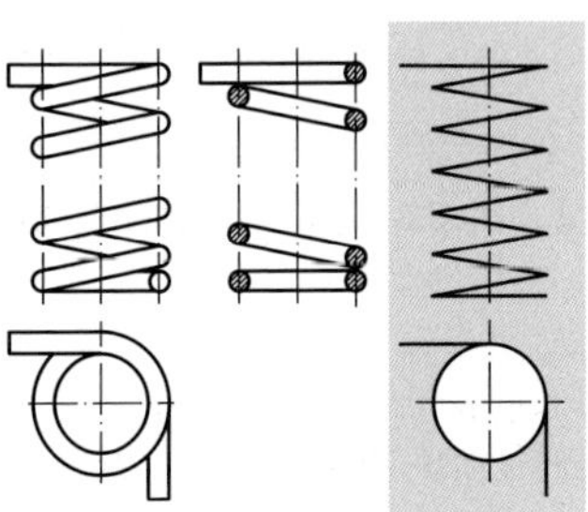

Bild 19.6 Zylindrische Schraubendrehfedern aus Draht mit rundem Querschnitt

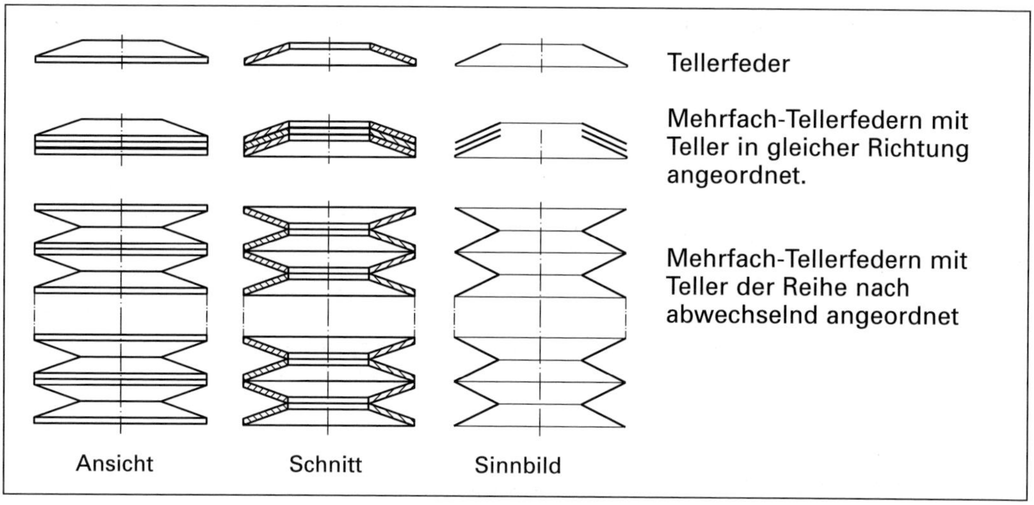

Bild 19.7 Tellerfedern

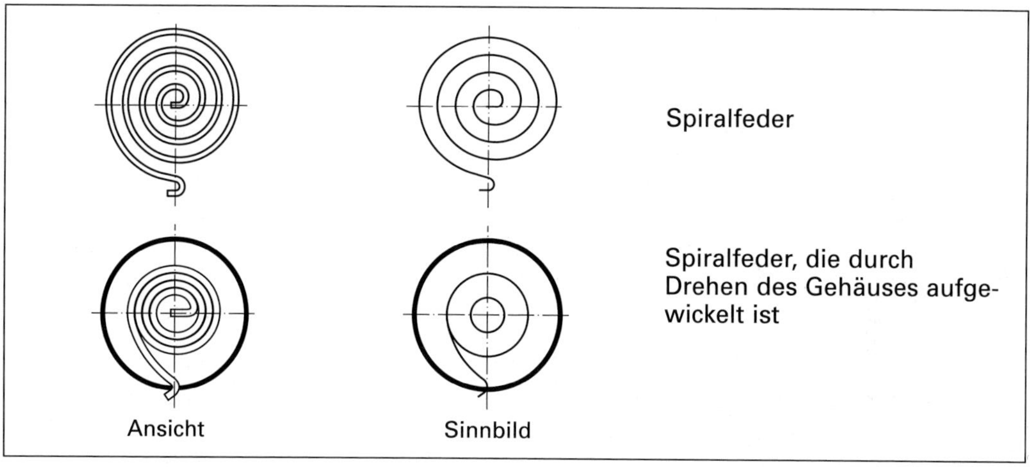

Bild 19.8 Spiralfedern

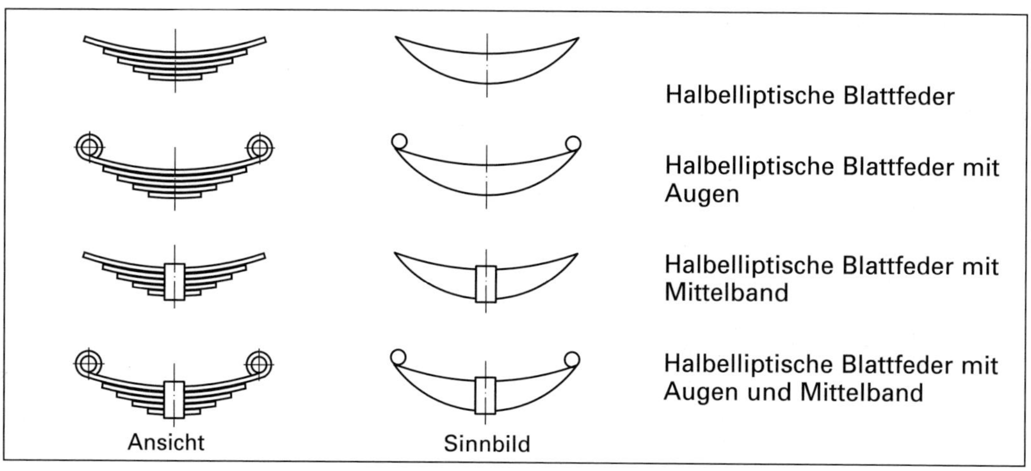

Bild 19.9 Blattfedern

Je nach Funktion und Zweck können Federn auch andere Formen haben (Bilder 19.10 bis 19.12).

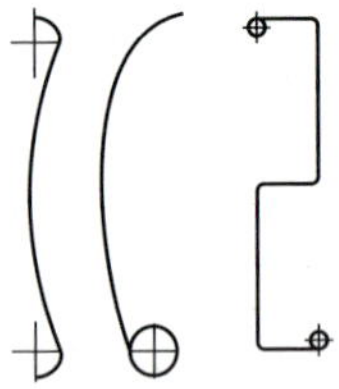

Bild 19.10 Biegungsfedern

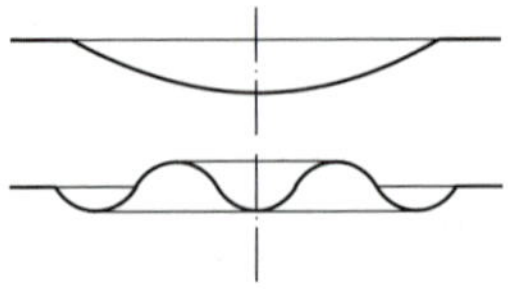

Bild 19.11 Membranfedern

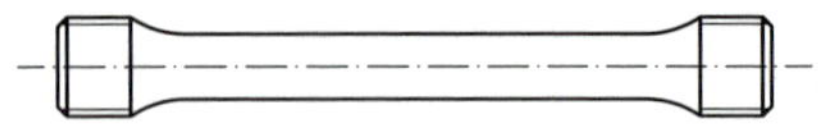

Bild 19.12 Drehstabfeder

ZA 65 Druck- und Zugfedern

Zweck der Zeichenaufgabe: Zeichnen und Bemaßen von Druck- und Zugfedern in Teil- und Zusammenstellungszeichnungen.

1. Zeichnen Sie auf ein Zeichenblatt Größe A3 die Druck- und die Zugfeder einzeln und in Verbindung mit den **Teilen 2 bis 9** im Maßstab 1 : 1.
2. In der Einzeldarstellung sind die Druck- und die Zugfedern nach Bild 19.4 vollständig zu bemaßen.

Maßangabe für die Druckfeder (Teil 1):

Zahl der tragenden Windungen	i =	$8^1/_2$	
Zahl der toten Windungen		2	zum Anbiegen und Anschleifen
mittlerer Windungsdurchmesser	D_m =	40 mm	
Drahtdicke	d =	5 mm	
Steigung der Windungen	h =	12 mm	
Länge der ungespannten Feder	L_0 =	107 mm	($L_0 = i \times h + d = 8^1/_2 \times 12 + 5 = 107$ mm)

Maßangaben für die Zugfeder (Teil 4):

Zahl der tragenden Windungen	i =	22	
Zahl der toten Windungen		2	zum Anbiegen der Einhängeösen. Je eine ganze Öse (volle Windung), die zueinander 90° verdreht sind (siehe Einbaubeispiel in ZA 66)
mittlerer Windungsdurchmesser	D_m =	30 mm	
Drahtdicke	d =	4 mm	
Länge der ungespannten Feder	L_0 =	148 mm	(Einhängeweite)
Wickellänge ohne Einhängeösen	L_k =	92 mm	($L_k = i \times d + d = 22 \times 4 + 4 = 88 + 4 = 92$ mm)

3. Zeichnen Sie die beiden Federn entspannt in eingebautem Zustand, und zwar:
   Die **Druckfeder, Teil 1**, im Schnitt mit den anderen Auswerferteilen, **Teil 2** und **Teil 3**.
   Die **Zugfeder, Teil 4**, eingehängt in die Rille des Steckkerbstifts, **Teil 5**, und in den Winkelhebel, **Teil 9**, samt den übrigen Teilen.

Die eingebauten Schraubenfedern bleiben unbemaßt; die übrigen Teile sind so zu bemaßen, wie die ZA zeigt.

4. Tragen Sic Teilnummern ein. Ergänzen Sie das Schriftfeld und die Stückliste, und zwar:

Teil 1, Druckfeder, Federstahldraht 5A DIN EN 10270
Teil 2, Federbolzen, Rd32 ÖNORM M 3221–S235JR
Teil 3, Auswerfer, Werkzeugstahl ezh.
Teil 4, Zugfeder, Federstahldraht 4C DIN 17223
Teil 5, Steckkerbstift mit Hals ÖNORM EN ISO 8741–16 × 100–St
Teil 6, Bolzen ÖNORM EN 22341 (ISO 2341) – B 8 h 11 × 25 – 9SMnPb28
Teil 7, Scheibe 8 – ÖNORM EN 28738 (ISO 8738) – St
Teil 8, Splint ÖNORM EN ISO 1234 2 × 12–St
Teil 9, Winkelhebel, Fl 30 × 5 ÖNORM M 3230–S235JR

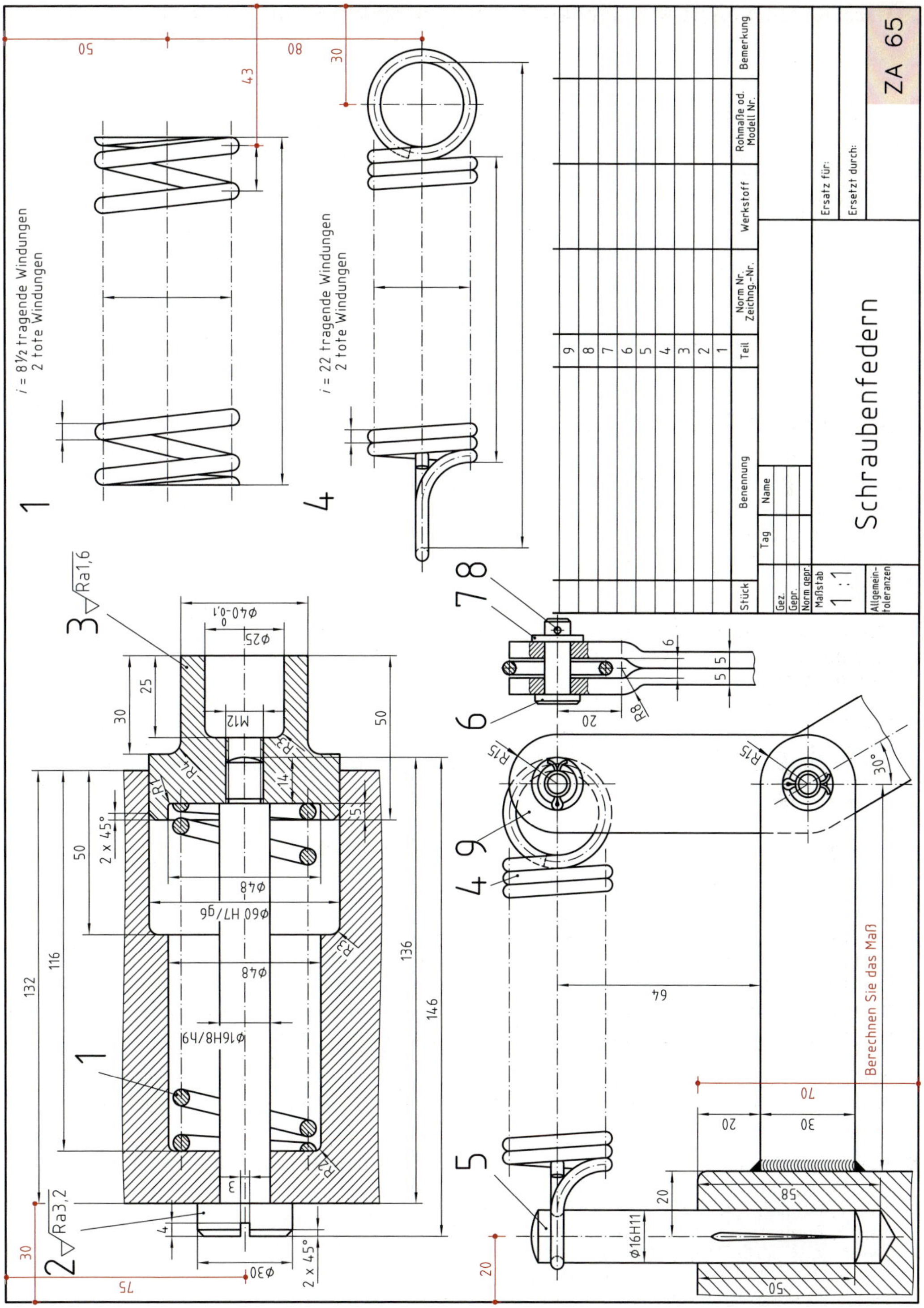

Vorlage zu ZA 65

20 Abmaße, Toleranzen und Passungen

Werkstücke können nicht auf ein absolut genaues Maß gefertigt werden. Deshalb ist es notwendig, dem Anwendungszweck entsprechend zulässige (geduldete) Maßabweichungen (Toleranzen) anzugeben. Dies kann durch:

- zahlenmäßige Toleranzangaben mit Grenzabmaßen (Bild 20.1)
- Toleranzangaben mit ISO-Kurzzeichen (Bild 20.14) oder
- Allgemeintoleranzangaben (Bild 20.10) erfolgen.
- Für die Massenfertigung und den Austauschbau ist die Toleranzangabe mit Kurzzeichen des ISO-Toleranzsystems zweckmäßiger.

20.1 Angabe der Toleranz mit Grenzabmaßen

Eine Maßeintragung mit zahlenmäßiger Toleranzangabe besteht aus dem **Nennmaß *N*** und den **Abmaßen *A*** (Bild 20.1).

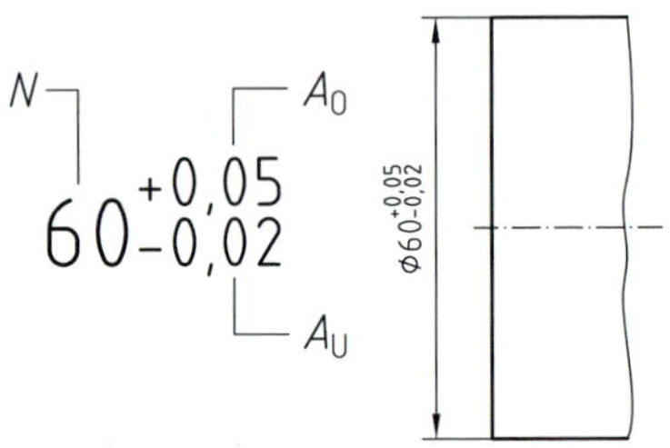

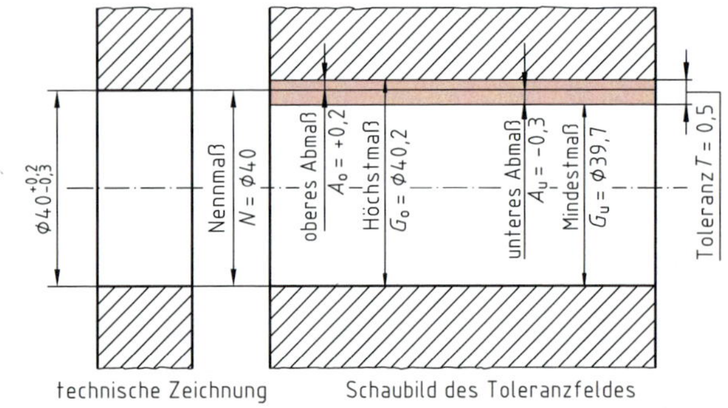

Bild 20.1 Schreibweise der Abmaße bei zahlenmäßiger Toleranzangabe

Bild 20.2 Bildliche Darstellung einer Toleranzangabe durch Abmaße

- **Nennmaß** *N* ist das in der Werkzeichnung genannte Maß (Bezugsmaß). Ein Nennmaß, z. B. 40 mm (Bild 20.3), wird durch eine Linie (Nulllinie) begrenzt, die dem Wert 40,000 mm entspricht.

  Soll der Zusammenbau von Bauteilen ohne Nacharbeit vor sich gehen, so muss der Fertigung eine gewisse Abweichung (Toleranz) vom Nennmaß zugestanden werden. Die Größe der zulässigen Toleranz ist abhängig von der Funktion des Bauteils. Sie bestimmt daher auch das Fertigungsverfahren. Das Nennmaß erhält daher **Abmaße** *A*.

- Durch die Abmaße (**oberes Abmaß** A_o und **unteres Abmaß** A_u) entstehen zwei Grenzmaße, das Höchstmaß G_o und das Mindestmaß G_u. Die Grenzmaße begrenzen nun die Maßgenauigkeit des Werkstücks. Sie sind die Grundlage für die Fertigung und Prüfung eines Werkstücks.

- Zwischen den Grenzmaßen G_o und G_u muss das Istmaß (das Maß, welches am fertigen Werkstück vorhanden ist) liegen.

  A_o **oberes Abmaß** bestimmt das zulässige Höchstmaß
  A_u **unteres Abmaß** bestimmt das zulässige Mindestmaß
  G_o **Höchstmaß** (früher Größtmaß *G*) ist das größte zulässige Grenzmaß
  G_u **Mindestmaß** (früher Kleinstmaß *K*) ist das kleinste zulässige Grenzmaß

  Nach ISO 286 gilt für:
  A_o → ES (für Bohrungen) und es (für Wellen) S = superior = oberhalb
  A_u → EI (für Bohrungen) und ei (für Wellen) I = inferior = unterhalb

- **Istmaß** *I* ist das tatsächlich gefertigte Maß. Es ist messtechnisch feststellbar und muss zwischen Höchst- und Mindestmaß liegen. Beim Messvorgang ist jedoch zu beachten, dass Messungen an verschiedenen Werkstückstellen auch unterschiedliche Istmaße ergeben können, z. B durch Form- und Lageabweichungen des Werkstücks, Messfehler u. a.
- **Maßtoleranz** *T* kennzeichnet die Größe des Toleranzfeldes. Sie errechnet sich aus dem oberen und unteren Grenzabmaß. Je kleiner die Maßtoleranz gewählt wird, umso kostenintensiver sind Fertigung, Montage und Demontage eines Bauteils.

  Die Maßtoleranz kann, je nach Funktion des Bauteils, in verschiedenen Lagen zur Nulllinie des Nennmaßes liegen (Bild 20.3) und sich aus Minus-, Null- und/oder Plusabmaßen ergeben.

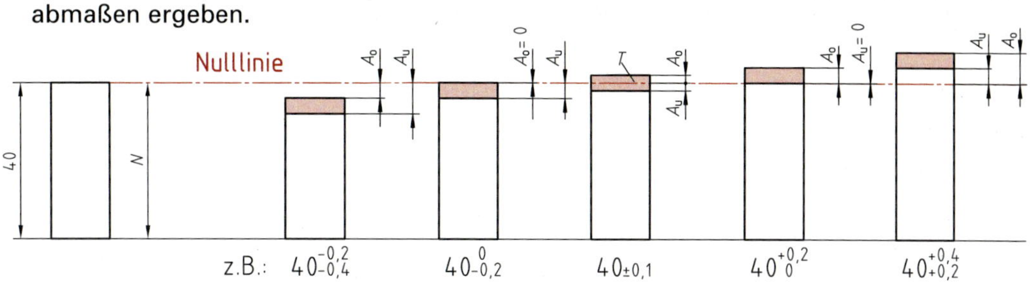

Bild 20.3 Mögliche Toleranzfeldlagen zur Nulllinie
N = Nennmaß, A_o = oberes Abmaß, A_u = unteres Abmaß, T = Toleranz

20.1.1 Schreibweise der Abmaße

1 Die Abmaße sollten die gleiche Schrifthöhe wie die Maßzahlen aufweisen. Es ist auch zulässig, eine kleinere Schrifthöhe zu wählen (0,7-fache Höhe der Maßzahlen, wobei jedoch 2,5 mm nicht unterschritten werden dürfen).

2 Die Abmaße sind hinter dem Nennmaß mit den entsprechenden Vorzeichen (+ oder −oder ±) einzutragen. Das Abmaß 0 (Null) ist durch die Ziffer 0 auszudrücken (Bild 20.3).

3 Bei gleichem oberen und unteren Abmaß steht das Abmaß nur einmal mit beiden Vorzeichen hinter dem Nennmaß, z. B. 30±0,1

4 Das obere Abmaß ist ohne Rücksicht auf das Vorzeichen oben, das untere Abmaß auf dieselbe Zeile wie die Maßzahl zu setzen. Beide Abmaße sind mit der gleichen Anzahl von Dezimalstellen auszudrücken (Bild 20.3). Es ist zulässig, Nennmaß und Abmaße in die Zeile der Maßzahl zu setzen, wobei oberes und unteres Abmaß durch einen Schrägstrich zu trennen sind (Bild 20.4). Ist das obere Abmaß gleich 0, so ist ihm bei einzeiliger Schreibweise ein + voranzusetzen.

Bei zusammengebaut gezeichneten Teilen ist das Maß mit der Toleranz für das Innenmaß über dem Maß mit der Toleranz für das Außenmaß anzuordnen. Die Zuordnung der Maße ist durch Wortangaben, z. B. „Bohrung" oder „Welle", oder durch Teilnummern anzugeben (Bild 20.5).

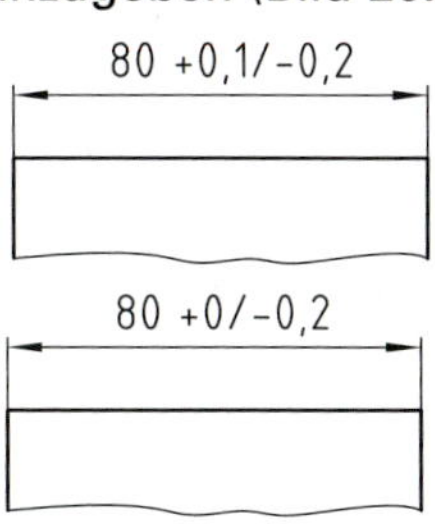

Bild 20.4

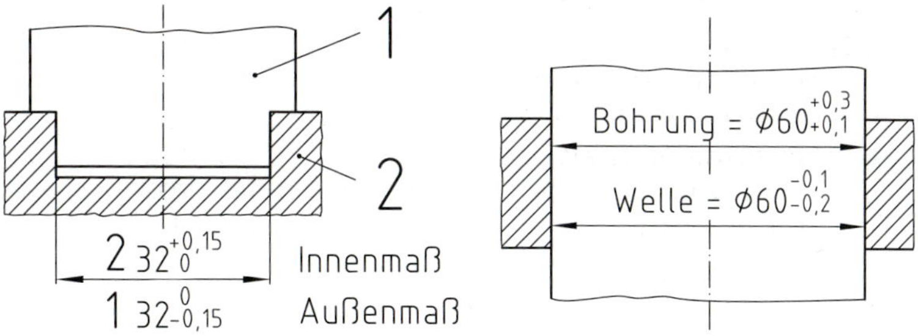

Bild 20.5 Bemaßung von zusammengebaut gezeichneten Teilen

5 Maßketten mit Abmaßen zu versehen ist ungünstig, weil bei Bemaßung von Abstand zu Abstand sich die Toleranzen summieren. Dies lässt sich vermeiden, wenn die Abstände einzeln von einer Bezugsebene aus angegeben werden. Bei Absatzmaßen sind die Vorzeichen abhängig von der zuerst fertigzustellenden Bezugsebene (Bild 20.6).

6 Die Toleranzen für den Mittelabstand mehrerer Löcher sowie für den Abstand der Lochmitte von einer Ebene werden im Allgemeinen mit Plus-Minus-Abmaßen eingetragen. Die Abstände sind einzeln von einer Bezugsebene oder von der ersten Lochmitte aus anzugeben (Bild 20.8).

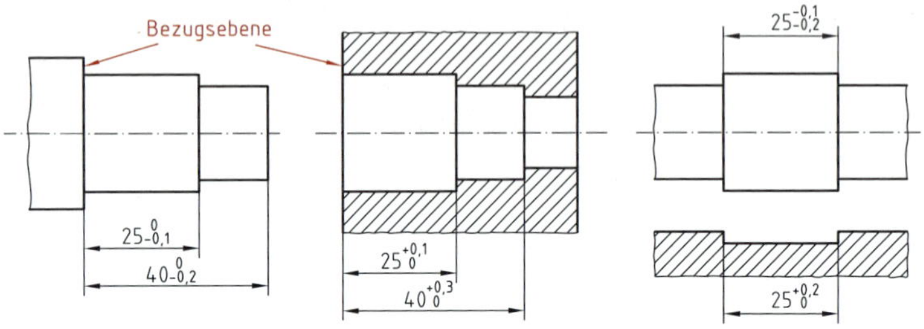

Bild 20.6 Toleranzen bei Absatzmaßen

7 Gilt eine Toleranzangabe nur für einen Teil der bemaßten Länge, so hat die Angabe nach Bild 20.7 zu erfolgen, wobei die Teillänge mit schmaler Volllinie zu begrenzen ist.

8 Bei Toleranzangabe eines Winkelmaßes sind die Zeichen für die Einheiten sowohl beim Winkel-Nennmaß als auch bei der Toleranzangabe einzutragen (Bild 20.9).

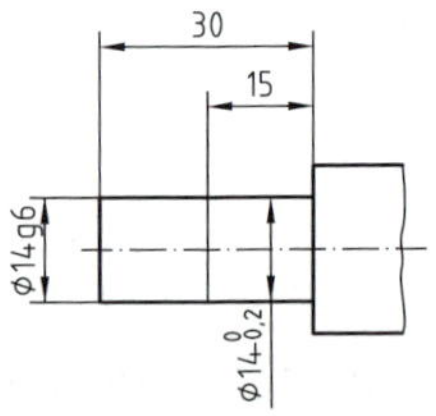

Bild 20.7 Toleranzangaben in besonderen Fällen

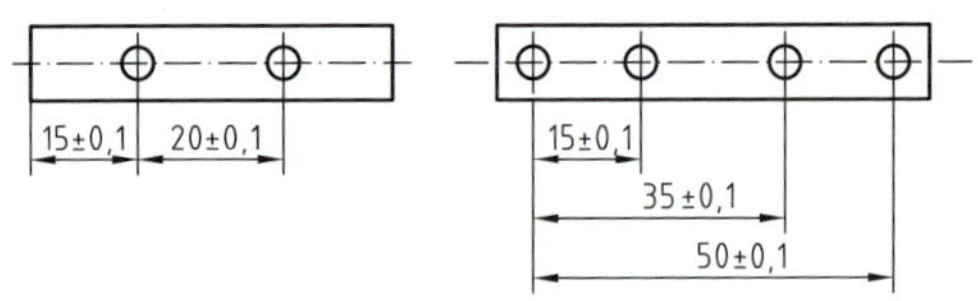

Bild 20.8 Toleranzen bei Lochmittenabständen

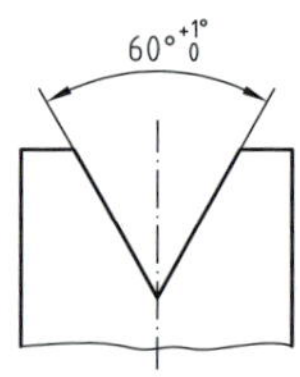

Bild 20.9 Toleranz für Winkelmaße

20.2 Allgemeintoleranzen

Allgemeintoleranzen sind zulässige Abweichungen für Nennmaße, die in Werkzeichnungen **keine Toleranzangaben durch Abmaße oder ISO-Kurzzeichen** haben. Nach ÖNORM EN 22768, T1 und T2, sind vier Genauigkeitsgrade festgelegt (siehe Tabelle 20.1).
Der jeweils geforderte Genauigkeitsgrad ist in der Zeichnung anzugeben, z. B.: **Allgemeintoleranz fein ÖNORM EN 22768** (Bild 20.10).

Bild 20.10 Eintragung der Allgemeintoleranz in das Schriftfeld

Kurzzeichen Benennung	Grenzabmaße für Nennmaßbereich						
	ab 0,5 bis 3	über 3 bis 6	über 6 bis 30	über 30 bis 120	über 120 bis 400	über 400 bis 1000	über 1000 bis 2000
f fein	±0,05	±0,05	±0,1	±0,15	±0,2	±0,3	±0,5
m mittel	±0,1	±0,1	±0,2	±0,3	±0,5	±0,8	±1,2
c grob	±0,2	±0,3	±0,5	±0,8	±1,2	±2,0	±3,0
v sehr grob	–	±0,5	±1,0	±1,5	±2,5	±4,0	±6,0

Tabelle 20.1
Die Abmaße gelten für Außen-, Innen- und Absatzmaße, Durchmesser, Radien, Abstandsmaße, Fasenhöhen und Winkelmaße

20.3 Passungen

Unter Passung versteht man die Beziehung zwischen zusammengefügten (gepaarten) Werkstücken. Je nach Größe der Höchst- und Mindestmaße von Innenteil (z. B. Bohrung) und Außenteil (z. B. Welle) stellt sich beim Zusammenbau der Teile ein **Spiel** P_s oder ein **Übermaß** $P_ü$ ein (Bild 20.11).

Durch **Kombination der Grenzmaße** kann eine **Mindestpassung** oder eine **Höchstpassung** entstehen (Bild 20.12).

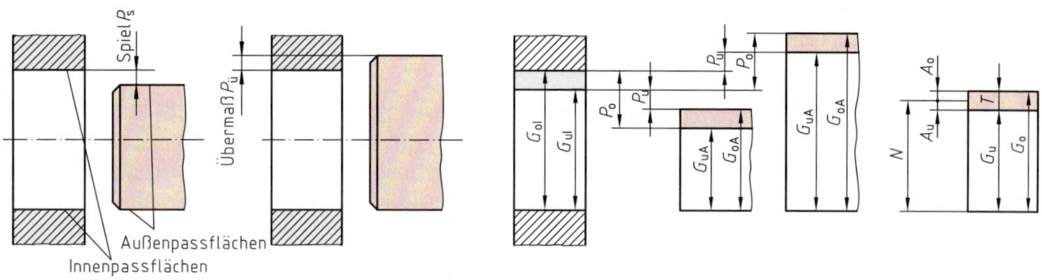

Bild 20.11 Spiel P_s und Übermaß $P_ü$

$G_o = N + A_o$
$G_u = N + A_u$
$T = G_o - G_u$
$T = A_o - A_u$
$P_T = P_o - P_u$

N	Nennmaß	P_u	Mindestpassung
G_o	Höchstmaß	G_{oI}	Höchstmaß der Innenfläche
G_u	Mindestmaß	G_{uI}	Mindestmaß der Innenfläche
A_o	oberes Grenzabmaß	G_{oA}	Höchstmaß der Außenfläche
A_u	unteres Grenzabmaß	G_{uA}	Mindestmaß der Außenfläche
T	Maßtoleranz	P_T	Passtoleranz
P_o	Höchstpassung		

- **Mindestpassung** P_u (Mindestspiel, Mindestübermaß). Hier wird die kleinstmögliche Bohrung (Welle) mit der größtmöglichen Welle (Bohrung) verglichen (Bild 20.11).
- **Höchstpassung** P_o (Höchstspiel, Höchstübermaß). Hier wird die größtmögliche Bohrung (Welle) mit der kleinstmöglichen Welle (Bohrung) verglichen.

Mindestspiel P_u = Mindestmaß$_B$ − Höchstmaß$_W$ (*B*...Bohrung)
Höchstspiel P_o = Höchstmaß$_B$ − Mindestmaß$_W$ (*W*...Welle)
Mindestübermaß P_u = Mindestmaß$_W$ − Höchstmaß$_B$
Höchstübermaß P_o = Höchstmaß$_W$ − Mindestmaß$_B$

Da die Höchst- und Mindestpassung aufgrund der Passmaße von Welle und Bohrung **positiv, negativ** oder **null** sein können, lassen sich folgende **Passungsmöglichkeiten** festlegen:

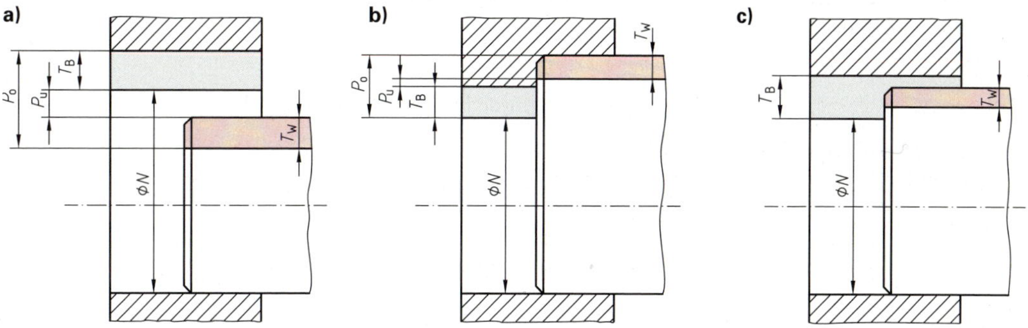

Bild 20.12 Passungsmöglichkeiten a) *Spielpassung,* ***b)*** *Übermaßpassung,* ***c)*** *Übergangspassung*

- **Spielpassung** (Bild 20.12a). Die Bohrung ist grundsätzlich größer als die Welle, d. h. zwischen Welle und Bohrung ist ein Spiel P_s vorhanden. In diesem Fall muss die Höchstpassung P_o einen positiven Wert ergeben und die Mindestpassung P_u mindestens null oder positiv sein. Die zusammengefügten Werkstücke sind miteinander beweglich verbunden.

- **Übermaßpassung** (Bild 20.12b). Die Bohrung ist grundsätzlich kleiner als die Welle, d. h. zwischen Welle und Bohrung ist ein Übermaß $P_ü$ vorhanden. In diesem Fall muss die Mindestpassung P_u einen negativen Wert ergeben und die Höchstpassung P_o höchstens null oder negativ sein. Die zusammengefügten Werkstücke sind miteinander unbeweglich verbunden.

- **Übergangspassung** (Bild 20.12c). Die größte Bohrung ist größer als die größte Welle, und die kleinste Bohrung ist kleiner als die kleinste Welle, d. h. zwischen Welle und Bohrung kann je nach Istwert ein Spiel P_s oder Übermaß $P_ü$ auftreten. In diesem Fall muss die Höchstpassung P_o einen positiven und die Mindestpassung P_u einen negativen Wert ergeben.

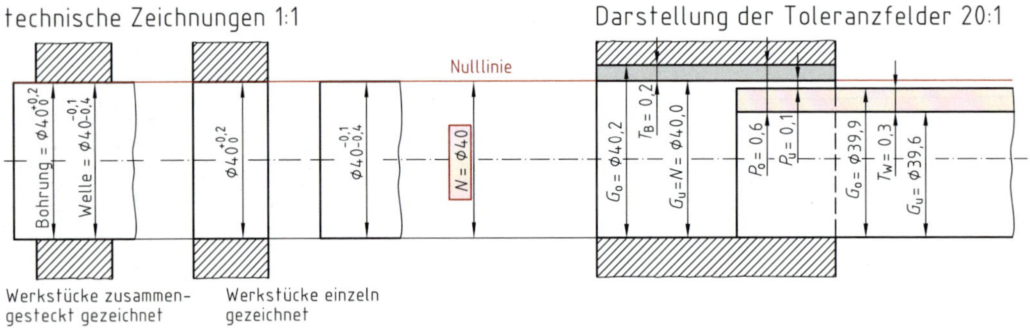

Bohrung und Welle einer Spielpassung

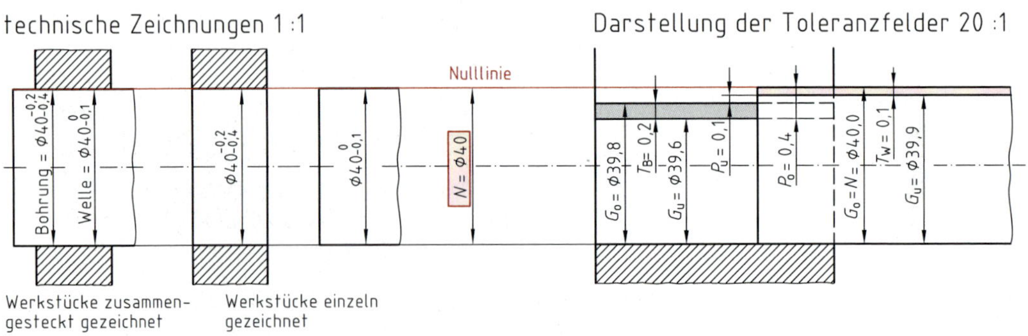

Bohrung und Welle einer Übermaßpassung

Bild 20.13 Spiel- und Übermaßpassung

20.4 Toleranz- und Passungsangaben durch ISO-Kurzzeichen

1 Die Toleranz- und Passungsangaben durch ISO-Kurzzeichen bestehen aus dem Nennmaß, einem Buchstaben und einer Zahl (Bild 20.14).

Die ISO-Kurzzeichen sind hinter das Nennmaß in gleicher Schrifthöhe und in gleicher Zeile wie diese zu schreiben (Bild 20.14).

2 Für die Tolerierung von Bohrungen und für Innenmaße werden Großbuchstaben, für Wellen und Außenmaße werden Kleinbuchstaben verwendet (Bild 20.14).

3 Querschnittszeichen für Durchmesser und Quadrat werden stets vor die Maßzahl und das ISO-Kurzzeichen gesetzt (Bild 20.14).

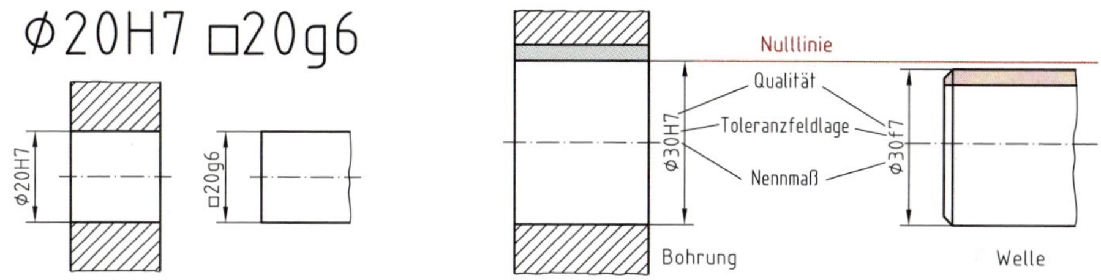

Bild 20.14 Passungsangaben durch ISO-Kurzzeichen

4 Bei zusammengefügten Werkstücken werden die ISO-Kurzzeichen für die Innen- und Außenmaße nebeneinander geschrieben und durch einen Schrägstrich voneinander getrennt (Bild 20.15). Bei Platzmangel können die Kurzzeichen auch übereinander geschrieben werden.

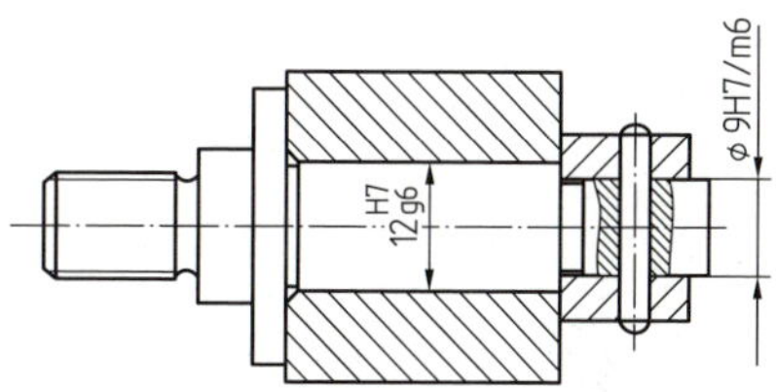

Bild 20.15

- **Buchstaben geben die Lage des Toleranzfeldes zur Nulllinie an** (Tabelle 20.2).

Großbuchstaben für Innenmaße (Bohrungen)			
Spielpassungen		Übergangs-passungen	Übermaßpassungen
A B C CD E EF F FG G Plus-Abmaße	H	J JS K M N	P R S T U V X Y Z ZA ZB ZC Minus-Abmaße
Kleinbuchstaben für Außenmaße (Wellen)			
a b c cd e ef f fg g Minus-Abmaße	h	j js k m n	p r s t u v x y z za zb zc Plus-Abmaße

Tabelle 20.2

- **Zahlen geben die Qualität der Passung an** und bestimmen die Größe des Toleranzfeldes. Je größer die Zahl ist, umso größer wird der Toleranzbereich zwischen Höchst- und Mindestmaß (Bild 20.16).

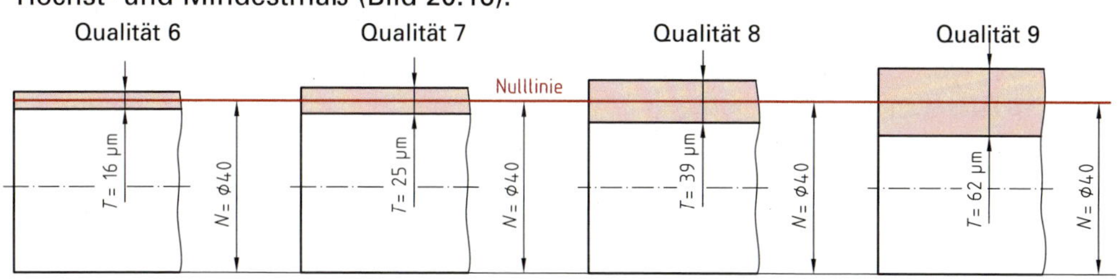

Bild 20.16 Qualitätszahlen bestimmen die Größe des Toleranzfeldes

- Das ISO-System umfasst die Nennmaße 1 bis 500 mm. Sie sind in **13 Nennmaßbereiche** eingeteilt. Das Toleranzsystem sieht für jeden Nennmaßbereich **20 Qualitäten** oder Toleranzreihen vor. Sie werden mit den Ziffern 01; 0; 1; 2 ... 18 bezeichnet. Von diesen werden aber nur die Qualitäten 5 bis 13 für die üblichen Passungen verwendet. Die kleinen Qualitätszahlen benutzt man bei Lehren, die großen bei groben Toleranzen (Walzwerkerzeugnissen).

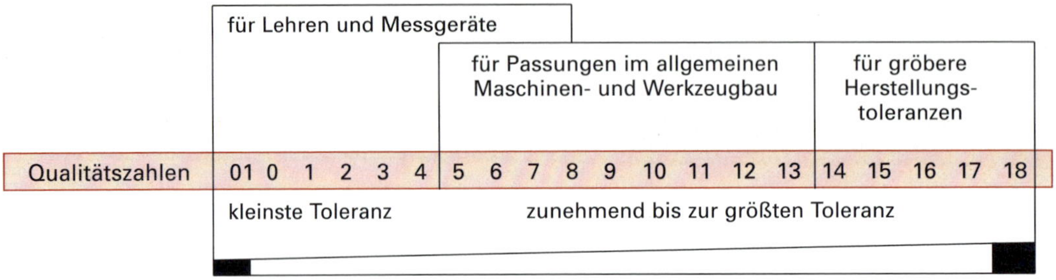

Bild 20.17 Qualitätszahlen

20.4.1 Passungssysteme

Ein Passsystem ist eine planmäßige Reihe von Passungen mit verschiedenen Spiel-, Übergangs- und Übermaßsitzen. Die gewünschten Passungen können mit den Passsystemen **Einheitsbohrung** oder **Einheitswelle** erzielt werden.

20.4.1.1 System Einheitsbohrung

- **Die Bohrungen erhalten einheitlich die Passung H** (z. B. H6, H7, H8, H11).
  Die Wellen (Außenmaße) werden je nach der geforderten Passung (Spiel-, Übergangs- oder Übermaßpassung) kleiner oder größer ausgeführt und erhalten die Passungen a bis zc (Bild 20.18). Das Mindestmaß G_u der Bohrungen entspricht dem Nennmaß mit $A_u = 0$.

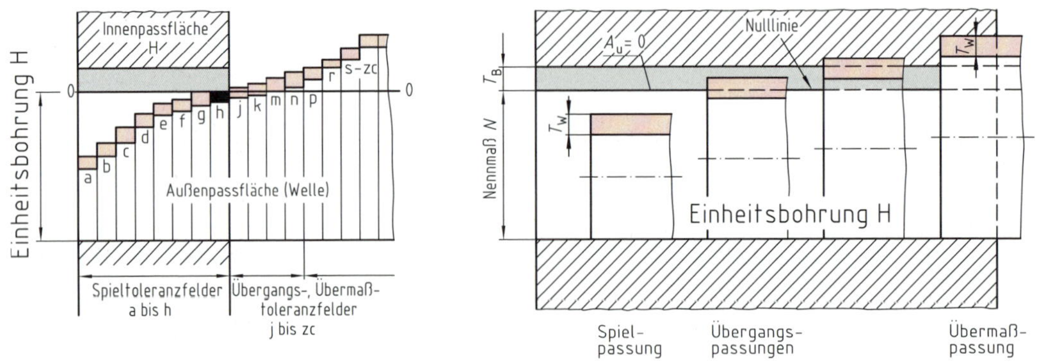

Bild 20.18 Passsystem Einheitsbohrung

- **Das Passsystem der Einheitsbohrung** verwendet man bevorzugt im allgemeinen Maschinenbau, im Fahrzeugbau und in Fertigungsbereichen, in denen abgesetzte Wellen mit Lagern, Rädern, Kupplungen usw. zu fügen sind. Wellen lassen sich leichter und mit weniger Werkzeugen auf das erforderliche Passungsmaß bringen und überprüfen als Bohrungen.

20.4.1.2 System Einheitswelle

- **Die Wellen erhalten einheitlich die Passung h** (z. B. h5, h6, h9, h11). Die Bohrungen (Innenmaße) werden je nach der geforderten Passung (Spiel-, Übergangs- oder Übermaßpassung) größer oder kleiner ausgeführt und erhalten die Passungen A bis ZC (Bild 20.19). Das Höchstmaß G_o der Wellen entspricht dem Nennmaß mit $A_o = 0$.

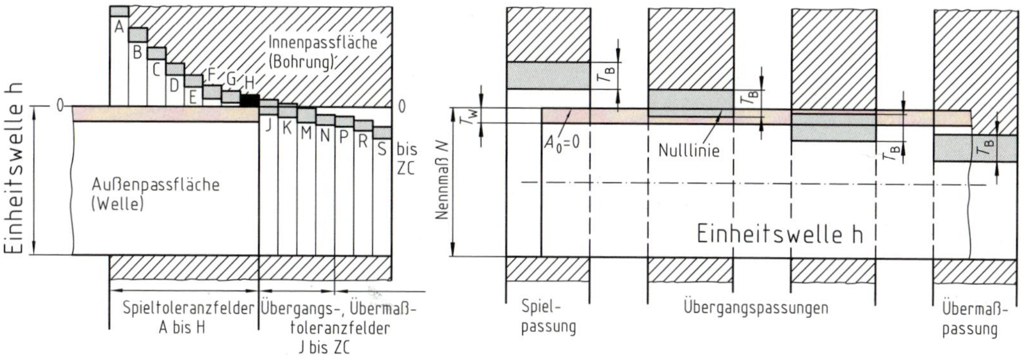

Bild 20.19 Passsystem Einheitswelle

- **Das Passsystem der Einheitswelle** wird in Fertigungsbereichen benutzt, in denen lange, gleich dicke Wellen vorkommen, z. B. im Landmaschinenbau, Textilmaschinenbau und Fördermittelbau. Die genormten Wellen können mit dem erforderlichen Passungsmaß als kaltgezogene, geschälte oder geschliffene Wellen vom Hersteller bezogen werden.

20.4.2 Passungsauswahl

Die Art der Passung (Spiel-, Übergangs- oder Übermaßpassung) sowie die Größe der Passungstoleranz wird durch den Verwendungszweck der Passteile bestimmt.

Beispiele:

Bei diesen Passungen ergeben die Abmaßkombinationen:

immer Spiel | Spiel oder Übermaß | immer Übermaß

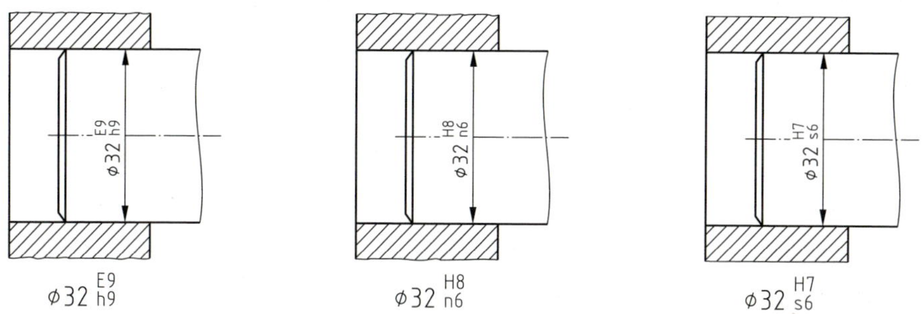

Spielpassung | **Übergangspassung** | **Übermaßpassung**

Bild 20.20 Passungskombinationen (Beispiele)

20.4.3 Die Passungsliste

Für Maße mit Passungsangaben sind die zugehörigen Höchst- und Mindestmaße (Grenzmaße) durch die Abmaße festgelegt. Es ist zweckmäßig, diese beiden Grenzmaße für **alle** in der Zeichnung vorkommenden Passmaße in eine Passungsliste einzutragen (Bild 20.21) oder direkt zum Nennmaß zu schreiben (Bild 20.22). Die Werte der Abmaße sind aus den Passungstabellen zu entnehmen.

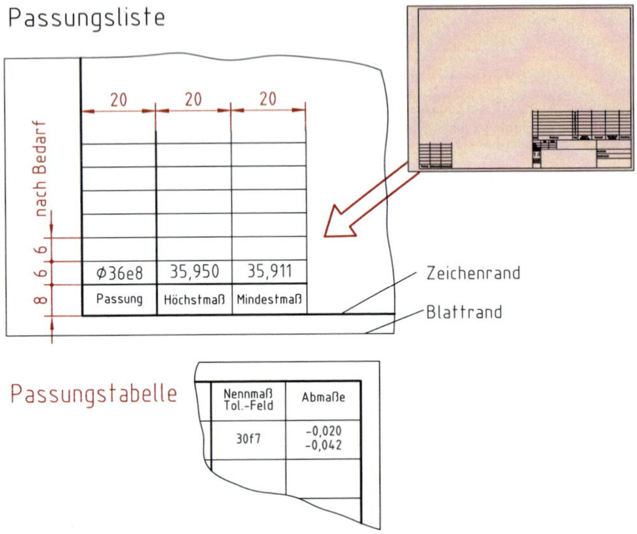

Bild 20.21 Passungsliste (Passungstabelle) in der Nähe des Schriftfeldes

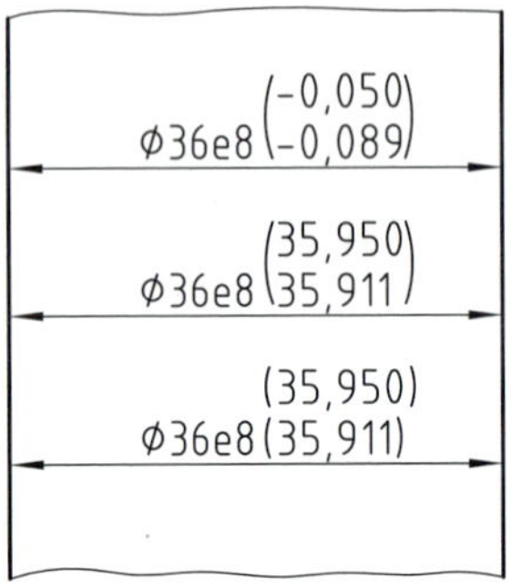

Bild 20.22 Eintragen von Höchst- und Mindestmaß direkt beim Nennmaß am Maßpfeil

Beispiel:

Das Wellenmaß ∅36 e8 hat ein oberes Abmaß von −0,050 mm und ein unteres Abmaß von −0,089 mm. Demnach ergibt sich als Höchstmaß 35,950 mm und als Mindestmaß 35,911 mm. Zwischen diesen beiden Grenzmaßen liegen die zulässigen Istmaße, die sich durch Messen mit entsprechenden Feinmessgeräten (z. B. Messschraube, Minimeter, Messuhren) feststellen lassen oder mit Grenzlehren überprüft werden.

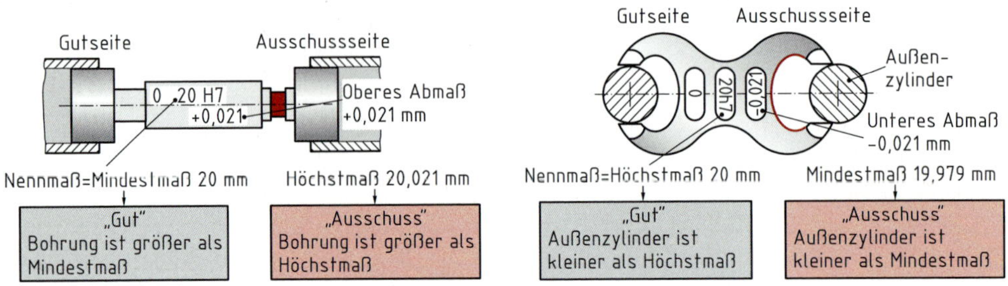

Püfen einer Bohrung mit dem Grenzlehrdorn

Prüfen einer Welle mit der Grenzrachenlehre

Bild 20.23 Grenzlehrdorn und Grenzrachenlehre

Passung		Art der Passung	Anwendung		
			charakteristische Merkmale	Beispiele	
Reihe 1	Reihe 2			allgemeine Gesichtspunkte	praktische Beispiele
H7/s6		Übermaßpassung	mit Presse oder Temperaturdifferenz fügbar	Übertragung kleiner Drehmomente ohne zusätzliche Verdrehsicherung	Klemmsitz für zweiteilig gesprengte Maschinenteile, Zapfen und Buchsen eingepresst
H7/r6			mit Presse fügbar		zweiteilige Naben mit aufsitzender Trennfuge, gesprengt oder bearbeitet, Lagerbuchsen eingepresst
	H6/p5		mit Presse fügbar		
	H6/n5				dünnwandige Buchsen in dünnwandigen Gehäusen
H7/n6		Übergangspassung	mit Presse fügbar	festsitzende Teile, die selten oder nicht gelöst werden. Drehmoment-Übertragung mit zusätzlicher Sicherung durch Keile oder Passfedern	elastische Kupplungen
	H7/m6				Zylinderstifte
	H6/k6		in Abhängigkeit von der Werkstückgröße mit Hammer oder Presse fügbar		
H7/k6					Passschrauben allgemein
	H6/j5			genaue Zentrierungen	
H7/j6					zweiteilige Naben mit breiter Trennfuge (roh oder bearbeitet)
	H6/h5	Spielpassung	von Hand eben noch verschiebbar, bei guter Schmierung	genaue Zentrierungen für bedingt verschiebbare Teile	
	H6/h6				einteilige Naben geschlitzt (aufgesägt)
H7/h6					
	H8/h8			Niet- oder Steckverbindungen mit mittlerer Zentrierfunktion; schwere Keil- oder Passfederverbindungen, genaue Führungen	
	H8/h9				Führungslager für stehende Steuerwellen
	H9/h9				
	H9/h11			Niet- oder Steckverbindungen geringer Zentrierfunktion; leichte Keil- oder Passfederverbindungen, Führungen	
	H11/h9				Nietstifte
H11/h11					Passschrauben im Stahlbau
	H6/g5		ohne merkliches Spiel verschiebbar	genaue Gleitlagerungen mit geringem Spiel, Präzisionsgeradführungen	
H7/g6					
H7/f7			merkliches Spiel	Gleitlager hoher Beanspruchung, verschiebbare Getriebeteile	Getriebelager
	H8/f7				
	H8/f8			Gleitlagerungen mittlerer Beanspruchung, Mehrfach-Steckverbindungen geringer Zentrierfunktion	
	H9/f8				
	H8/e8		reichliches Spiel	Gleitlagerungen niedriger Beanspruchung mit reichlichem Spiel	
	H8/d8		sehr reichliches Spiel	Lagerungen bei langen Wellen und Vorgelegen	
	H8/d9				
	H9/d10			untergeordnete Gleitlagerungen Niet- oder Steckverbindungen ohne Zentrierfunktion	
	H11/d9				
H11/c11			großes Bewegungsspiel	grobe Gelenkverbindungen	
H11/a11			sehr großes Bewegungsspiel		

Tabelle 20.4: Passungsauswahl für Einheitsbohrungen

Passung		Art der Passung	Anwendung		
Reihe 1	Reihe 2		charakteristische Merkmale	Beispiele	
				allgemeine Gesichtspunkte	praktische Beispiele
h6/S7		Übermaß-passung	mit Presse oder Temperaturdifferenz fügbar	Übertragung kleiner Drehmomente ohne zusätzliche Verdrehsicherung	Klemmsitz für zweiteilig gesprengte Maschinenteile, Zapfen und Buchsen eingepresst
	h5/P6		mit Presse fügbar		
	h5/N6				
	h6/N7	Über-gangs-passung	mit Presse fügbar	festsitzende Teile, die selten oder nicht gelöst werden. Drehmoment-Übertragung mit zusätzlicher Sicherung durch Keile oder Passfedern	
	h5/M6				
	h6/M7		in Abhängigkeit von der Werkstückgröße mit Hammer oder Presse fügbar		
	h6/K7				
	h5/J6			genaue Zentrierungen	
	h6/J7				
	h5/H6	Spiel-passung	von Hand eben noch verschiebbar, bei guter Schmierung	genaue Zentrierungen für bedingt verschiebbare Teile	
	h6/H6				
h6/H7					einteilige Naben geschlitzt (aufgesägt)
	h8/H8			Niet- oder Steckverbindungen mit mittlerer Zentrierfunktion; verschiebbare Teile	
h9/H8					
	h9/H10			Niet- oder Steckverbindungen geringer Zentrierfunktion	
	h11/H11				Passschrauben im Stahlbau
	h5/G6		ohne merkliches Spiel verschiebbar	genaue Gleitlagerungen mit geringem Spiel	
h6/G7					
	h8/G7				
	h6/F7		merkliches Spiel	Gleitlagerungen mittlerer Beanspruchung, Mehrfach-Steckverbindungen geringer Zentrierfunktion	
	h6/F8				
	h8/F8				
h9/F8					
	h9/F9				
h9/E9			reichliches Spiel	Gleitlagerungen in weiten Temperaturbereichen, Kunststofflagerungen	
h9/D10			sehr reichliches Spiel	untergeordnete Gleitlagerungen, Teile die sich leicht zusammenfügen lassen sollen und reichlich Spiel haben	Transmissionslager
	h9/D11				
h11/D10					
	h11/D11				
h9/C11			großes Bewegungsspiel	untergeordnete Gleitlagerungen mit großem Kleinstspiel	
	h11/C11				
h11/A11			sehr großes Bewegungsspiel	grobe Gelenkverbindungen	

Tabelle 20.4: Passungsauswahl für Einheitswellen

Merkregeln für das Eintragen von ISO-Passungszeichen

Beispiele

⌀20H7 □20g6

1 Eintragung der Passungskurzzeichen

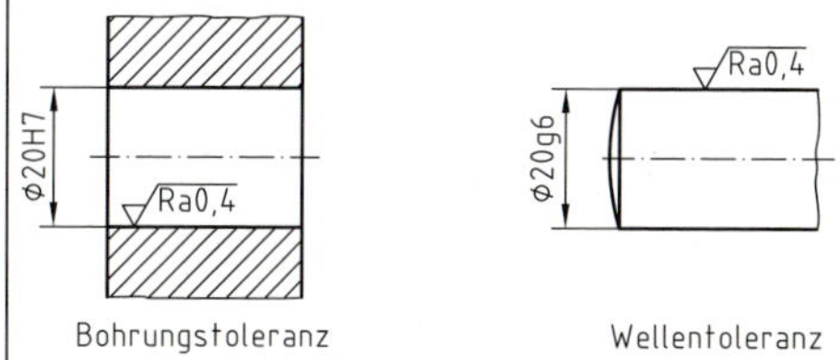

2 Rundpassungen

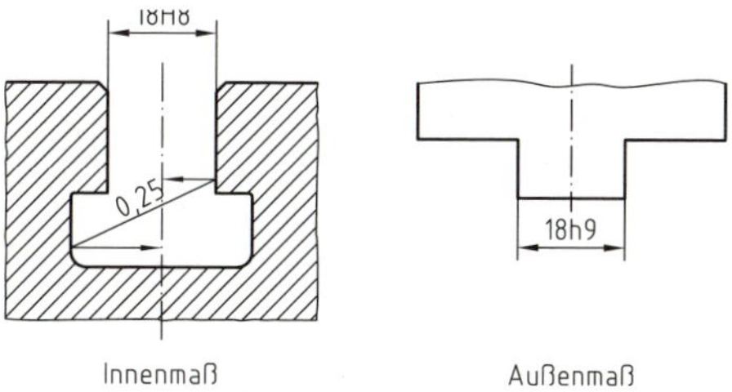

3 Flachpassungen

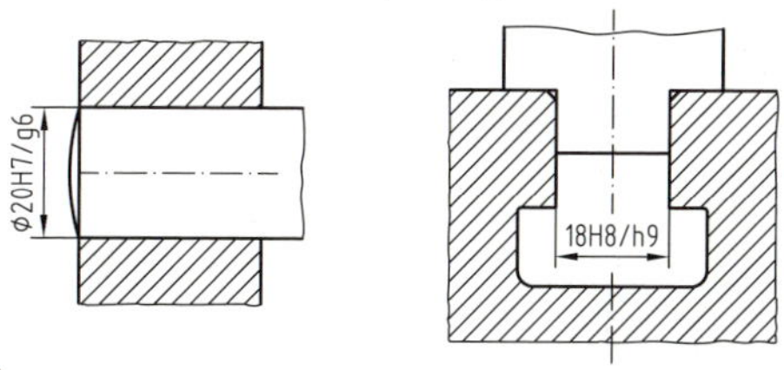

4 Passungsangaben für ineinandergesteckte Werkstücke

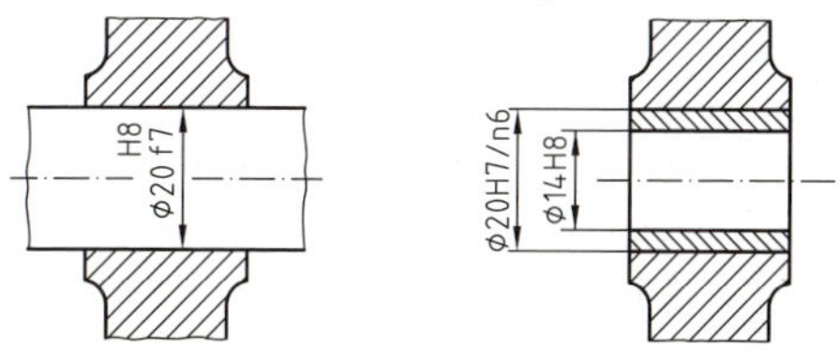

5 Passungsangaben nach System Einheitsbohrung

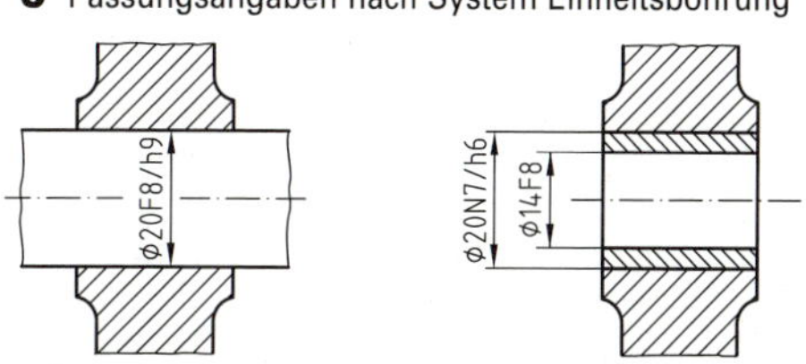

6 Passungsangaben nach System Einheitswelle

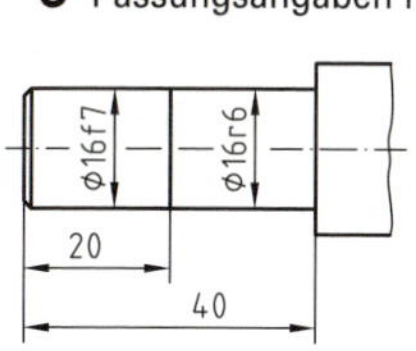

7 Längenbemaßung des Passungsbereiches

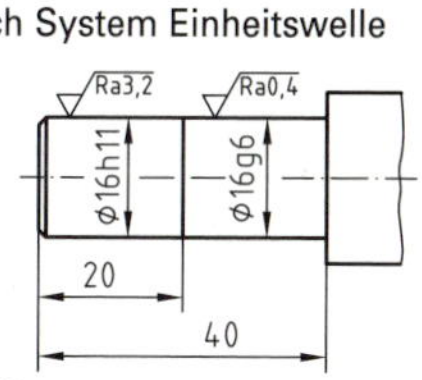

8 Oberflächenangaben bei Passungen

Erläuterungen und Hinweise

1. Im ISO-Passungssystem wird die Lage der Toleranzfelder (Passungen) mit Groß- und Kleinbuchstaben des Alphabets bezeichnet, und zwar: Spielpassungen A bis H (Bohrungen), a bis h (Wellen);
Übergangs- und Übermaßpassungen J bis ZC (Bohrungen), j bis zc (Wellen).
2. Die Größe der Toleranzen ist durch Quailtätszahlen, am gebräuchlichsten 5 bis 11, festgelegt.
3. Die ISO-Passungszeichen (bestehend aus einem Buchstaben und einer Zahl) sind hinter das Nennmaß in gleicher Schrifthöhe und in gleicher Zeile wie diese zu schreiben (1).
4. Für die Tolerierung von Bohrungen und für Innenmaße werden Großbuchstaben, für Wellen und Außenmaße werden Kleinbuchstaben verwendet (1 und 2).
5. Querschnittszeichen für Durchmesser und Quadrat werden stets vor die Maßzahl gesetzt und die ISO-Passungszeichen dahinter (1 und 2).
6. ISO-Passungszeichen sind nur bei Innen- und Außenmaßen (z. B. für Rund- und Flachpassungen) anzuwenden (2, 3 und 4).
7. Bei zusammengebaut gezeichneten Teilen, z. B. Welle in Lager oder Führungsleiste in Nut (4), werden die ISO-Passungszeichen für die Innen- und Außenmaße nebeneinander geschrieben und durch einen Schrägstrich voneinander getrennt. Bei Platzmangel können die Kurzzeichen auch übereinander geschrieben werden (5). Die Zuordnung der Passungszeichen ist durch Groß- und Kleinbuchstaben eindeutig (4).
8. Im System Einheitsbohrung erhalten alle **Bohrungen einheitlich die Passung H.** Die Wellen (Außenmaße) werden je nach der geforderten Passung kleiner oder größer ausgeführt und erhalten die Passungen a bis zc (5).
9. Im System Einheitswelle erhalten alle **Wellen einheitlich die Passung h.** Die Bohrungen (Innenmaße) werden je nach der geforderten Passung kleiner oder größer ausgeführt und erhalten die Passungen A bis ZC (6).
10. Soll nur ein Teilstück eines Werkstücks eine bestimmte Toleranz aufweisen, so ist die Länge des Teilstücks, über die sich die Toleranz erstrecken soll, zu bemaßen (7).
11. Die Toleranzangaben beziehen sich nur auf die Maßgenauigkeit des Werkstücks, nicht aber auf die Beschaffenheit der Oberflächen; für diese müssen zusätzlich Oberflächenzeichen gesetzt werden (8).

21 Form- und Lagetoleranzen

Mit der Maßtoleranz *T* als Unterschied zwischen dem Höchstmaß und dem Mindestmaß werden der Fertigung Maßabweichungen zugestanden. Außer den Maßabweichungen treten jedoch an einem Werkstück noch **Form- und Lageabweichungen** auf. Formabweichungen entstehen z. B. durch Ungenauigkeiten der Maschinen und durch die Wirkung der Schnittkraft am Werkzeug und Werkstück.

- Die **Formtoleranz** begrenzt die zulässige Abweichung eines Elements von seiner geometrischen Idealform **(Maß-, Rauheits- und Formabweichung)**.
- Die **Lagetoleranz** begrenzt die zulässige Abweichung zweier oder mehrerer Elemente von einer idealen Lage zueinander **(Lageabweichung)**.

Anmerkung:
Unter **„Abweichungen eines Elements"** versteht man z. B.: Abweichungen einer Achsrichtung von der Idealrichtung (z. B. von Wellen, Bohrungen); Abweichungen von Rundheit, Rundlauf- und Planlaufgenauigkeit von einer geometrischen Idealform (z. B. Mantelfläche oder Seitenfläche eines Drehteils); Abweichungen der Geradheit, Ebenheit oder Parallelität von Werkstückflächen und -kanten.

Zeichnungseintragung von Form- und Lagetoleranzen, ÖNORM EN ISO 1101

1 Als Ausgangsbasis für die Angabe von Form- und Lagetoleranzen dienen **Bezugselemente** des zu prüfenden Werkstücks, wie Linien, Flächen, Achsen (Bild 21.1). Zunächst ist in der Werkzeichnung das Bezugselement mit Symbol und Bezugsbuchstaben nach Bild 21.1 zu kennzeichnen.

Als Bezugsbuchstaben sind nur lateinische Großbuchstaben zulässig, wobei für jedes Bezugselement ein eigener Buchstabe vorzusehen ist. Bei mehreren Bezügen gelten die Richtlinien nach Bild 21.2.

a) Linie, Fläche **b) Achse** **c) gemeinsame Achsen**

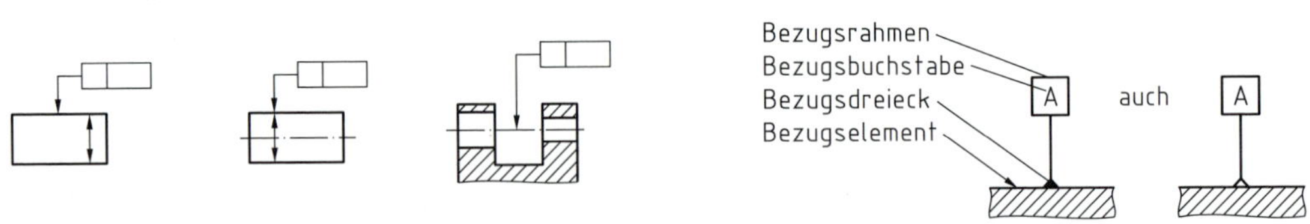

Bild 21.1 Kennzeichnung der Bezugselemente

a) *Der Bezugspfeil wird auf die Konturlinie des Elements oder eine Maßhilfslinie gesetzt, wenn sich die Toleranz auf die Linie oder Fläche selbst bezieht; dabei muss der Bezugspfeil seitlich versetzt von der Maßlinie angebracht werden.*

b) *Bezugspfeil und Bezugslinie werden als Verlängerung einer Maßlinie gezeichnet, wenn sich die Toleranz auf die Achse oder Mittelebene des tolerierten Elements bezieht.*

c) *Bezieht sich die Toleranzangabe auf alle durch die Mittellinie dargestellten Achsen oder Mittelebenen gemeinsam, dann steht der Bezugspfeil auf dieser Mittellinie.*

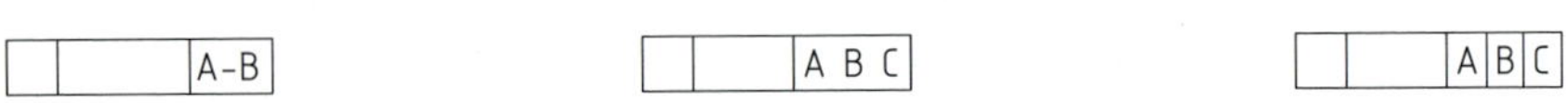

Bei mehreren Bezügen
Ein durch zwei Bezüge gebildeter gemeinsamer Bezug.

Die Reihenfolge mehrerer Bezüge hat keine Bedeutung.

Die Reihenfolge der Bezüge gibt von links nach rechts die Rangordnung an.

Bild 21.2 Bezugsbuchstaben bei mehreren Bezügen

2 Das **tolerierte Element** (die zu prüfende Linie, Fläche, Achse) ist mit Toleranzrahmen, Bezugslinie und -pfeil nach Bild 21.3 zu kennzeichnen.

- Der **Toleranzwert *t*** entspricht einer Toleranzzone, innerhalb der alle Punkte eines Elements liegen müssen. Die Weite der Toleranzzone liegt in Richtung des Bezugspfeils. Der Bezugspfeil muss rechtwinkelig auf das tolerierte Element hinweisen (Bild 21.3), weil am Werkstück in Richtung dieses Pfeils zu messen ist. Bezugspfeile von gleichen Toleranzzonen an getrennten Elementen sind nach Bild 21.4 zu setzen.

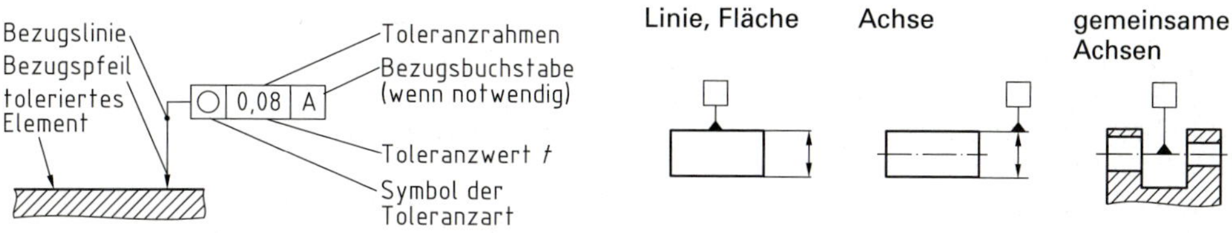

Bild 21.3 Kennzeichnung der tolerierten Elemente

Tolerierungsgrundsatz:

- Alle Maß-, Form- und Lagetoleranzen gelten unabhängig voneinander. Maßtoleranzen begrenzen nur die Istmaße an einem Formelement, nicht seine Formabweichungen.
- Formabweichungen an einem Formelement müssen innerhalb der Maßtoleranzen liegen (Hüllbedingung).
- Vergleiche mit nebenstehendem Bild: Die Ist-Achse des Formelements muss innerhalb der Toleranzzone von $t = 0{,}08$ mm liegen.

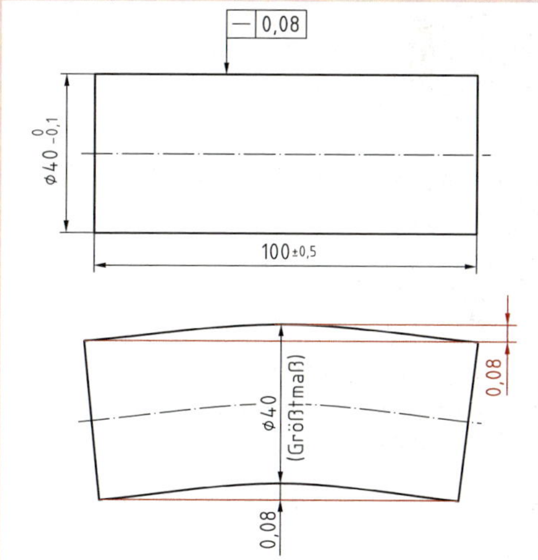

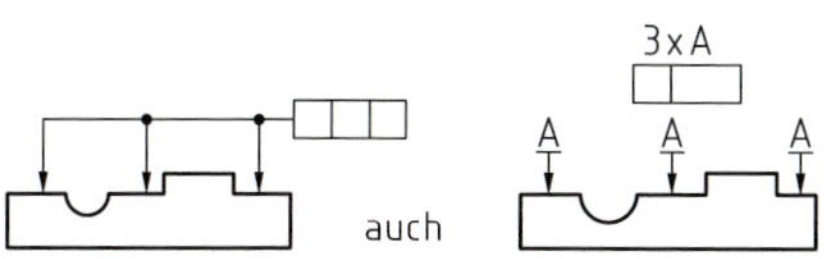

Bild 21.4 Bezugspfeile an getrennten Elementen

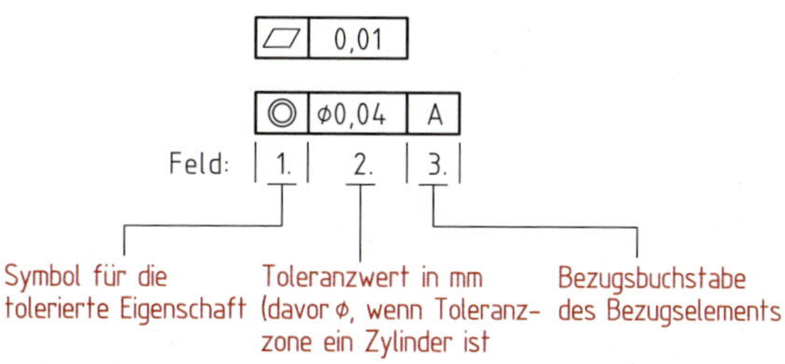

Bild 21.5 Toleranzrahmen und Toleranzwert

- Die **erforderlichen Toleranzangaben** werden in einem zwei- bis dreifach unterteilten **Toleranzrahmen eingetragen**, wobei die Felder von links nach rechts folgende Angaben enthalten (Bild 21.5):
  1. Feld: Symbol für die tolerierte Eigenschaft
  2. Feld: Toleranzwert in mm (davor das Durchmesserzeichen, wenn die Toleranzzone ein Zylinder ist)
  3. Feld: Bezugsbuchstabe(n) des Bezugselements

Beispiele:

1. Das **tolerierte Element** (linke Fläche) muss zwischen zwei zum Bezugselelement (rechte Bezugsfläche) parallelen Ebenen vom Abstand $t = 0{,}08$ mm liegen.

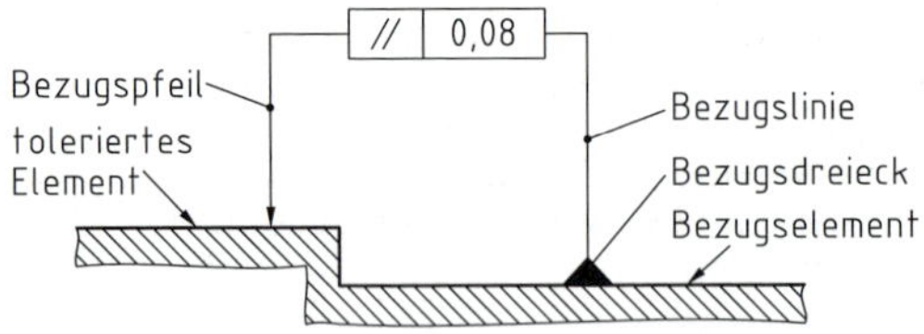

Bild 21.6 Zeichnungseintrag mit zweiteiligem Toleranzrahmen

2. Bei der **Zylindrizität** (Zylinderformtoleranz) des Zapfens ∅30 h9 muss die Ist-Fläche zwischen zwei koaxialen Zylindern vom radialen Abstand $t = 0{,}02$ mm liegen.
Beim Vergleich der Maßtoleranz für das Passmaß ∅30 h9 erkennt man, dass die Zylinderformtoleranz innerhalb der halben Maßtoleranz liegen muss: $t \leqq T/2$.
Für h9 ist $T = 0{,}052$ mm.
Mit $t = 0{,}02 < 0{,}026 = T/2$ ist diese Forderung erfüllt.

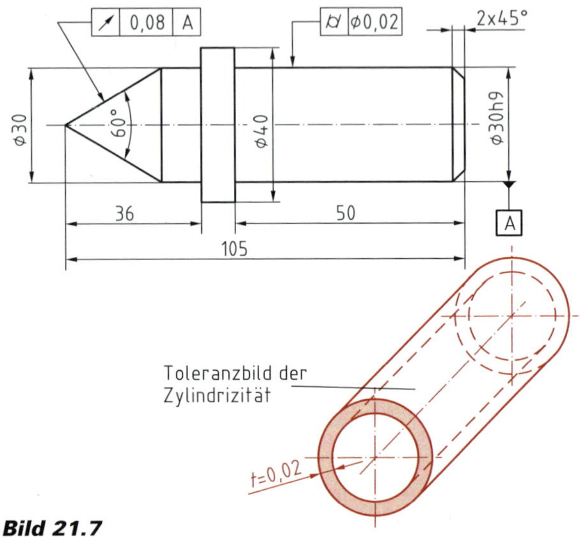

Bild 21.7

3. Das **tolerierte Element** (obere Fläche) muss zwischen zwei zur Bezugsfläche A (untere Fläche) parallelen Ebenen vom Abstand $t = 0{,}08$ mm liegen.

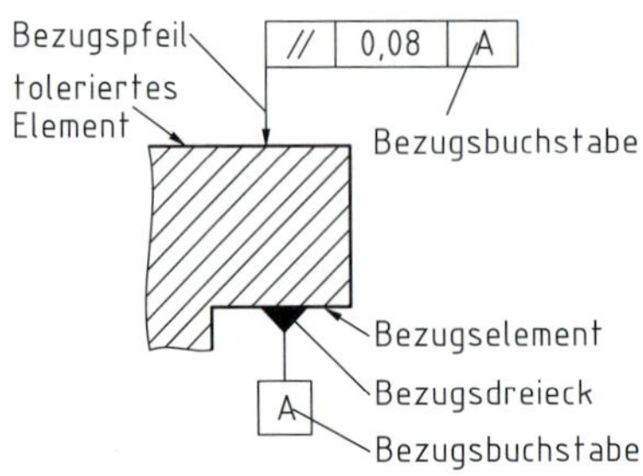

Bild 21.8 Zeichnungseintragung mit dreiteiligem Toleranzrahmen

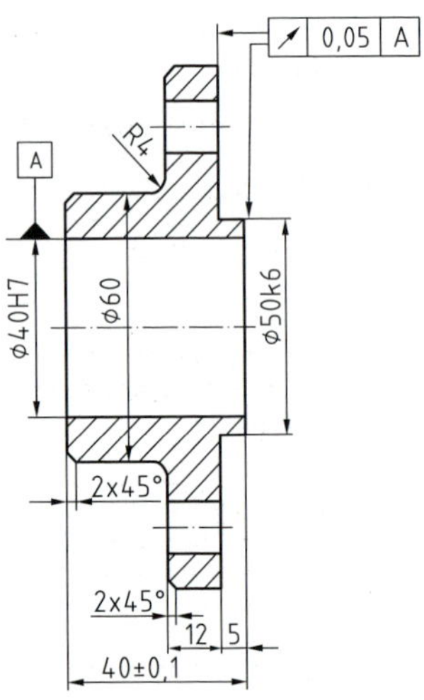

Bild 21.9

4. Rundlauf- und Planlauftoleranz. Bei Drehung um die Bezugsachse A dürfen die Rundlaufabweichung und die Planlaufabweichung an jeder Messstelle der tolerierten Flächen nicht größer als $t = 0{,}05$ mm sein (Ausschlag der Messuhr bei Drehung um die Bezugsachse A).

Grundsatz:
Form- und Lagetoleranzen sollen nur dann angewendet bzw. in Zeichnungen eingetragen werden, wenn sie für die Funktionstauglichkeit und/oder die wirtschaftliche Herstellung unerlässlich sind. Sie sind also nur dann hinzuzufügen, wenn die normalen Maßtoleranzen und Freimaße die Funktion nicht gewährleisten.

Alle **Formtoleranzen** sowie von den Lagetoleranzen die Parallelitäts-, Rechtwinkligkeits-, Neigungs-, Positions- und Planlauftoleranzen müssen innerhalb der Maßtoleranzen bzw. Freimaßtoleranzen liegen. Ihre Lage und Größe innerhalb der Maßtoleranzen ist jedoch nicht festgelegt. Die **Lagetoleranzen** für Symmetrie, Konzentrizität, Koaxialität und Rundlauf können außerhalb der Maßtoleranzen liegen.

Symbol	tolerierte Eigenschaft	Beispiel: Zeichnungseintragung	Beispiel: Toleranzzone	Erklärung
—	**Geradheit**	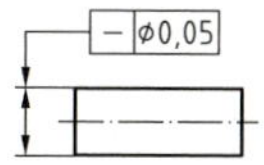	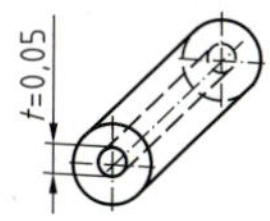	Die Ist-Achse des Zylinders muss innerhalb einer zylindrischen Toleranzzone vom Durchmesser t = 0,05 mm liegen.
⏥	**Ebenheit**	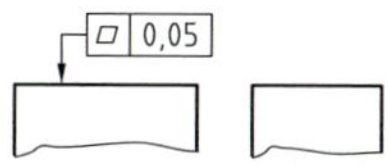	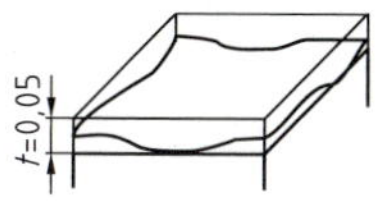	Die Ist-Fläche muss zwischen zwei parallelen Ebenen vom Abstand t = 0,05 mm liegen.
○	**Rundheit** (Kreisform)	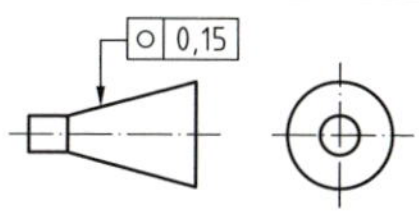	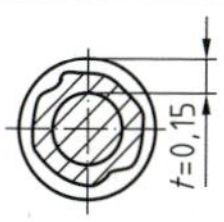	Der Ist-Umfang jedes Querschnittes muss zwischen den konzentrischen Kreisen vom Abstand t = 0,15 mm liegen.
⌭	**Zylindrizität** (Zylinderform)	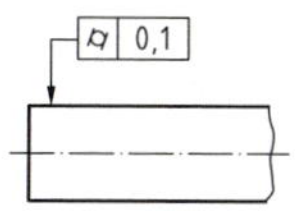	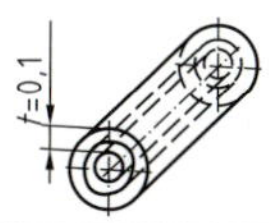	Die Ist-Zylindermantelfläche muss zwischen zwei koaxialen Zylindern vom Abstand t = 0,1 mm liegen.
⌒	**Profilform einer beliebigen Linie**	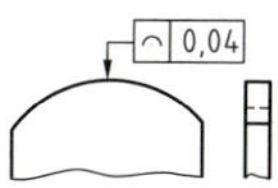	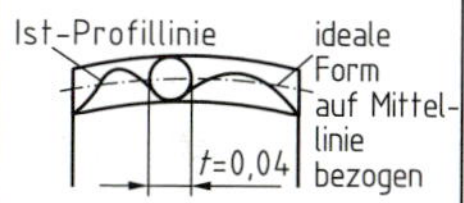	Jede Ist-Profillinie, entstanden durch einen parallelen Schnitt zur Zeichenebene, muss zwischen zwei Linien liegen, die Kreise vom Durchmesser t = 0,04 mm einhüllen.
⌓	**Profilform einer beliebigen Fläche**	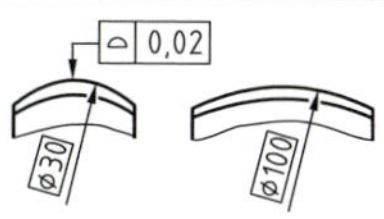	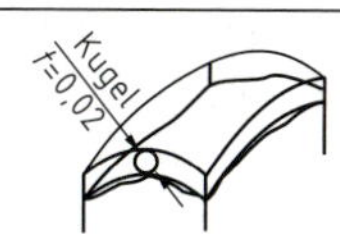	Die Ist-Oberfläche muss zwischen zwei Hüllflächen an Kugeln vom Durchmesser t = 0,02 mm liegen, deren Mitten auf der geometrisch idealen Form liegen.

Tabelle 21.1: Formtoleranzen. *Sie begrenzen die zulässige Abweichung eines Elements von seiner geometrischen Idealform.*

Symbol	tolerierte Eigenschaft	Beispiel: Zeichnungseintragung	Beispiel: Toleranzzone	Erklärung
//	Richtungstoleranzen: **Parallelität**	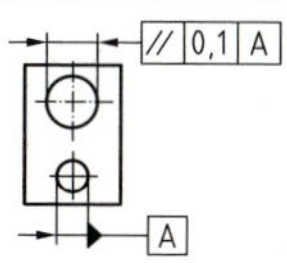	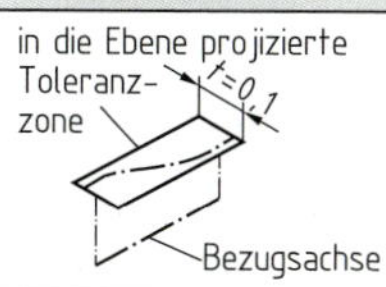	Die tolerierte Achse muss zwischen zwei zur Bezugsachse parallelen Linien vom Abstand t = 0,1 mm liegen. Die in die Ebene projizierte Toleranzzone ist waagrecht.
		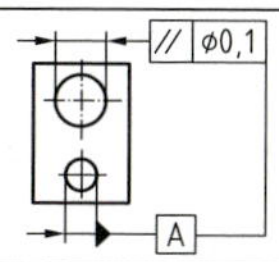	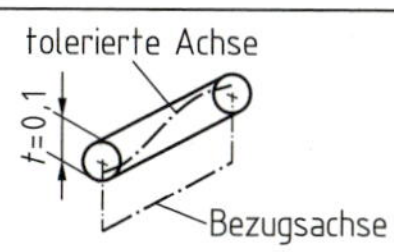	Die tolerierte Achse muss innerhalb eines zur Bezugsachse parallelen Zylinders vom Durchmesser t = 0,1 mm liegen.
		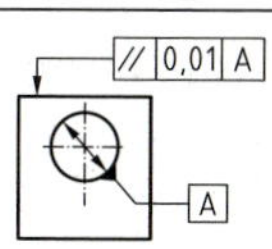	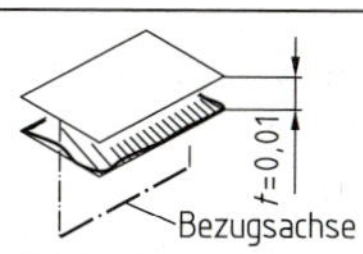	Die tolerierte Fläche muss zwischen zwei zur Bezugsachse A parallelen Ebenen vom Abstand t = 0,01 mm liegen.

Tabelle 21.2: Lagetoleranzen. *Sie begrenzen die zulässige Abweichung zweier oder mehrerer Elemente von einer idealen Lage zueinander.*

Symbol	tolerierte Eigenschaft		Beispiel: Zeichnungseintragung	Beispiel: Toleranzzone	Erklärung
⊥	Richtungstoleranzen	**Rechtwinkligkeit**	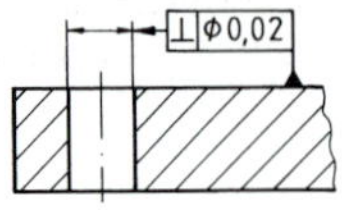	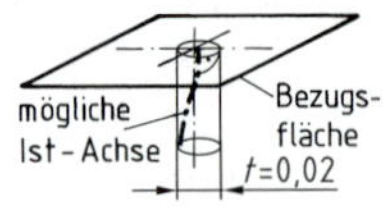	Die Ist-Achse der Bohrung muss in einem Zylinder vom Durchmesser t = 0,02 mm liegen. Der Zylinder steht senkrecht zur Bezugsfläche.
∠	Richtungstoleranzen	**Neigung**	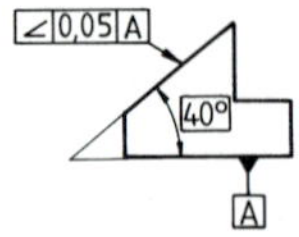	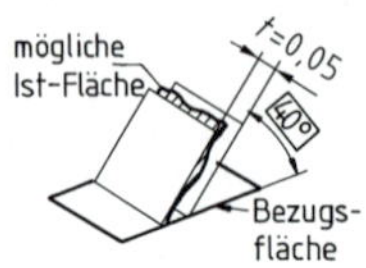	Die tolerierte Fläche (Ist-Fläche) muss zwischen zwei parallelen Ebenen vom Abstand t = 0,05 mm liegen.
↗	Lauftoleranzen	**Rundlauf**	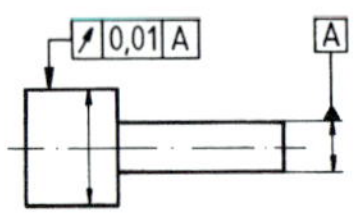	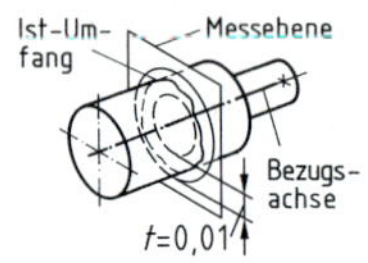	Bei Drehung um die Bezugsachse A darf die Rundlaufabweichung in jeder achssenkrechten Messebene die Toleranz t = 0,01 mm nicht überschreiten.
↗	Lauftoleranzen	**Planlauf**	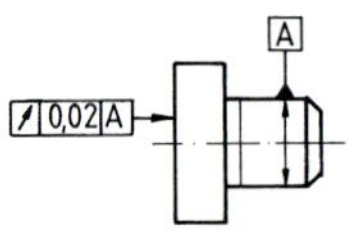	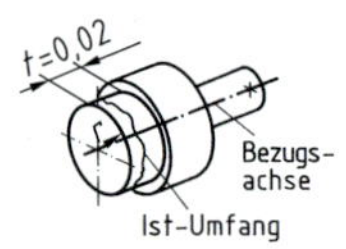	Bei einer Umdrehung um die Bezugsachse A darf bei beliebigem r die Planlaufabweichung nicht größer als t = 0,02 mm sein.
⌰	Lauftoleranzen	**Gesamtrundlauf**	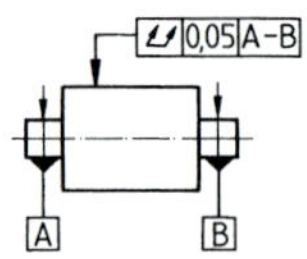	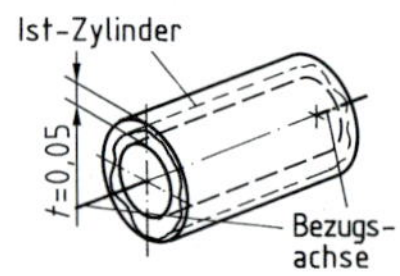	Bei mehrmaliger Drehung um A–B und bei axialer Verschiebung müssen alle Punkte innerhalb der Toleranzzone von zwei Zylindern vom Abstand t liegen, deren Achsen mit der Bezugsachse A–B übereinstimmen.
⌰	Lauftoleranzen	**Gesamtplanlauf**	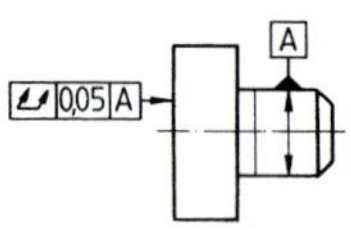		Bei mehrmaliger Drehung um die Bezugsachse A und bei radialer Verschiebung müssen alle Punkte der tolerierten Oberfläche innerhalb von zwei parallelen Ebenen vom Abstand t = 0,05 mm liegen.
⌯	Ortstoleranzen	**Symmetrie**	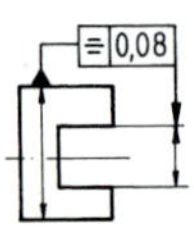	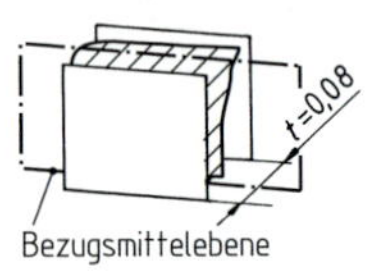	Die tolerierte Mittelebene (Ist-Mittelebene) der Nut muss zwischen zwei parallelen Ebenen vom Abstand t = 0,08 mm liegen, die symmetrisch zur Bezugsmittelebene liegen.
◎	Ortstoleranzen	**Konzentrizität und Koaxialität**	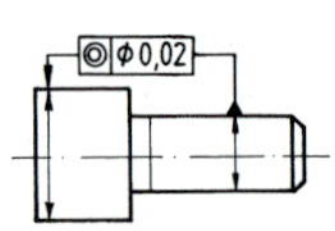		Die Ist-Achse des großen Durchmessers muss in einem Zylinder vom Durchmesser t = 0,02 mm liegen. Der Toleranzzylinder liegt koaxial zur Bezugsachse.
⌖	Ortstoleranzen	**Position**	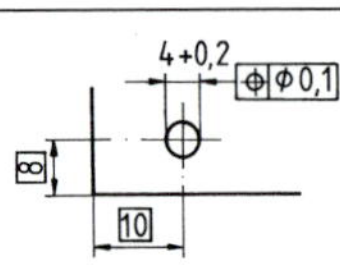	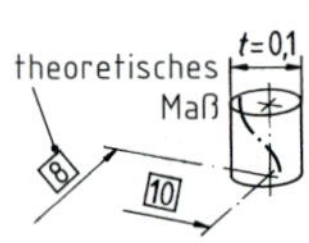	Die Ist-Achse der Bohrung muss in einem Toleranzzylinder vom Durchmesser t = 0,1 mm liegen, dessen Achse sich am theoretisch genauen Ort befindet.
⌖	Ortstoleranzen	**Position**	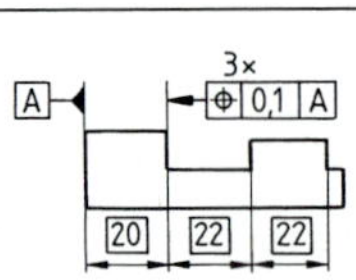	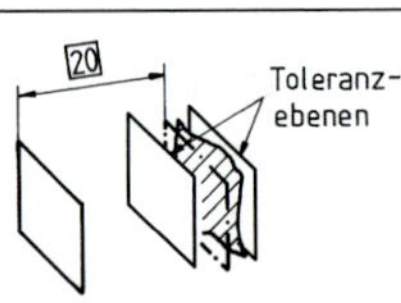	Jede der 3 Flächen muss zwischen zwei parallelen Ebenen vom Abstand t = 0,1mm liegen. Die Toleranzebenen sind symmetrisch zur theoretischen Lage der Fläche.

Tabelle 21.2: Lagetoleranzen (Fortsetzung)

Maximum-Material-Prinzip

- Das Maximum-Material-Prinzip ist ein Toleranzgrundsatz, der die wechselseitige Beziehung zwischen **Maßtoleranz** und betreffender **Form- und Lagetoleranz** berücksichtigt. Die Anwendung dieses Prinzips wird durch das Symbol Ⓜ in der Werkzeichnung angezeigt (Bild 21.10).

  Das Maximum-Material-Prinzip kann für das tolerierte Element, für das Bezugselement oder für beide Elemente angewendet werden. Die Kennzeichnung im Toleranzrahmen hat nach Bild 21.10 zu erfolgen.
- **Prinzip.** Das Fügen von Werkstücken hängt von der Beziehung zwischen den Istmaßen und den tatsächlichen Form- und Lageabweichungen der zu fügenden Teile ab, z. B. Bohrung mit Welle.
- Das **kleinste Fügespiel** ergibt sich dann, wenn jedes der zu paarenden Teile Maximum-Material-Maß hat (z. B. größte Welle und kleinste Bohrung) und wenn die Form- und Lageabweichungen ebenfalls ihren größten Wert haben.
- Das **größte Fügespiel** ergibt sich dann, wenn die Istmaße der zu fügenden Teile von ihren Maximum-Material-Maßen am weitesten entfernt sind (z. B. kleinste Welle und größte Bohrung) und wenn die Form- und Lageabweichungen null sind.

Daraus folgt, dass dann, wenn die Istmaße eines zu paarenden Teils ihr Maximum-Material-Maß nicht erreichen, die eingetragene Form- und Lagetoleranz um den Betrag der Differenz zwischen Paarungsmaß und Maximum-Material-Maß entsprechend vergrößert werden darf, ohne das Fügen des Teils mit dem Gegenstück zu gefährden.

Toleranzrahmen	Ⓜ gilt für
— | ⌀ 0,06 Ⓜ	das tolerierte Element
⌖ | ⌀ 0,2 Ⓜ | A	das tolerierte Element
◎ | ⌀ 0,08 | A Ⓜ	das Bezugselement
↗ | 0,05 Ⓜ | A Ⓜ	das tolerierte Element und das Bezugselement

Bild 21.10 Beispiele für die Kennzeichnung der Maximum-Material-Bedingung

Beispiele:

1. Bohrung

Für die Bohrung $\varnothing 25^{+0,6}_{0}$ mit der Positionstoleranz t = ∅0,2 ist beim Maximum-Material-Maß = Mindestmaß = ∅25 die zulässige Lageabweichung (in allen Richtungen) $t/2 = \pm 0,1$. Beim Minimum-Material-Maß = Höchstmaß = ∅25,6 erreicht die zulässige Lageabweichung den Maximalwert $t_{max}/2 = \pm(0,2 + 0,6) : 2 = \pm 0,4$.

Für ein zwischen beiden Grenzmaßen liegendes Istmaß kann die zulässige Lageabweichung in gleicher Weise errechnet werden.

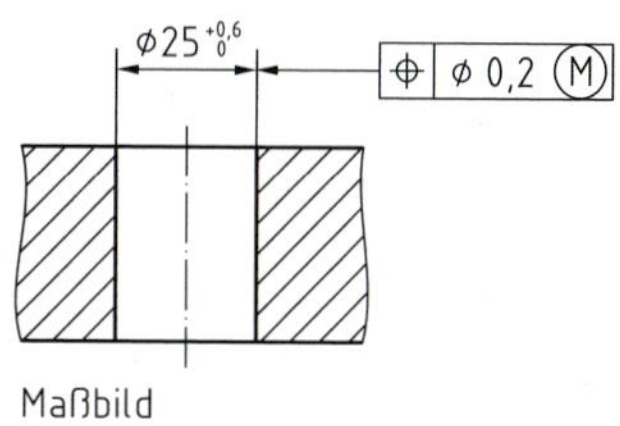

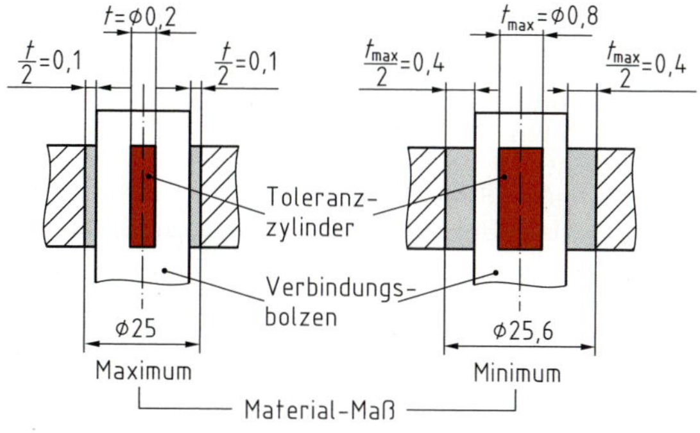

2. Welle

Für die Welle $\varnothing 25_{-0,2}^{\;0}$ mit der Geradheitstoleranz $t = \varnothing 0{,}1$ ist beim Maximum-Material-Maß = Höchstmaß = ∅25 die zulässige Geradheitsabweichung $t = 0{,}1$.

Beim Minimum-Material-Maß = Mindestmaß = ∅24,8 erreicht sie den Maximalwert $t_{max} = (0{,}1 + 0{,}2) = 0{,}3$. Beim Istmaß ∅24,85 wäre sie $t_i = (0{,}1 + 0{,}15) = 0{,}25$.

Die Welle kann mit einem Lehrring ∅25,1 geprüft werden.

Die Anwendung des Maximum-Material-Prinzips erleichtert die Fertigung, ohne dass dadurch die Austauschbarkeit der Teile bezüglich ihrer wechselseitigen Abhängigkeit von Maß-, Form- und Lagegenauigkeit eingeschränkt wird.

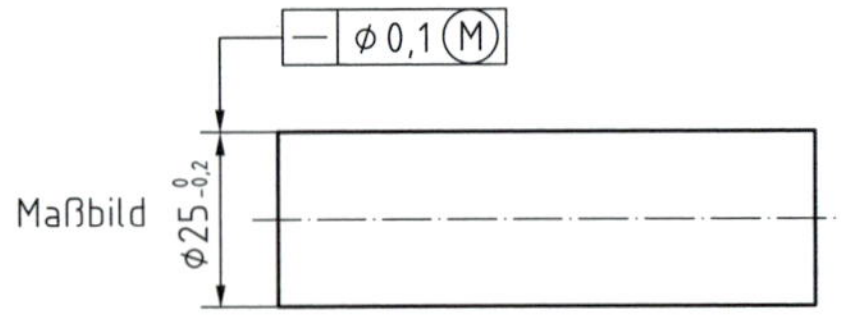

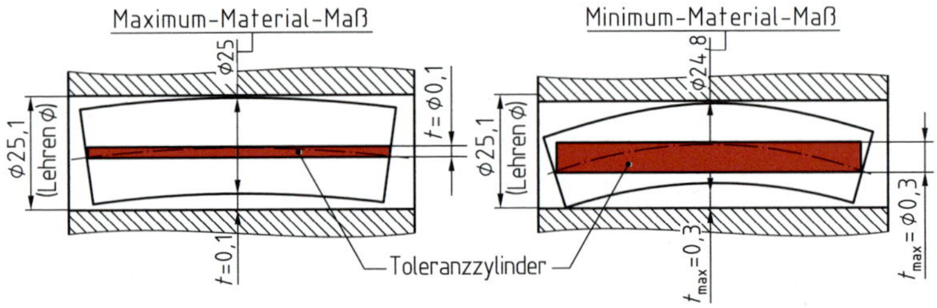

ZA 66 bis ZA 70 Herauszeichnen von Einzelteilen aus bemaßten Zusammenstellungszeichnungen

Zweck der Zeichenaufgaben: Festigung und Vertiefung der Zeichenkenntnisse, Üben im räumlichen Denken und Erkennen der Wirkungsweise der einzelnen und der zusammengesetzten Werkstückteile.

1. Anfertigen von Freihandskizzen:
- **a)** Skizzieren Sie auf Zeichenblättern Größe A4 aus den bemaßten Zusammenstellungszeichnungen **ZA 66 bis ZA 70** die einzelnen Werkstücke in den erforderlichen Ansichten.
- **b)** Bemaßen Sie die Skizzen vollständig und tragen Sie Toleranzen sowie Oberflächenzeichen ein.
- **c)** Ergänzen Sie das Schriftfeld und die Stückliste.

2. Zeichnen von Reinzeichnungen (Teilzeichnungen):
- **a)** Zeichnen Sie auf Zeichenblättern Größe A3 von den Freihandskizzen Reinzeichnungen im Maßstab 1 : 1.
- **b)** Bemaßen Sie vollständig und tragen Sie Toleranzen sowie Oberflächenzeichen ein.
- **c)** Ergänzen Sie das Schriftfeld und die Stückliste.

3. Zeichnen von Zusammenstellungszeichnungen:
- **a)** Zeichnen Sie auf Zeichenblättern Größe A3 bzw. A2 die Einzelteile zusammengebaut, wie die Zusammenstellungszeichnungen **ZA 66 bis ZA 70** zeigen. Die Maßeintragung entfällt. Setzen Sie Teilnummern.
- **b)** Ergänzen Sie das Schriftfeld und die Stückliste.

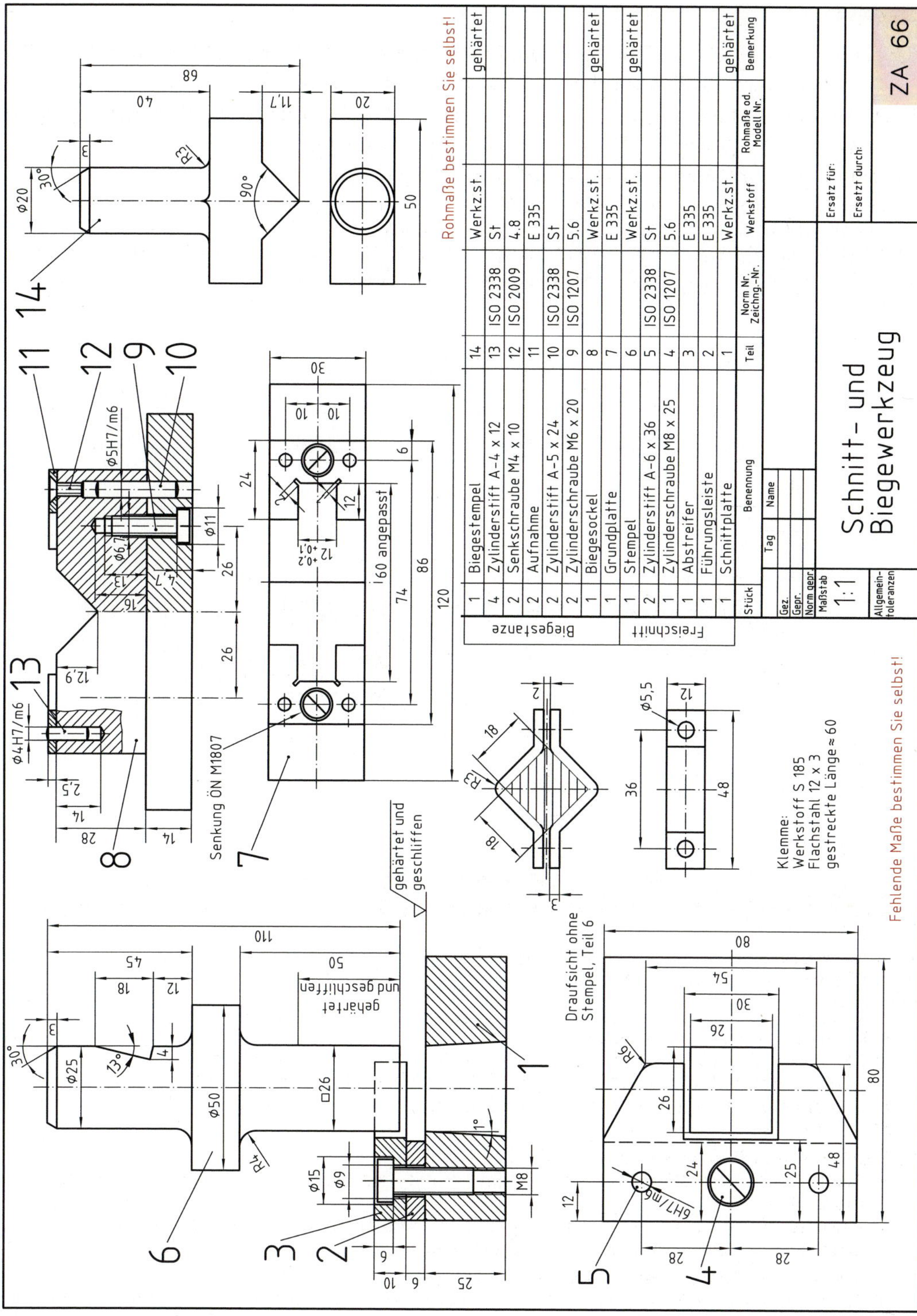

Stück	Benennung	Teil	Norm Nr. Zeichng.-Nr.	Werkstoff	Rohmaße od. Modell Nr.	Bemerkung
1	Biegestempel	14		Werkz.st.		gehärtet
4	Zylinderstift A-4 x 12	13	ISO 2338	St		
2	Senkschraube M4 x 10	12	ISO 2009	4.8		
2	Aufnahme	11		E 335		
2	Zylinderstift A-5 x 24	10	ISO 2338	St		
2	Zylinderschraube M6 x 20	9	ISO 1207	5.6		
1	Biegesockel	8		Werkz.st.		gehärtet
1	Grundplatte	7		E 335		
1	Stempel	6		Werkz.st.		gehärtet
2	Zylinderstift A-6 x 36	5	ISO 2338	St		
1	Zylinderschraube M8 x 25	4	ISO 1207	5.6		
1	Abstreifer	3		E 335		
1	Führungsleiste	2		E 335		
1	Schnittplatte	1		Werkz.st.		gehärtet

Vorlage zu ZA 66

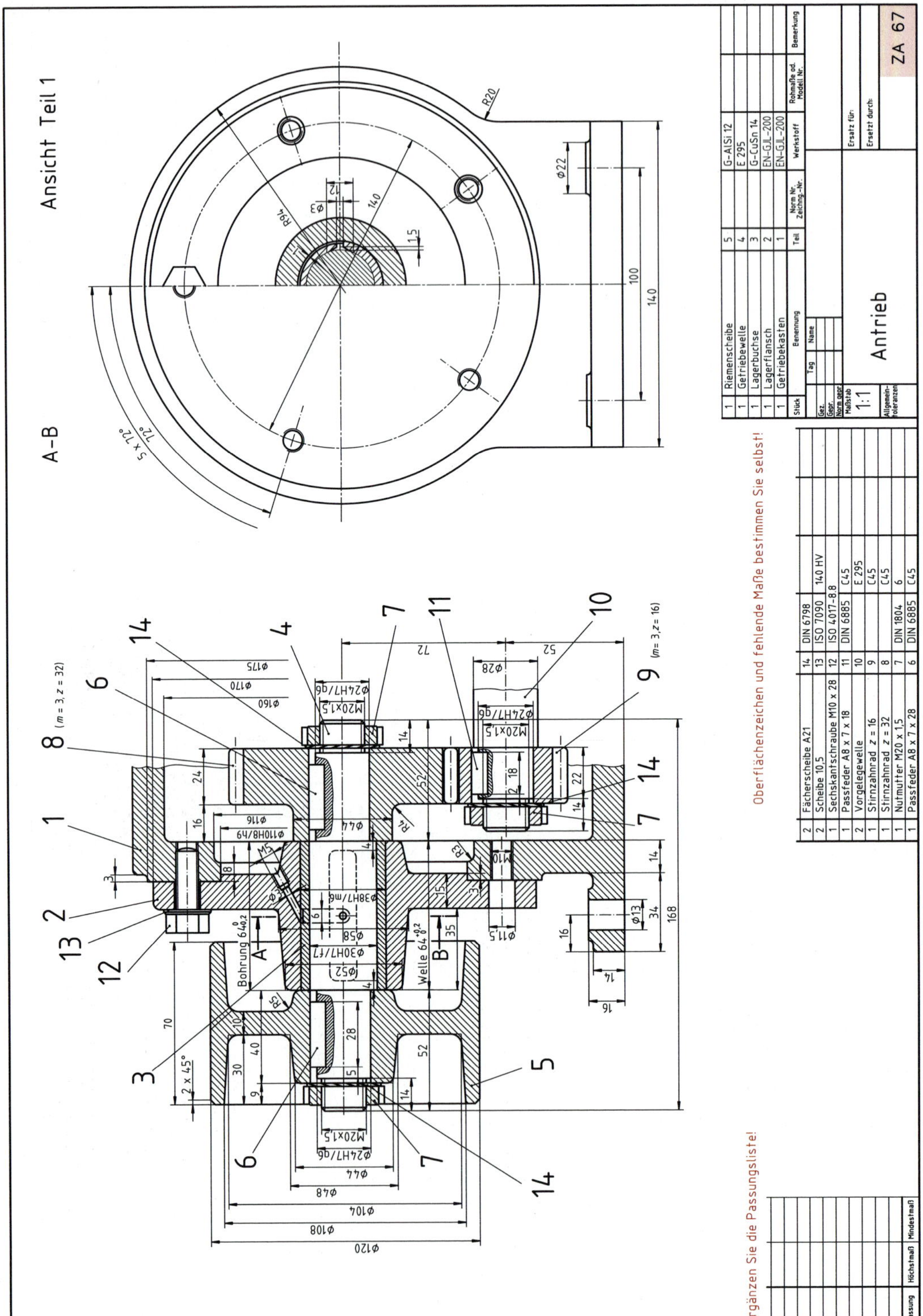

Oberflächenzeichen und fehlende Maße bestimmen Sie selbst!

Ergänzen Sie die Passungsliste!

Passung	Höchstmaß	Mindestmaß

Stück	Benennung	Teil	Norm Nr. Zeichng.-Nr.	Werkstoff	Rohmaße od. Modell Nr.	Bemerkung
2	Fächerscheibe A21	14	DIN 6798			
2	Scheibe 10,5	13	ISO 7090	140 HV		
1	Sechskantschraube M10 x 28	12	ISO 4017-8.8			
1	Passfeder A8 x 7 x 18	11	DIN 6885	C45		
2	Vorgelegewelle	10		E 295		
1	Stirnzahnrad $z = 16$	9		C45		
1	Stirnzahnrad $z = 32$	8		C45		
1	Nutmutter M20 x 1,5	7	DIN 1804	6		
1	Passfeder A8 x 7 x 28	6	DIN 6885	C45		
1	Riemenscheibe	5		G-AlSi 12		
1	Getriebewelle	4		E 295		
1	Lagerbuchse	3		G-CuSn 14		
1	Lagerflansch	2		EN-GJL-200		
1	Getriebekasten	1		EN-GJL-200		

	Tag	Name		
Gez.				
Gepr.				
Norm gepr.				
Maßstab 1:1	Antrieb		Ersatz für:	
Allgemeintoleranzen			Ersetzt durch:	ZA 67

Vorlage zu ZA 67

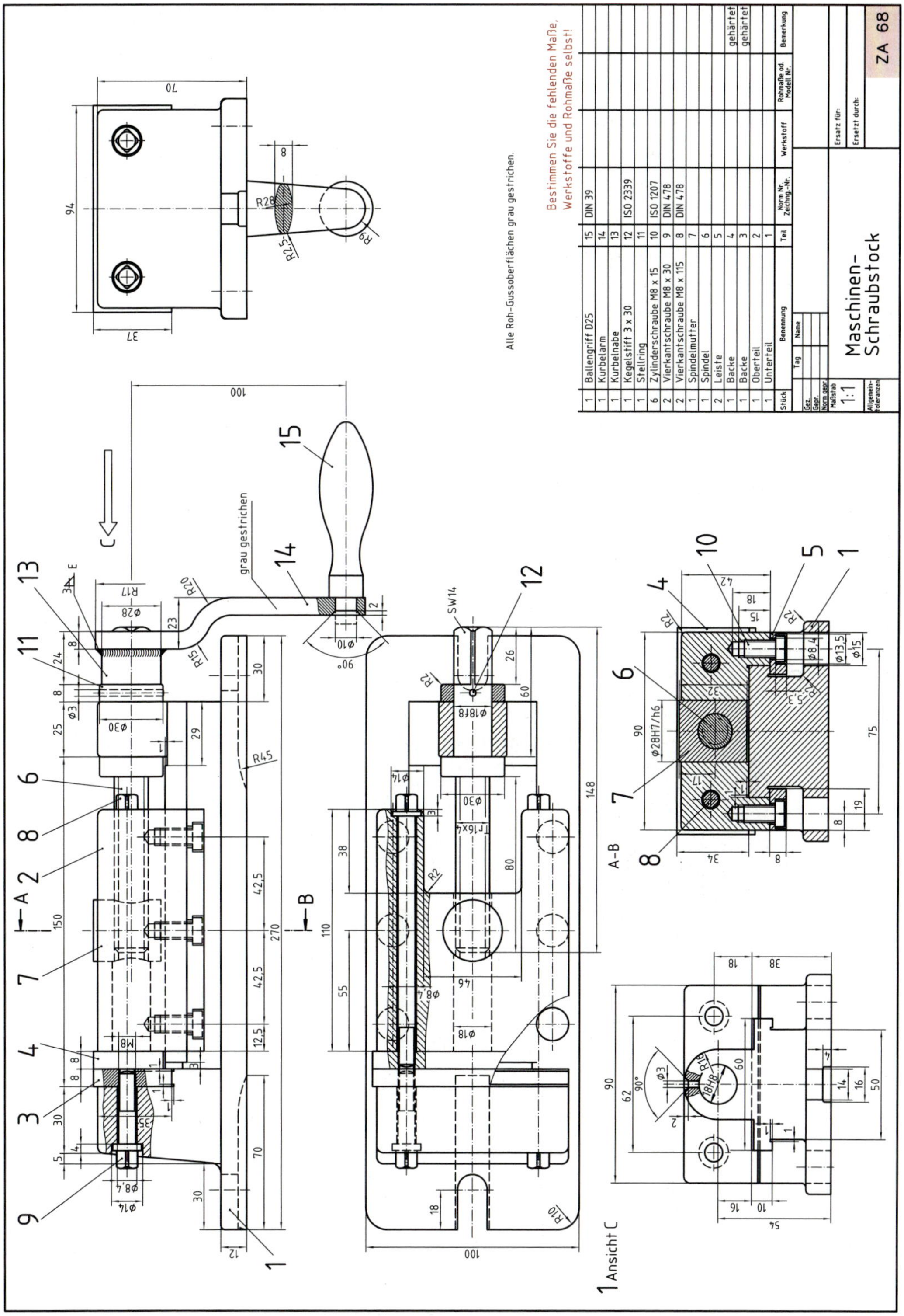

Vorlage zu ZA 68

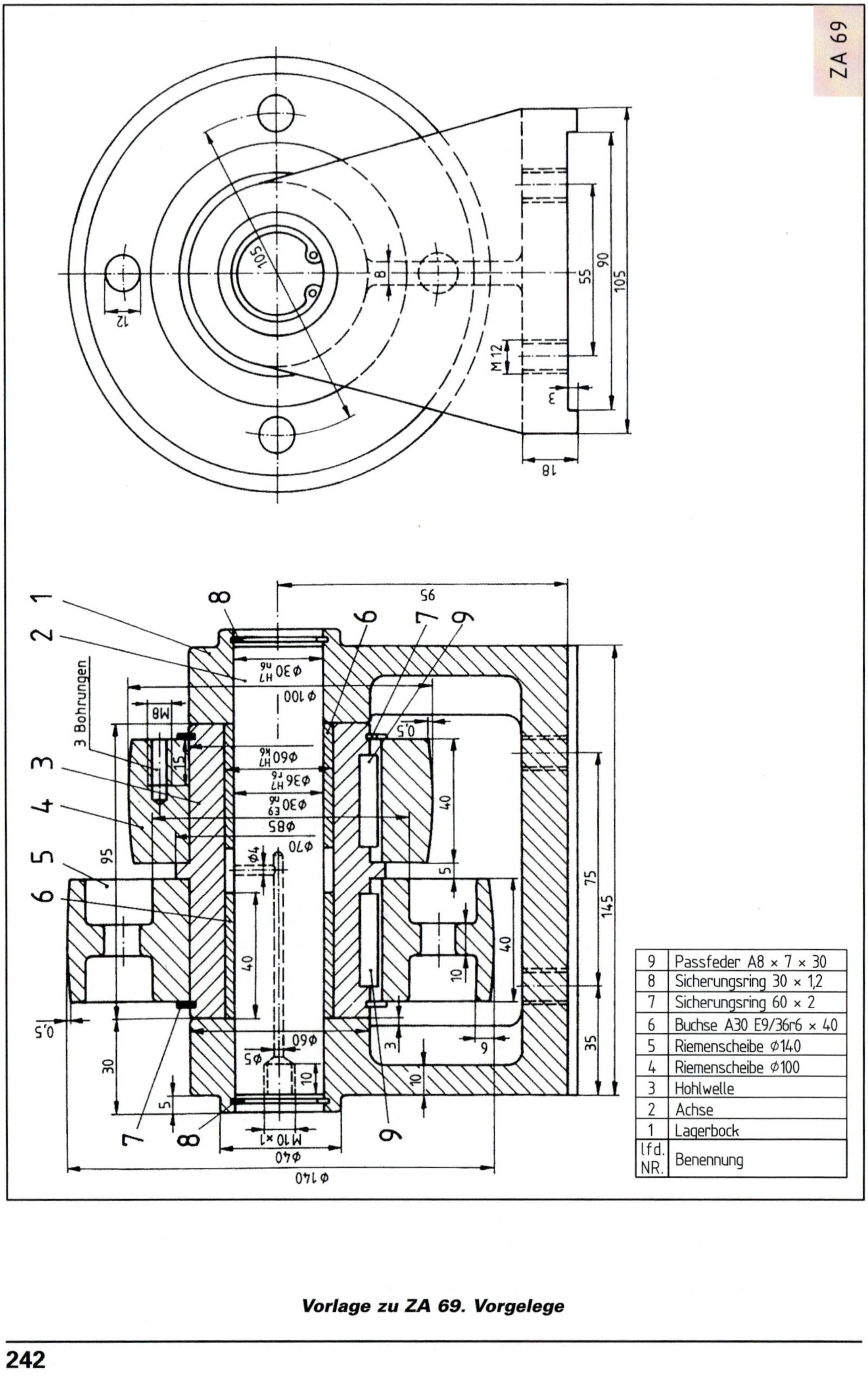

lfd. NR.	Benennung
9	Passfeder A8 × 7 × 30
8	Sicherungsring 30 × 1,2
7	Sicherungsring 60 × 2
6	Buchse A30 E9/36r6 × 40
5	Riemenscheibe ⌀140
4	Riemenscheibe ⌀100
3	Hohlwelle
2	Achse
1	Lagerbock

Vorlage zu ZA 69. Vorgelege

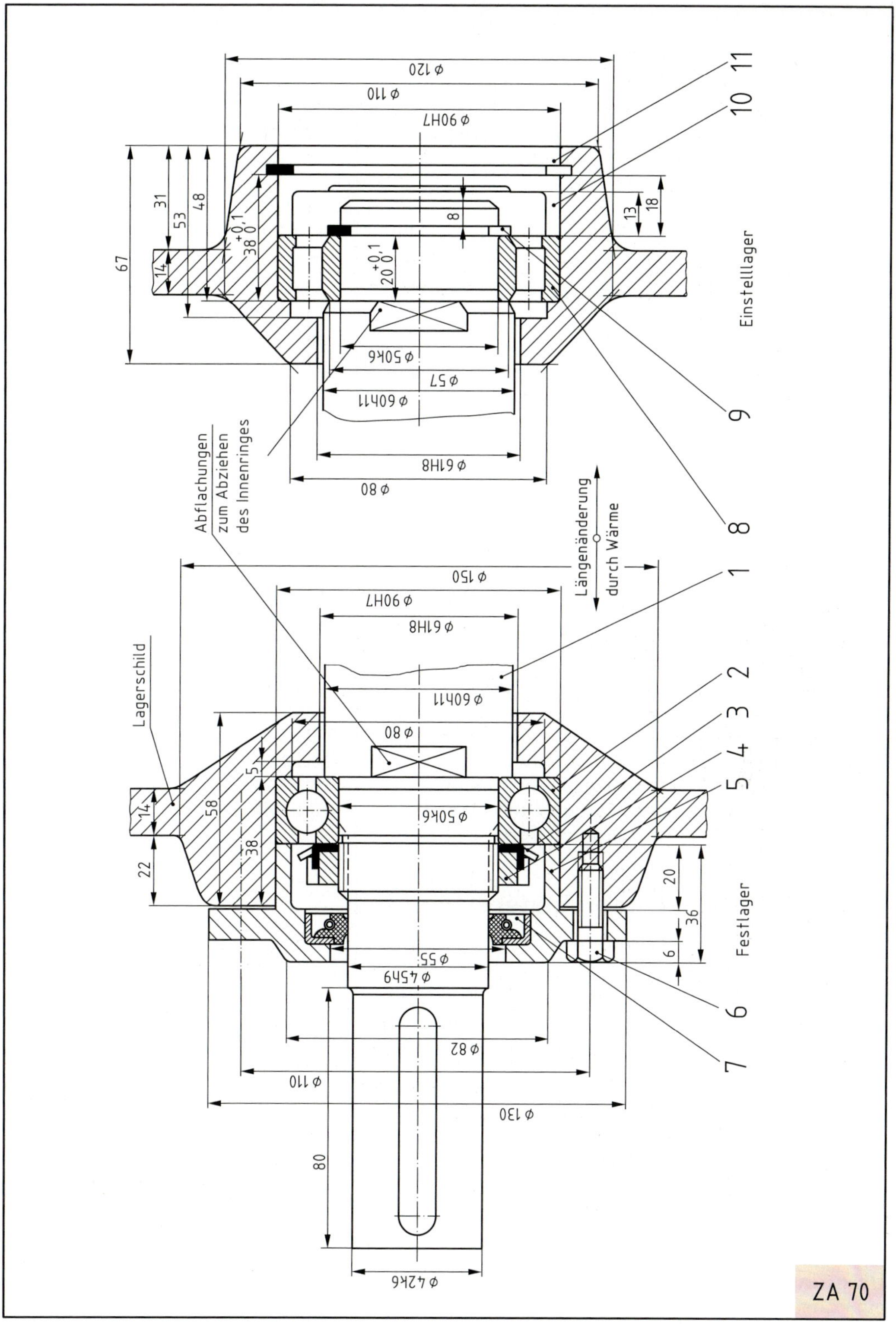

Vorlage zu ZA 70. Wellenlagerung für einen Elektromotor

23 Grundlagen des Konstruierens in 3D-AutoCAD

Wenn man im 3D-Modus arbeitet, dann sollte das zu zeichnende Bauteil perspektivisch dargestellt werden, es ist dadurch leicht als räumlicher Gegenstand erkennbar. Mit dem Befehl: 3DORBIT (3do, Orbit oder ⇑+mittlere Maustaste) kann das kartesische Koordinatensystem so gedreht werden, dass eine perspektivische Darstellung erscheint.

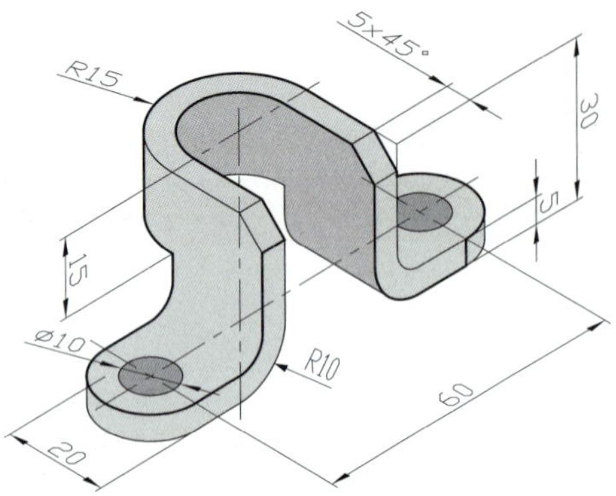

Lasche in 3D (ISO-Ansicht SW)

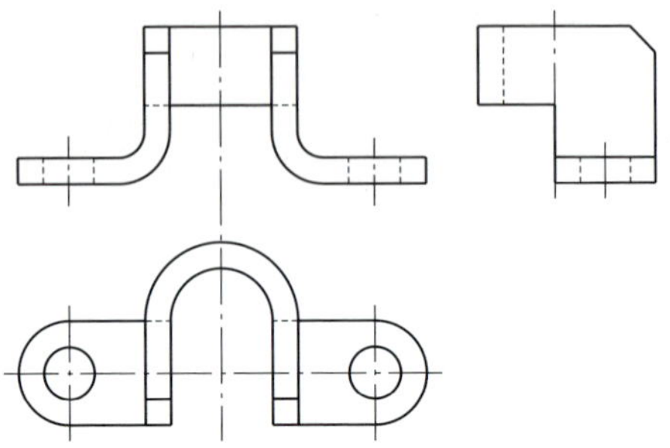

Lasche in 2D (Ansichten A, C, B)

Es können entweder alle (Vorgabe) oder einzelne Objekte auswählt und angezeigt werden. Während der Befehl aktiv ist, sind weitere **Optionen** aus einem **Kontextmenü** auswählbar (Klicken mit der rechten Taste).

Methodischer Hinweis:
Da ein 3D-Modell die Vorstellungskraft stark unterstützt, ist es in vielen Fällen sinnvoll, in 3D zu konstruieren und daraus die 2D-Darstellungen (A, C, B, Schnitte, usw.) abzuleiten. Dieser Weg ist schneller, realitätsnäher, ermöglicht ausgereifte Konstruktionen und findet daher in der alltäglichen Konstruktionspraxis immer mehr Verbreitung.
Vorstellungsschwierigkeiten und die sich daraus ergebenden Konstruktionsfehler können dadurch vermieden werden.

Welt- und Benutzerkoordinatensysteme:

Es gibt zwei Koordinatensysteme: ein festes Koordinatensystem, genannt Weltkoordinatensystem (WKS), und ein verschiebbares Koordinatensystem, das Benutzerkoordinatensystem (BKS) genannt wird.

In einer 2D-Ansicht ist die X-Achse im WKS horizontal und die Y-Achse vertikal. Der WKS-Ursprung befindet sich an der Schnittstelle der X- und Y-Achse (0,0). **Alle Objekte** in einer Zeichnungsdatei werden durch ihre **WKS-Koordinaten** definiert.

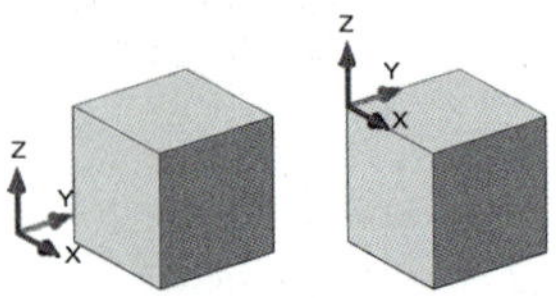

Befehl: **BKS**
Ursprung des neuen BKS angeben oder
[Fläche/Benannt/Objekt/Vorher/Ansicht/Welt/X/Y/Z/ZAchse]
<Welt>:

Ursprung: Definiert mit Hilfe von einem, zwei oder drei Punkten ein neues BKS. Wird nur ein Punkt angegeben, so verschiebt sich der Ursprung des aktuellen BKS, ohne dass sich die Ausrichtung der X-, Y- und Z-Achse verändert.

Fläche: Richtet das BKS an der ausgewählten Fläche eines 3D-Volumenkörpers aus.
Objekt: Richtet das BKS an einem ausgewählten Objekt (Kreis, Bogen, ...) aus.
Weitere Möglichkeiten: Hilfe -> F1.

Übung: Experimentieren Sie mit einem **Quader:** 100,100,100 und den verschiedenen BKS-Optionen, z. B. Kreise zeichnen, Spielwürfel entwerfen, ... (siehe Seite 247).

Das Erzeugen von Grundkörpern (Primitive):

AutoCAD bietet neben den vom System zur Verfügung gestellten Volumenelementen (Quader, Keil, Pyramide, Kugel, Zylinder, Kegel, Torus), auch die Möglichkeit, Primitive zu erzeugen. Dies geschieht über die Befehle: **EXTRUSION (ex)** und **ROTATION (rot)** (Menü: Zeichnen -> Modellieren).

Translationskörper: (Verschiebung der Grundfläche entlang einer Leitlinie); lassen sich aus einer geschlossenen Polylinie durch Hochziehen erzeugen. Mit dem Befehl: **REGION** kann vor dem Hochziehen eine Fläche erzeugt werden.

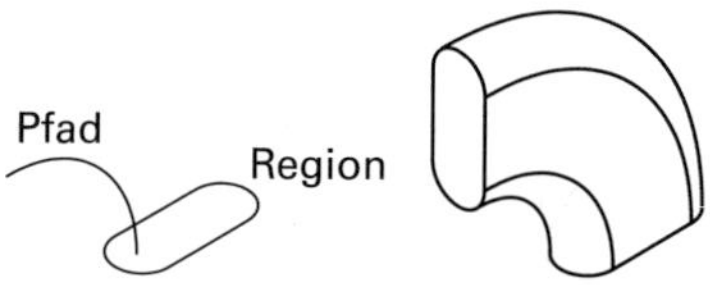

Extrusion entlang eines Pfades (siehe auch Sweeping): Die Fläche eines Volumenkörperobjekts wird entlang eines Pfads extrudiert. Es können Linien, Kreise, Bögen, Ellipsen, elliptische Bögen, Polylinien oder Splines als Pfade verwendet werden.

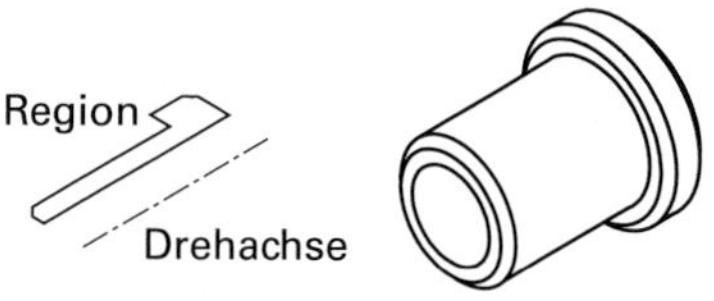

Rotationskörper: Werden durch Rotation der Fläche um eine Rotationsachse erzeugt.
Die Querschnittsfläche muss entweder eine Polylinie oder eine Region sein.

Übungen:

1) Extrusion: (Benennungsvorschlag: ex.dwg); weitere Übungen: Technisches Zeichnen Fachzeichnen 1. Teil - **ZA 2, ZA 7** und **ZA 8**

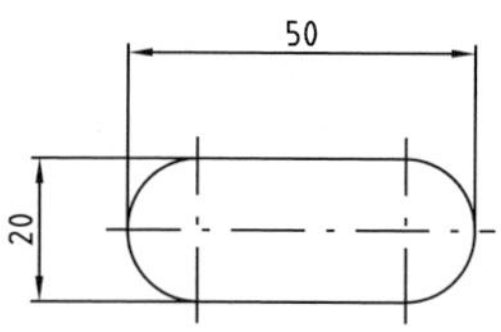

Langloch zeichnen -> **Region** bilden (oder Polylinie mit PEDIT)

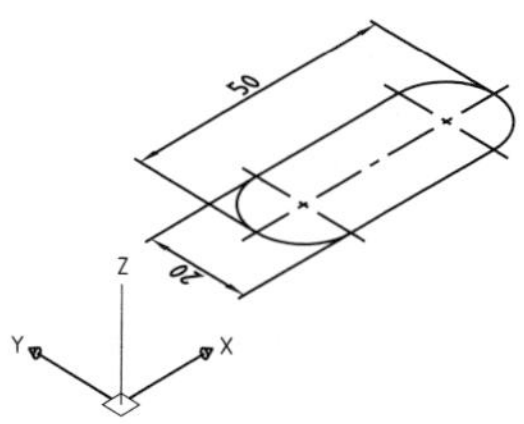

Befehl: **ORBIT (3do)** -> Kontextmenü -> Voreingestellte Ansichten -> ISO-Ansicht SW

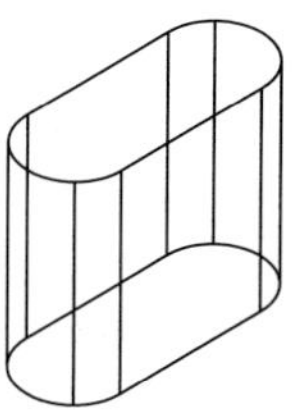

Befehl: **EXTRUSION (ex)** -> 40

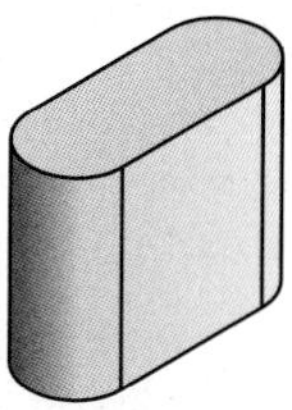

Befehl: **ORBIT** -> Kontextmenü -> Visuelle Stile-> Konzeptuell
Mit **VSAKTUELL** (**vsa**) kann der Stil zurückgesetzt werden

2) Rotation: (Benennungsvorschlag: rot.dwg);
weitere Übungen: Technisches Zeichnen Fachzeichnen 1. Teil **ZA 18**

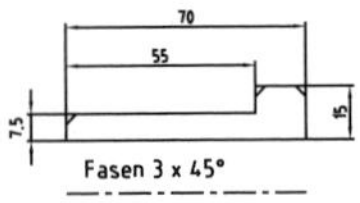

Rotationsfläche zeichnen -> Mittellinie im Abstand 15 -> **Region** bilden (oder Polylinie)

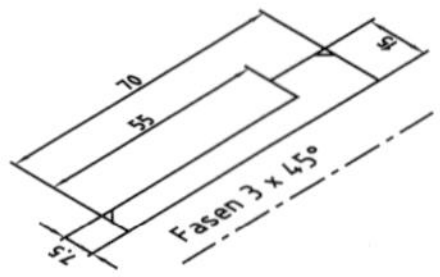

Befehl: **ORBIT (3do)** -> Kontextmenü -> voreingestellte Ansichten -> ISO-Ansicht SW

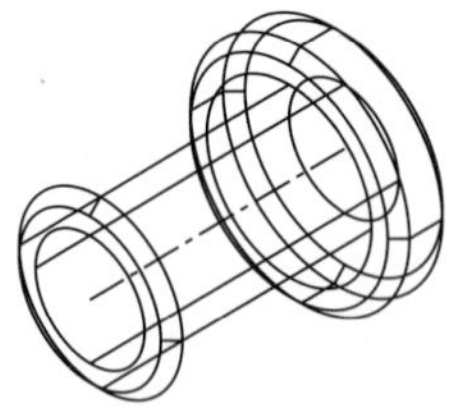

Befehl: **ROTATION (rot)** -> Mit der Befehlszeile arbeiten

Im Abrollmenü: ANSICHT sind alle Möglichkeiten aufgelistet.

Bearbeiten der Grundkörper:

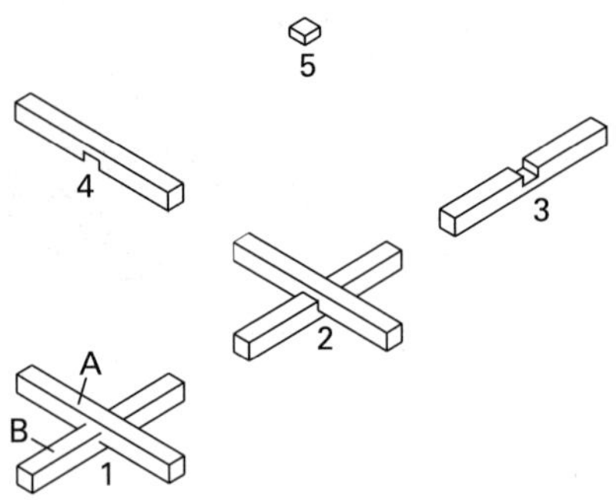

Mengentheoretische (Boole'sche) Operationen:

1... Ausgangssituation
2... **VEREINIG (vee)** A + B
3... **DIFFERENZ (di)** B – A
4... **DIFFERENZ (di)** A – B
5... **SCHNITTMENGE (sm)** A + B

Der Befehl: **ÜBERLAG (üb)** prüft, ob zwischen Festkörpern eine Überlagerung besteht (siehe Befehl: **SCHNITTMENGE**).

Gleich ausprobieren mit **QUADER:** 200, 20, 20 (Benennungsvorschlag: Boole.dwg).

Positionierung im Raum:

Für das Anordnen von Festkörpern im Raum stehen die AutoCAD-Editierbefehle zur Verfügung. So kann mit dem Befehl **SCHIEBEN (s)** der Körper im Raum verschoben werden. Der Befehl: **DREHEN (dh)** ermöglicht die Drehung um eine Achse senkrecht zum BKS.
Mit den Befehlen **3DREIHE (3dr), 3DDREHEN (3dd), 3DSPIEGELN (spiegeln3d)** und **3DAUSRICHTEN (3aus, ausrichten, aus),** stehen echte 3D-Möglichkeiten zur Verfügung.

Der Befehl: **AUSRICHTEN (aus)** kann Objekte beliebig im Raum platzieren. Man kann auch einzelne Bauteile zu einer **Baugruppe** (Zusammenstellungszeichnung) zusammenfassen.
Das **erste Punktepaar** (1-2) definiert eine **Verschiebung** der Objekte (Fixpunkt).
Das **zweite Punktepaar** (3-4) kann entweder eine 2D- oder 3D-Transformation oder eine **Drehung** der Objekte definieren.
Das **dritte Punktepaar** (5-6) definiert **eine eindeutige 3D-Transformation** der Objekte.

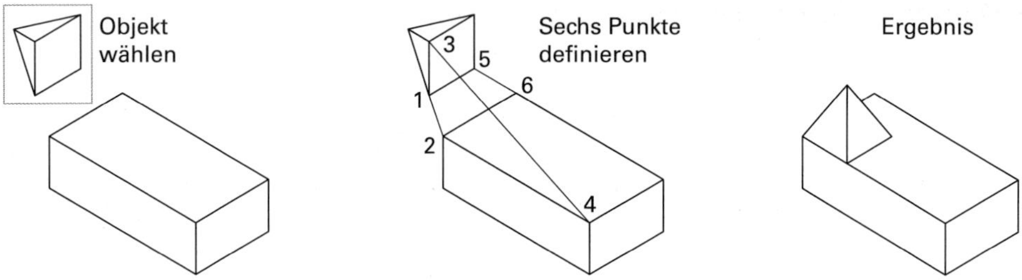

Gleich ausprobieren mit **QUADER:** 100, 50, 30 und **PYRAMIDE:** R=15, H=30 (Benennungsvorschlag: Aus.dwg).

Übung: Würfel.dwg

- Würfel zeichnen (100,100,100) -> Kanten nachzeichnen -> Raumdiagonale zeichnen.
- BKS auf die Deckfläche legen -> Rechteck zeichnen (100 x 100).
- Rechteck versetzen (25) -> die Diagonalen einzeichnen.
- Kugeln (∅20) einfügen und vom Würfel abziehen (di).
- Vorgang auf jeder Seite wiederholen.
- In den Würfel eine Kugel legen und Schnittmenge (sm) bilden.
- BKS-Welt.

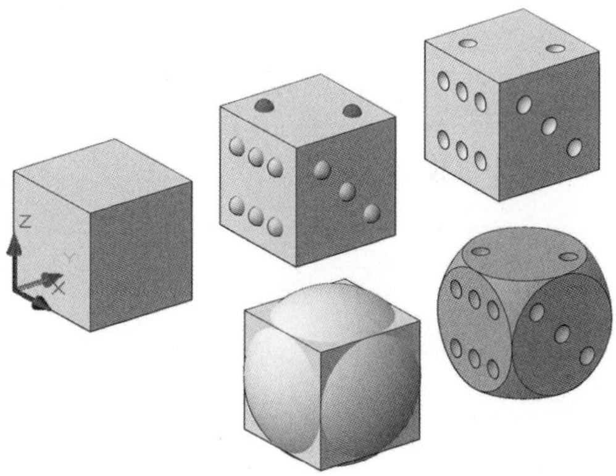

Erzeugungslogik einer 3D-Zeichnung am Beispiel der Zeichnung „Augenlager“:

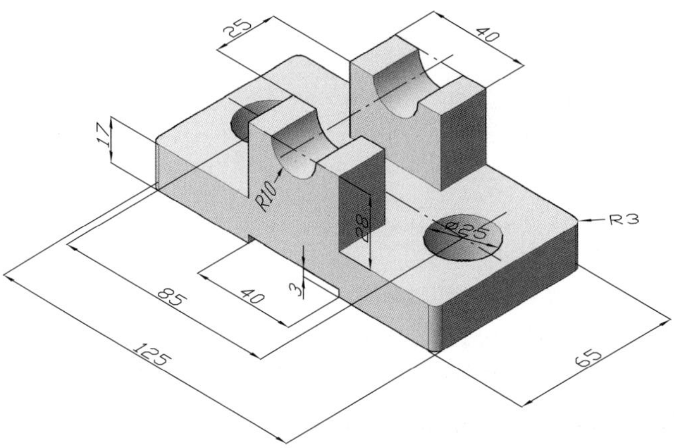

Das zu zeichnende Bauteil wird aus den vom System zur Verfügung gestellten Volumenelementen (Quader, Keil, Pyramide, Kugel, Zylinder, Kegel, Torus) gebildet.
Die Platzierung zueinander erfolgt durch Definition von geeigneten Benutzerkoordinatensystemen (BKS).

Voreinstellungen: ... neue Zeichnung mit **NEU** erzeugen und als AUGENLAGER abspeichern. **ISO-Ansicht SO, VERDECKT (vd).**

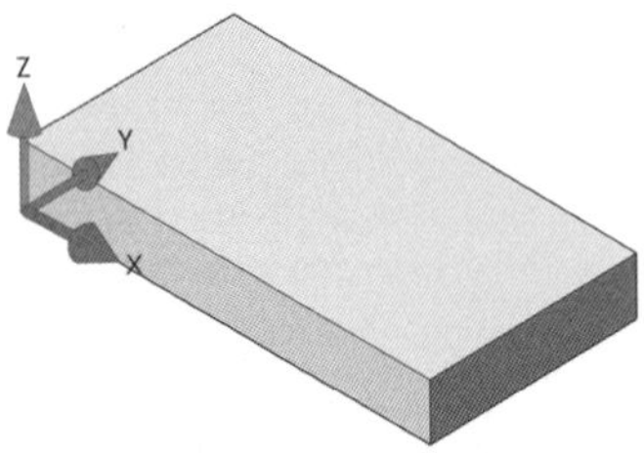

QUADER: 0, 0 -> 125, 65, 17

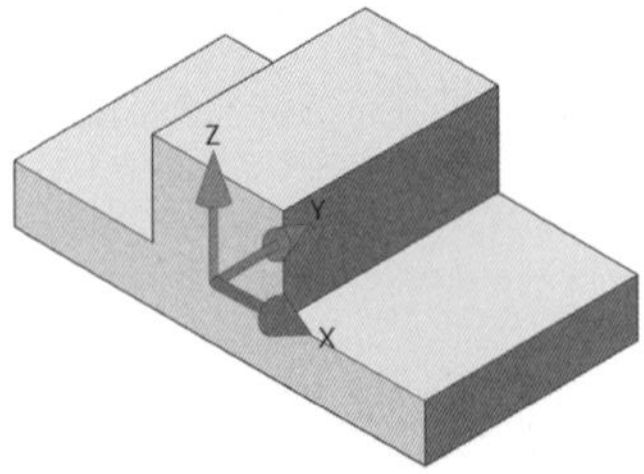

BKS: Mittelpunkt (picken)
QUADER: -20, 0 -> 20, 65, 28
VEREINIG (vee)

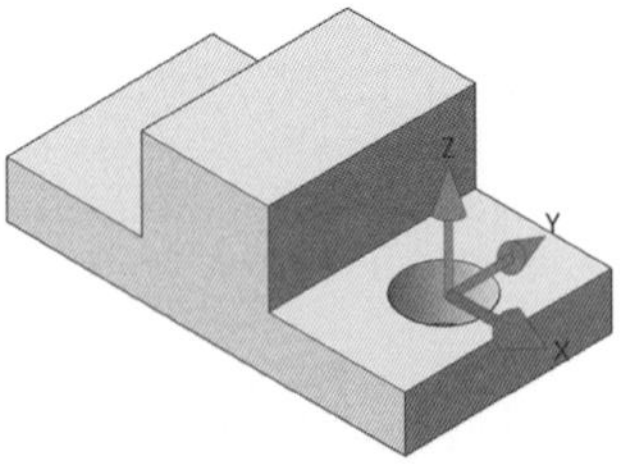

BKS: 42.5, 32.5
ZYLINDER: Mittelpunkt: 0,0 ->
Radius: 12.5, Höhe: -17
DIFFERENZ (di)

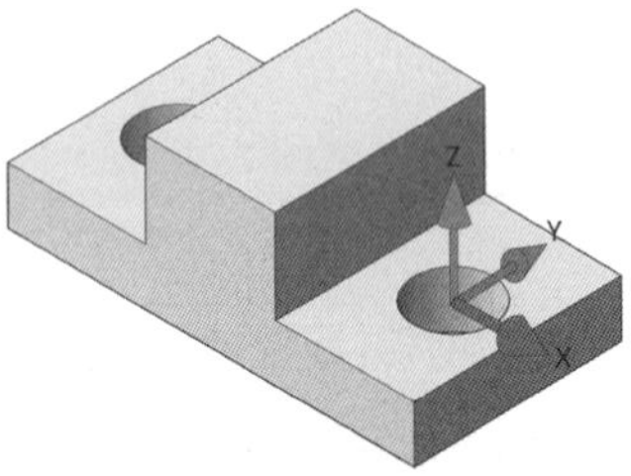

ZYLINDER: Mittelpunkt: -85,0 ->
Radius: 12.5, Höhe: -17
DIFFERENZ (di)

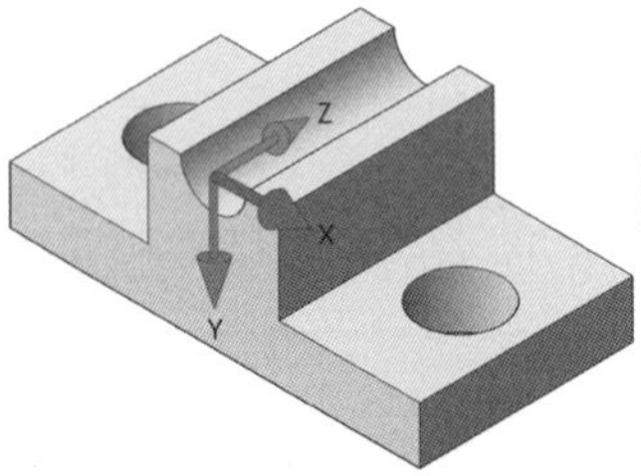

BKS: Mittelpunkt klicken ->
Punkt auf der X-Achse klicken ->
Punkt auf der Y-Achse klicken
ZYLINDER: Mittelpunkt: 0, 0 ->
Radius: 10, Höhe: 65
DIFFERENZ (di)

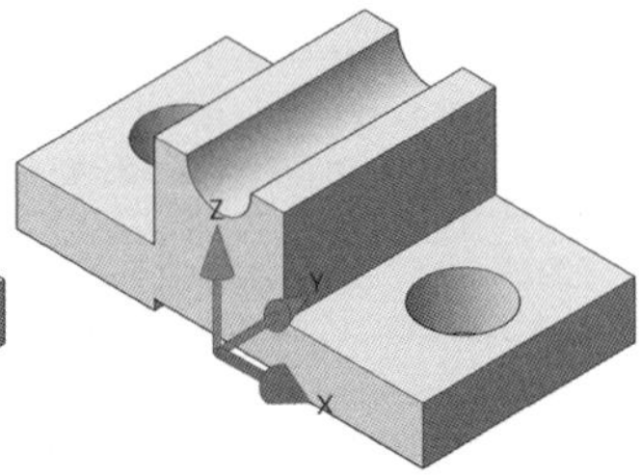

BKS: Welt
BKS: Mittelpunkt klicken
QUADER: -20, 0 -> 20, 65, 3
DIFFERENZ (di)

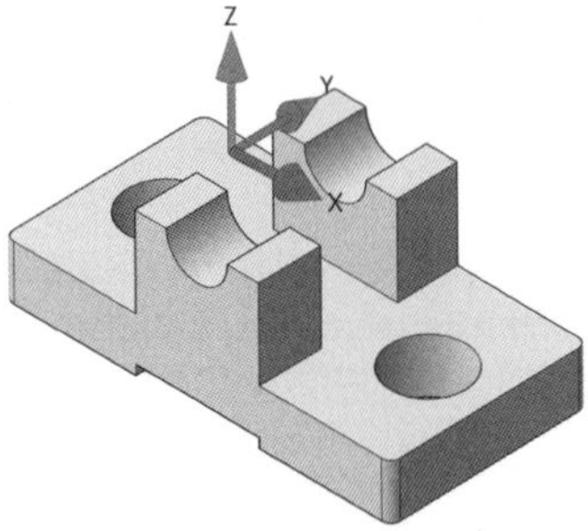

BKS: Mittelpunkt klicken
QUADER: 0, -12.5 -> 40, 12.5,
–28
DIFFERENZ (di) ,
Abrunden (ar)

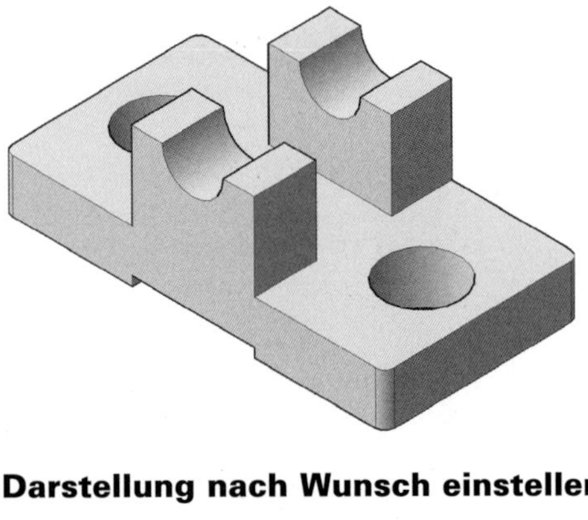

Darstellung nach Wunsch einstellen:

BKS: Welt (Weltkoordinaten),
BKSYMBOL: aus (BKSYMBOL ausschalten)
AUFLÖS: 1000 (Kreisglättung erhöhen),
ISOLINES: 0 Konturlinien pro Oberfläche
FACETRES: 2 (Renderglättung erhöhen),
DISPSILH: 1 (Oberflächennetz ausschalten, nur Kontur anzeigen)
VSAKTUELL (vsa): k (Konzeptuellen Stil einstellen)

2D-Ansichten ableiten:

Der Befehl: **ABFLACH** erstellt eine 2D-Darstellung aller 3D-Objekte in der aktuellen Ansicht.

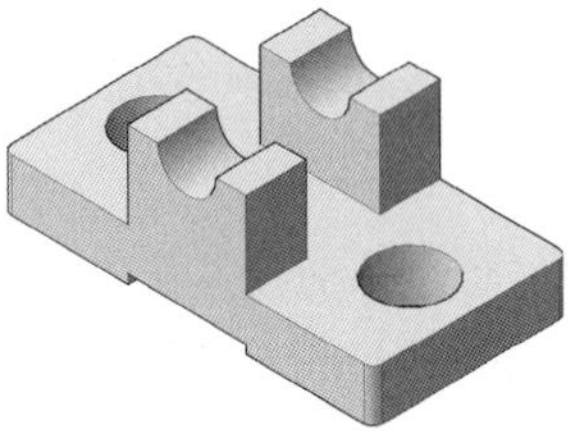

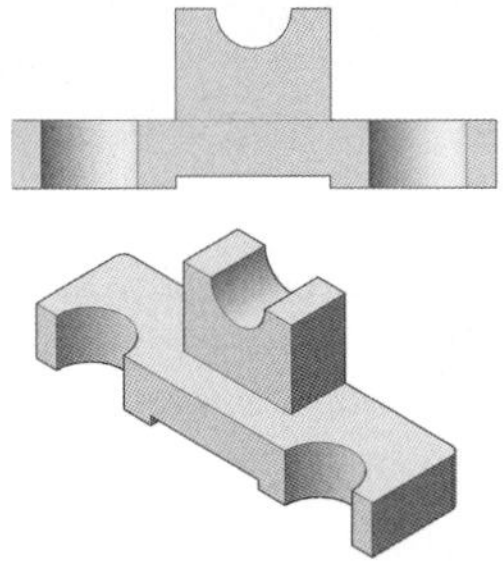

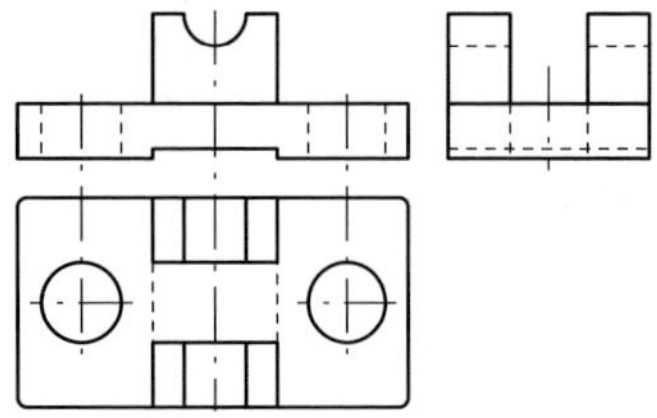

Ausgangssituation: Ansicht ISO- SO **Kappen (ka)** -> um Schnitt zu erzeugen

Einrichten der Ansicht des 3D-Modells -> **ABFLACH** -> Einstellen der Optionen -> notwendige Ansichten **speichern als Datei** (V.dwg, D.dwg, ...)

Ansichten einfügen -> **Ansichten ordnen** -> Mittellinien zeichnen -> Layer anpassen -> Zeichnungsdetails einfügen.

Wichtig: Die eingestellte Ansicht (z. B. Draufsicht) muss als Zeichnung mit dem Menüsymbol  im Weltkoordinatensystem übereinstimmen -> WKS einstellen.

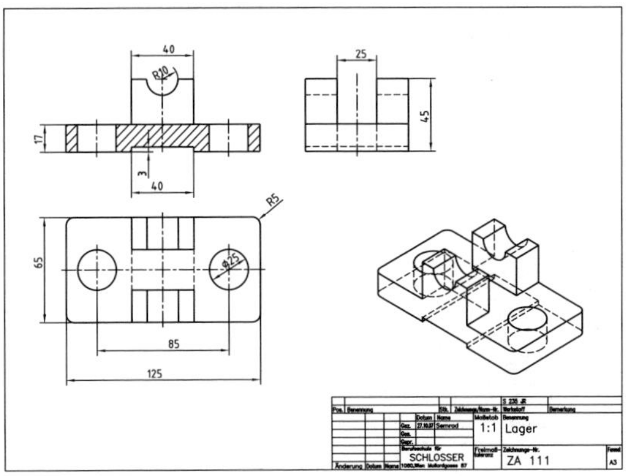

Diese sehr einfache Art der 2D-Zeichnungsableitung ist nicht die einzige Möglichkeit, um aus einem 3D-Modell eine 2D-Werkstattzeichnung zu erhalten. Es ist jedoch eine Möglichkeit, den (gewöhnungsbedürftigen) Papierbereich zu umgehen.

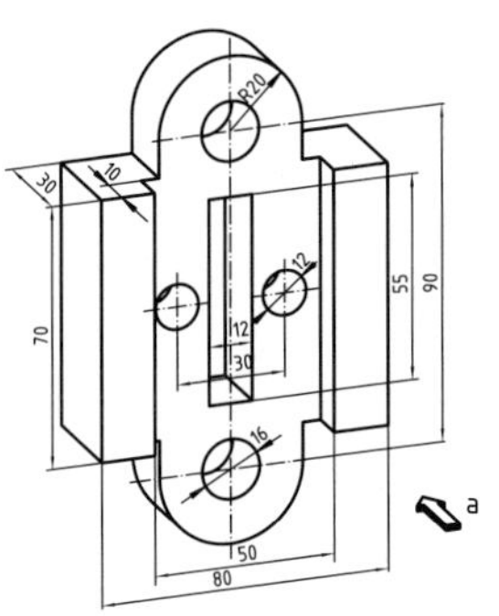

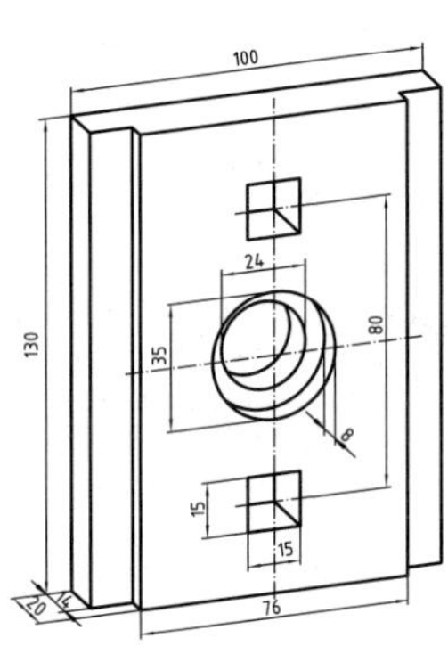

Übungen: Ankerplatten (siehe auch Technisches Zeichnen Fachzeichnen 1. Teil, ZA 32 u. ZA 33) liegend darstellen.

Weitere Manipulations- und Konstruktionsfunktionen:

AutoCAD stellt eine Reihe von Editierfunktionen zur Verfügung, ein Teil davon ist auch in der dritten Dimension anwendbar (Abrollmenü: ÄNDERN -> 3D-Operationen):

SCHIEBEN (s), KOPIEREN (ko), DEHNEN (de), STUTZEN (su), STRECKEN (str), VERSETZ (vs), ABRUNDEN (ar), FASE (fa), AUSRICHTEN (aus).
Die Befehle **DREHEN (dh), REIHE (rh) und SPIEGELN (sp)** arbeiten nur in 2D, man benützt daher:

3DDREHEN (3dd)... Bewegt Objekte um eine dreidimensionale Achse
3DREIHE (3dr)... Erstellt eine dreidimensionale Anordnung
3DSPIEGELN (spiegeln3d)... Erstellt eine spiegelbildliche Kopie von Objekten an einer Ebene

ANHEBEN... Erstellt einen 3D-Volumenkörper oder eine Fläche durch Erheben eines Satzes von zwei oder mehr Kurven (Menü: Zeichnen -> Modellieren -> Anheben).

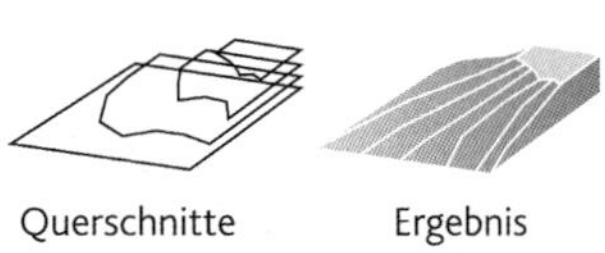

Durch die Querschnitte wird das Profil (die Form) des entstehenden Volumenkörpers oder der Fläche bestimmt.
Querschnitte (Kurven oder Linien) können offen (z. B. Bogen) oder geschlossen (z. B. Kreis) sein.

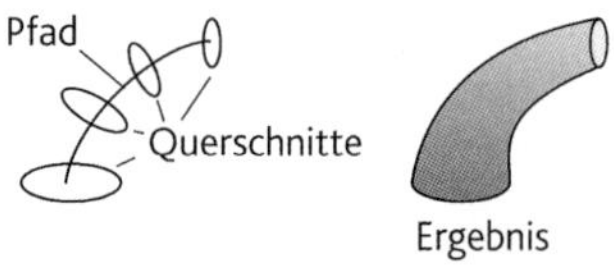

Mit der Option Pfad kann eine einzelne Pfadkurve ausgewählt werden, um die Form des Volumenkörpers bzw. der Fläche zu definieren.

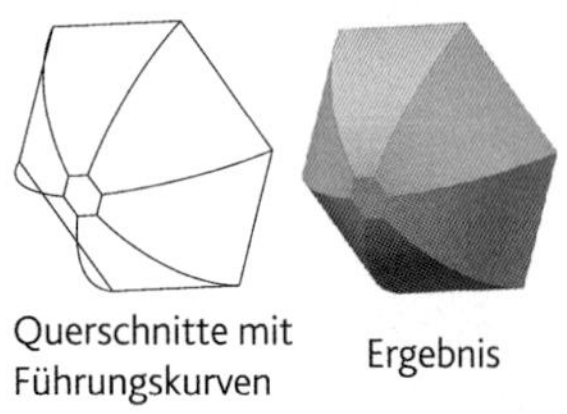

Mit der Option Führungen können mehrere Kurven ausgewählt werden, um die Konturen des Volumenkörpers bzw. der Fläche zu definieren.

Beispiele: Zeichnen Sie die folgenden Körper mit dem Befehl: ANHEBEN, den Maßen 80, 60, 200 und den entsprechenden Verjüngungswinkeln (0, 180, 90-120).

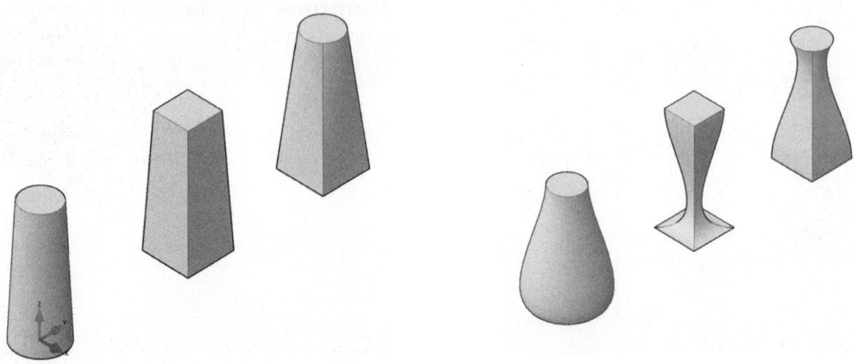

Übung: Stangenauge (Benennungsvorschlag: Stangenauge.dwg)

Das Stangenauge ist mit Hilfe der Befehle:

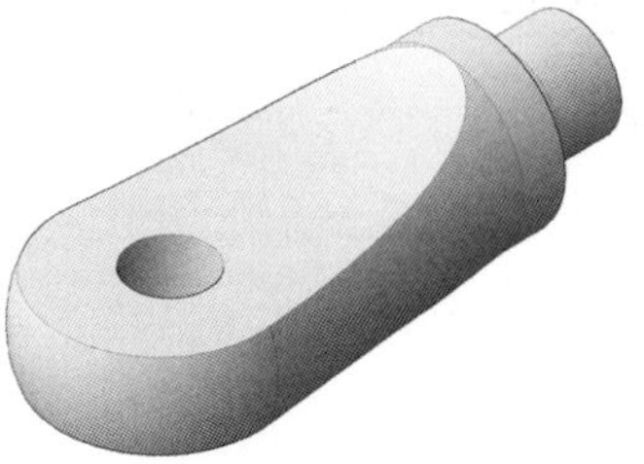

ROTATION (rot) ... Grundkörper zeichnen
ANHEBEN ... Abflachung konstruieren
SCHNITTMENGE (sm) ... Stangenauge bilden
DIFFERENZ (di) ... Bohrung erzeugen
KAPPEN (ka) ... Grundkörper zerlegen
VEREINIG (vee) ... Stangenauge vereinigen

zu konstruieren.

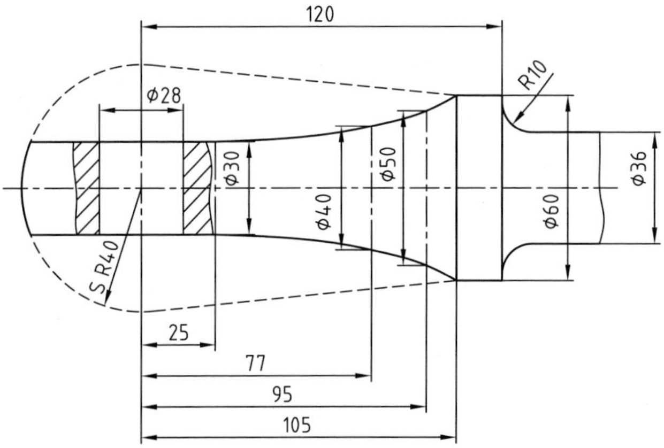

Stangenauge in 2D

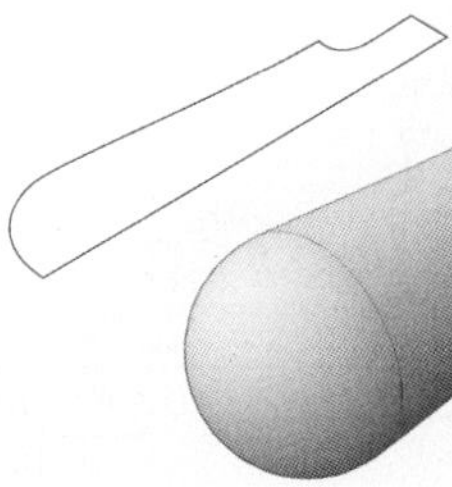

Grundkörper

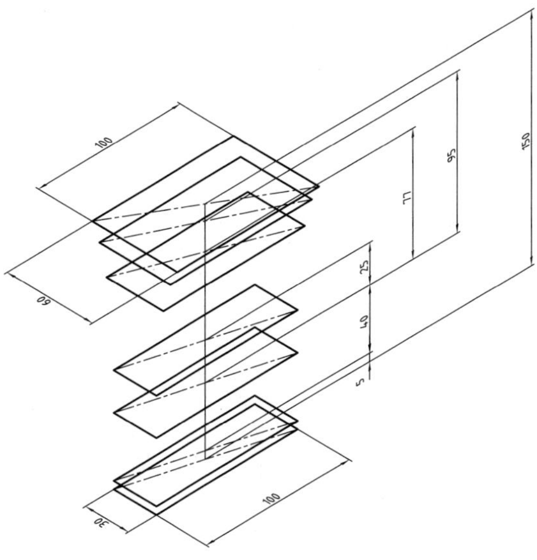

Querschnitte angeordnet

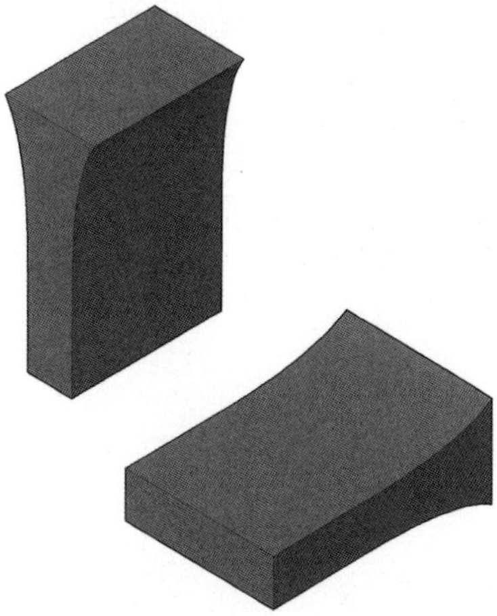

Querschnitte angehoben und gedreht

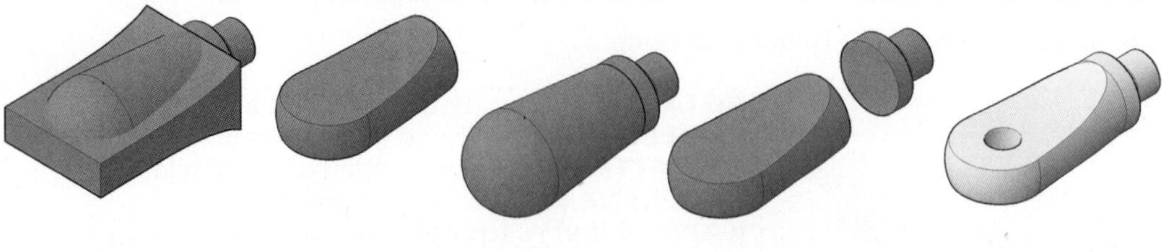

Teile positionieren -> SCHNITTMENGE bilden -> Grundkörper KAPPEN -> Teile vereinigen

Übung: Rohrschelle (Benennungsvorschlag: Rohrschelle.dwg)

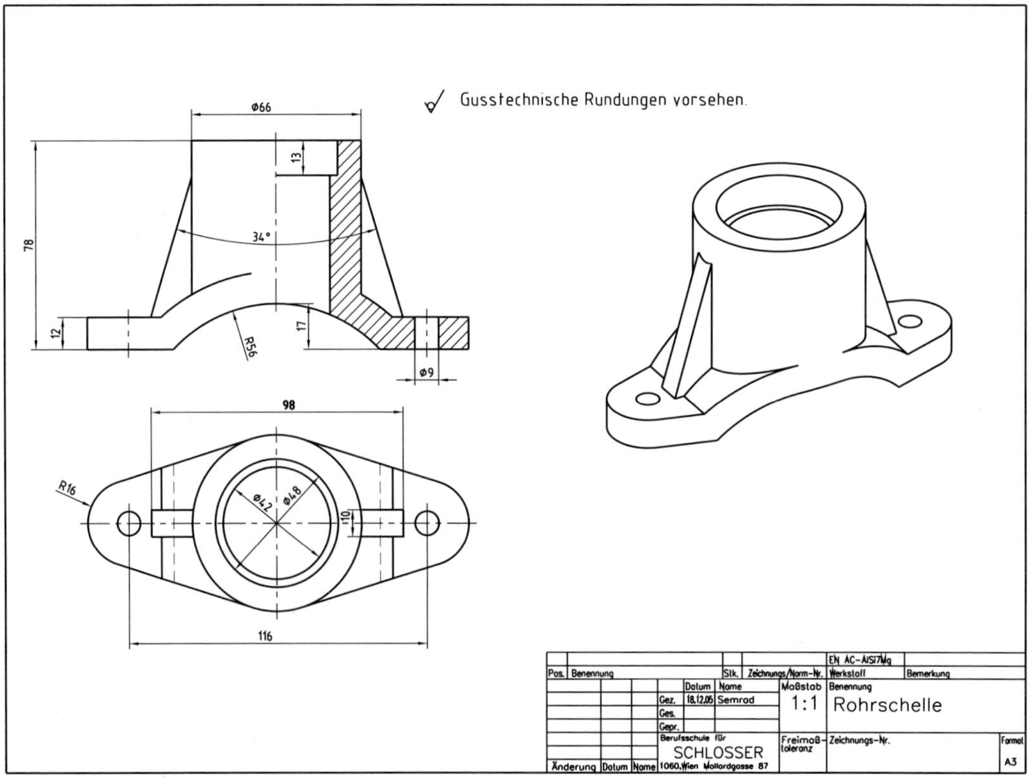

Die (mögliche) 3D-Konstruktionsreihenfolge:

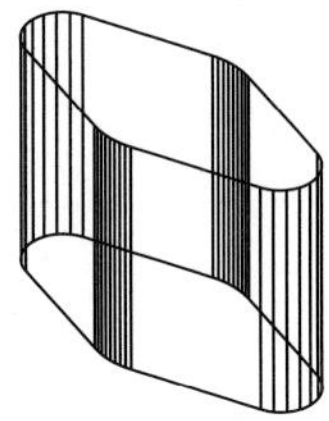

1. Schellenteil zeichnen und extrudieren (100)

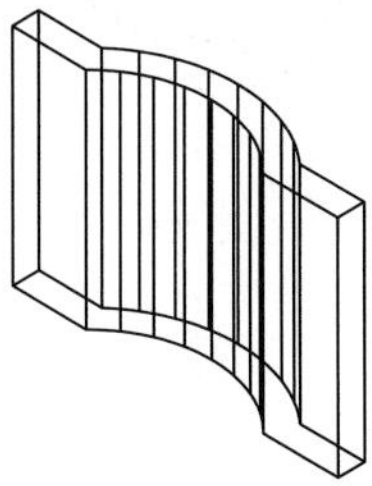

2. Schellenteil zeichnen und extrudieren (100)

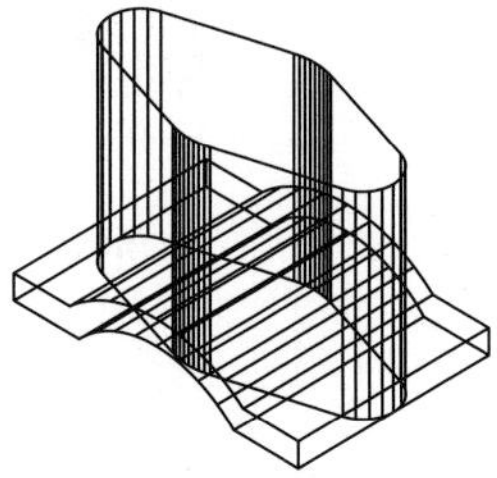

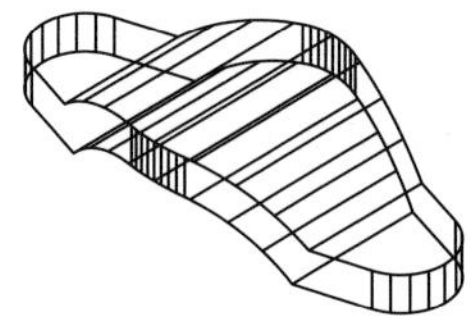

Schellenteile 3Ddrehen und fügen -> Schnittmenge (sm) bilden

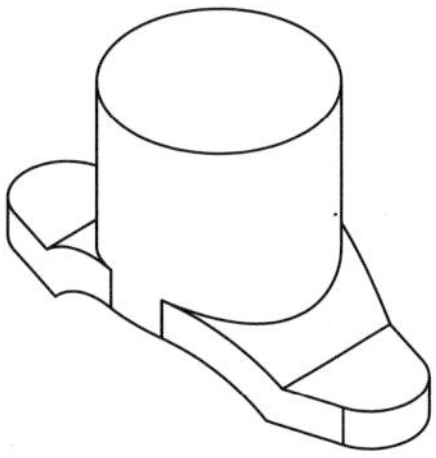

Zylinder zeichnen -> fügen -> vereinigen

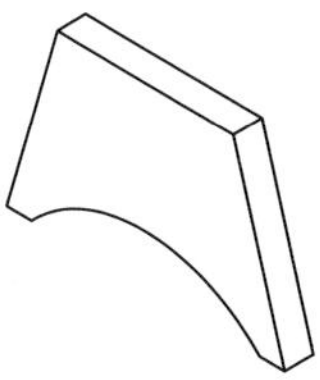

Rippe zeichnen -> extrudieren

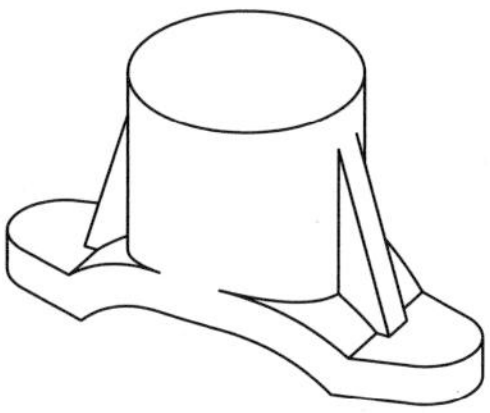

Rippe einfügen -> vereinigen

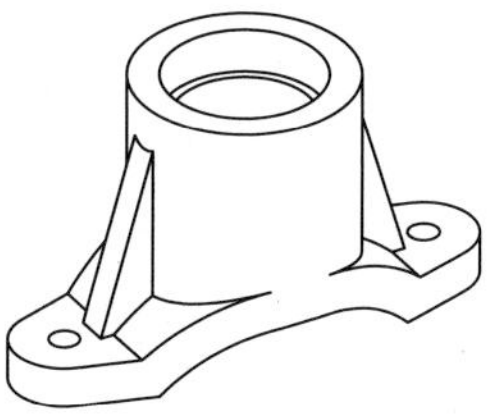

Bohrungen extrudieren -> Differenz

Übung: Bohrvorrichtung

(siehe auch ZA 23, Seite 74)

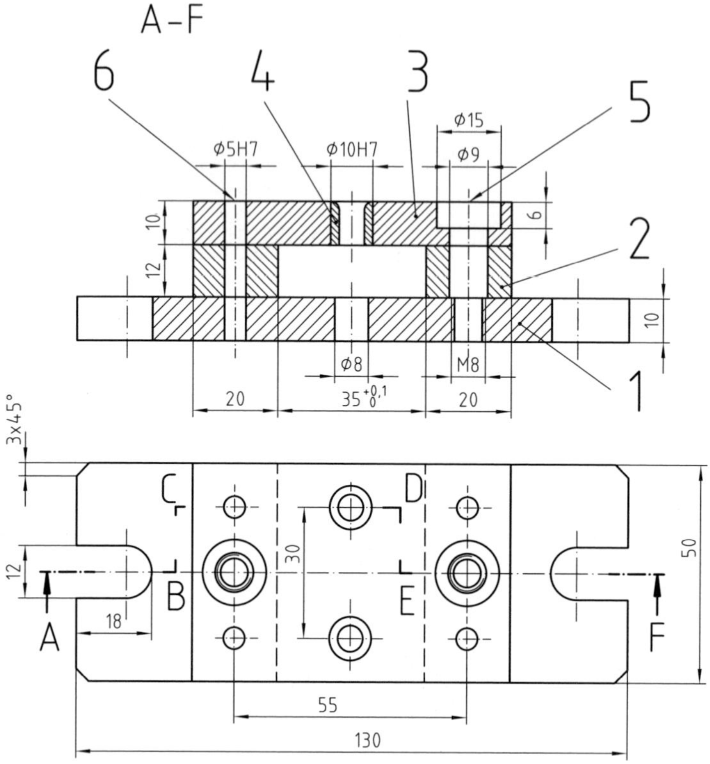

1... Grundplatte aus Flachstahl
2 ... Zwischenlage aus Flachstahl
3 ... Deckplatte aus Flachstahl
4 ... Bohrbuchse
5 ... Zylinderschraube
6 ... Zylinderstift

Die Angaben zu den Normteilen sind dem Tabellenbuch zu entnehmen.

Vorgehensweise:

- Zeichnen Sie alle Einzelteile in 3D.
- Fügen Sie die Einzelteile zu einer Baugruppe.
- Führen Sie den Schnitt A-F.
- Leiten Sie die Ansichten A und B ab.
- Fertigen Sie die notwendigen Einzelteilzeichnungen an.

Übung: Seilrollenlagerung

Zeichenaufgabe wie ZA 45, Seite 143:

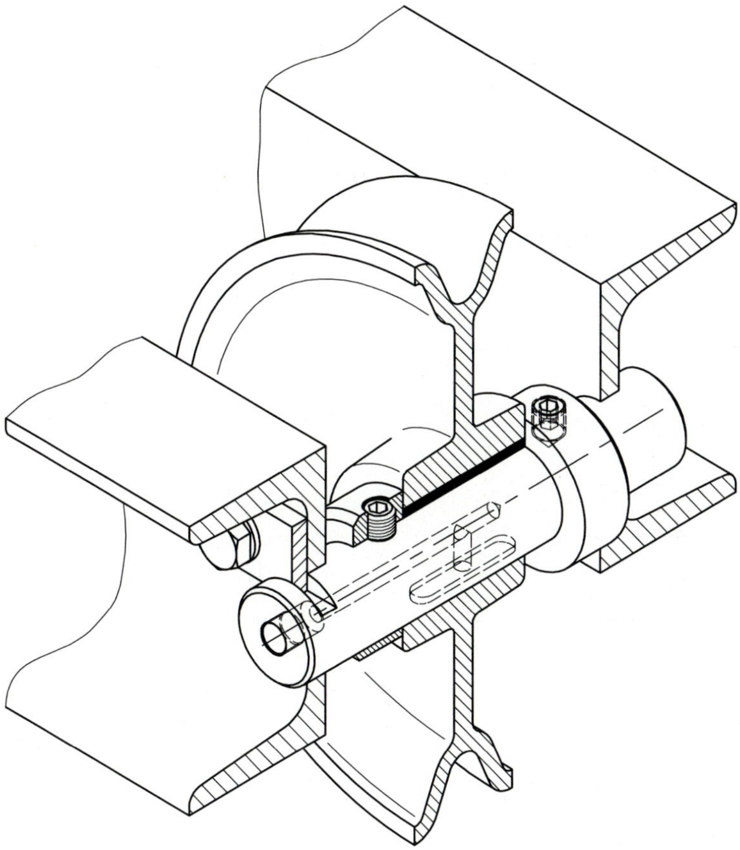

Ergänzung:

- Zeichnen Sie alle Einzelteile in 3D.
- Fügen Sie die Teile (Zusammenstellung in 3D -> siehe Darstellung).
- Führen Sie den Schnitt.
- Leiten Sie die 2D-Darstellung der Achse ab (Werkstattzeichnung).

Die Lösungen zu Übung „Bohrvorrichtung" und zu Übung „Seilrollenlagerung" finden sich auf der CD-ROM Technisches Zeichnen Fachzeichnen 2. Teil – Lösungen.

In der Folge können sämtliche Aufgaben der Bände **Technisches Zeichnen Fachzeichnen 1. Teil** und **2. Teil** in 3D realisiert werden.

Übung: Eckventilgehäuse

Konstruieren Sie das Eckventilgehäuse mit d = 60.
Benennungsvorschlag: Eckventilgehäuse.dwg

Obwohl das Eckventilgehäuse auf den ersten Blick kompliziert aussieht, ist die Konstruktionsarbeit (sofern man die Grundregeln beachtet -> siehe Technisches Zeichnen Fachzeichnen 1. Teil) überraschend einfach.

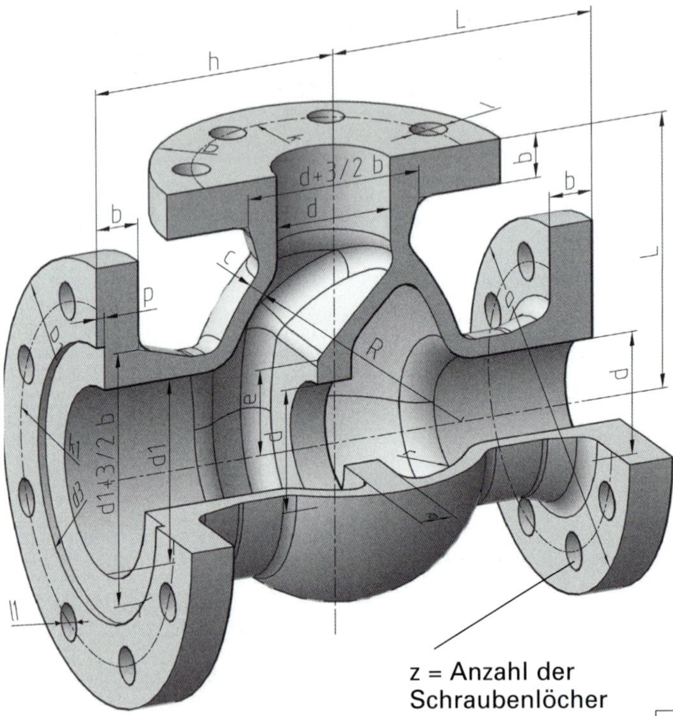

In Kurzform:

- Mittellinien
- Flansche
- Kükenteil
- Vereinigen

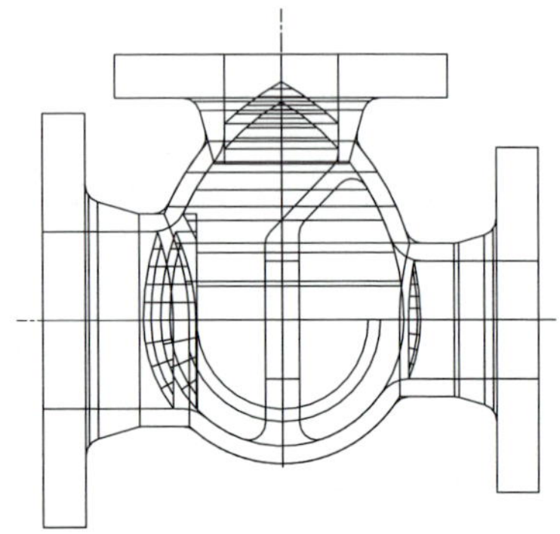

d	L	h	c	d1	R	r	D	k	z	l	b	D1	k1	l1	d3	p	a	e
40	115	112	8	70	92	45	150	110	4	18	18	175	135	18	110	4	16	32
50	125	118	8	80	109	52	165	125	4	18	20	190	150	18	121	4	16	37
60	135	125	9	90	128	64	175	135	8	18	22	210	170	18	132	4	18	42
70	145	132	10	105	145	72	185	145	8	18	22	225	180	22	150	4,5	20	49
80	155	140	11	115	165	80	200	160	8	18	24	245	200	22	160	4,5	22	54
90	165	150	11	125	190	95	225	180	8	22	24	255	210	22	176	4,5	22	59

In weiterer Folge:

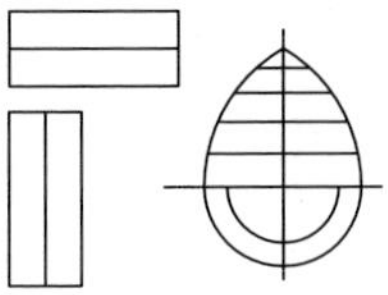

Hohlräume zeichnen, einfügen und Differenz bilden

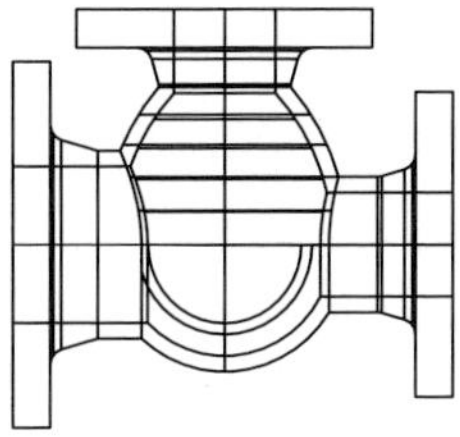

Ergebnis

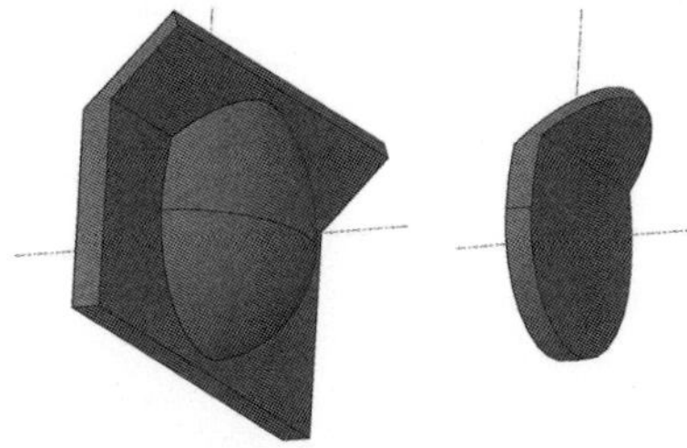

Ventilsitz bilden:
SCHNITTMENGE (sm): Ventilsteg - Kükenteil, Ventilsitz einfügen

Erst jetzt, nachdem die Flanschlöcher gebildet und alle Teile vereinigt wurden, werden mit ABRUNDEN (ar) die Gussrundungen gezeichnet.

Tipp: Gehäuse kappen -> Rundungen in logischer Reihenfolge bilden -> SPIEGELN -> VEREINIG.

Weitere 3D-Konstruktionsmöglichkeiten:

In AutoCAD gibt es drei Methoden, ein 3D-Modell zu erzeugen: **Drahtgitter-, Flächen- und Volumenmodellierung.**

Drahtmodell (Skelettdarstellung):

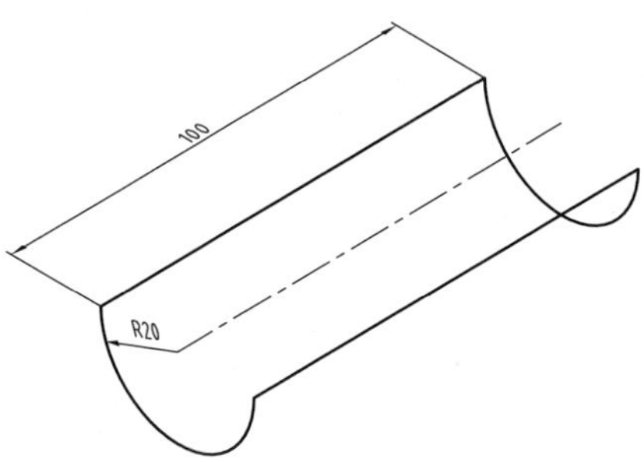

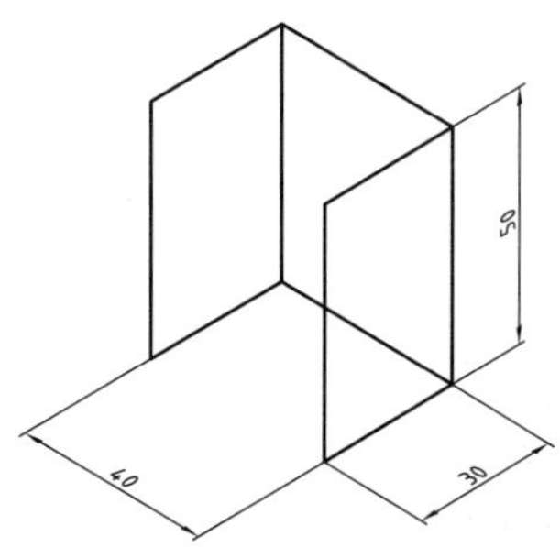

Besteht aus Linien und Kurven, die separat gezeichnet und im Raum positioniert werden müssen.
Dieses Modellierungsverfahren ist oft äußerst zeitaufwendig.
Mit dem Befehl: XKANTEN kann die Drahtgeometrie aus Regionen, 3D-Volumenkörpern und Flächen extrahiert werden.

Flächenmodell:

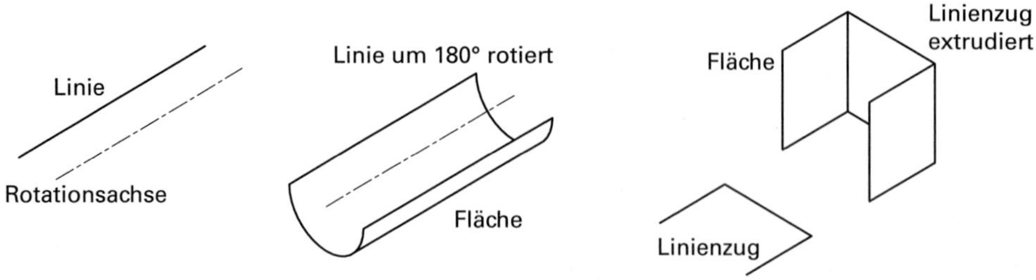

Besteht aus aneinander gereihten Flächen, ist relativ einfach herzustellen, besitzt aber häufig zu wenig Aussagekraft.

Volumenkörper:

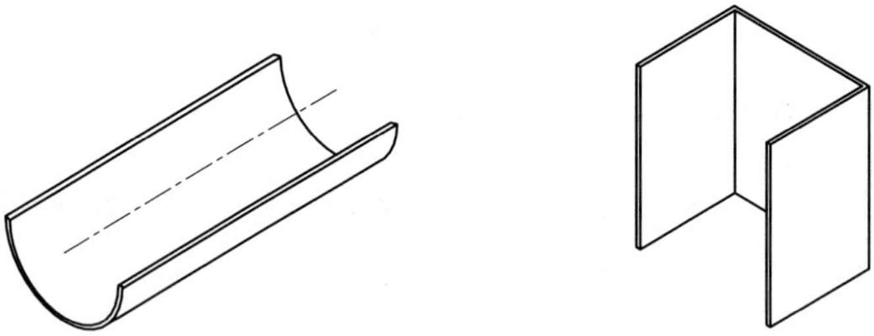

Haben nicht nur den größten Informationsgehalt, sondern sind auch der eindeutigste 3D-Modelliertyp. Komplexe Volumenkörper sind außerdem einfacher zu konstruieren und zu bearbeiten als Drahtmodelle und Netze.

Übung: (Benennungsvorschlag: Flächen.dwg)

- Erstellen Sie die dargestellten Flächenmodelle und extrahieren Sie daraus die Drahtmodelle.
- Erstellen Sie aus dem Flächenmodell ein Volumenmodell (Befehl: **DICKE** ->1).
- Ermitteln Sie physikalische Eigenschaften wie Volumen, Masse und Schwerpunkt (Befehl: **MASSEIG**).

Weitere Übungen:

Der dargestellte Körper ist als Draht- Flächen- und Volumenmodell darzustellen (Benennungsvorschlag: Rampe.dwg).

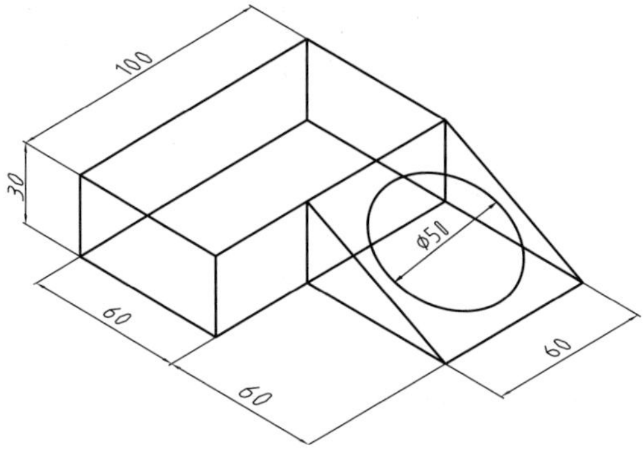

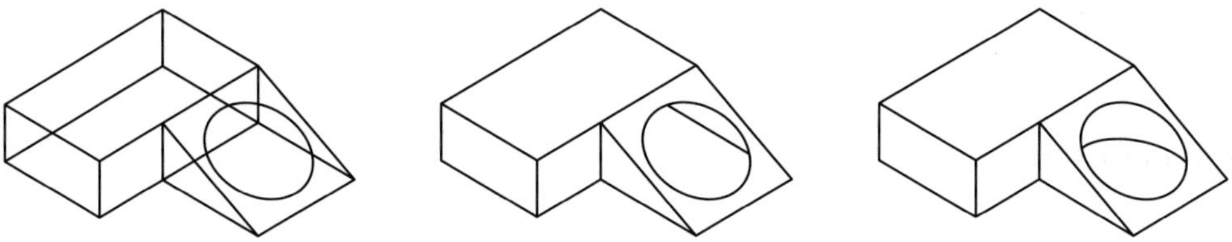

Weitere 3D-Befehle für das Flächenmodellieren:

3D: Hiermit können dreidimensionale Polygonnetzobjekte mit den gebräuchlichen geometrischen Formen gebildet werden
[Quader/Kegel/Schale/Kuppel/Netz/Pyramide/Kugel/Torus/Keil].

3DFLÄCHE: Zeichnet eine drei- oder vierseitige Fläche an einer beliebigen Position des 3D-Bereichs.

3DNETZ oder **PNETZ:** Erstellt ein Freiform-Polygonnetz.

REGELOB: Erstellt ein Regelnetz zwischen zwei Kurven.

TABOB: Erstellt anhand einer Grundlinie und eines Richtungsvektors ein tabellarisches Netz.

ROTOB: Erstellt ein um eine ausgewählte Achse rotiertes Netz.

KANTOB: Erstellt ein dreidimensionales Polygonnetz.

3DSCHNITT: Startet eine interaktive 3D-Ansicht und öffnet das Fenster „Zuschneideebenen anpassen"

DICKE: Zum Konvertieren von Flächen in Volumenkörper.

Die **Hilfe-Funktion** ist über die **Taste F1** erreichbar und eignet sich zur genaueren Erklärung der einzelnen Befehle.

Beispiel: Benennungsvorschlag Hosenrohr.dwg
(d1 kann gewählt werden, z. B. d1 = 30.)

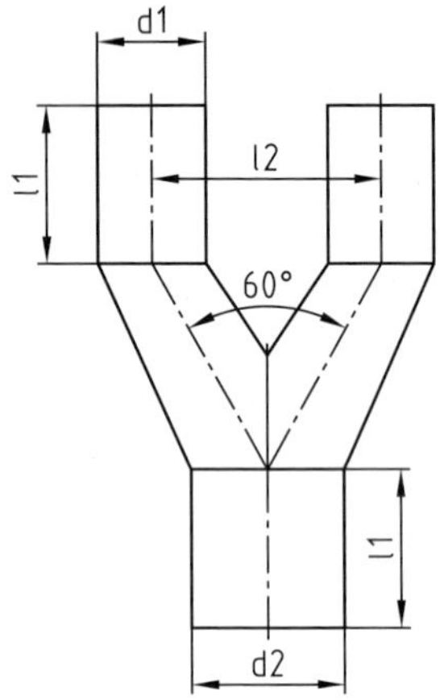

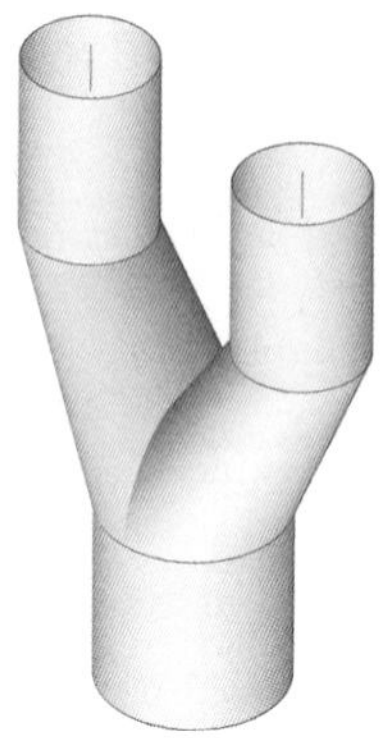

Es werden zwei Rohre mit gleichem Durchmesser in ein einzelnes Rohr übergeleitet.

Das große Rohr hat somit die gleiche Querschnittsfläche wie die beiden kleinen Rohre (d2 = d1 *$\sqrt{2}$, l2 = 2d1, l1 = 1.5d1).

Die Rohre und der Übergang werden mit dem Befehl: **REGELOB** gezeichnet.

Um eine saubere Kantenglättung zu erreichen, muss die Systemvariable **SURFTAB1** erhöht werden (z. B. 100)

Übungen:

Benennungsvorschlag: Hosenrohr2.dwg

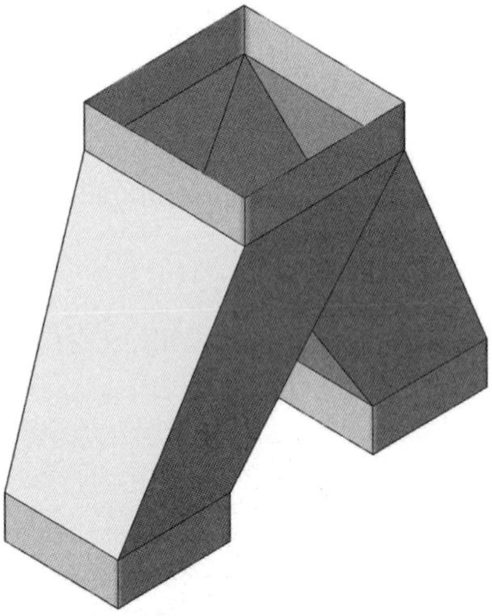

Hosenrohr2

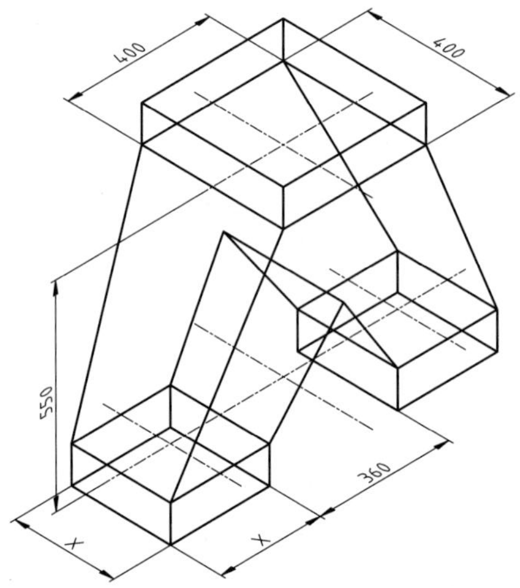

Drahtmodell

Das große Rohr hat die gleiche Querschnittsfläche wie die beiden kleinen Rohre ($400^2 = x^2 + x^2$).

Zuerst Drahtmodell konstruieren.

Die Rohre und der Übergang können mit dem Befehl: **3DFLÄCHE** gezeichnet werden.

Benennungsvorschlag: Rohrverschneidung.dwg

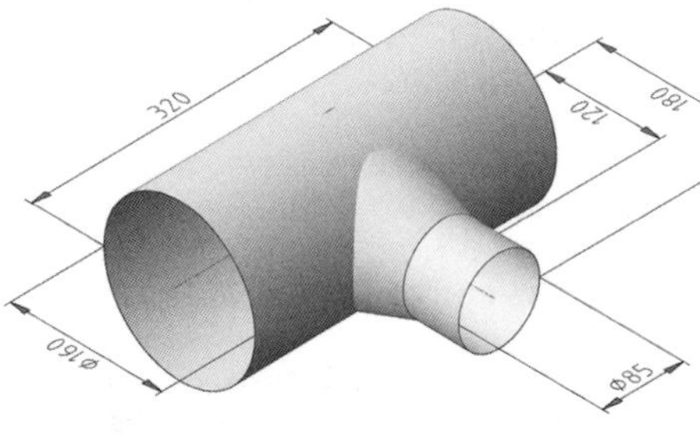

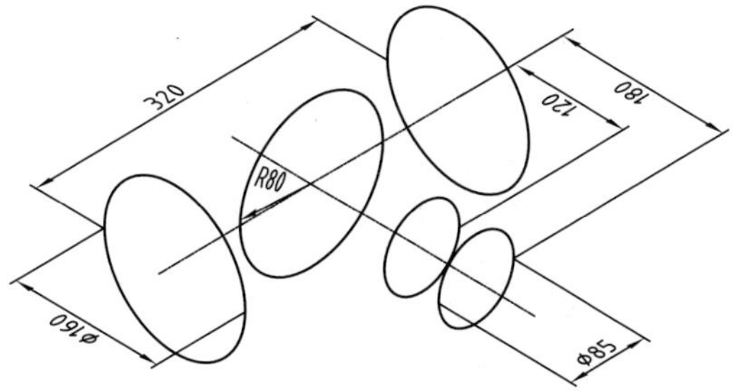

Benennungsvorschlag: Übergang1.dwg

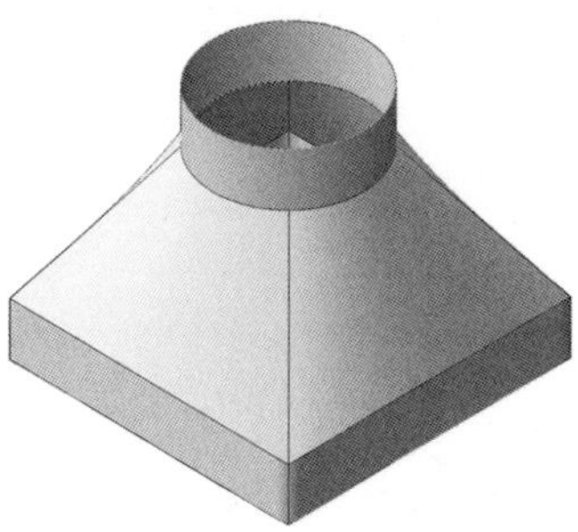

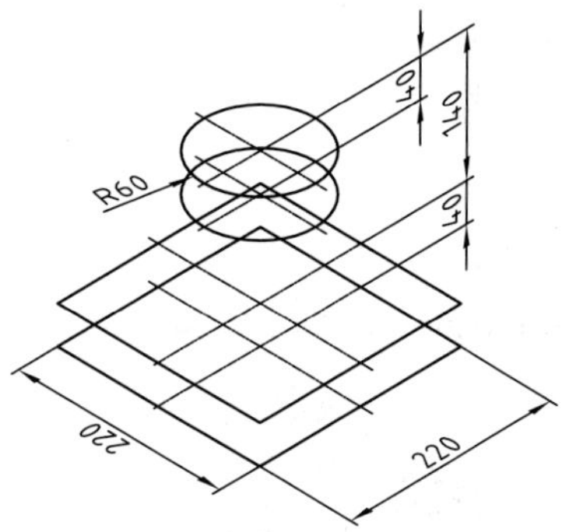

Konstruktionshinweis:
Kreis in 4 Bögen teilen und den Seiten zuordnen.
Zeichnen mit **REGELOB**

Benennungsvorschlag: Übergang2.dwg

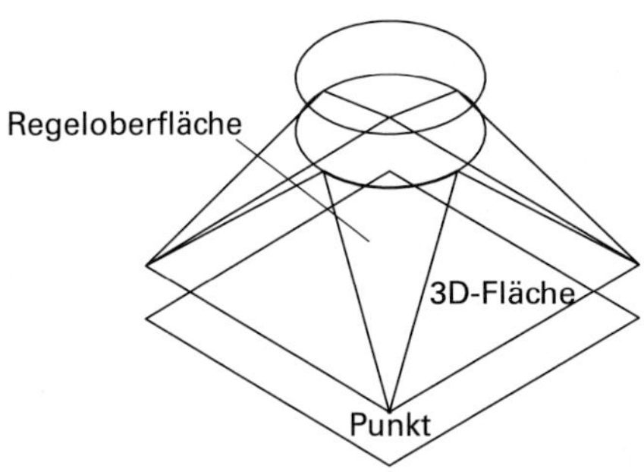

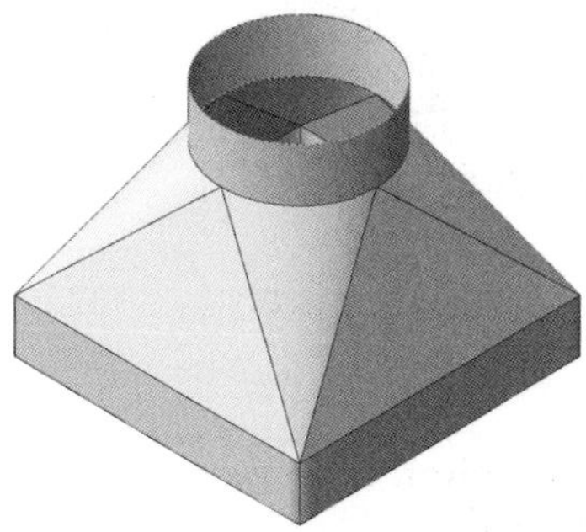

Auf die Spitze der Kegelfläche wird ein Punkt gezeichnet.
Die Regeloberfläche wird mit **REGELOB** -> Bogen -> Punkt gebildet.

Benennungsvorschlag: Übergang3.dwg
(Konstruktion wie Hosenrohr2)

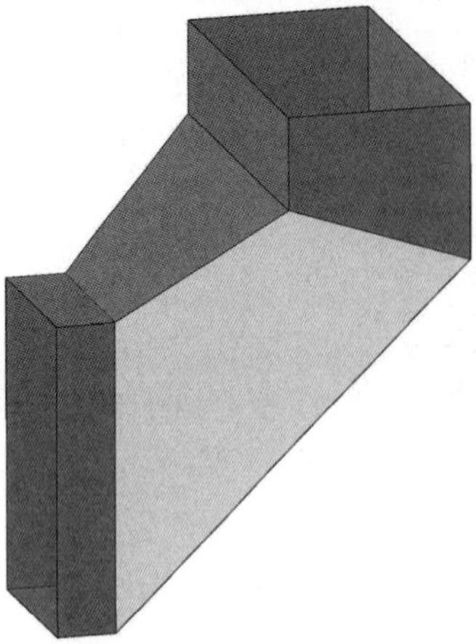

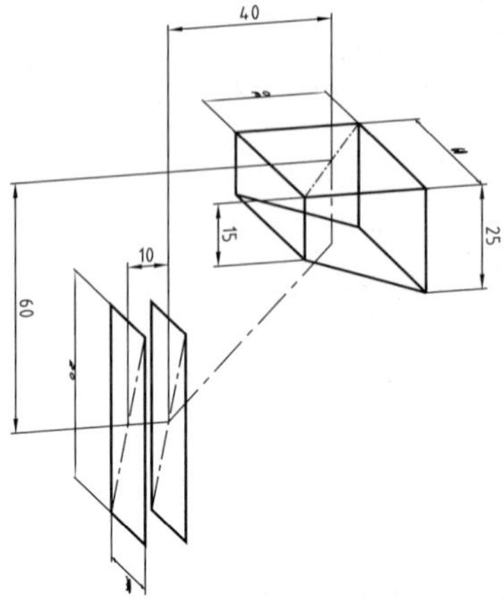

Benennungsvorschlag: Sonnendach.dwg

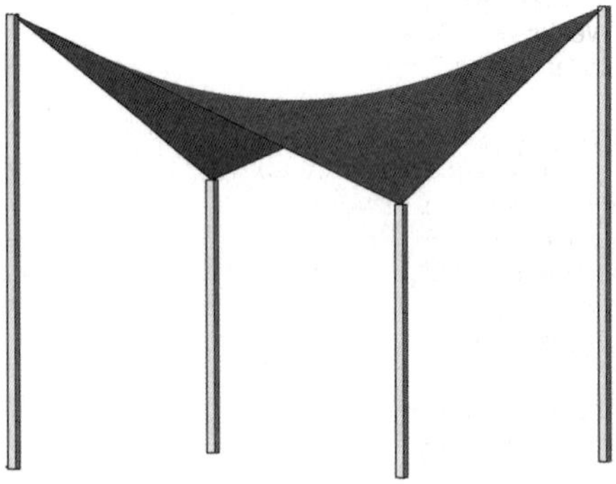

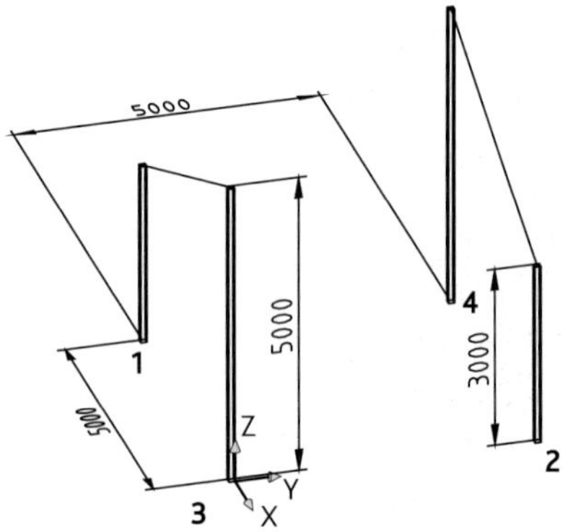

Konstruktionshinweis:
Die Stützen werden nach Plan gezeichnet.
Das Sonnendach wird mit
REGELOB -> L1-3 klicken-> L4-2 klicken gebildet.